民 商 法 论 丛

第 6 卷

(1996 年第 2 号)

梁慧星　主编

法 律 出 版 社

图书在版编目(CIP)数据

民商法论丛　第6卷/梁慧星主编.-北京:法律出版社,1997.3

ISBN 7-5036-2077-3

Ⅰ.民… Ⅱ.梁… Ⅲ.①民法-法学-研究-丛书②商法-法学-研究-丛刊 Ⅳ.D913.01-51

中国版本图书馆CIP数据核字(96)第25504号

出版·发行/法律出版社
经销/新华书店
印刷/外文印刷厂
开本/850×1168毫米 1/32　　**印张**/26.75　**字数**/716千

版本/ 1997年4月第1版　　1999年4月第3次印刷
印数/ 8,001－11,000

社址/北京市广安门外六里桥北里甲1号八一厂干休所(100073)
电话/63266781　63266796

书号:ISBN 7-5036-2077-3/D·1709
定价:39.50元

(如有缺页或倒装,本社负责退换)

目　录

卷首语

[专题研究]

[法学思潮]

［资料］

卷首语

本卷为1996年第2号。

［专题研究］栏编入五篇论文。鉴于民法学者和婚姻法学者正在讨论应否将婚姻家庭法纳入民法作为民法典的亲属法编，本卷编入陈明侠先生的长篇专题研究论文《亲子法基本问题研究》。此文对亲子关系作了全面的探讨，是这一研究领域的新收获。其二是许明月先生的《企业法人目的外行为研究》，所谓法人“目的”亦即平常所谓“经营范围”。民法通则颁布后的一段时间，审判实践倾向于将超越“经营范围”的合同一律认定为无效，进入90年代这种倾向发生了变化，正在进行的统一合同法起草也在谋求此问题的妥当解决。本文可以为立法机关和审判机关提供参考。其三是刘志文先生的《论公司章程》一文。作者发现学者对公司章程这一重要问题缺乏应有的关注和深入的研究，故尝试对公司章程作系统的研究，值得一读。其四是邹海林先生的《保险代位权研究》。我国保险法新颁布不久，而保险业正在蓬勃发展，保险代位权问题不仅有重大的理论意义而且有重大的实践意义，本文是作者的新作，值得理论和实务界重视。其五是陈华彬先生的长篇论文《论基于法律行为的物权变动》。物权行为的独立性与无因性，是大陆法系民法中德国法系民法最重要和最难懂的理论，我国应否采纳此一理论是制定物权法不能回避的重要立法政策判断问题。近年来本论丛及法学研究等刊物已发表若干有较高水准的研究成果，并形成不同的主张，本文作者显然持否定的立场。编者相信，关于物权行为理论的探讨和争论，不仅可以为我国物权法的制定寻求一个妥当的理论基础，并将大大提升我国民法理论水准。

［法学思潮］栏刊登三篇文章。第一篇是法理学学者江山先生的

《广义综合契约论》，文中所说的契约，显然与作为实用法学的民法学所说的契约有所不同，但本文将给民法学者新的启示，使我们超出专业的狭隘的樊篱，从宏观的视界来审视契约。时值世纪之交，人类历史即将翻开新的一页，当中国学者正在致力于使中国的立法和理论尽快适应建立市场经济体制的要求，并迎头赶上法律发展的潮流、与国际社会接轨之时，国外学者的热门话题聚焦于未来21世纪的法律。这里刊载了北川善太郎先生的论文《关于最近之未来的法律模型》和内田贵先生在日本商事法务研究会成立40周年纪念会上的讲演稿《契约法的现代化——展望21世纪的契约与契约法》。相信这两篇文章对中国学者开阔眼界、展望未来有重要参考价值。

[法学方法论]栏编入两篇文章。其一是喻敏先生的《也论民法解释中的漏洞补充、价值补充以及作为思考方法的利益衡量》。因为《法学研究》于1995年第2期和1996年第3期先后刊登了编者的判例研究《电视节目预告表的法律保护与利益衡量》一文，和孟勤国先生的《也论电视节目预告表的法律保护与利益平衡》一文。分歧不仅在于对同一判决持相反的看法且涉及法学方法论本身。喻敏先生基于自己担任基层法院法官的经验，撰写本文大胆表明自己对民法方法论的理解和立场，值得赞佩。由于文中涉及对所争论的判决对错的部分所占篇幅较小，主要篇幅是探讨方法论问题，因此编入本栏。其二是段匡先生的连载长篇论文《日本的民法解释学》的第二部分，第一部分刊在本论丛第4卷，请读者留意。

[域外法]刊登三篇论文。一篇是荷兰学者介绍荷兰新民法典的文章，由姜宇先生和龚馨小姐合译。一篇是英国学者介绍英国民事诉讼改革的文章，由叶自强先生译。另一篇是万群先生的论文《美国契约法理论的历史发展及思想渊源》。

[判解研究]栏刊载三篇判例研究论文。其一是张晓军先生的《悬赏广告问题研究——李珉诉朱晋华、李绍华悬赏广告酬金纠纷上诉案评释》；其二是王敬毅小姐的《为商业推销目的擅自拍摄使用他人财产外观形象是否构成违法》一文，是对某市中级法院关于该市温泉

高尔夫球会诉香泉房地产公司侵权案判决的评释;其三是编者的《合同的解释规则——陕西省机械进出口公司与陕西省石油化工物资供销公司经营部上诉案判决的评释》。

[硕士学位论文]选编了五篇论文,它们是郭晓梅女士的《两大法系国际私法的比较研究》,王轶先生的《所有权保留制度研究》,王文钦先生的《论第三人侵害债权的侵权行为》,侯利宏小姐的《论物上请求权研究》,及唐昭红女士的《商业秘密研究》,值得阅读。

[资料]刊载了荷兰新民法典第六编债法总则第一章第六节至十二节条文,是张正璋先生和韩世远先生翻译的。另一个资料是《国际法律家委员会关于日本军"慰安妇"问题的最终报告书——第九章法律问题》,是由侯利宏小姐翻译的。在世界各国人民隆重纪念反法西斯战争胜利 50 周年之后的今天,本论丛刊登这一资料,意在表示对二战期间惨遭日军蹂躏的中国、韩国、菲律宾等国妇女的同情和对日本政府拒不接受联合国法律家委员会的劝告的顽恶态度之义愤。近来日本政府总理大臣对战犯亡灵的顶礼膜拜、政府要员对侵略罪行的否认、对中国领土钓鱼岛主权的挑衅,以及一贯千方百计掩盖对亚洲国家发动过侵略战争和实施过殖民统治的历史,提醒中国人民和亚洲各国人民,不要忘记历史,随时保持警惕。而日本如果要想真正得到中国人民和亚洲各国人民的理解和信赖,必须认真反省过去,正确客观地认识那段历史,才有可能为日本开拓一个光明美好的未来。

谨以本卷纪念中国人民和亚洲各国人民抗击日本军国主义的伟大正义战争胜利 51 周年。

编　者

于 1996 年 9 月 2 日

[专题研究]

亲子法基本问题研究

陈　明　侠

目　　次

一、序言

亲子法，顾名思义是关于调整亲子关系的法律规范。亲子关系又称父母子女关系。所谓亲即指父母，所谓子即指子女。人们一般用法中，有时子专指男子即儿子。例如在子与女搭配使用即子女时，子就是男儿（儿子），女就是女儿的意思。从历史发展来看，亲子法的称谓不外是由重男轻女而形成的。但发展至今，此处"子"已是中性词，等同于"儿女"的意思，既包括男儿也包括女儿。有如"亲"，古代仅指男性"家长",而今亲既指父又指母。而且在当今世界,几乎各国法律条文中均已由"父母子女"的称谓代替了"亲子"的称谓,或虽有此称谓,但其内容已为父母子女所替代。以笔者观之,亲子之称现已成为学术研究中的一种简洁用语。

亲子法是近代社会的产物。但在形成初期,亲权仍具有家长权的实质。因为在古代氏族社会崩溃以后,形成了父系家族制度的统制时代。家庭成员须绝对服从父系家长支配。亲子关系受家族法的支配,养育子女是为了家长而不是父母子女。随着生产力的发展,家庭逐渐缩小,家长制衰落,父成为一家之长。因此,亲子法产生以后的很长一段时期内父权仍具有浓厚的家长专制的实质。罗马法的父权 Patria potestas 一词,原来就是家长权的意思,而在近代法国的 Puissance paternelle,德国的 vaterliche Gewalt 才是父权或亲权的意思。此时亲子法的主流,是维护父权即亲的权利。因此,亲子法有所谓"家本位的亲子法"、"亲本位的亲子法"之说。社会发展到现代,亲权已从单纯的父权趋于父母对子女平等的权利和义务关系,进而亲子关系也已十分重视子女权利的保护及对子女的教育,故有所谓"子本位的亲子法"的趋势。①

我国古代历来实行家族主义,由此,亲子法制长期实行"家本位"的亲子法制度。唐代以后,根据各朝代法令的规定分析,还兼有"亲本位"的性质。发展至现代,国民党制定的民法亲属编从形式上完成了中国亲属法从古代型向近、现代型的过渡。亲子法似已形成以保障子女权益为原则的、父母对子女的平等的权利和义务关系。但实际上却保留了浓重的男女不平等、对一部分子女不利的封建色彩。

新中国成立以后,随即颁布了婚姻法,专章规定了"父母子女间的关系"一章,以全法 1/6 的篇幅规定了以保护子女合法权益为原则

---

① 参考史尚宽:《亲属法论》,荣泰印书馆股份有限公司 1980 年 6 月版,第 476—477 页;陈棋炎等:《民法亲属新论》,三民书局 1987 年 9 月印发,第 247—248 页;刘清波:《民法概论》(下册)五南图书出版公司 1984 年 8 月版,第 108—109 页。

的父母子女间平等的相互扶养的权利义务关系。之后1980年婚姻法又以7条,全法1/5的篇幅重申了前述规定,并增加了关于子女姓氏、权利请求权及父母对子女的管教、保护权的规定,确定了新型的、以保护未成年子女合法权益为原则、父母子女间的平等、相互扶养和相互继承的权利义务关系的亲子关系。

1980年以来,改革开放的中国社会发生了巨大的变化。市场经济的迅速发展,不仅带来了经济的高速发展,人民生活水平的大大改善;也带来了市场经济和物质利益关系对婚姻家庭、亲属关系的强烈震撼、冲击和渗透。婚姻法中原本就过于抽象、原则的亲子法规定,更显得苍白无力,难以应付这一迅速发展和变化的现实。因此健全完善我国婚姻家庭法,特别是亲子法,是迫在眉睫的任务。

首先,适应市场经济发展,确保父母子女合法权益,促进家庭关系的健康发展的任务,急需健全完善亲子法制度。

如前述,亲子法制度是随着社会、经济的发展而不断变化、完善的。当前世界各国的亲子法已从为了父母权利为优先的亲子法,发展成为了子女的权利的亲子法,而且规定得越来越详尽明确,这是亲子法的一个历史的进步,也是世界各国一般亲子法的发展趋势,是商品经济和人类社会发展的必然结果。

我国1980年婚姻法虽然在第15—21条中对亲子关系专门做了规定,但由于当时我国市场经济的不发达;我国法律过于原则、抽象的特点,使得亲子法制既不全面,又缺少可操作性。改革开放政策实施以来,15年中,随着我国市场经济的发展,人们生活水平的提高,家庭财产增多了,亲子之间的财产关系,婚生子女与非婚生子女的权益问题,养子女、继子女与养父母、继父母之间的权益,特别是未成年子女的权益等问题,也随之复杂起来。此外还有人工生育子女的法律关系问题。现有的7条规定,已无法解决当前亲子关系中出现的一系列问题。借鉴世界各国法制建设中的经验,修改婚姻法,使我国亲子法制适应市场经济条件下权利义务平等的公平原则,重视利益关系、财产关系,势在必行。当然,借鉴外国的经验并不是说要生搬硬套,抛弃我国重伦理、重道德、重和谐、重精神的优良民族传统；而是要改进我国现行婚姻家庭法制中固有的传统作法，重视利益原则，吸取外国法制变革中的有效经验，使二者有机地结合起来，相得益彰，完善我国亲子法制度。①

其次，建立亲权制度，更好地保护未成年人的合法权益，是完善亲子法的重要任务。

亲权制度是指父母对于未成年子女身体上和财产上的抚养、教育、监督、管理和保护的权利义务制度。亲权是基于父母子女的身份关系而产生的专属的、为保护未成年子女利益的权利和义务。目前从世界范围来讲，亲权在近代立法中，与封建时代相比，已发生了巨大的变化，已发展为父母共同享有的为保护未成年子女利益的平等的权利和义务。虽然英美法系和大陆法系关于亲权的规定有不同的特点，英美法系国家大多是亲权与监护不加区别，总称为监护。父母为专门的监护人。大陆法系国家设有亲权制度。原苏联及东欧国家虽未设立亲权制度，但在其民法、婚姻法中均有亲权的内容。所以亲权是婚姻家庭法的一项重要制度，是父母对子女间身份权的一个重要原则。我国现行婚姻法中虽有关于父母抚养教育子女的原则规定及父母管教和保护未成年子女的权利义务规定，但极为抽象，权利要求极不明确，也没有亲权之称。此外民法通则和刑法中有关于未成年子女监护的规定，也不是亲权的专门规定。以我国的文化传统和以往的立法事实，一般讲我国更容易接受大陆法系的观点和立法模式。然而，目前我国现行民法通则中规定的监护过于原则，且父母对未成年子女的监护与对一般未成年人的监护没有加以区别，接受了英美法模式，但又不具体、不明确，难于贯彻执行。这样规定既不符合我国的文化传统和实际情况，又不适应我国迅速发展的市场经济条件下调整亲子关系的需要。我们应该根据自己国家的文化传统及实际情况，

---

① 参考刘素萍、陈明侠：《健全我国亲子法制度》，巫昌祯、杨大文主编：《走向 21 世纪的中国婚姻家庭》，吉林人民出版社，1995 年 12 月版，第 153—154 页。

建立起自己的亲权制度，以保护未成年子女得以健康成长。①

总之，我国现行婚姻法虽以其 1/5 的条款规定了关于调整亲子关系的法律规范，但由于婚姻法本身的不健全性，过于抽象和原则，致使亲子法必然带有与之同样的问题，而且由于前述原因亲子法更为不健全。所以讨论亲子法的一些基本问题，健全亲子法律制度是完善我国亲属法（婚姻家庭法）的一项重要课题。现对亲子法的一些基本问题，谈一些初步的看法。

二、关于父母子女的种类

父母子女的类别，是研究亲子法首先应该研讨的一个重要问题。关于父母子女的分类，古今法律规定有很大区别，中外也有所不同。在我国古代封建社会里，基于纳妾、宗祧制度以及恩义名分等原因，父母子女之类别、种类繁多。大致分为两类。一为出于自然血统，即亲生父母子女；二为源于法律拟制和名分恩义的关系而产生的父母子女关系。拟制者又有嗣父嗣子、养父母子女之分。名分恩义之亲子关系，即礼俗法典上的称谓，有“三父八母”、“四父六母”、“五父十母”，嫡子、庶子、奸生子、留嗣子、养子、义子等多种。至 20 世纪 30 年代国民党颁行民法亲属编时，才吸取了外国主要是大陆法系亲子立法的经验，将父母子女关系分为自然血亲和拟制血亲两种，父母子女种类有父母（有婚姻关系的亲生父母）、生父母（子女称没有婚姻关系的亲生父母）、养父母（收养者），婚生子女、非婚生子女和养子女。新中国成立后，废除了封建法制、纳妾制度。实行男女平等、一夫一妻制。现行婚姻法中父母子女的种类如下：父母有四种，父母（有婚姻关系的生父母）、生父母（没有婚姻关系的父母以及因收养关系成立，养子女对其本生父母的称呼），养父母、继父母。子女也有四种，婚生子女、非婚生子女、养子女、继子女。

综观世界各国，一般将父母子女分为婚生父母、子女；非婚生父

---

① 参考刘素萍、陈明侠：《健全我国亲子法制度》，巫昌祯、杨大文主编：《走向 21 世纪的中国婚姻家庭》，吉林人民出版社，1995 年 12 月版，第 154—155 页。

母、子女及养父母、养子女。与之相适应，世界上很多国家关于父母子女关系，一般分为两大类：一为自然血亲下的父母子女关系，包括有婚生的父母子女关系，和非婚生的父母子女关系；二为法律拟制的父母子女关系，主要是指养父母养子女的关系。在我国，现行婚姻法下，父母子女关系可分为：第一，自然血亲的父母子女关系，包括婚生父母子女关系和非婚生父母子女关系；第二，法律拟制的父母子女关系，包括养父母和养子女关系，还有继父母和形成扶养关系的继子女的关系。

自从1978年7月，在英国世界第一个试管婴儿路易斯·布朗诞生以来，一种用人工方法，不通过男女自然两性结合而产生后代的现代医疗技术手段，切断了生育与性行为的纽带。打破了传统观念上的生育关系与遗传关系合为一体的生育规律。于是在现有父母子女关系种类中，出现了一种“只知其母，不知其父”，甚至“连母也难于知道”的父母子女关系。这确实对传统的血缘关系为基础的亲子观念提出了挑战和冲击。依照男女生理情况，人工生育子女在现代科技条件下，主要有如下几种：一种是同质人工授精，是指采用不同的形式使丈夫的精子和妻子的卵子经医疗技术手段，实施人工授精，由妻子怀孕分娩。第二种是异质人工授精，形式亦有几种，但主要是指用丈夫以外的第三人提供的精子（供精）与妻子的卵子，或用丈夫的精子与妻子以外的第三人提供的卵子（供卵），或同时使用供精和供卵实施人工授精，由妻子怀孕分娩。第三种是代理母亲即是指用现代医疗技术将丈夫的精子注入自愿代理妻子怀孕者的体内授精，或将人工授精培育成功的受精卵或胚胎移植入自愿代理妻子怀孕者的体内怀孕，待生育后由妻子以亲生母亲的身份抚养。代理母亲形式也有同质和异质之分，但共同特征是由妻子以外的另一位女性代理怀孕分娩。

经人工生育手段出生的孩子其法律地位如何，父母子女关系如何说明，众说纷纭。有人认为，人工生育子女和父母有血亲关系应按婚生子女对待；有人认为如在用“供精”的人工授精情况下，精子不是丈夫的，只能视为或者拟定为婚生子女对待；有人认为人工授精子女应一律视为养子女或继子女对待，即按拟制血亲对待，还有人认为应根据供精的不同渠道，区别为婚生子女、非婚生子女、养子女等不同的类别。

应该看到，由于精、卵来源、怀孕情况的复杂性，经过医疗技术手段，人工生育子女的情况也比较复杂。同质人工生育比较好说，是婚生子女没有问题，但异质的、或代孕的，就更为复杂了。他们中有的既非完全是自然血亲，也并非是法律拟制的血亲。但有一个共同的特点即是：他们均是经过现代医疗科学技术的帮助而出生的。所以，笔者认为：为了保障人工生育子女和实施人工生育当事人的合法权益，人工生育的子女与之父母及其法律关系应单独列项。统称为人工生育的父母子女关系。并且法律明确规定：凡经夫妻双方协议实施人工生育的，其父母子女间的权利义务关系视为婚生父母子女关系对待。这样，既明确又便于执行，可避免各种矛盾，有利于保护妇女和当事人的合法权益，有益于人工生育儿童的身心健康和愉快成长。

在谈到人工生育子女时，必须提到的是：人工生育技术的成功，的确为人类解决了不少不能自然生育的困难；但就其将对人类婚姻家庭、优生及伦理等方面的冲击和影响是难以预测的。我们人类应极力避免和坚决反对人工生育技术的滥用，应反对非夫妻关系的繁衍"借种"、"借腹生子"、"贩卖婴儿"、"种族优生配种"，以及生产超代、超世纪婴儿等等现象；反对人为地扰乱人类传统，产生反自然的不良现象，使人工生育技术健康发展，为人类造福。

总上，笔者以为我国亲子法在规定父母子女种类时，是否应当做出如下的区分：

第一种：自然血亲的父母子女（亲生父母子女）：

1. 婚生的父母子女；

2. 非婚生的父母子女。

第二种：法律拟制的父母子女：

1. 养父母和养子女；

2. 继父母和继子女。

第三种:人工生育形成的父母子女完全同婚生父母子女。

三、建立婚生子女的推定制度

何为婚生子女,各国说法及法律规定有所不同,而且随着时代的发展,也有所变化,但为尊重婚姻制度,维护合法婚姻家庭关系,保护未成年子女权益,各国法律均有关于婚生子女推定及相关的法律制度。各国现行法律均以不同方式承认因合法婚姻而出生的子女为婚生子女,否则是非婚生子女。我国现行婚姻法虽规定了婚生子女的概念,但尚无关于婚生子女的具体含义说明及相关制度的规定。

笔者认为,我国尽早制定婚生推定及相关制度实为必要。

(一)关于子女婚生性的法定标准:

各国立法关于婚生子女的推定,大约有如下的规定:

英国普通法决定子女婚生性的标准比较宽松,即如子女在婚姻关系存续中出生者,不问是否婚前受胎,只要在出生时,父母之间有合法婚姻关系,子女就可取得婚生子女的身份;如果在婚姻关系存续中受胎,则不问子女出生时婚姻关系是否已经消灭,子女均可取得婚生子女的身份,[①] 但英国普通法不承认婚后的准正[②]。美国也大致相同,有的州更宽松一些,如纽约州家庭法第24条第1款规定父母在子女出生前或出生后,已举行世俗的或宗教的婚姻仪式,或者已按普通法规定完婚,婚姻被认为有效并经婚姻举行地法律认可的,所生子女为婚生子女,而不论该婚姻现在是无效的、可撤销的,还是已经被撤销或以后将被撤销或被判决无效。[③] 德国民法第1591条第1款规定妻于待婚前或婚姻关系存续中受胎,而夫于妻之受胎期间内有同居之事实者,其结婚后所生之子女为婚生子女,待婚姻宣告为无效

① 陈棋炎:《亲属、继承法基本问题》,三民书局1980年版,第192页。

② 准正,是指子女出生后父母结婚的,子女即可因此而取得婚生身份的制度。此制度自罗马时代就存在,大陆法系国家大多相继采用。1926年英国开始颁布准正法。英国大多数州法,也都承认事后婚姻之准正。

③ 参考《美国纽约州家庭法》,张贤钰主编:《外国婚姻家庭法资料选编》,复旦大学出版社,1991年1月版。

时，亦相同。又规定依照情形，妻显然无从由夫而受胎者，其所生子女为非婚生子女。此外德国民法第 1719 条承认准正，另设有由国家权力准许的“婚生宣告”制度（德国民法第 1723—1738 条）①。法国民法第 7 编第 1 章第 1 至 2 节，对子女的婚生性标准做了规定，规定子女系在婚姻期间怀孕者，夫即为其父。同时又规定，结婚满 180 天出生的子女，为婚生子女，并视为自怀孕起即为其子女。即是说，法国民法规定，只要父母因结婚而为一家，是在婚姻关系存续期间受胎或出生的子女为婚生子女。此外法国民法典也规定了子女婚后准正的婚生性制度。即是说父母结婚后所生子女，或在婚姻关系存续中受胎而生之子女，均不问其出生是否在婚姻关系存续中，均为婚生子女。即使在父母结婚前出生的，也可因父母事后结婚而取得婚生子女的身份。比利时民法典第 312 条规定妻子婚姻期间所怀孕的子女，其夫即为该子女之父，同时又规定子女于婚后第 125 天内出生，而夫于结婚前已知其妻怀孕，或“子女的出生证书上载有他的名字、或他的署名、或载有他不会签名的声明时，该子女为其婚生子女（比利时民法典第 314 条）②。保加利亚家庭法典第 32 条第 1 款规定凡在婚姻关系存续期间或在婚姻关系终止后 300 天内生育子女的妇女的丈夫，应被确认为孩子的生父。即凡在婚姻关系终止后 300 天内出生的子女，无论是婚前怀孕还是婚姻关系存续期间怀孕的，均为婚生子女。③ 蒙古家庭法典虽没有关于婚生子女的明确规定，但却在第 36 条关于父母子女间权利义务产生的根据条款中规定婴儿为父母所生，由父母的结婚证证明。即无论婚前或婚后怀孕生产的子女只要父母有合法婚姻关系，就可说明其子女的婚生性。同时还规定处于未婚状态的父母，得由婴儿的父母共同申请或经法院判决进行登记，即在出生登记簿

① 参考《德意志联邦共和国民法典》，上海社会科学院法学研究所译，法律出版社 1984 年 2 月版。

② 参考《比利时民法典》婚姻家庭编，张贤钰主编：《外国婚姻家庭法资料选编》，复旦大学出版社 1991 年版。

③ 参考《保加利亚家庭法典》，张贤钰主编：《外国婚姻家庭法资料选编》。

上登记他们为婴儿的父母，从而确认子女的婚生性。[1]

台湾地区现行民法第1061条明确规定称婚生子女者，谓由婚姻关系受胎而生之子女。并且在1067条规定了受胎期间，[2] 即是否婚生子女的基本标准是必须在父母婚姻关系存续中受胎而出生的子女为婚生子女。由此看来，台湾民法上有关婚生推定之规定，的确非常保守，而对子女甚为不利，[3] 此种规定确实与时代发展不相吻和。

就我国目前情况而言，如前述，现行婚姻法中虽然有婚生子女的概念，却尚无关于婚生子女推定制度的具体规定。因此在实践中发生一些确认子女婚生性的案例无法可依。例如发生在90年代初的一个案例，一青年乔与女青年贞结婚3年，有一子近2岁，面貌酷似其漂亮的母亲贞，生活幸福美满。但在乔偷看了妻贞以往的几本日记后顿时怀疑妻有不轨行为，并怀疑孩子不是自己亲生。于是大吵大闹，严重伤害了夫妻感情，妻为自己的清白，夫为所谓的男子汉"尊严"，带孩子做了亲子鉴定，结果乔与其子的亲子关系肯定率为99.99%。男方后悔之极，但婚姻关系却濒于破裂。这里除去乔不应偷看妻日记、心胸狭窄等原因外，如果我国设有婚生子女推定制度，乔根据法律去思考问题，便不会这样轻易地否认亲生子，造成难于挽回的后果了。另有一例，原告A与被告B于1982年结婚，1985年7月A生育一男孩C，由双方共同抚养。1989年7月B发现A与他人有婚外性行为，遂经AB双方协商，经民政部门协议离婚，男孩C由B抚养。嗣后，双方因看望孩子发生争议，A起诉称B不是C的亲生父亲，要求改变抚养关系，诉讼中经亲子鉴定，确实排除了B为C的生父。据此，A撤回起诉，将C带回由自己抚养。此案之发生也是由于我国婚姻法尚无婚生子女否认的制度，因而前述案例中A只能以变更子女抚养关系为由起诉，并以撤诉结束。此案是以确认C为非婚生子女，

① 参考《蒙古人民共和国家庭法典》，张贤钰主编：《外国婚姻家庭法资料选编》。
② 参考台湾地区《民法》第四编亲属，《六法全书》大伟书局1988年1月出版。
③ 陈棋炎：《亲属、继承法基本问题》，三民书局1980年1月版，第193页。

一方撤诉而告终结，并非是法院依法定程序判决的[①]。前述两例说明在我国制定婚生子女推定和否认制度势在必行。前述两例问题涉及到的子女身份问题的民事权利性质，既非请求权，又非支配权，而是因一定的事实而形成某种身份关系，是形成权。而从民法保护方法上看，这一制度即非给付之诉，又非变更之诉，而是一种确认一定身份关系有无的诉讼，是确认之诉。这就关系到了子女婚生性的推定和否认的法制问题。类似前述事例在我国已不鲜见。因此，迅速健全婚生子女推定及有关制度是完善我国亲子法的首要问题，也是保护合法婚姻关系与保障婚姻当事人及未成年子女合法权益的重要问题。

那么，我国亲子法中关于确定子女婚生性的标准应该是什么呢？参照以上各国及地区立法例，笔者以为，似应规定“于婚姻关系存续期间受胎或出生的子女为婚生子女”。此标准的含义是：(1)凡于合法婚姻关系中受胎的子女，不问是否在婚姻关系存续期间出生，均为婚生子女；(2)凡于合法婚姻关系中出生的子女均为婚生子女(依婚生否认规定，可证明为非婚生子女者除外)；(3)子女由生父之妻分娩，且为夫之血统。采用此标准：(1)有利于维护合法婚姻关系的稳定；(2)有利于维护婚姻及当事人双方的尊严；(3)特别有利于保护未成年子女的合法权益。

(二)各国立法关于婚生推定及其限制的规定

出于对合法婚姻的尊重，维持亲子身份关系秩序的需要，同时考虑到家庭关系的稳定及举证的困难，各国亲子法均规定了婚生子女的法律强制推定及其限制(即婚生的否认)制度。

1. 婚生推定规定

进入一夫一妻制，建立调整婚姻家庭法律制度以来，人类的生育行为就有了合乎当时婚姻家庭制度与否的问题，有了合法与非法的区别。所生子女也就随之产生了是否为婚生子女的问题，制定了有关

---

① 参考杨立新：《论婚生子女否认与欺诈性抚养关系》，江苏社会科学1994年4月，第49页之案例。

制度。最初是出于血统上的传宗接代和确认谁是家庭财产真正继承人的需要，近现代以来发展成为为保证婚姻当事人特别是子女利益的需要。传统法制观念认为，婚生子女应具备如下条件：第一，该子女须为有婚姻关系父母所生；第二，该子女必须是其生母之夫所受胎而出生的，这就排除了由夫之外男子受胎所生的子女；第三，该子女须为其生父之妻所生，这就排除了夫与妻之外女子受胎所生的子女；第四，该子女须为生父母婚姻关系确立之后的婚姻关系存续期间受胎之子女，这就排除了婚前受胎，婚姻关系中出生的子女，及婚姻解消后受胎而出生的子女。

随着社会的发展，很多国家的法律已有较大的变化。许多国家已明确规定，婚前受胎在婚姻存续期间出生的子女因生父母结婚视为婚生子女，或婚前受胎出生，也可因父母结婚而准正为婚生子女。在这些国家这一要件已实际上改为：该子女须为其生父母婚姻关系存续期间受胎或出生。

以上要件第一条第三条的证明是比较容易的，一般均为直接根据生母怀胎、分娩的事实和生父母婚姻关系的存在状况给予确认。但是，要证明第二条、第四条要件，就比较困难了。由于男性精子在母体内受精、怀孕是一个很复杂的生理变化，子女与生父间的血缘关系，除非面貌酷似，很难从外观上准确判断，因此，子女是否确实出自生母的丈夫，也很难直接以婚姻期间子女出生的事实加以确认。为解决这一难题，世界各国几乎均规定了婚生子女的推定制度。

如前述世界各国均有对子女婚生性规定的标准，其实，就是对于子女婚生性的推定规定。现我们列举英、美、德、法、日等国有关规定，分析一下世界各国关于婚生推定的不同规定。

(1)英、美法：

英国普通法规定，在婚姻关系存续期间受胎或出生之子女，皆推定为婚生子女，并规定除夫无生育能力或留驻海外者，不可推翻上述推定[1]。如男子与已知怀孕的女子结婚，是视该胎儿为己出的严肃行为，不影响上述推定[2]。

美国很多州法将上述英国普通法加以明文规定，在前述子女婚生性标准时已讲过不赘述。这里只提出，在有些州的法律中还明文规定婚姻解消后10个月内所生子女，应推定为婚生子女[3]。

(2)德国法：

如前述，德国法规定在婚姻关系存续期间内出生的子女，不问其受胎时间是否于婚姻存续期间即婚前亦可，只要在受胎期间，夫妻有同居之事实的，只要排除妻有不可能受胎于夫的子女之情况外，一律推定为婚生子女。同时规定，从子女出生之日起回溯第181日至302日止，均为受胎期间（德民法第1592条第1、2款），在此期间受胎之子女均推定为婚生子女。甚至德国民法第1591条之Ⅱ.1.2还规定：在受胎期间，推定夫与妻同居，受胎期间于结婚前已届满者，虽夫已经死亡，只要未曾否认所生子女为婚生的，也推定为婚生子女。

(3)法国法：

法国民法第312条第1款规定，婚姻关系存续中受胎之子女；以婚夫为其生父，并规定了受胎期间。从规定来看似很严格，但实际在法国关于婚生还有其他规定，如前述，法国民法第314、315条规定，对婚后180日以内出生之子女，对婚姻解消后300日以后出生的子女，可对子女之婚生提起否认之诉，否认不成立时，自应推定为婚生子女[4]，所以法国学者认为，应扩大婚生子女推定的范围。而且近年来，法国判例中已确认，婚姻关系存续中所生子女，当然为婚生子女，即扩大了婚生推定的范围[5]。

(4)日本法：

---

① 转引自陈棋炎：《亲属、继承法基本问题》，三民书局1980年1月版，第194页。

② 转引自陈棋炎：《亲属、继承法基本问题》，第194页。

③ 参考谷口知平：《嫡出亲子关系的存否》，第28页（日文本）。

④ 参考马育民译：《法国民法典》，北京大学出版社1982年6月版。

⑤ 参考陈棋炎：《亲属、继承法基本问题》，第197页、193页注3。

日本民法第772条规定：妻于婚姻中怀胎的子女，推定为夫的子女。自婚姻成立之日起200日后或自婚姻解除或撤销之日起300日内所生子女，推定为婚姻中怀胎的子女，即婚生子女。同时规定了准正制度[①]。

(5)台湾地区和其他国家法：

台湾地区的规定与日本大致相同。并规定受胎期间为婚姻成立起181至302日止。其他如前苏俄婚姻家庭法典第47条规定，如果父母处于婚姻状态，则婴儿的出生，由父母的结婚证加以确定，蒙古与之大致相同。瑞士民法典第255条规定，在婚姻存续期间或婚姻解除后300天之内所生之子女，推定为婚生[②]，古巴、秘鲁等国与瑞士的规定完全相同。如此等等。

综上，我们可以看出当前世界各国及台湾地区关于婚生子女的推定有三种方法。第一种，以子女在婚姻关系存续期间受胎的，推定为婚生子女。其受胎期间以医学界的生育经验，至少得满6个月，最多不超过10个月；第二种，以子女是否在婚姻关系存续期间所生为标准，是一种最简单的推定办法；第三种，以子女是否于婚姻存续期间或婚姻解消后300天以内出生为推定方法。第一、二种方法都存有片面性，而第三种方法是由一、二两种方法综合而形成的。此种方法有两方面的含义即：(1)如果子女在婚姻关系存续期间出生的，则不问其是否婚前已受胎；(2)如果子女在婚姻关系存续期间受胎的，则只要在婚姻关系解消之后300日以内出生的，一律推定为婚生子女。此方法不只是对维护夫妻关系、巩固社会秩序有利，重要的是对维护子女的利益更为有利。当今世界多数国家以种种方式采用此种立法来推定子女的婚生性。

2. 婚生子女推定的否认

婚生否认即是对婚生推定的限制。是指当事人依法享有否认婚

① 参考《日本民法典》第四编亲属，《コンパクト六法》岩波书店1995年日文版。

② 殷生根译：《瑞士民法典》，法律出版社1987年1月版。

生子女为自己亲生子女的诉讼请求权的制度，简称为否认权。[①]

婚生推定是依据法律条文来确定子女的婚生性的。在事实上，婚生推定并未解决该子女是否真正是婚生子女，在现实生活中也确有受婚生推定的子女为婚外关系所生的情况；也有因怀疑婚生子女是否为己所生，发生夫妻争执，产生婚姻破裂，乃至伤害事件的情况。为了保障当事人的合法权益、保障子女的利益、家庭和睦和社会安定，实现法律的公正性，各国法律在规定婚生子女推定制度的同时，也规定了对婚生子女推定的否认制度。

(1)英美法：

英国普通法规定，如夫能举证“不接近”(non－access)的事实的[②]可推翻婚生推定，但仅能证明妻与人通奸的，尚不足推翻婚生推定。前述事实包括：1)因自然的或偶然的原因而不能；2)因不在之物理的不能；3)精神的交接不能(moralimp ossibility of access)。除有上述重要事实证明外，不得否认婚生推定。英国法律没有受胎期间规定，仅就具体场合，由当事人举证，决定是否婚生。而且关于婚生否认诉讼，既无当事人限制的规定，也没有起诉期间限制的明文规定。

在美国，很多州法已将英国普通法规定条文化。有的州规定可以事实推翻婚生推定；有的州规定夫性不能，可推翻婚生推定；加州最高法院曾有判例规定夫妻别居302日以后出生的子女，如其生母与婚夫别居后继续与人通奸的，可提起否认之诉；有些州还明确规定，夫、妻、或其一方或双方的直系卑亲属，均可成为婚生推定之争讼的当事人；而路易斯安娜州的规定很受法国影响，规定有受胎期间，婚后180日以内所生子女不受婚生推定，但若夫明知妻怀胎结婚，或在出生或洗礼登录簿上签字的，不得否认婚生，而且夫应在子女出生1个月内否认，否则丧失此权，等等。[③]

---

① 参考李志敏：《比较家庭法》，北京大学出版社1988年版，第211—212页。
② 参考陈棋炎：《亲属、继承法基本问题》，三民书局1980年1月版，第194页。
③ 参考陈棋炎：《亲属、继承法基本问题》，第194—195页。

(2)德国法：

依据德国民法关于婚生推定的原则，只有证明夫妻在受胎期间无同居事实时，才可推翻婚生推定。否则，非有明确的证据——血型或遗传生物学的检查——才可否认婚生推定。而且婚生推定的撤销必须以判决为之(德民法第1593条)。德民法还明确规定撤销之诉，须在夫知悉该子女非自己亲生子女之时1年内提出。此撤销权在德国可由检察官行使。如出于保障社会公益、该子女或其子孙的利益需要，检察官可协助夫，或在夫不请求撤销或死亡，或下落不明时直接提起撤销之诉。撤销婚生的判决对第三人有效力，而且溯及到子女出生时生效。①

(3)法国法：

依据法国民法，虽婚姻关系中受胎之子女才可推定为婚生子女，似较严格，但如前述由于尚有第314、315、316等条款规定。实际上婚生推定的条件是比较宽泛的。法国民法还作了比较严格的婚生否认制度的规定。否认之诉有三种，一为否定父性推定之诉，此时夫应举证在受胎期间，不能与妻同居的物理事实，另外，夫可对婚后180日之内出生的子女，在未表示承认其为亲生子女的情况下，或者对别居期间内妻受胎而出生的子女，提出否认之诉，但没有时间限制；二为母子关系不存在之诉，母子关系因子女出生而自然形成，因此该诉即是指出生证书上之记载与身份占有实际存在矛盾时，可提出母子关系不存在之诉；三为争执子女婚生性之诉，包括争讼“父母婚姻关系是否存在”及“子女受胎或出生是否在婚姻关系存续中”两方面的内容。关于父母能否对子女请求承认其为婚生子女问题，学者意见不一。但法国破毁院曾有判决(1950.3.27)：如能举证子女系由婚姻关系存续中之女人所分娩者，纵由婚夫以外之男人认领，其认领亦自动

---

① 转引自陈棋炎：《亲属、继承法基本问题》，三民书局1980年1月版，第196—197页注22。

失效。此判例说明父母可以对子女请求承认其为婚生子女[①]。在法国,与德国不同的是,关于母子关系成立否之诉完全由民事裁判所管辖,检察官不得自行行使其公诉权。

(4)日本法:

日本民法第774条规定,于772条情形,夫可以否认子女为婚生,即违反婚生推定条件时,夫享有婚生否认权。第775条又规定:夫提起否认之诉的被告人为"子女或行使亲权的母","无行使亲权的母时,家庭法院应选任特别代理人"。并且在第777、778条中规定了婚生否认之诉的提起期限为应自知悉子女出生时起1年以内提起;夫为禁治产人时,前条的期间,自禁治产撤销后,夫知悉子女出生时计算。

(5)台湾地区及其他国家法:

台湾地区现行民法第1063条第2款规定:"如夫妻之一方能证明妻非自夫受胎者,得提起否认之诉。但应于知悉子女出生之日起1年内为之"。

其他如比利时民法第312、313条规定,夫可提出婚生否认之诉,但以提出足以证明他不是该子女生父的一切应有事实为前提。但在提出离婚或分居的情况下,若能证明夫妻曾重归于好或事实上同居过,夫不得提起否认之诉。第316条规定,否认之诉应在子女出生后3个月内提起,如夫不在当地,该限期自他回来时起算;如子女的出生对他隐瞒,自他发现受骗时起算等。比利时民法规定得十分详细。保加利亚民法典第33、34条对婚生否认也作了规定,夫可提出婚生否认之诉,但需在得知子女出生后1年内;生母可否认子女为其夫之婚生子女,此否认之诉也需在子女出生后1年之内。保加利亚民法第33条第4款特别提出,在人工生育的情况下,如果子女的生母持有其配偶向有关单位主管人员以书面形式同意的证明时,夫无权提起

---

① 转引自陈棋炎:《亲属、继承法基本问题》,三民书局1980年1月版,第201页注22。

否认之诉。

综上,我们可以看到,当前世界各国关于婚生否认的制度因婚生推定制度不同而有所区别,但主要涉及三个问题:第一,否认的原因。虽然各国有所不同,但一般只作了概括性的规定,即凡能举证,足以推翻子女为婚生推定的事实的,均为否认的原因。主要有如下两方面原因:(1)夫妻在妻受胎期间没有同居事实,包括物理上的、精神上的;(2)夫方有生理缺陷,无生育能力。第二,否认权人。有的国家规定只有丈夫享有否认权;有的国家规定,丈夫和子女享有否认权;有的国家规定,夫妻和子女享有否认权;有的国家甚至规定,检察官也有提起否认之诉的权利。第三,否认请求的时效和限制。在各国法律中,否认请求均有时效限制,其目的是促使当事人及时行使权利,尽快确定子女的法律地位。但关于时效的计算方法,各国规定不一。有的国家为 1 个月,有的国家为 90 天,有的国家为 6 个月,有的国家为 1 年,有的国家为 2 年。有的国家还作了诉权消失的具体时间规定。至于时效的计算方法各国也不尽相同。大多数国家规定从知悉需要行使权利时开始,但也有个别国家以否认权于子女出生时在出生地为起算时间,如出生时不在出生地的,以其返回出生地时起算,等等。

(三)关于建立我国婚生子女推定制度的几个问题

如上对英美法,德、法民法,日本及一些地区和国家的民法关于婚生推定及其限制规定作了一些介绍。我们可以看到,英美法系是以法律上亲子关系尽量能符合自然的亲子关系为其目的,因此英美法的婚生推定得依自由的举证方法来否定婚生推定,对否认权人及起诉时间并没有一定限制。在德国法和一些有相似规定的国家立法中,原则上婚生否认权行使者仅限于丈夫。日本也如此规定,但德国在 1938 年改为检察官基于公益立场也可撤销子女婚生性。德国有向真实主义立法方向转化的倾向[①]。但法国法、美国的一些州法,比利时等国,对婚生性的否认和确认上,都作了比较严格的限制,比较看重

① 参见陈棋炎:《亲属、继承基本问题》,三民书局 1980 年 1 月版,第 202 页。

法律上的亲子身份，维护现有的亲子关系和家庭的稳定，比较偏重法律主义。笔者认为，所谓亲子关系，原则上应以生物的血缘关系为基础，这是确认婚生子女的首要原则和依据。但社会实际生活中，如果当事人间已发生亲子般的亲情和父子女关系之事实，仍毫无限制地硬要切断这一联系，一概必须恢复原来的真实的亲子关系，恐怕既伤害当事人之间的感情、不利于未成年子女的健康成长，也无益于社会秩序的稳定。相反若能通过对举证方法、起诉权人、起诉期间等权利实现条件加以一定的限制，将已有的健康、良好的父母子女关系确认下来，还是有积极意义的。

各国关于婚生推定及限制制度五花八门，各有特色。我国建立婚生推定及限制制度究竟采取何种立法原则，参考哪部法律更好呢？确实需要很好地研究。笔者以为，可以对世界各国法律之规定兼收并蓄，从我国文化传统，特别是广大群众文化、法律知识水平以及接受能力和我国社会、经济发展实际需要出发，吸收外国有关法律中适合我国国情的有效经验，制定具有中国特色的婚生推定及限制制度。

关于婚生推定的基本规范，是否至少应有以下几项内容：

1. 规定婚生子女的含义：婚生子女是指在婚姻关系存续期间受胎或出生的子女。

2. 规定婚生子女推定原则：第一，妻于婚姻关系存续期间受胎所出生之子女；第二，妻于婚姻关系存续期间所生之子女；第三，妻于婚姻关系解消后 304 日内（刚好 10 个月）出生之子女。

3. 规定婚生推定的限制：第一，婚生推定的否认。如果夫妻之一方能证明妻所生之子女非夫所受胎的，得提起“婚生否认之诉”。否认之诉的性质也是确认之诉，是对血缘关系给予否认，即对无血缘关系这一事实的确认。关于婚生否认的期间应加以限制。吸收一些国家和地区的经验，结合我国国情，婚生否认的期限可规定为，得知子女出生后 1 年以内；第二，确定子女之父之诉。夫妻关系解消后，妻再婚、或重婚时，于原夫妻关系解消后 304 日内出生子女的婚生问题，往往由于婚生否认之诉，使子女成为非婚生子女，对子女的健康成长极为不利。所以应设有“确定子女生父之诉”，前夫、妻、后夫均有权提起确认之诉，以确保子女的婚生性，保障当事人及子女的合法权益。但为子女利益出发，也应有所时限，以得知子女出生后1年以内为宜。

这里需要说明的是，关于婚生推定，笔者认为还是规定得比较宽松为宜，如上述不作关于受胎期间的规定。其主要理由是：第一，现代医学科学技术不断发展，采用现代医学科学技术，可以提高不足月胎儿出生后的成活率，关于受胎最短时期很难作出确切的规定；第二，事实上一些胎儿是夫妻在婚前受胎，婚后出生的。如果由于卡算受胎期限，而产生对子女婚生性的怀疑，对子女是不公平的；对当事人及子女和社会秩序的稳定都是极为不利的。规定较为宽松的婚生推定原则，同时又规定比较严格的婚生否定制度，既可保障当事人的利益，特别是未成年子女的利益，又可维护良好的社会秩序和家庭的稳定。

四、建立非婚生子女的认领制度

非婚生子女是指没有婚姻关系的男女所生的子女。俗称“私生子”，是含有卑视之意的称谓，现代社会均已称为“非婚生子女”。

非婚生子女与事实上的父母间的法律关系如何规定，或者说非婚生子女的法律地位如何，他们对于其事实上的父母的抚养请求权、继承权等权利是否享有，享有的程度如何？是一个重大的社会问题，是世界各国均存在的一个事实上的和法律上的重要问题。

（一）非婚生子女的法律地位及各国立法例

自一夫一妻制以来，因婚姻成立要件的严格化，生育非婚生子女的情况逐渐增多。一方面，由于尊重婚姻制度，轻视非婚男女性关系，但又不完全禁止私通；另一方面，财产制度的发达，使继承法上，婚生子女与非婚生子女利益相冲突，因为父系家族要维持本家族的财产不落入外人手中，势必排斥非婚生子女，以致长期以来非婚生子女遭受歧视和虐待。近代社会，对于非婚生子女态度已有了很大转变，认识到无论是婚生还是非婚生，都与子女无关，是其父母所为，没有理由歧视非婚生子女。20 世纪初，首先法国取消了禁止“搜索生父”的规定；德国威玛宪法规定法律对非婚生子女的团体的、精神的以及社会的发育上，与婚生子女待遇相同。以后，各国民法均仿效之，非婚生子女的法律地位有了改善。但改善的程度，世界各国情况不同。例如直到 1926 年英国才颁布“准正法”，承认非婚生子女因事后婚姻准正取得婚生子女的地位。当今世界各国在法律上均作了非婚生子女享有与婚生子女相同法律地位的规定。但在享有权利的程度及形式上仍有一定的区别。

1. 英美法

在英国普通法上，非婚生子女不属于任何人的子女，因此其父不负有抚养义务。至后来，为减轻教区负担，立法规定生父须负抚养责任，尔后又规定生父应协助生母抚养非婚生子女。在普通法上，生母原也不负抚养之责，现在英国法律上规定未婚或寡居的生母对未满 16 岁的非婚生子女负有抚养责任。英国法还规定生父的抚养义务是一身专属的义务。生父死亡后，生母不得对生父遗产请求抚养。[①] 非婚生子女可依 1926 年、1959 年、1962 年政府法规和 1976 年《非婚生子女获取合法地位法》，由其父母的事后结婚而取得合法地位，变为婚生子女，享有与婚生子女相同的一切权利。

美国关于非婚生子女法律，大多数承袭英国法原则，但因时代不同，各州情况不同，各州立法也有所不同。依陈棋炎教授在《概论美国有关非婚生子女之法律》一书中分析，美国法可分为四大类：第一，由救贫法规定非婚生子女之抚养者；第二，由刑事法处罚遗弃非婚生子女者；第三，生母或第三人应有权利提起民事诉讼，请求生父抚养非婚生子女，及请求过去抚养费用之偿还；第四，如能举证父子关系确实存在，法院得强制生父抚养非婚生子女。[②] 第四种类型的立法即通常称为“非婚生子女诉讼”、“确定生父之诉”。在某种意义上讲，美国

① 参考陈棋炎：《亲属、继承基本问题》，三民书局 1980 年 1 月版，第 218—219 页。

② 参考陈棋炎：《亲属、继承基本问题》，三民书局 1980 年版，第 219 页。

法关于非婚生子女抚养规定，带有公法的性质，即依行政上或刑事法上的方法，确保非婚生子女的抚养。但关于非婚生子女对生父母的继承权问题，除因准正或收养而取得婚生子女身份可继承生父财产外，各州分歧很大，对生母的继承权也有多数州不承认。从美国全国情况看，非婚生子女与其生母间的身份关系，一般均获得承认。

2. 德国法

根据德国民法第1705条、1706条规定，非婚生子女与生母及生母血亲间关系同婚生子女关系。非婚生子女按德民法第1773条第1款规定，另设监护人，生母负有一定监护义务。德国民法原第1589条第2款，非婚生子女与其生父之间，不发生亲子关系的规定，现已废除。德国民法第1600条各款、1615、1710、1711、1934等条规定了生父对非婚生子女的认领及应负担抚养义务、可进行个人交往等内容。德国民法规定非婚生子女不能继承其生父遗产，但享有遗产补偿请求权。德国民法也有准正规定，以及“婚生宣告”制度，宣告非婚生子女为婚生。

3. 法国法

法国民法上有关非婚生子女法律地位的规定，与英美德等国立法有所区别。法国民法第329条规定，一切非婚生子女，只要通过自愿认领或通过判决合法确立其血缘关系，均取得婚生子女资格，即法国须经过认领（包括任意认领和强制认领）这一形成行为，非婚生子女可获得其法律上的地位。在1979年修改后的民法典第334条还规定，原则上非婚生子女与其父母关系享有与婚生子女同样的权利义务……并在第757条规定，一般而言，非婚生子女在继承其父母……的遗产时，具有与婚生子女同等的权利，但又规定，根据不同情况，继承遗产的应继分有所不同。在一般情况下，父母尚有婚生子女时，非婚生子女的应继分只能是该婚生子女的1/2，而在非婚生子女为奸生子女时，只获有对生父母的抚养请求权，没有对生父母遗产的继承权。同时法国民法上的准正必须具备认领和婚姻两个条件。

4. 日本法

日本法第779至791条作了关于非婚生子女法律地位的规定。日本法在非婚生子女与生父母发生法律关系的方式上也须经生父母认领而成，与法国法几乎相同。但是，其认领方式和法律效果有所不同，日本法规定，认领应按户籍法规定进行申报；非婚生子女一经认领，就与婚生子女待遇相同，发生父母双系的亲属关系，发生抚养和继承的权利义务关系。此外日本法也规定，在生父母尚有婚生子女的情况下，非婚生子女对父母的应继分是婚生子女应继分的1/2，与兄弟姐妹相互继承时，异父母兄弟姐妹的应继分为同父母兄弟姐妹应继分的1/2。同时，日本法规定，认领具有溯及效力，认领人不得任意撤销其认领等有利于被认领人的条款。

5.我国台湾地区和其他一些国家法

我国台湾地区民法规定，非婚生子女因出生的事实与其母形成自然的婚生子女关系；与其生父则须经其生父之认领而享有婚生子女的地位，享有婚生子女之一切权利义务。台湾地区民法第1064至1069条规定了关于非婚生子女地位的条款，其中规定，非婚生子女与其生父关系须经过认领，与其生母关系视为婚生子女，无须认领。台湾有学者称其为片面的准婚生子女，仅以生理的出生事实为证（依据事实主义）。此点与英、美、德法律相似，但是，是概括的、没有限制地承认与生母的准婚生关系。关于生父与非婚生子女关系，则与法、日民法规定相同。主要有三种认领方式：一为任意认领，二为抚育，三为强制认领；并规定生父认领非婚生子女的，不得撤销其认领。同时其民法第1066条规定，非婚生子女或其生母，对于生父之认领，得否认之，但认领权只有生父享有。认领请求权在1930年民法亲属编中规定只有生母或其他法定代理人才具有；1985年修改后的亲属编规定，非婚生子女本人也有认领请求权。但对请求认领（强制认领）的原因，台湾地区法一直采用列举主义。

其他国家如比利时规定非婚生子女（除乱伦所生之子女）因生父母结婚而取得合法继承人资格，并规定了认领制度，非婚生子女以公证书予以承认，但该非婚生子女不得请求享有婚生子女的权利，只有权领取其父母的抚养费和教育费。其规定比较保守，对非婚生子女有失公平。又如前苏俄婚姻家庭法典第50条规定，非婚生子女在确定生父后，对父母及其家属享有与婚生子女同等的权利和义务。规定非婚生子女依生母的申请登记载明婴儿的母亲；而生父的登记，则须根据生父和生母的共同申请登记或经法院判决决定之。这是比较注重维护子女利益的立法例，但比较原则、抽象。①

（二）建立适合我国国情的非婚生子女认领制度

综观前述各国有关非婚生子女法律地位的立法情况，大约可以分为以下三种情况。一是不须经过任何具体形成行为，在生父、生母与非婚生子女之间即可以赋予一定的权利义务关系，但这种权利义务是有限制的。有的国家是以特别法的形式规定，例如英国和美国；有的是以民法具体规定之，例如德国。二是必须经过一定的形成行为，才得承认生父、生母与非婚生子女之间的权利义务关系，如美国部分州、法国、日本等国。而且被认领的非婚生子女的继承权利仍受到限制。以上两种立法，使非婚生子女的地位较之以前有了很大提高，但仍未享受到与婚生子女完全相同的权利，如继承权等方面，仍是片面的、不完全平等的，对非婚生子女讲，是有失公平的。三是综合了上述两种方式，即非婚生子女与其生母，因子女的出生而视为婚生子女，无须经过认领的形成行为。从学理上讲，台湾有学者认为这是片面的准婚生子女，非婚生子女生父生母结婚的，视为婚生子女，即全面的准婚生子女，但非婚生子女与其生父之间的权利义务关系则须经认领的形成行为。所不同的是，非婚生子女与其生母及经过认领后与其生父之间的权利义务关系同婚生子女完全相同。台湾地区法律就是这样规定的。这一方面是由于我国封建社会历来特别重视“宗族”和“家”的存续，为延续血统，维持“家”的名份、荣誉，多子多孙，不光是妾所生之“庶子”，即使是婚外性关系所生之奸生子，主人与婢女

① 参考《苏俄婚姻和家庭法典》，张贤钰主编：《外国婚姻家庭法资料选编》，复旦大学出版社1991年1月版。

所生之婢生子，虽受到歧视，但在我国固有法上均占有一定的地位（尽管不是从子女利益出发的）。随着时代的发展，现代社会对儿童权利的越加重视，特别是经过1985年修改的台湾地区民法亲属编关于非婚生子女认领制度，从整体上看，在世界上还是比较先进的。

根据以上分析，比较而言，从总的原则上看，我国现行婚姻法第19条关于"非婚生子女享有与婚生子女同等的权利，任何人不得加以危害和歧视"。"非婚生子女的生父，应负担子女必要的生活费和教育费的一部或全部，直至子女能独立生活为止"的规定，应该说是世界上最先进的立法。在现行婚姻法下，当前的做法是：基于分娩的事实，非婚生子女与生母之间的关系一般无须加以特别的证明。非婚生子女与生父之间的关系，一般可由生父表示认领，亦可通过生母提出的证据或其他人证、物证加以证明。对于不履行抚养义务的生父，非婚生子女或其生母有要求给付抚养费的权利。如经生母同意，生父也可将子女领回抚养。如抚养非婚生子女的生母与他人结婚，其夫愿负担该子女的生活费和教育费的一部或全部，非婚生子女生父的负担可酌情减少或免除。成年的非婚生子女，也同样有赡养扶助生父的义务。父母与非婚生子女之间有相互继承权，适用我国婚姻法第18条和继承法的有关规定。① 但由于我国尚无认领制度，法律规定过于原则，在具体执行上难免发生一系列问题，使法律原则难以贯彻执行，非婚生子女利益难以得到切实保障。因此笔者以为，依据我国国情及社会实际需要，建立我国非婚生子女认领制度十分必要。在建立非婚生子女认领制度时，是否应注意并包括如下问题：

1. 建立非婚生子女认领制度的基本原则

（1）充分保护非婚生子女权利的原则。子女的婚生与否，不是子女个人意志所能决定的，子女是无辜的。非婚生子女与婚生子女同是生父母的亲生子女。所以，如仅因子女为婚生，便受到充分保护，而非婚生子女就受到社会歧视、特别是法律的不平等待遇，是不公平的，

---

① 参考杨大文主编：《婚姻法学》，中国人民大学出版社，1989年3月版，第207页。

是无视非婚生子女人权的。因此在制定认领制度时，必须从充分保护非婚生子女权利，使其健康发展的原则出发，切实保障非婚生子女享有与婚生子女完全同样的权利和义务。

(2)尊重事实的原则。认领行为不管是自愿认领还是强制认领，都有一个基本的前提即事实上的血缘关系。被认领的非婚生子女是认领人的亲生子女。这是发生认领的基础。

(3)男女平等和保护妇女合法权益原则。例如：在制定认领制度时应强调，生父母与非婚生子女之间无论是否经过认领的形成行为，生父和生母与非婚生子女之间的权利义务平等，在维护生父的自愿认领权的同时，要以征得生母同意为前提；非婚生子与非婚生女享受的权利义务平等。

(4)维护社会公序良俗的原则。认领行为是亲属法领域的一项重要的身份行为，无论对非婚生子女、对亲生父母及对社会都会产生一定影响，所以必须遵循良好公共秩序和良风美俗即善良风俗的原则。

2.行使认领非婚生子女的权利主体

笔者以为，我国亲子法应规定行使认领非婚生子女的权利主体即认领权人，应包括生父、生母、其他非婚生子女的法定代理人(监护人)，也包括非婚生子女本人。基于种种原因，非婚生子女并未全部随生母生活的事实，以及男女平等的原则，生母与非婚生子女之间的关系也应经过认领，不过生母与非婚生子女婚生性的成立只须证明非婚生子女确系生母所分娩的事实即可，如出生证，产院出生记录等。

3.认领的条件

法律应规定，认领权人行使认领行为须具备一定条件，是否起码应规定有如下几点：

(1)认领权人须具有民事行为能力，且为真实意思的表达；

(2)生父母认领非婚生子女须争得对方(特别是生母一方)的同意，或非婚生子女法定代理人(监护人)的同意；

(3)非婚生子女成年以后，生父、母认领该非婚生子女时，要征得非婚生子女本人同意。

4.认领的种类和方式

关于认领的种类和方式，在我国可以分为如下几种：

(1)因亲生父母结婚，非婚生子女自然取得婚生子女地位。称为生父、母共同认领。按户口登记制度进行申报登记。这里不必采用台湾法"视为婚生子女"字样，因实属不必要，也不用搞什么准正制度。

(2)生母自愿认领非婚生子女，只依子女出生证或其他能说明子女由己身分娩的事实证明，即视为自愿认领，与非婚生子女自然发生亲生母子关系，非婚生子女亦自然取得婚生子女地位。非婚生子女与其生母共同生活的，依户口登记制度进行申报登记。

(3)关于生父自愿认领非婚生子女的情况，由于第一，子女并非出自于父身；第二，生母受胎非婚生子女情况较为复杂，所以，生父认领非婚生子女的方式就势必复杂一些。这里有两种情况：第一，生父自愿认领。生父认领非婚生子女必须为自己真实意思之表达；生父认领非婚生子女，在子女未成年时，必须取得其生母或其法定代理人(监护人)的同意；在子女成年时，必须取得成年非婚生子女本人的同意。生父认领非婚生子女，须采用公证、书面或二名第三者在场下的口头形式进行认领。第二，生父自愿承担抚养教育责任。经生母、非婚生子女法定代理人或非婚生子女本人同意，生父承担非婚生子女的抚养教育责任。生父承担非婚生子女的抚养教育责任，即在事实上承认该非婚生子女为己之亲生子女，也就在事实上认领了该非婚生子女。该非婚生子女在事实上已取得了婚生子女的地位。视为自愿认领。

经认领后，与非婚生子女生活在一起的，生父应依户口登记制度，进行申报登记。

认领也可依遗嘱方式进行，于立遗嘱人死亡后生效，当然遗嘱不得侵害其他被继承人的应继分。

(4)强制认领。对有充分事实说明当事人为非婚生子女的生父、母，但当事人不予认领的，经请求人民法院确认其父(母)子女关系即确认其与非婚生子女的血缘关系，令其认领的，称为强制认领。此处的充分事实，即是指强制认领人与非婚生子女有血缘关系的事实。强制认领的请求人可以是生母、也可以是非婚生未成年子女的法定代理人（监护人）或非婚生子女本人（须10岁以上），在极少数的情况下，例如生母遗弃婴儿等情况下，也可能是生父。

强制认领请求权的原因，笔者以为不采用列举式，而采用概括式比较妥当。因为，无论是何种原因至使生母受胎而产的非婚生子女，对这些原因不负任何责任。他们都是人，都应该享有受抚养教育及其他一切充分的、平等的人权。因此追究其具体原因，不仅是不应该的，而且对子女是不人道、不公平的。出于对儿童生存、发展权的全面保护，应规定凡能以充分事实（证据）证明当事人为非婚生子女的生父、母的，得请求其生父、母认领，即提起认领之诉。

强制认领，除当事人抛弃认领请求权或被认领人死亡又无未成年直系卑亲属外，无除斥期间。

5. 认领的无效、否认和撤销；强制认领请求权的消灭和抛弃

（1）认领的无效、否认和撤销：1）认领的无效[①]。关于自愿认领出于保护未成年人利益、维护社会稳定等原则，应明文规定认领在下列情况下为无效：第一，认领人无意思表达能力，如精神病未恢复正常期内的认领、无行为能力人的认领；第二，违反真实原则，被认领人与认领人之间无血缘关系的认领无效；第三，对已受婚生推定的子女的认领无效；第四，违背遗嘱原则、方式的遗嘱认领无效。虽有上述情况，并非当然无效，而是在利害关系人据此提起无效之诉时，法院依法判决决定后，该认领属自始无效。2）认领的否认。关于认领的否认，主要是针对生父的认领而言。台湾地区等地设有此制。因为其生父认领子女为任意认领，无须经过生母、非婚生子女法定代理人（监护人）、非婚生子女的同意，因此法律明文规定非婚生子女或生母对生父之认领有否认权，提起否认之诉。其根据是违反血缘关系事实，这是必要的。但如果我国法律规定生父认领须经过生母或非婚生子女

---

① 参考陈棋炎：《亲属、继承法基本问题》，三民书局1980年版，第259—263页。

的法定代理人(监护人)、非婚生子女本人同意的话，就完全不必要设置认领否认制度。3)认领的撤销。关于自愿认领是否可以撤销的问题，依日本民法第 785 条、台湾地区民法第 1070 条规定，认领后不得撤销其认领。对此学界有两种不同看法，一为得撤销[①]，一为不得撤销[②]。笔者同意后者。因为认领行为是一项重要的身份行为，是否有血缘关系是能否发生亲子关系的关键，是对一种身份关系事实的确认，是十分严肃的事情。已确认的事实，怎么能随意撤销呢？因此，如若确是因受欺诈或其他原因认领了非自己血统的非婚生子女，可通过法律程序主张该认领违反真实原则，确认该认领无效。[③]

(2)认领权(包括认领请求权)的消灭和抛弃：1)认领权的消灭，基于前述建立认领制度须遵循的原则，笔者以为，对非婚生子女的认领这一重要身份行为，必须首先从保护非婚生子女特别是未成年非婚生子女利益出发，如果非婚生子女已经死亡，而又无未成年直系卑亲属的情况下，此项权利应予以消灭。2)认领权的抛弃，既然认领权(包括认领请求权)是一项身份权利，是以事实为基础的，依照一般原则，无所谓权利的抛弃问题。但是，值得注意的是，建立认领制度的基本原则有四项，而非仅只符合事实的一项。所以如果从其他各种原则出发，特别是为非婚生子女利益着想，且抛弃认领权(包括强制认领权)时，对非婚生子女又有妥善处理的，仍应允许。

6. 认领的效力

认领、不论是自愿认领(包括抚育)或是强制认领，均是以亲子血缘关系的事实为前提的，一旦认领行为发生，非婚生子女就与生父母在法律上也确认了亲子关系，即取得了婚生子女的身份。因此，便取得了基于亲子关系即父母子女关系的一切身份上、财产上的权利(包

---

① 参考陈棋炎：《亲属、继承法基本问题》，三民书局 1980 年版，第 263—264 页含注 47。

② 参考陈棋炎：《亲属、继承法基本问题》，三民书局 1980 年版，第 264—265 页，含注 48。戴东雄：《亲属法论文集》，东大图书公司印行 1988 年 12 月版，第 490—491 页。

③ 参考刘清波：《民法概论》下册，五南图书出版公司 1984 年版，第 122—123 页。

括继承权)和义务。和其他婚生子女同等对待。这一效力具有溯及力,即溯及自该非婚生子女出生之时。

五、完善收养制度

收养制度是一种经法律拟制而成立父母子女关系的法律制度。所谓收养即是收养他人之子女为子女,而法律上视同婚生子女的法律行为。使血统上本无亲子关系的人之间,经法律拟制而产生亲子关系,此种父母子女之血亲关系称为拟制血亲关系。其收养人为养父或养母,被收养人为养子或养女。

收养制度,自原始社会(古代血族团体社会)之时就已存在,其目的随着时代和国家之别而有所不同。大致经过了"为家之收养","为亲之收养"和"为子女之收养"等三个阶段。最初不外是为家族血脉之延续而产生的。因为无子孙的宗族或家族,需利用收养方法得一嗣子,使其祖先的血食不断。这时的收养人仅限于宗主或家长,而养子仅限于男性,收养要件十分严格。我国封建社会的立嗣,就是这一时期收养的典型形式。至家族制衰落,宗祧继承或传香火观念松弛后,收养目的已有转变成为亲利益的趋势。此时期除有立嗣子之收养外,还有为增加劳力及养老的意思而收养的情况,收养条件也放宽了。但也出现了转收养、逼良为娼等问题。在当时,同宗抚养子、异姓养子(义子)是我国收养的典型形式。自第一次世界大战以来,战争造成了众多的孤儿,形成严重的社会问题;加之随社会经济的发展,社会结构的变化,非婚生子女增多等情况,现代收养立法均以保护未成年养子女利益为出发点。可归纳为四大特点。第一,以保护未成年人利益为基本目的和职能,以收养未成年人为中心;第二,收养实质要件向有利于孤儿、弃儿、非婚生子女方向发展,使其得到家庭温暖;第三,从其成立方法上看,国家采取了干预的政策,取国家监督主义,以保证收养目的之实现;第四,从收养效果来看,向着完全收养的方向发展。德国现行收养法及日本的特别养子制度,就是具有代表性的二例。[1]

(一)现代各国之立法例

如前述现代各国收养制度都有了很大变化,其突出的特点,就是公的权力之介入,即加强了国家的监督。

1.德国

(1)收养目的,德修改后的民法典,第1741条(1)款规定,如收养有利于未成年子女的利益,并可期望收养人和子女之间形成父母子女关系者,准许收养,即是说收养是以保护未成年子女利益,使其能生活在有利于成长的温暖家庭环境的目的出发的。因此,德国收养法虽设有收养成年子女制度,但以收养未成年子女为主要内容,收养成年子女只是例外,并规定了比较严格的条件。德国民法第1767条第(1)款规定,收养成年人在道义上属正当时,成年人得被作为子女收养。在收养效力上未成年收养和成年收养也有不同之处。未成年养子女在法律上的地位与婚生子女相同(德国民法第1770条第(1)款),未成年养子女及其直系卑亲属对本生父母的亲属关系及由此而产生的权利义务关系由于收养成立而消灭,成年养子女的法律效力却不及于收养人之亲属,成年养子女及其直系血亲卑亲属与本生亲属之间的权利义务,原则上,不因收养而变化。

(2)收养立法采取国家监督主义

为了更好地达到保护未成年养子女利益的目标,德国收养制度在收养的成立、终止或废弃上均采用了公权力介入的监督主义。德国旧民法中已有公权力的介入以加强监督,德国现行法更不将收养行为视为契约,而视为法院的裁定行为(Dekretsystem)。[2] 德国民法第1752条第(1)款规定,收养子女经收养人申请由监护法院予以宣告。

① 以上内容请参考:刘清波:《民法概论》下册,五南图书出版公司1984年8月版,第126—128页;陈棋炎等:《民法亲属新论》三民书局1987年9月版,第300—301页;戴东雄:《亲属法论文集》,东大图书公司1988年12月版,第362—363页;史尚宽:《亲属法论》,荣泰印书馆1980年6月版,第523—524页。

② 参考戴东雄:《亲属法论文集》,东大图书公司1988年版,第370页。

收养人住地法院在裁定之前，必须审查收养要件是否完全具备，收养目的是否符合法律规定（德国民法第 1741 条）。一旦经法院裁定，收养除废弃外，不得再撤销或变更。而关于废弃，德国民法已不再承认当事人自行协议废弃收养，而分为申请和依职权废弃两种。依职权废弃（德国民法第 1763 条）是国家权力介入，没有疑问，而申请废弃也须向监护法院提出，实是国家监督的一种形式（德国民法第 1760 条）。

(3)收养的成立

收养成立必须具备一定的法定条件，其中包括实质要件和形式要件两种。此要件具备与否，决定收养是否有效、无效和撤销。

1)德国法规定的收养成立的实质要件

甲、被收养人

第一，被收养人主要以未成年人为主（德国民法第 1741 条），成年人被收养时一定要在道义上被认为正当者，始得为之（德国民法第 1767 条）。

第二，试验同居期间。德国民法第 1744 条规定，收养子女通常应在对子女已有适当时期的养育时，始得予以宣告。养育期间，依收养介绍所之惯例为 1 年[①]。

第三，熟虑期间。为避免被收养人父母迫于心灵或经济的压力，仓卒做出送养的决定，德国民法第 1747 条第 3 款规定，子女满 8 个星期时，始得表示同意收养。

第四，被收养人不得同时被二人以上所收养。德国民法第 1742 条规定，以收养关系存在为限，被收养的子女在收养人生存期间，仅得由收养人的配偶收养之。

第五，准正子女或非婚生子女得被生父或生母收养（德国民法第 1741 条）。

关于被收养人之性别以及被收养人数各国均无限制，德国现行

---

① 转引自戴东雄：《亲属法论文集》，东大图书公司版 1988 年版，第 375 页注 23。

民法也未对人数加以限制。

乙、收养人

第一,行为能力。依各国立法例收养人应具备行为能力。德国民法第1743条第4款规定,收养人必须为非限制行为能力者。

第二,年龄限制。德国民法第1743条规定,夫妻共同收养时,一方应满25岁,另一方也应满21岁,才得收养;单独收养时,收养人需满25岁,但收养自己的非婚生子女或配偶的子女时,满21岁即可。

第三,年龄的差距。德国1961年前民法规定收养人与被收养人须相差18岁,但现已删除该年龄限制。

第四,有配偶时收养的类型。一般分为代表型、独立型、同意型、共同型[①]。德国民法采用同意型即夫妻的一方独自收养子女的,应得他方的同意,在夫妻一方不能表意时(有行为能力障碍的、长期行踪不明等情况),他方无须征得其同意(德国民法第1747条第4项)。

第五,监护人可否收养被监护人。现行德国民法把监护人可否收养被监护人的决定权,交给了法院。由法院审查监护人收养的真实目的,根据是否违背被监护人的利益来决定是否许可监护人收养被监护人。

第六,收养人有直系卑亲属时,能否再收养的问题。现行德国民法改旧民法不得再收养子女的规定为:收养人的子女的重大利益或应被收养人的重大利益与收养相抵触,或应被收养人的利益由于收养人的子女而有受损害之嫌时,不得宣告收养,并不应由财产权的利益决定收养。

丙、收养同意权的行使

收养一定要取得收养当事人双方的同意,在被收养人为成年时,自身即可为出养同意权的行使者,只要合法,不发生任何问题。但在实际社会中被收养人大部分为未成年人,他们出养时,由谁行使同意权呢?各国立法例不尽一致。德国民法作了如下规定:

---

① 参考戴东雄:《亲属法论文集》,东大图书公司1988年出版,第384—385页。

第一，父母的同意权。德国将收养行为视为身份行为，因此1979年德国修改收养法后，不再采用其民法总则有关满7岁为意思能力的制度，而采用满14岁为具有出养意思能力的标准。规定满14岁的未成年人出养，由本人同意而且须经其法定代理人的承认，始得出养，并规定了同意权的代替制度（德国民法第1748条第1、2项）。

父母同意收养的表意应向监护法院表示，此同意之表示须作成公证，送达监护法院，始能生效。同意不得附加条件，同意也不得撤回（德国民法第1750条）。

第二，子女的同意权。如前述，满14岁子女在收养认可生效前，可向监护法院撤回其同意。同意撤回也需有公证书，却无须再经法定代理人的承认（德国民法第1746条第2项）。对于子女出养，监护人或抚养人无正当理由拒绝同意或承认时，监护法院得代为准许（德国民法第1746条第3项）。

第三，配偶的同意权。德国民法第1749条规定，收养子女须经配偶同意。

夫妻离异后，父母对子女出养的同意权行使就有些特殊，但由于德国民法第1671条及1746条已对离婚父母亲权行使问题和出养同意权及承认权问题做了规定——为法定代理人。因此，对此德国民法没再作什么特殊规定。依据前两条可做出妥当处理。

总之，德国现行收养法的规定虽重视父母（夫妻）的同意权和承认权，但因为加强了公的权力之监督，所以可以说，收养的生效不在于父母的同意，而在于监护法院的许可，而许可的标准只有一条即符合未成年子女的权益。

2）德国法规定的收养成立的形式要件

现代世界各国关于收养成立的形式要件即收养成立必须具备的一定方式，趋于采用国家公权介入的方式，而逐渐抛弃由当事人私订协议的放任主义方式。德国就是突出一例。德国收养成立大约经过如下程序：

第一，申请。依德国民法第1752条第1项规定，收养依收养人的申请而宣告。依照德国非诉讼法第43条的规定，收养由被收养人住所地法院（无住所时，由被收养人居所地法院）管理[①]。申请不得附条件和期限，或由代理人提出（德国民法第1752条第2项）。申请应作成公证书，以示慎重。

第二，审理。监护法院应对收养的各项实质要件进行审查，包括收养的目的、年龄等各项要件是否具备。

第三，宣告。法院审查后，应发出是否许可收养的宣告。宣告以送达到申请人为生效。宣告有成立、不成立两种，成立宣告一旦送达到申请人后，不得撤回、抗告或变更，不成立宣告送达到申请人后，可依非诉讼案件法第16条第1款规定提起抗告。[②]

（4）收养的无效和撤销

关于此问题，德国和日本可分为两种不同类型的立法例代表。台湾戴东雄教授认为德国1979年1月在全面修改收养法时，变更了收养的性质。从而修改了收养的无效和撤销制度为废弃制度。戴先生认为德国旧民法明确规定收养为一种契约，而1979年修改后的收养法则规定收养为法院公权的裁定（Dekretsystem）行为，因此结婚撤销之制度不再适用于收养了，所以修改后的德国民法第1759条中综合规定了收养的“废弃”（Aufhebung）制度原则。[③] 并在第1760、1763条中规定了废弃的原因，即包括旧法的无效与撤销的原因之全部内容。其原因采用列举或与概括式相结合的方法，其形式为当事人申请与监护法院依职权废弃两种方法。但1984年12月上海社科院法学所翻译的德国民法，[④] 仍保留了无效和撤销的说法，并以“撤销”作为德国民法第1759条的概括用语。[⑤]

---

① 参考戴东雄：《亲属法论文集》，东大图书公司1988年版，第414页。

② 参考戴东雄：《亲属法论文集》，东大图书公司1988年版，第414页。

③ 参考戴东雄：《亲属法论文集》，东大图书公司1988年版，第435—436页。

④ 请参考上海社科院法学所翻译：《德意志联邦共和国民法典》，法律出版社1984年12月版，第467—473页。

⑤ 由于公权力对收养介入的加深，译文似用“撤销”比“废弃”更为准确。

(5)收养的效力

收养的效力，依各国立法例所采用的收养形式要件而定。现代各国依其收养形式要件不同，而有所区别。以登记为收养成立的国家，自申报受理之日起，收养关系成立，以法院或行政机关认可为收养成立的国家，自法院或行政机关认可之日起发生效力。德国即是以法院的裁定宣告(认可)为收养生效。德国民法第1752条规定，收养子女经收养人申请，由监护法院予以宣告。

宣告后收养发生效力，养子女取得婚生子女身份。主要效力有如下几条：

第一，姓氏。德国民法第1355条第1项规定，男女婚后须决定一个家姓，养子女从家姓。

第二，继承权。德国民法对未成年人收养采用完全收养办法。同时为保证养子女的法律地位，德国民法规定，不得暴露养子女身份，实行“秘密收养”(德国民法第1758条第1项)。

第三，亲权与扶养义务，由于德国民法规定养子女取得婚生子女地位，为完全收养，所以本生父母对养子女不享有亲权，养父母对养子女享有亲权。养子女与本生父母及亲属之间，不互负扶养义务；与养父母之间互负扶养之权利与义务(德国民法第1755条)。收养人为成年人，与本生父母间仍存在扶养的权利与义务。

第四，亲属关系与禁婚范围。

根据德国民法第1755及1756、1770条规定，收养关系成立，被收养人的原亲属关系消灭，但成年养子女与养父母的亲属不发生亲属关系。

关于养子女及其直系血亲卑亲属与本生父母及其亲属间之禁婚问题，德国婚姻法作了相应的规定，并于1979年德国收养法全面修改后，婚姻法对于法定血亲之间禁婚范围也作了改动。德国婚姻法第7条第1项规定，因收养而成立的直系血亲、同父同母、同父异母、同母异父及直系姻亲相互间不得结婚，但收养关系消灭后，不再受限制。同时，关于养子女与本生父母方之禁婚范围，德国婚姻法第4条规定，虽因收养而消灭亲属关系，但禁婚之规定仍然适用。

(6)收养的终止

收养关系成立并生效后，因遇到特殊事由而无法继续维持亲子关系而加以消灭的情况，为收养终止。由于德国修改后的收养法，视收养为国家的裁定行为，所以德国已将收养终止改称为收养之撤销。完全由国家监督。如前述，并参见德国民法第1759—1763条。

至于收养撤销之效力，德国民法第1764条作了撤销对未来有效、因收养建立的亲属关系，及由此而产生的权利义务消灭的规定。同时该条还规定了子女与其直系血亲卑亲属及血亲的亲属关系和由此而产生的权利义务重新开始；而亲权则由监护法院依据对子女利益有利出发决定转给本生父母，或另设监护人或保佐人。德国民法第1765、1766条还对收养关系撤销后的子女姓氏、禁婚问题作了规定。

2. 日本

(1)收养目的

日本民法在1987年对收养制度进行了改革，建立了特别收养制度。所以日本的收养分两种，一为"普通收养"，二为"特别收养"即只针对低年龄未成年人的收养制度。关于收养目的，日本民法虽没有明确规定，但从其第798条关于收养未成年人为子女，应经家庭裁判所许可的规定，可以看出日本收养制度，尤其是特别收养制度的建立，是为谋求养子女之福利，防止逼养子女为艺妓[①]。同时日本民法于1987年追加，1988年实行的特别养子制度明确规定，在生父母监护子女有困难或不适当或其他特殊情况下，为了子女的利益，得建立特别养子关系(日本民法第817条之7)。

(2)收养立法采用国家监督主义

关于收养的成立，日本也采用了国家监督主义，但只限于对未成年养子女。如前述(日本民法第798条规定)。

---

① 参考中川善之助编集：《注释民法(22)之Ⅱ·亲族(3)》，1972年有斐阁，第585页。

在收养终止上，日本规定了协议终止（日本民法第811条第1、2项）和裁判终止（日本民法第814条）两类，其中裁判终止也是采用国家监督主义作法。

(3)收养的成立

1)日本民法规定收养成立的实质要件

甲、被收养人

第一，被收养人种类。从被收养人观之，日本民法规定有三种养子女。一为一般未成年养子女，采用国家监督主义。收养被收养人须经家庭裁判所许可（收养配偶的婚生子女除外）；二为成年的养子女，采用当事人放任主义；三为1987年通过的特别养子，即指被收养人必须是未满6岁，或未满8岁，但已由收养人从不满6岁开始监护了的儿童。对此，国家采取国家监督主义，同第一种程序。

第二，试验同居期间。为了养子女的利益，收养特别养子的，须在提出申请后关系成立之前，养亲至少监护、养育养子女6个月以上，作为试验同居期（日本民法第817条之8）。

乙、收养人

第一，行为能力。日本民法第792条规定，收养人必须是成年人。只要是成年人，不问年龄、不问婚否，不管是否有婚生子女，都可以收养子女。根据婚姻而成年的未成年人（拟制，日本民法第753条），也可以收养子女。[①] 但是，在特别养子的情况下，收养人必须达到25岁，夫妻一方未达25岁的，只要达到20岁，也可以收养。

第二，禁止收养自己的尊亲属和长者为养子女（日本民法第793条）。

第三，监护人收养被监护人时，即使在监护中或监护任务终了，而管理结算尚未完成的情况下，只要家庭裁判所许可的，均可建立收养关系（日本民法第806条）。

第四，有配偶时的收养。根据1987年修改后的收养法第795条

---

① 参考日本昭和23·10·23民甲1994号回答等。

规定，在有配偶情况下的收养，必须是共同收养(收养配偶的子女为例外)，第796条规定有配偶的一方收养子女时，应征得对方的同意，但对方意思表达不能的情况下，有配偶的一方可得以双方之名义为收养。

第五，特别养子情况下，必须是夫妻共同收养，除收养配偶的子女外，单独一方不能收养6岁以下儿童为养子女。

丙、收养同意权的行使

第一，父母的同意权。日本将收养视为契约行为。在子女未满15岁时，其法定代理人(父母或监护人)得代为承诺收养(日本民法第997条)。此点上，日本与德国相同，身份上之收养行为，不依民法总则的意思能力执行，而另规定出养人的意思能力。据日本民法第818条规定，父母共同对子女行使亲权，因此出养承诺由父母共同行使。一方拒绝时，收养不能成立。但亲权不能共同行使时，他方可单独行使。因此，日判例承认行使亲权的单独一方的出养代诺权的行使①。但具体方法，日本民法没作出规定。

第二，子女的同意权。日本民法规定15岁以下的子女由其法定代理人代为出养的承诺，故称其为代诺养子(日本民法第797条)。对15岁以上的未成年人出养没有作出其他规定，出养同意权由未成年人自己行使②，但须经家庭裁判所许可，此点与各国立法相同。成年人被收养，完全依被收人的意思决定，通过协议建立收养关系。

第三，配偶的同意权。如前第一所述。

在父母离婚时，如何行使同意权，日本民法和德国民法规定相同，有亲权的一方父母，对其未成年子女的出养有代诺权(日本民法第819条第1项；中川善之助《注释民法(23)·亲族(4)》)。但日本民法不同于德国民法的地方在于，父母离婚时，除亲权人由夫妻协议或

---

① 参考中川善之助编集:《注释民法(22)之Ⅱ·亲族(3)》，1972年有斐阁，第564页。

② 参考中川善之助编集:《注释民法(22)之Ⅱ·亲族(3)》，1972年有斐阁，第559页。

由法院决定外，还得协议或由法院决定除父母以外的第三人为监护人（日本民法第766条）。可以看出，由于家庭裁判所享有了关于出养的许可权，日本民法上的代诺已经和德国相近，显得并不十分重要了。

2）日本民法规定的收养成立的形式要件

日本民法与德国民法相同，未成年人的收养须经法院许可，成立收养关系，但又有其自身特点，主要程序如下：

第一，申请。日本民法第798条规定，收养未成年子女须得家庭裁判所之许可，受理申请的裁判所为被收养人住所地裁判所。

第二，审理。依日本注释民法的解释，裁判所关于收养成立审查的范围，包括一般法定要件是否具备，收养是否按照符合未成年被收养人利益进行等内容。

第三，宣告。对符合要件和收养目的的收养申请，法院应作出收养许可宣告。此许可为申报的要件。

第四，申报。依日本民法第799条准用第738条及739条规定，收养如同结婚，必须依户籍法规定进行申报，经申报，收养才生效。申报须有2人以上成年证人在场证明，申报地为申报人所在地户籍管理部门。在日本，成年人出养只经申报即可建立收养关系。

特别养子的形式要件有所区别，特别养子关系的建立，是收养人住所地家庭裁判所根据收养人的请求，审查收养是否符合日本民法第817条之3—7的要求，而后审判决定收养的成立。户籍只是根据审判结果记录养子入户情况。

（4）收养的无效和撤销

日本民法一直将收养视为一种身份契约行为，如同婚姻性质。所以准用婚姻无效与撤销的规定。

1）收养的无效[①]

① 参考日本民法《缘组の届出》第799、739、801条，日《缘组无效の诉讼及ぴ审判》人诉24·26。家审23、25、26，《缘组无效と户籍の订正》户114—117。

日本民法第802条规定收养无效主要有两种情况：第一，违反收养的实质要件，当事人间无收养意思，包括意思欠缺和违反收养目的之假收养等；第二，违反收养的形式要件。关于收养，日本采用国家监督的申报登记主义①。未按照结婚申报程序向户籍机关进行收养申报的，收养不能成立。

2）收养的撤销②

根据日本民法规定，收养撤销有如下几种情况：第一，违反第792条规定，收养人为未成年人，得依收养人或其代理人提起撤销收养诉讼。第二，违反第793条规定，收养其尊亲属或年长者的，由当事人或亲属提起收养取消之诉（日本民法第805条）。第三，违反第794条规定，监护人未经家庭裁判所许可将被监护人收为养子的，养子或其生父母一方亲属可提起取消之诉（日本民法第806条）。第四，缺少配偶同意的收养得取消，详见日本民法第806条之二·三。第五，违反日本民法第798条规定，未经法院许可，而收未成年人为养子女的，得取消，详见日本民法第807条。第六，结婚撤销原则之准用。依日本民法第808条规定，日本民法第747条有关因诈欺、胁迫结婚之撤销及第748条结婚撤销之效果，完全适用于收养的情形。

总上可以看出，日本民法将收养视为身份上的契约行为，明确规定收养适用结婚的无效和撤销的各条款，而不适用民法总则的有关规定，与德国的“废弃”制度有很大的区别。

（5）收养的效力

第一，日本民法规定，经收养申报，收养成立之日起生效，养子女取得婚生子女身份（日本民法第809条）；第二，特别养子自家庭裁判所审判收养成立之日起，养子女取得婚生子女地位，与本生父母及血亲亲属之间权利义务关系终止，但收养配偶一方的子女为养子女的

---

① 参考戴东雄：《亲属法论文集》，东大图书公司1988年版，第420页。

② 参考日《缘组取消しと届出》户69、63，日本民法《缘组取消しの效果》第808条，《缘组取消しの诉讼及ぴ审判》人诉24、26，家审23—25·26。

情况除外(日本民法第817条之二)。第三,养子女的姓氏以养亲的姓氏为之,但因婚姻而改变姓氏的,不受此限制(日本民法第810条)。

(6)收养的终止

1)一般收养的情况下

日本民法与德国、瑞士民法不同,承认收养为契约,将终止收养称为"离缘"。

第一,协议终止收养。根据日本民法第811条第1、2两项,收养当事人可依协议终止收养。但终止收养的协议达成,还不能立即生效,须依据户籍法登记才能生效(日本民法第812条)。

第二,裁判终止收养。

现行法第814条规定终止收养的原因主要有:收养关系当事人一方遗弃对方的;一方当事人生死不明达3年的;有重大事由致使收养关系难以继续维持的情况下,另一方可提起收养终止之诉。与旧民法相比,关于收养终止的原因,旧法采用了列举主义原则,现行法采用了例示的概括主义原则,较宽松、灵活;旧法偏重养亲的利益,而现行法较客观;旧法采用绝对终止主义,而现行法采用了相对终止主义,反映了为子女利益考虑和国家监督加强的趋势。[①] 根据日本民法第815条规定,养子女未满15岁时终止收养的,须经诉讼解决,依第811条规定,终止收养之诉,既可由能够与养父母订立终止收养协议的人提起,也可以由养父母提起。

收养终止后,依日本民法第816条规定,养子女因终止收养而恢复收养前姓氏。至于其他如继承关系等问题,按第769条规定处理。

2)特殊收养的情况下

第一,特别收养关系终止一律须经家庭裁判所进行,收养终止之诉可由养子女、生父母或者检察官提出,终止的主要原因有二:一是存在养亲虐待、恶意遗弃养子女的明显事实的;一是生父母已具备了相当的监护能力。

---

① 参考戴东雄:《亲属法论文集》,东大图书公司1988年版,第413—414页。

第二，特别收养终止后养子女和其生父母的血亲关系（一切权利义务）自收养终止之日起同日恢复。

3. 法国

法国现行收养制度与 1804 年相比也发生了很大的变化。1804 年法国民法认为收养只能是收养者与被收养者发生亲属关系，被收养者仍与本生亲属保持原有权利义务。因而未成年人不得为被收养人。为保护未成年人的利益，法国当时采用一种叫作“慈幼监护”的制度，待子女成年，再行收养，收养条件十分严格。第一次世界大战以后，战争给法国带来了巨大的灾难和大批孤儿，社会情况要求放宽收养条件。法国 1923 年修改了民法第 343 至 370 条，简化了收养条件。准许收养未成年人，并规定不分男女也不分国籍，均得为收养者，但一人不能同时为两个以上人所收养（夫妻共同收养除外）。配偶一方收养得另一方同意。收养以收养契约订之。规定收养必须“有正当理由”及“为被收养者的利益”而成立。法国民法还规定，收养契约或经过公证为之，或经收养者住所地的治安推事法院签署契约。未满 16 岁的未成年人出养，得由其法定代理人以本人名义代为订立契约，该契约应经法院许可，并须依法公告。关于收养的效力 1923 年法国民法大体和旧制相似，但第 352 条规定养子女仍维持其本生的亲属关系，凡基于本生亲属而产生的一切权利，依然可保留。养父母只能对养子女取得亲权及结婚同意权。第 351 条还规定，养子女应以本姓冠以养父母之姓。1923 年法国民法第 354 条还以列举主义方式对因收养关系成立而发生的若干结婚障碍作了规定。第 356 条规定养父母与养子女之间发生互相扶养的权利义务。1923 年法国民法改变过去收养关系不得终止的旧制为遇有重大事由时，收养契约经法院裁判，亦可宣告终止（法国民法第 370 条）①。1976、1978—1979 年，法国民法中收养规定又经修订。其主要变化如下：第一，关于收养要件，明确

① 参考梅仲协：《收养制度之比较研究》，戴东雄主编：《民法亲属继承论文选辑》，五南图书出版公司 1984 年版，第 340—343 页。

规定未分居的夫妻于结婚5年后得请求收养子女(法国民法第343条)。同时规定,凡年满30岁者得请求收养(法国民法第343—1条)。收养人至少比被收养人大15岁,但收养配偶一方的子女时只要求大10岁,且规定如有正当理由,年龄差虽小于前款规定,法院也得判决收养(法国民法第344条)。第二,关于收养效果,法国民法第356条规定,收养关系成立后,养子女与本生父母的关系即行停止,只保留禁婚规定,这与旧法有很大的改变,实行完全收养。法国民法第357条规定了养子女的姓氏问题,增加了根据收养人的请求,法庭可以变更养子女姓氏规定,但仍存在重男轻女的倾向。第358条明确规定养子女在收养人家中享有与婚生子女同等权利义务,改变了旧法中被收养人对于收养人的父母的遗产不能继承等不平等待遇。更加注重保护养子女的利益。

4.英美法

(1)英国法

现代英国制定了关于收养的特别法律,包括1958年—1968年《收养法》、1975年《儿童法》和1976年《收养法》。其主要内容如下:第一,关于收养的实质要件。法律规定被收养人应是18岁以下的未成年人,且养子女不可同时为两个以上人所收养(夫妇共同收养除外)。法律规定收养人可为已婚夫妇,也可为单身男性或女性,是夫妇的情况,其中一人必须年满25岁或长于被收养人21岁,或虽年满21岁,而是被收养人的长辈亲属。①第二,关于收养的成立。英国收养法规定高等法院或郡法院或治安法院接到收养人的申请后,得依法对申请进行审查,合乎收养条件的,法定法院应颁发收养命令,从而收养成立、生效。第三,关于收养的效力。英国收养法规定,收养生效后,被收养人与本生父母或监护人的一切权利义务和职责均消失,与养父母建立父母子女关系,也实行完全收养制度。第四,英国收养法还根据1981年的国籍法规定,英国公民可以根据英国内法定法院颁

① 参考戴东雄:《亲属法论文集》,东大图书公司1988年版,第375页。

发的收养命令，收养非英国公民的未成年人为养子女。

(2)美国法

关于收养，美国各州法没有统一的规定，情况十分复杂。但是，收养法是家庭法的一个重要部分，各州均有规定。关于美国收养法起码有如下两点必须提到：第一，收养的条件。被收养人一般均规定为未成年人，成年人(包括已婚的)也常常可以成为收养的对象。收养要经过达到一定年龄的养子女本人的同意。如亚利桑那州、加利福尼亚州规定为12岁，纽约州和伊利诺斯州为14岁等。收养人可以是成年的夫妻双方，也可以是未婚的成年人。收养人须在收养地州有一定的居所、良好声誉。此外还需要有6个月的试养期。同时收养必须经过收养人或被收养子女居所地第一审法院的审查批准程序，裁定6个月期满后，不得撤销收养。第二，收养的效力。关于收养的效力，美国很多州规定，养子女享受婚生子女待遇，或规定了养子女和亲生子女间的平等待遇。但也有的州在养子女法律地位和附带事件之间划出了严格的区别。不同于别国的是，关于赡养权利要求、继承权等问题，美国往往是作为收养附带事件附于收养成立的裁决中加以解决，以保障收养当事人的合法权利。①

(二)对我国现行收养法之检讨

1. 我国收养制度的变迁

如前述，我国收养制度最初之目的是为“宗”，以使祖先血食不断。立嗣(包括为死去的人立嗣)或过继子等是当时收养的主要形式。但立嗣不同于一般收养，十分严格。嗣子只有男性才可以，以继承宗祧。随着社会的发展，一般收养关系也随之发展起来。从而为“家”，即为保持家产、人丁兴旺而收养的情况也逐渐增多。随后出现的所谓抚养子则是为增加劳力，抚慰晚年或养子待老。这时的收养主要是为“亲”(即父母)的目的。唐律以后，有所谓收养义子之说，不在乎是否

---

① 参考〔美〕彼得·哈伊著、沈宗灵译：《美国法律概况》，北京大学出版社出版，第130—131页。

同宗同姓，义子也有男有女。其好处是，一些孤、弃儿得到养护，似有为子女利益而收养的端倪；但也存在借收养之名，行买卖人口和逼良为娼的问题。清末民律草案保留嗣子，但不再设同宗抚养子、义子。至1930年，中华民国国民党政府民法亲属编废除了宗祧继承，收养子女只有一种，即养子女，只是此时，收养条件较之过去宽松，只要有书面协议即可，若是从小按子女抚育的，还可以不要书面协议，口头协议就可收养子女。并承认指定继承人即遗嘱收养的制度，禁止养亲死亡后终止收养。此规定之实质仍是为立嗣习俗打开方便之门，被当时一些法学家称之为“过去立嗣之变相”。可见保留了较浓重的为“家”、为“亲”的封建传统。我国台湾地区继受了国民党政府民法，但在1985年6月对民法亲属编作了重要的修改，废除了遗嘱收养制度，实行单一收养认可制。但是，偏重于为养父母之利益，尚未完全脱离为“家”、为“亲”之目的。

1949年新中国成立后，彻底废除了立嗣制度。但在第一部婚姻法（1950年婚姻法）中，并没有专门对收养制度做出明文规定。根据最高人民法院关于收养问题的司法解释和批复[①]可以看到收养在我国社会仍是存在的。我国司法实践中对此也有一些相应原则进行处理。关于收养问题当时主要贯彻执行如下原则：第一，收养的目的应是有利于子女成长，保障子女利益；第二，收养为养父母与养子女间的契约，养子女年幼的，生父母可代替子女与收养方父母订立契约，建立收养关系；第三，收养成立可依书面也可以经口头协议而成，但必须确能证明，才属有效；第四，收养契约一经订立不得任意取消（解除），必须有正当理由如虐待、遗弃养子女的事实，经法院判决才能解除收养关系。至1980年，我国第二部婚姻法中，明确规定了收养原则，指出：国家保护合法的收养关系。养父母和养子女间的权利和义

① 参考最高人民法院发东北分院《关于收养关系诸问题的几点意见》《民事手册》第一辑上，最高人民法院民事审判庭编，1984年版第560页；最高人民法院给广东省高级人民法院《关于解除父子关系问题的复函》（1956年3月30日），《中华人民共和国婚姻法资料选编》（一），中国人民大学资料室编，1982年1月版，第252—253页。

务，适用本法对父母子女关系的有关规定。养子女与生父母间的权利义务，因收养关系的成立而消除（现行婚姻法第20条）。1980年以来，除婚姻法第20条规定外，关于收养，当时并无专门立法，在实践中处理有关收养问题主要依据有关的公证、户籍等办法、规定和《最高人民法院关于贯彻执行民事政策法律若干问题的意见》办理。此段时间，我国收养制度主要有如下几个特点：第一，关于收养的私法性质十分明显，收养的成立主要由当事人进行协商，达成协议，一般经过公证便可产生效力。第二，收养的主要目的是保护那些无父母的孤儿及由于种种原因不能随父母生活的儿童，使其能有一个家庭环境，从而健康成长；同时也满足那些无子女的父母的合理愿望，以在其年老时，得到养子女的赡养和扶助。第三，除少数例外，收养对象均为未成年人。第四，收养的形式要件即程序，有两种不同情况，一为公证程序，由公证机关办理，二为行政程序，由基层政府机关的主管部门办理。第五，实行完全收养制度。第六，收养关系的解除与离婚问题的处理大致相同，有协议解除即"两愿终止收养"和"诉讼解除收养"两种情况。由于没有专门的、具体的法规依据，在民间存在大量的事实收养关系。

在总结以往司法实践经验的基础上，根据社会实际、完善收养制度和加强法制的需要，《中华人民共和国收养法》于1991年12月29日经七届全国人大常委会第23次会议讨论通过，并于同日公布，自1992年4月1日起正式实施。从此，在我国初步建立了较完善的收养制度。

2. 我国现行收养制度的几个要点：

（1）收养的目的和基本原则

我国收养法第2条明确规定了收养的目的和基本原则，主要有三点：第一，收养的主要对象是未成年人；第二，平等自愿；第三，不违背社会公德即社会的公序良俗。同时根据我国人口过多，经济发展受影响的现实状况，规定收养不得违背计划生育的法律、法规。

（2）收养的成立

1)收养的实质要件

甲、被收养人。原则上必须是下列14周岁以下的未成年人:丧失父母的孤儿;查找不到生父母的弃婴和儿童;生父母有特殊困难无力抚养的子女(收养法第4条)。只有在特殊情况下,年满35周岁的无子女的公民,收养三代以内同辈旁系血亲的子女时,或收养继子女时,被收养人可不受未满14周岁的年龄限制(收养法第7条,第14条)。

乙、送养人。由于被收养人必须是14周岁以下限制能力和无行为能力人,加之中国尚未建立明确的亲权制度,收养关系的成立,不是收养与被收养(包括被收养人法定代理人)双方协议,而是收养人和送养人双方协议。所以收养法专门规定了送养人一项内容。送养人为孤儿的监护人,有特殊困难无力抚养子女的生父母,以及社会福利机构(收养法第5条)。同时规定生父母送养子女须双方共同送养,一方不明或查找不到的可单方送养(收养法第10条)。

丙、收养人。收养法第6条规定,收养人必须同时具备三项条件:第一,无子女;第二,有抚养教育被收养人的能力;第三,年满35周岁。此外收养还需遵循下列规定:第一,只能收养1名子女,但收养孤残儿不受此限也不受年满35周岁、无子女的限制(收养法第8条);第二,无配偶男性收养女性的,与被收养人的年龄差应在40周岁以上(收养法第9条);第三,收养人为夫妇的须共同收养(收养法第10条);第四,继父或者继母经继子女的生父母同意,可以收养继子女,并可以不受有关规定的限制(收养法第14条);第五,外国人依照收养法有关规定,可在中国收养子女(收养法第20条)。

丁、收养必须经双方同意。收养人是夫妇的话,应是夫妇共同收养;送养人如是夫妇的话,应是夫妇共同送养;被收养人为10岁以上未成年人的,需征得其同意。

戊、未成年人的父母均不具备完全民事行为能力的,该未成年人的监护人不得将其送养,但父母对该未成年人有严重危害可能的除外;监护人送养未成年孤儿的,须征得有抚养义务的人同意(收养法

第12、13条）。

己、收养双方要求保守收养秘密的，其他人应当尊重其意愿，不得泄露（收养法第21条）。

庚、根据中国的特殊情况规定，送养人不得以送养子女为理由违反计划生育的规定再生育子女（收养法第18条）。

2）收养的形式要件

收养法关于收养成立的形式要件，在第15条中作了规定。第一，经民政部门登记的收养。即“收养查找不到生父母的弃婴和儿童以及社会福利机构抚养的孤儿的，应当向民政部门登记”；第二，协议收养。即收养应当由收养人、送养人依收养法规定的收养、送养条件订立书面协议，并可以办理收养公证；第三，收养公证。“收养人或送养人要求办理收养公证的，应当办理收养公证”。

（3）收养的效力

1）收养法第22条规定，“自收养关系成立之日起，养父母与养子女间的权利义务关系，适用法律关于父母子女关系的规定；养子女与养父母的近亲属间的权利义务关系，适用法律关于子女与父母的近亲属关系的规定。养子女与生父母及其他近亲属间的权利义务关系，因收养关系的成立而消除。”

2）养子女可以随养父或者养母的姓，经当事人协商一致，也可保留原姓（收养法第23条）。

（4）收养的无效和撤销

收养法第24条规定违反民法通则“第55条和本法规定的收养行为无法律效力”。“收养行为被人民法院确认无效的，从行为开始时起就没有法律效力”。从其规定看，视收养为民事契约行为，准用民法通则无效的规定，但没有撤销的规定。也没有关于收养无效的具体规定。

（5）收养关系的终止

收养法在第四章，专门规定了收养关系可以解除，主要有如下内容：

1)收养关系解除的条件

第一,收养人解除收养关系须在被收养人成年之后,但双方协议解除的除外,养子女年满10周岁以上的,应征得本人同意(收养法第25条第1款);第二,收养人不履行抚养义务,有虐待、遗弃等侵害未成年养子女合法权益行为的,送养人有权要求解除收养关系。收养双方达不成协议的,可向人民法院起诉(收养法第25条第2款);第三,养父母与成年养子女关系恶化,无法共同生活的,可以协议解除收养关系。不能达成协议的,可以向人民法院起诉(收养法第26条)。

2)收养关系解除的程序

收养法第27条规定,当事人解除收养关系,应当达成书面协议。然后按收养关系成立的方式,进行办理。经民政部门登记成立的,应当到民政部门办理解除收养关系的登记。收养关系是经过公证证明的,应当到公证处办理解除收养关系的公证证明。

3)解除的效力

收养关系解除后,按收养法规定产生如下效果:第一,关系解除后,养子女与养父母及其他近亲属间的权利义务关系即行消除,与生父母及其他近亲属间的权利义务关系自行恢复,但成年养子女与生父母及其他近亲属间的权利义务关系是否恢复,可以协商确定(收养法第28条);第二,关系解除后,经养父母抚养的成年养子女,对缺乏劳动能力又缺乏生活来源的养父母,应当给付生活费(收养法第29条第1款);第三,因养子女成年后虐待、遗弃养父母而解除收养关系的,养父母可要求养子女补偿收养期间支出的生活费和教育费(同前条前款);第四,生父母要求解除收养关系的,养父母可要求生父母适当补偿收养期间支出的生活费和教育费,但因养父母虐待、遗弃养子女解除收养关系的除外(收养法第29条第2款)。

3.现行收养法存在的几个主要问题

收养法自1992年4月1日正式实施以来,民政部发布了关于《中国公民办理收养登记的若干规定》,司法部、民政部联合颁发了《外国人在中华人民共和国收养子女实施办法》、司法部《关于办理收养法实施前建立的事实收养关系公证的通知》等一系列规章、办法，以贯彻实施收养法。4 年多来，通过收养法的实施，对于保护合法的收养关系，正确处理收养纠纷，防止以收养为名引发的违法犯罪问题，稳定婚姻家庭关系，起到了良好的作用。但在该法实施过程中，也碰到了一些实际问题，出现了法律规定与法制实践的一些不协调和冲突。反映出该法在立法过程中的一些问题和实践中出现的一些新问题，急需修改完善。笔者以为以下几个方面的问题，需要进一步研讨、修改，以便更好地完善我国收养制度，保障收养当事人，特别是未成年人的合法权益。

(1)收养法的一些条款，反映了部门立法的痕迹。无论从收养法制定的讨论过程中，还是对已出台 4 年的收养法的分析，不能不使我们深深地感到，并提出如上的问题。关于在制定收养法过程中的一些问题，不在此讨论。而从法律条文上看出的问题，下面略谈一、二。

1)关于收养程序。收养法第 15 条规定了两种形式，一种是民政部门管理的查找不到父母的弃婴和儿童，以及社会福利机构抚养的孤儿，采用民政部门登记的办法；一种是司法部门指导的公证机关管理的大量民间的收养。此种收养关系的成立主要是由当事人“自立成立”收养协议，而 后经公证机关公证证明一下，就可生效。同是收养未成年人为什么要经过两种不同的程序和由两个不同部门管理呢？如何能更有效一致地保护未成年人的利益呢？

2)关于涉外收养问题。收养法第 20 条中有这样的规定：“亲自向民政部门登记，并到指定的公证处办理收养公证。收养关系自公证证明之日起成立”。这里我们不免要发问：公证机关是政府机关呢？还是民政部门是政府机关？谁有权利批准收养成立？如果将一个负责公证证明的机构的证明日期，作为生效日期，那么对于这样重要的身份关系的成立问题，不由政府机关决定、干预，而由一个证明机构做出最后决定，又置国家政府部门于何地呢？

如上规定必须及时修正以利收养工作的顺利进行。

(2)收养的形式要件规定混乱，难于执行，也不利于保护未成年人的利益。

如前述收养法第15条规定了收养成立的程序即形式要件。此规定说明订立收养协议是当事人“自觉履行”的手续;办理公证也是“听民自便”,要求公证的应予办理,那么不要求办理的则不强求。只有关于弃婴和孤残儿的收养问题反映了国家对收养的干预,即是说国家只对一部分(或说特殊的)收养关系的成立予以干预,而对较多的一般收养关系的成立不加干预。我们知道,一般收养关系在我国不仅是较大量的,而且由于此种收养涉及利害关系人比较多,纠纷也易产生。由当事人“自主成立”,缺少国家监督,因而就出现了法律上的空隙,难以保证依照法定条件确立收养关系。收养法第24条只对违反法律规定的,作出收养无效的规定,那么收养的具体的法律行为是否有效,由谁来审查、判断?由证明机关吗?虽然收养法规定,被人民法院确认无效的自始无效,但这只给予了法院事后审查权力,很难起到预防违法行为发生的监督作用。况且公证是一种证明的程序,并不是确认收养关系成立的政府行为。这样规定与我国对于身份关系的法律确认程序的一贯作法不一致。也忽视了此项重要身份法律行为的严肃性。[①] 收养法第20条关于涉外收养成立的程序,也有同样问题,混乱而难于执行。在此不再赘述。

如上规定不仅执行困难,而且不利于保障未成年人的合法权益。当今世界各国关于未成年人收养,均趋于加强国家监督主义的作法。无论是德国、日本还是英美国家法律均规定收养未成年人必须经过政府机关登记或经法院裁决,宣告而生效,即使规定当事人收养协议经公证可以生效的法国,关于未成年人的收养,也规定得由法院审查法律规定的条件是否履行,以及收养是否符合儿童的利益,并应收养人的请求对收养作出判决,而后收养生效(法国民法第353条)。我国

---

① 参考刘素萍、陈明侠:《健全我国亲子法制度》,巫昌祯、杨大文主编:《走向21世纪的中国婚姻家庭》,吉林人民出版社1995年12月版,第166—169页。杜厚琪、冯治良:《完善我国收养法律制度的两点思索》,《现代法学》1995年4期,第72—73页。

台湾地区民法也规定，未成年人收养除双方当事人书面契约外，尚须申请法院之认可(台民法第 1079 条第 1 项)。中外司法实践证明，对收养这一重要的身份关系，特别是对未成年人的收养，涉及到儿童人权的保障问题，不经过国家政府有关部门的许可，是不严肃的，也是不妥当的。收养儿童问题是一个国际性的问题，国际儿童公约及有关收养公约都强调了向有关国家机关提出申请等加强国家监督的要求。我们是社会主义国家，历来十分重视儿童权利的保障工作，我们必须重新审视收养立法的有关规定，加强对收养关系的国家干预，统一收养的形式要件，从而更好地保护儿童的健康成长。

(3)收养法一些条款规定过于原则，难于执行

收养法颁布后，虽然颁发了《中国公民办理收养登记的若干规定》、《外国人在中华人民共和国收养子女实施办法》等规定，但由于法律本身一些条款的原则性、抽象性，致使规章、办法也难于超出法律规定而增设新的条款。况且法律中规定的有些制度也不健全，更增加了法律执行的难度。例如，关于收养成立的实质要件方面，何为收养双方，收养双方同意权的具体行使问题，关于禁止要件问题；关于收养成立的形式要件方面；收养效力方面，如规定了养子女与生父母关系因收养成立而消除，那么其禁婚规定如何，没有作出明确规定等；收养的无效和撤销、终止等都规定得比较原则、抽象，有的条款比较含混、不够清楚，必然增加了执法的难度。这些都亟待修改完善。

(三)完善我国收养制度的几点看法

1. 关于收养成年子女的问题

关于成年人的收养，如前述，是否允许收养成年人，允许的范围多大，是由各个国家不同的情况、习惯等一系列原因决定的。有的国家如英国、前苏联、东欧和蒙古等国家只允许收养未成年人，而法、德、日、瑞、美、比利时等国家则允许收养成年人。关于收养条件，有的国家规定得比较宽松，有的国家规定得十分严格如德国。我国立法如何规定更好呢？目前我国虽允许收养成年人，但只限于收养三代以内同辈旁系血亲的子女(收养法第 7 条)。对此很多学界和司法实际

工作者有不同看法。相当一部分人认为只允许收养三代以内旁系血亲同辈的成年子女为被收养人的立法理由不充足，限制太死。他们认为，从收养的目的和概念来看，应放宽收养成年人的条件，指出收养作为社会生育制度的补充手段，在任何时代、任何国家均存在。现代社会收养的目的不外乎两点，一是达到幼有所育目的。即是使无父母的子女重新获得家庭，获得父母之爱，健康地成长；或者是使父母无能力抚育的子女，获得良好的抚养和教育的条件，得以正常发展，同时满足无子女的人为人父母的本能欲望。二是达到老有所养的目的。这里所说的养，主要还不是经济，而是精神上、体力上的照顾扶助。既然这样，适当放宽收养成年人的条件，可以充分发挥收养的功能，更好地起到养老育幼的作用，有什么不好呢？还有的人指出，放宽收养成年人的条件，有利于计划生育政策的贯彻执行，他们认为，在我国特别是偏远农村，历来就有“养儿防老”的观念，都愿多生育几个子女，多几条后路，以保障老有所养。如放宽收养成年人的条件，使老年人特别是农村老人有可能通过收养成年子女的途径改变老无依靠，孤独无助的状况，就大大减轻了他们的后顾之忧，从而改变农民的生育观念，促进计划生育政策的落实。笔者认为上述看法，是有道理的。从收养的概念来分析，收养是领养他人子女为自己子女，使原来没有血缘关系的人之间建立父母子女关系的法律行为。而父母子女关系既包括父母抚养教育子女的权利义务，也包括子女赡养扶助父母的权利和义务，两方面是紧密相联、不可分割的。不可否认现代收养法首先是从保护未成年子女利益出发的，然而并不能因此而否认或忽视子女对父母的赡养扶助。现代很多国家的收养法都充分注意了此点。以德国而言，与我国相同，同以收养成年人为例外，但其条件也比我国宽。特别值得注意的是，我国人口老龄化的问题。我国在1993年时老年人口就已达到9000万，占人口总数的8.4%，到2000年，我国老龄人口将达到1.3亿人，占总人口的11%。而上海、北京等大城市已提前进入老龄化社会。据最新预测，我国进入“老年型”国家的日期可能还会提前到来。届时我国老年人口数量将居世界首位，老龄化速度将达到世界人口发展史上少有的快。如果没有妥当的政策，我们将会碰到一系列的社会问题。而适当放宽收养成年人的条件，是解决老龄化所带来的社会问题的一条两全其美的途径。其理由：第一，放宽收养成年人的条件，满足老年人的实际需要，使孤寡老人有更大的可能在家庭条件下安度晚年，是适合我国民族习惯，又是帮助老人的最佳办法；第二，放宽收养成年人的条件，有利于减轻国家的经济负担。目前我国还处于社会主义初级阶段，经济还不够发达，不可能完全通过社会保障机构（福利院、养老院等）来解决孤寡老人的生活问题。否则会给国家带来沉重的负担，影响国民经济的发展进程。①

当然，放宽收养成年人的条件必须适当，而且应特别从严掌握，只有在老年人无子女，而且需要有人照顾，且收养成年子女不违反社会公序良俗的情况，准予收养 1 名成年子女或 1 对成年夫妇。规定年龄的差距应在 30—40 岁。同时为防止有人借出养逃避赡养扶助本生父母责任，而应规定成年人收养为不完全收养。

因此，收养立法，可修改为两种收养形式，一为对未成年人的收养，二为对成年人的收养。

2. 收养法中应贯彻加强国家监督作用——规定统一的收养成立要件即收养程序。

收养是一项重要的民事活动，涉及当事人的人身和财产关系的转移、与之相连又发生与第三人法律上的种种复杂的权利义务关系，如抚养、继承、禁婚，以及对未成年收养者利益的保护等，应严肃、慎重对待。采用国家监督主义，对身份的变动能产生较大的公示作用，从而达到收养目的，这是世界各国立法者的共识，也是收养立法的一个发展趋势。因此，收养被规定为要式行为，各国法律都规定必须采取某种法定形式，始得成立。方式各不相同，但大致可分为司法程序和行政程序两大类。所谓司法程序是指收养当事人必须向其住所地

① 参考刘素萍、陈明侠：《健全我国亲子法制度》，巫昌祯、杨大文主编：《走向 21 世纪的中国婚姻家庭》，吉林人民出版社 1995 年 12 月版，第 161—164 页。

法院提交申请书和有关证书，经法院裁决认可，收养才告成立，德、法、英、美等国均实行此制。所谓行政程序是指收养当事人必须向有关的行政机关申报，经行政机关批准后，收养才告成立、生效。日本、瑞士、前苏联及东欧诸国均采用此制，本文前面已就德、日、法、英、美等国家作了专门介绍，恕不赘述。但是我国收养法第15条规定，除弃婴和孤儿的收养规定要申请登记外，当事人之间收养子女应履行什么程序既不明确，文字又不简练。从而使得收养这样一项重要的民事身份法律行为，只需当事人订立书面协议就可以成立，大有轻率之嫌。

因此，借鉴外国的有益经验，考虑到我国的具体情况，应当修改完善我国收养成立的形式要件，实现国家对收养的监督。可供考虑的办法目前是否有两种，第一种，在当前法院体制没有改动之前，关于未成年收养成立事件全部交于法院处理，恐负担过重，不太现实。似应统一经民政部门有关负责婚姻登记管理机构办理，收养当事人订立收养协议后，经公证机关认证，然后统一报民政部门婚姻登记管理机关审查，（或不经公证机关公证）批准，在审批过程中应有一段养子女与养父母相识相处的时期可考虑1—3个月，即审查期间。审查后，从批准之日起收养协议生效，收养关系成立。至于成年人可不需要相识期，条件确实符合法律规定，即可允许登记，收养关系成立。第二种即直接借鉴德、日、法、美、英等国作法，关于未成年的收养协议必须经过法院审查，以判决方式批准收养成立。由法院民事审判庭婚姻家庭组、或法院单独成立家事庭，将批准收养成立事宜作为家事庭、组承担业务的一个方面。经法院审查，收养的实质条件是否全部符合规定。符合的判决收养成立，判决送达到当事人之日起收养关系成立生效。对于不符合实质要件的，判决当事人收养协议无效，不得成立收养关系，但当事人可以提起上诉。与收养成立审判相辅，收养的解除也需向法院提出申请，经过审判加以解决。

3.增加、补充有关规定，进一步完善我国收养制度

我国现行收养法一个很明显的缺陷，即是比较原则、抽象，不好

执行。所以应增加一些必要的规定，以进一步完善并加强可操作性。主要谈如下三点：

(1)关于收养的实质要件

1)关于被收养人应明确规定：第一，收养的主要对象为未成年人。第二，作为收养的特例也在本条中规定成年人也可作被收养人(不光是三代以内同辈旁系血亲之子女)。同时规定成年人作被收养人的条件是：确有特殊需要建立收养关系(赡养扶助老人或收养抚育无行为能力成年人等)；在伦理、道义上是正当的，不影响社会公序良俗；在收养人和被收养人之间已发生父母子女关系的；收养已婚者应得其配偶的同意等。第三，非婚生子女得被父或母收养。第四，被收养人不得同时被两个以上人收养。第五，为使未成年被收养人能享有充分的教养，收养关系成立前应有一段相识相处阶段，可为1—3个月。

2)关于收养人，除收养法现有规定之外，笔者认为尚有需要作修改和补充的地方：第一，收养人年龄规定得过大，是否规定为30周岁，同时规定，收养人为夫妇时，一方达到30周岁，另一方达到25周岁(晚婚年龄)即可。第二，规定夫妇共同收养的，一方不能表态时，视为共同收养的条款。第三，关于是否允许监护人收养被监护人的问题，收养法没有规定。一般国家均规定得比较严格，以防监护人有不良意图。笔者认为，似应有所规定。如设立亲权制度，监护人一般均不是父母，在此情况下，为防止监护人另有他图，规定一般不允许监护人将被监护人收为养子女是应该的，但同时可以规定，在争得被监护人的抚养人或监护监督机构的同意及有意思表达能力的被监护人同意的情况下，经收养审查批准机关同意的允许其收养。

3)关于收养的同意。收养关系是收养人与被收养人建立的拟制父母子女关系，必须由双方自愿同意才能建立，但是被收养人为未成年子女特别是幼童，为无行为能力人的情况下，如何行使同意权呢？我国收养法将此权交给送养人，由送养人来行使，并规定10岁以上得征得被收养人的同意，这与外国法规定有很大的区别。从法理上讲恐也欠妥。外国法关于被收养人的同意权行使问题，大多仍以被收养人为主体，规定其权利行使由其法定代理人执行，即被收养人的法定代理人代承诺的方式。因为这里有一个权利主体的问题。也是一个如何尊重未成年被收养人人权的重要问题。尽管收养并不以无行为能力或限制行为能力人的意思为要件，但被收养人的意思表达是能否批准收养关系成立的很重要的方面。所以有关这方面的条款如何表达，似有必要再更好地斟酌一下。

(2)关于收养的形式要件

此问题在前面已反复讲过，不赘述。总之笔者以为，我国收养制度应统一收养的程序，或以民政部门登记为生效，或以法院裁判送达或宣告为生效。现行的有关规定对我国建立正常的收养秩序，特别是涉外收养程序，极为不利。

(3)关于收养的无效和撤销

收养法规定收养成立要收养当事人双方订立协议，即认为我国收养是一种身份契约的性质，那么自然发生无效和撤销的问题。收养法第 24 条对收养无效做了原则规定，但未规定撤销，似应进一步详细规定何种情况下收养为无效，何种情况下得撤销。笔者以为在当事人间根本无收养的意思表达以及收养违反形式要件时，应规定收养无效，自始无效。而在违反实质要件的各种错误的情况下属收养得撤销的情况，应规定收养得撤销。这样就比较清楚，也易于执行了。

关于收养制度还有很多需要研讨的地方，暂提出以上问题，供同仁们讨论。

六、建立亲权制度

亲权发展至今，已失去了以往父权的含义，亲权制度已是指父母对于未成年子女之身体上和财产上的养育、管教和保护的权利义务制度。亲权既是权利又是义务。亲权是基于父母子女的身份关系而产生的权利和义务的结合体。是从父母对子女的关系而言、父母子女关系的总和。而且只限于父母对未成年子女基于自然血亲关系，或拟制血亲关系和人工生育子女关系才具有的权利和义务。在现代社会条件下，其目的是专门为保护子女利益的。是亲属法（婚姻家庭法）中一个十分重要的组成部分。

亲权在德语中表述为 elterliche Gewalt，是父母权利的意思。在法语中原来表述为 Puissance Paternelle，修改后的法国民法中表述为 autorite des pere ete mre 是父母权能的意思。而英语表述为 Pa—rental power 是双亲的权利之意思。亲权源于罗马法和日尔曼法。罗马法称为家父权，即家父对子女的保护权能。现代国家的亲权制度一般继受日尔曼法，以保护、抚育未成年子女为中心，不仅表现为权利，而且更多的表现为义务。但是，各国关于亲权的规定，各有自己的特点。

从世界范围来讲，亲权在近代立法中与封建时代相比，有了很大改变。首先从父权发展成为父母共同享有的权利，进而发展成了为保护未成年子女利益，而由父母共同行使的权利与义务。即亲权从一种父权（对子女享有管教、惩戒、主婚等权利）的统治权力，转变成父母为养育、管教和保护未成年子女而不可推卸的权利和义务。①

（一）各国关于亲权制度的立法例：

现代各国法律对亲权的规定，各有不同的特点。例如大陆法系国家德、法、日、瑞士、秘鲁等国设有亲权制度，在其民法中对亲权作了明确规定；而英美法系国家英、美、加拿大、澳大利亚、印度等大多数国家法律并未明确设立亲权制度，亲权与监护权不分，总称为监护，父母为当然监护人，无父母时，再另设监护人；原苏联、东欧各国民法和婚姻家庭法典中没有设亲权制度，但均有亲权的有关内容和规定。现以设有亲权制度的一些国家为例，加以观察：

1. 德国法

（1）亲权的主体和客体

德国民法原规定仅以父为亲权人（旧第 1627 条、第 1634 条），但

---

① 参考刘素萍、陈明侠：《健全我国亲子法制度》，巫昌祯、杨大文主编：《走向 21 世纪的中国婚姻家庭》，第 154—155 页。

1957 年 6 月《有关民法上的男女同权法》颁行后，德国民法第 1626 条以下均改为父母共同亲权。第 1627 条规定父母意见不一致时，应努力协调。第 1628 条规定协调仍不一致时，由父决定，但决定时应考虑母之意见。同条又规定就重要事项，父的行为有害于子女利益，或对子女正常管理之必要时，监护法院得依母之申请，将个别的或一定种类的决定权委托其母。但此种规定仍是违背男女平等原则的。所以，于 1959 年 7 月 29 日被联邦宪法法院以违宪为理由，判决无效。由此，德国确立了完全共同亲权原则，如父母意见不一致时，双方应尽力协调，不能一致时，由监护法院调解决定[①]。依德国民法第 1626 条规定，亲权的客体为未成年子女（包括婚生子女、非婚生子女、养子女）为亲权的客体。

（2）亲权的内容

德国民法典规定，父母基于亲权，就子女之人身与财产，除另有规定外，有监护的权利义务，包括人身与财产方面的代理。（民法第 1626 条第 2 项）。关于人身方面主要是教养监督及指定居所的权利义务。关于财产方面主要规定了父母为其未成年子女的法定代理人。父母对于未满 7 岁（即绝对无行为能力）的子女，可代为意思表示或受意思表示，对 7 岁以上限制行为能力的未成年人，其行为（指财产方面）须得亲权人同意。还规定父母对子女财产有管理权，包括子女财产的管理、使用收益权和处分权。但德国民法规定，其处分权必须是必要之处分，对子女利益不利的处分不得为之。德国民法特别规定，除特殊合于道德风尚的，父母不能代表子女进行财产赠与，同时规定有些行为须得监护法院认可。

（3）亲权的停止、丧失和剥夺

有学者认为从理论上讲，亲权乃父母之自然权利，除未成年人死亡或已成年外，任何人或机关不得剥夺。但在实际执行时由于亲权既

---

① 参考林菊枝：《亲权法上几个疑难问题之研讨》，戴东雄主编：《民法亲属、继承论文选辑》，五南图书出版公司 1984 年版，第 295—296 页。

是权利又是义务的性质决定，在发生因特殊情况亲权不能行使，或父母滥用亲权时，会侵害未成年子女的利益，所以各国法律从保护未成年人利益，保障其健康成长出发，各自规定了关于亲权的停止、丧失和剥夺的条款。①

1)亲权的停止。德国民法典规定出于事实上的障碍如父母重病或外出等，或者法律上的障碍如父或母是限制或无行为能力人，而不能行使亲权的父母一方，其亲权被停止，由另一方单独行使(德国民法第1674条、第1678条第1项)。2)亲权的渎灭。关于亲权停止、丧失、剥夺的规定，并不是亲权的永久消灭、本质地消灭，而只是限制亲权人亲权的行使。但德国关于亲权渎灭的规定，是一种特殊的规定，是使父母亲权永久丧失的制度，即在父母对子女有重大故意犯罪行为时，其亲权本质地消灭，不可再行恢复。是民法对父母行使亲权中所犯错误的一种制裁。3)亲权的剥夺。德国民法第1666条规定，因父母滥用亲权或忽视子女利益或有不名誉、不道德行为而危害子女的精神或身体上的利益时，监护法院为防止危害子女权益，可采取剥夺亲权的措施；第1667条还规定，子女的财产，因父(母)违反财产管理的义务而受到侵害或灭损者，监护法院为防止此危害，得采取剥夺亲权的措施。可以看出亲权的剥夺，不一定是全面的，有时也可能是部分的。

2. 日本法

(1)亲权的主体和客体

1)亲权的主体。日本民法第877条规定，子女服从在家之父的亲权。但独立营生之成年人，不在此限。父不明、死亡、离家时，或不能行使亲权时，由在家之母行使亲权。显然是男女不平等的。二战后，修改后的日本新民法第818条规定，未届成年之子女，服从父母之亲权。子女为养子女时，服从养父母之亲权。父母于婚姻中，亲权由父

---

① 参考林菊枝：《亲权法上几个疑难问题之研讨》，戴东雄主编：《民法亲属继承论文选辑》，第289页。

母共同行使。但父母一方不能行使亲权时，则由他方行使。并且在第819条还规定了，父母协议离婚时，应以其协议确定一方为亲权人。父母于子女出生前离婚时，由母行使亲权。但于子女出生后，得由父母协议，确认父为亲权人。对父认领子女之亲权，限于以父母协议确定父为亲权人时，由父行使。如上述亲权人协议不成时，家庭法院因父或母之请求，得以审判代替协议。家庭法院从为子女利益之需要，应子女亲属之请求，可变他方为亲权人。2)亲权的客体，依日本民法第818条规定，亲权的客体为未成年子女，包括养子女。

(2)亲权的内容

日本民法典规定，行使亲权人有监护、教育子女之权利及义务(日本民法第820条)，其中包括居所指定权(日本民法第821条)；惩戒权即行使亲权人在必要范围内可惩戒子女，或经家庭法院许可，将子女送入惩戒场所(日本民法第822条)；职业许可权即非经行使亲权人许可，不得经营职业。但若已准许营业而不能胜任者，亲权人可撤销其许可或加以限制(日本民法第823条)；财产管理权与代表权即亲权人管理子女的财产，并就有关财产之法律行为代表子女，但若发生了其子女的行为标的的债务时，应经其子女本人同意(日本民法第824条)。关于财产管理权日本民法还规定，父母共同行使亲权时，父母一方以共同名义代替子女实施法律行为或同意子女实施法律行为的，不得因违反对方意思而妨碍其效力，但若相对人为恶意的，不在此限(日本民法第825条)。并且规定当亲权人因行使亲权而与子女利益有冲突、或有数个子女，该子女与其他子女间利益相反时，亲权人应向家庭法院请求为子女选任特别代理人(日本民法第826条)。同时日本民法还规定，若第三人无偿给予子女财产，又表示此财产不得由其父母管理时，父母虽享有亲权，但无权管理此项财产，由第三人指定管理人或由家庭法院应子女、家属、或检察官之请求，选任管理人(日本民法第830条)。

(3)亲权的丧失、辞退

日本民法关于父母亲权不能或不宜行使方面，规定了亲权及财产管理权宣告丧失及辞退两种制度。

1）亲权的丧失，日本民法第834条、第835条规定，因行使亲权的父母滥用亲权或有显著劣迹时，家庭法院可根据子女的亲属或检察官的请求，宣告其丧失亲权。同时规定因行使亲权的父或母管理失当，而危及子女财产时，家庭法院也可根据子女亲属或检察官的请求，宣告其丧失管理权，父或母的亲权管理权被宣告丧失后，在共同行使亲权的情况下由他方行使，若单独行使亲权或管理权情况下，设置监护人。[①] 但是，当前述两种情况消灭后，家庭法院可根据本人或亲属的请求，撤销失权的宣告。恢复亲权。2）亲权的辞任。亲权是附有不可推卸义务的一种权利义务，本不得以父母之意思任意消灭。但在日本，因传统习俗及法制上有财产管理辞退的习惯，所以日本有着亲权辞任的独特制度。即日本民法第837条第1款规定，在行使亲权的父或母有不得已事由（原因）时，可经家庭法院许可，辞去亲权或管理权。在行使共同亲权的父或母辞退亲权或财产管理权的，由他方行使，单独行使亲权或管理权的父或母辞退的，应为子女设置监护人。[②] 在不得已事出（原因）消灭时，又经家庭法院许可，父或母可恢复亲权或管理权。（日本民法第837条第2款）。

（二）关于建立我国亲权制度的几个问题

从前述德、日两国亲权制度的要点可以看到，德、日两国虽然在亲权制度规定上有所区别，但总的方面是相同的，都建立了亲权制度，以明确的规定，规范了父母管教、养育、保护未成年子女的权利和义务，从而更好保护未成年的合法权益。除德日外，瑞士等国也规定了亲权制度。此外，东欧国家及前苏联虽没有建立亲权制度，但其民法典或婚姻家庭法典中均有亲权的内容。在我国旧律中没有亲权的名称，但有所谓尊长权一说。此项权利至高无上，子孙必须尊从，是封建家长权、父权产物。1930年国民党政府民法亲属编中未用“亲权”

---

① 参考我妻荣：《亲族法》，法律学全集23，第349页。

② 参考我妻荣：《亲族法》，法律学全集23，第351页。

一词。现台湾地区民法典中沿用1930年民法亲属编规定，未设“亲权”一章，但在父母子女一章，第1084—1090条及1060等条款对亲权问题作了规定，吸收了德国立法中的有关经验。包括如下几项主要内容：第一，规定亲权是父母子女间权利义务关系的总和，又是权利义务的结合（第1084条等）；亲权专属于父母，不得转化、放弃；亲权的目的是保护子女的利益；规定禁止滥用亲权及对滥用亲权的制裁条款（第1090条等）。第二，总体上规定父母对未成年子女有保护及教养的权利义务（第1084条）包括子女的住所决定权（第1060条等）。第三，规定父母在必要范围内对其子女有惩戒权，（第1085条）。第四，规定父母为其未成年子女的法定代理人，主要指关于财产方面和具有身份法性质的财产行为的代理权，同意权（第1086、1174、1164条等）及身份方面的结婚同意权（第981条）、离婚同意权（第1049条）、收养同意权（第1179条）等。第五，规定未成年子女的特有财产由父母共同管理，包括未成年子女因继承、受赠与或其他无偿取得的财产（第1087条），但非为未成年子女利益不得处分其财产（第1088）条。第六，规定了父母行使权利与负担义务的方法。第七，规定了对父母滥用亲权的禁止条款（第1090条）。台湾地区民法第1089条还规定，对未成年子女的权利义务，除法律另有规定者外，由父母共同行使或负担；父母对权利行使意见不一致时，由父行使，即父有最后决定权；父母一方不能行使亲权时由他方行使、决定，父母不能共同负担义务时，由有能力者负担。此条关于决定权问题的规定，显然是男女不平等的。自1949年新中国建立以来，1950年、1980年婚姻法中都未对亲权制度作专章规定，但是均有亲权的内容。例如现行婚姻法第15条规定：“父母对子女有抚养教育的义务”；第17条规定：“父母有管教和保护未成年子女的权利和义务。在未成年子女对国家、集体或他人造成损害时，父母有赔偿经济损失的义务”。这实际上对亲权的养育、管教、保护包括代理权均作了原则的规定，只是没有给予亲权的名称。现在，在讨论完善我国婚姻家庭立法，特别是亲子法制度之际，笔者以为，基于序言中所提及的理由，还是以建立亲权制度为最佳方案。从而在我国现有条件下，更好地保护未成年人的合法权益，保障儿童健康成长。

1. 亲权制度立法的基本原则

在制定亲权制度时，应遵循下列两项原则：

(1)保护未成年子女合法权益原则。前面已简述过亲权的历史变化，随着社会文明的发展，当今世界亲权已从一种父性统治权力发展成为了未成年子女权益的权利与义务结合体。未成年人年幼无知，无论从身体及各方面均易受到伤害，影响其身心发展和利益的享有。父母是子女一出生就与其生活在一起的、最亲近的人，也是其最初的启蒙教师和利益的保护人。父母教养、保护未成年子女的权利和责任是不可推卸的。特别在当前我国现有经济发展状况下，父母养育、管教、保护子女的责任更为重大，这关系到子女能否健康发展、顺利成长为未来社会主人的问题。所以亲权立法必须以保障未成年子女合法权益为其出发点和目的，须自始至终贯彻这一原则。这也是当今世界各国建立亲权或监护制度的目的。

(2)男女平等原则。虽说男女平等原则，从资本主义革命开始，至今已喊了几百年，但在当今世界上，男女平等不仅在事实上远未实现，而且在法律上，也还有一些国家，规定了男女不平等条款，有关亲权行使规定，就是一例。前述德国旧民法、台湾地区民法亲属编中，关于父母行使亲权不一致时，都作了父有最后决定权的规定(德国旧民法第1628条，台湾地区民法第1089条)。1959年以后，德国才改变了这一男女不平等规定，最后由监护法院调解决定。日本民法对此没有明确规定，但第819条却规定子女出生后父母离婚的，得以父母协议，确定父为亲权人。既然必须确定父为亲权人，还谈何“父母协议”？显然有失公平，违反男女平等原则。我国1950年、1980年婚姻法规定的父母子女关系法律条文贯彻了男女平等的精神，在建立亲权制度时，仍应坚持。在亲权人的决定、亲权人意见不一致时的决定权等问题上，一定要贯彻男女平等的原则。

2. 亲权的主体、客体

(1)亲权的主体

吸收德、日等国的有关经验及前述原则，我国亲权制度应规定亲权主体为父母双方(包括养父母、夫妻一方收养对方子女等情形时的夫妻双方、非婚生子女的生父母、人工生育子女的父母)为宜。即使在父母离婚时，父母任何一方的亲权只要未被剥夺，仍属父母双方所有。只不过在亲权行使上由于一方未与子女共同生活，其亲权的部分内容之行使受到限制，或暂时停止而已。父母协议离婚的，或经法院调解达成离婚协议的，父母应协商确定一方为亲权行使的主要担当人，如协商不一致的，法院可根据父(母)的请求，判决由一方为亲权行使的主要担当人。判决离婚的，由法院确定父母一方为亲权行使的主要担当人。之所以这样规定，理由有二，第一，从法理上讲，亲权是一种专属的，以父母子女关系为前提，而且是从父母对子女的角度出发的，自然的权利与义务。只不过是社会从法律上确认并赋予了亲权的称谓，是不可剥夺的(亲权人严重侵犯子女利益而构成对子女犯罪的行为除外)。即使受到一般刑事制裁，劳改入狱的犯人，只要未被剥夺亲权，其亲权的行使虽受到限制而暂时停止，其对子女的亲权仍然存在。第二，从伦理、情感上讲，无论父还是母，都是子女最亲近的人，在他们未侵犯子女利益，或并不存在严重危害子女利益可能的情况下，剥夺任何一方的亲权都是违背人伦感情的，无论对父母任何一方或子女都是十分残酷的事情。

(2)亲权的客体

亲权的客体为未成年子女，未成年子女包括婚生子女、非婚生子女、养子女、继子女、人工生育子女。

3. 亲权的行使

亲权的行使，即是具体实施亲权的人亦即未成年子女的法定代理人。亲权的行使人有如下两种情况：

(1)父母共同行使亲权。亲权的主体既然是父母双方，自然，亲权的行使，也应由父母共同承担，成为行使亲权的共同担当人，即在婚姻关系存续期间，对子女亲权(诸如养育、监督管教、财产管理、保护等)的行使均应依父母共同的意思决定,并对外共同代理子女行为。但父母共同行使亲权时不免会产生一些分歧,最好的解决办法是相互协商、合理解决。如遇有重大问题,不能协商一致,一方或双方可要求法院裁决。(2)父母一方单独行使亲权。如果父母虽处于婚姻关系存续之中,但由于各种原因一方不能行使亲权(如长期不在,下落不明,或重病、受刑、或行为能力受限制,亲权被剥夺等情况),或者父母离婚后,或者非婚生子女在一方认领的情况下,应规定子女的亲权由父母一方行使,作行使亲权的单独担当人。

4.亲权的主要内容

如前述亲权的含义包括了亲权的主要内容,即包括了对未成年子女身上的和财产上的权利和义务。我国亲权立法在婚姻法原有规定的基础上,似应在如下两方面作出明确的规定:

(1)身上的权利和义务

亲权在未成年子女身上的权利和义务(以下简称身上权),主要是抚养、管教、保护的权利和义务,具体包括:

1)抚养权,即哺育、照料未成年子女的生活,使其享有必要的生活条件,从而使其生存权得到基本保障,并得以健康成长,称为抚养的权利和义务,简称为抚养权。如前述亲权是父母双方共同享有的权利义务一样,抚养权是亲权的一部分,也是父母双方共同享有的权利和义务。当亲权为父母共同行使时,双方共同为亲权行使担当人,共同行使抚养权,直接的养育、照料,为子女提供必要的生活费用。当父母一方为亲权行使的主要担当人时,父母抚养权的行使就分成了两个部分,一为与子女生活在一起的父母一方直接的履行抚养权利和义务;一为不与子女生活在一起的父母的另一方间接地提供抚养费、履行部分照料子女的权利与义务(即提供抚养费并享有探视权等)。这时不与子女生活在一起的另一方的亲权只是其行使受到了限制,或暂时被停止(被剥夺亲权的父母除外)。基于抚养权,亲权行使担当人(父母双方或一方)应为儿童提供必要的生活条件,其中包括提供适当的住所,所以担当人应享有为儿童指定住所的权利和义务,以保障未成年子女的安全生长。

2)管教权即管理教育子女的权利与义务。包括依照国家法律规定,以健康的思想、品行和适当的方法教育子女德、智、体全面发展;预防和制止未成年子女吸烟、酗酒、流浪以及聚赌、吸毒、卖淫……;在法律允许的范围内,行使亲权人可亲自惩戒子女,包括说服教育、斥责等必要手段,称为惩戒权;子女有劣迹的,行使亲权人可将其送入工读学校接受特殊教育,也可经有关部门批准,送交政府劳动教养。此外,未成年子女就业必须经过父母之同意。可称为职业许可权。

3)身份代理权,即父母为其未成年子女的法定代理人。依据民法通则第63条、第64条和其他有关法律规定,父母代理未成年子女进行民事活动,主要是指对无行为能力的未成年子女的民事活动代理,限制民事行为能力的未成年子女除从事与他年龄和智力及精神健康状况相适应的民事活动外的其他民事活动的代理或同意。例如子女被收养的代理或同意权;在子女造成对国家、集体和他人的损害时,承担民事责任;在子女权益受到侵害(主要指未成年子女人身权如生命健康权受侵害,以及未成年子女精神受到损害如姓名权、肖像权、名誉权、荣誉权等受到侵害)时,代理子女进行交涉、诉讼活动,获得损害赔偿。

(2)财产上的权利和义务

亲权在未成年子女财产上的权利与义务(以下简称财产代理权)主要指父母作为未成年子女的法定代理人,在财产行为方面,既可以直接代子女为法律行为,又可使子女自为法律行为而予以同意或承认。是亲权在保护未成年子女的权利义务方面的具体内容。包括如下几点:

1)关于在带有身份法色彩的财产行为方面的代理权和同意权。如继承的放弃、遗产的分割、家庭共有财产的分割等等。

2)关于对子女特有财产的管理权。在这里首先应确认子女由于继承、赠与或其他无偿取得的财产,例如遗赠,因时效取得的财物等等为特有财产。对于子女的特有财产,从保障子女利益出发,父母对其有管理权，包括使用、收益的权利，以及为了使子女财产增加的处分行为。但不是为子女的利益，不得对财产进行处分。例如未成年子女 A 有一套三居室房屋为特有财产，其父母 B、C 为其法定代理人，B、C 对其房屋有使用、收益权，但若要以此套房作为 BC 担保债权的抵押使用，就违反了为子女利益之法律行为的原则，是不允许的，是对其亲权的滥用。

3）在财产代理权方面的三种特别情况。作为未成年子女法定代理人的父母，根据需要可允许限制行为能力的未成年子女（我国民法通则规定为 10 周岁以上者）处分一定的财产，或者同意、承认其依法就业或独立从事一定经营活动。一旦同意或承认后，就有两点须注意：第一，被允许的未成年子女对允许处分的一定财产有处分的能力；第二，被允许就业或独立从事经营活动财产，有管理处分的权利。对此，父母若进行干预，得争得未成年子女的同意。

4）关于设立特别监护人（或特别代理人）的问题。设立特别监护人（特别代理人）的目的是防止亲权行使人滥用亲权，损害未成年子女的利益，对保护子女合法权益，是有积极意义的。我国亲权法也应考虑到如果父母的财产利益与未成年子女财产利益相反，或父母代行子女赠与他人财产，或有数个子女，他们与该未成年子女间利益有矛盾的情况，而父母要保护其中之一个子女的利益，以及当第三人赠与未成年子女财产时指明不得由其父母管理的种种情况，对此如何处理得当，笔者认为可以参考一些国家和地区采用在部分专门项目上建立特别监护人（或特别代理人）制度，代理未成年子女管理该项财产，或者经监护监督机构，或者经法院[1] 许可，得为其法律行为，从而切实保障未成年子女的合法权益。

5. 亲权的消灭、停止和剥夺

---

① 笔者注：随着我国社会经济的发展，婚姻家庭法的修改，家庭继承案件及相关事宜会越来越多，似应在各级法院成立专门家事庭；或建立专门家庭法院，专门处理各类婚姻、家庭、继承案件及与之有关的事宜为好。文中所述之事宜，就可纳入其处理范围，经法院许可，亲权行使人才可进行其有关法律行为。

亲权，作为权利是基于父母子女关系而成的自然权利，除未成年子女死亡或已达成年时绝对消灭之外，无论何人或任何机关均不得剥夺，这只是问题的一面；另一方面，基于亲权的特殊性质，亲权同时又是义务，因此，父母不得随意将亲权让与他人，或者任意抛弃，也不得滥用亲权。此外，在实际生活中，有时也会发生父母为无行为能力或限制行为能力人的情况，或因某种原因无法行使亲权的情况。因此就发生了对亲权行使加以限制的问题。为了解决上述问题，参考各国立法例，我国也应设立亲权的消灭、停止和剥夺制度，以更好地保护未成年子女的合法权益，使其得以健康成长。

(1)亲权的消灭。可分为绝对消灭和相对消灭两种：第一，绝对消灭，即子女死亡，因亲权客体消灭而消灭；或者子女成人，因亲权成立的法定要件消灭而消灭。第二，相对消灭即指亲权主体父母一方死亡，死亡一方的亲权消灭，但他方的亲权仍存在，父母双方死亡，还可另设监护人，照料保护未成年子女。此两种情况只能视为亲权相对消灭。

(2)亲权的停止。关于亲权的停止，大致有如下几种情况：第一，父母一方或双方为限制行为能力或无行为能力人，无能力行使亲权，视为亲权停止，如父母双方均有前述情况，应为未成年子女另设监护人。一旦情况改变，亲权便可恢复。第二，父母离婚，不与未成年子女生活在一起的父母一方，亲权行使受到限制，部分亲权被停止，但抚养、探视等权利义务保留。在情况改变，需要该方担任亲权行使担当人时，该方与子女生活在一起，可恢复完全的亲权行使权。第三，父母一方或双方(双方时应为未成年子女设置监护人)重病或长期外出，不与未成年子女生活在一起，或下落不明，或者一方或双方(双方时应为未成年子女设置监护人)因受刑事处分不能与未成年子女生活在一起，亲权暂时停止。待到行使亲权的限制、阻力消除后，再恢复亲权行使的权利。

(3)亲权的被剥夺。主要有两种情况：第一，父母一方或双方对未成年子女有重大犯罪行为，严重损害未成年子女利益的，例如危害未成年子女生命健康权，对未成年子女实施流氓犯罪活动等，得永远剥夺其亲权；第二，父母一方或双方对未成年子女亲权行使上有滥用行为，如惩戒未成年子女过重，影响子女身心健康，严重侵害未成年子女特有财产权益的……得剥夺亲权，可部分剥夺，也可全部剥夺，但情况改变后，可以恢复亲权。

上述停止亲权应由监护监督机关或依未成年子女父（母），或亲属或检察院提起诉讼，经法院裁决；而亲权的剥夺，则均应经过法院作出决定。

七、亲子法立法设想

亲子法作为民法亲属编（或单行的婚姻家庭法）的重要组成部分，其立法应包括哪些必不可少的内容呢？笔者就其大的框架，作出如下的设想，仅供大家讨论：

第一章　父母子女（按章节设计）

第一节　亲生子女

一、婚生子女

1. 妻子婚姻期间怀胎或出生的子女，推定为婚生子女。

2. 婚姻关系解消后 304 日内出生的子女为婚生子女。

3. 夫或妻对婚生子女的否定：

（1）婚生性的否认；

（2）夫（妻）能提供足够的证据，证明该子女不是其子女的情况。

（3）婚生否认之诉及提起期间（知悉子女出生 1 年内为宜）；

（4）婚生性的承认。

二、非婚生子女

1. 非婚生子女的认领：

（1）认领的基本原则；

（2）认领的能力；

（3）认领的种类（自愿认领、强制认领）；

（4）成年子女的认领。

2. 认领的无效和撤销。

3. 认领的效力。

三、子女的姓氏

1. 子女姓氏的确定；

2. 非婚生子女的姓氏；

3. 子女姓氏的变更。

第二节　养子女

一、收养的目的和原则

二、收养未成年人的实质要件

1. 收养者要件；

2. 被收养者要件(未成年人的法定代理人的条件)；

3. 收养同意权的行使。

三、收养未成年人的形式要件(收养的成立)

1. 收养协议经政府登记生效(或经法院审判生效)；

2. 孤残儿童收养问题。

四、收养的效力

五、收养的无效与撤销

六、收养的终止

七、成年人的收养

八、涉外及涉港澳台收养

第三节　继子女

一、与继父(母)形成抚养教育关系的继子女

二、与继父(母)未形成抚养教育关系的继子女

第四节　人工生育子女

一、人工生育子女种类

1. 同质人工生育子女，同婚生子女；

2. 异质人工生育子女，双方协议或默认视为婚生子女；

3. 禁止借腹生子。

二、人工生育子女与父母间关系规定(同婚生子女)

第二章　亲　权

一、亲权人

1. 亲权人要件；

2. 亲权的行使；

3. 离婚时亲权的行使问题。

二、亲权的效力

1. 抚养的权利与义务；

2. 监护教育的权利与义务；

3. 身份代理权利和义务；

4. 财产管理与代表权。

三、亲权的消灭、停止和剥夺

1. 亲权的消灭；

2. 亲权的停止和被剥夺；

3. 亲权的恢复。

八、结语

近代法的亲子关系，是以父母抚养、教育、保护未成年子女为中心内容而成立的。一般来讲，亲子法是由亲子关系的发生、变更、消灭以及亲子间的权利义务所构成的。关于前者，我国婚姻法规定了婚生子女、非婚生子、养子女、继子女，但规定得比较原则，执行难度较大。还有一点需指出，本文没有单就继父母继子女关系进行论述，原因有二。一者，继子女如被继父(母)收养，则形成养父(母)子女关系，在收养一部分有述，不必重复；二者，如未与继父(母)形成收养关系，那么与继父(母)只是姻亲关系，也不是本文论述的内容，故对继父母继子女关系没作说明。亲子法设想中保留继父母、继子女关系条款，主要是从中国社会多年来的习惯出发的。本文在父母子女分类中增加了"人工生育子女"，单独作为一类子女加以说明。关于后者，我国婚姻法对父母子女之间的权利义务作了原则规定，但并未设立亲权制度，本文对亲权制度的基本理论及立法要点作了比较论述。

我国两部婚姻法都规定得很概括、很原则，家庭关系这一问题更显得薄弱、不完整。而多年来，由于种种原因，婚姻法学界和实际部门对家庭法部分，特别是亲子法制度很少研究，可供参考的资料也极少。当前随着改革开放的深入，社会经济的迅速发展，家庭关系中无论身份关系还是与身份关系紧密相连的财产关系，都变得复杂起来。很好地研究家庭关系的变化，健全家庭法制度、特别是亲子法制度，对完善我国婚姻家庭立法具有重要的意义。本文试以比较的方法，对我国亲子法制度的健全完善，提出一些初步的想法，起个抛砖引玉的作用，与同仁们探讨，以祈得到批评和指正。

（作者为中国社会科学院法学研究所研究员）

论基于法律行为的物权变动

——物权行为及无因性理论研究

陈　华　彬

目　　次

一、引言

按照现代民法物权理论，所谓物权变动，系指物权发生、变更及消灭的运动状态。就物权主体方面观察，为物权的取得、丧失及变更。究其实质，系为人与人之间对于权利客体之支配和归属关系的“法的关系”的变革。一如世界万物之生生息息均各有其固有的推动力一样，物权变动亦当然有其固有的动力，学说谓为“物权变动的原因”。

依罗马法以降近现代各国民事立法及实践，作为物权变动推动力之“原因”大抵有如下三类：其一，法律行为原因，如契约及单独行为等；其二，法律行为以外的其他原因如时效、先占、遗拾物拾得、埋藏物发现、附合、混和、加工及混同等；其三，某些公法上的原因，如公用征收及没收等。此三类物权变动原因于法律效果上并无不同，即均可发生物权变动之直接效果。但就在物权变动中的地位及发生变动之成立要件而言，则有显著差异。本文着重研究于物权变动原因中居于重要地位的所谓因法律行为而生的物权变动问题。其中，基于契约这一双方法律行为所生物权变动将是本文研究之逻辑起点和重心。须特别指出的是，后文非有特别说明，所称物权变动，皆指以契约为其变动原因。此一点，在此一并加以说明。

英美法有关不动产权利变动系采“契据交付主义”。按照美国法，不动产权利[①] 之变动除让与人和受让人缔结买卖契约外，仅须作成“契据”(deed)交付与买受人，即可发生不动产权利变动之效力。受让人虽然可将“契据”拿去登记，但依大多数州法及其实践，该登记非为不动产权利变动之生效要件而仅是对抗要件[②]，虽然具有公示机能却无公信力[③]。依英国法，不动产土地权利的变动须有两项要件始可发生，即“契约阶段的要件”与“严格证书”(deed)之必要性[④]。所谓“严格证书”(deed)，与美国法所指称的“契据”(deed)有同一涵义。由此可见，无论美国法、英国法，对于包涵不动产物权在内的一切不动产权利之变动，都不要求有专门的物权变动之意思表示(物权的合意)，登记一般系物权变动的对抗要件，物权行为概念、物权行为独立性及无因性无从谈起，对于后述德国民法所谓物权行为独立性与无

① 依美国法，包涵租赁权在内的诸种不动产权利均为财产法(pyoptrtglaw)之范围，所谓不动产物权性权利与不动产债权性权利未作区分。

② 〔日〕木下毅：《美国私法》，有斐阁 1988 年版，第 245 页。

③ 〔日〕木下毅：《美国私法》，第 245 页。

④ 〔日〕国生一彦：《现代英国不动产法》，有斐阁 1988 年版，第 158 页。

因性制度，学说斥之为荒唐无稽[①]。

19 世纪以降大陆法系近现代民法立法对于物权变动之规制，其源流可上溯至公元前 451 年至公元 565 年的古罗马法。中经专制的封建时代、黑暗的中世纪及 19 世纪初叶开始的近代民法立法，迄至 20 世纪初叶，大陆法系民法立法就物权如何发生变动业已形成“三足鼎立”之规制格局。此即以德国民法典为代表的物权形式主义，以奥地利、瑞士及韩国为代表的债权形式主义，以及以法国、日本为代表的债权合意主义（意思主义）规制模式。二战以来的现代各国民法立法对于物权变动之规制未再创造新的模式，要么跟随物权形式主义（1929 年中华民国政府制定的“中国民法”在解释上系采德国物权形式主义），要么跟随债权形式主义模式（如韩国 1958 年民法典等）。二者之中，债权形式主义为二战以后的各国民事立法所广泛采用，居于有力和支配地位，代表物权变动立法规制模式的基本潮流和趋向。除现今欧陆中的奥地利、瑞士等国采取此种立法主义外，拉丁美洲各国、前苏联及现代东欧各国，以丹麦为首的北欧各国及远东各国（如中国民法通则及 1958 年韩国民法典）均系采取此种主义。这些情形表明，债权形式主义已在当代世界民法立法中占据压倒性的有力支配地位，成为物权变动立法规制模式的最新潮流。

中国作为大陆法系之一重要成员国，现今为推进和因应社会主义市场经济体制的建立、完善和发展而正在着手进行开新中国成立 40 余年来之先河的物权立法运动。其中物权变动之采何种规制模式将是摆在立法者面前一项至为重要而必须作出明确抉择的重要问题，尤其对于应否采纳德国民法中的物权行为概念及物权变动的无因构成制度，必须表明立场。鉴于这一问题的重要性，本文拟由物权变动立法规制模式的分析入手，尔后对上述诸立法规制模式之优劣予以衡量、分析与比较。在此基础上，着力考察和研究德国民法物权行为理论尤其是物权行为之无因构成问题，最后表明论者关于这些

---

① 铃木禄弥等：《不动产法》，有斐阁 1973 年 8 月版，第 157 页。

问题的基本立场见解。

二、基本立法规制模式考察

（一）罗马法

公元前753年至公元565年的罗马法为现代西方文明之肇端及大陆法系民法制度和学说的发祥地，现代大陆法系诸民法制度大都可从罗马法上找到其雏形和胚胎。关于物权变动的法的规制也不例外。

依罗马法，所有权之移转必须遵循严格的方式，无论动产或不动产，如果仅有当事人双方单纯的债权合意，则所有权根本不生移转。在历史上，罗马法关于所有权的移转首先存在着所谓mancipatio（握手行为[①]）和in jure cessio（法庭让与）二类特殊形式。所谓mancipatio又称“要式买卖”[②] 或“握取行为”[③]（握手行为），为罗马市民法上移转所有权的最古老的方式。mancipatio一词本身由“manu”（手）与“capere”（攫取）二词构成，意谓“以手取手”或“以手攫取”，反映原始社会后期渔猎民族确定所有权归属的方式：谁最先用手拿到渔猎物，该物所有权便归谁所属。当此之时，权利与强力之界限模糊不清，人们以为一切权利非以实力加以支配即不足以证明其对物享有权利。其后法律思想进步，mancipatio演变为移转所有权的要式行为[④]。据盖尤斯与乌尔披亚努斯记载，采用要式买卖时，当事人必须亲自到场（但买受人可由家子或奴隶代替，出卖人则不允许之），另须有5个证人和1个司秤参加。5个证人以1人为首，称“首席证人”（antestatas），负召集其他证人和司秤参与之责。买卖由司秤主持，买受人一手持标的物或其象征物，一手持铜块说：“按罗马法律，此物为我所有，我以此铜块与秤买得之。”言毕，即以铜块击秤并将铜块交与

---

① 〔日〕舟桥谆一编集：《注释民法》(6)，有斐阁1967年发行，第110页。

② 周枏：《罗马法原论》，商务印书馆1994年版，第314页。

③ 〔日〕松坂佐一：《物权法》(第4版)，有斐阁1980年版，第24页。

④ 周枏：《罗马法原论》，第315页。

出卖人，买卖遂告完成[①]。所谓injurecessio又称"法庭让与"或"拟诉弃权"，为罗马市民法中继mancipatio之后极重要的所有权移转方式，其晚于《十二表法》产生，为罗马共和国社会经济生活迅速发展的产物之一。依此"injurecessio"，买卖当事人双方假装对标的物所有权发生争执，携带标的物或标志到长官处争讼，长官发问时，受让人（原告）以手触及该物，主张"依罗马法律，此物为我所有"，出让人（被告）则表示同意或默许，于是长官就把该物"判归"原告，从而完成交易[②]。

自优士丁尼帝以降，所有权移转的上述繁杂手续趋于缓和，直至Instinianus法即被消灭。虽然如此，但traditio（占有的转移）却成为代替上述两种交易方式的新的交易制度[③]。按照这种制度，当事人双方的单纯的合意仅止于发生债权关系，而并不发生物权移转的效力[④]，物的所有权买卖，买主基于契约并不能成为所有权人，仅可单单成为卖主的债权人[⑤]。要使所有权发生移转，必须履行物的traditio行为。此即所谓"经由交付与取得时效可使物的所有权发生转移，而基于单纯的合意则不能有此效力"的罗马法物权变动原则[⑥]。迄至罗马帝国后期，于现实的所有权移转必须转移对标的物之"占有"而始可发生物权变动之效力外，"占有改定"、"简易交付"等物权变动的便捷交易形式逐渐产生出来并受到注目。按照这些交易形式，即使标的物不发生"非现实的移转占有"——交付，物权变动的效力也依然可以发生。即使如此，在此时期，"交付"作为所有权移转发生效力的基本要件却未有任何变化[⑦]。未有"交付"，所有权移转即不能实际发生。

---

① 江平等:《罗马法基础》，中国政法大学出版社1991年版，第137页。
② 周枏:《罗马法原论》，第318页。
③ 松坂佐一:《物权法》，第23页。
④ 松坂佐一:《物权法》，第24页。
⑤ 松坂佐一:《物权法》，第24页。
⑥ 松坂佐一:《物权法》，第23页。
⑦ 松坂佐一:《物权法》，第24页。

这里有必要涉及罗马法关于所有权让与所要求的“mancipatio”、“injure. cessio”及“traditio”等“行为形式”所蕴含和代表的意义问题。首先，可以肯定，罗马法对于物权变动（所有权移转）所要求的这些“形式”，显现了世界各国古代法所具有的一般特色，即如果不存在代表某些事实的象征性东西，则当事人之间重新形成的利益关系即不能获得法律的充分保护[①]。其次，由于物权关系的特殊性，物权变动非加以公示不可，因此罗马法对于物权变动的形式要件的要求具有谋求物权交易安全的功能。此两点无疑是罗马法关于物权变动之形式要件所蕴含和表明的本来意义。

但近世以来，学说在对罗马法物权变动之上述形式要件予以诠释时，有学者却指出：罗马法上业已存在着与原因行为（债权行为）相阻隔的独立的物权变动行为（物权移转行为）。因为罗马法要求所有权让与必须采取 mancipatio、injurecessio 及 traditio 等形式主义[②]。对此见解，笔者不予赞成。诚然，罗马法对于所有权之让与确实有行为的形式上的要求，但无论如何决不能将此种行为的形式与德国近代法所谓抽象的物权行为加以同视或相提并论[③]。因为德国近代法所谓抽象的物权行为乃是以观念的债权行为之独立存在为前提，并与其相对立而存在[④]。事实上，于罗马法上，物权交易因受“实质的原因”（即现今所谓“债权契约”）之约束，该原因经由现实的物的支配的移转——交付而获得实现。所有权因交付而发生移转，原因（causa）也同时因该交付而完成其效力[⑤]。在这里，从契约之缔结至标的物交付完毕的全部过程乃是作为一个现实的行为而存在，同时只有作为

---

① 舟桥谆一编集：《注释民法》(6)，有斐阁 1967 年版，第 110 页。

② 〔日〕川岛武宜：《所有权法的理论》，岩波书店 1987 年版，第 196 页以下对此观点作有介绍。但他本人并不同意此种见解。德国学者 Heck 指出，近代德国物权行为无因性理论正是对罗马法所有物让与过程中的形式要素所蕴含的本来意义之误解而生。参见 Heck：《无因的物权行为论》(1937 年)，后文将要详细涉及此书。

③ 川岛武宜：《所有权法的理论》，第 198 页。

④ 川岛武宜：《所有权法的理论》，第 199 页。

⑤ 川岛武宜：《所有权法的理论》，第 195 页。

一个现实的行为，其存在也才有意义。质言之，所有权让与行为与作为原因的契约并非作为二个不同的行为而分别独立存在，它们只是一个完整买卖的一个"部分"，二者之结合始构成一个现实的买卖[①]。像这样将物权的交易过程统一为一个整体，不承认债权行为之外另有独立的物权行为的时机与社会经济基础正在于当时的"物的支配的现实性"。因为于罗马法上，如果权利主体不能以某种形式现实地对某物予以支配，则其对该物即不拥有权利。因而，在移转物权权利时，必然也就要求必须移转对于标的物的现实占有[②]。在这种构造下，观念的债权关系之独立存在必然为不可能，从而在标的物占有的移转过程中，作为"原因"的契约关系对于物权移转行为而言也是不可能独立存在的。因此，在整个物权交易中也就仅存在一个统一的、不能对其加以分离的"现实的行为"[③]。至此可以看到，后世所谓物权行为的独立性与无因性在罗马法上始终并不存在。

（二）德国法

1. 德国固有法（日耳曼法）与德国普通法

如所周知，德国于 15 世纪广泛继受罗马法之前，曾长期适用其固有法——日耳曼法。按照日耳曼法，不动产物权移转，须有物权移转契约（sale，sala）及双方当事人在证人面前履行严格的移转标的物之现实占有（Gewere）的移转行为（investitura）。虽然具有物权移转契约，但如果未履行物的现实占有之移转行为，则所有权不生移转效力。迄至法兰克时代，"物的现实占有之移转"的所有权让与要件趋于缓和，作为代替行为的"表象行为"（如树枝、土块、手袋等的给予）开始出现并日渐蔓延开来。至中世纪（公元 9 世纪——1495 年）时代，不动产土地的让与制度一分为二："封地的让与"与"非封地的让与"制度。关于"封地的让与"，依"封建法"为之：让与人将土地交与领主，

① 川岛武宜：《所有权法的理论》，第 195 页。
② 川岛武宜：《所有权法的理论》，第 196 页。
③ 川岛武宜：《所有权法的理论》，第 195 页。

领主对受让人不为让与的占有移转行为(investitara),而仅宣言“授封”的意思即可完成“让与行为”[①]。于非封地场合,则仍依日耳曼让与制度为之。不过,日耳曼让与制度至此已获得相当发展:让与土地所有权时,在证人面前不仅要缔结让与契约,而且也必须为物的移转行为的“表象行为”(即将象征标的物之物交付于受让人)。此两个行为均为土地让与行为(Auflassung)[②]。其后以文书代替象征物之交付及记载当事人让与合意的要旨并交付与买受人,交付行为始获完成。此文书的发达,遂演变为登记制度[③]。另外,大抵与上述日耳曼土地让与制度获得发展的同时,德国一些地方产生了于裁判所进行土地所有权移转的习惯。11世纪时,此种习惯变得普遍化,以至于实务上开始形成如下规则:进行不动产让与时,须在裁判所缔结要式的让与契约(Auflassung),现实的交付并不必要[④]。裁判所办理此种让与时,向双方当事人“宣言”让与之要旨及有关诸事宜并加以确认,办毕即将交易过程记入“帐簿”。经过一定期间后,社会第三者即使对双方当事人之此项交易提起“异议”,也丝毫不对该交易的有效性产生影响(此为近代法上登记簿具有公信力之源流和肇端)。由于在裁判所进行不动产交易具有这些优点,因而不久这种方式便被广泛推行开来,即使所有权以外的其他物权的设定、移转也予以利用。自12世纪以降,权利的取得、丧失开始直接记入此种“帐簿”,并产生同等效力。这样一来,即使裁判所以外的官厅、公署也纷纷设计此种“帐簿”,其结果使裁判上的此种“让与契约”逐渐变得有名无实[⑤]。

历史上,罗马帝国以降的德意志帝国通常被认为是罗马帝国的继续[⑥],结果使德意志帝国将罗马帝国的法律作为“自己的法律”加

---

① 舟桥谆一编集:《注释民法》(6),第111页。

② 舟桥谆一编集:《注释民法》(6),第111页。

③ 史尚宽:《论物权行为之独立性与无因性》,载于郑玉波主编《民法物权论文选辑》(上),第7页。

④ 舟桥谆一编集:《注释民法》(6),第110—111页。

⑤ 舟桥谆一编集:《注释民法》(6),第111页。

⑥ 〔日〕山田晟:《德意志法概论》,有斐阁1987年版,第6页。

以承认和使用。经由13世纪勃兴起来的德国后期注释学派(Postglossatora)之诠释及设立于德国各地的大学讲坛的传播,罗马法知识日渐在德国各地广泛普及开来。此即所谓德国的"罗马法继受运动"。被继受的罗马法一跃而成为适用于德国全境的法,史称德国普通法(Gemeines. Recht)。由于罗马法的继受,一时间所有权让与的交付主义制度流行开来。但在另外一些地方,历来的旧有交易方式仍旧维持。这样,不动产的交易方式一时间遂呈现出非常"芜杂"的状态。罗马法的交付主义,其方式简易,但交易保护的安全机能却因之失去,源于德国固有法的Auflassung交易方式由此复活。尤其是1872年5月5日之普鲁士法,承认了公示方法的另一种最发达制度——"登记",登记制度由此确立下来,并在其后不久即获得广泛推行。

关于动产让与,依日耳曼法,其程序及规则均较不动产之让与,更简便和单纯:仅须有所有权让与的合意(至于合意的方式并无要求)——债权契约与"现实占有的移转"——交付即可发生。所谓"现实占有的移转",仅指"从手到手"的交付,而不像土地所有权让与场合的移转行为(investitura)那样必须履行繁琐的形式。另外,对于动产让与场合的现实占有的"交付",受让人只要有对标的物予以支配的"表象"证据,即可表明其业已取得了标的物的所有权。此种日耳曼法动产让与规则与罗马法交付主义(让与的合意——债权契约与占有Possessio的移转,)在外形上颇为酷似,因而罗马法的继受对于日耳曼法之动产交易制度并未给予较大的影响[①]。

2. 德国民法典

德国民法典制定于1896年8月8日,从1900年1月1日起施行。关于因法律行为所生物权变动,民法典明定采取"物权形式主义"的规制模式[②]。第873条规定,为了移转土地所有权,或为了在土

---

① 舟桥谆一编集:《注释民法》(6),第112页。

② 舟桥谆一编集:《注释民法》(6),第112页。

地上设定某项物权或移转此项权利，或为了在此项物权上更设定某项物权，除法律另有规定外，必须由权利人及相对人对于此种权利变更成立合意，并必须将此种权利变更之事实，登记于土地登记簿内。第929条规定，动产所有权之出让，必须由所有人将物交付于取得人，而且双方就所有权之转移，必须成立合意。如取得人已经占有该物时，仅须就所有权之移转成立合意。按照这些规定，德国民法所谓物权变动的"物权形式主义"，其内容可作如下归纳：

其一，产生物权变动的契约称为"物权的合意"[1]。该"物权的合意"与发生债权债务关系的债权契约俨然不同。其中，关于不动产物权变动的物权的合意称为"Auflassung"，动产物权变动的物权的合意称为"Einigung"[2]。而所谓"Auflassung"，则指契约双方当事人于登记官吏面前，同时为要式行为，附条件或附期限则不允许。

其二，物权的变动除须有债权契约（普通契约，Vertrag）与"物权的合意"外，尚须具备一定的形式。即不动产须有登记（Eintragung，第873条、第925条），动产须有交付（Ubergabe）。如果未有登记或交付，即使有债权契约与"物权的合意"，物权变动也不会实际发生[3]。可见，登记或交付等公示方法，系物权变动的生效要件，而非对抗第三人的"对抗要件"。

其三，物权变动中的债权契约只能发生债权法上的权利义务关系，物权的实际变动并不因之而发生。要使物权变动成为现实，必须还要有物权的意思表示。此即所谓物权行为的独立性。[4]

物权行为的独立性：

债权行为＝使债权发生的行为—— 债权的意思表示（"出卖"、"买受"）＋物权行为

① 舟桥谆一编集：《注释民法》(6)，第112页。

② 舟桥谆一编集：《注释民法》(6)，第112页。

③ 松坂佐一：《物权法》，第25页。

④ 三和一博、平井宜雄：《物权法要论》，青林书院1989年11月版，第25页。

＝使物权发生移转的行为：{物权的意思表示（所有权移转的意思表示）
形式（登记或交付）

↓

所有权移转

其四，由于物权行为独立存在，故其效力不受原因关系之债权行为的影响。质言之，所有权移转行为系作为与原因的债权契约无任何关联的绝缘体而存在。债权契约无效、撤销，物权行为的效力也不受丝毫影响。此即所谓物权行为的无因性[①]：

物权行为的无因性：

A ——债权行为→B——债权行为→C

——物权行为→ ——物权行为→C（所有权）

A　　　无效　B→　　　→　　　C

——有效→——有效——（所有权）

自德国民法典就物权变动的物权形式主义作出规定以来，迄今已历时百余年。百余年来，德国民法典之此种规定曾引起各国学者激烈批判与论争，即使现今，学说对它的批判和怀疑也依然未有熄灭。事实上，德国民法典关于物权变动之采物权形式主义，这并未有什么深奥的理论存在其间，它只是德国民法史的传统以及德国当时民法学发展水平的结晶。概而言之，它是德国历史的产物，因而深深烙上了德国历史发展进程的鲜明印迹。关于这一点，下面将作进一步探讨。

3. 德国民法典物权形式主义规制模式所蕴含的历史性格

试将德国民法典物权形式主义规制模式所蕴含的历史性格概述如下：

其一，德国民法物权形式主义，系谱上乃来源于“形式的支配的物权”（与其相对的为“观念的支配的物权”）的日耳曼法制度。无论动产所有权移转须以交付为要件，还是不动产所有权移转须有移转的

---

① 三和一博、平井宜雄：《物权法要论》，第28页。

合意(Auflassung)与登记,其都与日耳曼法存在着密切的历史关联性[①]。但在日耳曼法时代,十分清楚的是:“Auflassung”并不是一个单独而独立的物权契约,而仅仅是作为债权契约的方式而加以考量和意识[②]。即近代以前,德国系被如下的法的社会意识所支配:如果权利主体不对权利客体予以“形式上的支配”,那么其对该客体即未有权利。德国民法物权形式主义规定的最初来源和起点正在于此。但是,德国民法又赋予建立于前近代土壤基础上的传统制度在新的近代条件下以全新的机能与构造,“登记”与“交付”于是成为“观念的所有权”得以成立的基础。而使观念的、眼睛和肉体不能看到与触及的权利有形化,这正是“公示”制度在近代社会中所肩负的重大使命[③]。德国民法通过将当事人之间的物权变动的生效要件转换成对第三者的公示手段,统一了物权变动中当事人之间的对内关系与对外关系,创立了“物权变动如未能依一定公示方法表现其变动之内容,则物权变动之法律效果即无从发生”的近代物权制度原则[④]。同时,就将传统制度原封不动地移植到近代法的土壤上而言,德国民法的立法技术具有极端的巧妙姓[⑤]。因此,德国民法规定的物权变动的“现实性”,其决不能与德国古法——日耳曼法之同类制度相提并论。之所以这样说,乃是因为,日耳曼古代法物权变动之“现实性”在经由近代所有权的观念性否定和“冶炼”后已获“纯化”,以至于蜕变为新的“现实性”。现今德国民法所谓物权变动的“现实性”乃是“观念的所有权”与现实的“公示”的统一[⑥]。

其二,于物权变动上,德国民法使旧有制度转换为近代制度的另一要点是,物权行为(尤其是 Auflassung)“无因性”(或“抽象性”,

① 川岛武宜:《所有权法的理论》,第 203 页。
② 川岛武宜:《所有权法的理论》,第 204 页。
③ 川岛武宜:《所有权法的理论》,第 204 页。
④ 川岛武宜:《所有权法的理论》,第 204 页。
⑤ 川岛武宜:《所有权法的理论》,第 205 页。
⑥ 川岛武宜:《所有权法的理论》,第 204 页。

abstrakte. Natur)制度之确立。不动产所有权是否有效移转，仅判定“Auflassung”是否有效即可。即使作为“Auflassung”的“实质原因”的债权契约无效、撤销，不动产所有权之移转效力也不受任何影响[①]。“Auflassung”与债权契约完全绝缘了！于日耳曼法上，“Auflassung”与债权契约并未发生分裂而成为一个独立的行为。而在历史上，真正使“Auflassung”成为一个独立的行为并与原因行为（债权契约）相隔断，使仅有“Auflassung”的意思表示即可发生所有权移转的民事立法是1872年的普鲁士所有权取得法。这个立法开了德国民法承认和确立物权行为无因性之先河。1896年德国民法典原原本本地承袭了该法关于物权行为及其无因构成的基本规定与规范意旨[②]。可见，德国民法之规定物权行为无因性制度，这全然不是民法典起草者与立法者的独创，而是德国民法传统和民法史发展的自然结果与归结。从日耳曼法到普鲁士所有权取得法（1872年），再到德国民法典（1896年），其间关于物权变动规则的历史变迁及运行轨迹，正表明了包括法制史在内的人类全部历史发展的不可分割性、继起性和连续性。可见，物权行为无因性完全是德国法学史与民法物权制度（当然主要是不动产交易制度）长期发展的产物，是一个历史的范畴。

（三）法国法

1. 法国古法及法国民法典成立前的立法与学说

自法兰克时代以降的封建时代起，法国在物权交易上采取了与德国同一时期大抵相同的交易形式。其后因继受罗马法，动产所有权一般按罗马法规则予以移转。而在不动产，即使在继受罗马法以后的一个较长时期内，也仍然是按法国“封建法”规则转移之：让与人一旦

---

① 德国民法典对此未作明文规定。本来于第一草案上，系将此置于第829条加以明文规定，但在草案审议之际的第二“读会”上，该明文规定即被涤除。理由为：物权行为的无因性从第873条的规定上已是非常清楚、明确，故无特别加以规定的必要。参见川岛武宜：《所有权法的理论》，第209页。

② 关于物权行为的无因构成，于德国民法典之外，迄今再未有立法例对此明文加以承认与规定。

将土地交与领主，再由领主授予受让人，称为“ensaisinement”[1]。但是，随着封建制度的日趋式微，土地让与也发生了重大变化，即不再经由领主“授封”，而仅依当事人之间的契约即可完成。16世纪时，此种交易方式变成一般化而广泛蔓延开来。另一方面，大约与此同时，法国一些地方的“实际家”们则尝试采用不以标的物之实际交付为必要的新的所有权交易方式。“假装的占有改定”(dessaisinesa-isine)与交付(traditio. feinte)的约款方式由此登场。按照这些方式，交易证书通常载明如下约款：“卖主于现在向买主为物的交付，买主基此事实而取得占有。”[2] 不久，该约款日渐演绎为“惯例性”条款而普遍订入所有权移转契约中，最后“实际家”们干脆将其省略而默认为当然条款[3]。这种交易及其发展趋向其后受到18世纪推崇个人主义与自由主义的格老秀斯(Groutius)及普芬道夫(Puffendorf)等人的鼓吹与欢迎。他们指出，应对“所有权”与“占有”两种制度加以明确区别。“占有”为一种事实，因而其移转必须要求有“交付”这一有形的事实，否则不得发生。所有权移转则与此不同，其本身因是一种纯粹的观念性性质的东西，故在进行所有权移转时，无需像“占有”那样必须履行有形的交付行为，而只要有单纯的、诺成性的合意这一观念的形式，所有权移转即可发生[4]。这些思想引起了当时大多数自然法学者的共鸣，迎合了当时法国社会正在广泛兴起和崛起的“自由与平等”的社会思潮与社会意识。这样一来，关于物权交易的支配性见解不久获得形成：产生物权变动的意思表示与产生债权的意思表示相同，即均不要求以某种形式为必要，而仅基于当事人之间的债权契约的意思表示即获满足[5]。随后的事实表明，1804年法国民法典对于物权变动之规定，完全是以这种支配性见解为基础而形成起来。这就是，法国

---

① 舟桥谆一编集：《注释民法》(6)，第112页。

② 松坂佐一：《物权法》，第24页。

③ 松坂佐一：《物权法》，第24页。

④ 舟桥谆一：《物权法》，第113页。

⑤ 舟桥谆一：《注释民法》，第113页。

民法典就物权变动采取了纯粹的意思主义(债权合意主义)。

2. 法国民法典

1804 年法国民法典对于物权变动采取了与德国民法迥然不同的立法主义,判例学说谓为"债权合意主义"[①] 或"意思主义"[②]。按照该民法典的规定,此"债权合意主义"(意思主义)的内容包含如下基本要点:

其一,物权变动仅依当事人之间的债权合意(债权契约)即能实现。不动产物权移转所为的登记,系对抗要件,而非成立或生效要件。

其二,不存在独立于债权合意(Convention)之外的"物权的合意"。物权变动只是债权契约的当然结果,无物权行为独立性之可言。

其三,物权变动既然不存在物权行为独立性,因而物权变动的效果自然受原因行为(债权行为)的影响。物权行为无因性无从谈起。至于受如何影响,则依法律行为一般原则予以决定。安全交易之保护,委诸于公示与公信原则。

其四,基于双方当事人缔结的债权契约,债权、债务关系及物权变动的双重效果即可发生。即所有权系居于"债权的效力"(Par. l'effet. des. oblig ations)而发生移转(第 711 条)。"应为物的给付之债务,仅依当事人之合意即获完成,债权者因此而成为所有者。"[③] 质言之,当事人就标的物及其价金相互同意时,即使标的物尚未交付,买卖即告成立,标的物所有权也于此时由出卖人移转于买受人。法国民法典对于物权变动的这种规定,可以图式如下:

买卖契约→→所有权转移

这里有必要涉及法国法关于不动产物权变动之公示方法的"登记"制度问题。早在 1804 年法国民法典公布施行时,这一问题即引起了人们的注意。此间,由于物权变动仅依当事人双方的债权合意即可

① 〔台〕谢在全:《民法物权论》(上),1992 年版第 64 页。

② 〔日〕星野英一:《民法概论 2·物权》,良书普及会 1977 年 10 月版,第 26 页。

③ 松坂佐一:《物权法》,第 25 页。

发生，除此并无任何公示方法。这种交易习惯肇致对标的物有利害关系之第三人以深切不安，痛感有加以改善的必要。受1794年普鲁士抵押权法之刺激和影响，1798年11月1日法国颁行法律，决定在全国范围内实行所谓"登记制度"(transcription，in. Scription)。但是按照该法律，"登记"制度之适用范围极其有限。法国民法典制定之际，对于应如何把握和处理此登记制度，曾发生激烈争论。结果立法规定：不动产之赠与(民法典第839条以下，第1069条以下)、先取特权(第2106条以下)及抵押权(第2134条以下)等物权变动始可适用"登记制度"，而买卖等有偿让与在原则上即不应采取登记制度，仅依当事人双方的债权契约即可发生物权变动的效力。其后，随着法国社会经济的发展与物权交易的日渐频繁，痛感该登记制度的狭隘适用范围对交易安全有着深刻的弊害，1806年法国民事诉讼法乃在第834条及835条的法言上间接地 承认登记制度对于所有权之让与实为一项必要制度①。其后历时近50年，登记制度对于不动产物权变动之必要性才为立法所明文确定，此即所谓1855年3月23日法律。按照该法律，举凡不动产物权的设定、移转，如果未经登记将不能对抗第三者(同法第3条)②。而关于动产，立法未作此种规定，这种状况迄至现今。

3. 法国民法典关于物权变动之债权合意主义所孕含的历史性格

与德国民法典相同，法国民法典物权变动之采债权合意主义，这仍然是其历史发展的产物，依然具有浓厚的历史主义性格。

其一，按照法国民法典，物权移转不以交付为必要，而仅依当事人之间单纯的合意即可发生所有权移转的效力。毫无疑义，此种立法规定反映了近代以降所有权的观念性，为近代社会本身的产物。本来，在此以前，法国于法制上系受罗马法支配，关于物权变动，受罗马

① 舟桥谆一编集：《注释民法》(6)，第113页。

② 关于法国不动产物权公示制度之变迁，可参见星野英一：《不动产物权登记制度沿革的概观》，载于〔日〕江川编：《法国民法之150年》，论述甚详，可资参考。

法交付主义规则之左右。但是，伴随法国资本主义的发展，所有权的观念性不断崛起与成长，“交付”本身因此被拟制化，公证人制作的“交易证书”通常记载“交付完备”的条款，法国民法典对此从正面加以了确认。结果产生了所有权移转行为被观念的债权契约所吸收并使之单纯作为其效果而构成的意识。这样一来，法国民法典也就不存在与债权契约相区别的独立存在的另一个法律行为——物权行为[①]。

其二，就法国民法对于物权变动的规定而言，如下两点表现了这种构成具有并不充分的“近代性”。第一，严格而言，在法国民法上，所谓所有权让与的意思主义乃是仅限于不动产，而动产则由“占有有相当于权利根源的效力”(法国民法典第2179条)的“占有法”构成体系所支配[②]。因此，这里并不存在动产所有权的物权的请求权与占有诉权的区分。虽然法国民法典第2179条其后在结果上变成了实现动产交易之占有公信力保护的手段，但无论如何，其本身则完全是以这种“占有法”的构成体系为基础而成立起来的。因而它仍然是动产所有权的观念性权利的未完成状态[③]。这表明，法国民法典规定的物权变动制度未有实现充分的近代性。第二，法国民法典对于不动产交易中的所有权如何具体移转、近代交易法的最大理想的“交易安全”如何实现、物权交易对于第三者的效力以及第三者的保护等问题均未作详尽考虑，只是好不容易才将抵押权之“登记”规定为“对抗第三者的要件”[④]。毫无疑义，这显示了法国民法典在物权变动上具有并不充分的“近代性”。

(四)日本法

---

① 川岛武宜:《所有权法的理论》，第200页。

② 川岛武宜:《所有权法的理论》，第200页。

③ 川岛武宜:《所有权法的理论》，第200页。

④ 法国革命中，虽然先后进行了抵押权登记制度与不动产所有权登记制度的立法，但是，它并未将近代交易安全的理想导入进去，因而不如说是从“征税”这一革命政府的财政考虑上进行的立法。

1. 现行民法施行前的规制状况

(1)近代登记制度施行前物权(尤其是不动产物权)变动的所谓地券制度与公证制度

日本现行民法物权变动制度(以该民法典第176条为中心而加以构成)系以明治初年不动产交易中采行的地券制度及户长公证制度为其滥觞。明治初年,日本政府为了进行地租改正的准备,取消了负担租税的"土地永代买卖"的禁止制度,允许土地进入市场进行流通交易。同时作为确定地价及租税义务缴纳者的土地所有者之手段,创设了所谓"地券"制度。按照这一制度,土地的买卖、让与须以对地券予以"改写"为必要,若不履行这一手续,则被视为"密买卖"。有关之人将被处以征收捐税的处罚。从此意义上看,地券制度与其说是为私法的交易目的而设,毋宁说是为税收上的目的而设。但是,地租改正施行后,地券"改写"即成为所有权移转发生效力的要件,地券的私法的物权法要素显现出来。但是,这一明治政府的新制度因为不是建立于幕藩时代以来民众传统的交易习惯基础上,因此它并未受到民众的亲近与喜好。民众仍然按过去的习惯,以买卖证书与名主的奥印证书方式进行土地的买卖让与(以此种方式为土地交易被此前即明治7年发布的布告宣布为无效),特别是在当时的农村,由于像前近代那样之非永久性买卖的"年限买卖"被推行,作为近代永久性买卖之"器具"的地券制度遂与农村的这种要求不相符合。不仅如此,而且作为买卖之确定性记录的"地券",也不适用于"本来质人"、"书人"等担保权设定。结果,政府不得不对民众中产生的习惯予以让步。首先,明治6年1月,承认了土地的"质人"、"书人"之"契约证书、户长奥印证书"(法律谓为"公证")等习惯性交易方式的合法性。其次,明治8年9月,这种方式被进一步扩张适用于建筑物的"质人"、"书人"场合。迄至明治13年11月,由于明治政府承认土地买卖的一般的"公证制度",于是发生了向"活"的前述习惯法的全面性退却运动。这样一来,地券制度完全失去了制定法上的私法机能,迄至日本登记法(史称"旧登记法")制定时,公证制度也就相应地被登记制度取代而成为物权交易的新方式[1]。

(2)日本旧登记法及日本旧民法典

鉴于上述情况,公证制度遂被近代登记制度(旧登记制度)所取代。促使物权交易由“公证制度”进到“登记制度”的原因,是公证过程中诈欺手段的续出与户长管理的公证簿频繁发生事故[2]。即由于土地交易的日渐频繁,公证制度并不能完全保障交易的安全,为了完善所有权变动的公示制度,有必要确立能满足近代化交易要求的公示制度。而与此同时,从财政上考虑,日本政府也急于实现近代化的国家登记制度。基此背景,明治 19 年 8 月 12 日,日本政府公布了其最初的登记法律,此即所谓“旧登记法”。依此法律,登记系国家的事务,原则上由治安裁判所管辖。仅在离治安裁判所较远的地区,在国家的监督下,由户长役场管辖。这样,“登记”改变了此前之“公证”由“户长”把持的局面,而改由国家把持,这因此使物权交易的法构造发生了大的变化。依该登记法第 6 条规定,物权变动并不必须要求公证,只是为了使物权变动有对抗第三者的效力,则须以登记为必要。另外,依登记法,土地所有权及担保物权之享有也不要求非对证书、地券加以占有不可,而仅须在国家管理的登记簿上作相应的登记与记载即获满足。学者指出,这个意义上的所有权已不是“现实性”的东西了,而是发生了向“观念性”的转化[3]。但是,当事人之间的所有权是否仅依单纯的意思表示即可完成移转,如从该登记法的条文上看则并不明确、清楚[4]。

明治 3 年(1870 年)8 月,日本政府在太政官下设制度局,由江藤新平任局长,着手翻译法国民法典,同时聘请法国学者普阿索那德(Bossonada)起草民法典,明治 23 年(1890 年)公布,此即所谓日本“旧民法”。作为旧登记法之延续物的日本旧民法是怎样解决当事人

---

① 川岛武宜:《所有权法的理论》,第 209 页以下。
② 川岛武宜:《所有权法的理论》,第 215 页。
③ 川岛武宜:《所有权法的理论》,第 215 页。
④ 川岛武宜:《所有权法的理论》,第 216 页。

之间的所有权移转问题呢？按照该旧民法财产编第331、332条之规定，其乃是直接仿效和继受了法国民法的相关规定。作为起草者的法国人普阿索那德在说明这些规定时指出，此种规定旨在将土地交易从封建时代以来的诸种繁琐方式中解放出来，从而实现仅依意思表示即可发生所有权移转的效力[①]。

2. 日本现行民法典

在法制史上，日本现行民法典系作为1890年旧民法典的否定物而存在。1890年公布的旧民法因家族法部分完全沿袭法国民法制度，社会舆论反映强烈，由此遭到反对派激烈反对。结果日本政府不得不在1893年又重新设置新的法典委员会，任命惠积陈重等人为起草委员，重新起草民法典，分别于1896年与1898年予以公布，史称“日本新民法”。新民法不仅在法典的结构上采纳了德意志潘德克吞式体系，而且于内容上也着重参考、仿效了德国民法典第一次草案的诸多规定，但是在物权变动上却一改此种立场，非但未有仿效德国民法的规定，而是原原本本地将旧登记法及旧民法的规定加以秉承，坚持其业已采纳的法国民法典的立法主义。第176条规定：“物权的设定及移转，只因当事人的意思表示而发生效力”，而不需要任何形式。因此被称为债权合意主义或纯粹意思主义。只是为了对抗第三者，不动产以登记、动产以交付为必要（第177、178条）。质言之，登记或交付系物权变动的对抗要件而非物权实际发生变动的成立要件或生效要件[②]。但是，作为此种规定的例外，质权的设定则以交付为成立要件（日本民法典第344条，另外矿业权及租矿权的变动以及特许权的

---

① 普阿索那德指出，日本民法典在此规定上（旧民法财产法之第331条）具有近代性而应获得注目，进而应承认其为法的一种进步。一切的原始的法制，对于所有权由此向彼的移转常常要求必须依繁琐的“行为”而移转。即不仅要求当事人有意思表示，而且还要求为一种人的眼睛所能看见的、外部的、至少是有形的可以表明所有权确实发生了交换的“外部行为”……本条抛弃了历来的旧有法理，此虽然并不绝对，但至少在特定物领域获得实现。参见川岛武宜：《所有权法的理论》，第216页以下。

② 松坂佐一：《物权法》，第27页。

变动则以在矿业原簿或特许原簿上予以登录为其成立要件[①])。由此可见，日本民法在物权变动立法上，除规定动产以交付为对抗要件而区别于法国民法外，其他方面均与法国民法相同。即不承认因法律行为所生物权变动有所谓物权行为的独立性与无因性，认为仅依债权契约的效力即可产生物权变动。

这里有必要涉及日本民法学说理论围绕该民法典第176条而展开的关于日本民法是否承认物权行为独立性的法解释论争。这一论争就其实质乃是学者对于民法典第176条之“意思表示”的意义以及该条与民法典第555条及第533条之关系于解释和理解上所发生的分歧：以物权变动为目的的物权契约和以债权之发生为目的的债权契约是否可以截然区别以及物权行为是否具有独立性问题。民法制定当时，按照这些规定的母法的法国法进行意思主义解释，即否定物权行为的独立性。其后，民法学中德国法学的潮流和倾向成为压倒性潮流，因此依德国法所作的解释遂成为支配性见解。但从大正末年始，依法国法进行解释再一次成为有力见解。之后，折衷的见解也产生出来，于是，学界出现了混沌现象[②]：

其一，物权行为独立性否认说，也称意思主义说。该说从解释民法典第176条规定之“意思主义”的含义出发，认为日本民法对于物权行为与债权行为并未加以峻别，或者认为物权行为虽然在观念上应予承认，但在现实上则应使物权行为与买卖契约结为一体。买卖契约生效的同时，也就发生了物权的变动，故不存在所谓物权行为独立性问题，当然更无所谓物权行为有因或无因问题[③]。

此说从民法典制定当时迄至明治末年，于民法学界几乎处于独占支配地位而成为有力学说，其后一度衰落。二战后，著名民法学者我妻荣教授继承和发扬了该说见解。该说关于物权变动的时期采所

---

① 参见日本矿业法第59、60、84、85条，特许权法第27条。

② 铃木禄弥：《物权法讲义》创文社1994年第4版，第96页。

③ 铃木禄弥：《物权法讲义》，第98页。

谓"债权契约说"[①]，认为所有权移转只需依当事人的意思表示(债权契约)即可发生，而不需要特定形式或方式，因而物权行为与债权行为一样，都属于非要式行为，它们可以成为"合体行为"，在缔结特定物买卖契约的同时，标的物所有权也就由卖方转移至买方。概言之，基于债权契约的效力而发生了物权变动的效果。

其二，物权行为独立性肯定说。此为少数说。该说仿效德国法，将日本民法典第176条的"意思表示"解为与"债权契约"有别的专以物权变动为目的的"物权的合意"，基此物权的合意而发生物权的实际变动。此物权的合意被进一步解为物权行为。基此立论，该学说进一步主张物权行为的无因性，认为债权行为因某些理由失去效力时，物权变动作为原则仍然有效[②]。

其三，折衷说[③]。该说诞生于二战后之初期，倡导者为川岛武宜，后又得到舟桥谆一等学者的同意。该说以物权行为独立性否认理论为立论前提，一方面认为以特定物为标的物的买卖契约是债权行为，同时又从契约的有偿性原理出发(参见日本民法典第533条)，认为只要完成支付价金、特定物登记或特定物转让行为中的任何一种行为，即意味着同时履行抗辩权的消灭，因而在完成任何一种行为的同时，所有权也就从卖方转移至了买方[④]。

日本民法学界关于是否存在物权行为独立性及由此而引发的有关物权变动时期的诸学说的对立，其原因是多方面的。其中，最重要的理论原因是，由于日本民法典关于物权变动采用法国民法意思主义，但同时又仿效德意志体系，使整部民法由总则、物权、债权、亲属和继承五编构成，尤其严格区分物权行为与债权行为，从而导致学说

① 在主张物权行为独立性否认说的学者中，对于物权变动，有学者提出了"所有权移转时期无需确定说"。即认为在特定物买卖的全过程中，所有权的各种机能已通过缔结契约、支付现金及进行不动产让与的登记等不同阶段而移转，因此，具体确定所有权移转的时期不仅未有实益，而且在理论上也不可能，参见铃木禄弥:《物权法讲义》，第98页。

② 铃木禄弥:《物权法讲义》，第97页。

③ 铃木禄弥:《物权法讲义》，第97页对此见解作有介绍。

④ 邓曾甲:《日本民法概论》，法律出版社1995年版，第153页以下。

之间在法解释上的冲突。多数学说认为，在德国民法对发生物权变动的法律行为的成立要求履行登记或交付这一必要形式的法制下，如果说存在必须承认物权行为独立性之必要的话，那么在日本民法关于发生物权变动的法律行为之成立并不要求任何形式的法制下，基于一个意思表示（债权契约）而同时发生债权关系与物权变动，乃是一点也无妨碍。因此不仅未有承认物权行为独立性的必要，而且即使承认它的存在，也非但不会带来德国民法的那些实益，相反却还必须采取与当事人意思相悖的无因的理论构成[①]。正是如此，上述物权行为独立性否认说逐成现今日本学界的通说。由此推论，所谓物权行为的无因性也就当然被否定和抛弃。

在日本民法下，物权变动采债权合意主义或意思主义，登记或交付为物权变动的对抗要件，不发生物权行为独立性与无因性问题。另外，判例在此问题上的立场和态度也大体始终一贯，认为经由买卖、赠与、交换等方式发生物权变动时，在当事人未有特别的意思表示情形下，物权变动仅以当事人之间有意思表示为必要，而不需要有某种特别的合意（物权的合意）[②]。

（五）奥地利法、瑞士法及韩国法

从历史传统上看，奥地利与瑞士均属于德国法系国家。但是，这种地缘上的近邻关系非但未有促成奥地利与瑞士两国在物权变动的立法规定上走与德国民法相同的道路，相反却使奥、瑞两国在对德国民法对于物权变动的立法规定有深刻理解和知悉后毅然决然地走上了另外的道路，即与德国民法典物权形式主义分道扬镳的债权形式主义道路。

按照奥、瑞民法，物权因法律行为发生变动时，除当事人之间须有债权合意外，仅须另外践行登记或交付的法定方式，即发生物权变

---

① 〔日〕高岛平臧：《物权法制的基础理论》，敬文堂1986年版，第69页以下；松坂佐一：《物权法》，第27页。

② 舟桥谆一编集：《注释民法》(6)，第121页；松坂佐一：《物权法》，第27页。

动的效力。这种立法例以奥地利民法为其典型，故又称“奥国主义”[1]。按照1811年6月1日公布的奥国民法，此一主义包括如下基本要点：其一，发生债权的意思表示即为物权变动的意思表示，二者合一，并无区别，此与债权意思主义同，而与物权形式主义相异。其二，发生物权变动的法律行为，仅有当事人之间的债权意思表示尚有未足，仍须履行登记或交付的法定方式，始足当之。因此，公示原则所须之登记或交付，系物权变动的成立或生效要件。其三，物权之变动，仅须在债权的意思表示之外加上登记或交付即为已足，不需另有物权的合意，故无所谓物权行为的独立性。其四，物权行为既无独立性，则物权行为之效力自然受其原因关系及债权行为的影响，故也无物权行为无因性可言[2]。

1907年12月10日颁布的瑞士民法典（ZGB）于解释上系采与奥地利民法相同的债权形式主义立场。其以原因行为、登记承诺与登记相结合而发生物权变动的效力。第657条第1款规定，以土地所有权移转为目的的契约，为使其发生法律效力，应以公证书为之。此所谓契约，通说解为发生移转义务的债务契约（买卖、交换及赠与等）。所谓发生物权变动的登记承诺，指所有人就标的物所有权同意予以无保留的移转而所作的同意登记的表示。此登记承诺有二重意义：一方面为“登记”本身的形式要件，另一方面为物权成立的实质要件。同时，瑞士民法第974条第2款规定，凡无法律原因，或依无约束力的法律行为而完成的登记，为不正当。可见原因行为无效时，所有权移转行为原则上无效。此表明瑞士民法对于基于法律行为而生的不动产物权变动并不适用物权行为无因性理论。第714条规定：动产所有权移转，应移转占有。此外是否应有物权的合意及该合意是否为无因，立法者对此问题的态度故意暧昧，学者见解不一，但1929年的联邦法院判例采否定说。于此可见，瑞士民法典对于土地所有权及动产

① 谢在全：《民法物权论》（上），第65页。
② 谢在全：《民法物权论》（上），第65—66页。

所有权之让与，并不适用物权行为无因性理论[①]。这与德国民法典是不同的。

韩国民法典制定于1958年。该民法典是二次大战后现代民事立法的一项重要成果。关于基于法律行为的物权变动，其采取了与奥、瑞民法相同的立场。第188条规定："在不动产场合，基于法律行为的不动产物权的取得、丧失及变更，非经登记，不生效力。关于动产物权之让与，非将动产交付，不生效力。"本来，韩国在此以前，关于物权变动系采所谓纯粹意思主义[②]。现今民法立法改采登记或交付的生效要件主义，学说称为"从意思主义到形式主义的转换"[③]。民法典制定之际，关于物权变动之采此种形式主义，曾有强烈反对意见。这种意见指出，由于韩国国民长久以来一直生活于"意思主义"之下，登记之习惯并未于韩国各地定着下来，因此"形式主义"势将引起社会混乱，故还不如采日本民法之意思主义更称优良和妥恰[④]。立法者最终采取了以奥、瑞民法为代表的债权形式主义模式，使物权基于债权契约、交付或登记而发生变动。立法理由书就此指出了两点理由：其一，使物权变动之存在与否获得明确，以期保护交易安全；其二，避免因当事人间的关系与第三者关系之不同而产生法律关系上的复杂状态。20世纪50年代末期的韩国民法对于物权变动仍采债权形式主义立泆立场，这一立法动向无疑值得现今正在从事物权立法运动的中国加以特别注意。

至此可将奥地利、瑞士及韩国民法关于物权变动之债权形式主义立场的基本内容表示如下：

债权形式主义

---

① 梁慧星：《民法学说与判例研究》，中国政法大学出版社1993年版，第120—121页。

② 郑钟休：《韩国民法典的比较法制的分析》（日文），第210页。

③ 郑钟休：《韩国民法典的比较法制的分析》，第210页。

④ 日本民事法研究会：《民法草案意见书》（1957年），第67页；郑钟休：《韩国民法典的比较法制的分析》，第210页。

物权变动＝契约(法律行为)＋登记或交付

→登记或交付系效力要件

三、试对诸立法规制模式之优劣作比较分析

前述德国法、法国法、日本法、奥地利法、瑞士法及韩国法对于因法律行为而生物权变动之立法规制，可概括为三种类型：物权形式主义(德国法)、债权形式主义(奥地利法、瑞士法及韩国法)及债权合意主义(意思主义)。此三种类型反映了近代以降大陆法系民法立法对于物权变动的基本立法规制状况。其中，“物权形式主义”与“债权合意主义”是两种显著对立的不同立法主义，债权形式主义介于其间，因而被称为“折衷主义”。如下试对三种立法主义的差异作一比较分析。

(一)物权形式主义与债权合意主义(意思主义)

这两种立法模式为近代以降各国关于物权变动的极端对立的模式。这两种对立模式即使现今也依然深刻地影响着各国民事立法尤其是物权立法运动及其实践。于民法学术领域，这两种极端对立的规制模式曾广泛引起各国学者们的研究兴趣，各国学者纷纷研究它、解释它、论证它。为说明之便，如下试将两主义之构成概要及其差异表解如下[1]：

---

① 铃木禄弥：《物权法讲义》，第95页。

物权形式主义与债权合意主义之比较

内容 名称	物权形式主义(德国法)	债权合意主义(法国法、日本法)
债权行为与物权移转行为分离之有无	物权行为独立性。基于原因行为(例如买卖契约),仅在当事人之间发生所有权移转、价金支付等债权性义务。要发生物权变动(例如所有权移转、价金支付),须有与原因行为分离的另一个法律行为即物权行为	基于原因行为(例如买卖契约),当事人双方不仅发生标的物移转的债权性义务,而且物权变动自身也作为债权契约的效力而发生。即不存在物权行为的独立性。
物权变动的要件	物权的合意与形式主义(登记或交付)。即物权变动自身因独立的物权行为(物权的合意)加上登记或交付而发生。	意思主义。物权变动系基于原因行为而发生,不要求物权变动必须采取一定形式。
登记或交付所具有的意义	成立或生效要件主义。公示手段的登记或交付不仅在对第三者关系上有其意义,而且即使于当事人之间,也是使物权变动实际发生的要件。	对抗要件主义。作为公示手段的登记和交付(日本法),对当事人之间的物权变动不生直接关系,而只发生对抗第三者的效力。
原因行为之瑕疵对物权变动的影响	无因主义。原因行为因某些理由(如无效、撤销)而失去效力时,物权变动本身不因此而受影响。当事人之间基于不当得利制度回复物权关系。	物权行为独立性并不存在。物权变动系基于债权的效力而发生。原因行为因某些理由(如无效。撤销)而失去效力时,物权变动也当然失去效力。无因、有因的问题无从谈起。

前文已述,德国法物权形式主义与法国法、日本法债权合意主义作为两种截然不同而显著对立的立法例,其本身具有相当的历史性

格，它们分别为不同的历史传统、物权交易惯例以及民法立法史不断演进的结果。近代以前，某人对于某物之有支配权（物权）关系，通常必须表现为某人对某物予以事实上的实际占有。物权的移转因而乃是物的实际占有与支配力的移转。迄至近代，物权日渐作为与对物的事实上的支配相分离的观念性权利而存在，物权交易也因此逐渐从物的实际占有和支配的移转中脱离出来，物权变动仅基于当事人之间的意思表示即可实际发生。法国民法典债权合意主义（意思主义）所反映的首先正是这种实际物权关系的基本情形。此外，法国民法典之采债权合意主义也有如下意识形态方面的背景：法国民法典制定之前，个人主义、自由主义思潮早已弥漫并浸透了整个法国社会，个人尊严及人存在的价值高于一切，个人之意思应受绝对尊重的思潮为社会大众所广泛接受，认为个人意思之所至，物权关系即应因应而变动。结果，物权变动当然也就不存在所谓独立的物权行为。物权交易的繁琐方式被荡涤，物权变动的纯粹意思主义获得确立。但在法国民法典公布之后，欧洲大陆自由资本主义经济获得迅速发展，种类物买卖、信用交易兴盛起来，作为原因的债权行为与发生物权移转的物权行为，无论在时间还是外形上都显示出“分离”的迹象，并产生了使当事人之间的物权变动关系与对第三者的公示手段直接联系起来加以统一处理和把握的必要。德国民法典首先反映的即是这种社会经济关系的客观要求。其次，在德国资本主义展开后的高度化发展过程中，由于物权行为在性质上属于中性、无色透明的行为，故不发生因公序良俗违反而无效的问题，因此大企业的横暴和为所欲为完全变得合法化[1]。德国民法典物权形式主义也反映了这一重要经济背景及其要求。

物权形式主义虽然发生于债权合意主义之后，但是，这并不意味着其绝对优于债权合意主义。事实上，如果理性地分析和考量，则可

---

① 铃木禄弥等：《不动产法》，有斐阁1973年版，第157页。

发现，二者乃是"一长一短"[①]。

首先考察法国法、日本法之债权合意主义。这种主义使物权交易当事人的自主意思获得彻底而淋漓尽致的表现，排除了国家权力对于物权交易的介入和干涉，避免了国家干预个人意志和人格尊严的严重弊害。在此方面，债权合意主义无疑具有重大的历史意义，这一点我们决不应该忘记[②]。其次，由于债权合意主义完全是建立于当事人意思自由之尊重基础上，以物权变动为债权行为之当然结果，不须要任何形式，因而避免了此前物权交易之繁琐形式[③]。这种作为"对形式主义的反动而存在的意思自由主义"[④]，有使交易获得便捷、迅速之优点。同时，从辩证的另一方面看，这种主义也存在着如下缺陷与不足，即此种主义由于是以当事人之间的法律关系为中心而成立起来的立法主义，因而物权变动，仅依当事人之间债权行为的意思表示即足生效力。这样就使社会第三人不能从外部认识当事人之间物权变动的时期及物权变动之有无，从而使物权变动法律关系不能获得明确化。其结果乃不得不以"登记"或"交付"作为对抗第三人之要件，但因此却产生了当事人之间的内部关系与对第三人的外部关系不一致的问题。

德国法物权形式主义以登记或交付作为物权变动之生效要件，不仅有保障交易安全及使法律关系明确化、客观化之机能，也使当事人之间的物权变动关系与对第三者的法律关系一元化，物权变动关系之存否及变动时期因此而明确化，当事人之间的内部关系与对第三人之外部关系完全一致，避免了债权合意主义下物权变动法律关系被分裂为对内关系与对外关系的复杂问题。但是，较之于这些优点，该主义更存在如下严重缺点：其一，就物权变动中当事人的意思

---

① 高岛平臧：《物权法制的基础理论》，第 74 页；甲斐道太郎：《物权法》，日本评论社 1979 年 4 月版，第 103 页。

② 铃木禄弥：《物权法讲义》，第 96 页。

③ 铃木禄弥：《物权法讲义》，第 96 页。

④ 舟桥谆一编集：《注释民法》(6)，第 176 页。

尊重而言，较之于法国法、日本法之意思主义，物权形式主义乃是大大退步。此种主义与其说是以交易双方的法律关系为中心而构成，毋宁说是以交易秩序之保护为中心而加以构成[1]。其三，虚构物权变动中的“物权的合意”并使之具有独立性与无因性，此不仅徒增物权变动之际的法律关系的混乱，而且也与社会生活的实际状况不符，进而使法律对财产的静的安全之保护失之不周。因为，物权变动关系之明确化、客观化，严格而言系来自于物权变动之公示方法——登记或交付本身所具有的功能，而非由于交付或登记之形式主义本身所使然。其三，这种主义由于采取物权变动的无因构成，此将产生重大弊端，为该主义所具有的最大缺点。对此，后文将作详尽分析。

（二）债权合意主义、物权形式主义与债权形式主义

此三种关于物权变动的立法主义，反映了近现代大陆发现民法立法在物权变动问题上的基本立法规制立场。在这三种主义中，就物权变动采取登记或交付的“形式主义”而言，德国法物权形式主义与奥、瑞及韩国法债权形式主义完全相同[2]，而这正好区别于法国法、日本法之债权合意主义。就债权合意主义与债权形式主义而言，其均不存在和发生物权行为独立性与无因性问题，债权契约成为物权变动之决定性动力（法国法与日本法）抑或基本动力（瑞士法、奥地利及韩国法）。另外，在此二种主义下，虽然存在着登记或交付这些公示手段，但其所具有的机能和性质却并不相同。即债权合意主义的登记或交付为物权变动之际对抗第三人的要件，而债权形式主义下的登记或交付则为发生物权变动之债权契约的生效要件，即所谓物权变动之登记或交付的“生效要件主义”。

至此可以知悉，债权形式主义既具有债权合意主义与物权形式

---

① 舟桥谆一编集：《注释民法》(6)，第112页。

② 在此有必要指出，长期以来，学说理论正是因此而简单地将德国法物权形式主义与奥地利法、瑞士法之债权形式主义予以同等对待，以至于给人造成一种错觉：凡提及形式主义就是指德国法物权形式主义。事实上，二者虽然均属形式主义，但在构成上却是截然不同的，这一点须予注意。

主义所具有的优点，同时也克服和避免了其他两项主义所具有的缺点。质言之，债权形式主义既有使物权交易敏捷、当事人意思表示之受尊重的优点，同时也使当事人之间的内部关系与对第三者的外部关系完全一致，保障了物权交易所必须的安全需要，并平衡了当事人之间在物权变动上的利益关系。正是因为债权形式主义具有这些优点，因而近世以来它普遍受到各国民事立法的肯定和接受，并引起了各国司法实践和学说理论的广泛注目。某些此前采取德国法物权形式主义与法国法意思主义的国家和地区纷纷检讨既有立法规定，试图通过法解释学途径变更立法规定及立法意旨乃至立法目的，进而采行物权变动的债权形式主义原则。在意思主义与物权形式主义之“原产地”的法国与德国，近世司法判例与学说理论不仅主张对这些立法主义之适用予以限制，而且有学说干脆主张废弃既有主义，改采债权形式主义立法，抑或主张在立法论上舍弃独立的物权行为，而将物权变动的意思表示纳入于买卖或赠与等债权行为之内。德、法二国中，尤以德国的情况最值注目，学说也最为活跃，尤其对于无因性理论之批判最为严厉[1]。须特别提及的是，不仅德国学者而且大陆法系其他国家如日本、中国大陆及台湾地区之学者也都对无因性理论展开了深入批判，这一情况无疑值得我们注目。中国大陆目前正在积极进行以民商法为龙头的立法运动，其中作为民法典之一重要组成部分的物权法，在物权变动上采何种规制模式及对德国物权变动的无因构成理论持何种态度，无一不是立法之际面临的不能回避的重大问题。对于这些问题，民法学说与理论毫无疑义应该首先作出回答。

四、物权行为概念诸问题研究

(一)物权行为概念之肇端、背景及基本评价

如所周知，自德国民法公布施行以来，物权行为即成为大陆法系

---

① 以德国著名民法学者 Larenz 为代表的学者即是典型代表。Larenz 本人主张变更德国民法现行立法主义(物权形式主义)，而改采意思主义与交付原则之混合制度。参见王泽鉴:《民法学说与判例研究》(1)，第 291 页。

中的德国民法及受德国民法影响的某些民法（如现今中国台湾地区民法）的一项重要概念[①]。这一概念及有关理论是极端的法律抽象思维的产物，其本身令人难以理解。欲深刻理解和把握物权行为概念及与此有关的理论（如物权行为的独立性与无因性理论），须从法律行为概念的提出说起。

从历史上看，距今约3000年的古罗马契约法及遗嘱法虽然存在着现今所谓法律行为的若干具体类型——如"适法行为"、"一方行为"与"双方行为"、"有偿行为"与"无偿行为"、"要式行为"与"略式行为"、"死因行为"与"生前行为"等，但囿于当时的立法技术与法学理论水平，立法与学说都始终未有建立起对一切表意行为普遍适用的统一的法律行为概念，当然更无所谓物权行为概念。1805年德国理性法学派及其承前启后的著名学者胡果（Gustav · Hugo）于其出版的《日耳曼普通法》一书中首先提出"法律行为"（Rechtsgeschaft）概念[②]，用以解释罗马法上"适法行为"概念之内涵。依其解释，所谓"法律行为"指具有法律意义的一切合法行为。但历史上，以类似含义使用法律行为这一概念的岁月还要早些，至少德国启蒙时期的理性法学派就已经使用了"法律行为"（actusiuridicus）和"自愿表示"（declratio · voluntatis）等概念。但是，赋予法律行为概念以意思表示之本质，从而真正建立起近现代民法学意义上之法律行为概念理论的，乃是德国海得堡大学的民法学者及法官海瑟（CH · Heise）氏。在广泛采用了海瑟氏关于法律行为的一般意义、类型及成立要件的基础上，德国历史法学派创始人、著名的罗马法学家萨维尼在《现代罗马法体系》一书中进一步将法律行为概念和理论予以精致化[③]。正是在

---

① 英美法上并无与此相当的概念，物权行为概念为大陆法系民法所独有。

② 关于法律行为概念之产生，有学者指出，罗马法时代之罗马法学家即已创造了这一概念。参见何勤华：《西方法学史》，中国政法大学出版社1996年版，第57页。本文作者从通说。

③ 〔德〕茨维格：《比较法导论》(2)，第2页，转引自董安生：《民事法律行为》，中国人民大学出版社1994年6月版，第30页。

这里，萨维尼创立了与法律行为概念有属种关系的“物权契约”（物权行为）概念。

早在1820年的大学讲义中，萨维尼已经谈到，为履行买卖契约或其他以转移所有权为目的的契约而践行的交付，并不是一种单纯的事实行为，而是包含一项以转移所有权为目的的物权契约。其后，在1840年出版的巨著《现代罗马法体系》一书中，他进一步阐述了物权契约的概念。他写到：“私上的契约，以各种不同制度或形态出现，甚为繁杂。首先是基于债权关系而成立的债权契约，其次是物权契约，并有广泛的适用。交付（Traditio）具有一切契约的特征，是一个真正的契约，一方面，包括占有的现实交付，他方面也包括移转所有权的意思表示。此项物权契约常被忽视，例如在买卖契约，一般人只想到债权契约，但却忘记Tradition之中也包括一项与买卖契约完全分离，而以转移所有权为目的的物权契约”[①]。

按照萨维尼的主张，在基于买卖契约而发生的物权交易中，同时包含两个法律行为——债权行为与物权行为（物权契约），而且后者的效力不受前者之影响。萨维尼这一思想极大地影响了其后的继承者[②]，以至于这一思想在德国民法典制定当时即完全风靡于当时的德国学术界。德国民法典的制定因此而受影响。立法者认为，在财产法领域，确立债权契约与物权契约这一显著对立的概念应是德国民法的基本原则。因为“此前的立法，特别是普鲁士一般邦法及法国民法，常常将债权法上的规定与物权法上的规定相混淆……，此种方法未能符合债权行为与物权行为在概念上的不同，增加对法律关系本质认识的困惑，并威胁法律的正确适用。[③]1896年德国民法典正式采纳了物权契约概念及其理论。至此，与债权行为显著对立的物权行为概念遂在德国民法上完全定着下来，以此为基础，德国民法进一步确

① 王泽鉴：《民法学说与判例研究》（1），第282—283页。

② 〔日〕广濑稔：《无因性理论的考察》，《法学论丛》第77卷第2号，第48页。

③ 刘得宽：《民法诸问题与新展望》，第468页。

立了百余年来一直遭受学者非议的所谓物权行为的独立性与无因性制度。

深究德国民法之严格区分债权行为与物权行为的原因，除了上述立法理由书所叙述的缘由外，更重要的原因是：近代以降的德国社会经济基础以及直接表现这一基础的法律制度中，已经发生了财产关系被区分为物权关系与债权关系的普遍情形，财产关系领域形成了物权关系与债权关系相互独立存在的法秩序。前已述及，近代以前之德国，对物予以现实支配的“Gewere（占有）法”体系一直处于支配地位，对于物的支配权，一般采取“Gewere”的形式。在此形式下，占有与本权系不可分的结合体，由占有之角度观察自然为占有，但就另一面观察则为本权[①]。故在日耳曼法体系下，与现实支配相分离的本权并不存在[②]。质言之，某人对某物之支配关系要获社会承认，常常必须以该人对该物进行事实上的现实的支配为必要，而不存在与现实性支配相分离的“观念性权利”（如“观念的所有权”）[③]。其后，由于罗马法之继受法以及受自然法思想的影响，所有权概念获得确立，“占有法”体系因此而被止扬。与物的现实性支配相分离的“观念的权利”崛起并成长起来，物权蜕变为观念性的权利。此观念性的物权的成立过程同时也是与物权关系决裂的债权关系的独立化过程[④]。这

① 史尚宽：《物权法论》，第3页。

② 温丰文：《现代社会与土地所有权理论的发展》，五南图书出版公司1984年版，第35页。

③ 在前资本主义之封建时代，为以物权为中心的静态生活时代，物的利用关系与所有权关系原则上系属一致，劳动者既是生产手段，同时又是劳动生产物的所有权人。即使须利用他人从事生产，所有权人与被利用人之间也是建立在身份关系之结合基础上。即所有权人以家长、领主、主人、师傅的身份，分别对其家属、属民、农奴、学徒予以支配，家属等人同属支配客体，经济上属于自给自足形态。因而在此时代，债权不过是获取物权的手段，生产者与消费者之间的短短架桥，臣服于物权之下，故属于“物权君临”时代。但自近代开始，随着身份关系的解体与资本主义的发达，财货的分配与交易日趋频繁，已非自给自足所能因应，经济上必须分工合作。此时，各个人之结合与分工唯有依据自由意思而成立之契约才能尽其功，在此情势下，债权关系独立出来。参见谢在全：《民法物权论》〔上〕，第11—12页。

④ 广濑稔：《无因性理论的考察》，《法学论丛》，第72卷，第48页。

样一来，对于财产关系，人们也就从物权关系与债权关系的相对独立的区别上加以把握。即某人对于某物的观念性支配权，从与该物有关的种种的人的拘束下解放出来而径直以物自身为标的，形成完结的物的秩序。另一方面，债权关系在自由人格者之间也形成不受物的拘束的独立的秩序[①]。财产关系于客观上被分裂为物权关系与债权关系，进而形成为两种独立的法秩序——物权关系秩序与债权关系秩序，是德国民法立法严格区别物权行为与债权行为之不同，从而赋予其各自不同的法律效力的基本原因[②]。

如果说近现代民法中的法律行为概念和系统的法律行为理论之创立是19世纪德国民法学最辉煌的成就的话，那么物权行为概念的创立可谓是德国民法立法与学说理论在法律行为上取得的另一辉煌成就。这一概念毋庸置疑是法律拟制和极端形式主义的产物，但这一概念本身的提出和创立则具有重要意义。这就是：由于将财产行为进一步区分为物权行为与债权行为，因此使法律行为概念更趋精致与科学，法律行为概念的内核由此更加充实与丰满，法律行为的分类因此更加完善。另一方面，该概念的创立解决了民法上尤其是物权法领域某些以物权变动为直接目的的法律行为的性质问题，如地上权、抵押权之设定及物权的抛弃等行为的性质问题。这些行为本身或者这些行为发生之际，即意味着权利的实现，无所谓履行问题，此与债权行为完全不同。因而试图用债权法上的概念如债权契约解释这类行为将显然未尽科学和精确，从而也必然使债权行为尤其是债权法的制度体系遭到破坏。至此可以肯定，物权行为概念的创立在民法尤其是在物权法领域具有重大意义。从此以后，民法物权法理论及制度体系完成了其科学化与近代化进程，法律行为的分类趋于精确与完善。这一点，正是物权行为概念之创立所具有的重要意义，也是我们对物

---

① 广濑稔：《无因性理论的考察》，《法学论丛》第72卷，第48页以下。

② 广濑稔：《无因性理论的考察》，《法学论丛》第72卷，第46页以下对此有较为详尽的叙述。

权行为概念本身所应作出的基本评价。

（二）物权行为概念之理论构成

由于法律拟制与极端抽象主义的结果，物权行为概念成为近现代民法学上最难理解与最感困惑的概念之一。一方面该概念为法律抽象思维的产物，其本身不易理解；另一方面，学说理论关于法律行为的论述，往往偏重于债权行为概念的论述，而忽略于物权行为。在中国，众所周知，民法学界对于物权行为问题之研究乃是非常不足，这就更有对物权行为概念本身的理论构成予以研究的必要。

1. 物权行为的意义

自德国法儒萨维尼创立物权契约概念以来，迄今已历时百余年。岁月的沧桑非但未能统一学者关于物权行为概念是什么的歧见，相反更强化了学者在各自立场上的不同见解。关于物权行为概念，1876年德国民法第一草案曾使用物权契约（dinglicher · vertrag）概念。[①] 但受到批判，认为未臻精确。第二次委员会决定不采“dinglicher · vertrag”用语，而以 dingliche · Einigung（物权的合意）代之，并表示 dinglicher · Einigung 是否为物权契约，是一项法律理论构成（juristische · Konstruktion）问题，应有学说决定[②]。发生此项争论的关键和实质在于，“物权的合意”本身是否为物权契约？质言之，物权行为的意义究竟是什么？对此问题，德国学说中存在着两种显著对立的见解：其一，认为物权的合意本身即是物权行为。学者 Baur、Westermann 及 Lent－Schwab 等均持此种观点。[③] 其二，认为物权的意思表示与外部之变动象征（登记或交付）相结合而构成物权行为。德国著名学者 Rosenberg、Wolff－Raiser 及 Enneccerus－Nipperdeyze 等采之。他们指出，“就法律行为概念而言，以发生一定法律效果为必要，物权变动须以物权的合意（意思的要素）与登记或交付相结合为

① 参见德国民法第一草案第 828、868、874 及 983 条。
② 王泽鉴：《民法学说与判例研究》（5），第 46 页。
③ 王泽鉴：《民法学说与判例研究》（5），第 46 页。

要件。物权的合意由于尚不足以引起物权变动，故非法律行为。”[①]

现今施行于台湾地区的1929年旧中国民法在解释上系采物权变动的物权形式主义。但是，该民法对物权行为概念未设定义性规定，故何谓物权行为遂发生疑问，学者之间见解不一。胡长清先生指出，所谓物权行为，指“发生物权法上的效果的法律行为。有为单独行为者，如所有权、地上权之抛弃是。有为契约者，如抵押权之设定是。其契约则称为物权契约[②]。其他学者多采与此相类似的定义。但是，具备何等要件的法律行为始足生物权法上的效力或可达物权变动的直接目的，依此定义难获解明。于是学者从新的角度尝试作新的定义。此即以姚瑞光教授与王泽鉴教授为代表的见解。姚瑞光教授指出：物权行为“指由物权的意思表示与登记或交付相结合而成之要式行为”。因为“唯有完成此项方式后的物权行为，始能发生物权的取得、丧失及变更的效力，始能不残留所谓履行问题，也即物权行为一经成立即生效力。不可认为物权行为因意思表示而成立，交付或登记不过其生效要件而已[③]。”王泽鉴教授认为，关于何谓物权行为，应作如下定义：物权的意思表示（包括物权的合意）本身即为物权行为（单独行为与物权契约），登记或交付则为其生效要件[④]。可见，姚教授与王教授之见解大体分别相当于上述德国学者Rosenberg与Baur等人的见解。有必要指出的是，在台湾，以姚瑞光教授为代表的关于物权行为定义的见解现今处于有力的支配地位，成为事实上的通说。

日本现行民法、学者通说及司法判例虽不承认物权行为独立性与无因性理论，但关于物权行为之概念本身，学者通说及司法判例则从未予以否定。对于物权行为的概念是什么，学者之间见解歧异，未获统一。石田文次郎谓：物权行为或称为物权的法律行为，指以物权的设定、移转、变更及消灭为目的的法律行为。所谓物权的设定，指设

---

① 王泽鉴：《民法学说与判例研究》(5)，第46页。

② 胡长清：《中国民法总则》，第212页。

③ 姚瑞光：《民法物权论》，第14页。

④ 王泽鉴：《民法学说与判例研究》(5)，第47页。

定他物权的情形，如设定地上权或抵押权等，所谓物权的转移，指占有权、所有权或既存的他物权之转移[①]。松坂佐一谓：物权行为乃是以物权的变动为直接目的的行为，在不残留履行问题上，其区别于债权行为[②]。其他学者如铃木禄弥、高岛平臧及川岛武宜等多采与此相类似的定义[③]。但学者三和一博与平井宜雄则认为，物权行为在内容上应由发生物权变动的意思表示（物权的意思表示）与形式（登记或交付）相结合而构成[④]。至此可以知悉，日本学说关于何谓物权行为，其见解依然分歧，未获一致。上述德国及我国台湾学者关于物权行为意义的见解可归纳为二类：其一，物权的意思表示说。认为物权的意思表示本身即为物权行为（单独行为与物权契约）；其二，认为物权的意思表示与形式（登记或交付）相结合构成物权行为。比较分析并衡量二种见解，我认为，应以第二种见解最为恰当，可资足取。因为所谓物权的意思表示，乃是仅指直接以物权的取得、丧失及变更为目的的合意，而不是旨在使物权的取得、丧失及变更实际发生的合意。由于仅依物权的意思表示一般不能发生物权变动的效果，因此物权的意思表示本身并不是法律行为，只有物权的合意与登记或交付相结合始可构成一个法律行为，即物权的法律行为，包括单独行为与物权契约。因此，第二种见解最为恰当。

2. 物权行为概念与处分行为概念

为深入理解物权行为概念，这里有必要涉及与物权行为概念有密切关联的所谓“处分行为”概念问题。所谓处分行为，系德文“Verfugungsgeschaft”一词的移译。按照德国法，“权利的丧失”（Verlust）或“权利的单纯的改变”（Rochtsahderung）系因意思表示

---

① 石田文次郎：《物权法论》，有斐阁1937年版，第46页。

② 松坂佐一：《民法提要》（第3版），有斐阁1974年版，第23页。

③ 铃木禄弥：《民法总则讲义》，创文社1989年12月版，第356页；高岛平臧：《民法制度的基础理论》，敬文堂1989年4月版，第198页；川岛武宜：《民法总则》，有斐阁1978年版，第162页。

④ 三和一博、平井宜雄：《物权法要论》，清林书院1989年版，第27页。

而引起的，即谓为“处分”或“处分行为”。因而处分行为系指产生如下后果的法律行为：立刻移转权利、权利内容的改变或缩小、在权利上设定物权负担(belastet)及使权利消灭等行为①。可见处分行为囊括了所有的物权行为(也即凡物权行为均是处分行为)。但并非所有的处分行为都是物权行为，例如诸多涉及债的处分行为——债务免除、抵销、债权让与及解除双务合同等即非属物权行为。此类涉及债的处分行为虽不以发生物权变动为其效果，但基于行为本身也将发生权利之变动，颇与物权行为类似，故学说谓为“准物权行为”或“债权法上的处分行为”。行文至此，有必要将处分行为与物权行为的关系表解如下②：

- 处分行为
  - 物权行为
    - 不动产物权行为
      - 单独行为：抛弃
      - 物权契约：抵押权之设定
    - 动产物权行为
      - 单独行为：抛弃
      - 物权契约：质权之设定
  - 准物权行为
    - 单独行为：债务免除
    - 契约：债权让与

3. 物权行为的成立、生效与附条件、附期限问题

物权行为既然是法律行为之一类型，因而关于法律行为的一般成立要件对于物权行为也当然有其适用余地。即物权行为之成立须有当事人、意思表示及标的。物权行为之生效也须具备法律行为的一般生效要件，即物权行为之当事人须有行为能力，物权标的须适当(包括标的可能、标的确定及标的合法)；意思表示须健全(意思表示须无瑕疵、无欠缺)。物权行为若不具备这些要件时，应以民法总则之

① 沈达明等：《德意志法上的法律行为》，对外贸易教育出版社 1992 年版，第 56—57 页。

② 参见王泽鉴：《民法学说与判例研究》(五)，第 49 页。

有关规定确定其效果。例如，物权行为得因当事人行为能力之受限制而受影响，因通谋虚伪意思表示而无效，因错误、被诈欺或胁迫而被撤销。另外，这里尚有必要涉及物权行为可否附条件和附期限问题。德国民法第975条第2项规定："土地所有权让与契约，附以条件或期限者，无效"。第1017条第2项规定："关于所有权之取得及基于所有权发生的请求权的规定，均准用于地上权"。可见德国民法就不动产所有权之让与行为、地上权设定及其让与行为，明令禁止附条件或附期限。德国民法典作此规定的理由在于，德国民法典第873条已就不动产让与合意设有须以一定方式（例如由法院或公证人作成证书）为之的规定，这就使物权行为更臻明确化和显形化①。在此情形下，如允许附条件或期限，则显有不妥。另外，此种规定还在于使当事人无从以债权行为之有效成立作为物权行为之条件，以便更能贯彻所有权或地上权之物权行为的无因性②。但在除此以外的其他不动产或动产物权行为场合，因立法未作明文禁止规定，故学者通说认为仍可附条件或期限。另外，我国台湾地区现行民法就物权行为可否附条件或期限并无禁止之明文，通说认为可以附条件或期限③。

五、物权行为无因性理论考察与评释

前文已经指出，德国民法典对于因买卖而生的物权变动，系采物权合意主义。按照这种主义，直接发生物权变动的物权行为乃是与作为原因的原因行为（通常为债权契约）相对立的另一个独立行为而存在。该物权行为的效力并不因原因行为的无效或不成立而蒙受影响，此即所谓物权行为的无因性(Abstrakte. Natur)或"无因构成"④。这一理论是德国民法创立物权行为概念，尔后又进一步肯定物权行为独立存在后的必然逻辑结论。因为债权行为与物权行为（物权契约）既然是一个物权变动中的二个不同行为，物权行为本身不因瑕疵而

---

① 谢在全：《民法物权论》（上），第73页。
② 谢在全：《民法物权论》（上），第73页。
③ 张龙文：《论物权契约》，载郑玉波主编：《民法物权论文选辑》（上），第17页。
④ 广濑稔：《无因性理论的考察》，《法学论丛》第72卷，第44页。

成为无效时，该物权契约当然有效，物权变动的效果由此发生，其后发现债权契约因有瑕疵而无效时，丧失标的物的原所有权人仅能依不当得利规则予以返还[①]。

德国民法这一物权行为无因性理论及其构成引起了包括德国学者在内的世界各国学者的广泛争议。中国物权立法是否采纳这一理论及其制度，无疑是一项重要问题，有必要在对该理论予以理性和缜密的剖析后作出正确回答。

（一）无因性理论之缘起

前文已述，德国自15世纪开始全面继受罗马法后，罗马法便成为适用于德意志全国的一般法，史称“德国普通法”。该普通法成为日后德意志法学理论的先驱。物权行为无因性或抽象性理论正是在德国普通法时期的普通法理论上获得形成。

随着罗马法的继受与欧陆自然法思想的影响，长期支配德国社会的前述“占有”(Gewere)法体系日趋式微。以所有权概念之确立为肇端，与物的现实支配相分离的观念性权利之物权获得形成。此观念性物权的成立过程同时即是财产关系被分裂为物权关系与债权关系以及二者各自独立化的过程。其结果，所谓财产关系，学说及社会观念也就从物权关系与债权关系的分离及相对独立上予以理解和把握。

于德国普通法学上，使物权关系与债权关系分离开来的考量方式进一步被贯彻到所有权的让与过程中，由此形成抽象的物权契约理论[②]，其始祖即是历史法学派创始人，著名的罗马法学家萨维尼

① 山田晟：《德意志法概论》(2)，有斐阁1987年版，第197页。

② 关于abstrakter. dinglicher. vertrag中的“abstrakter”一词有“抽象”与“无因”二种意义。为准确说明问题起见，本文论及所有权让与行为从全过程中独立出来而成为无色的出捐行为时，使用“抽象”一语，论及所有权让与行为的效果不受原因关系之是否有效存在的影响时，使用“无因”一语。

(1779—1861 年)氏[①]。历史上,萨维尼之最早提出抽象的物权行为理论乃是在 1820 年于柏林大学的讲学过程中,因此该理论被称为是他"最最重要的教义学的创见之一"[②]。他在讲学中指出:为履行买卖契约或其他以转移所有权为目的的契约而践行的交付,并不是一种单纯的事实行为,而是一项包含有以移转所有权为目的的物权契约。1840 年和 1853 年他分别出版了《现代罗马法体系》(第 3 卷)和《债权法》(第 2 卷)。在这些著作中,抽象的物权契约理论思想得到全面阐释。

他首先将物权与债权从体系上加以了明确分离,指出"罗马法即开始区别物权与债权之不同,并将双方置于不同领域加以独立把握:作为独立的物上支配所有权(作为物权的媒介物或前阶段而起作用的债务不予考虑)与对他人的行为加以独立支配的债务[③]。其后,他区别了作为原因的债权行为与作为结果的物权行为之不同。指出"私法上的契约常常以各种不同制度或形态出现,甚为繁杂:首先是基于债之关系而成立的债权契约,其次是物权契约","交付(traditio)本身是一个真正的契约:它不是债权契约而是物权契约。它必须与作为其存在基础的于此以前实际先行存在的债权契约(如买卖、赠与)区别开来"[④]。对于所有权让与之"交付"这一物权契约,作为原因的债权行为只不过是该物权契约的动机[⑤]。在对债权行为与物权行为作了这样的区分后,萨维尼更进一步主张物权行为必须抽象化(无因化),使之与作为基础的债权行为相分离。认为一方当事人本为履行买卖契约而交付某物,但对方当事人误为赠与而受领时,这种错误对物权契约之效力不生影响,因而不影响所有权业已发生的移转。萨维

① 关于此,有人指出,这个理论乃是最早萌芽于启蒙时期的自然法。言外之意,乃是不承认萨维尼为该理论之始祖。参见广濑稔:《无因性理论的考察》,《法学论丛》第 72 卷,第 48 页。但 19 世纪末叶以来的通说一般认为萨维尼是该理论的始祖。本文从通说。

② 〔日〕有川哲夫:《物权契约理论的轨迹》,第 317 页。

③ 广濑稔:《无因性理论的考察》,《法学论丛》第 72 卷,第 48 页。

④ 王泽鉴:《民法学说与判例研究》(1),第 283 页。

⑤ 广濑稔:《无因性理论的考察》,《法学论丛》第 72 卷,第 48 页。

尼就此写道："基于错误的买卖契约乃是不可撤销的买卖契约，基于错误的交付也是完全有效"[①]，丧失所有权的人仅能依不当得利规定请求返还。

至此可以看到，萨维尼关于物权行为的无因性理论乃是仅从原因行为（债权行为）"错误"之场合加以展开与讨论，而对于原因行为"无效"或"不成立"的情形，物权行为之效力是否受影响问题，则全然未有涉及。但其后不久，这一无因性理论遂立刻扩张到原因关系的"不合意"（Dissens）场合：即使原因关系无效或不成立，物权契约的效力也不受影响，仅因原因的欠缺，让与人享有不当得利请求权[②]。

从物权与债权关系的分离上考察，抽象的物权行为理论首先是潘德克吞法学体系形成的体现[③]。其次，这一理论在不当得利请求权与所有物返还请求权既对立又统一的普通法学上，其与不当得利请求权的理论体系具有完全的整合性[④]。这一理论虽然受到当时一部分普通法学者的坚决反对，但因萨维尼的强大影响力，并受到温德夏特（R. Windescheid，1817—1892）、Bahr、耶林（Rudolph. von. Jhering，1818—1892）等人的传播，其最终形成为德国普通法学说的"通说"[⑤]，"一个原理"，[⑥] 进而产生愈益广泛的影响。一些熟悉潘德克吞法学的法学家将这一理论移植到普鲁士法（1794 年）和奥地利民法（1811 年）上，并从法的构成和解释论上说明这些法律上的所有权让与制度的规范意旨。[⑦] 例如，E. Stronal 氏指出，对于一般民法典上的所有权让与制度，于动产场合，应使交付构成为物权契约，在不动产场合，应将买受人的登记申请与出卖人的登记许诺予以结合，径直使

---

① 广濑稔：《无因性理论的考察》，《法学论丛》第 72 卷，第 52 页。

② 广濑稔：《无因性理论的考察》，《法学论丛》第 72 卷，第 50 页。

③ 〔日〕好美清光：《jusad. rem 之发展与消灭》，第 348、357、367 页特别强调了这一点。

④ 广濑稔：《无因性理论的考察》，《法学论丛》第 72 卷，第 50 页。

⑤ 广濑稔：《无因性理论的考察》，《法学论丛》第 77 卷第 2 号，第 50 页。

⑥ 广濑稔：《无因性理论的考察》，《法学论丛》第 77 卷第 2 号，第 50 页。

⑦ 有川哲夫：《物权契约理论的轨迹》，第 317 页。

用“物权契约”概念予以说明[①]。另外，这一学说的影响不仅及于这些民法典，而且也影响到德意志法圈诸国从19世纪中叶开始的民事立法计划[②]。1888年以5卷的宏大篇幅公开的德国民法第一草案理由书，更使该理论的影响达到了顶峰。在这种情势下，无因性理论也就传播开了，乃至其直接影响到了普鲁士1872年所有权取得法及德国民法典的编纂。

（二）1872年普鲁士所有权取得法与无因性理论

历史上，现行德国民法典第873条及第925条所规定的物权行为无因性制度，乃是直接继受1872年普鲁士所有权取得法的立场而来。因此，欲深刻理解现行德国民法典确立物权行为无因性之意义，乃有必要探求1872年普鲁士所有权取得法确立无因性制度时的诸情事及确立这一制度之前的深刻的社会背景。毫无疑义，这是理解德国民法确立无因性制度的根本途径。

1.普鲁士一般抵押令（1783年）、一般邦法（1794年）与登记的实质审查主义制度

从法制史的因果锁链上看，普鲁士1872年所有权取得法与普鲁士一般邦法（1794年）具有密切关联性，后者系对前者之直接否定而来。因此欲深刻把握和理解1872年所有权取得法之立法目的及规范意旨，非首先理解普鲁士一般抵押令及一般邦法的规定及其精神不可。而要达到这一目的，则又必须首先理解和把握普鲁士一般抵押令与一般邦法之立法前史。

（1）普鲁士一般抵押令（1783年）与普鲁士一般邦法（1794年）制定的前史

众所周知，于19世纪初叶，普鲁士发生了所谓“农民解放运动”。根据1807年“十月令”（Oktoberedikt）、1811年“调整令”（Reg-

---

① E. Strohal，Zurlehrevom · Eigentum · an · immobilien，. S. 30—33；有川哲夫：《物权契约理论的轨迹》，第317页。

② 有川哲夫：《物权契约理论的轨迹》，第317页。

ulierungedikt)及1816年关于该调整令的“布告”，普鲁士王国的农民获得了人身自由。在此过程中，作为解放的代价，农民所保有的土地的一部不仅被贵族的直辖领地所合并，而且土地所有贵族还利用所谓“贵族金融组合制度”，买取周边属于农民的所有地(直辖土地因解放的结果而成为农民的自由地)。他们日益扩大经营，不久即跃身变为带有几分封建贵族色彩的农业资本家，即所谓容克贵族。[①] 这一时期，作为封建制度存在基础的专制的封建支配权依然存在，各种各样的特权如容克贵族地主的领主裁判权、警察权、地租免除的特权仍然保留着。农民自给自足的自然经济小生产被卷入资本制商品经济的漩涡中。同时，容克贵族对农民的榨取也采取了带有资本主义因素的新形态，即工业劳动雇佣与小生产者的劳动地租的形态[②]。总之，在这一时期中，普鲁士的土地所有关系及农业经营状况发生了根本的变革。

随着普鲁士农业的日趋资本主义化，立足于自由的私的土地所有权与土地利用权基础上，进行与农业资本主义发展相适应的土地立法的必要性变得日益迫切，其中尤其要求整备登记制度及抵押权制度[③]。因为“农业的资本主义的土地不仅是生产手段，而且也是商业经营者及工业资本家利用和经营大企业的信用手段。家族的繁荣与幸福的大部分，都要求保障资本所有者抵押投资的安全，及投下资本的确实回收”[④]。但是，当时广泛继受的罗马法抵押权法，却丝毫不能满足此种要求。而且此间欠缺公示的默示抵押制度、抵押权效力及于未有公示的债务者之总财产的一般抵押制度，以及这一时期存在的所谓优先于其他抵押权的特殊抵押权——法定抵押(Legalhypothek)制度，均给土地的信用发展带来了极大障害，利害关系人强烈要求加以改革。1783年与1794年，普鲁士一般抵押令及一般邦法

① 铃木禄弥:《抵押权制度的研究》，有斐阁1967年版，第18页。
② 原岛重义:《无因性确立的意义》，第71页以下。
③ 原岛重义:《无因性确立的意义》，第71页。
④ 原岛重义:《无因性确立的意义》，第74页。

因应此种情势而终于出台，由此满足了实践上的迫切要求并由此促进了普鲁士不动产交易法——抵押权法与登记法的飞跃发展。

(2)1783 年普鲁士一般抵押令、1794 年普鲁士一般邦法与登记的实质审查主义

1783 年普鲁士一般抵押令及 1794 年一般邦法为德国 18 世纪制定法上最值得注目的两项法律制度。尤其关于不动产物权变动，该二法采取的实质审查主义登记制度曾长期影响了德国物权交易的实践活动，以至最终成为普鲁士物权交易进一步发展的桎梏。市民的私的生活也因此而受到干涉。下面首先介绍这两项法律规定的所谓"实质审查主义登记制度"。

其一，1783 年普鲁士一般抵押令(第 2 节)：

第 58 条：欲订正抵押权登记簿的所有名义的人，对备有登记簿的登记委员会，应提交买卖契约书、赠与证书、遗言书、判决书及取得证书的原本。

第 59 条：委员会必须依本条例第一章第一节以下的总则的规定，对当事人提出的申请加以审查，并必须对如下事项加以检讨：有关当事人对标的物于形式上有否处分权能、这些人自身的所有名义是否被订正、交易本身是否依法存在着向新的所有者进行所有权让与时所必须具备的原因关系，以及最后作成的证书是否具备适法的要件等。

第 11 条：专任官吏及委员会对于当事人提出的申请书及附件，必须从形式及内容两方面加以缜密审查。

其二，1794 年普鲁士一般邦法：

1794 年普鲁士一般邦法第 427 条规定：关于抵押权取得之登记，依 1783 年普鲁士一般抵押令的有关规定予以处理。可见 1794 年一般邦法首先将 1783 年一般抵押令所规定的实质审查主义登记制度继受下来。不仅如此，该法对于实质审查主义制度还进一步作了补充性规定：有关管理登记簿的官厅，如果在登记上存在着"法定方式"的欠缺，必须承担责任。

这种登记的实质审查主义制度，显然是一种审查范围几乎无所不及的全面的审查主义制度。在此制度下，登记官吏的审查义务不仅及于引起物权变动的物权行为本身，而且也及于作为基础的债权关系（债权契约）。关于审查的方式，不仅要审查申请书是否符合一定的形式要求，而且对申请书本身背后的事实关系之内容也要加以稽查。如果登记官吏因审查不周而作成“不正登记”时，登记官吏必须负损害赔偿责任[①]。此种严格的审查主义，如果从谋求交易安全的真的权利关系与登记的一致的措施上考量，毋庸置疑是恰当的。但是，它因此而引发的弊害则更是显而易见的。首先，由于国家介入到对引起物权变动的原因关系加以审查的地步，因而审查的时间必定延长，审查手续也必然因此而繁杂。物权交易本身对便捷的客观要求必遭遏制。其次，由于登记官吏对于自己所为的“不正登记”须负损害赔偿责任，登记官吏为避免承担责任，必须时刻注意登记审查的全过程乃至每一个细节，这样，登记官吏的审查范围不断扩大，即使与不动产交易未有直接关系的当事人之私事也要审查。其结果，经由登记之际的“审查”而发生了对于个人私生活的干涉现象。[②] 毫无疑义，这种严重的不正常状况必须亟待予以改善。

2.1872 年普鲁士所有权取得法与无因的物权行为理论

历史的车轮驶入 19 世纪初叶以后，随着普鲁士不动产交易的日益频繁，农业领域对资本投入要求的不断增强，登记实质审查主义的繁杂程序对于不动产交易的拘束显得日渐深刻。特别是自 19 世纪以降，由于市民自由精神的次第发达，此种缜密的审查对于私的生活的侵扰及市民自由的不当干涉越来越不能再容忍下去[③]。

在这种形势下，要求改正登记法，尤其要求限制登记官吏的审查义务范围，也就为社会大众所期盼。但是，奠基于容克贵族地主之上

① 铃木禄弥：《抵押权制度的研究》，有斐阁 1967 年版，第 19 页。

② 铃木禄弥：《抵押权制度的研究》，第 100 页。

③ 铃木禄弥：《物权法讲义》，第 101—102 页。

并以之为社会基础而构筑起来的普鲁士政府并未轻易接受此种改革的要求[1]。1848 年，欧洲大陆先后爆发了资产阶级革命，由此引起了欧洲一般政治势力对比状况的深刻变化。莱因地区及西德意志地域的合并导致普鲁士整体的封建土地所有贵族的势力相对后退，资本主义因此变得相对发达，加之其后土地所有贵族本身的日渐资本主义化等，最终促成普鲁士政府转到进行改革的立场上来。[2] 这样，对实质审查主义予以改革的政治条件成熟了。

在理论上，萨维尼倡导的物权行为无因性理论则直接成为这一改革的理论基础和启动力。即经由利用无因的物权行为理论，物权变动之际的登记程序简便化，不动产交易的障碍与登记官吏对私的交易的过分介入被排除与摒弃。因为，依物权行为理论，物权变动的效力应与发生变动的基础关系（债权关系）相分离。不动产变动之际，登记官吏的审查范围也就仅限于审查直接发生物权变动的物权行为。

1872 年，直接利用物权行为无因性理论而制定的普鲁士所有权取得法于千呼万唤中出台了。由于物权行为无因性的采用，登记的实质审查主义被排除。立法理由书就摒弃实质审查主义而采取新的以物权变动之无因构成为基础的形式审查主义之缘由作了如下说明："从 19 世纪 20 年代尤其是 50、60 年代以来，土地所有与资本所有的社会及法律关系次第发生了急剧变化，土地所有者及土地本身因农业立法而逐渐从人格的制约及残留负担的束缚下解放出来，土地的闭锁性（Abgesehlossenheit）逐渐向日益变得频繁的土地的分割与结合的变动让步。因此既有不动产立法也就不能满足土地之迅速与可动性的要求，加上对法律行为适法性的严密审查，致审查过程极其缓慢并由此阻碍交易便捷，因而有加以改正的必要。"[3] 该法第 1 条规定：在自由让与场合，土地所有权基于"Auflassung"而转移，受让人

---

① 铃木禄弥：《物权法讲义》，第 101 页。

② 铃木禄弥：《物权法讲义》，第 102 页。

③ 原岛重义：《无因性理论的考察》，第 88 页。

仅在土地登记簿上为所有权转移登记即可取得。第2条规定:土地的“Auflassung”在有管辖权的登记官吏面前以口头方式进行,登记由取得者的意思表示、登记申请及出让人同意登记的意思而产生。[1] 亦即土地所有权之让与依包含意思表示的“Auflassung”方式即可发生转移,可见明示采取物权行为的无因性。这样一来,审查的对象也就仅限于“Auflassung”,作为原因的债权行为则不属审查范围。登记法第46条就此规定:登记判事就“Auflassung”中的登记申请和同意抹消登记的适法性,仅须从形式及内容上加以审查。审查之际发现登记申请或抹消有不正当事由时,登记判事须将此情势通知申请者。这样一来,因采用无因的物权行为理论,阻碍不动产信用交易进一步发展的最后障害的实质审查主义被排除和摒弃了。这是经由特殊的法律理论(物权行为的无因性理论)之使用,而为完成改革所创造的法律制度。[2] 因此,所谓物权行为无因构成的交易安全的保护机能在这里始终未能显现。普鲁士所有权取得法上的这种法律构成为1896年德国民法典第873条及第925条原原本本加以继承[3]。至此,我们不难看到物权行为无因性这一德意志社会的特殊法概念是如何在制定法上获得登场的。这就是为了用来排除登记的实质审查主义所带来的严重弊害而被推上了制定法之宝座。这是我们现今研究物权行为无因性理论时所应特别注意的一点。

3. 小结

综合上述考察,可以知悉,物权行为无因性理论,乃是肩负排除和摒弃不动产登记之实质审查主义的历史使命而才于法律制度上定着下来的。由此产生的重要直接后果是:普鲁士完备的不动产登记制度获得确立及使登记制度近代化最终达成。这种奠基于无因性理论基础之上的不动产形式主义登记制度成立的社会基础是:土地所有

---

① 原岛重义:《无因性理论的考察》,第88页。
② 原岛重义:《无因性理论的考察》,第92页。
③ 原岛重义:《无因性理论的考察》,第99页。

者要求对其拥有的土地进行资本主义式的农业经营。[1] 实质审查主义的排除，意味着这些阶级与此前曾是其盟友的旧的生存基础的决裂。在德国民法史上，物权行为的无因性正是在这样的历史条件下获得了制定法之确立。

（三）德国民法典与无因性理论

众所周知，从法源上看，德国民法典是19世纪德国法尤其是德意志同盟时代立法发展的归结，就学说理论基础而言，则是潘德克吞法学的法典化。该法典采用了物权让与的无因构成理论，从而使抽象的物权行为理论正式于近代民法典上成立起来。

为全面把握和理解德国民法典确立的抽象物权行为制度，这里有必要从德国民法典之制定谈起。法制史上，德国民法典之成立系以1871年德意志第二帝国的成立为肇端。但是，按照1871年第二帝国宪法，必须等到帝国立法权扩大到全部民法后，民法典的编纂才能真正开始。1873年Lasker法律公布施行，帝国立法权扩大到全部民法。1874年产生了"第一委员会"机构，担任民法典起草工作。3年后的1887年末，民法典草案的起草获得完成，史称"第一草案"（Der. erste. Entwurf; EI）。此草案其后因遭各方批判而产生出"第二草案"及"第三草案"，但是"第一草案"规定的若干重要制度如物权行为的无因性制度于各草案上沿袭了下来，直至为1896年民法典所正式确立。因此，考察第一草案对物权变动之无因构成的确立过程，乃是理解现行德国民法典确立无因性制度的关键所在。

1873年德意志帝国的立法权扩大到民法全体后，联邦参议院即设置了"预备委员会"，准备起草民法典。该委员会确立了关于德意志帝国统一民法典之制定的下述指导方针：为了满足德意志国民的希望、一切被支配国的利益及学问与法的惯行，应维持帝国内既存各民事法体系的共同的确凿有力的制度及法规[2]。

---

① 原岛重义：《无因性理论的考察》，第79页以下。

② 有川哲夫：《物权契约理论的轨迹》，第318页。

1874年起草民法典的“第一委员会”成立。在作为第一草案基础的各编的“准备草案”制成前,第一委员会规定了若干重要制度之设计所应遵循的“准据性基本方针”。[①] 较之于动产而言,物权法中的土地法制度应该怎样形成更成为一个重大的难题。[②] 委员会检讨了业已存在而可供借鉴的关于不动产物权变动的两项立法先例:交付主义的普通法体系与法国法的登记制度体系(对抗要件主义)。就设计登记簿制度而言,又有两类情形:其一,关于土地所有权及土地上的其他物权之取得的土地登记簿制度;其二,抵押权、土地负担等的变动采登记主义的抵押登记簿制度。其中,就土地登记簿制度而言,又有如下两种情形的区别:以普鲁士土地所有权为代表的合意与登记主义,以及与有效的原因行为、物权契约的存在无关系,而只要在土地登记簿上为所有权转移的登记,即发生所有权转移效果的“效力主义”。由于这些不同土地制度的并存,试图要将他们综合起来形成“统一”的制度,则显然是不可能的[③]。在这种情形下,委员会不得不决定:目前应按照以土地登记簿制度为前提的普鲁士土地所有权取得法的规定加以解决。而关于动产所有权的取得,委员会决定不采法国民法的“契约主义”(意思主义),而采德国普通法及各邦法的交付主义[④] 制度。

1880年,Johow氏完成了物权法的准备草案[⑤]。按照该草案第132条及第133条,在让与(Ubertragung)场合,动产所有权因完成“让与意图”的交付而完成所有权的移转过程。让与原因即使有“误会、误解”,也对受让人取得所有权无丝毫影响。委员会对草案予以审议时,认为“所有权移转的意图”一语未臻精确,决定由“物权契约”一语予以取代,并同时明确表示,以意思表示为内核的该“物权契约”之

---

① 有川哲夫:《物权契约理论的轨迹》,第318页。

② 有川哲夫:《物权契约理论的轨迹》,第318页。

③ 有川哲夫:《物权契约理论的轨迹》,第318页。

④ 有川哲夫:《物权契约理论的轨迹》,第318页。

⑤ 有川哲夫:《物权契约理论的轨迹》,第318页。

成立及生效，民法典总则编有关“契约”的规定应对其有适用可能性[①]。对于温德夏特将“交付”解为“物权契约”的形式(Form)的见解，委员会认为这是一项纯粹的理论问题，其妥适与否，应完全委之学问加以决定，但无论怎样，至少应将交付解为物权契约的必要条件[②]。另外，关于土地所有权的让与，根据Johow原案，土地所有权制度系依“Auflassung”与在土地登记簿为登记而取得。所谓“Auflassung”，系指由出让人同意登记的许诺与取得者的登记申请的意思，而以口头方式所作的同时表示(第117条、第118条第1项)[③]。

至此可以看到，德国民法典第一草案，对于由萨维尼倡导、Bahr及温德夏特继受并予以传播的无因的物权行为理论忠实地加以了法文化[④]。1888年初公布的第一草案立法理由书在解释物权变动之采“无因构成”的理由时指出：这首先是基于体系上的理由。因为与债权契约独立的物权行为必然具有无因的性质(notweudig. abstrakte. Natur)；其次是对1872年普鲁士所有权取得法予以继受的直接结果以及交易安全保护上的考虑。[⑤] 德国民法第一草案关于物权变动的这种“无因构成”规定被其后的第2草案及第3草案所秉承，1896年德国民法典公布时，物权变动的无因构成遂在民法典上正式确立下来。立法理由书对于确立此项制度的理由的说明大抵与第一草案理由书的解释相同。民法典理由书在叙述了将债权行为与物权行为(尤其将债权契约与物权契约)予以分离所具有的极大意义后，指出原因行为的债权契约无效而物权契约依旧有效的这种法的构成，对于抑制国家对不动产交易之迅速进行的阻碍及过分干涉具有重要意

---

① 有川哲夫：《物权契约理论的轨迹》，第318页。

② 有川哲夫：《物权契约理论的轨迹》，第319页。

③ 有川哲夫：《物权契约理论的轨迹》，第319页。

④ 广濑稔：《无因性理论的考察》，《法学论丛》第72卷，第68页以下。

⑤ 加藤一郎：《无因主义的历史的制约》(评介)，《法学协会杂志》第72卷第3号，第297页。

⑥ 加藤一郎：《无因主义的历史的制约》(评介)，《法学协会杂志》第72卷第3号，第288页以下。

义[6]。学者指出,这是德国资产阶级为达成其自身目的而寻求到的一种法律构成,在这种构成下,作为基础的社会关系被完全掩盖和隐蔽起来了。[1]

六、关于物权变动无因构成的所谓交易保护机能考察

自萨维尼1820年首倡物权行为无因性理论,尔后分别为1872年普鲁士所有权取得法与1896年德国民法确立,迄今已历时百余年。百余年来,对于该无因性理论的机能是什么、德国民法典何以确立此项制度等问题,包括德国学者在内的世界各国学者曾展开了广泛的论证。并由此引出了是接受、肯定,还是摒弃、拒绝该物权变动无因性理论的重大论争。论争的焦点集中于:萨维尼为何建立此项物权行为无因性理论、德国民法典何以接受此项理论并采为立法基本原则及物权变动的无因构成与善意取得制度有什么关联性等。毫无疑义,对于这些问题的解明将极大地有助于理解和把握物权行为无因性之本质,进而窥测该理论的发展趋向与最终命运。

如果从1820年算起,萨维尼创立的物权行为无因性理论迄今已承载了近180年的历史沧桑。此间,经过学者长时期的激烈论争,所谓"物权交易的安全保护机能"被认为是该项理论的最重要机能,而正是这项机能,决定了该理论有其根本的存在价值。换言之,在无因性论者看来,物权交易的安全保护机能是无因性理论应该被保留和继续存在的最重要的缘由。事情果真这样吗?在近代以降的民法立法业已确立起善意取得制度(包括德国民法典本身)的情形下,物权变动无因构成的交易保护机能是充分的吗?抑或已经被大大减杀甚至被全部抹消?从利益衡量角度看,物权变动无因构成对即使因恶意而取得标的物所有权的人也加以保护,这与现代人类文明下一个国家的国民的法感情、法意识及社会道德的基本理念相符吗?在如下篇幅,对于这些疑问,笔者将围绕所谓物权变动无因构成的交易保护机能问题而展开出来并作出回答。

---

① 原岛重义:《无因性理论的考察》,第84页以下有详尽论述。

（一）普通法时期物权变动无因构成的"交易保护机能"考察

1. 普通法时期学者关于萨维尼物权行为无因性理论之"交易保护机能"的解说

前文已述，自中世纪以来，德国在继受罗马法、教会法的基础上，逐渐形成一种在全国范围内适用的法，称为"普通法"。自此，德国法制史开始迈入所谓普通法时期。这一时期，"无论何人均不能将大于自己的权利让与他人"的罗马法古典原则严格地支配着物权的交易实践活动，"从无权利人处取得制度"（善意取得制度）并不为交易规则所承认。在这种背景下，这一时期的大部分学者遂将物权行为无因性理论之机能解为交易安全之保护，或至少从主观上期待该理论有此机能。

抽象物权行为理论的始祖萨维尼在《现代罗马法体系》（Savigny，System3. 1840. S. 350f）一书中指出："基于错误的买卖契约是不得撤销的买卖契约，基于错误的交付为完全有效，此'错误原则'对交易的无影响性，是对无边无际之不安定与恣意的交易的唯一保护。"[①] 萨维尼的这一叙述是否表明了他创立物权行为无因性理论的"目的衡量"——"物权交易安全之保护"呢？普通法时期的学者围绕这一命题而进行了种种不同的解释，并由此展开了物权行为无因性机能是什么的论争。

学者 Felgentrager 等认为萨维尼的这一叙述表现了其创立物权行为无因性理论的"目的衡量"——"交易安全之保护"，但学者 Fuchs 则持否定见解[②]。他解释道，"这一叙述并不能表明萨维尼将交易安全置于第一次性地位加以考量，交易安全的保护充其量只是这一理论所期盼得到的附随性结果，'基于错误的交付也是完全有效的'乃是这个理论所带来的福祉。但是，由于这是将动机错误与一般情形联系起来加以把握，因而实难断言萨维尼在此业已表达了他的

---

① 广濑稔：《无因性理论的考察》，《法学论丛》，第 72 卷，第 52 页。

② 广濑稔：《无因性理论的考察》，《法学论丛》第 72 卷，第 52 页。

这一理论所期望达到的目的。”[①] Bahr(Bahr,Anerkennung,1855,S. 14)对萨维尼的这一叙述作了如下解释:使所有权之让与与其原因分离、独立的理由,如果与债务的设定对比的话,则是由于“所有权就本质而言乃是属于从手到手的移行,于达到的任何一个地方即开始其新的生活而定着下来的缘故”,假若所有权因其让与原因的瑕疵受影响,则所有权将不能完成这一使命”。[②] 学者 Schlesinger 氏(Schlesinger,Formalcontract,1858,S. 11)从交易对方安全且容易地取得标的物所有权的角度解释了萨维尼的上述叙述。他指出,必须将作为原因的当事人的意思与所有权让与的“构成部分”加以分离,否则新的所有者必“附丽”于前取得者,并必须时刻悬念因原因关系的瑕疵而丧失权利的可能性,这样交易遭受妨碍也就难以避免。[③]。

于普通法学上,耶林是将物权变动的无因性理论从交易保护的论理构造上清楚地加以展开的第一人。他在《罗马法的精神》(Ihering,Geist3,1865S197ff)一书中指出,使所有权让与的原因关系与物权行为分离开来而产生的利益至少有二:其一,所有物返还请求权的证明变得单纯化;其二,“原因关系被转用的形态。即直接因该行为(原因关系行为)而缔结关系的人被限制的人的诉讼(契约诉讼:因原因的瑕疵或不发生时之不当得利请求权)形态。因此,所有权自始并不存在或以后不发生的前提下被让与时,也就必须赋予让与人因目的不达的不当得利请求权”。[④] 但是,“对于受让人而言,所有权本身并不因此而受影响,因为它是从让与人之手到受让人之手的无瑕疵(frei)的移转。“这恐怕是罗马法最高明的考量方法之一,大概也是所有权最坚固的扒锔子”,“所有权以其纯粹性、安全性及未有障碍的可动性而与此构造正相合拍”。[⑤] 换言之,在耶林看来,基于此种构成,

---

① 村上谆一:《德国的近代法学》,第 21 页。

② 广濑稔:《无因性理论的考察》,《法学论丛》第 72 卷,第 53 页。

③ 广濑稔:《无因性理论的考察》,《法学论丛》第 72 卷,第 53 页。

④ 广濑稔:《无因性理论的考察》,《法学论丛》第 72 卷,第 53 页。

⑤ 广濑稔:《无因性理论的考察》,《法学论丛》第 72 卷,第 53 页。

原权利者的原因关系上的权利主张，仅限定于对第一受让人行使，而不得对从第一受让人处转而取得标的物的第三者（第二受让人）行使。这样，第三者（第二受让人）获得保护。耶林这一见解与前述Schlesinger 氏见解既有区别也有关联性。在 Schlesinger 氏看来，由于无因构成，使取得人对交易对方的检查范围缩小，因而交易对方对标的物的取得也变得非常容易，进而使交易本身获得安全与便捷。[①]与耶林见解相较，Schlesinger 氏是从事前的立场论述如何使标的物的取得变得容易化，而耶林则是从事后排斥原权利者的权利主张而保护第三取得者利益的立场上加以论述。二者的共通点均在于实现交易的容易化与安全化。因此，学说认为，在论及无因构成的交易保护机能时，未有对二者予以特别区别的必要。[②]

前文已述，耶林及 Schlesinger 氏指出萨维尼倡导的物权行为无因性论理论具有上述交易保护机能时，正值并不承认"从无权利人处取得"制度（善意取得制度）的德国普通法时期。在这样的法制背景下，对前主（第一受让人）的权利加以限制乃是非常必要的。物权变动的无因构成由于是保护从前主那里转而取得标的物的第二受让人，就此而言，它是善意取得制度的代用物。[③] 另外，物权变动的无因构成对于所有权让与以"占有让与"方式进行的场合，也有"目的适合性"。[④] 因为，取得原因有瑕疵的前主（第一受让人）既然对标的物予以"占有"，因此从外形上看该人即是标的物的所有者（此为"占有"本身具有的公示机能使然）。在这样的场合，经由"无因构成"而应获保护的人，当然应当是从"所有者"那里取得标的物的人。但是，前主（第一受让人）并未如所有者那样基于"所有权权利"而对标的物予以"占有"（例如只是基于租赁权对标的物予以占有）时，无论怎样采用无因

① 广濑稔：《无因性理论的考察》，《法学论丛》第72卷，第54页。
② 广濑稔：《无因性理论的考察》，《法学论丛》第72卷，第54页。
③ 广濑稔：《无因性理论的考察》，《法学论丛》第72卷，第54页。
④ 广濑稔：《无因性理论的考察》，《法学论丛》第72卷，第54页。

构成，前主也都是无权利者（即非所有权人）[①]。于此情形，只有通过善意取得制度才可保护第三者（第二受让人）的权利。可见，即使以物权行为的无因性构成对交易安全加以保护也不具有完全性和彻底性。但是，在不知善意取得制度为何物的法制下，物权让与的无因构成的确可以除去市场交易中交易危险的相当大的部分，这一点乃是毫无疑义的[②]。

耶林关于物权变动无因构成具有交易保护机能的论述和解释逐渐浸透和弥漫到了普通法学者中。例如 Strohal 氏、Kuhlenbeck 氏、Buhl 氏和 Strohal 氏等即是将无因构成解为具有交易保护机能的著名代表。学者 Kuhlenbeck 氏在《从潘德克吞到民法典》这一著作中，引用其老师耶林关于无因构成的交易保护机能的长篇论述，进一步说明了这一时期物权变动的无因构成对于交易安全所起到的保护作用[③]。学者 Strohal 氏的叙述也颇为引人注目。因为他首次触及并叙述了无因构成与善意取得制度的关联性问题。他指出，由于罗马法上并不存在善意取得制度，这种也因此影响到德国普通法。在这种法状态下，使所有权让与效果的发生与原因行为的瑕疵尽可能独立存在，这是交易利益的要求所在[④]。此外，在普通法时期，Derberger、Arndts 等人依据潘德克吞法学理论，也对物权行为无因性理论的这种机能予以了论述[⑤]。

至此可见，在普通法时期的代表性学者中，萨维尼倡导的物权行为无因性理论之机能几乎被一致解为在于实现交易安全之保护，或者至少期待该理论应有如此机能。事实上，在不知善意取得制度为何物的德国普通法时期，物权行为的无因构成确有交易安全保护的机能。至此也就可以得出结论：物权行为的无因性理论在普通法上的存

① 广濑稔：《无因性理论的考察》，《法学论丛》第 72 卷，第 54 页。
② 广濑稔：《无因性理论的考察》，《法学论丛》第 72 卷，第 54 页。
③ 广濑稔：《无因性理论的考察》，《法学论丛》第 72 卷，第 54 页。
④ 广濑稔：《无因性理论的考察》，《法学论丛》第 72 卷，第 54 页。
⑤ 参见广濑稔：《无因性理论的考察》，《法学论丛》第 72 卷，第 54—56 页。

在是“妥当的”、合理的，无可指责的。当然也有必要提及，在此时期，积极否认该理论有此机能的学者也并不是没有的。Leist 氏即是持反对意见的著名代表。他指出，“按照罗马法的交付方式进行所有权让与，无疑具有实际的合目的性与理论上的清晰性，因此专门依照物的自由让与性(即物权转移不受原因关系的影响——笔者注)思想而构筑的新见解并不正确……，生活中最频繁进行的因买卖而发生的所有权让与，其原因是必须的”[①]。但是，很显然，这一反对立场的根据和立论并非有力，因此在普通法学上，物权让与的无因构成被认为具有交易保护的机能也就成为学者的通说。

2. 普通法时期物权变动无因构成之“交易保护”机能的实效性及遭受的制约

上文已述，于不承认善意取得制度的德国普通法上，物权变动的无因构成确有交易安全保护的机能，但是，其又发挥了多大程度的实际的“交易保护”机能呢？这不能不说是另一个值得探讨的问题。事实上，即使在普通法上，遏制物权变动无因构成之“交易保护”机能发挥的因素始终是存在的。这就向我们提出，在德国普通法上，物权变动的无因构成对于交易之保护究竟产生了多少“实有”的实效性？对此，完全有必要加以研究。

首先，应该指出，在普通法学上，从很早开始即存在着所有权让与行为的效果应以原因关系的有效存在为前提的见解，此即所谓相对的无因说。德国民法制定初期，温德夏特鉴于物权让与的无因构成所带来的严重弊害，于是提出了破坏当时居于支配立场(物权让与的无因构成)的所谓“前提理论”。他将所有权让与的原因关系称为“前提”(Vorausset. aung)，指出为了“服从所有权让与的原因关系这一“前提”范畴，须将“前提”置于意思表示的内容中作为条件加以把握。此种条件第三者也可主张，因此所有权让与后，假如原因行为未有效(解除条件的成就)成立，那么原所有者即未有溯及性的让与权利(解

① 广濑稔：《无因性理论的考察》，《法学论丛》第 72 卷，第 57 页。

除条件的效力),从而对第三者也可行使所有物返还请求权。另外,所有权让与附有原因行为有效成立这一停止条件时,即使有物的交付,如果原因关系未有效成立,所有权也不能转移,从附停止条件的取得者那里转而取得的人,则须"屈服"于原所有者的所有物返还请求权主张。像这样,基于当事人的意思而使所有权让与的效果与原因关系之有效存在相关联,即使物权变动的无因构成的交易保护"机能"发生了大踏步的后退[①]。

其次,这一时期,因交付而生的所有权变动,如发生在买卖契约场合,于买卖价金未支付或担保未设定前,所有权不得移转(法定条件)的见解也是居于支配地位的。按照该见解,即使进行了交付而所有权也不发生移转的情形明显增多,这样,无因构成对于物权交易保护机能的实现程度不得不打大的折扣[②]。前述 Leist 基此理由而断定,"认为无因构成具有交易保护机能的见解是错误的"[③],进而甚至根本否认因买卖而生的所有权变动具有无因性。

再次,这一时期出现了颇值注目的如下情形:作为原因的债权契约存在瑕疵时,该瑕疵也及于物权契约,从而使物权契约与债权契约具有同一瑕疵。此种情形又须从意思表示的无效、撤销、解除等三种不同情形分别加以检讨。

第一,所有权让与意思存在错误时,依"错误法"的一般原则,如果该错误属于"应该顾虑的错误",则所有权之让与无效。但不知债权契约无效或不成立而进行了所有权让与时,则该"让与行为"是有效的(但是,取得者知道原因关系之无效而仍然取得了标的物时,则该标的物所有权不生转移),此即关于"法原因"的"不被顾虑的错误":所有权让与行为(物权行为)与作为其基础的债权的原因行为(债权行为)相独立而存在并具有无因性,从取得者那里转而获得标的物的

① 广濑稔:《无因性理论的考察》,《法学论丛》第 72 卷,第 60 页。
② 广濑稔:《无因性理论的考察》,《法学论丛》第 72 卷,第 61—62 页。
③ 广濑稔:《无因性理论的考察》,《法学论丛》第 72 卷,第 52 页以下。

第三者完全取得权利，错误者的第一出买人的权利主张与第三者完全未有关系。在所有权让与过程中，即使因错误而致意思表示无效，第三者也不得主张其权利。无效效果的绝对性效力，在此受到抑制。可见，在不承认善意取得制度、意思表示无效的效果有完全的绝对性效力的限度内，物权让与的无因构成可望起到交易安全保障的功能。但另一方面，在交付物的"同一性"有错误、人的"同一性"有错误及某物的形状有错误而为所有权让与时，这些"错误"由于将及于物权契约，所有权让与行为本身因此变为无效。在这样的场合，由于物权行为的无效有绝对的效力，故从错误者（第一出卖人）那里取得标的物的受让人（第一受让人）及从该受让人处转而取得的第三者（第二受让人）遂成为"从无权利者处的取得"，其必须服从于仍旧是所有者的第一出卖人的所有物返还请求权主张。换言之，在此场合，作为错误者的第一出卖人享有所有物返还请求权①。

第二，考察诈欺和胁迫场合的情形。在此场合，须首先说明的是，在普通法上，对于诈欺、胁迫的意思表示效力的"处理"方法，与以"撤销权"概念为媒介的现行德国民法之"处理"方法有一些不同。按照后期普通法学上形成的考量方法，所有权让与的意思表示即使有诈欺、胁迫这样的"瑕疵"，如果"效果意思"存在，则所有权依然发生转移。而且于诈欺场合，赋予被欺罔者以 actio. doli，其可以要求"回复物的原状"或要求"损害赔偿"。但是，应注意的是，在后期普通法学的理论上，这些权利仅可向诈欺者主张，而不得向该物的特定继承人主张。换言之，即使物权行为自身有诈欺的因素，从基于诈欺而取得标的物的受让人那里转而取得标的物的第三人也仍然完全取得所有权，被诈欺者的权利主张不得及于该第三人。但是，在基于 restitutio. in. integrum 的"原状回复"场合，第三者取得权利之际如知悉其成立时，则该第三者也可主张之。在这样的情形下，对第三者之保护，无需所有权让与的无因构成即可获得实现。此外，所有权系基于强迫而让

① 广濑稔：《无因性理论的考察》，《法学论丛》第 72 卷，第 62—63 页。

与时，被强迫者享有 actio. quodmetus. cause，exceptio. q. m. c，restitutio. in. integrum，基此可要求“回复原状”或“损害赔偿”。在这样的场合，所有权让与的无因构成对于交易的保护也是无力的[①]。

最后，在普通法上，于某些特定场合，所有权让与行为乃是被完全禁止的。例如，关于妻的作为嫁资的土地、父母所管理的子女的特有财产、夫妇间赠与的某些家庭财产等，于法律上即禁止加以让与。违反此种禁止而进行让与的，让与本身将不生效力。裁判官禁止让与的，违反者，也依然无效[②]。这样的状态对于交易本身来说无疑意味着一种危险，此危险即使依无因构成也不能排除。所有权让与的禁止，即使依当事人的契约也可发生。这样的禁止，当事人之间仅仅发生了债权关系，未违反此禁止时，所有权让与变成有效，取得者获得权利。这完全是物权关系与债权关系分离的归结，有助于确保物权交易的自由与安全，但是，其却与物权让与的无因性未有直接关系。另外，如果法律行为的内容违反伦理规范时，该行为即属无效，此一般原则即使于普通法上也是存在的。但是，以反伦理内容的债权契约为原因而进行所有权让与时，债权契约 的无效是否也及于所有权让与行为呢？关于这一点，普通法学的立场并不明确。一般认为，所有权让与因为是作为抽象的契约而存在，且仅以所有权转移为内容，故其自身在伦理上系属于中性，原则上并不具有反伦理性，故所有权让与行为依然有效[③]。

3. 小结

至此可对物权让与的无因构成于普通法时期所“具有”的机能作一简短小结。在此时期，物权让与的无因构成对于物权交易的保护机能是存在的，抑或至少是可以期待的。但是，这一机能就其实效性而言，又不可避免地遭遇到各种各样的障害，受到各方面的制约。物权

---

① 广濑稔:《无因性理论的考察》,《法学论丛》第 72 卷，第 62—63 页。

② 广濑稔:《无因性理论的考察》,《法学论丛》第 72 卷，第 62 页。

③ 广濑稔:《无因性理论的考察》,《法学论丛》第 72 卷，第 62—63 页。

契约的“法的原因”(债权契约)的错误不对物权契约的效力施与影响,立于无效或不成立的债权契约之上的物权契约原则上仍然有效,以及物权契约自身因不带有反伦理的性质等,于这些场合及基于这些理论,无因性理论可得发挥交易保护的机能,这一点是比较明确和清楚的。

(二)18世纪后半叶法典编纂活泼时期

从18世纪后半叶开始,德意志兴起了蓬蓬勃勃的法典编纂运动。1759年巴伐利亚民法典、1794年普鲁士一般邦法典、1811年奥地利民法典及1803年萨克森民法典相继问世。在这些法典上,以当时业已形成的所有权概念为基础,罗马法及普通法的所有权“回复主义”(Vindicationsprinzip)与“无论何人不得将大于自己的权利让与他人”的原则依旧占据支配地位。这些法律为了适应资本主义商品经济及土地金融之发达对物权交易安全的急迫要求,而逐渐对这两项原则于动产、不动产领域之适用予以种种修正。关于动产,例如依普鲁士一般邦法,以善意且有偿方式取得标的物的人,虽然应当屈服与原所有者的“回复请求”主张,但要求返还标的物之人必须支付赎金。在此基础上的更进一步措施是,取得者以善意方式而从国库或竞买场所,抑或从享有基尔特(或同业行会)之成员资格的商人处买得标的物时,原所有者的所有物返还请求权被彻底排除。迄至19世纪中叶,德国交易法统一运动因1848年普通票据法的制定而获成功。1861年,作为更大成果的《德国普通商法典》颁行。按照该商法典,物权变动虽然应当首先适用普通法确立的一般原则,但就善意取得者而言,某物从商人那里的营业范围内被让与了时,如果取得者系善意且该物非属盗品或遗失物时,那么从“无权利者”那里取得标的物之人,作为例外将承认其享有标的物所有权[①]。

关于不动产,此间登记簿制度逐渐获得建立,保护对登记簿记载内容之信赖制度(登记的公信力制度)得以确立。例如,按照普鲁士一

① 广濑稔:《无因性理论的考察》,《法学论丛》第72卷,第68页以下。

般邦法典，虽然基于单纯的交付也可取得所有权，但从登记簿上被记载为“所有者”的人那里接受抵押权设定的人，其善意取得的抵押权也是获得承认的。由此至 1872 年普鲁士所有权取得法颁布时，善意取得制度开始向土地所有权取得场合扩张。实际不动产交易的这种运作状态，至少在一般商法典施行后，再以无因构成来保护交易安全根本未有必要。另外，即使于普鲁士一般邦法上，所有者的所有物回复请求权也被 极大地加以了限制，因而也不至于对交易的顺利及便捷运行产生障碍。此外，于承认土地所有权之善意取得的普鲁士所有权取得法颁行后，普鲁士社会对交易的保护也是充分的[①]。可见在承认了善意取得制度后，完全可以不再经由无因构成也可使物权交易的安全获得根本性确保。

（三）德国民法典制定前后

前文已述，德国民法典乃是以潘德克吞法学为底座而成立起来的近代民法典。该民法典首先基于体系上的理由而采用了物权让与的无因构成，第一草案理由书曾谓：与债权契约对立的物权行为必然具有“无因”的性质。但是，被认为是普通法学之一原理的物权行为无因性在由民法典采为正式立法条文时，立法理由书对于这一“原理”的存在根据并未明确指出。即使如此，从前述立法草案理由书（尤其是第一草案理由书）的叙述中，我们仍然可推定如下两项情势是促成德国民法典采用物权让与之无因构成的最重要缘由：其一，排除不动产让与之际，登记官吏连同原因关系也要审查的实质审查主义，避免不动产交易的便捷遭受妨碍。其二，交易安全之考量。第一草案理由书写道：无因构成如果无助于法律关系之明确，则必然危机交易安全。第二“读会”议事录写道：“即使原因行为无效，所有权让与的效力也是正当存续，但是，前权利者依不当得利原则可要求取得者为所有权变动。只是被回复的取得者一直是正当的所有者。如果该人将其

① 广濑稔：《无因性理论的考察》，《法学论丛》第 72 卷，第 68 页以下。

让与第三人，则该第三者的权利应是正当存续的。"[①]。此后，由帝国议会提出的"觉书"指出：关于物权让与的无因性，"如果因当事人之间的原因关系的瑕疵，登记的所有权及以其为根据的权利被撤销的话，……则土地交易将欠缺必要的安全性。"[②]。从这些叙述可以看到，德国民法典之采用物权变动的无因性，在立法者的头脑中，"交易安全"这一"目的衡量"是存在的（关于动产的无因性也大抵与此相同）。换言之，立法者之采用物权变动的无因性，"交易安全的保护"是其基本理由。由于立法者于立法之际所表明的这种立场，因而从德国民法典制定迄至1920年，物权变动无因构成之存在理由乃在于保障交易安全的见解遂一直占据支配地位，并成为事实上的通说。

德国民法典在规定物权变动的无因构成制度以后，同时又将作为德国邦法产物的"从无权利者处取得"的善意取得制度导入于该民法典。这里有必要提出的是：在这种情形下，物权变动的无因构成究竟能于多大程度上起到交易安全保护作用？研究表明，在承认善意取得制度以后，物权变动无因构成的交易保护机能绝大部分便被善意取得制度所吸收。只是因"重过失"而未发现前主（第一受让人）取得原因有瑕疵而取得动产的人（第二受让人），可基于无因构成而得到保护。同时，从对取得者（第一受让人）的调查范围减少、交易容易化上考虑，善意取得制度不可弥补无因构成的机能，因为善意取得之成立，以对前主取得原因之调查为必要，此种调查不能免除。但是，经由无因构成对交易加以保护却不以"善意"为其构成要件，即使明知前主的取得原因有瑕疵而仍取得了标的物的"恶意取得者"，也完全获得保护，而原权利者的权利主张不予支持。最后，在未有"原因"而取得标的物的受让人受到强制执行、破产时，让与人将未有"异议权"乃至"取回权"，而仅享有一般债权者的地位[③]。毫无疑义，物权变动之

① 广濑稔：《无因性理论的考察》，《法学论丛》第72卷，第73页以下。

② 广濑稔：《无因性理论的考察》，第73页以下。

③ 广濑稔：《无因性理论的考察》，《法学论丛》第72卷，第75页以下。

无因构成所产生的这些后果，从利益衡量角度加以考察，乃是与近现代人类文明下国民的法感情、法意识及社会道德的基本理念完全相悖。正是鉴于此种状况，学者通说于是极力倡导废止立法论上的物权行为无因性，或者对其持相当大的怀疑态度。物权行为无因性的此种境遇迄今未获改善。

(四)小结

至此可对德国普通法时期物权变动无因构成所具有的机能作一小结。如果从抽象性上看，该理论及其构成确实“应该”具有交易安全的保护机能(可谓为“应有机能”)，但是，当从体系的关联上考察时，这种机能则被大大减杀，甚至被吸收。退一万步论，如果说无因构成还有一点点“交易保护”机能的话，那么其也仅限于在一定的范围内始可发挥。而这一点点的机能如果从“利益衡量”上审查，则无存在余地。可见，物权变动无因构成的“交易保护”之“应有机能”与“实有机能”之间产生了极大的分离，“实有机能”被善意取得制度之机能与“利益衡量”的结果所湮没、吸收与排斥，物权变动无因构成的交易保护机能被完全抽空。关于此，如果在考察了德国学者 Hcck 从“利益衡量”角度对无因构成所作的致命一击的话，那么就更能清楚地看到这一点。

七、物权变动无因构成批判及无因构成的相对化

(一)对物权变动无因构成之批判——以 Heck 的“利益衡量”批判为中心

前文已经述及，早在萨维尼倡导物权行为无因性理论的普通法时期，包括无因性理论在内的全部物权行为理论即受到了一部分普通法学者的反对和质疑，其典型代表即是 Leist 氏。德国民法制定时，对物权行为理论尤其是无因性理论的批判变得愈发强烈。学者指出，这完全是一个不顾国民生活感情而由法学家拟制出来的“技术的概念”(Kunstbegriff)。著名学者基尔克的批判被认为是这一时期对无因性理论所作的最猛烈开火。他指出“如果我们勉强的将单纯的动产让与分解为相互完全独立的三个现象时，的确会变为学说对实际生活的凌辱。到商店购买一副手套，当场付款取回标的物者，今后也应当考虑到会发生三件事情：其一，债权契约，基此契约发生当事人双方的债权债务关系；其二，与此法原因完全分离的物权契约，纯为所有权之让与而缔结；其三，交付的行为完全是人为的拟制，实际上只不过为对于单一的法律行为有两个相异的观察方式而已。今捏造两种互为独立的契约，不仅会混乱现实的法律过程，实定法也会因极端的形式思考而受到妨害。①”德国民法典制定后，学说对物权行为无因性理论之批判非但未因民法典明文确立物权行为无因性制度而偃旗息鼓，相反，学者之批判却变得更加有力和深刻，并由此引起了更加深刻的影响，其中20世纪30年代中期，德国著名学者Heck氏基于利益衡量方法论对物权行为无因性所作的批判，被认为是对无因性理论所作的最具决定意义的批判，这一批判在反对无因性理论的学说史上占有至为重要的地位，从那以后，力倡无因性理论的学者再未提出更深刻的理由予以反驳。鉴于此种批判的如此重要性，有必要对Heck氏所作批判的要点予以介绍②。

1937年Heck氏出版了《无因的物权行为论》(Philip. Heck, Das. Abstrakte. dingliche. Rechtsgeschaft，1937，S. 68)一书。在书中，Heck氏首先阐明了“无因性”的意义，对赞成与反对该理论的学说状况予以了概观。之后他指出，是承认、维持，还是否定、废止无因性理论及制度，完全应该对其所具有的“利益”加以考量后予以决定。换言之，对这个理论及制度作“利益衡量”乃是判定这个理论及制度应否存在的“审判者”。于是，他基于利益法学的方法衡量了“无因论者”声称的物权变动无因构成所具有的三种“利益”：(1)使对方或第三者获得保护的交易上的利益(Verkehrsin teresse)，简称“交易上的利益”。(2)使物权的概念与物权的法律关系容易识别及使确定的法

---

① 刘德宽：《民法诸问题与新展望》，第468页。

② 如下非有特别说明，其内容均源于〔日〕我妻荣：《Heck无因的物权行为理论》(评介)，载《法学协会杂志》56卷3号。

律关系获得明了的利益(Klarheitsinteresse),简称"使法律关系获得明了的利益"或者"明确性利益"。其三,"举证责任减轻(Beweislastinteresse)"的利益或"举证的利益"。为说明问题之便,Heck 氏设定了如下实例予以说明:A 将被继承人遗赠的特定不动产与一幅名画的所有权移转于 B,并完成对 B 的所有权移转行为,其后发现遗赠无效。在此例中,如果以物权变动的有因性为前提,则所有权不能从 A 移转至 B,A 可以自动受到保护。相反,如果以无因性为前提,则所有权发生移转,A 对 B 限于仅可依不当得利规定而受到债权保护。如下考察这种物权变动无因构成下所谓"无因构成"的这三种"利益"。

1. 关于"交易上的利益"。此又分二类情形:首先以最初的第一受让人的立场为中心,其次以"转得者"即第二受让人 B 的立场为中心加以考察。

(1)试对第一受让人(B)与让与人(A)的利害予以较量,其结果是:肯定无因性未有任何理由。

1)在无因性下,受让人对其取得的权利极容易加以证明,这仅是诉讼法上的利益。如果从私法的立场考量,对 B 而言,无论有因性还是无因性,都不会产生大的差异,即均应返还标的物。返还请求的基础是物权抑或债权也几乎未有差别。当然,在德国民法下,众所周知,在基于所有权的返还请求权与基于不当得利的返还请求权之间,对于果实、费用所应返还的范围乃是不同的。Heck 指出,这种规定未尽合理,将来立法或修订法时应予抹消。

2)B 明知原因(债权契约)存有"欠缺"(瑕疵)而仍将标的物出让给第三者时,在有因性下即构成"侵占罪"。此构成"侵占罪"乃与社会观念、伦理及国民的法感情完全相符,并且也符合 A 的利益。

3)如果将 B 的债权人与 A 的利害加以对比,则产生强烈而明显的差异。有因性下,债权者即使被查封,A 仍然享有异议权,B 即使破产,A 也有取回权。与此相反,无因性下,标的物成为债权者的一般担保,A 也仅仅立于债权人的地位。较量此种利害,采取有因性乃是绝对为优，因为在此场合，债务者(B)拥有的所有物仅仅是作为债权者的担保。牺牲让与人而保护受让人的债权人，这种源于无因性的结果乃是明显不当。关于这一点，即使是像无因性的激进的拥护者的うウール等人也是承认的。

(2)对让与人A与从受让人B那里转而取得标的物的人C或B的债权者D的利害予以较量。首先将它们的关系图式如下：

A(让与人)——B(第一受让人)——C(第二受让人)

↓

D(B的债权人)

在这里，是采物权变动的无因性还是有因性，差异显著。如果对差异所产生的利害加以判定，则显然以有因性为优。当然，这个较量是以德国民法承认不动产交易的登记簿具有公信力为立论前提的。

1)在罗马法"无论何人不得将大于自己的权利让与他人"的法制下，受让人C如想获得交易的安全、确实，则必须审查让与人B有否真实的权利。而且，与无因性下仅审查A与B的物权行为有否瑕疵即获满足相反，有因性下则必须审查原因关系(债权契约)有否瑕疵。正如无因性的激进拥护者耶林所指出，这种交易如果从不动产信用交易的迅速、安全的理想上看乃是显然不妥，因此，在既欲实现不动产担保确实化这一伟大理想，而又未有建立起公信力制度的19世纪法制上，无因性是最接近并可实现这一理想的至好手段。但是，在德国民法典确立起不动产及动产的通用的公信制度后，再以无因性作为达成这个理想的手段乃是全然未有意义。因为，基于公信原则，交易的迅速、安全及确实的理想的确可以合理的达成。而且，在此范围内，转得者C与债权者D可基于全然不同的立场而受到保护。

2)虽然依公信原则也有不可能依无因性而可达到的保护领域，但如果仔细考察，则可发现，这是无因性保护的不当扩大。公信力完全可以达到的、而由无因性加以保护的领域有三：①转得者C是受让人B的继承人场合；②C作为B的债权人而对于标的物取得了法律上的物权(法定抵押权或法定质权)的场合；③C因为恶意(关于不动产而言）或重过失（关于动产），不能受到公信原则保护的场合。在这三种场合中，最值得检讨的是第c场合。

首先考察不动产场合。C如果是善意（即使有过失），那么依公信原则其可以得到保护（德国民法典第892条）。产生差异的是C有恶意的场合，即在无因性下，C即使有恶意也可取得所有权，在有因性下，C即不能取得所有权。Heck指出，如果比较这二种结果的差异，难道我们不能看到有因性不是更贴近于国民的感情吗？同时，Heck进一步指出，“如果按照正当的见解，违反公序良俗的行为将被认定为无效”，因此基于恶意而取得标的物的C的物权行为也是无效的。这样，即使在无因性下，C也不能取得所有权，这就实际上与有因性未有什么差异。如果不这样考虑而退一步说的话，由于恶意的C的行为在多数场合均要构成侵权行为（德国民法第826条），因此C负有损害赔偿义务，其结果是C应返还标的物（因为按照德国民法典，回复原状是损害赔偿的基本原则——笔者注），这样考量和观察，可以发现，无因性仍然不是C的“朋友”，换言之无因性仍然不能保护C。

其次考察动产的场合，在此场合，C仅是善意且未有重过失时，依德国民法典第923条可以受到公信原则的保护。因此不仅C有恶意的场合而且C有重过失的场合，也产生差异。即与无因性下C即使有重过失也可取得所有权相反，在有因性下C即不能取得所有权。不仅如此，因为C的重过失仍然尚不足以构成公序良俗违反行为，故其行为不能认为是无效的。另外，按照德国学者通说，由于不承认此可适用民法典第823条之规定，因此也不是侵权行为。而在无因性下，C尽管有重大过失，也仍然可以取得动产所有权，且不负任何债法上的责任。对于这个结果，无因性的急先锋ウール说，“这一点因为确保了动产交易的安全，故为肯定无因性的一个重要理由”。但是，Heck对此指出，交易之际应该避免犯这样的重大过失，这正好是交易法原则的基本要求和应有之义。违反这种原则的基本要求来谈谋求动产交易的安全则已完全未有必要。

2. 关于“使法律关系明了的利益”。Heck 首先指出，认为无因性有这种利益的人是从两项立场上加以说明的，即法律概念的立场与立法政策的立场。

其一，认为无因性有使法律概念的关系明了之优点的典型代表是德国民法立法理由书。该理由书谓：民法既然将债权与物权作为全然不同的权利体系加以把握，因此也就必须承认它们在各自体系上的独自的变动原因。换言之，在民法的体系中，物权既然被赋予了与债权不同的独立地位，因此其变动原因也当然不应依存于债权，而这正是民法的论理体系的要求所在。对此，Heck 指出，有因性、无因性并不是一个论理上的问题，也不是自然事实上的问题，而完全是一个立法政策上的问题。民法典立法理由书在决定采用一个制度之际，与其是考虑了该制度所具有的社会功用，毋宁说只是期待其论理体系的协调与“正确”，这就赤裸裸地暴露了概念法学的态度是什么。

其二，近世学者中，同意理由书所称无因性有助于在理论上使概念明确的人并不多。更多的学者则是认为，基于“无因性”，“物权具有了极度明了的法律事实的实益”。对此见解，Heck 指出，此见解在方法论上是当然正确的，因为法律关系变得明了，裁判官及当事人容易明确识别，而这也正是社会的要求所在。但是，有疑问的是，采用无因构成后，这些实益是否就具备了呢？Heck 指出，遗憾得很，无因性并不能带来这些实益。

3. 关于举证责任减轻的利益

无因性理论的拥护者从两点出发，认为物权变动的无因性制度，可以产生使物权取得者的举证责任减轻的利益。所称两点是：物权存在的主张与登记手续。

第一，由于无因性，主张有物权权利的人可因此而减轻举证责任。而这又是基于如下两个前提：(a)权利之主张常常以对权利取得之举证为必要；(b)举证取得权利，须举证取得权利的实质要件，包括积极要件与消极要件。但是，Heck 指出，无论哪个前提均是与法理及立法相悖的。

首先，就第一前提而言，如果是普通法时代，则另当别论，但在今日乃不通用。今日，依德国民法典第891条、1006条，有登记或对标的物予以占有的人即被推定为物权人，而不需要再作什么举证。

其次，关于第二个前提。在无因性下，如果要对权利的取得加以举证，则必须证明物权行为的有效存在。但是，如果进行这样的举证，与之相伴随的法律原因也应推定为存在。这正是经验法则的教导。因此，与物权行为相伴的原因行为如果不存在的话，作为物权取得的实质要件正是消极要件。因此，主张物权取得时，如果也要举证这个消极要件存在的话，则是非常悖理的。

第二，考察无因性使登记手续简易这一议论。

Heck 指出，这只不过是论者的误解。在办理登记手续时，申请登记者应证明什么、登记官吏应审查什么，与物权取得的有因、无因全然未有关系，而是一个立法政策上的问题。在德国现行法制下，登记之进行仅须登记义务者一方的意思表示即为已足（登记法第19条）。与此相反，在德国州法上，以物权的意思表示以外的要件为必要也是可能的（登记法第98条）。同样，即使在有因性下，也可以规定登记手续的必要要件是什么。另外，近世以来，保障登记真实的理想与使登记手续简易、迅速的理想发生了众所周知的冲突。立法例在此二者之间作了种种不同的处置，从而出现了两种极为对立的基本模式：法国的登记主义与贯彻实质审查主义的"普鲁士主义"。另外，在此两极之间还出现了其他形态。但是，无论出现的是那一种形态，均是两种理想较量的结果，而与有因、无因也未有丝毫联系。

在作了上述分析后，Heck 氏修正了长期以来学说关于无因性渊源与形成史的谬误。Heck 指出，德国民法典制定之际，人们关于无因性渊源与历史之最初肇端的几乎一致的见解是："罗马法始终一贯地承认无因性，德国继受罗马法之际，因误解而将其解为有因性，这当然是受德国地方立法影响的结果。然而，历史法学派修正了这一谬误，恢复了罗马法关于这一问题的本来面目，从而使从普鲁士所有权取得法到德国民法典的民法立法运动在此问题上沿着正确的轨道前进。"Heck 指出，对此应作两点修正：

其一，认为罗马法始终承认"无因性"的见解是错误乃至荒诞无稽的。对罗马法的研究表明，罗马法非但不承认所谓无因性，相反却是采用了有因性。这一点是很明确的。

其二，德国地方法按照有因性进行立法，这不是单单盲信普通法的结果，而是获得了德国当时社会观念的支持，这一点不能遗漏。

4. 简短的小结

Heck 氏基于利益衡量方法论对无因性理论及其制度所作的批判即使迄今也有极大的说服力。并且，即令是激进的无因论者面对 Heck 的这种批判也不能提出更加强有力的反驳主张。Heck 的这些见解对于我们今天正确认识及揭开德国无因性理论及制度的面纱，认清其真面目，并防止把这一"日薄西山，气息奄奄"、甚至为世界各国（包括德国人自己）所唾弃的东西搬到中国的土壤上，均具有重要的警示意义！

（二）物权变动无因构成的相对化

鉴于学说批判及为了减轻物权行为无因性所带来的严重弊害，德国司法判例及学说理论（前已述及，使物权行为无因性相对化从德国普通法时期就开始了）于是相尽办法，不得不于若干情形尽量限制物权行为无因性之适用范围，使物权行为与债权行为同其命运，即在坚持无因性原则下，同时承认这一原则的例外。其方法大抵如下：

1. 共同瑕疵（Gemeinsame. Fehlerquelle）：即使物权行为与债权行为得因共同的瑕疵而致无效或撤销。例如，因当事人无行为能力或限制行为能力，因欺诈、胁迫、错误、显失公平及公序良俗违反，使物权行为与债权行为均为无效或一并撤销。

2. 债权行为如果是暴利行为，其效力也必然对物权行为产生影响。德国民法典第 138 条第 2 项规定："法律行为系乘他人穷困、无经验、缺乏判定能力或意志薄弱，使其为对自己或第三人之给付作财产上的利益的约定或担保，而此种财产上的利益比之于给付，显然为不相称者，该法律行为无效。"但是，债权行为即使违反该条第 1 项所规定的“善良风俗”的，则不得使物权行为无效[①]。

3. 关于法律上的禁止问题。德国民法典第134条规定：“法律行为违反法律上的禁止者，无效；但法律另有规定者，不在此限。”

4. 于判例上，因诈欺、强迫致债权行为撤销时，此撤销的效果也及于物权行为。另外，因受诈欺或违法强迫而为意思表示的人，可撤销意思表示（德国民法第123条“因被诈欺或被胁迫的撤销”），法律行为自始无效（德国民法第142条关于“撤销的效果”的规定）[②]。

事实上，早在德国帝国法院时代的1908年11月24日的判决中，判决即明示：因诈欺而发生的意思表示之撤销应当然及于物权行为(RGZ70,55)。该事件的概要如下：A与Y缔结买卖若干毛皮的契约，约定以票据买进毛皮。数日后，毛皮送交于A。其后不久A遭破产。Y就在A即将破产之前，获悉A有破产的可能，于是以诈欺为理由撤销了本件买卖契约，收回了置留于A处的大部分毛皮。A之破产管理人X对Y的回收行为行使破产法上的否认权，诉请Y返还毛皮。结果第一审认许了X的请求。Y上告，指出以诈欺为理由而撤销债权行为时，所有权的让与也应被撤销，进而主张该毛皮系自己的所有物。帝国法院推翻原判，退回重审。同裁判所指出，民法虽然使作为让与之具体法律原因的债权行为和与该原因行为完全分离而有独立性效力的无因的物权行为明确区别并赋予不同效力，但是基于诈欺而缔结买卖契约时，物权行为虽然并不存在瑕疵，但如果债权行为系因诈欺事由而被撤销时，物权的所有权让与行为也即变得无效[③]。

5. 其他因原因行为之瑕疵而使物权行为受到同样影响的场合。此即德国民法典第119条第2项：“关于人的资格或物的性质的错误，交易上认为重要者，视为关于意思表示内容的错误。”债权行为如

① 〔日〕圆谷峻：《比较财产法讲义》，学阳书房1992年版，第15页。

② 圆谷峻：《比较财产法讲义》，第15页。

③ 圆谷峻：《比较财产法讲义》，第15—16页。

果出现此条所称“错误”，物权行为也当然因此而受影响[1]。

6. 条件关联。即债权行为与物权行为虽为两个行为，但可解释第三人的意思，使物权行为的效力系于债权行为的存在。债权行为有效存在时，物权行为始能生效。

7. 法律行为一体性。即将物权行为与债权行为合为一个整体的法律行为，债权行为无效，物权行为也归于无效。

在德国法上，物权行为无因性是物权行为独立性的必然结果，一方面主张独立性，另一方面又主张无因性相对化，此不仅在论理上有矛盾，而且适用上也有相当困难。按照共同瑕疵说，债权行为所存在的瑕疵也会反射到物权行为上。这样，凡有债权行为的场合，物权行为即和债权行为同其命运，故无承认物权行为独立性之必要，因为物权行为系以履行债权行为所生之债务为目的，如果采共同瑕疵说，则只有物权行为与债权行为不发生关系时，才能使物权行为独立存在，物权行为独立性的存在价值由此大为减低。条件关联说的弊端大抵与此相同。另外，法律行为一体说乃是完全抵触债权行为与物权行为是两个独立法律行为的见解。此说实质上是否认了物权行为是独立的法律行为，物权行为与债权行为既然联为一体，当然也就无所谓物权行为有因与无因的问题[2]。

鉴于无因性理论有其致命的弱点，同时无因性相对化又使该理论更趋复杂，使一般国民更加不易了解，习法者更是深感困惑。面临此一困境，学者于是主张改弦易辙，干脆否定物权行为无因性，简化法律关系，使法律和社会生活之体认相结合，在物权变动上，主张改采意思主义与交付原则之混合制度。此项混合制度之内容计有四点[3]：

其一，基于法律行为而生的物权变动，无需另有一个独立的物权

---

① 圆谷峻：《比较财产法讲义》，第 16 页。

② 从这一角度所作的批判，可以参见〔台〕谢哲胜：《物权行为独立性之检讨》，载于《法学评论》(台)，1994 年第 52 期，第 345 页以下。

③ 王泽鉴：《民法学说与判例研究》(1)，第 291 页。

行为。

其二，使物权发生变动的意思表示，在观念上虽有独立存在价值，但可纳入债权行为之中，与成立债之关系的意思一并表示之，而不必加以独立化，自成一体。

其三，为使物权变动具有外部的表征，以达公示之原则，应以“交付”为动产物权变动的要件，使登记为不动产物权变动的要件。

其四，既然不承认独立的物权行为在物权变动中的存在，因此也就不存在所谓物权行为无因性问题。

八、中国物权立法对物权变动规制模式的选择及对物权行为无因性的态度

（一）二项基本物权理论问题仍待澄清

1. 物权行为无因性理论与物权行为理论

由萨维尼于1820年所倡导，Bahr及耶林等学者继承并发扬光大，尔后为普鲁士1872年所有权取得法及1896年德国民法典所规定的“物权行为理论”乃是一个包括物权行为概念本身的创立，物权行为独立性及物权行为无因性在内的一个完整理论体系。在此理论体系中，物权契约（物权行为）概念的创立是基础，没有物权行为概念本身，物权行为的独立性与无因性当然也就无从谈起，而以此为基础，物权行为的独立性与无因性理论获得建立。这样，承认物权行为无因性，当然也就意味着承认了物权行为的独立性及物权行为概念本身——即承认了物权行为理论的全部。但反过来并不必如此。即虽然承认物权行为概念本身，但并不一定必须承认物权行为独立性和无因性，抑或虽然承认物权行为概念及物权行为的独立性，但并不一定必须承认物权行为的无因性。换言之，承认物权行为理论即意味着承认物权行为概念本身、物权行为独立性与无因性。但不承认物权行为理论全部，而只承认其中一项的情形也是存在的。由于物权行为独立性与无因性通常同时表现于一个物权变动的同一过程中，而尤以物权行为的无因性因与交易各方当事人之利益关系最为密切而最称重要。正是因此，物权行为无因性被认为是德国普通法学的“一个

原理”，为德国法系最具风格的特征。所以从一定意义上说，物权行为无因性乃是物权行为理论的核心，物权行为概念的实践意义主要在于实现无因性原则。鉴于物权行为无因性理论与物权行为理论的此种“部分”与“整体”的辩证关系，因而否定物权行为无因性理论这一“部分”，也就必然不表明否定物权行为理论这一“整体”。反之，则是成立的。如下着重讨论中国应否继受物权行为无因性问题。而关于物权行为的独立性问题，笔者拟另设专文予以研究。

2. 物权变动之“登记”或“交付”的形式主义与是否承认物权行为的关系

前文已述，近代以降迄今为止，各国关于物权变动的立法规制模式大抵可类别为债权合意主义（法国法与日本法）、物权形式主义（德国法）及债权形式主义（奥地利法、瑞士法及韩国法）等三种立法主义。此三种立法例均规定登记或交付为物权变动的公示方法，就此而言，此三种立法例具有“同一性”。所不同者，是物权变动的登记或交付所具有的效力。即在法国法、日本法债权合意主义下，登记或交付系物权变动可得对抗第三人的要件（简称对抗要件）；德国法与奥地利法、瑞士法则以登记或交付作为物权变动的生效要件。奥、瑞及韩国法虽采与德国法相同的登记或交付之生效要件的形式主义，但如前所述，此等国家的法律并不承认物权变动过程中存在所谓“物权的合意”（物权契约、物权行为）。质言之，是否承认和采取物权契约（物权行为）的独立性与无因性乃与是否采取以登记或交付作为物权变动生效要件的“形式主义”并无必然联系，甚至是风马牛不相及。问题的关键在于，债权契约之外，是否还采取和承认与之相对立的“物权契约”（物权行为）之概念问题。如以所有权移转为例，奥地利及瑞士法除要求有债权契约外，尚需要求有交付或登记的形式要件，物权变动才会实际发生。而依德国民法，除债权契约及交付或登记的形式要件外，还须要有与债权契约相对立的另一个行为，即所谓“物权行为”，并由此产生物权行为独立性与无因性问题。至此可知，是否承认物权契约（物权行为），与形式主义立法论并无直接关系，而是否采取和承认物权的合意主义，则为问题之关键。因此，凡认为只要存在以“登记”或“交付”作为物权变动之生效要件的立法即承认了所谓“物权行为理论”的见解，显然是一项重大误解，应予澄清。

（二）中国物权立法对物权变动规制模式的抉择及对无因性理论的态度

1. 中国物权立法对物权变动规制模式的选择

如所周之，中国在1986年制定民法通则前，立法关于物权变动（例如财产所有权移转）问题未有明文规定。民法理论与实践所持立场是允许双方当事人在买卖合同中就标的物所有权作出约定。当事人无约定时，则所有权移转时间依标的物是特定物或种类物而分别确定。标的物为特定物，所有权在契约成立时移转于买受人；标的物为种类物，则所有权移转时间以标的物实际交付时间为准。这是采纳了前苏俄1922年民法典第66条的立场。从1979年起，我国开始第三次民法起草工作，着重参考前苏俄1964年民法典、1964年捷克民法典、1975年前东德民法典及1979年经修订而重新颁布的匈牙利民法典，注意到这些民法典关于所有权移转立法方针的改变，并采纳了苏俄1964年民法典第135条的新规定。1981年4月民法草案（征求意见二稿）第73条规定：依照合同或其他合法方式取得财产的，除法律另有规定或当事人另有约定外，财产所有权从财产交付时起转移。1986年4月正式颁布的民法通则第72条，与此相同。

现行民法通则第72条为我国现今民法立法关于物权变动问题（其中主要是动产所有权变动）的基本立法规定。该条规定：“按照合同或者其他合法方式取得财产的，财产所有权从财产交付时起转移，法律另有规定或者当事人另有约定的除外。”从这一规定可以窥知：（1）基于买卖合同、赠与合同、互易合同而发生的所有权转移以交付为准。因此，当事人虽然就某项财产的买卖达成了协议（债权契约），而尚未交付，仍不发生所有权移转。交付为动产物权变动的生效要件。（2）所有权移转不要求另须有移转所有权的合意（物权的合意），系以所有权移转作为债权契约的当然结果；（3）交付的规定属于任意性规范，当事人可以通过特别约定而排除适用这一规定。可见，我国民法通则第72条关于物权变动的立法主义，非采德国民法物权形式主义，不要求所有权的移转须同时具备债权契约加物权合意或登记，也不是法国、日本民法之债权合意主义，以交付或登记为对抗第三人的要件，而是采取奥地利、瑞士及前苏联、捷克、匈牙利等东欧国家民法之债权形式主义。虽然允许当事人就所有权转移期间作另外的约定，但这种约定属于债权行为的合同内容之一部，并不构成独立于债权契约之外的“物权的合意”。毫无疑义，作为民事立法基本法的中国民法通则，业已确立了我国法律关于物权变动的债权形式主义的基本立场。

我国迄未颁布民法典，由民法通则及各种民事单行法构成实质民法体系。不动产物权变动（主要是不动产所有权的转移）问题被规定于若干单行民事法律中。根据这些法律的规定，我国有关不动产所有权移转的立法规定，非采德国物权形式主义，而是采债权形式主义，以登记作为不动产物权变动的生效要件，不承认在此之外还存在所谓“物权的合意”，当然也就更无所谓物权变动的无因构成了。1983年颁布的《城市私有房屋管理条例》第6条规定，“房屋所有权转移或房屋现状变更时，须到房屋所在地房管机关办理所有权转移或房屋现状变更登记手续。”《中华人民共和国城镇国有土地使用权出让和转让暂行条例》（1990年5月）规定：土地所有权的转让除须有转让协议（债权契约）外，尚须依法进行登记，否则不生物权变动的效力。1994年7月全国人大常委会颁行的《中华人民共和国城市房地产管理法》是我国迄今为止关于土地所有权出让、房地产交易及房地产权属登记管理的最系统的一项重要立法。该法第40条及第60条规定：房地产转让，应当签订书面转让合同（债权合同），并向房产管理部门申请房产变更登记，否则转让依法不生效力。1989年10月国家土地管理局发布《土地登记规则》，第25条规定：国有土地所有权、集体土地所有权、集体土地建设用地使用权及土地的主要用途发生变更的，除有关协议外，土地使用者、所有者及他项权利拥有者，必须及时申请变更登记。不经变更登记的,土地所有权、所有权及他项权利的转移,属于非法转让,不具有法律效力。至此可见,我国现行法律关于不动产物权变动系采“债权契约与登记生效”的立法主义,不要求另有不动产物权变动的“物权的合意”,在立法主义上,系与奥地利、瑞士、韩国、前苏联及东欧各国民法立法的立场完全一致,不承认所谓物权变动的无因构成。前已述及,此种物权变动模式为现今最为优异的规制模式,我国民法通则及其他法律采此模式,体现了我国法律在物权变动立法上的先进性与合乎潮流性,值得称赞。

综上所述,我国现行法关于物权变动系采债权形式主义,不承认有独立物权行为(物权契约),当然也就更不承认物权变动的所谓无因构成。须特别提及的是,在现行法下,立法关于物权变动虽然采取了交付或登记的生效要件的形式主义,但并不要求另有“物权的合意”。因而在立法主义上系与奥地利等民法的“债权契约与登记或交付的生效要件主义”的规定完全一致。此种债权形式主义与现代民法判例、学说之最新发展趋势正相吻合。正是因此,我国物权立法时,无疑应坚持这一模式。这是中国物权立法的必然选择,也是中国物权立法成为世界同类立法中的先进立法的一个重要指针。那种认为我国民法立法因规定了不动产物权的设立和移转必须移转占有,而且行为自占有转移时生效而就断言这些规定正是物权行为理论的表现,并由此称这是中国司法承认物权行为理论的标志,毫无疑义,这是一项重大误解,必须予以摒弃!

2.中国物权立法对物权行为无因性的基本立场

中国现实正在着手制定物权法,关于物权变动当然不采德国民法所谓无因性理论及制度,毫无疑义,这是中国物权立法的正确选择。而中国物权立法摒弃物权行为无因性之理由,依我的见解则可进一步概括为如下 4 项:

其一,德国民法典确立的所谓物权行为无因性制度乃是德国普通法时期的学说及 18—19 世纪德国民法立法史发展的“历史的归结”。因此这项制度所包含的规则都是早已适用过的,确定了的社会的经济的概念，这一概念属于20世纪以前行将结束的19世纪，而不是针对20世纪将来的社会发展。它是“19世纪的成果，而不是20世纪的先驱”，当然更不是21世纪物权变动立法的“领航人”。它只能是“法学的成果而决不是法学的种子”。从历史上看，它首先是肩负着排除和摒弃不动产登记之实质审查主义制度的历史使命而在德国制定法上登场的。因而它是而且只能是德国历史的产物，是一个历史的范畴。概而言之，这一概念所包含的一切规则都只属于德国自己，而决不是什么“放之四海而皆准”的物权变动的绝对真理。这种物权变动的“无因构成”对于英美法系诸国及其他绝大多数大陆法系国家而言，完全是荒唐无稽的。德国民法典之确立无因性制度，完全是对德国15世纪以来尤其是18、19世纪以来之普通法学及有关不动产物权变动制度之立法史的“总结”，表现了德国在物权变动立法规制上的历史的继起性、连续性及不可分割性。对这一属于德国社会之历史本身(尤其是民法史)的发展归结的陈迹制度，中国在进行面向21世纪的物权立法运动时，当然应该加以摒弃！

其二，在现代民法确立起物权变动的特殊的善意取得制度及物权变动的公示与公信制度后，无因构成的生存空间几已丧失殆尽，其所谓“交易保护机能”已被这些民法制度所抽空。如果从“利益衡量”上审视无因构成对“交易保护”的后果，则可发现，无因构成乃是与近、现代文明社会人类的法感情、法意识及一个国家社会道德伦理的基本理念完全相悖。概而言之，在现代民法制度下，物权变动的所谓“无因构成”已被湮没于善意取得制度、公示与公信制度以及“利益衡量”结果的汪洋大海之中，在中国物权立法必将完整地确立起这些制度的情形下，所谓物权变动的无因性即无丝毫存在余地！这一点是明确和肯定的。

其三，从比较法上观察，中国物权立法也完全没有采纳物权行为无因性之必要。如果从德国民法典确立无因性算起，迄今已历时一百年。一百年来，真正明文采纳和继受德国民法典这种无因性制度的只有德国民法典自身(现今施行于台湾地区的所谓旧“中国民法”只是在“解释上”采取了这一制度，但民法典本身并未明文确立，更何况现今通说正在改变“解释”航向，而改采“债权形式主义”之解释），除此以外，并无其他国家和地区继受和采纳之。

（1）英国法与法国法（法国法的情况前已述及）始终不承认无因性，而是坚持有因性，物权变动采“意思主义”或“契约主义”，无需“物权行为”这一特别方式。法国民法典的这种立法态度被西班牙、意大利、拉丁美洲各国及东方国家（包括前苏联、现今东欧国家、中国大陆、韩国、日本等）等继受和采取。两大法系具有不同发达史的98%以上的绝大多数国家始终坚持有因性，这一点颇值注目。另外，在英国法与法国法上，尽管公信原则被承认的范围非常狭隘甚至为零，但是，它们仍然采用了有因性。对此，Heck 指出：“交易上的利益，即使公信原则欠缺，也无采用无因性的必要。”①

（2）更值得提及的是，德国民法典制定后，即使将该民法典奉为蓝本的立法中，也仅仅是未有秉承该物权行为的无因性。其例证的第一个毋庸说是1907年制定的瑞士民法典。按照该民法典条文，不动产物权变动采有因性乃是不争的事实。关于动产虽多少有点争议，但大势的压倒性见解仍是解为有因性。第二个例证是1926年丹麦的登记法。在此以前，德国无因学说曾一度风靡丹麦，但其后有因性学说逐渐取得支配地位。著名教授 Kruse 氏在其所著《所有权论》（Kruse, Das. Eigentumsrecht）一书中详尽检讨了德国民法后，最终得出物权变动应坚持无因性否认说的结论。丹麦立法因此而受到影响。1926年由 Kruse 教授提出的不动产登记法立案获得完成，依该立案，物权变动系以有因性学说加以构成。其后，丹麦的这种立法态度也影响到了挪威立法。另外，即使北欧其他国家如芬兰与瑞典关于物权变动的立法也从未采行过无因性。②。

---

① 〔日〕我妻荣：《Heck 无因的物权行为理论》（评介），第99页。

② 关于这些情况，可参见我妻荣：《Heck 无因的物权行为理论》（译介），第96页以下。

在作了比较法上的这种考察后，可以看到，物权变动的无因性仅仅是德国的制度，它属于德国自己。在历史上，德国人うウール在德国民法典颁行后不久即傲慢地预想：一切的民法在不久的将来都将采用无因性。但不幸的是，毋宁说"不久的将来"，就是历时一百年后的今天，他的预想也没有变成现实。世界各国民事立法的历史无情地毁灭了他的期望和预想。不仅19世纪德国民法无因性未能逾越其国界，而且在20世纪行将结束之际也依然未能逾越其国界而影响到他国的民事立法运动（尤其是物权立法运动）。中国正在进行面向21世纪的物权立法运动，毫无疑义将必然排斥德国的这一无因性制度。无因性，乃是以错误的学说为基因的错误的法制！

其四，法律之通俗化、本土化与明了化是现代法制建设的基石。物权变动独立性与无因性不仅困扰学术界，而且对一般国民而言更如不可捉摸之技巧魔术，而奥、瑞及韩国法之债权形式主义将相关问题单纯化，并符合一般社会生活之体认，一般国民易于了解，这将有助于法律的通俗化、本土化及明了化[①]。两相比较，毫无疑义，以债权形式主义更适合于我国民法所采取。

九、结语

中国物权立法对于基于法律行为而生之物权变动，应继续坚持现行的债权形式主义立场，以债权契约与交付或登记之结合而发生物权之变动，所谓物权行为可及物权变动的无因构成并不存在。

（作者为中国社会科学院法学研究所
民法博士、副研究员）

① 对此，前述谢哲胜先生也提出了与此类似的见解。可参见其所著：《物权行为独立性之检讨》，第363页。

企业法人目的范围外行为研究

许　明　月

目　次

前　言

企业法人目的范围外行为无效制度滥觞于英国公司制度中的能力外原则[①] (Ultra Vires)，它产生于自由资本主义形成时期，目的在于保护企业投资者的利益。后经日本民法与苏俄民法继受而被引入成文法系一些国家。这一制度在统治一个多世纪后，目前正毫无例外地在各国遭受着几乎被完全废弃的命运。我国民法继日本和前苏联

① 在罗马法中已有法人在完成其目的范围内有权利能力的规定，但罗马法中的法人主要为国家、自治市、僧侣团、寺院、慈善团体、遗产等，虽亦有以私人利益为目的的社团法人但与现代企业显有不同。（参见周枏等：《罗马法》，第 91—93 页，群众出版社 1994 年版）。英美法中的能力外原则是随合股性质的有限责任公司的出现而产生的。

之后亦采用这一制度，毫无疑问，在有计划商品经济体制下，它对实现国家对企业的控制发挥着重要的作用。然而，随着改革开放的深入，它逐渐暴露出与市场经济不可调和的矛盾与对立，经营范围外合同无效已成为某些企业逃避合同义务最惯用的借口之一，成为实现交易安全与契约秩序的一大制度障碍。近年来，司法实践中已经开始对这一问题进行反思，某些判例亦开始通过个案审理中的技术性处理对经营范围外行为无效原则进行修正，但与国外相比，仍然是相差甚远。在法学理论界，大量的学术著作仍将它奉为亘古不变的公理，虽不乏有识之士对其提出种种质疑，但并未对这一制度进行深入的探讨。本文将采用比较研究的方法，对国内外与此项制度有关的立法、判例、学说进行系统地介绍，并在此基础上提出笔者的一些看法。

一、主要国家立法、判例之演变

(一)英美法

目的范围外行为无效制度发端于英国公司法[①]。在早期的英国普通法中，并不存在能力外原则(doctrine of ultra vires)，在 17 世纪初叶英国的 Sutton's Hospital 一案中[②]，曾确立了这样一个规则，即：特许公司(Chartered Corporation)拥有一切其可以行使的自然人的权利，如果其超越章程所定的目的范围，则可根据防止非法行使权利(quo warranto)的程序对其予以限制，或依取消特许状(Scire facias)程序取消其特许状，但其目的外行为完全有效。在 1844 年以前，具有合股性质的公司仅仅被看作是一种扩大的合伙，对此，能力外规则并不适用。目的范围外行为不认为是公司行为，而是公司董事的越权行为。即便当合股公司依 1844 年法律而被许可成立法人公司，这一规则亦未适用。既存的章程形式仍未改变，社员的责任仍然为无限责任，能力外规则并无存在之必要。因为能力外规则确立之目

---

① 参见〔日〕《取締役ハンドブック》(新订版)，商事法务会编，第 139 页。

② 该案发生于 1612 年。参见 Gower's Principles of The Law of Company 4th. ed，第 162 页。

的，一是为了保护投资者利益；二是为了保护债权人利益，在无限责任的前提下，这二者的利益都可以获得充分的保护。

能力外规则是随制定法上的公司(Statutory Company)的出现而产生的。这些公司是有限责任公司，作为议会的创造物，王室无权对其像对特许公司那样实行有效的控制，但是，议会对于其法律的创造物当然有绝对的权力。公司的目的范围被认为是法律允许的活动范围，因此，对公司的越权行为，不仅股东可以予以制止，而且，超越许可设立股份公司状(deed of settlement)签订的合同依法对该公司亦不具有强制执行的效力。后来，这一规则被绝对化，即使公司之全体股东同意，也不能使超越目的范围的合同生效。至1855年，由于有限责任制度被普遍引入一般之合股公司，为保护债权人利益，这一规则才被广泛适用。1856年合股公司法更进一步强化了这项规则。规定超越章程(memorandum of association)和内部条规(articles of assocition)的行为皆为越权行为。其中，公司章程是对外公开的，法律规定不得变更①，条规则为内部限制性规定，可以通过股东全体一致的决议而改变。在1875年的Ashbury Railway Carriage and Iron Co. 诉 Riche 一案中，上议院明确表示，公司越权行为不得经追认而有效②. 自此，法院开始明确区分董事违反条规的行为和公司违反章程的行为。

然而，随着资本主义的发展，这一规则的适用却出现了另一种趋向。法院开始对目的进行扩张性解释，以避免适用这一规则。在1880年 Attoney－Genernal 诉 Great Eastern Railway-案中，法院表明，一切对公司特定目的而认为是合理的附带行为应属有权行为。1948年公司法则要求公司发起人应简要地以一般性言辞表述公司将要进行的业务，但尽管如此，越权无效规则并未被完全推翻。1972年英国

---

① 依1862年公司法，章程只能在两种情况下改变，即股份改组和经交易局同意改变名称。

② (1875)Law Reporter，7. H. L. P653.

加入欧共体后，这一规则受到来自欧共体委员会之《欧共体法》Section9(1)的冲击，依该法规定，为了与公司交易的善意当事人利益，任何经董事决定的交易视为符合公司缔约能力的范围，对董事的权力限制应视为根据章程和条规无此项限制。因此，交易对方当事人无须对与其订约的公司之能力进行了解，亦无必要对董事权力限制进行了解，并且，除非有相反证明，其交易行为被推定为善意。至此，能力外规则虽未被完全废止，但其适用范围已变得极为狭窄，仅在公司有充分证据证明对方当事人知道或应当知道公司越权时，该规则才有适用的余地。1985 年公司法基本上采用了这一立场。

1989 年，英国再次对公司法进行修订，依该法规定，“公司能力不受其章程限制”，“公司所实施的行为的有效性不因据其章程缺乏此项权力而被怀疑”。“董事会仍有义务遵守公司章程中规定的对其权力的限制”，“相对人被推定为善意，除非有充分证明”，“相对人无义务提出有关公司能力或董事会权力的询问，亦不应仅因其知晓某一行为超越公司章程所规定的公司权力而被认为非善意”[①]。由此可见，在现今英国，公司章程对公司的能力并不能产生任何限制，章程之目的限制对象仅为公司董事，章程限制与条规限制又一次融合，但不再是对公司能力的限制，而仅仅是一种内部的限制。超越目的范围无效的能力外原则在英国法上已被彻底摒弃。

在美国，能力外原则遭受了与英国相似的由盛渐衰的命运。早期美国判例亦严格奉行这一原则，但逐步对其适用进行限制，如今，该原则在美国各州几乎被完全废弃(美国公司法为州法，由州立法机关制定)。根据 1991 年修订的《美国模范公司法》规定，除非公司章程作出限制，否则，根据该法组成的公司，其业务范围是从事任何一项合法的业务。在一般情况下，公司活动的合法性不能以公司缺乏能力而进行抗辩[②]。这就意味着，公司法人依法都平等地享有一般的权利能

---

① 英国《1989 年公司法》，第 108 条。

② 美国 1991 年《模范公司法》§ 3.01，3.02，3.04。

力。尽管公司章程可以对公司的业务范围作出限制，但这种限制仅具有内部性质，在一般情形，不影响公司行为的效力。此外，在美国各州的公司法中，普遍对公司的权限进行列举，任何公司均依法享有法律列举的权限，章程目的对公司的权利能力根本不可能产生限制作用。《模范公司法》中还规定，公司可以在章程目的条款中作出“从事任何合法行为和活动”的记载。同时，依该法规定，公司目的在章程中已从绝对记载事项而转为相对记载事项，公司设立章程中甚至可以不对目的作任何记载，此时，法律将推定该公司以进行任何合法的营业活动为目的。实际上，法律承认所谓“万能公司”存在的合法性，对于此类公司，目的本身就不存在，更谈不上受其限制了，“能力外原则已成为历史的陈迹”。[①]

（二）德国法

德国民法典将法人分为公法人与私法人，其中，公法人只有限制的权利能力，即限于从事法律或章程所定的事务和任务。法人机关违反代表权的行为无效。私法人则有一般的权利能力，法律允许以章程限制董事代表权，如社团法人董事代表权在章程中有限制，则此项限制经登记可以对抗善意第三人[②]。但德国有限公司法和股份有限公司法则明确规定，有限公司及股份有限公司对董事代表权所加限制不得对抗第三人[③]。由此可以看出，在德国法上，明确规定公司章程的限制是对董事代表权的限制，除公法人外，其他法人在法律规定范围内平等享有一般的权利能力；公司章程虽依民法典可限制代表权，但作为民法特别法的有限责任公司法及股份有限公司法明确规定此种限制不得对抗第三人。鉴于这两类公司在私法领域中所处的显著地位，民法典中章程限制代表权经登记可对抗第三人的规定之适用范围非常有限。

① Corporate Law by Robert Charles Clark. (1986)第627页。

② 《德国民法典》第26、134、64、68条。

③ 《德国有限责任公司法》第37条，《股份有限公司法》第74条。

（三）法国法

法国系采民商分立主义的国家之一，1804 年《拿破仑民法典》仅对自然人的民事主体问题作了规定，并未使用法人概念。1807 年《法国商法典》将公司作为商事主体加以规定，但仍未使用法人概念，故学者有认为法国法上仅间接的承认法人概念①。1966 年法国发布关于商事公司的法律，其中规定，合股公司章程可以对公司经理的权利进行限制，但若无限制，则经理可以公司名义为一切行为，在章程对经理的权利有限制时，此项限制亦不得对抗第三人。经理实施公司目的范围外行为，由公司承担责任，其他经理可以提出异议，此项异议一般不得对抗善意第三人，除非有充分证据证明该第三人知道此限制②。

1978 年法国以第 78—9 号法律在民法典中增设第九编公司，对公司的能力问题进一步作出规定：有限责任公司经理及股份有限公司董事会拥有在任何情况下以公司名义进行活动的最广泛的权利，公司对经理不属公司目的范围内的行为亦应负责，除非有充分证据证明第三人知道或根据当时情况不可能不知道该行为超出公司的目的范围。公司章程对经理行为的限制对第三人不生效力，在存在多名经理的情况下，每一经理都有上述权利，一经理对其他经理的行为可以提出异议，但此项异议不得对抗善意第三人，仅章程的公布不足以构成第三人恶意的证据（第 49、58 条）。

从以上规定可以看出，法国法亦不承认公司之章程可以限制其权利能力，章程可以对经理的权利进行限制，但此项限制不得对抗第三人。

（四）日本法

日本民法起草过程中深受英美法能力外原则的影响。日本民法典第 43 条规定，法人仅于其章程或捐助行为目的之范围内享有权利、负担义务。法院长期以来基于这一规定对法人目的外行为作无效

---

① 史尚宽：《民法总论》，第 120 页，正大印书馆印行。

② 法国 1966 年 7 月 24 日第 66—537 号关于商事公司的法律，第 12、13、14 条。

认定。但对于该条之规定，学术界存在两种不同的看法，一种观点认为，该条是就公益法人而制定的，对公司不能类推适用。另一种观点则认为，该条是就一般之法人而设，当然包括公司法人在内[①]。从来判例、学说之多数说均采第二种观点，盖民法典未作限制性规定，将其理解为公益法人确实牵强附会。

近年来，日本经济高速发展，这一制度已暴露出种种问题。其中最为严重的是，在这种制度下第三人利益根本得不到保护。由于这个原因，尽管日本民法典仍未改变，但司法判例却比立法走得越来越远。明治36年大审院一项判决表明，法人的权利能力应包括在章程所定的目的范围内。大正元年12月大审院判决虽仍承认这一原则，但对目的范围则作扩张解释，认为法人于遂行其目的事业所必要之事项亦有权利能力。至大正15年，判例更进而对目的范围作消极解释，主张法人在不背于章程或捐助行为所定目的范围内有无限制之能力[②]。可见，尽管日民法典有目的限制权利能力的规定，但"实际上，目的限制对对外交易关系来说已丧失其机能"[③]。

(五)我国台湾地区法

台湾现行民法未就法人的目的外行为作明确规定，依台湾民法第26条规定，法人除法律、命令或专属于自然人之权利义务外皆有享受、负担之能力。对法人之权利能力是否受其目的限制，理论上有两种不同认识，一种观点认为依民法之规定，法人的权利能力不因目的而受限制；另一种观点则认为，法人的权利能力应受目的之限制，但此项限制应为广义解释，即法人于完成其目的所必要的范围内应具有权利能力[④]，但以第一种观点为通说。

此外，根据台湾公司法规定，公司代表机关关于公司营业上的一切事务有办理之权，公司可对代表机关的代表权进行限制，但此项限

---

① 〔日〕田村谆之辅:《会社法读本》，第15页，有斐阁(1991)。
② 史尚宽:《民法总论》，第135页。
③ 田村谆之辅:《会社法读本》，第15页，有斐阁。
④ 史尚宽:《民法总论》，第136页。

制不得对抗善意第三人。[1]

由此可见，尽管台湾民法在制定过程中深受日本民法及民法学说之影响，但在法人目的限制问题上，却毅然抛弃了日本民法中的保守观念。

(六)我国立法与司法实践

我国法学界普遍认为《民法通则》中存在关于法人权利能力受其经营范围限制的法律依据[2]。然而，《民法通则》第36条规定，法人是具有民事权力能力和行为能力，依法享有民事权利、承担民事义务的组织。第42条规定，企业法人应在核准登记的范围内从事经营。从前条的规定来看，法人依法享有民事权利、承担民事义务似乎表明：法人在法律规定的范围内有权利能力。而从后条来看，则法人有在核准的经营范围内从事经营的义务，但这一义务的存在是否有限制权利能力的作用，颇值疑问。此条规定与日本民法第43条规定不同(该条规定，法人仅于其章程或捐助行为目的范围内享有权利、负担义务)。就字面而言，它只能说是法律对法人经营活动提出的一种要求，此项要求当然会产生一定的法律约束，但这是对法人自身的约束，法人既以登记公开方式表明其经营范围，则有义务履行其对国家与社会的承诺。超越经营范围实施某种行为，则违反承诺，自应承担不利后果，因其为法定义务之违反，故此种后果主要为承担公法责任，若将经营范围外行为解释为无权利能力行为，则有可能造成这样的后果：不履行诺言者不承担违反诺言的不利益，而由无辜第三人承担。因此，我认为，从《民法通则》的上述规定中并不能直接得出经营范围限制权利能力的结论。除此以外，有关法人经营范围的规定尚有《民法通则》第49条(依本条规定，对超出登记机关核准登记的经营范围从事非法经营的企业法人的法定代表人可依法追究行政或刑事责任)，1988年国务院发布的《企业法人登记管理条例》第30条(二)

---

① 台湾《公司法》，第57、85、108条。

② 例如彭万林主编：《民法学》，中国政法大学出版社1994年版，第84页。

(依此规定,登记机关对于超越经营范围从事经营活动的法人,可以根据情况分别予以警告、罚款、没收非法所得、停业整顿、扣缴、吊销营业执照的处罚)。其中,前者是关于法人代表人的责任,后者是法人本身的责任,但此二者的责任在性质上均为公法责任。亦未有超越经营范围的行为无效的意思。我国《公司法》第 11 条进而规定,公司法人的章程对公司股东、董事、监事、经理具有约束力,公司应在登记的经营范围内从事经营活动,似有经营范围限制公司高级职员行为的隐约含义。总之,从现行立法来看,并不能直接得出经营范围限制法人权利能力,经营范围外行为无效的结论。

就司法实践来看,长期以来,在民事经济审判过程中,法院一直严格坚持超越经营范围的行为无效的立场。1984 年最高人民法院《关于贯彻执行〈经济合同法〉若干问题的意见》中规定,在确认合同是否无效时,应对合同的内容是否超越经营范围进行审查,超越经营范围的合同无效。但近年来,随着市场经济的发展,经营范围外行为无效的严格立场似有松动的迹象,这种迹象首先表现在对经营范围的解释上出现了灵活的做法,对无社会危害性的行为,尽可能解释为经营范围内行为[①]。其次,在经营范围外行为处理上,对非明显超越经营范围且无社会危害性的行为,不再严格按违法行为处理[②]。再次,对已提出经营范围变更登记申请并在签订合同后获核准的经济合同,按变更后的经营范围判断其是否超越经营范围[③]。

除上述以外,对经营范围约束的修正还表现在以下几个方面:1.工商行政部门通过主营——兼营的登记方式,使企业法人享有更广泛的经营范围。2.在特定情况下,工商行政部门通过授予企业法人一次性经营权,使企业对特定行为取得合法权利。3.通过企业间联营,

① 最高人民法院经济审判庭编:《最高人民法院审理的二审再审经济纠纷案例选编》,人民法院出版社 1994 年版,第 15 页。

② 最高人民法院经济审判庭编:《最高人民法院审理的二审再审经济纠纷案例选编》,第 157 页。

③ 最高人民法院《关于贯彻执行〈经济合同法〉若干问题的意见》。

使一企业取得经营其他企业经营范围内的商品或服务的经营权。4. 通过代理，使一企业取得代理其他企业从事被代理企业经营范围内的商品、服务经营权。

尽管存在以上各种修正、软化经营范围约束的现象存在，但与国外相比，经营范围的限制仍过于严格，经营范围仍然是导致企业法人法律行为无效的最常见的因素[①]。

二、法人目的限制对象——学说述评

法人目的范围外行为是否为法人行为？其效力如何？对这些问题的回答取决于对法人目的限制对象的认识，即法人的目的究竟限制什么？对于这个问题，主要有以下四种学说：

（一）权利能力限制说。该说认为，法人章程所定目的之限制对象是法人的权利能力，即在法人的目的范围之外，法人没有权利能力。其中，又有两种不同的主张，一种观点基于法人实在说的本质论，认为由于法人目的对其权利能力的限制，故而法人的行为能力亦因此受到限制（依法人实在说，法人有自己的行为能力）；第二种观点则基于法人拟制说的本质论，认为法人本为法律拟制之物，其自身并无行为能力可言，故法人目的仅为对法人权利能力的限制[②] 对于法人目的范围外行为的效力，基于对权利能力的不同理解，则有违法说和非法人行为说之分。就法学理论界来看，我国目前很大一部分学者皆持第二种观点，他们认为，法人行为通过其代表机关而实施，代表机关"任何超越法人权利能力的行为都不是法人行为，法人亦不能为此承担后果"。[③] 这些行为应视其为法人代表人自己的行为，由其自行承担责任。但亦有不少人持违法说。[④] 笔者认为，我国司法实践中主要

---

① 在最高人民法院经济审判庭编写的《最高人民法院审理的二审再审经济纠纷案例选编》一书收集的案例中，涉及无效合同的案件有一半以上直接与经营范围有关。

② 梁慧星：《民法总则讲要》，中国社会科学院研究生院在职硕士生教材，第 98 页。

③ 马俊驹：《法人制度论》，武汉大学出版社 1988 年版，第 114 页。另见彭万林主编：《民法学》，中国政法大学出版社 1994 年版，第 88 页。江平主编：《法人制度论》，中国政法大学出版社 1994 年版，第 39 页。

④ 罗玉珍主编：《民事主体论》，中国政法大学出版社 1992 年版，第 233—234 页。

采违法说，对法人超越经营范围的行为，法院一般认定为违法经营行为而无效，但由此而生之后果仍由法人承担。根据权利能力限制说，目的范围外行为为绝对无效行为，法人不能通过追认而使其有效。

（二）行为能力限制说。此说认为，法人的权利能力仅受其自身性质及法律的限制，不受目的范围的限制，法人的目的仅能对其行为能力产生限制作用。由于目的限制行为能力，故目的外行为无效。只是这种无效行为仍属法人的权利能力范围，故而其无效不是绝对的，但由于法人没有目的外之行为能力，故对目的范围外行为进行追认的行为亦不可能是有效的，法人要对其目的外行为进行有效追认，必须首先改变其目的条款，使其获得对该行为的行为能力①。

（三）代表权限制说。代表权限制说谓法人的目的对法人的权利能力和行为能力都不能产生限制，受目的限制的是法人机关的代表权②。依代表权限制说，法人目的外行为为缺乏代表权行为，其在处理上应与其他欠缺代表权行为（如董事会、股东会决议对代表权限制）相同，至其效力如何，颇有分歧，有认为应适用代理人无权代理的理论来确定其效力，有认为应适用善意第三人保护理论来确定其效力。对此，后文将有专门论述。

（四）内部责任说。内部责任说认为，法人章程所定之目的不过是划定法人机关的内部责任而已，目的限制并不能对外产生约束力，③即便章程中的目的条款已为公示，亦不能对外产生对抗第三人的效力，法人机关以法人名义所为的一切行为均为法人行为，且在其他有效要件具备的情况下均应为有效行为。

传统民法将法人目的限制法人权利能力奉为不容置疑的公理，我国民法、经济法学界长期以来对这一学说亦推崇备至，目前各种法

---

① 〔日〕北川善太郎：《民法总则》，第71页；转引自梁慧星：《民法总则讲要》，第99页。

② 参见梁慧星：《民法总则讲要》，第98页。

③ 参见梁慧星：《民法总则讲要》，第99页。我国台湾学者史尚宽先生即采这种观点，参见史尚宽：《民法总论》，第136页。

学著述中大多严格按权利能力限制说对法人目的外行为进行解释。然而，这种学说难道真的是万古不变的真理吗？

实际上，权利能力限制说本为资本主义形成时期为保护资本的神圣不可侵犯、稳固现存的资本主义经济秩序而产生的一种理论①。其基本的理论依据有三：1. 法人章程经登记公示而生公信力，因而，对目的外行为无善意第三人。英美法中的越权无效原则（能力外原则）就是奠定在“推定章程已为通知（Constructive notice）”的假设基础上的。由于法律推定一切与法人交易的第三人都明确地知晓其目的，故有义务不得与其进行目的外交易。大陆法上的登记对抗主义亦基于同样的法理而形成。2. 法人在目的范围内活动乃投资者的期待。投资者将其资金投入时便在观念上希望自己的财产被用于特定的目的。法人目的外行为是违反其创设者意志的行为②。3. 目的体现着国家意志。早期各国法律对公司的设立普遍采特许主义或许可主义，公司的目的范围亦是国家许可其活动的范围，③ 因而，无论是公司本身还是第三人都应遵从这种限制。然而，在现代市场经济条件下，作为目的范围外法人无权利能力之理论基础的上述三个假设已完全丧失了其合理性。

首先，在市场经济条件下，市场范围充分扩展，不仅形成了全国统一的国内市场，而且形成了全球统一的国际大市场，现代交通与通信技术的发达，已使市场在地域范围上远非一百多年前所能匹比。现代城市化生活方式以及社会分工的高度专业化，使人们产生了对市场的依赖，人们的生活所需一般都通过市场而获得，故交易容量进一步增大，交易频率空前加快。现代通讯技术的发展，引起交易方式的

① 英国著名公司法学者 L. C. B. Gower 认为，能力外原则主要有两方面作用，一为保护投资者利益，使他们知道其投资被用于什么；二为保护债权人利益，通过向债权人保证其资金没有被分散地用于各种未授权活动，而使债权人债权得到保障，参见 Gower's Principle of Mordern Company Law. 4th. ed. 第 161 页。

② Anson's Law of Contrect. 25th. ed. 第 229 页。

③ Gower's Principles of Modern Compary Law. 4th. ed. 第 163 页。

革命，买卖双方现场讨价还价的交易方式在商事活动领域已不多见。此外，市场的瞬息多变，使交易发生的偶然性增大。所有这一切表明，在现代市场经济条件下，要求交易当事人就每一笔交易去了解其对方当事人的经营范围已不可能，对于相对人所作的知晓法人目的范围的假定只能是与经济生活的现实完全背道而驰的虚构。

其次，现代企业制度的发展呈现出股份社会化、企业所有权与经营权相分离的趋势。企业投资者对企业进行投资并不取决于该企业的目的如何，而是在对其经营效果的预测的基础上作出的，股东投资于企业是因为依其对市场的分析判断，此项投资可以为他带来最大的利益，经济利益是企业投资者的基本追求。所有权与经营权的分离表明作为投资者的股东对企业经营活动的控制能力越来越小，即便其想将企业的活动限于一定的范围，也难以通过企业制度中的某一机制实现其希望。由此可见，投资效益，而不是企业从事一定的经营活动，才是投资者的基本追求，对企业法人的投资者来说，尤为如此。因此，企业法人在目的范围内进行活动是其投资者的公意的假设纯粹是一种无稽之谈。当然，大部分的投资者都希望企业能将其财产用于合法的经营范围，但这种愿望的动因不是因为投资者对企业目的的执着，而是因为非法经营会给其投资带来更大的风险。实际上，在现代市场经济的条件下，坚持目的范围对企业活动的限制不但不能充分的保护股东的利益，而且，由于这种限制会使企业丧失各种有利可图的交易机会，甚至会给股东带来不利益。只要交易本身的性质是合法的，其是否超越目的范围与股东的利益并无多大关系。

再次，早期各国商法或公司法对法人设立普遍采许可主义或特许主义，在此前提下，目的体现国家意志的设想并非是毫无根据，但随经济发展，特许主义和许可主义的立法大多被准则主义的立法所代替。[①] 依此主义，凡具备法定设立条件者，均得依法成立公司。[②] 在

① 郑玉波:《公司法》，三民书局印行，第84页。

② 依我国公司法，有限公司的设立采准则主义，股份有限公司的设立采许可主义。

法律规定范围内,发起者可自由选择其将设立的公司目的活动范围,目的的选择几乎完全受当事者自己意思所左右。故法人目的体现国家意志的说法亦没有充分的依据。

由此可见,作为传统民法中目的限制权利能力理论之基础的三大假设已完全丧失了其现实的和制度上的依据,坚持按这一学说处理现实生活中企业法人目的范围外行为,必然会产生种种弊害:

(一)不利于维护交易安全。依权利能力限制说,法人目的外行为或者为无效行为,或者为非法人行为,由于相对人不可能就每一笔交易在作出决策前仔细了解法人的目的范围,故严格依此学说处理,必然致大量合同无效。大量无效合同的存在,从微观上会导致相对人合理的期待利益落空,交易的可预测性丧失,并且会影响其基于这种期待和预测而安排的其他交易目的的实现。从宏观上说,大量无效合同的存在以及由此而引发的一系列合同的不能履行,会导致经济活动的全面混乱,经济秩序难以获得充分的保障。

(二)助长不诚实交易行为。在市场交易活动过程,作为经济人行为取舍标准的利益最大化原则发挥着淋漓尽致的作用。在存在目的外行为无效制度的前提下,从利益最大化的动机出发,若因市场行情的变化而使履行合同带来的不利益大于因承担合同无效责任而丧失的利益时,就会促使人们选择后者,即以合同无效为借口而逃避履行合同的义务。这样必然会助长市场活动中不讲信誉,为追求自身利益最大化而置他人利益于不顾的现象。

(三)导致社会资源的巨大浪费。大量无效合同的存在会使用于谈判、签约、准备履行及履行合同等行为而支出的成本费用得不到任何产出。因对合同效力问题产生争议以及为此而发生的"挽救费用"亦是无效率的支出,此外,无效合同的大量存在会使国家司法机关投入更多的精力来进行处理。权利能力限制说的采用必然 是以牺牲经济效益为代价的。

(四)为法人机关损害法人利益开方便之门。依目的外行为非法人行为说、法人代表机关以法人名义实施的目的外行为属代表人自己的行为，这就有可能引诱一些居心不良的法人代表利用法人的财产和信誉进行目的外交易，而将由此获得的利益中饱私囊。依目的外行为无效说，则法人代表人行为得不到有效的约束，不利于促使其忠实的履行代表职责，而且，在无效对相对方有利的情况下，使法人代表人有可能与对方通谋损害法人的正当利益。

基于以上分析，我认为，目的限制权利能力的学说在理论上是不能成立的，在实务上亦是非常有害的，决不能作为一种立法论而予以采纳。

行为能力限制说虽在理论上认为法人目的范围外行为并非绝对无效，但由于法人之无行为能力不同于自然人无行为能力，在自然人无行为能力的情况下，其行为虽属无效，在可由监护人的追认而使其效力获得恢复，而法人无行为能力时，则无第三人可对其行为进行追认。法人对某种行为无行为能力而致其无效，则其在未就此获得行为能力的情况下作出的追认亦必然会因其无行为能力而无效，故若为有效追认必须先改变章程中的目的条款，使其获得实施该行为的行为能力，在此前提下才能为有效追认。在此情形，法人对其目的外行为进行追认虽在理论上并非不可能，但在实际运作上存在较大的障碍，如果法人在进行目的外行为之前未作章程之变更，则在发生纠纷后，特别是在该行为有效对其不利时，希望其变更章程以使其有效是不实现的，即便在目的外行为实施后至纠纷发生前，该法人章程因其他原因而作变更，使其取得实施该行为之行为能力，此时若该行为后果对其不利，亦不能期望法人能作自愿追认。如果在这种情形直接推定章程变更有溯及力而使该行为直接有效[①]，那么，除在理论上已背离因行为能力无效规则外，又会产生这样的问题，即若章程变更有溯及力，在变更前有行为能力而变更后无行为能力时，此项变更亦应同

① 我国司法解释似采这种观点，最高法院《关于贯彻执行〈经济合同法〉若干问题的意见》规定，合同签订时，已向工商行政部门申请变更扩大经营范围合同签订后经核准经营的，可不视为超越经营范围。

样有溯及力，如果这样的话，则法人就可以通过变更章程而逃避自己不愿履行的合同，这样显然是不合理的。由此可见，依行为能力限制说，则必然致权利能力限制说中存在的各种问题在大多数情况下都得不到解决。同时，行为能力乃民事主体依其意志，单独、确定地实施有效法律行为的能力[①]。行为能力的有无决定主体行为的效力，无行为能力的民事主体则不能独立实施有效行为，此项问题深关民事主体的根本利益，若允许其自己决定它的有无，则法律行为的效力便缺乏确定性，当事人可以随意通过自己的行为使某一合同有效或无效，此于交易安全更为不利。此外，由于章程之变更权存在于某一企业法人自身，第三人没有相应的权利，故行为能力限制说对第三人利益保护更为不利。因此，行为能力限制说亦不可采。

内部责任说可以使相对人的信赖利益获得充分的保护。但对法人来说显为不利。实际上，法人目的范围外行为皆为法人代表人实施的行为，尽管依法人实在说法人机关乃法人头臂，其行为即为法人行为。但作为法人代表机关的代表人毕竟为自然人所充任，而自然人本身即为法律之独立主体，作为法人代表机关的自然人亦可能因自身需要而以自然人的身份参加各种民事活动。在一般情形虽可以依行为之名义而对法人机关这两种身份的行为进行区分，但若将这一标准绝对化，则于法人极为不利，法人之代表人可与第三人通谋，以法人名义实施与法人极为不利的交易行为，在此场合法人亦不得不为此承担责任。此外，内部责任说亦难以解释目的经登记而产生的效力问题，即如果将目的限制仅视为内部责任限制，则其登记公示而产生的效力有何表现？

我认为，在以上四说中，以代表权限制说最为妥适，其理由如下：

（一）代表权限制说妥当地处理了法人、法人代表人以及相对人之间的关系，对三者的利益都有所照顾。就法人与相对人的关系来说，将目的外行为视为代表权欠缺行为可以使相对人的交易安全利

① 梁慧星：《民法总则讲要》，第72页。

益获得充分的保护。同时，通过对第三人善意与恶意的区分，使法人对目的外行为获得恶意抗辩权，从而使法人与相对人的利益都能兼顾。就法人与其代表人的关系来说，通过法定代表制度，表见代表制度的运用，可使代表人自身行为与法人行为进行合理的区分，同时，通过代表权滥用制度、追认制度及内部责任制度使代表人能忠实地履行职责，又不会背负过重的负担而顾虑重重。

（二）从理论的合理性来看，代表权限制说具有合理的理论依据。首先，法人之代表人具有双重的法律人格，既是法人的机关，同时又是自然人的一分子，他可以以此双重身份之任何一种从事民事行为，若对其两种人格不加区分则任何一方的利益都无保障，正因为代表人双重人格的存在，故必须对其相互关系进行界定，目的正是界定这种关系的标准之一。其次，代表权限制说符合法人目的确立之初衷。法人之发起者通过目的范围的确立主要在于使法人从事某一方面的经营活动，但在没有国家意志的参与下，这种限制不可能约束与自己毫不相干的第三人[①]，法人的对外营业活动是以其代表人的行为实施的，故目的范围限制只能是对代表权的限制。再次，法人目的虽通过章程予以公示，但由于其是对代表权的限制，故第三人与法人之间的目的外交易并非当然无效，第三人虽知晓章程之目的范围，亦不能当然构成恶意，因为章程既已代表权为限制对象，则这种限制之存在便可经法人特定机关予以特别解除。于此情形，代表人在章程规定之目的范围外行为便可为有权代表行为，唯在第三人明知代表人无代表权的情形，法人才能获得对第三人的恶意抗辩权。故依此学说，章程所定目的的公示效力得到合理的解释。公示为对代表权限制的公示，故若为目的范围内行为，纵有其他内部限制决议，若第三人信赖其章程之目的，则因此而与法人签订的合同不因代表权内部限制的存在而使其效力发生疑问。

（三）代表权限制说实际上已为众多发达市场经济国家的现代立

---

① Ralph. J. Baker：Corporations：Case and materials Foundarion Press. 第 362 页。

法所采纳。从本文第一部分中可以看出，英、美、德、法等国的有关立法都采用了这一学说。对此不再赘述。

依代表权限制说，法人目的范围外行为便属于代表权欠缺行为。要明确目的范围外行为的性质与后果，必须首先对法人的代表权有所认识。

三、企业法人之代表权

（一）代表权及其归属

法人之代表权是法人机关以法人名义对外进行活动的权限。法人作为一种社会组织体，其本身并不能直接从事各种活动，法人的活动是由其代表机关实施的，法人机关代表法人对外进行各种活动的权限即为法人之代表权。

代表权不同于代理权，代表权依法人机关的职责而发生，而代理权则基于本人之授权或法律规定的监护权而发生；代表权由法人内部机构直接行使，它反映的是法人内部关系，而代理权则由本人以外的其他人（代理人）行使，其反映的是一种外部关系；代表人行为为其所代表的法人自身行为，而代理行为则为代理人自己行为，只不过基于代理关系其行为后果归属本人而已。

现代企业制度的发展，特别是股份社会化及所有权与经营管理权的分离，使得企业内部机构的职能发生重大变化。原作为公司万能的、至高无上的机关的股东会的权限极度萎缩，而作为股东会仆役的董事的权限则获得充分扩展，企业经营管理方面的权利几乎为董事会等执行决策机关及董事长等法人代表机关所垄断。

就公司法人而言，对法定代表人与董事会之间的关系，从来就存在两种学说。一为派生机关说，依此说，则法定代表人乃董事会之派生机关，其本身没有独立的地位。公司业务执行权为董事会全面享有，代表权虽由法定代表人行使，但权利乃归属董事会。二为并立说，此说认为董事会是行使公司业务执行意思决定权的机关，而代表人则为实行机关，二者并立构成公司的执行机关。代表人对董事会的决定固然只能执行；但法律规定属董事会固有事项以外的有关日常事务及经营细节上的决定权则由代表人行使[1]。现代市场经济的发展，市场行情的瞬息万变，迫切需要能适应市场需要进行灵活应变的代表机关，由于董事会决策程序的局限性，不可能亦无必要事无巨细都要提交董事会作出决议，故从现代各国公司立法的发展趋势来看，第二说似为妥当。依此说，则企业法人之代表权为法定代表人总括地享有。

法定代表人对外享有总括的代表权，几乎企业的一切外部活动都可由法定代表人实施。法人的代表权从其内容上可分为两类，一为经营活动的代表权（民事代表权），即代表企业对外实施民事法律行为的权限；二为诉讼活动的代表权（诉讼代表权，裁判上的代表权），是法定代表人代表企业参加诉讼活动的权限。

（二）代表权之限制

代表权可因法律、法人之章程规定的目的、股东会、董事会决议等内部条规而受到限制。

1. 法律限制。即由法律直接规定的对代表权的限制。法律对代表权的限制不同于法律对法人权利能力的限制。对权利能力的限制对象是法人，而对代表权的限制对象是法人代表机关。对于从事商事活动的企业法人来说，法律对权利能力的限制是一般的、抽象的、不负有公共职能的企业法人应具有相同的权利能力，法律未禁止的空间便是法人权利能力的范围，而对代表权的限制则是对企业法人与其代表人之间的关系的界定。即在特定的场合，法人代表人不能代表法人。例如，在法人与法定代表人之间的诉讼中，法定代表人就不能代表法人[2]。在国外的立法中，在公司与董事长之间的交易中，董事长亦不能代表公司[3]。此种法律对代表权的限制是从外部进行的强行性限制，此种限制不得通过法人之内部决议而解除。如此不同的还

---

① 〔日〕商事法务会编：《董事手册》，第 6 页。

② 根据我国《公司法》的规定，在董事经理侵犯公司利益时，公司亦可提起诉讼。参见《公司法》第 214、215 条。

③ 参见《日本商法典》，第 265 条。

有另一种限制，例如，根据我国公司法规定，国有独资公司的资产转让，依照法律、行政法规规定由国家授权投资机构或部门办理审批手续的，[1] 企业代表人依法不能直接代表公司，但在取得国家有关部门批准后，即对该项业务取得代表权。在此情形，法律对代表权的限制是相对的，可依法定程序而解除。

（三）章程限制

企业法人对法定代表权限制的最主要的方式之一便是章程限制。章程限制主要是通过其中的目的条项而实现的。对超越法人目的范围的行为，法定代表人无代表权，但由于法人对该行为并非无权利能力或行为能力，因此，其实施的无代表权行为并非当然、绝对无效。目的限制是一种相对限制，此种限制可由法人必要机关的特别授权决议而解除。从代表权限制的角度来看，目的限制因章程之登记而公开，因而具有公信力，但目的之公开，表明法人对社会宣明其代表人可在此目的范围内为法律行为，故其公信力应理解为在相对人信赖法人之章程目的而与其进行目的内交易时，法人不得以其内部存在限制代表权的规定而提出抗辩。由于内部规定可扩大或缩小代表人的代表权，且代表人（而非相对人）理应知晓其代表权的有无。当其与相对人进行目的外交易时，完全有可能产生该法人代表人有代表权之信赖，因此，在相对人为事实上善意之场合，法人不得以章程目的范围限制之公示力而对第三人提出恶意抗辩。

（四）内部决议与规章限制

公司之股东会、董事会可通过决议或制定内部规章而对公司代表人的代表权进行限制，其他企业法人之相应机构亦可制定必要的内部规章限制其法定代表人之代表权，如通过董事会决议对各董事之工作进行具体分工，每一董事在其主管范围内享有代表权等等。这种分工亦可对代表人之代表权产生限制，但这种内部决议或规章之限制纯为内部限制，法人之法定代表人以及其他享有一定代表权的

---

① 我国《公司法》第71条。

领导人员均有遵守的义务，但不得对抗善意第三人。而且，由于这种限制的纯内部性质，故对第三人应为善意之推定。

除法律对代表权的绝对性限制外，其他对代表权的限制具有相同的性质，因此，应适用同样的规则进行处理。目的范围的限制是代表权限制的一种形态，企业法人代表人以法人名义实施的目的外行为属于欠缺代表权的行为，其在法律上的后果应与其他代表权欠缺行为相同。

四、企业法人对目的外行为承担责任的条件

根据代表权限制理论，法人对其代表人实施的目的外行为承担责任必须具备两个条件：第一，该行为的实施者必须具有代表权；第二，该行为须以法人的名义实施。此二者不具备，则不可能成立法人行为，其行为后果亦不应由法人承担。

（一）目的外行为的实施主体

1. 一般情形

法人之法定代表机关对法人享有总括的代表权，故在一般情形，法人行为的实施主体为法人之法定代表人。

企业法人代表机关的确定因企业形态及企业法人制度的不同而有差别。有关法人代表机关的立法素有复数主义与单数主义之分。早期许多国家的公司法都规定，公司董事均具有代表公司的权限。例如，日本昭和 25 年修订前的旧商法就规定，股份公司应设三人以上的董事，原则上每一董事单独享有业务执行权与公司代表权[①]。每一董事均可对外代表公司，不存在无代表权董事，但公司章程或股东会决议可以规定由董事互推一人作为代表董事。昭和 25 年修订后的商法则明文规定公司代表权由代表董事总括行使，其他董事仅为董事会成员，一般无直接代表权，但具有公司业务执行之意思决定参加权，并对代表董事执行业务有监督权[②]。但在德国，立法仍采复数代

---

① 日本旧商法第 261 条。

② 日本商法第 78、261 条。

表主义[①]。在德国公司制度中，监事处于极其重要的地位，虽依公司法监事无业务执行权，但其可以修改章程、制定业务规程，以此规定公司一定业务应经其同意，这种监事就一定业务的同意权是对董事业务执行实施有效监督的保证。此外，董事的选任亦由监事行使，董事会不设具有总括代表权的董事长，仅设主持董事会日常事务的董事会会长（亦由监事指定），董事之间实行严密的业务分工，每一董事在其分管的业务范围内代表公司，其发生冲突时，由监事裁夺。

在我国，企业法人之法定代表人根据企业形态的不同而有差异，但均采单数代表主义。依全民所有制工业企业法，厂长（经理）是企业的法定代表人[②]；依中外合资企业法，合资企业的法定代表人为董事长，董事长不能履行职责时，应授权副董事长或其他董事代表合营企业[③]；依公司法，董事长为公司的法定代表人[④]。

然而，与国外不同的是，在我国，对设董事会的企业法人，法律规定在设董事长的同时，又设总经理一职，并且规定总经理主持公司的生产经营管理工作，对外代表公司实施各种法律行为[⑤]。这就必然会产生这样的问题：在同时设有董事长和总经理的企业法人中，法人的代表权究竟归谁享有？从名称上看，董事长既为法人之法定代表人，顾名思义，理应享有总括的代表权，而所谓代表权，就其实质而言，即对外代表法人从事各种经营活动、实施法律行为的权利。然而，依现行法规定，这种对外代表法人进行经营活动的权利却由总经理行使。在英、美、德、日等国，作为公司高级管理人员的职务中一般无经理职务，经理作为公司之雇员一般在公司所属部门设置，本质上并非公司之机关，虽可代表公司为一定行为，但这种代表权来源于法定代表机关。在我国，总经理与董事长并设，使董事长只享有名义上的代表权

---

① 〔日〕商事法务会编：《董事手册》，第13页。

② 《全民所有制工业企业法》，第45条。

③ 《中外合资经营企业法实施细则》，第37条。

④ 《公司法》，第45、68、113条。

⑤ 《公司法》，第50、69、119条；《中外合资经营企业法实施细则》，第39条。

而总经理则实际行使代表权，代表权归属不明，一方面徒增纠纷，他方面对企业法人提高执行效率亦有消极影响，确有必要在立法论上进行反思与检讨。实践中，以董事长兼任总经理的做法(依法可以如此)使代表权之名实重新趋于统一，此种做法更合于代表权制度之法理。

2. 表见代表

表见代表是外观主义、禁反言法理(thoery of estoppel)在代表人制度中的一种体现[①]。根据这一法理，行为人尽管没有资格进行某种行为或没有使其行为产生某种法律后果的内心意思，但若其行为使第三人产生其有资格或有使行为产生某种后果的合理信赖，则其本人或其他相关者应对第三人负责。在英美普通法中，禁反言法理乃契约法体系的一大基石，除早期作为法院强制执行允诺的依据外[②]，还被运用于代理制度和代表制度。在代表人制度中，尽管某法人工作人员事实上并无代表法人实施某种行为的代表权，但若法人赋予或默认其使用具有可能使第三人合理信赖其具有该代表权的名称，则法人对其行为应对产生此信赖的第三人承担责任。这就是代表人制度中的表见代表。例如，企业法人中附有副董事长、常务董事、总经理、副总经理等头衔的人，虽依章程规定没有代表权，但外部者容易误认其有代表权，为保护交易安全，法律要求法人依其外观承担责任。

然而，企业法人之法定代表人属于法人登记事项范围，对某法人工作人员是否为法人法定代表人，法律因此为恶意拟制(即推定相对人知晓)[③]。但对其他法人之高级职员虽其无总括代表权，但依法或依章程行使一定范围内的代表权并非不可能，在此情形，由第三人逐一进行调查不甚可能，因此，法律的恶意拟制于此并不能适用。例如，

---

① 〔日〕商事法务会编:《董事手册》(新版)，第122页。

② 参见沈达明编著《英美合同法引论》，对外贸易教育出版社1993年版，第65页。另见 Arson's Law of Contracr ,25th. ed. edited by A. G. Guest, Oxford. 第8—18页。

③ 〔日〕商事法务会编:《董事手册》，第122页。

日本商法典第262条规定，对使用总经理、副总经理、常务董事、专务董事和其他被认为有代表权限的名称的董事所做的行为，公司在该董事无代表权场合仍应对善意第三人承担责任。此时，第三人善意为事实上的善意。即在其事实上不知道行为人不具有代表权的情况下，公司就要承担责任，但善意之举证应由第三人负担。除此以外，企业法人法定代表人退任后未为法定代表人变更登记时，原法定代表人的行为亦可构成表见代表。

表见代表的构成一般应具备以下要件①：

(1)外观之存在。即被视为表见代表的人使用了会使第三人合理相信其有代表权的名称。其中包括：经理、副经理、厂长、副厂长、总裁、副总裁、理事长、副理事长、董事会会长、副会长、社长、副社长等，其具体名称应视个案中法人的类别不同而定。某种名称是否应视为附有表见代表权，应根据交易之通行观念决定。

(2)外观付与。即被视为表见代表的人对某种名称的使用得到了其所代表的法人的同意或默许。若使用上述足以构成表见代表的名称纯为冒用，此时亦不能构成表见代表。但何种场合构成有效付与，则有不同看法，一种观点认为，对于公司来说，应由董事会过半数董事承认其使用该名称或法人法定代表人承认其使用该名称始能成立，但法人之付与亦可因默示而成立，行为人使用该名称有一半以上董事或法定代表人知晓而未作反对表示的，亦可构成表见代表。另一种观点认为，董事负有为公司利益而纠正违法状态的职责，因此，即使一个董事知情而予以放任(非共谋)，亦应视为已足②。为使法人利益不至过分无保障，似以第一说为是。

(3)外观信赖。即第三人误信该使用特定名称的法人工作人员有代表权。也就是说，第三人不知其无代表权(第三人善意)。第三人善

① 表见代表的构成与表见代理的构成法理基本一致，有关表见代理的构成要件可参见梁慧星：《中国民法经济法诸问题》，法律出版社1989年版，第105—106页。

② 〔日〕商事法务会编：《董事手册》，第123页。

意的构成一般应具备二个要件：第一，第三人事实上对其无代表权确实不知，此项不知为事实上不知，无法律恶意拟制之存在，故第三人仅对其不知情承担举证责任即可，并无必要证明某种客观障碍的存在使其不可能知情（在法律为恶意拟制时，当事人应就此举证）。第二，第三人对其不知情无过错。然对于以何种过错程度为必要，则有以下二说：1）一般过失说，即第三人虽不知情，但若对其不知情有一般过失，则不能构成善意。2）重过失说，即第三人对其不知情仅于其有重大过失之情形，才不能构成善意。依日本最高裁判所判例，第三人善意在其有过失情形亦可成立，但如其有重大过失，则视为恶意[①]。对过失之有无，法律为消极推定即在一般情形推定第三人无过失，法人若认为其为恶意，必须对此负举证责任。[②]。

在以上要件同时具备时，行为实施者成为表见代表人，其行为结果直接由其代表的法人承担，但表见代表制度之设立趣旨在于保护善意第三人利益，故其仅在企业法人营业活动中始有适用，对裁判上的行为，不存在表见代表问题。

3. 类推适用情形

近年来，国外判例不仅认为在公司高级职员构成表见代表的场合，其行为应由公司承担责任，而且，对其他有关人员使用有关名称以公司名义实施的行为亦类推适用表见代表的规则而由公司承担责任。这种情况包括公司职员在法定代表人知情的情况下使用易使人误解其有代表权的名称，在董事长行踪不明时未经董事会正式选任而由某一董事行使代表权（事实上法定代表人）、以及公司虽为共同代表之登记，但共同代表人之一人单独行使代表权等情形[③]。以上情形虽不完全符合表见代表之构成要件，但为保障交易安全，视其成立

---

① 〔日〕最高裁判所昭和 41 年 11 月 10 日判例，民集 20 卷 9 号 177 页。

② 〔日〕商事法务会编：《董事手册》第 123—124 页。

③ 共同代表制度本为限制代表人滥用代表权而设，即在特定场合应由共同代表人数人才能代表公司有效实施某种行为，若对共同代表之一人行使代表权类推适用表见代表，则共同代表制度完全丧失其功能。

表见代表，而由公司承担有关行为的法律后果[1]。

(二)目的范围外行为的实施名义

法人作为一种社会组织体，其行为通过其机关而实施。然而，自然人作为法人之机关并不丧失其以自然人身份作为民事主体的人格。作为自然人，他仍可以参加各种民事活动，享受权利、承担义务。对法人行为的实施主体的界定只解决了哪些人实施的行为可以构成法人行为，但并没有根本解决法人应对哪些目的外行为承担后果的问题。由于作为法人代表机关的自然人的双重身份，故必须对其作为自然人而实施的行为与其作为法人机关而实施的行为加以区分。因为，法人不应对其代表人自己的行为负责。无疑，这种区分是法人对其代表人目的外行为承担责任的又一前提。

就一般而言，法人代表人仅在其以法人名义实施某种行为时，其行为才能视为法人行为，并由法人承担责任。所谓以法人名义，即代表人在表面上是为法人的利益而实施的，应有将行为的后果归属法人的意思。这就会发生以下情况：1. 代表人的内心意思与表示意思一致，即其行为时不仅有将其行为的后果归属法人的内心意思，而且将这种意思以一定的形式表现出来，在这种情形，代表人行为后果当然归属于法人。2. 代表人内心意思与表示意思不一致，这又有两种情况：第一，代表人虽以法人名义实施该行为，但内心意思是将行为的后果归属自己；第二，代表人虽以自己的名义实施该行为，但内心意思是将该行为的后果归属法人。其中，后一种情形中，代表人非以法人名义实施行为，故本质上不属代表行为，法人当然得拒绝承担其行为后果，在其于法人不利时，构成代表人损害法人利益的行为，这里不予讨论。

代表人内心意思与表示意思不一致的第一种情形，学说上一般认为其构成代表权滥用行为[2]。就其与代表权的关系而言，有两种学

---

① 〔日〕商事法务会编：《董事手册》，第124—125页。
② 〔日〕商事法务会编：《董事手册》，第16页。

说，一说认为，代表权滥用行为属代表权内行为，只是代表人为自己或第三人利益不适当行使权限，但就其行为本身来说并不必然超越代表权[①]。另一说则认为，权利之滥用本身即为无权，因而，代表人滥用代表权行为应为无代表权行为[②]。然而，在权利滥用时，行为人具有存在权利之表征，其与无权利毕竟不同，正因为如此，民法设权利滥用禁止原则。因此，无权说实质上否定了权利滥用之存在，基于此，笔者赞同第一说。

对代表人滥用权利的处理，有以下几种观点：1. 意思保留说[③]。此说认为代表权滥用行为既为代表人内心意思与表示意思不一致行为(意思保留行为，故应适用民法有关意思保留的规定，依保护善意第三人原则，应认定行为有效[④]。2. 无代表权说。此说基于代表权滥用行为乃无权行为[⑤]，认为应按无代表权行为处理(详见下文)。3. 利益衡量说。此说认为，代表权滥用行为应依权利滥用规则处理，代表人以追求个人或第三人利益为目的而行使代表权时其行为当然无效，但考虑交易安全，保护善意第三人利益，因此，法人不得主张其无效，仅在第三者为恶意时，其本来之效力恢复，该行为无效[⑥]。日本最高裁判所判例采第一说，笔者亦认为此说较为妥适。

在代表权滥用时，存在三方面的关系需要处理，一为代表人与其代表的法人之间的关系；二为代表人与第三人的关系；三为被代表的法人与第三人之间的关系。就第一种关系而言，代表权滥用行为是代表人违反忠实义务的行为，故应以法人利益优先原则处理，对代表人以法人名义而实施的行为，法人得将其后果归属自己，在其后果于法人不利时，法人之监事或股东得对代表人提起损害赔偿之诉。对第二

---

① 郑玉波《民法总则》，第 393 页。
② 李宜琛：《民法总则》，第 399 页。
③ 〔日〕商事法务会编：《董事手册》，第 16 页。
④ 梁慧星主编：《民商法论丛》第 1 卷，第 97 页。
⑤ 〔日〕商事法务会编：《董事手册》，第 16 页。
⑥ 〔日〕玲木・竹内：《会社法》(新版)，第 262 页。

种关系，代表人以法人名义实施的滥用代表权行为，其后果应由法人承担，但法人在承担后，得就其损害向代表人提起诉讼。在第三人恶意时，法人得基于第三人之恶意抗辩而拒绝承担责任，代表权滥用行为视为代表人与第三人的行为。对第三种关系，可依真意保留之法理于第三人善意时，认定该行为有效，唯在第三人恶意、或虽不知情，但对不知情有重过失时，可认定该行为对法人无效。

五、企业法人目的范围之确定

（一）代表权限制理论框架中确定目的范围的意义

依代表权限制说，法人目的是对其代表人代表权的限制，因此，目的已不再有其在权利能力限制说中所具有的重要功能，但目的范围的确定，至少在以下几个方面具有一定的意义：

1．在法人与第三人的关系中，目的范围决定着法人应否对善意第三人承担责任的问题，若代表人行为为目的范围外行为，则该行为便可能构成无代表权行为，法人便有可能承担或拒绝承担责任（详见后文）。

2．在法人与代表人的关系中，目的范围如何确定是决定代表人应否对法人承担责任的依据之一，代表人行为若为目的外行为，并且欠缺必要机构之特别授权，则有可能对法人承担内部责任。

3．目的范围与公法责任。尽管依代表权限制理论法人对目的范围外行为并非不具备权利能力，但这并不意味着法人可以随意进行营业，国家为经济管理需要对其进行一定的规制仍然是必要的。法人目的经国家工商管理部门审查确定并公告，法人与国家之间会因此而形成一定的管理关系。依此关系，国家公权机关对超越目的范围从事经营活动的法人，特别是屡次进行目的外行为的法人进行一定的制裁并无不可。尽管目的范围外行为本质上为无权代表行为，但法人对其代表人选任负有适当留意的义务，代表人选任不当，法人因而承担一定的责任在法理上亦是可以成立的。在此种情形，目的范围的确定对法人的利益就具有重要意义。依日本旧商法规定，公司股东或董事进行目的范围外行为时，法务大臣可以对公司董事会提出警告，在其继续或反复进行目的外行为时，法院可根据法务大臣或股东的请求作出解散公司的命令。昭和 61 年提出的《商法·有限公司法改正试案》中除去了这一规定，但此项修正并未得到立法采纳，1990 年日本修改后的商法仍然保留了这一条项[①]。我国公司法对此未作明确规定，但从 1988 年国务院发布的《企业法人登记管理条例》[②] 规定来看，登记机关亦有权对超越经营范围的企业法人进行制裁。在此情况下，经营范围的确定便是法人承担公法责任的前提条件。但笔者认为，只要企业目的外行为不具备违法性，这种公法责任不宜过重。

（二）企业法人目的范围的界定

企业法人的目的即企业法人所从事的营业活动。目的范围乃法人从事营业活动的范围，即经营范围。对目的范围的解释，主要有以下两种主义：

1. 严格主义。在英美、日本等采用目的范围限制法人能力的各国，早期判例对目的范围的解释均采严格主义的立场。在 1875 年英国上议院终审的 Ashbury Railway Carriage and Iron Co. 诉 Riche 案中，即采这一立场[③]。日本大审院在明治 36 年的一项民事判决中亦采用严格主义，将公司社长为向自公司创立以来尽力颇多的 4 人表示谢意而赠与 2000 日元金圆的行为认定为目的外行为，并确认其无效[④]。依严格主义，法人之目的范围应根据其章程目的条款通常、合理的字面含义来确定，凡依一般交易观念某一行为不属其目的条款列举的行为类型，则该行为便为目的外行为。

2. 扩张主义。由于严格主义的目的范围确立标准对法人及善意第三人均有不利，故随经济发展，各国纷纷抛弃了这一立场，而对目的解释采扩张主义。扩张主义的立场中，又有目的达成主义与消极解释主义之分。依前种立场，法人之一切为实现其目的所必要的行为均

---

① 《日本商法典》第二编，第 58 条。

② 《企业法人登记管理条例》，第 29、30 条。

③ (1875)Law Reporter. 7. H. L. 653.

④ 〔日〕大判明治 36、1、29。民录 9 辑 102 页。

为目的范围内行为,某一行为是否为达成所定目的之必要行为,应根据逻辑规则进行合理的推理演绎来确定。日本大正元年大审院在一项银行对票据债务提供保证的案件中首次采用这一立场,判决认定银行对票据债务提供保证的行为为目的范围内行为[①]。而英国则早在 1880 年的 Attoney—Genernal 诉 Great Eastern Railway 一案中就采用这一解释[②]。依消极解释主义,则法人不背于章程所定目的的行为均为目的范围内行为。[③]

(三)目的标准适用的解释规则

在目的的内涵与外延确定后,法院如果运用已确定的目的来衡量某一特定行为是否为目的外行为,此时尚需要对有关行为的性质进行解释,才能得出确切的结论。与此有关的解释规则主要包括以下几种:

1. 主观解释与客观解释。客观解释即依行为人所为行为的客观外在表象对该行为的性质进行解释,而不问行为者的内心意思。依客观解释,某一行为为目的外行为仅以该行为之外部表征表明其已超越目的范围为已足,行为人之内心有无此项意识在所不问。主观解释则与此相反,它强调对行为人内心意思的探究,以对其主观之真实意思及行为之动机、目的等因素的考察来对某行为的性质进行判断。

2. 抽象解释与具体解释。抽象解释强调解释对象的抽象意义。对与目的范围有关的行为来说,依抽象解释,则要根据章程目的条款之逻辑演绎结果来判断某行为的性质,而不考虑具体实际的情况如何。即便行为事实上对章程所定目的的实现并无利益,仍不妨构成目的内行为。抽象解释不同于文义解释,文义解释侧重于解释对象的符号意义,解释结果一般不得超出字面的一般理解含义[④]。而抽象解释

① 〔日〕大判大正元年 12 月 25 日,民录 18 辑 1078 页。

② L. C. B. Gower, Gower's Principles of Modern Company Law. 4th. ed. 第 166 页。

③ 〔日〕田村谆之辅:《会社法读本》,有斐阁,第 15 页。

④ 梁慧星:《民法解释学》,中国政法大学出版社 1995 年版,第 214 页。

则不受文义的约束。在抽象解释时，法院必须首先跳出具体案情之外，仅依章程规定的目的条款为抽象的逻辑推理，以确定一般意义的目的范围。具体解释则与此相反，法院要结合案情对目的进行解释，在具体解释时，法院必须在观念上对案件提前介入，根据案件的特殊情况而作出判断。在对与目的有关的行为判断时，该行为是否为达成目的所必要的行为，考虑的重心在于这种行为事实上是否有利于章程所定目的的实现。

从国外判例发展的轨迹来看，目的标准适用的解释经历了由主观、具体解释到抽象、客观解释的发展趋向[①]。日本大审院在昭和13年一项有关从事仓储、运输的公司代表人以公司名义却以个人获利之目的而买入重油的案件[②]中认为，只要从外表上看该行为为遂行公司目的所必要的行为，则纵令其代表人内心有想通过重油转卖而将损益归属于自己的目的，其行为仍为目的范围内行为。通过此项判例，对某行为是否为章程记载目的达成所必要行为从根据具体情况判断的立场转向根据行为客观性质为判断的立场。日本最高裁判所亦认为，某一行为是否为达成目的之必要行为，不应以对章程目的是否为现实的必要为基础来判断，而应从章程记载本身来观察，以客观、抽象地是否必要为基准来进行判断。[③]

（四）目的范围确定之我见

以上关于目的范围确定的学说是在目的范围限制权利能力的理论前提下提出的，在代表权限制的理论框架中能否移植，颇值探讨。笔者认为，以上学说虽在权利能力限制的理论前提下提出，但它是用来解决法人与第三人的关系的理论，其目的是为了保护善意第三人利益维护交易安全，在采代表权限制说时，这一点仍未改变，因而对法人与相对人的关系来说仍然适用。此外，在确定法人的公法责任

---

① 〔日〕商事法务会编：《董事手册》，第141页。

② 〔日〕大判昭和13.2.7.民集17卷，第50页。

③ 〔日〕商事法务会编：《董事手册》，第142页。

时，由于法人与国家的关系并未因目的限制对象的变化而发生性质变化，故亦无继续适用之障碍。在确定代表人的行为是否为有权代表行为时，其重要依据之一便是其行为是否为目的外行为，若属目的内行为，则在无其他限制或解除限制的情况下，代表人享有代表权，反之则否。笔者认为，对目的的界定应采扩张主义中的目的达成必要说，对目的标准的适用解释上，应采客观抽象解释规则，但在代表权限制理论框架中，目的限制仅为代表权限制之一种，虽依目的有代表权，但由于内部规则亦可限制代表权，故实际上代表人对目的内行为并不当然必定有代表权。同时，依目的范围代表人无代表权，但由于目的不限制法人能力，故经必要机构特别授权，也可以获得代表权。因此，目的外行为与代表权欠缺行为并非同一概念。

对于代表人与法人之间的关系，前述规则可否适用，颇有疑问。我认为，在目的的界定问题上，在法人无例外规定的前提下，仍可适用目的达成必要说。但既然法人可以其内部规则在目的范围内再度限制代表权，故必然亦有权对目的作限缩解释，于此情形，目的之解释应依法人之内部规定。在目的标准的适用问题上，则应考虑代表人之主观状态及具体案情来确定，因为，此时不存在第三人利益保护问题。并且，代表人不存在对章程所定目的不知晓的情况(即便事实上不知，法律亦应作已知之推定)，因此，在确定代表人责任时，应结合代表人的行为动机、过错程度以及对法人损益的后果等因素来确定。

六、目的范围外行为的效力

(一)学说概观

关于目的范围外行为的效力主要有以下数说：

1. 绝对无效说。此说认为，企业法人目的范围外行为对法人来说是绝对无效的。所谓绝对无效，即行为的无效是不可补救的，在任何情况下都不能使其有效。绝对无效是法律从外部施加的，当事人无选择余地[①]。绝对无效说又有两种分支，其一为非法人行为说，其二

---

① Anson's Law of Contract. 第7—8页。

为违法行为说。前者认为,法人目的外行为不属法人行为,仅为法人代表人自己的行为,且在任何情形法人亦不能使其成为自己的行为。后者则认为,目的外行为属违法行为,虽其可以为法人行为,但这种行为绝对无效。绝对无效说之理论基础是权利能力限制说,其中,前者以法人目的外无人格的学说为基础;后者则以目的外行为为非法行为的学说为基础。

2. 相对无效说。法律行为的相对无效一般指法律行为在不改变现有状态下为无效行为,但可通过一定的方式而使其有效[①]。目的外行为的相对无效说主要有以下几种:(1)类推适用无权代理说。此说认为,法人代表机关所为之目的范围外行为类似于无权代理行为,其行为对法人(类似于被代理人)无效。但此种无效可经被代理人(法人)追认而有效。[②](2)无行为能力说。此说基于目的限制行为能力之观点,认为目的外行为为无行为能力行为,故而无效,但此种无效亦可经追认而有效,但法人无行为能力,其追认必亦因其无行为能力而为无效追认,若为有效追认,法人必须先改变其章程所定的目的条款。[③](3)基于相对人保护之相对无效说。此说认为,目的外行为虽然无效,但此项无效不得对抗善意第三人,仅在第三人为恶意时,法人始得主张该行为无效[④]。

3. 有效说。此说认为法人行为超越其目的范围不能作为影响其效力的因素,在不存在其他无效原因时,目的范围外行为为有效行为。对法人目的限制对象持内部责任说者,一般持这种观点。

(二)目的外行为效力之我见

以上关于目的外行为效力的各种学说皆基于一定的基础理论而提出。从目前国外立法与司法实践来看,绝对无效说仅为早期判例所采,如今在国外几乎完全被废弃(但我国学说、判例仍主要采这一观

---

① Anson's Law of contract. 第 215 页。

② 〔日〕商事法务会编:《董事手册》,第 129 页。

③ 北川善太郎:《民法总则》,第 71 页,转引自梁慧星:《民法总则讲要》,第 99 页。

④ 梁慧星:《民法总则讲要》,第 98—99 页。

点）。而有效说则于法人利益之保护显有不利[①]，亦不可采。笔者认为，在上述诸说中，应采基于善意第三人保护之相对无效说，其理由如下：

1. 法人机关代表权毕竟不同于代理权，代表权基于法人机关的职责而产生，对法人代表人相对人一开始便有产生信赖的可能性，在交易过程中，对法人之法定代表人或表见代表人的代表权问题一般并不会产生疑问，只要确定其身份，便会产生认其有代表权之信赖。而代理人与法人之间本无联系，对相对人来说，对代理人与对代表人产生的信赖程度完全不同。代理人在进行代理活动时，除要表明其身份外，还应表彰其代理权范围，就相对人来说，依一般常情，必要求其提供法人之授权委托证明，了解其代理权有无及范围，若不能如此，则其本身具有重大过失，此时，被代理的法人根本无对代理人无权代理行为承担法律后果的依据。若于代表行为，则对于代表人之行为，纵令第三人未对代表权范围进行了解，被代表的法人亦应承担该行为法律后果。[②]

2. 在代表权限制理论框架中，目的外行为属无代表权行为，由于该行为由作为法人内部工作人员的代表人实施，故就法人本身而言，并无对代表权不知情之情形。法人未能使其代表人在代表权范围内行为，其本身便有过错，故在与第三者的关系中，理应侧重于对第三者利益的保护，而不应将其代表人视为代理人给予法人与第三人同等的保护。在代理人无权代理时，其代理行为一般对被代理人无效，但被代理人可根据需要予以追认，在此情形，相对人完全处于被动无援地位，对代表人无权代表行为作此处理，对相对人显然不公。

3. 对于被代表的法人来说，对其代表人无权代表行为尚存就其

---

① 参见本文第二部分。

② 即便在传统上一直坚持董事与公司之间的关系系代理关系的英国，近年来，立法、判例、学说亦发生了否认代理关系理论的趋向，认为董事会或其他代表公司进行活动者为公司机关，其行为即公司行为（The Organic theory）；参见 Gower's Principles of Modern Company Law，5th. ed. (1992)第 193—197 页。

损害向代表人请求损害赔偿之救济可能，而对相对人来说却无类似之救济途径。

基于以上分析，从保护相对人的角度出发笔者对目的外行为提出下列处理设计。

（三）企业法人目的外行为之处理

1．代表权限制理论框架中目的外行为类别。

在代表权限制的理论前提下，若对法人的目的为扩张主义的界定，则目的限制代表权的实际发生可能性极小，除行为由代表人以法人名义实施且该行为非为法人目的达成之必要行为外，代表人的行为尚需无董事会或股东会或其他必要机构的特别授权时，始能构成无权代表行为。若代表人实施的目的外行为经必要机构特别授权，此时，目的外行为则为有权代表行为，由于目的限制可因特别授权而解除，因此，目的外行为便有两种形态，一为目的外无代表权行为；二为目的外有代表权行为（目的对代表权限制解除）。

2．目的外有代表权行为

法人代表人实施的行为虽在客观上构成目的外行为，但因目的仅限制法人代表人之代表权，因此，此项限制得经法人必要机构之特别授权而解除。对于目的外有代表权行为，在法人与第三人的关系处理问题上，由于章程目的之违反过错在于法人，第三人依其行为而与之交易，并不存在过错，故无论其为善意、恶意，该行为当然有效。法人无第三人恶意抗辩权。就法人与代表人的关系来说，此时，代表人无过错，法人不享有对代表人就该交易所生之损害请求赔偿的权利。

3．目的外无代表权行为

法人之代表人所为之目的外行为，若无法人之必要机关特别授权或同意，此时，其行为构成无代表权行为。对法人与第三人的关系来说，对此类行为的处理，应依善意第三人保护原则进行，在第三人为善意时，此项行为应对法人有效。但法人在因该交易受损时，得就其损害向代表人主张赔偿请求权。在第三人为恶意时，法人得主张该行为对其无效。于此情形，该行为应视为代表人与相对人之间的行为，法人对此不承担责任。但对于此行为，法人得权衡利弊，予以追认，经追认后，成立法人自己行为，由法人承担相应后果。但相对人是否善意的判断问题上，应采善意推定主义，即法院应推定相对人为善意，法人主张相对人恶意时，应对此负举证责任。在恶意成立问题上，应采重过失说，即在相对人对代表人无代表权知情或虽不知情，但对此项不知情有重大过失之情形，才能构成恶意，与此相适应，法人若主张相对人恶意，必须证明相对人对代表人无代表权已知情或应当知情。章程之登记本身不构成相对人知情之证明。

在法人与代表人的关系处理问题上，法人在对相对人承担责任后，得就因代表人无权代表行为而使其遭受的损害向代表人请求赔偿，自不待言。

七、结论

法人目的限制权利能力制度起源于英国普通法，并为美、日等国所承受，但随经济发展，此项制度几乎已被完全废弃。我国长期以来坚持法人经营范围限制权利能力的立场，并对经营范围作严格解释。随着市场经济体制的建立，这一制度逐渐暴露出种种流弊，对交易安全和经济秩序均有不利，有必要彻底废弃。目的范围仅能产生对法人代表权的限制，企业法人在法律规定的范围内享有平等的、一般的权利能力，法人代表人之代表权受目的限制，代表人以法人名义实施的一切为达成其目的所必要的行为皆为目的范围内行为。代表人以法人名义实施的目的外行为在欠缺必要授权时构成无代表权行为，在相对人善意时，对法人有效，在相对人恶意时，法人得主张其无效，但应负证明相对人恶意之举证责任。法人代表人实施的目的外行为经法人必要机构授权或同意，在交易本身合法，且无其他无效原因时，该行为对法人为有效行为。法人目的外行为有效不排除主管机关依其管理职责对经常、反复进行目的外行为之法人追究行政责任。

在现行《民法通则》修订之前，我国新制定的民商事特别法可直接采代表权限制说理论对目的范围问题作出规定，在该法律未出台前或其不能适用之领域，法院应通过对经营范围的扩张解释尽量避免导致目的外行为无效的结果。

（作者为中国社会科学院研究生院民法博士生）

论公司章程

刘志文

目次

一、引言

自从 1807 年法国最早进行股份公司立法以来,公司制度在资本主义国家普遍得到发展。1892 年德国为了适应中小企业的经营需要,融人合与资合为一体,首创有限责任公司法,使得公司制度更趋完善[①]。公司章程是公司法的一个重要内容,尽管各国经济制度、文化传统、法系派别不同,但对章程的要求却是相同的。随着国际经济新秩序的不断建立,各国经济交往频繁,相互投资参股、设立公司,已成为各国经济中不可缺少的一个重要组成部分。然而,由于各国公司

① 参见梁宇贤:《公司法论》,三民书局 1980 年 5 月版,第 181 页。

法对章程制定规定各异，使得在国际经济合作中产生了一定的困难，影响公司的设立。因此，研究公司章程的科学性、统一性和合理性，在公司法的研究领域中具有重要的意义。

第一，章程的科学性。公司从设立、运作及破产清算是一个庞大复杂的系统，而章程只能记载其中一些对公司具有决定意义的重要事项，那么，哪些属于“重要事项”，哪些属于非重要事项，这是由公司本身的客观实际所决定的，它是人们在长期的经济生活中形成的，为人们所普遍接受的事实，具有科学性。

第二，章程的统一性。章程的统一性取决于它的科学性。由于章程所记载事项为公司的重要事项，而公司的构成和运作又都是在同一个市场规则下进行的，故世界各国对公司章程的编制越来越趋向一致。并不因社会制度、经济体制的不同而分庭抗礼。只有这样，才能使本国经济与世界经济顺利接轨，才有利于全面、广泛地进行国际经济交往。但由于各国立法背景不一，立法技术水平的高低，以致在章程的制定上存在差异。

第三，章程的合理性。公司设立以后，公司的管理与运作是十分重要的，章程对公司的运行方式、组织管理、权利行使及责任划分等作了规定，这都是公司行为中至关重要的事情，必须作出明确的记载。从便于操作的角度来说，越详细具体越易于执行。但由于章程变更和修改程序类似于“宪法”修改那样严格，因此在确定章程内容时，如何把握既便利又严格的尺度，不仅是各国立法者的一项重要任务，也是公司设立时发起人或股东必须十分谨慎处置之事宜。

当然，章程的制定既是一个理论问题，又是一个实践问题。本文试就章程的法律意义、法律特征、订立形式、制定原则、记载内容、修改程序等重要问题作些探讨。

二、公司章程的法律意义

所谓公司章程，是指就公司组织及运作规范、对公司性质、宗旨、经营范围、组织机构、活动方式、权利义务分配等内容进行记载的基本文件。公司章程在公司法中占有重要地位，其法律意义表现在以下几个方面：

（一）章程是公司成立的行为要件。

一个公司的成立必须具备三个要件：即人的要件——股东或发起人人数；物的要件——最低资本额；行为要件——公司章程①。前两个要件为单一要件，仅就某一要素从法律上加以规定，而章程要件为复合要件，这实际上是许多具体要素的综合体，而其中的一些具体要素也是公司成立所必不可少的。我国公司法第22条、第79条对有限责任公司、股份有限公司章程分别规定了11项和13项记载事项，内容之丰富、范围之广是其他任何条文所无法比拟的。尤其像其中的公司名称和住所、公司经营范围、公司注册资本、股东、发起人姓名或名称等绝对记载事项，均是公司设立的必要要件，缺少其中一项，该章程便无效，公司不得设立。因此，在公司设立实践中，人的要素和物的要素一般都易于把握，而公司章程制定却是一项比较复杂的工作。

公司章程作为公司成立的三大要件之一，为世界各国公司法所普遍采用。在立法上主要有两种表述方式：一是在公司法中明确规定章程为公司设立的必要要件。如《日本有限公司法》第五条规定“有限公司在成立时必须制定章程②。《日本商法》第62条、第165条分别规定无限公司、股份有限公司设立必须制定章程③。我国颁布的公司法也采取明示方法专条规定公司章程为公司设立要件，第11条规定：“设立公司必须依照本法制定公司章程”。这种立法方式能突出章程的法律地位，易于使公众明了其为公司设立的要件。二是公司章程内容散见于有关条文之中。如《美国标准公司法》并没有像中国、日本公司法那样明确规定有“设立公司必须制定章程”的条文，但全文152个条文中，用了11条近70个款项规定公司章程的制定、内容、修改、备案等，并在规定公司其他内容时，全文有近80处涉及公司章

① 参见郑玉波：《公司法》，三民书局1981年版，第155页。
② 参见卞耀武主编：《当代外国公司法》，法律出版社1995年4月版，第549页。
③ 卞耀武主编：《当代外国公司法》，第584页、第602页。

程，诸如“不得违背公司章程所载之规定”，“除公司章程另有规定除外”。[①] 从这些规定看出，虽然美国公司法在公司章程上规定不十分明朗，但从它所涉及的内容来看，它与德国、日本等大陆法系国家的公司法相比，在公司设立三大要件上更注重于公司章程，该法第53条规定：“一人或数人、本州公司或外州（国）公司，一经签署并向州务卿递送两份公司章程，即可充当公司创办人”。[②] 可见章程在公司设立中何等重要。

（二）章程是公司对外的信誉证明。

章程是公司重要的基本文件，章程的产生方式、记载内容、变更和修改程序由法律作出强制性规定，并经工商管理部门审核批准，是具有法律意义的文件。章程所记载的事项，充分反映出公司的性质、目的、规模等重要问题。在现代社会中，赢利固然是商人追求的最高目的，然而交易安全更为商人们所看重。如何才能保证交易安全，在很大程度上章程对其安全系数作出了全面的记载。一是公司的经营范围，这对交易的能力与资格作了明确的划分，经营者在选择合作伙伴时必须首先考虑，尤其是对专卖、专营产品的交易更应慎重。二是对方的资金能力，这是交易成功与安全的物质条件，决定双方的履约能力，如果没有与合同相适应的履约能力，即使行为合法、信誉良好，也难达到交易目的。相反，如果公司注册资金雄厚，即使交易遇到障碍，也能有效地避免和减少损失。以上这两项内容是交易安全与否的关键问题，在公司章程中均作了明确记载，并且是章程中最为核心的内容。因此，公司章程是公司最为有力的资信证明。

（三）章程是公司对内管理的依据。

章程是公司对外的法律文件，就公司设立、公司运作中最为重要的问题加以规定。然而，公司的运作还必须在章程的原则范围内制定

---

① 参见江平主编：《商法全书》，中国广播电视出版社1995年7月版，第1160—1193页。

② 参见江平主编：《商法全书》，第1172页。

出公司管理的具体办法，在公司法上称作章程细则。这几乎为各国公司法所普遍采用。如《美国标准公司法》比较全面地规定了章程细则的制定要件。该法第4条第12项规定："为经营和管理公司事务，制定和修改与公司章程和本州法律不相抵触的章程细则"，第27条规定："公司的初始章程细则应由公司董事会通过采用。在不违背股东采取行动废除或更改章程细则之前提下，董事会应被授权更改、修正或废除章程细则或采用新的章程细则"，"章程细则可包括与法律或公司章程不相抵触的管理公司事务的任何条款或规定。"①

我国公司法对制定章程细则也作了规定，第112条第(十)项在董事会的职权中规定"制定公司的基本管理制度"，第119条第(五)项在经理的职权中规定"制定公司的具体规章"。这里的"管理制度"、"具体规章"其内容实际是章程的延续与具体化，与细则含义一致，只是称呼不同而已。与美国公司法相比，尽管内容基本一致，但由于所采取的立法形式不同，使得二者的法律地位不同。美国标准公司法设立专条规定章程细则的必要性、细则内容和制定原则，从而使章程细则获得法律上的地位。而我国公司法既没有使用章程细则这一规范的法律名词，也没有设立专条作出规定，只在董事或经理的职责中作为一项内容。这样规定，其效力与地位要弱得多，并且对制定这些制度没有作出相应的限制，很可能为滥用这项权利留下漏洞。

根据上述规定和分析，制定章程细则应把握以下几个问题：一是制定章程细则是公司的一种法律行为，这种法律地位的取得是由法律直接规定来实现的，它是公司章程的延续与具体化。二是制定权由董事会或经理行使，有的国家规定董事为公司经营者，有的国家规定董事和经理为公司经营者，因此，在制定章程细则行使人上各有不同。按照公司法规定，这些经营者负有组织、指挥公司生产、经营的重大责任，除了在公司法上直接规定其一些权利外，法律授权其制定章程细则，也是为了增强其对公司的管理与控制能力。三是章程细则的

---

① 参见江平主编:《商法全书》，第1161页、第1167页。

范围。公司章程是就公司的重大问题进行记载，而章程细则则是就公司的人事安排、经营运作、职权划分、奖惩办法等作出规定，越具体越易于操作，这是由细则本身的属性所决定的。因此，只要是有关管理公司事务的任何事项都可以记载在细则之中。尤其是一些比较重要的且易变的事项，为了避免章程变更而产生的严格程序，往往也记载在章程细则之中。四是制定章程细则的原则。虽然有关管理公司事务的任何事项都可以记载在章程细则之中，但它必须以与法律或公司章程不相抵触为原则，否则该内容便无效。它与公司章程不同，公司章程只要一项内容违法，就可以宣告该章程无效，而章程细则中的一项内容违法并不影响细则的其他内容和整体的有效性。

三、公司章程的法律特征

公司章程是公司法中一项极为重要的内容，它既是公司设立的必要条件，又是公司正常运作的法律依据。因此，公司章程并非一般的行政文件，其具有鲜明的法律特征。

（一）章程的法定性。

刘清波先生认为“社团之章程为社团之宪章，系社团组织与实现其目的之准则”。[①] 这是就章程基础地位而言的，它与法律上的任意性规范不同，具有其强制性法律意义。在公司法中，章程的法定性表现在以下三个方面：一是章程不可缺性。公司作为多个投资主体的集合体，已由原始资本积累时期的共同投资、共同经营发展为当代资本与经营相分离。如何让投资者放心地将资金投入公司，国家如何在确保投资者利益的前提下加强对公司的监督，既确保经营者独立地进行经营，又防止经营者损害投资者利益，必须在投资者和经营者之间建立一条在国家干预下的“通道”，这一“通道”就是公司章程。在一定意义上，章程的本质是投资者与经营者之间在法律约束下的“契约”，是经营者对投资者的一种行为承诺与法律保证，也是投资者对经营者行使监督、进行诉讼的法律依据。如果没有章程或在法律上不赋予

---

① 参见刘清波：《民法概论》，台湾开明书店 1979 年 12 月修订版，第 58 页。

公司章程以特殊的法律地位，投资者与经营者不可能成为合作伙伴，现代企业制度不可能产生。二是章程的确定性。由于章程在公司法中具有特殊的法律地位，故其内容设置也十分严格和规范，都是由法律直接加以规定。无论英美法系还是大陆法系，尽管在体制上相差甚远，但对公司章程内容的规定基本相一致，都是采取确定的列举方式，对有关公司的重大事项，以立法形式确定下来，进行强制性规范，人们必须按照所列举的事项记载，不得遗漏。三是固定性，亦称不可变更性，它是指章程一经依法制定，非经法定程序不得随意变更。这是由公司章程的地位决定的，公司法赋予章程具有绝对效力，公司的一切行为均不得违反和规避章程规定，否则该行为无效。

（二）章程的真实性。

它是指章程所记载的内容必须是客观存在的、与实际相符的事实。这是章程具有绝对效力的法律基础，也是章程最为本质的法律特征。它的这一特征取决于公司这一特殊的法人团体。公司是由无数个股东出资组成，现代公司的股东往往跨越时空、打破国界、行业的界限，为了赢利这一共同目的而参股。而股东不可能都来参与经营，只能是部分地或极个别地参与，或者都不参与而由公司组成专门的经营机构经营。这种持股与经营的分离必然要对二者的行为进行严格的规范，否则双方的权利义务均会失衡。如果持股人对经营者的具体事务进行干涉便会影响经营者的正常经营，反之，经营者的行为如不受到限制或不受股东的监督，公司和股东的利益就无法得到保障。为了克服这一矛盾，确保股东与经营者双方权利义务的均衡，必须制定章程。而章程的真实性与否，均影响到股东权利义务的实现。为此，公司法必须对章程进行虚假记载的法律后果作出规定。从各国立法来看，大体有以下三种处理方式：一是拒绝登记。这种情况是指章程记载事项如果与实际不符，则不得登记。《德国有限责任公司法》第9C 条规定："如果公司没有按照规定设立和申报，法院得拒绝登记。

如果实物出资估价过高，也适用此规定。”[1]二是承担责任。这种情况是指公司成立后发现章程记载有虚假内容时，责任人应对此承担连带赔偿责任。《德国有限责任公司法》第9a条规定：“(1)如果为设立公司之目的作虚假说明，由股东和公司的业务执行人作为连带债务人缴付亏空的出资……[2]《法国民法典》第1840条规定：“公司发起人以及经营、领导和管理机构的最初成员，对因未在章程中载明必须载明的事项，或因遗漏或未按规定履行法律规定的成立公司的手续而造成的损失，负连带赔偿责任”。[3]三是罚款处罚。这是对虚假记载一种比较严厉的制裁。如我国台湾地区公司法第101条规定，公司负责人不备置章程于本公司者，各科1000元以下罚金，其所备章程有虚伪记载时，各科4000元以下罚金[4]。从上述这些规定可以看出，章程内容的虚假性并不是必然地导致章程无效，因为公司一旦设立，债权债务已经产生，如果因个别内容虚假而导致章程乃至设立无效的话，已设立的公司就得解散、清算，不利于建立和维持良好的经济秩序。因此，一般不轻易宣告已登记的公司无效。

我国公司法对公司章程内容的真实性是不言而喻的。但从章程内容的事项来看，大多数是非实质性的，如公司名称、住所、经营范围和股东姓名等，没有必要进行虚假记载。而其中最易进行虚假记载的是“公司注册资本”和“股东的出资方式和出资额”。在公司法颁布之前公司注册中弄虚作假情况十分严重，许多公司均为“无资金、无场地、无机构”的“三无”公司，都是采取先借资注册后又抽逃资金的办法，或者从银行开出虚假资金证明，骗取注册，还有的对实物、技术出资的，漫天提高作价，扩大注册资本。为了制止这种情况的发生，我国公司法对此作出了禁止性规定。第28条规定：“有限责任公司成立后，发现作为出资的实物、工业产权、非专利技术、土地使用权的实际

① 参见卞耀武主编：《当代外国公司法》，法律出版社1995年4月版，第295页。
② 参见卞耀武主编：《当代外国公司法》，第295页。
③ 参见卞耀武主编：《当代外国公司法》，第369页。
④ 参见江平主编：《商法全书》，中国广播电视出版社1995年7月版，第1398页。

价额显著低于公司章程所定价额的，应当由交付该出资的股东补交其差额，公司设立时的其他股东对其承担连带责任。”第206条规定：“违反本法规定，办理公司登记时虚报注册资本，提交虚假证明文件或者采取其他欺诈手段隐瞒重要事实取得公司登记的，责令改正，对虚报注册资本的公司，处以虚报注册资本金额百分之五以上百分之十以下的罚款；对提交虚假证明文件或者采取其他欺诈手段隐瞒重要事实的公司，处以一万元以上十万元以下的罚款；情节严重的，撤销公司登记。构成犯罪的，依法追究刑事责任”。从以上规定可以看出，我国公司法比外国公司法在章程记载的真实性立法上具有严密的科学性。抓住其中最易进行虚假记载的事项作出全面规定，具有很强的针对性。主要采取四种手段予以解决：一是“责令改正”，即通过对虚假部分补齐以恢复到记载内容与客观实际相一致。改正的方法是行为人承担连带经济责任，如果虚假行为系公司发起人所为，则由发起人承担补齐责任，如果系银行开具虚假资金证明则由银行承担补齐责任。二是罚款处罚，即对虚报的公司和出具虚假证明文件的公司在经济上予以制裁。三是撤销公司登记。撤销是基于对公司章程的无效确认而产生的法律后果。当然，撤销是一种比较严重的法律后果，公司成立之后债权债务比较复杂，一般不要轻易撤销，只有在虚假注册资金数额巨大、当事人无法补齐或欺诈情节恶劣以及利益关系人起诉要求解散的，可予以撤销。四是刑罚处罚。虚假注册资金是一种公司犯罪行为，并且在我国公司犯罪中排列第一位，是一种最为严厉的制裁措施。这四种方法由轻至重排列，既可以单独适用，也可以共同适用，视具体情况而定。

（三）章程的公开性。

公司章程是公司对外的公司文件之一。它的公开性表现在不仅对投资者公开，而且对包括债权人在内的所有公众公开。公开的法律意义在于：一是便于股东知悉公司经营状况，行使法律赋予的对公司的监督权。二是便于债权人充分行使对公司的债权，以维护自身的合法利益。三是便于公众了解公司，为其是否进行投资提供可靠的决策参考。在实践中，公司往往将章程打印装贴，这既是法律的要求，也是扩大公司知名度的实际需要。

关于对公众公开问题，在理论上有不同看法，有的认为，公众既不是投资者又非债权人，在法律上毫无任何联系，规定公众可以查阅公司章程没有实际意义。这种理解是片面的。在股份有限责任公司中，如果以募集方式设立，那公司有部分资金是以股票方式来自广大公众，而股票上市后，股东没有确定性，经常处在变动之中。公众在股票交易中不是盲目的，只有基于对公司一定了解才能作出正确的交易决策。因此，公众在购入该公司股票前对能反映公司概貌的章程的了解与知悉是十分必要的。我国公司法第101条明确规定，要将公司章程等置备于本公司。当然，有限责任公司的发起人本身就是该公司的股东，股东是确定不变的，章程也是共同制定的，由于不对外募集，也不能上市交易，故对公众公开没有实际意义。

四、章程的订立形式

公司章程的绝对法律效力决定着订立形式的严肃性，各国在章程订立形式上都是采取严格的法定主义，从草案到生效途径都由公司法作出规定。由于公司的组织形式不同，章程订立的形式也不同，大体有以下三种订立形式：

一是通过制定。它是指在制定有限责任公司章程时，只要有全体发起人（即股东）的签字即为通过生效。它的特点是灵活简便，发起人可以根据公司的实际情况自行选择其制定方式，即可以委托制定，也可以共同制定，法律不作强制性要求，只要其结果能反映全体发起人的共同意志即可。由于这种方式灵活简便，非常适合有限责任公司这种小型企业的设立，故为许多国家所采纳。《德国有限责任公司法》第2条第(1)项规定："公司合同必须经全体股东签字。"（在德国法律中，股份公司用"章程"，而民事合伙，无限公司这类人合公司均用"公司合同"。有限责任公司是德国立法者揉合人合公司的灵活性与资合公司的"有限责任"性质创造出来的公司形式，其中保留了许多人合公司的特点，对公司规范自身事务的大纲也沿用"公司合同"而未用

"章程")[①]《日本有限责任公司法》第 6 条规定:"章程应有下列事项,并有各位股东的签名"。[②]

二是委托制定。它是指一名或数名股东受全体股东委托制定章程的行为。这也是有限责任公司章程的制定方式,它与通过制定方式相比,是法律明确地规定制定章程的具体方式,从而排除了共同制定的形式。它的特点在于能极大地提高工作效率。有限责任公司是由中小型企业所设立,其特点是资本小、发起人多,如果在制定章程上强制其采取共同制定方式,众多的发起人很难集中,从而影响公司的设立。而采取由发起人中有较高文化水平和一定法律知识的一人或数人进行制定,既能充分考虑股东之间的利益关系,又能加快制定的速度,同时全体股东在通过时还可以进行修改。这样既保证了质量,又极大地提高了工作效率,为众多的设立有限责任公司所采用。

在委托制定中,发起人(股东)能否委托代理人参加,如律师或亲属等,德国和法国公司法是允许的,但对委托代理人的规定较为严格,除了有代理权外还必须经过公证认证。《德国有限责任公司法》第 2 条第 2 项规定:"若由全权代理人签字,只有全权代理系能公证成立或能公证认证,方为允许"[③]。《法国商事公司法》第 37 条规定:"所有股东可亲自或通过证明拥有特别权力的代理人参加公司的组建活动[④]。制定章程当然属于公司重要的组建活动,该条中的"可亲自"参加,有的理解为可由股东选择制定方式,即可以本人不参加而委托其他股东参加,其实这是一种误解。这里的"可亲自"参加是相对于代理人而言的,即股东本人不能参加时必须由其代理人参加。从这个意义上讲,法国对有限责任公司制定章程是采取由股东共同制定形式。

我国公司法规定有限责任公司制定章程由发起人共同制定。《公司法》第 19 条第 3 项规定:"股东共同制定公司章程",第 22 条第 2

① 参见卞耀武主编:《当代外国公司法》,法律出版社 1995 年 4 月版,第 291 页。
② 参见卞耀武主编:《当代外国公司法》,第 550 页。
③ 参见卞耀武主编:《当代外国公司法》,第 292 页。
④ 参见卞耀武主编:《当代外国公司法》,第 385 页。

款规定："股东应当在公司章程上签名、盖章。"从这二个条文可以看出，我国有限责任公司章程的制定形式为"二个共同"，即发起人"共同制定、共同签订"，从而排除了委托制定方式。这一规定存在以下几个问题，首先是立法逻辑混乱。这二个条文实质上都是规范章程制定形式，应放在一个条文中才比较严密。而这二个条文的立法目的是不同的，前者是解决公司设立的要件问题，只需指出"公司章程"即可，后者才是解决以什么方式制定章程的问题，故应将前者的"股东共同制定公司章程"的内容放在该条，即该条可以修改为"章程由股东共同制定并签字、盖章"。其次，强制规定有限责任公司章程为"共同制定"，在实践中困难重重，由于有限责任公司具有发起人多的特点，众多的发起人同时集中起来是比较困难的，如果缺员，按照共同制定原则，制章活动只能停止，这对公司设立是不利的。特别是随着我国改革的进一步深化，跨国、跨区域、跨行业组建公司不断增加，"共同制章"将会带来一系列问题。故应对此进行修改，采用委托制定或通过制定方式。

三是共同制定。它是指公司发起人共同订立章程的方式。这种方式适用于股份有限公司章程的制定。股份有限公司与有限责任公司在制章方式上的差异，是由二者不同的法律特性所决定的。股份有限公司是现代企业最主要的组织形式，对国民经济、社会生活影响较大，其特点是发起人少、股东多、资本大，故各国法律对其设立条件、设立程序等均有更为严格的要求。由于资本巨大，而发起人法定最低人数不多，故每个发起人所占份额较大，风险自然也很大，故法律赋予发起人较大的权利。就章程而言，各国法律都规定由发起人制定即可。同时，由于发起人人数相对较少，易于集中，故大都采取由发起人共同制定的形式。《联邦德国股份公司法》第28条规定："确定章程的股东为公司发起人"[①]，该条虽然 没有明确指出章程采共同制定方式，但从它对发起人定义方式作出的解释来看，章程是由发起人共同

① 参见卞耀武主编：《当代外国公司法》，第120页。

制定。日本承袭了德国这一立法原则，在表述上更为明确具体，《日本商法》第165条规定："设立股份有限公司，须由发起人制定章程"[①]。可法国正好相反，它规定有限责任公司章程由全体发起人(即股东)共同制定，而股份有限公司却可以采取委托制定。《法国商事公司法》第37条规定有限责任公司设立时"所有股东可亲自或通过证明拥有特别权力的代理人参加公司的组建活动"。这一条就是指有限责任公司包括章程制定在内的组建活动都应由股东共同参加。而该法第74条规定股份有限公司设立时要求："章程草案由一名或若干名发起人制定[②]，这就是典型的委托制定。

我国公司法对股份有限公司章程制定规定为由全体发起人共同订立。这里的订立是指实质意义上的订立行为，并形成记载该章程的书面文件，章程一经发起人共同制定即发生法律效力。但这里的效力只是在公司成立以前的设立过程中所形成的发起人与认股人之间的债权债务关系，而要成为具有法律意义的公司文件，在公司、发起人、股东以及债权人之间产生法律约束力，必须经创立大会通过使章程生效后才得以实现。

五、章程订立的原则

章程记载的内容总的要求是：应当记载公司重要的、相对稳定的事项，而章程仅是公司法中的一个内容，它的设置应与整个公司法规定协调和配套。从立法与公司设立实践来看，订立章程应遵守以下三项原则：

一是不重复原则。所谓不重复是指对公司法已经作了明确规定的，该内容不得在章程中再作记载。这是就章程内容的整体协调性而言的。如股东的权利，像分红权、表决权、质询权及诉讼权等，都已由公司法作出了明确规定，也是任何公司股东所普遍共有的权利，章程中不得再作记载，否则一旦记载不全，还容易导致股东与公司之间的

---

① 参见卞耀武主编：《当代外国公司法》，第602页。

② 参见卞耀武主编：《当代外国公司法》，第385页、第398页。

纠纷。

二是不冲突原则。所谓不冲突是指章程所记载的事项不得与法律法规相抵触。这是就章程内容的法律性而言的，公司章程是公司重要的法律文件，章程的法律特性也是章程最本质的特征。它包括三个方面：一是指章程记载内容不得否定法律法规，即法律法规要求所有公众、所有社会组织应当遵守和履行的义务性条款，不得以股东意志为由作出相反的规定。二是指章程记载的内容不能规避有关法律法规，即法律法规所禁止的条款，章程不得以规避手段而为之。三是不得违反公序良俗。只要章程记载内容与法律法规相冲突，严重违反社会公序良俗，该记载内容从一开始便无效，情节严重的将导致公司解散。

三是不变更原则。所谓不变更是指章程一经创立大会通过，便成为公司的法律文件，任何个人或机构都无权作出变更和修改。这是指章程内容的相对稳定性。不变更原则包含两方面内容：一方面是章程一经创立大会通过，不得随意变更，但又不是一成不变的，它与公司法中"资本三原则"中的资本不变原则有类似的法律原理。实际上资本也是可变的，只是不能随意变，必须按照法律规定的严格条件和程序去变。章程也是一样，只要经过股东大会按照法律规定的特别程序进行，章程内容的一部分或全部都是可以变更或修改的。另一方面，由于章程具有相对的稳定性，章程内容变更必须经股东大会这一复杂程序，故对那些非重要的、易变的事项不要载入章程之中。

六、章程记载的内容

章程的内容即章程记载的事项。世界各国民商法或公司法都对章程内容作了具体规定。这些内容是经过长期的商业实践和立法实践逐步完善而成的，尽管各国在立法体例上差异较大，但对章程之记载内容大体一致。根据这些内容的重要性，从理论上可以划分为三类，即"绝对记载事项"、"相对记载事项"和"任意记载事项"。

所谓绝对记载事项，是指章程记载有关公司最为重要的、不可缺少的内容，遗漏其中一项均有可能导致公司设立无效。在公司法立法和理论上，一般认为公司名称和住所、公司发行股份总数和注册资本、发起人姓名和地址是公司章程之绝对记载事项。所谓相对记载事项是指记载就生效，不记载就不生效。如设立费用、发起人报酬等，章程记载了就可以从财务上开支，否则不能开支。所谓任意记载事项是指除以上两项外，凡是不违背法律法规和公司性质的，都可以记载上去。它的特点是记载是这样做，不记载也是这样做，这是与相对记载事项的区别所在。故在公司设立实践中，任意记载事项一般不记载在章程之中，如公司内部的议事规则等，一般另行制定，以防止因修改而带来程序上的困难。

美国、日本、德国等公司法将这一理论分类直接运用到立法之中，在《美国标准公司法》中将章程记载事项分为三个部分，一部分是"必须开列"，即绝对记载事项；第二部分是"可以开列"，即相对记载事项；第三部分是规定不重复公司法中的权力，这实际是对任意记载事项的要求。[①]《日本商法》公司编也将分类事项作了专条规定，第166条规定"章程绝对记载事项"，第168条规定"相对必要的设立事项"。[②]《联邦德国股份公司法》第23条采取"章程必须规定"、"章程还必须包括"等，将记载内容予以分类[③]。但大多数国家在立法上没有作这样的分类，而是按照其重要性以列举形式排列在一个条文中。我国公司法对章程内容就是采取笼统的列举方式，第22条规定有限责任公司章程内容为十一项、第79条规定股份有限公司章程内容为十三项。这些内容乃至排列顺序与其他国家的规定基本相同或相近。但有二项内容是我国特有的，是否应当记载在章程之中，值得研究。

一是"股东的权利和义务"。在股份有限公司和有限责任公司章程中都规定了该项内容。股东的权利是公司法的核心问题，应由公司法作出专门的统一的规定，且作为法律意义上的股东，不论公司性

---

① 参见卞耀武《当代外国公司法》，第13页。
② 参见卞耀武《当代外国公司法》，第602、603页。
③ 参见卞耀武《当代外国公司法》，第718页。

质、大小如何，其股东权利却是相同的，并不因公司不同而有权利大小之分。故所有各国公司法都对股东权利统一作出规定。如果股东的权利都由各个公司自行确定，势必影响对股东权利的全面保护。况且，根据章程制定的不重复原则，也不应该将公司法作了专门规定的股东权利再记载在公司章程之中。

所谓股东义务，股东的义务也不尽相同。在以募集方式设立的股份有限公司，从严格意义上讲股东没有一项义务。有的将缴纳股款说成是股东的义务，其实是错误的。因为股东是公司成立以后的身份，公司成立以前的身份是认股人，缴纳股款是认股人的义务，认股人也只有在履行缴纳股款的义务后，才能取得股东地位。还有的公司章程规定"股东有保守公司经营秘密的义务"，这在有限责任公司和以发起设立的股份有限公司中，因股东集人合与资合于一身，共同经营、共同负有保密义务。但在以募集设立的股份有限公司中，因为股东不参与经营，无从去进行保密。况且，公司经营秘密最为核心的是公司的经营方针和投资计划，而我国公司法已规定将该项内容作为股东大会决议的第一项内容，实际上公司秘密已全部公开，无法保密。再者这些股东中不单是公民个人，有许多是企业之间相互持股，其经营秘密已失去保护的基础。如果将这项义务强加给股东，则既无法律依据，又无实际意义。

二是"公司法定代表人"。章程主要记载公司较为重要的，具有相对稳定性的事项，因它的修改程序是十分复杂的、严格的，必须经过股东大会才能变更和修改章程内容。而公司法定代表人却是易变的，如因健康、犯罪、社会等原因而更换人选，这就要召开临时股东大会，是一项十分麻烦的、又无实际意义的事情，于公司和股东都不利。故在今后修改公司法时，应将此内容删掉。

七、章程的变更与修改

刘清波先生认为，"盖社会日进，事务日繁，大规模之企业，殊非个人所能达成，惟群策群力是赖"，"法人在社会生活中具有重要之地位，盖社会集体生活愈强，则法人制度愈进步。社会经济愈发达，则法人组织愈需要”。[1] 公司是商品经济发展到一定阶段的产物，是在市场比较发育的社会化大生产条件下组织大规模商品生产和商品交换的一种重要经营方式。它的优点在于使资本与劳动力进行有机地结合，创造出更大的资本。然而，现代经济的发展受到政治的、社会的等多方面因素的制约，一旦这些因素发生变化，必将对公司经营产生波动。为了使公司能适应市场的变化，使其在竞争中立于不败之地，公司必须及时调整自己的经营方针，这就必须要修改章程。世界各国对变更和修改公司章程都作了明文规定。其中尤以修改的原则和修改程序最为重要。

（一）公司章程修改的原则。公司章程内容既是相对稳定的，又是可变的，可以说公司章程的变更和修改没有任何的限制，无论何时、作何重大修改甚至全部变更都为法律所允许。[2] 然而，任何自由都不是绝对的，都是在一定规则范围内的自由，章程的变更和修改也是如此，它必须遵守以下三项原则：

一是不能违背法律法规的规定。无论是公司章程变更还是其他行为，都不是绝对的任意，它必须遵守社会的公序良俗，不得违背法律禁止性规定，不能规避法律规定的强制性义务。

二是不得损害股东的利益。股东是公司的载体，是组成公司的基本细胞，股东利益是公司的主要目的之一。因此，各国都对股东的基本权利在公司法中直接作出规定。但章程内容中有些并非股东的权利，只不过是对公司事实的确认，但在变更时很可能影响到股东的权益，如公司资本增减，股份合并等，特别是在公司中存在不同种类股份的情况下，如果章程变更将损害到某种类的股东权益时，除必须经全体股东大会决议外，还必须经有该种类的股东大会的决议，以切实平等地维护股东的利益。

三是不得损害债权人利益。修改章程是股东大会的一项权利，但

---

① 参见刘清波：《民法概论》，第45页，台湾开明书店1979年12月修订2版。

② 参见张国键：《商事法论》，第300页，三民书店1977年出版。

不得损害债权人利益的实现。只要公司债权人对其修改陈述了异议，工商登记部门应不予批准或延长生效的期间。

（二）章程修改程序。章程是规范公司行为的依据，是经创立大会通过生效的公司文件，要进行变更和修改必须按照一定的程序进行。大体分为以下步骤：

1. 由董事会提出修改章程的提议。董事会是公司经营的决策机构，对章程的执行和变化的情况最为清楚，能够对公司章程提出具有积极意义的修改建议。当然，股东也有权向董事会提出修改意见。

2. 将提议修改的内容提前通知股东。根据我国公司法第105条规定，"召开股东大会，应当将会议审议的事项于会议召开30日前通知各股东"。

3. 提交股东大会表决。这是章程变更和修改的实质性阶段，也是各国立法的重点，特别是对表决生效条件都有较为明确的规定。从德国、日本、法国等几个国家公司法对章程变更和修改生效条件的规定来看，是比较严格的。《联邦德国股份公司法》第179条关于对章程修改的股东大会的决议第(2)项规定："股东大会决议需要一个在作出决议时代表着基本资本的至少3/4的多数"[①]。同时，还规定修改"经营对象"这一内容时则"必须规定一个更大的资本多数"。《日本商法》公司编第343条对章程变更的决议方法规定为："有相当于已发行股份总数半数以上股份的股东出席、有相当于其表决权2/3以上多数作出。"同时，还于第348条对股份转让的限制的章程内容变更时，要求其决议"由全体股东的半数以上、相当于已发行股份总数的2/3以上的多数作出。"[②]《法国商事公司法》第153条规定修改章程由特别股东大会行使修改权，同时对出席股东大会的人数这一前提作了具体要求，即"至少拥有应第一次召集时半数，应第二次召集时1/4的具有表决权的股东的条件下，才得进行有效审议，"并以"获得

---

① 参见卞耀武主编：《当代外国公司法》，第186页，法律出版社1995年4月版。

② 参见卞耀武主编：《当代外国公司法》，第687页、第688页。

出席或由他人代理的股东拥有的票数的2/3多数票作出决定。”①从上述三个国家的规定来看，德国最为严格也最为科学。因为这一立法精神充分体现了维护章程的绝对效力地位和相对稳定性，要获得总股份的3/4通过为生效要件是不容易的。同时，它仅以股份为量化标准而对参加人数不作要求，符合股份公司资合的法律特征，具有科学性。日本和法国相对于德国而言要松一些，只要求出席股东大会的股东所持股份的多数通过即可，但它对出席股东大会所持股份作了限制性要求，以保证表决权在总股份中仍占有较大比例，以体现公司决策的普遍代表性和民主性

我国公司法第107条对章程修改也作了规定，即“修改公司章程必须经出席股东大会的股东所持表决权的2/3以上通过。”该条文在文字上不很严密，易产生理解上的歧义。“表决权”到底仅指出席大会股东的2/3以上的表决权，还是指出席股东大会的股东所持总表决权的2/3以上的表决权，这是一个十分严肃的法律界限问题，理解不同其实践结果大相径庭。根据世界各国的立法经验，从维护章程的严肃性和相对稳定性出发，其“表决权”应该是公司的总表决权，不管出席股东大会人数多少，只要有占总股份的2/3以上通过即可，或者，其“表决权”是指出席股东大会的股东所持自己股份的2/3以上通过的话，也必须对他们所持自己股份总数有一个最低要求。而我国公司法既没有采取总表决权2/3以上通过的严格立法，也没有对出席股东大会进行有效表决的最低股份作出要求。这样将导致两个不良的法律后果，一是损害股东大会决定的民主性，对需要提交股东大会决定的事项都是公司中一些重大问题，事关公司和股东的切身利益，应该获得全体多数股份的通过，如果只要求出席股东大会的股东自己的2/3以上股份即可通过，一旦出席大会的股东极少，所持股份极少也能获得有效通过的话，那将使许多股东丧失对这一权利的行使，使股东大会民主性的意义受到破坏，章程修改的正确性也得不到保证。

① 参见卞耀武主编：《当代外国公司法》，第420页。

二是不利于维护章程的稳定性。按照公司法总股份的 2/3 以上股份通过章程修改的立法原则，章程一般不会被轻易修改，这对维护公司经营上的稳定是有利的，也与法律上对章程所赋予的绝对效力地位和相对稳定性的立法精神是一致的。如果仅以股东大会出席人员所持股份 2/3 为通过，那修改章程是很容易的，与章程相对稳定的立法精神相违背。对此，在今后公司法修改时，应对修改章程的有效表决权明确规定为“所持总表决权的 2/3 以上股份通过”，或者，对股东大会出席者所持股份数作出要求。再在此数基础上的 2/3 通过为有效决定。

4. 及时报送审批。原公司章程某一内容修改后，公司就将原章程和修改本一并报原公司设立的审批机关批准。批准之日为修改后章程的生效之日。

5. 公司应将生效的修改条款通知全体股东，并将修改生效后的章程备置于公司。

八、结束语

公司章程是公司设立中一项十分复杂而又重要的内容，其内容十分丰富，几乎覆盖了公司法的许多重要方面。它对如何保证章程制定的合理性、有效性和科学性，增强其在公司运行中的适用性，保证其内容的准确性，解决因其违法而带来的效力性等重要问题有着极为重要的研究价值。但从国内外的教材、专著乃至杂志中，学者们对这一问题很少着墨或者轻描淡写，更无系统的专门论述，为了弥补这一理论上的空白和缺陷，本人在资料极少的情况下，完成了这一论文专题写作。在写作过程中参阅了美国、德国、法国、日本等外国公司法对这一问题的立法经验，并与我国公司法中的规定从理论上作了一些比较研究，目的在于使我国在立法时能获得参考和借鉴。

（作者单位：湖南省高级人民法院）

保险代位权研究

邹　海　林

目　次

一、引言

保险(insurance, assurance),是指一方当事人依据合同约定向另一方当事人支付费用,另一方当事人对于合同约定的可能发生的事故所造成的损失承担赔偿责任,或者当指定的人死亡、伤残、疾病或者生存到合同约定的年龄、期限时承担给付责任的行为。① 保险具有分散危险和消化损失的特有功能。② 在保险制度下,保险人和投保人(被保险人)之间因为保险合同而形成债权债务关系,保险人对于被保险人因为特定的风险所造成的特定损失承担经济补偿责任。③ 一般而言,保险人所承担的经济补偿责任,仅以不可归责于投保人或

① 见我国《保险法》第 2 条。
② 桂裕:《保险法论》,〔台〕1981 年版,第 1 页。
③ 英美法学家将保险合同形象地定义为填补损害的合同(contract of indemnity)。

者被保险人的故意行为以外的事由所造成的损害为限。①若被保险人所发生的损害系由第三人的行为所致，保险人对被保险人负有填补损害的责任，但是，保险人和该第三人之间将形成何种法律关系？保险代位权就是要从根本上解决这个问题。

保险代位权(Right of Subrogation)，是指保险人享有的、代位行使被保险人对造成保险标的损害而负有赔偿责任的第三人的求偿权的权利。保险代位权为财产保险以及同财产保险具有相同属性的填补损害的保险所专有的制度②，构成损害填补原则在保险法上之运用的一个重要方面。保险事故发生后，被保险人向保险人请求赔偿保险标的的损失时，若对造成保险事故而导致保险标的的损害负有损害赔偿责任的第三人享有损害赔偿的权利，应当将该权利依法或者依照保险合同的约定转让给保险人，保险人依保险合同赔偿被保险人的损失后，可以代位行使被保险人所让渡的对第三人的损害赔偿请求权。我国《保险法》第44条第1款规定："因第三者对保险标的的损害而造成保险事故的，保险人自向被保险人赔偿保险金之日起，在赔偿金额范围内代位行使被保险人对第三者请求赔偿的权利。"《海商法》第252条规定："保险标的发生保险责任范围内的损失是由第三人造成的，被保险人向第三人要求赔偿的权利，自保险人支付赔偿之日起，相应转移给保险人。被保险人应当向保险人提供必要的文件和其所需知道的情况，并尽力协助保险人向第三人追偿。"

显然，保险代位权为解决被保险人的保险给付请求权和损害赔偿请求权发生重合时的利益归属提供了依据。但是，关于保险代位权的性质、成立和行使要件、行使方法及其内容、代位权行使的保障和救济、代位权的行使限制等许多理论和实务问题，我国《保险法》并没有提供完整的答案。我国人民法院的审判实务经验，在保险代位权方面尚未有所总结。随着我国保险业务的迅速发展，尤其是随着经济发

① 保险标的因为道德危险所发生的损害，保险人不承担保险责任。

② John F. Dobby, Insurance Law, West Publishing Co, 1981, P. 230.

展和科学技术的进步，财产保险所涵盖的范围或者领域会日益广博，并同时伴随着更加突出的、因为第三人的行为造成财产损害或者经济利益丧失的现象。如何充分发挥保险分散被保险人因第三人的行为所造成的危险、消化被保险人因第三人的行为所造成的损失，以及如何确保保险人在此情形下因为保险给付所失去的利益得以复归，保险代位权的运用将具有至关重要的意义。本文正是基于这个目的，希望通过较为深入地分析和研究保险代位权的目的和性质、行使要件、效力范围以及适用限制等 4 个方面，引起学术界更加重视研究保险代位权，以供保险实务和审判实务参考。

二、保险代位权的目的和性质

(一)保险代位权的目的

保险代位权，适用于各种财产保险[①]。保险代位权为损害填补原则所必须。损害填补为财产保险的基本原则，无损害即无保险。被保险人因为保险事故所受的损失，应当获得完全补偿，以使被保险人在经济上能够恢复到保险事故发生前的状态。[②]填补损害为财产保险的本质内容，其核心在于“禁止得利”，而并不仅在于填补被保险人的损害。[③] 这项原则对于防止或避免被保险人利用保险获得超出其保险财产价值的额外利益，有十分积极的意义。保险人只对被保险人所受实际损害负赔偿责任，且其赔偿金额以保险标的在发生保险事故时的实际价值为限，即使投保人善意复保险或超额保险，被保险人也不能获得超出财产实际价值的赔偿。因第三人行为致使保险事故发生，被保险人因此所受损害，已向第三人请求并获得赔偿的，对保险

① 财产保险包括财产损失保险、责任保险、信用保险、保证保险、海上保险等多种保险。其中，信用保险和保证保险在性质上虽与民法上的保证相同，但是在保险人依照信用保险或者保证保险合同向被保险人给付保险赔偿金后，对于主债务人所享有的求偿权适用保险法规定之保险代位权原则。见桂裕：《保险法论》，〔台〕1981 年版，第 326 页、第 331 页。

② 陈云中：《保险学》，〔台〕五南图书出版公司 1984 年 3 版，第 151 页。

③ 杨仁寿：《从财产保险契约之本质论为他人利益保险》，〔台〕《法令月刊》第 46 卷第 9 期。

人而言，被保险人等于无损害发生，保险人不再负赔偿责任。

填补损害的原则要求被保险人获得的补偿不得超过其所受的损害。但是，填补损害的原则并不表明：当损害是由第三人的过错造成时，或者第三人依照合同应当承担被保险人所面临的风险时，除非被保险人不得向第三人求偿，被保险人不得向保险人请求补偿。若发生第三人应当对被保险人承担赔偿责任的情形，仅就被保险人的损害而言，被保险人可以分别向保险人请求补偿，或者向第三人请求赔偿。[①] 任何负担赔偿责任的第三人在被保险人向其请求赔偿时，保险人已经支付保险赔偿或者保险人有责任支付保险赔偿，并不构成第三人对抗被保险人的损害赔偿请求权的基础，第三人不得在损害赔偿之诉中以保险赔偿对抗被保险人的请求。[②]被保险人依保险合同向保险人请求保险赔偿，并不妨碍其仍然可以对造成损害的第三人请求损害赔偿。[③] 既然存在对保险人的保险金给付请求权和对第三人的损害赔偿请求权，那么被保险人行使请求权的结果，将使其就同一保险标的的损害实际获得双重或者多于保险标的的实际损害的补偿。这种情形的发生，不符合财产保险的损害填补原则。英国法院的古典判决认为，保险法的各项原则的坚实基础在于，海上保险和火灾保险合同为填补损害的合同，并仅以填补损害的形式存在；合同本身说明被保险人应当获得完全补偿，但是不能取得超过完全补偿以外的利益；这是保险的基本原则，任何不符合这项原则的处理方式，都是错误的。[④]因此，对被保险人发生的保险责任范围内的损失或者责任应当负损害赔偿责任的第三人，被保险人对该第三人享有的损害赔偿的权利，在保险人依约给付保险赔偿金后，应当相应转移给保险

---

① 我国《经济合同法》(1993 年)第 25 条第 4 款。

② Raoul Colinvaux, The Law of Insurance, 5th ed., Sweet & Maxwell, 1984, P. 140.

③ 林动发：《保险法论著译作选集》，〔台〕1991 年版，第 121 页。

④ Kenneth Cannar, Essential Cases in Insurance Law, Woodhead-Faulkner, 1985, P. 9.

人;保险人对该第三人取得代位求偿权,被保险人应当协助保险人向该第三人追偿。

此外,保险代位权的运用还有维护社会公共利益(public policy)的作用。[①]社会公共利益要求造成损害的第三人,应当最终在经济上有所负担。若致害人因为被保险人享受保险赔偿而不承担赔偿责任,实际使得致害人通过被保险人和保险人订立的保险合同而获益(第三人应当付出赔偿而没有付出赔偿的,实际为一种利益),这不符合公平原则。因此,不论被保险人是否取得保险赔偿,保险代位权使得第三人丧失违反公平原则的获利机会。再者,致害人造成被保险人损害而应当承担赔偿责任,被保险人向保险人请求保险赔偿,保险人据此向第三人享受代位权,第三人将负担赔偿保险人付出保险赔偿金的损失,有助于制约第三人实施违法行为。

总之,保险代位权的基本功能体现在二个方面:保险代位一方面"为贯彻所有保险的核心之填补损害原则的一种方法(method)",另一方面有助于最终确定由造成被保险人损害的第三人承担经济赔偿责任。[②]

(二)保险代位权的性质

保险代位权为保险人享有的法定权利,不论保险合同是否有所约定,保险人均可依法行使该项权利。保险人的代位权基于法律规定当然取得,随同保险合同的订立而发生,在保险事故发生时,当然归属于保险人,保险人在给付保险金额后,得以自己的名义行使被保险人对第三人的求偿权;[③] 不论保险人和被保险人在保险合同中是否约定有保险代位权,也不论被保险人和第三人在其交易中是否约定有保险代位权,保险人均可行使其代位权。[④]例如,美国在保险实务

① John F. Dobby, Insurance Law, West Publishing Co., 1981, P. 229.

② Kenneth S. Abraham, Insurance Law and Regulation, The Foundation Press, Inc., 1990, P. 202.

③ 施文森:《保险法总论》,〔台〕1985年版,第204页。

④ John F. Dobby, Insurance Law, West Publishing Co., 1981, P. 227.

中将保险代位权划分为法定代位权(equitable subrogation)和约定代位权(contractual subrogation),前者为依法律规定而发生的代位权,后者为依照保险合同约定而发生的代位权;但是多数法院认为,不论保险合同对代位权是否有所约定,财产保险的保险人均有保险代位权。①关于保险代位权的性质,英国的保险法实务认为,保险代位权源于保险合同的默示条款(implied term),该权利存在的基础为,"保险合同在性质上为填补损害的合同,保险人对被保险人支付应当由第三人负责的赔偿金额后,据此有权按比例地代位行使被保险人对第三人的诉讼权利。"②

立法例对保险代位权均有规定,但一般没有明确保险代位权的性质。例如,《日本商法典》第662条第1款规定:若损失因为第三人的行为所造成,保险人向被保险人给付保险金额后,在已给付的保险金额的限度内,取得投保人或者被保险人对第三人的权利。③ 在我国,《经济合同法》(1981年)最先规定了保险代位权。该法第25条第3款规定:被保险财产的损失,应由第三人负责赔偿的,如果投保方向保险方提出要求,保险方可以按照合同规定先予赔偿,但投保方必须将追偿权转让给保险方,并协助保险方向第三人追偿。其后,我国颁布的《海商法》、《保险法》对保险代位权均作出了明确的规定。在保险实务上,各类财产保险合同广泛约定有保险代位权。④

保险代位权为保险人依法享有的权利,在性质上应当从属于被保险人对第三人的赔偿请求权的性质。被保险人对于第三人的损害赔偿请求权,在性质上并不因为保险代位权的发生而有所变化。第三人造成保险标的发生损害而应当承担的赔偿责任,或为侵权责任,或

---

① Kenneth S. Abraham, Insurance Law and Regulation, The Foundation Press, Inc., 1990, P. 202.

② Raoul Colinvaux, The Law of Insurance, 5th ed., Sweet & Maxwell, 1984, P. 141.

③ 《韩国商法典》第682条,我国《台湾地区保险法》第53条。

④ 例如,中国人民保险公司《企业财产保险条款》第20条、《机动车辆保险条款》第23条、《国内船舶保险条款》第21条、《国内水陆、铁路货物运输保险条款》第14条等。

为违约责任，被保险人以此对第三人享有的损害赔偿请求权，属于债权请求权的范畴，当受法律规定的诉讼时效的限制。[①]保险人的代位权既然为一种债权请求权，保险人在支付保险赔偿金而取得代位权后，可以放弃该权利，保险人放弃保险代位权的，第三人因为保险人放弃保险代位权所取得之利益，可以对抗被保险人。[②]

但是，保险人在订立保险合同时，能否约定预先放弃保险代位权？当事人可以明示或者默示地放弃民事权利及其请求权，当事人放弃请求权的，发生民事权利消灭的后果[③]，保险代位权的放弃亦同。保险人和投保人可以在保险合同中约定放弃保险代位权。保险合同约定放弃保险代位权的，发生保险事故后，保险人不得代位行使被保险人对第三人的损害赔偿请求权。

保险合同为合同的一种。合同具有相对性(privity)，仅对合同当事人有约束力，合同的效力不及于合同当事人以外的第三人；但是，以第三人为合同的受益人时，该受益人可以享有合同规定的权利。[④]保险合同约定放弃保险代位权的，该约定并非以对造成被保险人损害的第三人赋予利益为目的，其直接意义在于免除了被保险人"移转"其对第三人的损害赔偿请求权及其协助保险人行使代位权的义务，故保险合同约定放弃保险代位权的效力不及于造成被保险人损害的第三人，该第三人亦并非保险合同约定之放弃代位权条款的受益人。所以，造成被保险人损害的第三人，不得以保险合同约定的放弃保险代位权的条款，对抗保险人或者被保险人的求偿。在这种观念下，被保险人先向第三人请求损害赔偿而取得赔偿的，不得在其所获赔偿的范围内继续请求保险人给付保险赔偿金，若被保险人继续向保险人请求保险给付，保险人可以不考虑放弃保险代位权的约定，以保险的填补损害的原则对抗被保险人的给付请求；发生保险事故后，

---

① 施文森：《保险法总论》，〔台〕1985 年版，第 207 页。

② 第三人因为保险人放弃保险代位权所取得之利益，并非不当得利。

③ 私权因为当事人放弃或者抛弃而消灭，为民法的公理性原则。

④ 高尔森：《英美合同法纲要》，南开大学出版社 1984 年版，第 98 页下。

被保险人先请求保险人给付保险赔偿，而后向第三人请求损害赔偿的，第三人不得以保险合同约定之放弃保险代位权对抗被保险人；不过，被保险人由第三人处所取得之赔偿，保险人得以填补损害原则要求被保险人返还其已经作出的保险给付。

(三)物上代位权

在保险法上与保险代位权相类似的概念或者制度，有物上代位权。物上代位权，指保险人赔付被保险人财产的全部损失后，有直接取得保险标的的物权的权利。海上保险的委付制度，就是典型的物上代位权制度的一种。[①] 例如，我国《海商法》第249条规定："保险标的发生推定全损，被保险人要求保险人按照全部损失赔偿的，应当向保险人委付保险标的。保险人可以接受委付，也可以不接受委付，但是应当在合理的时间内将接受委付或者不接受委付的决定通知被保险人。委付不得附带任何条件。委付一经保险人接受，不得撤回。"海上保险的物上代位权，除委付产生的权利外，还有因为海上保险标的实际全损而发生的代位权。例如，英国《1906年海上保险法》第79条规定，若保险人给付全损的赔偿，不论其给付为保险标的的全部或者被保险货物的比例部分，均取得被保险人对其给付赔偿的保险标的的剩存的任何利益。我国《海商法》第256条规定，"保险标的发生全损，保险人支付全部保险金额的，取得对保险标的的全部权利；但是，在不足额保险的情况下，保险人按照保险金额和保险价值的比例取得对保险标的的部分权利。"当然，物上代位权不独海上保险有其适用，还可以适用于一般的财产保险，例如盗窃保险。[②] 日本《商法典》第661条规定："保险标的全部灭失时，如保险人已支付保险金额的全部，则取得被保险人对于保险标的的权利。但是，若仅将保险价值的一部投

① 海上保险的委付，是指被保险人在保险标的发生推定全损时，以保险标的的一切权利移转给保险人，而请求保险人给付全部保险金额的行为。被保险人向保险人委付推定全损的保险标的时，保险人可以接受或者拒绝接受委付。保险人接受委付的，被保险人对于推定全损的保险标的所享有的全部权利和承担的全部义务，转移给保险人。

② 中国人民保险公司《家庭财产保险附加盗窃险条款》(五)。

保，则保险人的权利以保险金额与保险价值的比例确定之。”物上代位权在性质上，属于物上请求权，与作为损害赔偿请求权的保险代位权，存在巨大差别。

三、保险代位权的行使要件

（一）保险代位权的成立

保险代位权成立于保险合同订立时。理论上，保险人的代位权不论是基于法律规定而发生，还是基于保险合同的明确约定而发生，或者基于保险合同的默示条款而发生，均成立于保险合同订立时。这就是说，只要有保险合同的成立，就有保险代位权的发生。成立于保险合同订立时的保险代位权，为保险人对于第三人享有的代位求偿的期待权。[①] 实务上，保险代位权的成立不同于保险代位权的行使，不论保险合同对保险代位权是否有所约定，保险人依法享有保险代位权，但是法律为求保险人和被保险人之间行使权利的正当利益，对于保险代位权的行使，均设定相应的条件。因此，保险合同成立时，保险人依法取得的保险代位权，惟有在符合法律规定的条件时，才可以行使。

保险代位权成立于保险合同订立时，但是，保险人和投保人可以在保险合同中明确约定不适用保险代位权。保险合同中明确约定不适用保险代位权的，此项约定在适用时不得违反填补损害原则。

（二）保险代位权的行使要件

保险代位权为保险人享有的法定权利，成立于保险合同订立时，但是，保险人要行使代位权，必须具备法定的条件。我国《保险法》第44条第1款规定：“因第三者对保险标的的损害而造成保险事故的，保险人自向被保险人赔偿保险金之日起，在赔偿金额范围内代位行使被保险人对第三者请求赔偿的权利。”依照该条规定，保险人行使代位权，应当满足以下二个条件：

1. 已为保险金给付

---

① 因其行使要件尚未完全实现或者具备的私权，称之为期待权。

保险人在向被保险人给付保险金前，对造成保险标的损害的第三人不能行使代位求偿权。保险人行使保险代位权，必须首先给付保险赔偿。“代为行使保单持有人之请求权之先决条件为保险人对于保单持有人已为给付。在此之前，受害人保有损害赔偿请求权并得任意处分该权利。”[①]对此，英国法院的判例解释认为，在保险人依照保险合同支付保险金前，保险人不得行使保险代位权；除非保险人在诉讼令状签发以前已经支付保险赔偿，在保险人主张代位权的诉讼审判开始前支付保险赔偿的事实，也无助于保险人行使代位权；保险代位权直接生长于根据填补损害的合同所为保险给付。[②]总之，保险人不论何时行使保险代位权，先为保险给付为行使保险代位权的必要条件。[③]

因为被保险人可以向第三人请求赔偿，也可以向保险人请求给付保险金，保险人对第三人的代位权仅为将来求偿权，尚未转化为既得权，不能行使。如果被保险人向第三人请求赔偿而取得部分或者全部赔偿，保险人只能在给付保险金时，相应扣除被保险人已经取得的赔偿。[④] 所以，保险人惟有在向被保险人给付保险金后，对第三人的代位权转化为既得权，才能够行使代位权。

保险人行使保险代位权，仅以其事实上给付保险赔偿金为必要，至于保险人的保险给付，依照保险合同是否源于保险人的保险给付义务，在所不问；保险人在其保险给付的范围内，可以行使保险代位权。例如，英国法院的判例认为，保险人依照有效的保险合同给付保险赔偿，并以此行使保险代位权的，第三人不得以保险人依照保险合同的条款不承担保险给付义务为由，对其行使代位权予以抗辩。[⑤]

---

① 林动发：《保险法论著译作选集》，〔台〕1991 年版，第 121 页。

② Raoul Colinvaux, The Law of Insurance, 5th ed., Sweet & Maxwell, 1984, P. 144.

③ 施文森：《保险法总论》，〔台〕1985 年版，第 204 页。

④ 我国《保险法》第 44 条第 2 款，《海商法》第 254 条。

⑤ Raoul Colinvaux, The Law of Insurance, 5th ed., Sweet & Maxwell, 1984, P. 144.

但是，有学者认为，保险人所为保险给付必须符合保险合同的约定，若保险人依照保险合同对于被保险人所受的损失原无保险责任而竟予以赔偿的，其保险给付是出于自愿，不得据以对第三人行使代位权。[①] 确实，依照传统的保险代位权理论，若保险人依照保险单没有保险给付义务而"自愿(voluntarily)"给付保险赔偿金的，不得行使保险代位权。[②]可是，这种传统理论，在现代保险实务上并不受欢迎。保险人超出保险金额给付保险赔偿，或者不计保险合同约定的除外责任而予以保险给付，或者在保险人不承担保险责任的限度内仍为保险给付，一律构成自愿给付，但不宜否认保险人的代位权。在美国，法院对于以"自愿"给付对抗保险代位权的适用予以了多种限制；特别是，当保险人在明确(clear)和有效(valid)的抗辩情形下，"自愿"给付，不得行使保险代位权，但是，保险给付只要有争议，保险人"自愿"给付的，可以行使保险代位权。[③]

保险人依照保险合同无须承担保险责任而给予被保险人以赔偿，显然属于保险人放弃了保险合同所给予的利益，自不得向被保险人请求返还；被保险人已受保险人的赔偿，但其并未丧失对第三人的损害赔偿请求权，仍然可以对第三人请求赔偿；若发生此等情形，被保险人将获得超过其所受损失的赔偿，显然与财产保险固有的填补损害原则相悖。再者，保险代位权为保险人依照法律规定所享有的权利，其因为保险合同的订立而当然发生；保险人放弃依照保险合同而享有的免于承担保险责任的利益，并不说明保险人放弃了保险代位权，第三人不得以之对抗被保险人的赔偿请求，也没有依据对抗保险人的代位请求。造成被保险人损害的第三人是否应当承担责任，并不因为保险人"自愿"给付保险赔偿金而受影响，第三人仍得以其对被保险人的一切抗辩对抗保险人。所以，保险人在保险合同约定无须承

---

① 施文森：《保险法总论》，〔台〕1985 年版，第 205 页。
② John F. Dobby, Insurance Law, West Publishing Co., 1981, P. 239.
③ John F. Dobby, Insurance Law, West Publishing Co., 1981, P. 240.

担保险责任时，仍然给予被保险人以赔偿的，可以对造成被保险人的损害的第三人行使代位权。

2. 以给付的保险金额为限

保险人向被保险人给付保险金后，才可以对第三人行使代位权。行使代位权只能以其向被保险人给付的保险金数额为限，不得超过其向被保险人给付的保险金数额。例如，我国台湾《保险法》第53条第1款规定，保险人对第三人行使代位权而请求的数额，以不逾赔偿金额为限。我国《保险法》第44条第1款规定，保险人在“赔偿金额范围内”代位行使被保险人对第三者请求赔偿的权利。保险人行使代位权，不影响被保险人的其他权利。例如，第三人造成被保险人的损失超过保险人承担的保险责任的，被保险人仍可以对其没有取得保险赔偿的部分，继续向第三人请求损害赔偿。①

此外，保险人以给付的保险金额为限行使代位权，只是保险人行使代位权的充分条件，并不具有绝对的意义。保险人以其保险给付为限行使代位权，固然符合代位权满足财产保险填补损害的本质特征；但是，允许保险人行使代位权超出保险给付范围，若不损害被保险人的利益，反而有助于促使保险人和第三人因代位权的行使而达成和解，减轻被保险人向第三人请求损害赔偿的诉讼负担。例如，《日本商法典》第662条第2款规定：保险人向被保险人仅给付部分保险金额的，在不损害投保人或者被保险人的权利的范围内，可以对第三人行使代位权。保险人行使代位权而从第三人处取得的赔偿，超过其向被保险人给付的保险金额的，应当将超过的部分退还给被保险人。②

保险人行使代位权除应当具备上述两个条件以外，有学者认为，被保险人已经受到全部损失赔偿应当为保险人行使代位权的另一个条件。保险代位权的目的在于防止被保险人因为保险事故获得的赔偿不超过其所受的实际损失。所以，保险人行使保险代位权的，只能

---

① 我国《保险法》第44条第3款。

② 我国《海商法》第254条第2款。

以被保险人已经受到全部损失赔偿为条件。[1] 这种观点值得讨论。

立法例所采取的立场与这种观点并不完全相同，保险人行使保险代位权，不以被保险人已经获得全部损害赔偿为必要条件，仅以保险人给付保险赔偿为要件，保险人向被保险人给付部分保险金额的，或者保险人向被保险人给付保险金额尚不足以填补被保险人所发生的损失，在不损害被保险人的利益的范围内，应当可以行使保险代位权。例如，德国《保险合同法》第 67 条规定："被保险人对于第三人享有的损害赔偿请求权，于保险人给付被保险人之赔偿额度内，移转予保险人。但代位权的行使，不得有害于被保险人。"《韩国商法典》第 682 条规定：损害因为第三人的行为而发生，保险人支付保险金额后，在其已付的保险金额的限度内，取得投保人或者被保险人对该第三人的权利；但是，保险人向被保险人仅给付部分保险金额的，在不损害投保人或者被保险人的权利的范围内，可以行使其权利。保险人行使保险代位权，与保险代位权能否先于被保险人的全部损失补偿而获得满足，不属同一层面的问题。

在理论上，因为保险人的代位权和被保险人的损害赔偿请求权，相对独立而存在，被保险人因为保险给付而没有得到完全补偿的损失，可以继续向造成损害的第三人求偿；被保险人向第三人的求偿行为，并不妨碍保险人在其保险给付限度内向第三人主张或者行使代位权。例如，在保险给付（不足额保险）和第三人的侵权损害赔偿（限额赔偿责任）均不足以弥补被保险人的损失时，被保险人如何满足其损害赔偿请求权，保险人又如何满足其代位求偿权，存在着绝对说、相对说和受害人优先说等 3 种观点。[2] 绝对说认为，被保险人由保险人处取得的保险给付等于或者多于第三人应当承担的赔偿责任限额的，保险人以其保险给付额为限，可以向第三人行使代位权，被保险人不得再向第三人有任何赔偿请求。相对说认为，被保险人由保险

---

① 施文森：《保险法总论》，〔台〕1985 年版，第 204 页下。

② 林动发：《保险法论著译作选集》，〔台〕1991 年版，第 122 页下。

人处取得的保险给付等于或者多于第三人应当承担的赔偿责任限额的，以第三人应当承担的赔偿责任限额和被保险人的损失之比例，确定保险人行使代位权的求偿范围，被保险人仍然可以对第三人主张相应比例的赔偿请求。受害人优先说认为，不论被保险人（受害人）对于第三人有无赔偿请求权，被保险人均有权受领保险给付；同样，受害人即使没有投购保险而无权受领保险给付，其对第三人的侵权行为之损害赔偿请求权，并无妨碍；因此，被保险人从保险人处取得保险给付，仍然有权向第三人请求损害赔偿以弥补未获保险给付填补的其他损失，保险人惟能在被保险人获得全部损失赔偿的条件下，对应当承担限额赔偿责任的第三人行使代位权。实际上，对于被保险人的损失尚没有取得完全补偿的任何情形，均存在适用绝对说、相对说或者受害人优先说的问题。

保险给付不足以填补被保险人所发生的损失，保险人可以行使保险代位权，但在第三人丧失清偿能力或者难以即时支付被保险人的损害赔偿请求和保险人的代位求偿时，应当先满足被保险人的赔偿请求，这符合财产保险的固有功能。保险代位权制度的目的之一，在于防止被保险人通过保险取得不当利益，当侵权行为人的赔偿额及保险人的给付额均不足以补偿被保险人的全部损失时，受害人的全部损害受补偿的请求权应予保障，优先实行。[①]因此，保险代位权的行使，不应当妨碍被保险人的损失受到完全补偿的利益。在债权请求权平等的理念下，被保险人的赔偿请求和保险人的代位求偿，不存在何者优先受偿的问题，但在填补被保险人的损失方面若发生利害冲突，应当注重对于赔偿或者补偿被保险人的损失这一操作层面上的合理化选择，否则，被保险人为防止保险人的代位求偿先于或者同时与其赔偿请求获得满足，势必采取损害赔偿的“先诉”步骤，而又必须顾及向保险人“索赔”的时效，处于两难境地；与之相对应，保险人基于其自身利益的考虑，完全可以借其诉讼技巧上的优势地位以及

① 林动发：《保险法论著译作选集》，〔台〕1991年版，第123页。

经济上的便利，以给付保险赔偿金为条件而先于被保险人从第三人处获得代位赔偿，这将损害被保险人的利益。正是由于存在这种考虑，立法例对保险人代位权的行使予以了限制。

总之，保险人向被保险人支付保险赔偿金的，在其已付的保险赔偿的范围内，可以行使代位权，但不得有害于被保险人对第三人取得赔偿的利益。

四、保险代位权的效力范围

第三人得以其对被保险人享有的一切抗辩，对抗保险人的代位求偿。因此，被保险人在取得保险人给付保险赔偿金前或者后，应当尽其所能协助保险人能够在给付保险金后有效行使对第三人的求偿权，被保险人不得以任何方式损害保险人的代位求偿权。如何确保保险人行使代位权，事关保险人的切身利益，各国立法例不能不加以重视。

(一)保险人以自己的名义行使代位权

保险人的代位权，因为被保险人受保险人的保险赔偿，其对第三人的赔偿请求权遂移转予保险人，保险人究竟应当以自己的名义还是以被保险人的名义行使代位权，在解释上一直存在着两种对立的观点。

一种观点认为，保险人以被保险人的名义行使代位权。英国的保险判例认为，原则上，保险人向被保险人给付保险赔偿后，提起诉讼请求第三人赔偿的，应当以被保险人的名义为之；依照英国《财产法》第136条的规定，被保险人对第三人的赔偿请求权以法定形式转让给保险人的，保险人在赔偿被保险人的损失后，可以自己的名义诉请第三人而行使代位权；被保险人对第三人的赔偿请求权没有依照法定形式转让给保险人的，保险人不得以自己的名义而仅能以被保险人的名义诉请第三人，以行使代位权。[①]可见，在英国，保险人行使代

---

① Raoul Colinvaux, The Law of Insurance, 5th ed., Sweet & Maxwell, 1984, P. 145.

位权，以被保险人的名义为之。这种代位权的行使方法，被形象地称之为保险人仅仅“踏进了被保险人的鞋(steps into the shoes)”，在英美法系国家具有普遍性。

另一种观点认为，保险人的代位权依照法律规定而发生，保险人行使代位权，不以被保险人(法定)移转赔偿请求权的行为为要件，只要具备代位权的行使条件，即可径以自己的名义行使被保险人对于第三人的赔偿请求权。[①] 总之，保险人在给付保险赔偿后，以自己的名义行使代位权。

我国《保险法》对于代位权的行使没有具体的规定。

理论上，保险代位权是保险人依法取得的法定权利，在权利性质上虽然从属于被保险人对第三人的请求权性质，但终归为独立于被保险人之外的权利，保险人无须经被保险人的同意、转让或者协助，可以直接向第三人行使被保险人对第三人享有的请求权，应当以自己的名义为之。保险人行使代位权，其地位不同于被保险人的代理人，自然无须以被保险人的名义对第三人行使被保险人享有的请求权。实际上，保险代位权系由被保险人移转而可得行使的权利，被保险人因其移转向第三人请求赔偿的权利而不再享有对第三人的赔偿请求权，保险人因为受让被保险人的赔偿请求权，而成为实际或者真正的权利人，应当以自己的名义行使代位权。与保险代位权差别甚多的债权人代位权，依照我国的法理，在行使方面允许债权人以自己的名义为之，而其效果直接及于债务人；[②] 而保险代位权，性质上属于被保险人移转予保险人的独立之请求权，保险人在行使保险代位权时，更应当以自己的名义行使之，恐怕更加妥当。

实务上，保险人以自己的名义行使代位权，可以避免以被保险人的名义行使代位权所可能产生的诸多不便，从而取得独立的请求权

---

① 郑玉波：《保险法论》，〔台〕三民书局1978年版，第91页；陈云中：《保险学》，〔台〕五南图书出版公司1984年版，第158页；施文森：《保险法总论》，〔台〕1985年版，第204页。

② 王家福主编：《中国民法学·民法债权》，法律出版社1991年版，第177页下。

人地位或者诉讼地位。例如，保险人以被保险人的名义行使代位权，保险人并不具有独立的地位，保险人的权利行使状态或者诉讼地位，均受制于被保险人的意思，被保险人不同意或者不予协助时，保险人显然不能独立行使代位权，这不利于保险代位权制度的贯彻。我国的司法实务，已经确认保险人以自己的名义行使保险代位权，并取得独立的诉讼地位。例如，大连海事法院在审理华润机械有限公司、香港民安保险有限公司诉（巴拿马）公司、阿特拉斯海运及贸易公司、东方汽车班轮有限公司海上货物运输合同赔偿纠纷案时，认为：承运人巴拿马公司及代理人东方公司违反承运人义务，对造成华润公司的损失应当承担全部赔偿责任；华润公司的实际损失已经保险人民安公司的赔款中得到补偿，其要求被告赔偿的权利已由民安公司取代，华润公司申请撤诉，应予准许；民安公司在案件审理过程中，与巴拿马公司、东方公司达成和解，依照和解协议已经取得赔偿，该和解协议不违反我国法律和社会公共利益；因此，依照《民事诉讼法》第51条的规定，裁定准予华润公司、民安公司撤回起诉。[①]

所以，从理论和实务上分析，对于我国《保险法》规定的保险代位权，保险人应当以自己的名义行使之。

（二）尊重被保险人的权利

因第三人的行为引起保险事故造成保险标的的损害的，被保险人对第三人有损害赔偿请求权，对保险人有保险给付请求权，并可以依照自己的意愿选择行使上述权利。被保险人可以直接请求第三人赔偿损害，或者直接请求保险人给付保险赔偿金，或者同时行使损害赔偿请求权和保险金给付请求权。被保险人请求保险人给付保险赔偿金的，保险人自向被保险人给付保险金之日起，在赔偿金额范围内对第三人可以行使保险代位权；在此情形下，被保险人不得对第三人请求赔偿其已取得的保险赔偿范围内的损害，即使提出请求，其利益

---

① 最高人民法院中国应用法学研究所：《人民法院案例选》（1994年第2辑），第138页下。

应当归于保险人。被保险人向保险人请求给付保险赔偿的，保险人不得以被保险人已经向第三人请求损害赔偿为由，拒绝承担保险给付责任，即使被保险人已经从第三人处取得赔偿，保险人也仅能在给付保险赔偿时，“相应”扣除被保险人已经取得的赔偿。总之，被保险人请求保险人承担保险给付责任的，除非被保险人已经从第三人处取得全部损害赔偿，保险人应当承担保险给付义务。保险人承担保险给付义务后，可以代位行使被保险人对第三人的赔偿请求权。

保险人行使代位权，不影响被保险人的其他权利。例如，第三人造成被保险人的损失超过保险人承担的保险责任的，被保险人仍可以对其没有取得保险赔偿的部分，继续向第三人请求损害赔偿。我国《保险法》第 44 条第 3 款规定，保险人以向被保险人给付保险赔偿金为限行使代位请求赔偿的权利，不影响被保险人就未取得赔偿的部分向第三人请求赔偿的权利。学者普遍认为，法律规定的保险代位权行使的先决条件为，被保险人对第三人享有的请求权仍然存在，保险人履行保险给付义务，并不影响被保险人的损害赔偿请求权。[①]

但是，在我国的司法实务上，对此的认识似乎并不十分准确。例如，被保险人投保财产运输保险，保险标的因为承运人的原因发生损失；被保险人向保险公司提出索赔，同时向法院起诉承运人承担赔偿责任；在诉讼期间，被保险人取得保险公司的赔偿后，但保险赔款远低于保险标的所受到的实际损失，被保险人以剔除保险赔款后的损失余额，继续向承运人诉请赔偿。对于本案，分析意见认为，被保险人取得保险赔款，其向承运人索赔的权利转让与保险公司，不再有权向应当承担赔偿责任的承运人请求赔偿，法院应当驳回其诉讼请求。[②]法院对于本案的处理，实际上以保险给付请求权取代了被保险人的损害赔偿请求权，保险给付请求权的满足产生保险人的保险代位权；

---

① 林动发：《保险法论著译作选集》，〔台〕1991 年版，第 120 页下。

② 沈关生主编：《经济纠纷疑难案例研究》，人民法院出版社 1992 年版，第 136 页下。

但保险代位权的行使不能超出保险给付的限度，对于超出保险给付以外的损失，被保险人仍然享有不受限制的请求损害赔偿的权利。

保险人若仅给付部分保险赔偿金，惟有不损害被保险人的利益时，才可以行使保险代位权。例如，《日本商法典》第662条第2款规定，保险人向被保险人仅支付其保险金额的一部分时，仅在不损害投保人或者被保险人权利的范围内，可以行使保险代位权。[①]保险人行使代位权的利益归属于保险人自己，但是代位权利益超出保险给付范围的部分，应当归属于被保险人。所以，保险人行使代位权而从第三人处取得的赔偿，超过其向被保险人给付的保险金额的，应当将超过的部分退还给被保险人。

（三）对于被保险人已经取得之赔偿

因为第三人的行为造成被保险人损失，被保险人已经由第三人取得赔偿的，保险人应当如何给付保险金额呢？在此情形下，保险人如何给付保险金额，与保险代位权的行使发生一定的关联，但又没有必然的联系。我国《保险法》第44条第2款规定，因第三人的行为造成保险事故发生后，“被保险人已经从第三者取得损害赔偿的，保险人赔偿保险金时，可以相应扣减被保险人从第三者已取得的赔偿金额”。但是，《保险法》第44条第2款的规定，似有检讨的余地。该立法例在解释上，应当严格限定其适用范围，它只能适用于足额保险。[②]

被保险人已经从第三人取得损害赔偿的，保险人赔偿保险金时，可以相应扣减被保险人从第三人已取得的赔偿金额。这种立法例，其所依据的理由恐怕源于我国《海商法》第254条第1款的规定。若对《保险法》第44条第2款作文义解释，“如被保险人从责任方得到了部分补偿，保险人在支付赔偿金时，可以从应支付的赔偿额中相应扣

① 《韩国商法典》第682条的规定相同。

② 保险合同约定的保险金额等于保险标的的保险价值，为足额保险。

减。”[①] 对于足额保险，若第三人造成保险事故导致保险标的全部损失的，被保险人从第三人处获得部分赔偿，保险人扣除被保险人已取得的部分赔偿后，应当向被保险人给付其余保险金额；第三人造成保险事故导致保险标的部分损失的，被保险人从第三人处获得部分赔偿，保险人扣除被保险人已取得的部分赔偿后，应当在其余保险金额范围内，向被保险人给付其尚未获得赔偿的实际损失部分；对于不足额保险，第三人造成保险事故导致保险标的全部损失或者部分损失的，除非保险合同另有约定，保险人对保险标的的损失按照保险金额与保险价值的比例承担保险责任；若被保险人从第三人处获得部分赔偿，已经超过保险人应当承担的比例责任的，保险人不再给付保险赔偿金；没有超过保险人应当承担的比例责任的，保险人以其应当承担的比例责任扣除被保险人已取得的赔偿的差额，向被保险人为给付。[②]

依照上述文义解释，现举二例作一说明。

例一：若被保险人投保的保险金额为100万元，保险标的的价值为100万元，第三人造成保险标的的损失为100万元，被保险人向第三人请求赔偿取得40万元的赔偿，那么保险人在向被保险人支付100万元保险金额时，可以相应扣减被保险人已经取得之40万元赔偿，所以，保险人只需向被保险人给付60万元赔偿，被保险人实际取得之赔偿为100万元。这个结论，符合常理，不致有歧义。

例二：若被保险人投保的保险金额为50万元，保险标的的价值为100万元，第三人造成保险标的的损失为100万元，被保险人向第三人请求赔偿取得40万元的赔偿，那么保险人在向被保险人支付50万元保险金额时，可以相应扣减被保险人已经取得之40万元赔偿，所以，保险人只需向被保险人给付10万元赔偿，被保险人实际取

---

① 董开军主编：《中华人民共和国保险法释义》，中国计划出版社1995年版，第135页。

② 邹海林、常敏：《中华人民共和国保险法释义》，中国检察出版社1995年版，第129页下。

得之赔偿为50万元。这个结论，自然是荒唐的。

上述例二的被保险人实际受到损失为100万元，在第三人造成其全损时，保险人对被保险人负有给付全部保险金额50万元的责任；被保险人对于第三人享有100万元的损害赔偿请求权；被保险人不论先请求保险给付还是直接请求损害赔偿，均应当获得多于50万元的赔偿。若被保险人先向保险人请求保险给付，保险人应当给付50万元赔偿，并可以在50万元的范围内对第三人行使代位权，但并不影响被保险人可以复请求第三人赔偿其未获赔偿的另外50万元。若被保险人先向第三人请求赔偿并取得40万元的赔偿，其所受100万元的损失没有得到全部弥补(剩余60万元的损失可以视为部分损失)，保险人原则上依照保险金额和保险价值的比例应当给付30万元的保险赔偿金，这样，被保险人至少可以获得70万元的赔偿。所以，我国《保险法》第44条第2款的规定，若无条件地适用于例二之情形，甚为不妥。

(四)被保险人放弃对第三人的权利

保险人对第三人行使代位权，第三人得以对抗被保险人的理由，对抗保险人。原则上，不论有无保险合同或者保险事故是否发生，若被保险人放弃对第三人的赔偿请求权，或者同第三人就损害赔偿的数额达成和解，第三人因此取得之利益，可以对抗保险人的代位求偿。①在保险合同成立后，被保险人不得放弃对第三人的求偿权或者就该求偿与第三人达成和解以减轻第三人的责任。否则，被保险人应当对保险人承担责任；被保险人因其放弃求偿权或者和解行为而损害保险人的代位权的，应当对保险人承担债务不履行的责任或者赔偿责任。②被保险人放弃对第三人的赔偿请求权，因其发生在保险合同成立前后，或者发生在保险人给付保险赔偿前后，具有不同的效

---

① Kenneth S. Abraham, Insurance Law and Regulation, The Foundation Press, Inc., 1990. P. 205.

② Raoul Colinvaux, The Law of Insurance, 5th ed., Sweet & Maxwell, 1984, P. 143.

果。被保险人在保险合同订立前以及保险事故发生前预先放弃对第三人的赔偿请求权，对保险人行使代位权将会产生何种效果，我国法律没有相应的明确规定；我国法律仅对保险事故发生后被保险人放弃对第三人的赔偿请求权的效果，作出了明确规定。《保险法》第45条规定："保险事故发生后，保险人未赔偿保险金之前，被保险人放弃对第三者的请求赔偿的权利的，保险人不承担赔偿保险金的责任。保险人向被保险人赔偿保险金后，被保险人未经保险人同意放弃对第三者请求赔偿的权利的，该行为无效。由于被保险人的过错致使保险人不能行使代位请求赔偿的权利的，保险人可以相应扣减保险赔偿金。"

1. 保险事故发生后，保险给付前

在保险事故发生后，保险人尚未赔偿被保险人的损失，被保险人放弃对第三人享有的损害赔偿请求权，其直接后果是使得保险人在赔偿保险标的的损失后，不得再向第三人行使代位权。被保险人与第三人达成和解而减轻第三人的赔偿责任的情形，亦同。因此，被保险人放弃对第三人的损害赔偿请求权，严重侵害了保险人的利益，保险人可以拒绝承担保险责任。我国《保险法》第45条第1款规定："保险事故发生后，保险人未赔偿保险金之前，被保险人放弃对第三者的请求赔偿的权利的，保险人不承担赔偿保险金的责任。"被保险人放弃对第三人的损害赔偿请求权，保险人不承担赔偿保险金的责任，此为原则。但是，这项原则应当理解为：保险人只能在被保险人放弃对第三人的损害赔偿请求权致其代位权行使不能的影响范围内，不承担给付保险赔偿金的责任；若被保险人只是部分放弃对第三人的损害赔偿请求权，例如，与第三人达成和解而减轻第三人的损害赔偿责任，保险人不能以此拒绝承担保险责任。[①]"在被保险人以和解免除第三人的责任而损害保险人的代位求偿的情形下，判决认为被保险

---

① 我国《海商法》第253条规定："被保险人未经保险人同意放弃向第三人要求赔偿的权利，或者由于过失致使保险人不能行使追偿权利的，保险人可以相应扣减保险赔偿。"

人违反保险合同，以致保险人可以全部或者部分对抗被保险人依照保险单提起的诉讼。"[①]被保险人免除第三人赔偿责任的全部或者部分的，不论被保险人是出于故意还是过失，保险人均可以拒绝承担全部或者部分保险责任。但是，被保险人在获得保险人给付保险赔偿金之前，征得保险人的许可或者同意而放弃对第三人的损害赔偿请求权，或者与第三人达成和解而减轻第三人的赔偿责任的，保险人不得拒绝承担全部或者部分保险责任。

保险事故发生后，保险人未赔偿保险金之前，被保险人放弃对第三人的请求赔偿的权利，保险人不知其事实而向被保险人给付保险赔偿金，保险人因为被保险人放弃请求权的行为而不能向第三人行使代位权，可以向被保险人追回已为的保险给付。[②] 保险人因为被保险人在保险给付前放弃对第三人的赔偿请求权，请求追回已为的保险给付，可以被保险人违反保险合同的代位权条款为理由。若被保险人和第三人恶意串通，例如，第三人知保险人的代位权而被保险人放弃权利将损害保险人的代位权，仍然与被保险人进行和解，使得被保险人放弃或者部分放弃对第三人的损害赔偿请求权的，被保险人和第三人应当对保险人承担连带责任，保险人可以向被保险人请求追回保险给付，也可以向第三人行使保险代位权，更可以请求被保险人或者第三人承担侵权损害赔偿责任。

2. 保险给付后

保险人的代位权有效成立于保险合同订立时，自保险人给付保险赔偿金之日起，保险人的代位权转化为既得权，其行使不受被保险人的行为的影响，被保险人放弃对第三人的损害赔偿请求权，对保险人的代位权不发生任何效力。在保险事故发生后，若保险人已经向被保险人给付保险赔偿金的，被保险人未经保险人同意，放弃对第三人的损害赔偿请求权，该行为无效。在这种情况下，保险人仍然可以对

---

① John F. Dobby, Insurance Law, West Publishing Co., 1981, P, 237.

② 施文森:《保险法总论》,〔台〕1985 年版，第 205 页。

第三人行使保险代位权,第三人不得以被保险人放弃损害赔偿请求权为由,对抗保险人的代位求偿权。我国《保险法》第45条第2款规定:"保险人向被保险人赔偿保险金后,被保险人未经保险人同意放弃对第三者请求赔偿的权利的,该行为无效。"既然法律规定,在保险人给付保险赔偿金后,未经保险人同意,被保险人放弃对第三人的损害赔偿请求权的行为无效,则第三人因为被保险人的行为而取得之任何利益,均不产生任何法律效力。在这种情况下,保险人依照保险合同对被保险人所为给付,为有效的给付,保险人不得以被保险人放弃对第三人的赔偿请求权为由,请求被保险人返还保险给付;对于保险人可以适用的救济,仍然为保险人可以继续向第三人行使保险代位权。

美国的保险立法和实务,与我国的上述立法例有所不同。在保险事故发生后,若保险人已经向被保险人给付保险赔偿金的,被保险人未经保险人同意,放弃对第三人的损害赔偿请求权,保险人可以被保险人违反保险合同为由对被保险人提起损害赔偿诉讼;但是,若被保险人在保险人给付保险赔偿金后,全部或者部分放弃对第三人的赔偿请求权,第三人在取得被保险人放弃权利的利益时已知保险人的代位权事实,则不得对抗保险人的代位权,此时,保险人对第三人仍具有代位求偿利益而没有违约损害发生,故不存在请求被保险人承担违约赔偿责任的基础。[①]可见,在保险人给付保险赔偿金后,未经保险人同意,被保险人全部或者部分放弃对第三人的赔偿请求权的,其行为并非无效,第三人因此而取得之利益,可以对抗保险人的代位求偿,以至于保险人因代位权行使不能而受到损害,在此情形下,保险人可以请求被保险人承担违约赔偿责任;若保险人因为第三人知其代位权的事实而仍然可以行使代位权的,只能继续行使代位权,不能请求被保险人承担违约责任。这与我国上述立法例相比较,美国保险立法和实务使保险代位权的行使这个问题过于复杂,实际上并没

① John F. Dobby, Insurance Law, West Publishing Co., 1981, P. 237.

有强化保险人行使代位权的地位。

我国法律强化了保险人行使代位权的地位，不论第三人是否知道保险人已为保险给付并可行使代位权，也不论被保险人放弃对第三人的赔偿请求权的主观恶意程度，保险人在给付保险金后，其行使代位权的地位不受任何影响，使问题的处理简单化，具有显而易见的实践价值。

3. 保险合同订立后，保险事故发生前

在保险合同成立后，保险事故发生前，被保险人放弃对第三人的赔偿请求权，在发生保险事故后，第三人因为被保险人先于保险事故的发生而放弃赔偿请求权所取得之利益，可以有效对抗保险人的代位求偿权。保险人因为被保险人先于保险事故的发生放弃对第三人的赔偿请求权而不能行使代位权的，能否以被保险人的行为妨害其代位权为由拒绝承担保险责任？

理论上，被保险人不得妨碍或者损害保险人行使代位权。若被保险人在保险合同成立后，先于保险事故的发生放弃对第三人的赔偿请求权，直接损害保险人依法或者依据保险合同而取得之保险代位权利益，保险人可以不承担保险责任。但是，在保险实务上，为了交易的安全和稳妥、以及被保险人利益的维护，保险人不得简单地以被保险人在保险事故发生前放弃对第三人的赔偿请求权为由，免予承担保险责任。例如，美国明尼苏达州最高法院 1971 年关于大北石油公司(Great Northern Oil Company)诉圣保罗火灾海事保险公司(St. Paul Fire and Marine Insurance Company)一案的判决中认为，保险合同中没有禁止被保险人订立免除他人赔偿责任的协议的明确约定，被保险人有权诉请保险人给付保险赔偿金。[①]大北石油公司(被保险人)1964 年 8 月 12 日与圣保罗火灾海事保险公司等(保险人)订立了为期 3 年的全险(all-risk)保险合同，被保险人的营业中断损

① Kenneth S. Abraham, Insurance Law and Regulation, The Foundation Press, Inc., 1990, P. 205.

失风险为保险人承保的风险之一。在保险期间，被保险人 1967 年 2 月 7 日和承包商签订了一项建筑工程合同，并约定有承包商对被保险人的营业中断损失不承担赔偿责任的免责条款。1967 年 6 月 16 日，发生建筑工程事故。被保险人依照保险单的约定诉请保险人给付营业中断损失保险赔偿金。保险人以被保险人在事故发生前免除了承包商的损害赔偿责任，以致损害了保险人依照保险单享有的代位权为由，拒绝给付保险赔偿金。最终，法院判决保险人承担保险责任。

我国法律对于这个问题没有作出十分明确的规定，实务上应当如何对待这个问题，尚需进一步的研究。需要说明的是，我国《保险法》第 45 条第 3 款的规定，“由于被保险人的过错致使保险人不能行使代位请求赔偿的权利的，保险人可以相应扣减保险赔偿金”，似乎可以适用于这种情形。从该条款规定的保护保险人的代位权利益的立法旨意看，被保险人先于保险事故的发生放弃对第三人的赔偿请求权，可以归结为致使保险人代位权行使不能的“过错”，保险人可以相应扣减保险赔偿金。在保险合同成立后保险事故发生前，保险人的代位权已经发生；被保险人在保险事故发生前放弃对第二人的赔偿请求权，其或者知道自己的行为或者应当知道自己的行为将损害保险人行使代位权之利益；被保险人放弃对第三人的赔偿请求权，相对于保险人的代位权行使而言，存在过错。因此，在被保险人先于保险事故的发生放弃对第三人的赔偿请求权的情形下，保险人可以《保险法》第 45 条第 3 款的规定，主张相应扣减保险赔偿金。不过，解决这个问题的最好办法，可以通过保险合同的条款加以规定。若保险合同约定，因被保险人在保险事故发生前放弃对第三人的赔偿请求权，致使保险人不能行使代位权而发生损害的，保险人可以相应扣减保险赔偿金或者免予承担给付保险赔偿金的责任。

4. 在保险合同成立前

已如上述，在保险事故发生后，保险给付前，被保险人放弃对第三人的赔偿请求权，保险人不得对第三人行使代位权；保险合同成立后，保险事故发生前，被保险人放弃对第三人的赔偿请求权，保险人亦不得对第三人行使代位权，和解亦同。那么，在保险合同成立前，被保险人放弃对第三人的赔偿请求权，又会发生什么效果呢？理论上，在保险合同成立前，被保险人预先放弃对第三人的赔偿请求权，保险人已知其事实，或者保险合同没有保险代位权的约定，保险人受被保险人放弃赔偿请求权的约束；[①] 在发生保险事故后，第三人因为被保险人预先放弃赔偿请求权而取得之利益，可以有效对抗保险人的代位权，保险人并应当向被保险人承担保险责任。

确实，在保险单签发前，被保险人放弃对第三人的赔偿请求权，保险人不得对第三人主张代位权；但是，保险人是否可以此为由，对抗被保险人的保险给付请求权，我国法律没有任何规定。被保险人在保险合同成立前放弃对第三人的赔偿请求权，不同于被保险人在保险合同成立后放弃对第三人的赔偿请求权的诸多情形，因此，我国《保险法》第45条的规定，不具有任何适用价值。被保险人在保险合同成立前放弃对第三人的赔偿请求权，保险事故发生后，保险人是否可以对抗被保险人的保险给付请求权，实务上应当考虑多种因素予以决断。以下五种情形，应当予以注意：

(1)基于保险合同的明确约定。对于被保险人在保险合同成立前放弃对第三人的赔偿请求权的行为，保险合同对其后果已有明确约定的，依照保险合同的约定确定保险人的保险责任的有无及其大小。例如，如果保险合同明确约定，被保险人在保险合同订立前放弃对第三人的赔偿请求权的，保险人可以扣减保险赔偿金或者不承担保险责任，或者保险合同明确约定禁止被保险人在任何情形下放弃对第三人的赔偿请求权，且该约定具有溯及的效力，那么在保险事故发生后，保险人可以依照保险合同的约定扣减保险赔偿金或者不承担保险责任。

---

① 施文森：《保险法总论》，〔台〕1985年版，第205页。

(2)基于违反如实告知义务[①]。如果保险合同没有约定保险人的代位权，对于被保险人在保险合同成立前放弃对第三人的赔偿请求权亦缺乏相应约定，但是，保险人在订立保险合同时询问投保人该事实，投保人没有向保险人如实告知被保险人放弃对第三人的赔偿请求权的事实的，在发生保险事故后，保险人可以投保人违反如实告知义务为由，不承担保险责任。

(3)基于被保险人的恶意。保险合同为最大诚信合同，投保人或者被保险人不得恶意诈害保险人，否则，保险人不承担保险责任。在保险合同成立前，被保险人在免除对第三人的赔偿责任后，以损害保险人的代位权为目的，与保险人订立保险合同，以至于在保险事故发生后保险人不能行使代位权的，保险人可以拒绝承担保险责任。

(4)基于保险人已知的事实。被保险人在保险合同成立前放弃对第三人的赔偿请求权，不论保险合同对被保险人的上述权利放弃是否有所约定，若保险人在订立保险合同时已知其事实，仍然同被保险人订立保险合同的，在发生保险事故时，保险人不得以被保险人预先放弃对第三人的赔偿请求权而损害其代位权为由，对抗被保险人的保险给付请求权。被保险人在保险合同成立前放弃对第三人的赔偿请求权，不论保险合同对被保险人的上述权利放弃是否有所约定，保险人在订立保险合同时不知其事实，但在保险期间知其事实，而不行使保险合同所约定的救济权利，在发生保险事故时，保险人不得以被保险人预先放弃对第三人的赔偿请求权而损害其代位权为由，对抗被保险人的保险给付请求权。

(5)基于保险合同无约定的事实。对于被保险人在保险合同成立前放弃对第三人的赔偿请求权的行为，保险合同没有明确约定其后果的，除非保险人有效援引违反如实告知义务的规定，或者保险人有证据证明被保险人恶意诈害保险人的代位权，保险人不得以被保险

---

① 投保人或者被保险人在订立保险合同时，对于保险人就保险标的或者被保险人的有关情况提出的询问，应当如实告知。见我国《保险法》第16条。

人预先放弃对第三人的赔偿请求权而损害其代位权为由，对抗被保险人的保险给付请求权。

（五）被保险人的协助义务

保险代位权的特点，是保险人代替被保险人向第三人行使被保险人对其享有的损害赔偿请求权，第三人对被保险人的一切抗辩，除法律规定不得对抗保险人的以外，均可以用于对抗保险人行使代位权。在这种情况下，若被保险人不向保险人行使代位权提供必要的协助，保险人行使被保险人对第三人享有的权利时，会面临诸多困难。因此，保险人行使保险代位权，被保险人应当提供必要的协助。我国《保险法》第47条规定："在保险人向第三者行使代位请求赔偿权利时，被保险人应当向保险人提供必要的文件和其所知道的有关情况。"① 被保险人的协助义务，主要限于二个方面：

1．提供必要的文件。凡与第三人造成保险标的损失有关的文件，被保险人应当尽可能地提供给保险人，包括保险事故发生的时间、性质、损失程度、被保险人向第三人的赔偿请求书件、第三人否认或者承认赔偿责任的证明文件等。再者，被保险人还应当向保险人开具权利转让证书，以示保险人向被保险人给付保险赔偿金而当然取得代位求偿权。除此以外，保险人要求被保险人提供其持有而能够提供的有关代位权的行使的其他文件的，被保险人应当积极予以提供。被保险人不向保险人提供其能够提供的必要文件，致使保险人不能行使代位请求赔偿的权利的，保险人可以相应扣减保险赔偿金。

2．向保险人提供其知道的有关情况。凡与保险事故的发生以及第三人责任有关的一切情况，被保险人应当提供给保险人。保险人对这些情况进行询问的，被保险人不得拒绝回答，并应当向保险人提供有关这些情况的书面陈述。被保险人向保险人提供的其所知道的有关情况，应当客观、真实，不得作虚伪提供。

（六）被保险人的过错行为损害代位权利益的后果

---

① 我国《海商法》第252条第2款。

除被保险人放弃对第三人的赔偿请求权以外，若因为被保险人的其他行为或者过错造成保险人对第三人行使代位权不能或者妨碍的，保险人可以相应扣减保险赔偿金。保险事故发生后，不论保险人是否已经对被保险人给付保险赔偿，凡是因为被保险人的过错造成保险人在给付保险金后不能行使代位权，或者部分不能行使代位权的，保险人均得以其所受的损害为限，免予承担给付保险金的责任，即被保险人对因其过错造成保险人代位权行使不能或者障碍所发生的损失，承担责任。被保险人的过错行为发生在保险人给付保险金之前的，保险人在给付保险金时，可以相应扣减保险赔偿金；保险人已经给付保险赔偿金，因为被保险人的过错造成保险人行使代位权不能或者障碍，或者始发现被保险人在保险人给付保险金前为过错行为以致造成保险人行使代位权不能或者障碍的，保险人可以请求被保险人返还"保险人可以相应扣减的"保险赔偿金部分。

我国《保险法》第45条第3款规定："由于被保险人的过错致使保险人不能行使代位请求赔偿的权利的，保险人可以相应扣减保险赔偿金。"保险人"扣减"保险赔偿金，惟能以被保险人过错造成保险人代位权行使不能而发生损失为要件；与此相反，若非因被保险人的过错行为造成保险人不能行使代位请求赔偿的权利的，保险人应当承担全部保险责任。例如，因为第三人的行为造成毫无过失的被保险人丢失赔偿证据，或者因为不可抗力造成被保险人不能对第三人有效行使赔偿请求权，以致保险人不能代位行使赔偿请求权的，保险人不得以代位权行使不能所发生的损失对抗被保险人的保险给付请求。这里所称的"过错"，包括被保险人的过失行为和故意行为。例如，被保险人故意毁损证据、或者过失丢失证据，致使保险人不能请求第三人赔偿的情事。总之，由于被保险人的过错致使保险人不能行使代位权而发生损害的，保险人可以依据被保险人的过错造成的损害程度，相应地扣减保险赔偿金。

依照我国法律的规定，因被保险人的过错致使保险人不能行使代位权而发生损害的，保险人可以相应扣减保险赔偿金，法律并没有规定保险人可以不承担或者免予承担保险责任。所以,因被保险人的故意或者过失致使保险人不能行使代位请求赔偿的权利的,并非保险人免予承担保险责任的法定事由,在这种情形下,保险人只能扣减保险赔偿金,而不能拒绝给付全部保险赔偿金。① 但是,被保险人故意或者过失致使保险人不能行使代位权而发生损害的,虽非保险人免予承担保险责任的法定事由,但是可以为保险人免予承担责任的约定事由。若保险合同约定,因被保险人的过错致使保险人不能行使代位权而发生损害的,保险人可以相应扣减保险赔偿金或者免予承担给付保险赔偿金的责任。因为被保险人的过错致使保险人完全不能对第三人行使代位权的,保险人依照保险合同的约定,可以免予承担保险责任。

五、保险代位权的适用限制

(一)保险代位权的适用范围限制

保险以其标的差异,可以分为财产保险和人身保险。保险代位权作为填补损害原则的具体表现形式,原则上适用于财产保险。因此,保险代位权与填补损害原则的适用不可分离,对于所有种类的保险合同并不具有普遍意义。② 关于保险代位权的适用,我国《保险法》并没有将保险代位权规定于保险合同的总则部分,而是规定于财产保险合同部分,充分说明保险代位权为财产保险合同所特有的制度。人身保险的保险标的,为被保险人的生命或者身体,保险利益为被保险人的人格利益,不能用金钱价值予以准确衡量。被保险人或受益人依照人身保险合同请求给付的保险金,并非被保险人人格利益的价值体现,没有损害填补原则的适用,从而也不能适用保险代位权的约定。③ 更有学者认为,人寿保险合同之所以不适用保险代位权,系因

---

① 邹海林、常敏:《中华人民共和国保险法释义》,中国检察出版社 1995 年版,第 132 页。

② John F. Dobby, Insurance Law, West Publishing Co., 1981, P. 230.

③ 邹海林、常敏:《中华人民共和国保险法释义》,中国检察出版社 1995 年版,第 172 页下。

为被保险人或者受益人对于第三人的损害赔偿请求权，具有专属性。①

人身保险有人寿保险、健康保险和意外伤害保险三大类，并具有其自身固有的特点，是否一律不得适用保险代位权，立法例和司法实务所采取的态度并不完全相同。

瑞士1855年民法典关于债务的部分，曾有保险人可以行使被保险人因为他人致死的赔偿代位权的规定，该法典为防止因为犯罪行为引起被保险人死亡的事件，第1844条规定，被保险人因他人的故意或者过失行为而致死时，保险人得请求赔偿。1887年，瑞士在修订民法典时，删除了上述条文，且对此后的立法以及法院的判决没有产生什么影响。②

依照《法国民法典》第1382条的规定，极为类似于瑞士的旧民法，人寿保险人对致害人可以主张损害赔偿请求权，但法院自1894年6月以来，仅在Courd' Assises de jura一个案件中，判决确认人寿保险人的损害赔偿请求权。③

在德国，人寿保险人于1873年至1874年间曾提出3起损害赔偿诉讼，但均被法院驳回；④ 但是，当今德国的实务和理论一般认为，保险代位权对于依照损害填补原则为给付的意外伤害保险或者健康保险具有适用价值。⑤

在保险业发达的美国，各州关于保险代位权是否适用于人身保险的态度也存在一定差异。因为人寿保险具有投资(investment)价值，它是一种投资形式而非填补损害的形式，意外伤害保险同样也具有投资的性质，所以人寿保险和意外伤害保险，不适用保险代位

① 郑玉波：《保险法论》，〔台〕三民书局1978年版，第170页。
② 林动发：《保险法论著译作选集》，〔台〕1991年版，第118页。
③ 林动发：《保险法论著译作选集》，〔台〕1991年版，第118页。
④ 林动发：《保险法论著译作选集》，〔台〕1991年版，第118页。
⑤ 林动发：《保险法论著译作选集》，〔台〕1991年版，第124页。

权；[1]依照美国保险判例法，医疗保险不适用保险代位权；[2]劳工损害赔偿(workmen's compensation)保险依照劳工损害赔偿法，普遍适用保险代位权。[3]人身保险不适用保险代位权[4]，特别排除人寿保险适用保险代位权，对于健康保险(health insurance)和意外伤害保险(accident insurance)，原则没有保险代位权的适用，但法院对于当事人扩大代位权适用范围的合同自由采取了更加宽容的态度，因此若健康保险或者意外伤害保险合同约定有代位权的，可以适用约定(conventional)代位权。这种作法已为美国多数法院认同，仅有少数法院对于健康保险和意外伤害保险约定保险代位权，仍然采取否认其效力的立场。[5]

我国台湾《保险法》第103条规定，“人寿保险之保险人，不得代位行使要保人或受益人因保险事故，所生对于第三人之请求权。”但是，台湾学者及实务多认为，所有的人身保险合同均排除保险代位权的适用，因此，对于保险代位权是否仅适用于人寿保险，并不作严格的限定。

可见，保险代位权对于人身保险有无适用余地，是一个相当复杂的问题。人身保险中的意外伤害保险、健康保险在一定程度上具有填补损害的特征，为保险代位权的适用提供了一定的条件；但其本身具有的人身利益无价值属性，又相当程度上排斥保险代位权的适用。我国《保险法》第67条规定，人身保险的被保险人因为第三者的行为而发生死亡等保险事故的，保险人向被保险人或者受益人给付保险金后，不得享有向第三者追偿的权利。该规定显然适用于所有种类的人身保险，在文义解释上应当没有问题。因此，保险代位权在我国若适

---

① John F. Dobby, Insurance Law, West Publishing Co., 1981, PP. 231—232.

② John F. Dobby, Insurance Law, West Publishing Co., 1981, P. 233.

③ John F. Dobby, Insurance Law, West Publishing Co., 1981, PP. 235—236.

④ 一般认为，保险代位权为保险人的法定权利，源于法律的规定，保险合同关于代位权的约定仅仅是重述了法律规定的权利。

⑤ John F. Dobby, Insurance Law, West Publishing Co., 1981, PP. 243—244.

用于人身保险,似乎惟能取决于法律的特别规定。承认保险代位权对于依照填补损害保险原则而为给付的意外伤害保险或者健康保险,有适用的余地,并无害处。在我国的保险实务上,若对《保险法》第67条所规定的"人身保险"作目的性限缩[①],将具有填补损害的特定功能的意外伤害保险或者健康保险之保险金给付,适当排除于不适用保险代位权之人身保险以外,并非没有可能。

(二)保险代位权的相对人限制

因第三人对保险标的的损害而造成保险事故的,保险人自向被保险人给付保险赔偿金之日起,在赔偿金额范围内可以代位行使被保险人对第三人的请求赔偿的权利。保险人行使代位权的相对人,为被保险人本人以外的任何其他人或者第三人,包括被保险人的家庭成员或者其组成人员。若允许保险人对造成被保险人的损失的任何第三人行使保险代位权,在个别情况下,无疑会造成被保险人本人承担损害赔偿责任的局面,这对于被保险人的利益保护十分不利。例如,因被保险人的家庭成员或者其组成人员的行为,造成保险事故发生以致保险标的损害的,保险人向被保险人赔偿损失后,仍然向造成损害的被保险人的家庭成员或者其组成人员行使代位权,实际上等于被保险人自己承担责任。若允许这种结果存在,被保险人通过保险分散危险、消化损失的计划势必落空,保险的功能也无从发挥。[②] 为了避免这种不合理的现象发生,保险人不得向被保险人的家庭成员或者其组成人员行使代位求偿权,除非被保险人的家庭成员或者其组成人员故意造成保险事故的发生。我国《保险法》第46条规定:"除

① 我国《保险法》第67条将保险代位权与所有类型的人身保险合同对立起来,将不应当由该条规范的、以填补损害为目的的人身保险给付,包括在不以填补损害为目的的人身保险给付范围内,从而排除其保险代位权的适用,属于隐含的法律漏洞,应当通过目的性限缩予以补充。目的性限缩为法律漏洞的一种补充方法,当法律条文的文义所涵盖的案型,按照立法目的不应当包括在内时,为贯彻法律条文的意旨,将该不应当包括在内的案型排除于法律条文的适用之外。见梁慧星:《民法解释学》,中国政法大学出版社1995年版,第260页、第275页下。

② 桂裕:《保险法论》,〔台〕1981年版,第154页。

被保险人的家庭成员或者其组成人员故意造成本法第四十四条第一款规定的保险事故以外，保险人不得对被保险人的家庭成员或者其组成人员行使代位请求赔偿的权利。”

保险人对于造成保险标的损害的第三人有保险代位权。但是，如果第三人为被保险人的家庭成员或者组成人员，除非该第三人故意造成保险事故而致被保险人损害，保险人不能对之行使代位权。何者构成被保险人的家庭成员或者其组成人员？为了保护被保险人的利益，对被保险人的家庭成员，应当作广义的解释。[①] 我国台湾学者桂裕先生认为，家庭成员应当包括配偶和亲等较近的血亲或者姻亲而共同生活的人，以及虽非同居但负有法定扶养义务的人。在我国法律上，被保险人的“家庭成员”，应当以与被保险人共同生活且彼此负有扶养义务的人为限，包括配偶和亲等较近的血亲而共同生活、或者姻亲而共同生活的人，以及虽非同居但负有法定扶养义务的人，主要有夫妻、父母、子女、祖父母、外祖父母、孙子女、外孙子女、兄弟姐妹等。[②] 对被保险人的组成人员，应当作狭义解释[③]，是指为被保险人的利益或者受被保险人的委托或者与被保险人有某种特殊法律关系而进行活动的人，包括被保险人的雇佣人员、合伙人、代理人等。

但是，被保险人的家庭成员或其组成人员，故意造成保险标的发生保险事故的，保险人向被保险人给付保险赔偿金后，可以向故意造成保险事故的被保险人的家庭成员或其组成人员，行使代位求偿权。被保险人的家庭成员或其组成人员，故意造成保险事故的发生的，其本人应当承担损害赔偿责任。保险人可以对故意造成保险标的发生保险事故的被保险人的家庭成员或其组成人员行使代位权，一方面有助于防止发生道德危险，另一方面也是对故意违法行为的一种制裁。除保险人可以对故意造成保险标的发生保险事故的被保险人的

---

① 桂裕，《保险法论》，〔台〕1981 年版，第 154 页。

② 杨大文主编：《婚姻法学》（修订本），法律出版社 1987 年第 2 版，第 102 页。

③ 施文森：《保险法总论》，〔台〕1985 年版，第 204 页。

家庭成员或其组成人员行使代位权外，不论被保险人的家庭成员或其组成人员是因为轻微过失还是因为重大过失造成保险标的发生保险事故，保险人不得以任何理由向被保险人的家庭成员或其组成人员，行使代位权。[1] 保险人向故意造成保险事故的被保险人的家庭成员或者组成人员行使代位求偿权的，对致害人的故意行为负举证责任。

（三）保险代位权的时效

保险代位权为保险人依法享有的权利，性质上应当从属于被保险人对第三人的赔偿请求权。第三人造成保险标的发生损害而应当承担的赔偿责任，或为侵权责任，或为违约责任，被保险人以此对第三人享有的损害赔偿请求权，属于债权请求权的范畴，保险人的代位权虽源于保险法的直接规定或者依照保险合同的约定，但亦属此列。债权请求权受诉讼时效[2] 的限制，保险人的代位权受诉讼时效支配，并无疑义。支配保险代位权的时效，包括诉讼时效和仲裁时效。保险代位权因为时效完成，保险人不得再以诉讼或者仲裁方式对第三人行使其求偿权。

我国《保险法》和《海商法》对保险给付请求权的时效作出了特别规定。对于人寿保险以外的其他保险，在发生保险事故后，被保险人或者受益人向保险人请求给付保险金的权利，适用《保险法》规定的2 年时效期间。经过 2 年的时效期间，被保险人或者受益人不向保险人请求给付保险金的，其保险金给付请求权归于消灭。对于人寿保险，在发生保险事故后，或者被保险人生存到约定的年龄、期满时，被保险人或者受益人向保险人请求给付保险金的权利，适用《保险法》规定的 5 年时效期间。《保险法》规定的时效期间的计算，以被保险人

① 但有学者认为，“至于重大过失，其与故意只存在甚微差别”，“我国法律将‘重大过失’行为所致的损害与‘故意’行为所致的损害同等对待，也就是说保险人可以以‘重大过失’为由对被保险人的家庭成员或者其组成人员行使代位权。”见董开军主编：《中华人民共和国保险法释义》，中国计划出版社 1995 年版，第 141 页。

② 关于诉讼时效，见梁慧星：《民法》，四川人民出版社 1989 年版，第 175 页下。

或者受益人知道发生保险事故之日起计算。对于海上保险，被保险人享有的保险给付请求权，适用《海商法》规定的2年诉讼时效期间，该2年诉讼时效期间的起算，自“保险事故发生之日起”计算。[①]但是，保险代位权不属于保险给付请求权，上述规定不适用于同保险合同有关但不属于保险给付请求权的其他请求权，当然也不适用于保险代位权。保险代位权的时效，在《保险法》没有专门规定的情形下，应当适用《民法通则》以及其他有关法律的规定。至于保险代位权的时效类别、期间的长短以及起算，应当依照被保险人对第三人的请求权基础或者性质加以决定，保险人的代位权之时效因为被保险人对第三人的请求权的时效的完成而完成。

基于上述认识，保险人的代位权的时效依据，主要有：

1.《民法通则》规定的诉讼时效。保险事故因为第三人的侵权行为或者违约行为而发生的，除其他法律对被保险人向第三人的赔偿请求权的时效期间另有规定外，应当适用《民法通则》规定的诉讼时效。保险人的代位权，依照被保险人应当适用的诉讼时效确定其适用的时效。

2.特别法规定的诉讼时效。保险事故因为第三人的侵权行为或者违约行为而发生，被保险人对第三人的赔偿请求权所适用的时效，《民法通则》以外的其他法律有特别规定或者专门规定的，应当适用其他法律的规定。《民法通则》以外的其他法律，相对于《民法通则》而言，为特别法，其所规定的时效为特别法规定的时效。在此情形下，保险人的代位权，依照被保险人的赔偿请求权应当适用的特别法规定的时效予以确定。规定诉讼时效的特别法主要有《经济合同法》、《涉外经济合同法》、《海商法》、《专利法》等。例如，依照我国《海商法》的规定，被保险人对于第三人因为海上货物运输、海上旅客运输、船舶租用合同、海上拖航合同、船舶碰撞、海难救助、船舶发生油污损害而享有的赔偿请求权，《海商法》专门规定了其时效；保险人对第三人的

① 我国《保险法》第26条，《海商法》第264条。

代位权，也应当依照《海商法》规定的时效予以确定。

我国《民法通则》第 140 条规定："诉讼时效因提起诉讼、当事人一方提出要求或者同意履行义务而中断。从中断时起，诉讼时效期间重新计算。"最高人民法院补充解释认为，权利人向人民调解委员会或者有关单位提出保护民事权利的请求，从提出请求时起，诉讼时效中断。[①] 依照上述规定和解释，在被保险人对第三人的赔偿请求权的诉讼时效完成前，保险人向被保险人给付保险赔偿金，被保险人对第三人的赔偿请求权自动移转于保险人，保险人承继被保险人的地位而取得对第三人的求偿权，不论被保险人是否向第三人提出请求或者诉讼，保险人对第三人以请求、诉讼等方式行使代位权的，发生诉讼时效中断的效果；第三人对被保险人或者保险人同意履行赔偿义务的，亦发生诉讼时效中断的效果。

（作者为中国社会科学院法学研究所副研究员）

① 最高人民法院关于贯彻执行《中华人民共和国民法通则》若干问题的意见（试行）第 174 项。

[法学思潮]

广义综合契约论

——寻找丢失的秩序

江　山

目　次

契约是一个非常熟耳的概念,然而我仍然认为,它的内质和外延还没有被人类的智慧充分理解。人们至今依旧是从它最早所以缘起——人域内人类生存的功利——的角度去理解它的涵义和价值。即便如康德和罗尔斯、麦克尼尔的相关学说,本质上也没有逃离这一功利的罗网,只是达到了最高限度而已。如标题所言,本文的契约不只是传统社会中的交换关系及这种关系的载体,更指向一种广义且综合的存在互助、同构关系。有关这种关系和秩序的思考,是接着康德、罗尔斯、麦克尼尔及其前辈们的理论拓展的,所不同只在于,它也是中国哲学所必然导出的思想，同时还滋吮了西方新自然哲学的现代资源。故而它由人域通达人际、由生存贯透存在，是一种广义综合的契约理论。我以为，这种理论不但有可能使我们摆脱法学上有关契约现象的理论困境，而且也能使人类的存在和其价值取向开出新意境。

一、契约的起源

狭义的契约起源于采集生存方式向农业生存方式过渡的时代。人们通常认为，不同的经济或生存方式使交换产品成为生存的需求，于是，交换或交易便出现了，契约现象也因之产生。然而，这只是一种理想化的想当然。原始契约的产生并不是早期人类的理智选择，而是一种迫不得已的妥协、退让的后果。

理解契约的起源，不能只考虑生存方式的不同，还必须考虑原始群的存在。在狩猎时代，原始人的生存是以群的存在为绝对承载的。一个群内，通常无有现代人所说的所有权或个人利益，更没有交易或交换关系、契约关系。这种没有个人利益和意志表现的社会实体，我已称为“群自我”[①]。生存是利用养资源补给机体能量的连续性过程和行为。在养资源不充分的前提下，这种补给行为就会演变为生存的竞争或利益冲突。在一个群自我内部，即使养资源极度有限，也不存在这样的竞争和冲突。因为，这里的养资源的利用和补给不是一种个人的行为，而是一种群的行为。或者说，群的生存是绝对的，个人的生存必须服从群生存的优先性。[②]

狩猎经济是一种获得养资源相对单一和贫乏的生存方式。人们逐猎物而居，即便群自我也没有初级的权利——占有、所有——观念。随着采集业的兴起，特别是当它向农业过渡的时候，流浪和游走的生活方式开始为定居或半定居的生活方式所替代。只有在这个时

---

① 江山:《中国法理念》第一章第二节，中国地质大学出版社，1989 年 7 月版。

② 〔美〕威·A·哈维兰:《当代人类学》，第 340、454－455 页，上海人民出版社 1987 年 11 月版;〔美〕W. 杜兰:《文明的建立》，第 24 页，幼狮文化事业公司 1984 年 8 月版;〔美〕马·哈里斯:《文化·人·自然——普通人类学导引》，第 231－232 页，浙江人民出版社 1992 年 2 月版。

候，地理环境因其对养资源的供给而变得非常重要，即居留地是否适合于采集和种植激发了人们的占有欲望，并就此成为了所有和权利观念的客观基础。

优越的定居环境可使农人或采集者获得稳定的养资源供给，甚至还可能有剩余产品导出其他意义生存行为的发生。然而，这种景状还不能形成契约关系。因为群自我的观念、习俗、传统之类仍然有着巨大的约束力，足以抗衡个人意识的膨胀。在这样的单一群之中，纵使岁月足以发展出明晰的个人或家庭财产观念，氏民之间充其量也只能形成如伊富高人[①] 那样极为简单的契约现象，如债务契约、司法仲裁契约等，而无力将契约关系继续向前推进。此即是说，今天人们所讨论的契约规范和它的思想，并不是从这种单一社会中的简单契约现象进化来的。

最先进入采集和种植生存方式中的人们很快就发现，地理环境的优越与否，对他们的生存有至关重要的影响。因为初级生产品全凭大地的给出，而不是人力所能控制的。这便把群体间的生存质量拉开了距离，也从根本意义上决定了人们利用养资源的行为。这种差异通常可能在采集者和种植者之间形成一种交易行为——拿自己多余的产品交换自己所需求但却稀缺的产品。这样的交易往往有严格的条件要求：采集者不能改变自己的生存方式，交易群体也是稳定不变的，还不能指望这类交易行为是现代方式的。人类学家们所发现的“沉默交易”[②] 正是其标准方式。

沉默交易产生的原因可归之于生产品的差异和语言的障碍。但这些还不是全部理由，另外一个不可忽视的原因应是原始人对他群

---

① 〔美〕E. A. 霍贝尔：《初民的法律——法的动态比较研究》第六章，中国社会科学出版社 1993 年 8 月版。

② 〔美〕罗伯特·F·墨菲：《文化与社会人类学引论》，第 167 页，商务印书馆 1991 年 11 月版；〔美〕马·哈里斯：《文化·人·自然——普通人类学引论》，第 236－237 页，浙江人民出版社 1992 年 2 月版；〔美〕威·A·哈维兰：《当代人类学》，第 456－458 页，上海人民出版社 1987 年 11 月版。

的本能敌视和不信任。这种意识在下面要讨论的契约缘起方式中，显得特别重要——人类意识对群自我敌视他群行为的反动直接促发了契约行为。沉默交易应被视为契约现象的源头。然而，仅依靠农人和采集者的努力，人类社会中的契约关系或这样的法规范也不可能实现真正的成长。因为，这两种较温驯的生存者都相对缺乏使契约关系向简单易物关系以外发展的主观动力和客观环境。

复杂契约关系所发生的典型环境不是纯农业文明，也不是几乎没有扰动的不同群体之间。我们需要注意的是第三类情形。如果一个农业区的条件非常优越，其周边环境却非常地不利于农业的发育，只能从事狩猎、游牧或半游牧方式的生存，那么，生存质量的这种强烈反差终将会促成下列事件的发生：狩猎者、游牧者会自动地向农业区入侵、迁徙、定居或定期地去农业区抢掠，以获得在他们自己看来是正当获得的生存养资源。如果碰巧这种农业区比较狭小，而周边的非农业区又异常地广阔，则会更加剧这样的生存竞争和冲突。大中东正是这类生存环境的典型区域[①]。两河谷地的农业区象磁铁一样，不断地从周围山地、沙漠引来人潮。无论是土著居民还是入侵者都难以坐稳主人的地位。战争、抢掠就是生存或生活本身。人性之恶变得无以复加，生命、财产都因养资源的争夺或利益冲突而变得一钱不值。社会在严重的畸型和扭曲中挣扎着。

这个地区不仅生存之养资源的争夺或利益冲突剧烈，而且还有外援的依赖性。因气候的原因致使种植和畜牧、生活对外来水资源的依赖；定居和防卫所需的城池、建筑物对外来建筑材料的依赖；富人对外来的香料、珠宝、皮毛等贵重消费品的依赖……。所有这些都容易刺激交易行为的发生。然而，不可指望早期的交易者是真正的商人。这些狩猎者和他们的后代首先是抢劫者。只在环境对他们的抢掠不利时，他们才愿意进行不得已的正当交易。换言之，这些为了生

① 江山：《互助与自足——法与经济的历史逻辑通论》，第171－173页，中国政法大学出版社1994年4月版。

存而游走在中东的陆地、海上的人们既是商业者，又是抢劫者，具体以什么身份和他人面对，要依赖对手的身份而定。

尽管如此，我还是无法不肯定，这正是现代契约行为得以产生的真正温床。当交易是必需的时候，当利益冲突的两方势均力敌的时候，当人们凭经验得知与其相互掠夺、屠杀、流血，不如相互妥协对各自更有利一些的时候，契约就成为了合理交易养资源的唯一出路。

二、法的自发性与其取向的分层运动

法是存在之为存在、同构之为同构或诸相互助为同构的规则。[①]就本体论言，法是本体变相之一相维，即法相。法相与他相(时、空、性、形、质)互助且同一，才使存在呈显出来，故凡存在都内在地被法相规约着，没有这种规约就没有存在。这意味着，对人类的经验言，规则和秩序是先验的，而不论我们给这些规则、秩序以什么名称；规则和秩序也是自发的，而不论我们的智力和经验把握成熟与否；规则和秩序还是广普的，它无所不在，而不论我们洞悉与否。

在者依法而为在的命题，不独指表象自为的孤立存在(如一个原子、一块石头、一个人、一个星球)，也涵盖全部自为存在之间的相与同构关系，并直指宇宙总同构。任何发生互助关系的存在或同构，都有相应的法规则为之规约。这种规则是互助的、协调的、妥协的、同构的，也是绝对的。这表明，若以某一存在作出发点去理解法的自发性，则有两个层域的意涵是必得明确的：域内之善的强制性和域外之善与恶的平衡性、互助性、妥协性。这两层域之法规则共同决定着存在的秩序和同构关系，二者缺一不可。它们的分层异域和功能别致满足了存在之为存在的需求。

法的这种层域特征对其被理解有着重要意义。可这里的差别也不是绝对的。一切具有域外意义的法(域际法)都可能：a. 是另一超级存在域的域内法；b. 随着该存在之界域的扩大而变为域内法。这里

---

① 江山：《互助与自足——法与经济的历史逻辑通论》，第 89—93 页，中国政法大学出版社 1994 年 4 月版。

的界域可以是物理意义的，也可以是精神意义的。故其界域扩大与否，可由物理因素决定之，亦可由精神因素决定之。

法的自发性、绝对性、广普性和它之于域内、域外不同作用方式及其内外区别的相对性，不只在自在的世界如此，在人在或人为的世界中也是同态的。随着智能的进化和精神现象的自足，法的价值、特征、内质、功能、方式一一延伸到了人类社会之中。所不同的只是，法作为存在自身，不只是自发地起作用，也为人的意识自觉所体察、摹仿、把握、理解、会通。为了解释的方便，我把没有意识自觉或人性共识参与的法称为自在法，而把与之相对应的法称为人在法——因人的存在而有的法。

人在法本质上是自在法的延伸和复杂化，然它亦有自为存在的独具表征。这个表征就是人的意识自觉或人性共识。正是这种意识的自觉性和它的自足性，决定了人在法的发展、自足和复杂化。经验表明，意识自觉之于法有两方面的重要贡献：一是尽力去追求、探索、摹仿、判断自在法的价值取向和表现方式、内涵特质（守成）；另一是依着这种判断尽可能地创化出特有的程式和规则（开新）。这意味着，价值判断作为意识自觉的核心内涵，本质上决定着人在法的起源、走向、进化、自足。或即说，人在法是内具了价值判断的法，自在法则是相对只具有价值取向而不具有价值判断的法。然而，意识自觉的这种二重性，也使得人在法在开新的时候有着多重表现的可能性。经过检讨，人们会轻易地发现，全部人在法之中，只有两类规则是既符合意识自觉遵守自在法的价值取向和内质的规约，又自为地开创着全新表现程式和内涵的法形态。这两类法就是契约法和伦理或道德法。它们合理地表现了人类价值判断的自觉向往，亦最大限度地服从了自在法所指定的秩序取向。它们满足着法之为法的域内、域际的分层运动要求。它们既尽力守成，也坚持开新……。据此，我把这两类由人之意识自觉所呈显出的具有明确善向价值判断的人在法更进一步地称名为**人域同构法**。与此相区别，其他许多规则，如一切政治统治和专制规则则严重地歪曲了意识自觉之第一方面的本质意义（守成），故不得为真正的法，它们只是一般的人域法。换言之，真正的人域法必同时具有契约性和伦理性的双重特征。

契约法和道德法虽均为法之内容，却从两个不同层域表现法之为法的价值取向和内涵，也从两个不同层级表现意识自觉的价值判断。

存在本身即恶。这是本体论所提供的一种哲学解释。此恶是原恶，它相对体而言。它的其他表述包括阳动、混沌、冲突、对立、矛盾、抗争、辟、毁灭、杀戮……。然而，恶并不是绝对的，它无时不刻、无处不在地受到原善的限制。见于此，上面的命题应修正解释：存在是善与恶的守衡与协调。所谓法的价值即是平衡善恶关系，使善恶在存在的大流中互助、互补、互为，以便趋向自足、进化、复杂化。

由于存在本身有着构成、组合、同构的差异，所以善与恶也有不同意义的具体与抽象之别。不同存在的不同态善恶的具有，决定着法之内涵的分歧。对生命存在言，异养——通过毁灭他生命以获得养资源的生存方式——是最基本的恶[①]。这种生命意义上的原恶，是一切生命现象的动因和条件，人类亦莫能外。据此而言，生命者的存在涵义就不外乎是生存——追求异养和抵抗异养。每一个生命者都处在这种二向作为的中介点上。毋庸置疑，这种追求与抵抗都需要有规则为之制约，否则，生命就不能为生命。

与其他生命相比较，人类似乎有某些特殊之处。她凭内在的智慧使自己从表象上摆脱了他生命对她的异养追求（表象上是说，人类还不能摆脱寄生虫、细菌、病毒之类的异养追求，也害怕凶猛的猫科、犬科、爬行类动物的攻击）。或者说，人类比其他动物较有效地抵御了他动物对她的异养纠缠。这样，她便有可能把她的主要精力从抵御异养转移到追求异养方面。

农业文明以来，这种追求在人类是由两种途径实现的：猎获、豢

---

① 江山：《互助与自足——法与经济的历史逻辑通论》第四章第一节，中国政法大学出版社1994年4月版。

养、种植、采集被异养者，开发、利用养资源；平衡、协调同类之间供给、分配、交换养资源的关系。由于后者似乎能更直接地解决养资源的得失所在，所以，生命之原恶便在过去的岁月、在人域之中突出地折射在了利益——养资源的占有、分配、交换、消费的冲突方面，而将向外索取养资源或追求异养的恶行人为地掩盖起来。可以说，从人类成为真正的人以来，寻找分配养资源的方式，一直是其生存中的最大困境所在，也是人类投入精力和智慧最多的领域所在。

人域的利益冲突一直呈加剧趋势，这决定了过去人在法的走向和内涵。

如果仅以人域关系为据，便不难发现，善与恶在一切原始群（群自我）中是截然分裂着的：每个氏民对己群的绝对善与对他群的绝对恶如水火二致。对己群的善包括主动贡献生命、服从群的禁则、尊重年长者、保护幼小、爱护异性、捍卫群的生存等；对他群的恶则有攻击或毁灭他群的生命之类。在狩猎时代，这样的二致性当非常地普遍。残存下来的典型，我们可以在墨西哥和吕宋岛等地的土著社会中发现①。采集和农业时代以后，这种二致性开始发生变化。由于入侵、迁徙、收养、杂居等原因，群自我的单一性和纯洁性已无法继续保持不变。相反，同类意识开始在不同的群之间发生效用。这是一种全新的价值判断。与狩猎者不同，农人和采集者开始不再把毁灭他人生命作为求生存、求养资源的主要方式，即不把他群看作食物资源，而视为不得不与之相处的邻居、同类。早先的那种原恶终于得被同类意识的初级理性所消化。善的滋养在农业区蔓延开来，农业所带来的丰富养资源的供给，也日渐在削弱着人们的暴力倾向和群自我意识。这样，原来只在群自我内有效的原伦理、原道德规则便渐次演化，扩充成了一种人类共有的伦理规范。就此不难断言，正是农业和它的副产品有力地促成了人类善性和非主体意识的广普化发展。一个纯农业区如果没有受到他文明因素的过度扰动，则其秩序便会在这样的矢量运

---

① 江山：《互助与自足——法与经济的历史逻辑通论》，第138－139页。

动中更加强化它的伦理性导向，以致可能排斥其契约性导向。个中原因似乎是不言自明的：a. 原始的群（自我）域观念经由政治、社会、地理环境、经济方式、种族等因素的互助作用，并由政治主导之已超越地扩展、溶并为了地域观念；b. 法之受体对“新”规则、秩序的感觉、承担一如群自我时一样，只有域内的义务取向而无暇也无需顾及域外的对等追求；c. 因缺少直接的、明确的、可对等的域外参照系，法的有序企向便无需作出与域外规则妥协、平衡的进展，结果是独树一帜地使它的善内特征得以无干扰地伴随着地域、法域的扩大而成长为该社会秩序的内在根据。这种法是以扬善为特征的。

在一个非纯农业区，其典型有如大中东那样，情形就不如此这般了。在这里，因为人为生产方式所带来的养资源的供给已在很大程度上缓解了视他人为食物的恶行，但自然环境的不宽容和有效生境的狭小反而加剧了生存的压力，为了敛财的无尽欲望，人们仍相互视非血缘的他人生命如草芥，恶折射成了暴力、杀戮、抢掠，并阻碍了同类意识的开化。每个入侵者都以恶为手段，也以恶为目的，结果是恶在膨胀、在恶化，暴力主宰着一切。最原始的群可能早已被肢解了，代之而起的若干次级群（种族）则被生存的困苦所煎熬，顽强地抵御着恶的泛滥。在这种存亡无凭的高压之下，自我渐漫地形成为一种扭曲的主体意识。这种意识（不论其载体是群自我、种族、家族还是个人）一直在生存的拼搏中成长着，并支配了社会秩序和规则的形成。经过长期悲剧的经验和流血的教训之后，一种不同于农业伦理的意识自觉才从恶的泛滥中萌发出来。这种意识就是：与其在暴力中两败俱伤，不如相互妥协，用退让求得生存和保全利益的机会。

真正的契约观念、契约关系就从这里开始。

经过几千年的艰难酝酿，在距今五、六千年左右的时代里，终于产生了两种形式的契约——叙利亚的城邦制和广泛的商业惯例。人们为了抗御新的入侵者自愿结成以种族为依托的社会实体，这便有了最早的政治契约（由此可知，卢梭等人的契约论并非只是理性和思辨的结论，同时也是历史的回忆）；为了避免或减少资源所有者之间的伤害和暴力行为，人们开始求助于一些共同认同的交易惯例，并遵循之以形成协议(口头为主)，这便是最早的商业或交易契约。

契约作为一种法现象，它不以扬善为价值归依，而是试图平衡善恶的守衡关系，使利益主体不致在无情的利益冲突中一无所得，或至毁灭。这仍然是一种积极的价值判断，只是与伦理规则相比，其价值的质地要低得多。伦理意识是意识自觉中的自觉意识，在一切意识现象中，它始终处于最高档列。它有无限地化外域为内域的自觉趋向性，直至视宇宙为一无所不包的大内。它可渐至地同化自我与宇宙于同一不二的真实之中，意识自觉之善(利他的向往)也会同态地施之于这同一的大内。作为意识自觉之另一形式的契约观念，虽有退让、妥协的自觉性，却有被迫如此、不得不为之的被动性，这是主体意识所致的必然结果；并且它不是一种无条件的出让行为，而是一种利益的交换——用利益换利益；他的核心不是利他的扩充，而是利己的有效。当然，在经验的把握中，正是这种利己的交换渊机，才使得它在人类的实际存在中比伦理规则更有效于人的生存，更易于适用人域之中非亲己对象之间的有序同构关系。

三、契约原则的进化

以表象观之，契约规则与伦理规则是两种完全不同的东西。很多法学家会本能地把伦理规范排斥在他们的视野之外。这是一种可以理解的现象，但并不是真实的经验。毫无疑问，我们可以轻易地找到诸多契约和伦理二者间的差别，而且这样的比较还是建立在姑且把伦理规范也当作法来看待的前提上的。比方说，主体资格、地位的相互性与单向性的差别——契约所要求的当事人平等、对等的权利能力和行为能力与伦理所准许的单方面主体的利他意愿，在后一关系中，主体本质上被淡化了(自我的无限利他延伸，以致不计主体的观念，便是对主体资格的否认)；契约权利的有限性与伦理义务的无限性的差别；契约规则对善恶价值取向的模糊甚或为恶而合意的相对价值观(只问得失的公平，而不问因果的善恶、好坏)与伦理规则对善的向往的绝对价值观(为避免恶的后果而自我牺牲)的差别；伦理规则是一种内域规则，然而这种内域是没有边界的，随着意识自觉和价值判断的提升、自足，它可由群自我、种族、地域、国家、人类、生态体系，直至宇宙之整，与之相对，契约规则恰是一种典型的域际规则，它始终有一道界线在限制着主体的存在状态和作为，这便使域际秩序的实现也不易摆脱主体之经验、感觉、需求的限制；……诸如此类的差别不一而足。

过分地强调伦理与契约或法的伦理性与契约性二者的差别，便很难准确地把握法之为法的真实性。相反，试图将二者同化、同一，却在西方学术界日渐成了一种时尚。当然，对中国人和中国学者言，契约法仍然是需要特别投注的法治之业，因为我们过去只有契约现象，而无体系的建构，以致我们的秩序有明显的黑洞。但这并不影响我们对契约法之真实的研究。毋宁说，我们现在有双重使命：建构契约法，进而使之伦理化。

契约的伦理化是契约秩序现象进化的必然方向。

契约规范体系的进化，源之于契约原则的进化。契约原则在通常的教科书中被明确地概括为正义——对等、平等、公平、合理、有偿、合意。与之相适应，主体的概念也特别地重要。在此，正义原则所强调的是契约法之能成立的标准，而主体原则则注重了契约关系的当事人资格。资格和标准是一切契约关系赖以成立的支柱。

原始契约只是当事人之间有关个别性事件或行为的合意关系，它的效力起于两造合意的开始，而终止于该事件或行为的完结。在绝大多数时候，这种契约只约束两造有关该协议所指明的具体事件或行为所当发生的得失、偿付等行为或交易客体，甚或连仲裁者也可能被排斥在这种事件或行为之外，就更遑论其对第三者或他人有承担或要求的约束力。

现代的学者如麦克尼尔已经把这类只能规范当事人个人作为的

契约关系，称为个别性契约[1]。在这样的契约关系中，契约原则或正义原则与主体原则所要表达的正确意思非常地简明：两个具备了所在社会公认的权利能力和行为能力的个人（后来引伸为法人），可依据对等、公平的条款进行权利的交易，以使利益更适合自己的需求。在这样的协议和实际履行中，当事人双方都无需考虑或追究对方利益的来源和去向，也不必照顾他人与他们的因此一交换利益行为所致的利害关系。一旦交易成功，当事人之间也不再有任何由该协议所导致的关系的继承。

在这类孤立的契约关系和交易行为中，如果交易完成了，契约原则或正义原则就达到了正确目的，至于其主体是个人、是家族，还是法人都无关紧要。对于那些不具备一定交易知识的当事人或其他一些当事人，即使加上仲裁人，情形也不会有什么特殊之处。可以肯定地说，如果契约法仅以这样简单的个别性契约为其内容，那么，它在今天的确没有什么值得研究。

真实的情形并不如此简单。我们不难在历史的回忆中看到，契约秩序几乎从它一来到人世间就受到了神的意志的干预。由于契约是与一个不可信赖的“外人”之间所发生的交易协议，这便天然地设置了契约关系发生的巨大障碍。以不可信赖的心理感受和事实上确有受害的可能为一方，以为了生存的需求或更多地获利的欲望为另一方，人们容易偏向获利欲望的一方去冒险一试。这并不等于说冒险者是头脑简单的人。就使如伊富高人那样单一社会内部所发生的契约关系，人们也会主动地去挑选中间人或仲裁人[2]，以此作为自己利益得失的一道保险。假如交易是在人种构成复杂、恶性泛滥的大中东世界发生，那么，任何冒险者都会更主动地去寻找交易得失的保险和依靠。这种选择具有广普性，几乎所有的人都会最后挑选神——它在此

① 〔美〕I. R. 麦克尼尔：《新社会契约论》，中国政法大学出版社 1994 年 12 月版，第 10 页。

② 〔美〕E. A. 霍贝尔：《初民的法律——法的动态比较研究》第六章，中国社会科学出版社 1993 年 8 月版。

前就已存在着——作为最可靠的保险者和公正人。

按照中东先民的解释，人和神之间早已先人间契约就缔结了一种契约——摩西十诫、旧约之类。人把自己的意志、裁判权出让给上帝，上帝给予那些出让者或信徒以生存的担保和保险。这是一种神圣的契约。它为一切世俗的契约提供了制订和履行的根据、权威、渊源。当然，不能说，圣约只是世俗契约的后盾和保险，它也为战争、殖民地等非契约行为提供承担。纵然如此，理解契约的存在和它的历史不理解圣约的背景力量和保险、承担的意义，的确是不可想象的。客观的结论应是，世俗契约是圣约的延伸和具体表现。

由于神的干预，契约所内在的正义原则就不再只是有效于当事人之间有关某特指事件的得失准则，也已成为了一种意识自觉的共识。在这样的共识中，正直、公平、对等、平等、有偿、守信、合理、合意等要求便日渐演成了一切契约关系是否成立的模式和样板，通行无阻于不同肤色、种族、人群之间。由于神的介入，简单的个别性契约原则开始获得了伦理的力量，虽然受益者仍然只是当事人双方，但契约现象却可由此在非常多的人域关系中普及开来。由于神的推动，战乱和流血不止的大中东地区，就此便有了理性光芒的照耀，罗马法，特别是其中的万民法是使这一理性光辉升华到最大限度的标志。

契约方式的有效性和伦理智慧的广普性的共同经验，激发了困苦和灾难之中的两河居民，为免除杀戮和流血，聪明的人们还发展出了与经济性、个别性契约关系相区别的社会性、政治性契约关系——城邦制。这种制度在后来的希腊、罗马社会中继续获得了长足的发展。与经济性、个别性契约关系一样，它们也不是伦理性的规则，却广泛地溶并了伦理的正义观念。在这里，正义原则已不再只是个别性契约当事人两方的公平、合理、对等，同时也是对整个城邦每个公民的财产和生命之安危、保全的承担，而不论其权利能力和行为能力的质量。在这里，正义原则已从私法延伸到了公法的秩序之中。在这里，对等的权利、义务关系已有重大的修正——对等的有效性并没有改变，重要的是那些无力对等的主体们却因为正义原则的这种扩展而享受到了生存的福祉。

契约原则的进化本质上源之于人类意识自觉的自足，此外，圣约作为法上之法的保证作用和伦理之善的滋养，也是我们不能忽视的事实。在苏格拉底以前，契约、伦理、神意是三位一体的，它们之间没有明显的区别。是苏格拉底本人和他的弟子们竭力从其中将伦理拉了出来，以便作出体系化的处理。这样做的结果是使伦理原则萎缩成了个人虔诚地守法的义务，而非是评判法则本身的标准。对人类智慧的有效性来说，这也许是明智之举，但从此也让契约和伦理这两种本来是法之不同层域的规范现象开始了分离和脱钩。不难理解，缺少伦理原则养育和评价的契约关系只会成为功利和效力企图的奴仆。其有害性要在很久之后才能完全暴露出来。

斯多葛学派是首先在学理方面强化伦理原则对契约规范进行评判的学派。他们用自然法即自然正义来评价法的合理性和真实性。在西方法律史上，这是第一次系统地将法（契约法）与伦理同一理解的尝试。后来，我们又在新柏拉图主义者和中世纪的阿奎那[①] 那里，再次看到了这种方式的评判，只是后继者在自然正义的评判之上，外加了神的评判。

在考察契约原则的进化时，我们也观察到了伦理正义与契约原则的另一种双重关系。一方面，契约原则是由伦理之善来养育的，可在实际的历史进程中，这样的影响往往又微乎其微，有时还有倒退的现象；另一方面，伦理之善本身又可能被若干界域局限着，无法施展其广普性，反而成为契约关系的累赘。在罗马法中，就有这样典型的现象。为了自身的利益，罗马人不得不承诺认同外国人或外族人的法，这完全是一种受对等原则支配的权变之举，很难说内中有伦理之善的衬托；而在种族、血缘界域的局限中，没有外国人或外族人可以

---

① 〔德〕E. 策勒尔：《古希腊哲学史纲》第四章第三节，山东人民出版社 1992 年 12 月版；〔意〕托马斯·阿奎那：《阿奎那政治著作选》，第 104—117 页，商务印书馆 1963 年 4 月版。

取得公民资格，并且，除非你在罗马公民中找到了保护人，否则，你的人身和财产在罗马就若自然财产，随时有被他人占有的可能①。很显然，这里的正义原则被人为设障的主体资格所累，契约规则被置于了畸型的状态中，伦理之善远远落在了契约之有效性的后面，成为了这种有效性广普化的累赘。

伦理原则的后滞性是人们意识自觉的不充分所造成的必然后果。契约原则的进化离不开伦理之善的养育，一旦伦理之善处于观念上的停滞状态，契约原则的进化也就无从谈起；另外，在不真实的伦理之善的支持下，契约原则也会因其有效性越大而越具出负面影响。这可能正是从契约现象产生，特别是近两个世纪以来直至罗尔斯、麦克尼尔对契约原则作出全新解释以前，若干经济性契约反而带来了人域和人际关系混乱的真正原因。

在社会和政治领域中，契约原则在霍布士、洛克、卢梭的时代获得了进化的机会。他们从生存、自由、平等三个不同的层面② 发展了正义的基本含义，使人类的意识自觉因此有可能以制度伦理的形式普及开来。

其实，制度伦理的巨大进步并不是从霍布士开始的。14 世纪的意大利法学家巴托路斯就已对法律的域外效力问题提出了系统的学说，后来，人们把由他的学说所沿袭下来的理论称为冲突法。这种法所要建立的是法律之间的契约关系，这就有可能使公平、正义的原则越出法域的范围，在外法域中得到实现。就制度伦理言，17 世纪的格老秀斯是一个非常了不起的人物，他在国际公法方面作出了独特的贡献——国家通过契约来设定相互的权利、义务关系，用法律来保证全人类共同的和平。

这若干人和领域的贡献，实已使同类意识所提供的价值判断在

① 〔德〕特·蒙森：《罗马史》第一卷，商务印书馆 1994 年 10 月版，第 141 页。
② 何怀宏：《契约伦理与社会正义——罗尔斯正义论中的历史与理性》第二章，中国人民大学出版社 1993 年 5 月版。

契约法中建立了框架和标准。正是有了这样的框架和标准，才有如《联合国宪章》这样的国际公约。人类的确应该为这样的进化庆幸。

在这样的评论中，我们无法不提及18世纪的康德，他在这一领域作出了独到的贡献。康德认为，伦理原则所以是契约规则的评判标准，所以成为人们遵守规则的根据，原因在于这些原则本身具有绝对的必然性。这种绝对必然性存在于道德本身之中，它是理性的最高形式或先验理性，通过绝对命令、人性企求和意志自律支配契约法的成立、实施或价值实现[①]。康德的贡献是，契约原则不只是一种经验的、历史的认知、把握、理解，更是哲学本体所授造的理性实在，是人类智慧自觉的终极显示。

然而，契约原则本身的进化并没有完结。康德以后，这个世界上的人域问题非但没有理顺，没有简单化，反致更为复杂，远非有正义的内涵就能一了百了。一个突出的表现是阶级利益冲突加剧，并导致了空前的政治和军事对抗。这些冲突和对抗也进入了学说和理论体系的视野。就伦理原则而言，以罗尔斯、诺齐克、德沃金等人命名的新的正义理论正是适应这种需求而先后出现在本世纪的。在他们的学说中，正义原则不再只专注于社会组织、结构和个人基本政治权利的合理性的评判，也开始评判人们经济权利的分配和社会地位的合理。这些学者都倾向对正义原则进行量化的分解，使之具体到更容易操作的境地，以及调和诸正义原则之间的冲突。如罗尔斯的差别原则和机会公平原则，诺齐克的持有和权利原则，德沃金的平等权利原则，麦金太尔的"词典式系列"原则，等等[②]。

在这些理论之外，我要提到的最后一位学者是麦克尼尔[③]。他认为，传统的契约是个别性契约，这种契约只规范了当事人之间的权

---

① 康德:《道德形而上学原理》，上海人民出版社1986年8月版。

② 何怀宏:《契约伦理与社会正义——罗尔斯正义论的历史与理性》第四章，中国人民大学出版社1993年5月版。

③ 〔美〕I. R. 麦克尼尔:《新社会契约论》第一章，中国政法大学出版社1994年12月版。

利、义务关系的合理，却忽视了与该契约所规范之事件、行为相关的向外、向前延伸的对他人和社会有害或有利的影响。因而他主张一种网络性、过程性、关系性的契约理论。在他所认定的契约关系中，交易不再是一次性的利益互惠，而是连续的和关系式的协议过程。这是一种有意义的，也是了不起的观念进步，其贡献可与康德的道德自律媲美。很显然，麦克尼尔并不是从契约伦理的角度来讨论契约关系的，他所关心的是契约理论与社会存在之真实的互洽。然而，由于他认为契约所遵从、依据的公平与正义原则不再只有效于该契约所指定的此时此地此事此人，而具有向前、向外延伸的效力，这便使个别性契约事实上成为了人们参与社会共同事务的工具、载体。客观上，他已使契约原则的外延(不是内涵)向意想不到的边缘膨胀了。

从霍布士以来，正义原则所获得的诸多新涵义都先后成为了全人类共有的价值标准和观念取向。至少在学理上，契约原则与伦理已高度地互洽了：所谓正义就是全人类共有和应当享有的生存、自由、平等；就是只要你是一个人，法就应该给予你人格、人权、人能、人性的合理保障，它们在一切国内公、私法和国际法、法域法(冲突法)中都等效。这的确是契约原则进化的一个里程碑——人域法由此而成为了人域同构法。人域同构法的呈显满足了法之进化和复杂化所要求的指标。

人域关系的网络化和过程化、伦理化是人类意识自觉的一种展现。传统中国哲学十分地熟知这一存在的真谛并成熟地发挥了这种智慧。只是未能从契约的角度来分解和享用它的滋养，故而无力作出此领域的贡献。契约原则的进化，实意味着主体原则的退缩，至少是绝对主体观念的蜕化。这对西方人来说，是一种难以接受的现实和观念困惑。然而却是无法阻挡的。

从“摩西十诫”以来直到麦克尼尔，这是一个浩大的历史进化运动。内涵、根据、框架、程序、原则、观念、规则……无一不完美无缺，人们似乎很难再对这种人类的主要秩序方式予以新的解释。

契约论终结了吗？

四、丢失的规则与广义综合契约理论

上个世纪是人类从未有过的做人的自我满足的时代。我们现在所需提出并得回答的问题是：假定人类的内部事务和相与关系都达至了完美的境地，某天突然又发现，这种完美所赖以成立的前提、基础实已因我们的不当行为而出现了严重的危机，或者说，如果我们的存在因此而成了疑问，那么，我们所满足的正义、善、完美又如何去获得解释的继续呢？

本世纪正是这样的一个时代。无数的灾难使我们如临突如其来的乱棒之中：世界大战、武装冲突、政治对抗、贫富悬殊、阶级斗争、心身分裂、恐怖主义、人口暴胀、核威胁、环境污染、资源匮乏、土壤沙化、水土流失、能源危机、气候反常、臭氧空洞、垃圾失控、生态破坏、无免疫性病变……。人类及其他生命的存在危机已历历在目。这是人类有史以来最大的二律背反——我们的智慧所赋予自我的完美解释和自我陶醉，抵不住我们所肩负的包袱和困苦。

当此之际，人类的反应是各种各样的。其中最敏感的是自然科学家，他们最先发出了有关危机的警告，并因此产生了自然伦理学派[①]；最迟钝的则是政治家和商人，与农民、市民因无知而有的迟钝不一样，他们对危机的无动于衷乃被政治欲望和商业利益所驱使，这些欲望使他们更乐于满足着人域内部相互倾轧、争斗和敛财的愉悦。最近一些年来，情形已有好转，许多人开始冷静地思考这些关乎存在之可能性的危机及它们所以发生的原因、前件。坦率地讲，足以改变人类命运和前途、重新解释存在之涵意的思想体系尚未面世，尚需等待时日。然而，即使就现状而言，法学的解释仍然是最落后的领域之一。

在第二节的论述中，我已刻意提到了法的本质意义：法是存在得以为存在的规则。这句话反过来表述即是：如果没有法为之规范，存

---

① 邱仁宗主编：《国外自然科学哲学问题·人与自然的关系》，中国社会科学出版社1991年1月版，第130—157页。

在就不为存在。或即说，我们的危机乃由于我们对法的本质涵意的把握未能达到真实之境所致。我们没有充分地理解、体悟出“没有法为之规范的存在就不存在”这一命题的真实涵义。

从最后冰期的后半期开始，迫于生存的压力，人类才得以开发、利用自身早已具备好了的智力资源。从生物进化的角度言，这是一革命性过程的开始。此前，人类依赖自然环境的给予和自在法规则的规定生存。人类的这种对自然的依赖性，用另一句话表述即是，人类的生存责任是由自在法承担的，她基本上无法也无需为自身的存在承担责任和负担，一切都取决于自然供给的养资源的充分和居留环境的优越与否。现在，脑力成了人类谋求生存的工具，并随着开发和利用程度的加深，获取养资源的可能性也在加大。虽然，人类首次利用脑力是以失败告终的[①]——其原因是她仍然固守着传统（狩猎）生存方式，一当她找到了新（采集和农业）生存方式，智力的广阔前景便不同往昔。追随采集和农业的生存方式，先后有了定居、剩余产品、家庭、分工、社会组织、阶级、专家……，这便使人类开始有了真正意义的内部事务。

农业的兴起，在各个方面都可说是又一革命性的标志。对法的进化言，它意味着一种前所未有的新兴法现象——人域法[②]出现了。这种法是规范人域内部秩序、相与关系和个体或集团之地位、资格的规则，是人域秩序的主要载体。从那以来，人域法的发展既具出了逻辑性，又具出了多样性的特征。前者是法的进化逻辑的显示，后者是地域环境和其他若干因素对不同秩序方式的不同规约。根据不同的方式，这种法还可进一步划分出不同类型，如简单人身法、复杂人身法、契约法、经济法、神灵法、伦理规则。

---

① 一万多年前，人类的过度狩猎行为，导致地球上的大型动物趋于毁灭，因而也将人类的生存引入了困境之中。参见拙作《互助与自足——法与经济的历史逻辑通论》，中国政法大学出版社1994年4月版，第138页。

② 以下有关法的研究参见拙作《互助与自足——法与经济的历史逻辑通论》第二章第三节，第六、七、八章。

在这些法的分类中，简单人身法与神灵法、伦理规则三者在过去的两、三万年中，并不可理解为三种不同的法形态，实是一种秩序方式的三种不同称谓或者不同角度的称谓。说之神灵法是强调这种法的神性特征，说之简单人身法和伦理规则则是从世俗的角度出发的。这种可从几个不同角度予以定义的法，是人域法的最原初形式，其社会载体是前面提到过的群自我。在这种法的发展后期，其同体异名的状态开始了分裂；神抽象为了最高的背景或渊源；伦理之善演成了评判标准；人身法则成为了社会控制的具体工具。到此为止，全人类各处的秩序现象几乎无例外地符合这样同态的进化逻辑。再往后，情形就有了巨大的差别。

根据地理环境的差异和不同生存方式的塑造，一些地区将人身法继续复杂化、扩大化，使之成了复杂人身法；而另一些地区则别有开拓，从中开出了契约法。前者继续保持着固有的特征，使伦理原则与人身原则大体同一不二；后者则竭力分离伦理与契约的差别，使契约规则不受伦理干扰，只在遵守契约时，才得见伦理原则的卑微影响。前者即使在政治的役使之下，也有着一种强劲的化外秩序为内秩序的暗流，故而其秩序的理念始终是善性的义务创化和效域的扩大化；后者则宥于主体权利的得失，区别内外界域，不以善恶为据，只求妥协保全。

作为两种处置人域关系和内部事务的主要秩序方式，人身规则有善意的包涵，但不足以显示公平与效力；契约规则有公平、效力的锐意，却缺失善的内质。故而，一当人类的生存方式再次出现转型的时候，前者落伍不前，不能更有效地满足生存的需求；后者则要向伦理原则求取更多的外援和评判。

新生存方式（大功利的工业和科技、商业）不只是使这两种传统的秩序形式被评判出对错、是非，更重要的是导致了秩序方式本身的革命。这显然已成为了一种历史经验，当存在状态混乱不堪、恶的泛滥使存在难以为继的时候，某种超越的秩序方式就会应运而出。原始契约法的出现如此，国际法的出现亦如此，而今，我们又面临着这样的选择和机会。过去的几个世纪中，当工业、科技联手向自然界索取更多的养资源，并获得了重大成功的时候，人类着实兴奋了一阵子。但很快就被巨大的阴影罩在了不愉快之中：我们的获得抵不住因为我们获得方式的错误所导致的灾难后果。站在我们自己的立场上评价，这一后果是生存的危机，如果将这一立场扩大解释，则是我们的恶行已大大越出了人域的范围，伤及了生境的存亡。也即是说，设若我们不能创化出一种有效的秩序方式来规范我们的索取欲望和行为的话，那么，我们和全体生态将会毁亡在我们的这种超级的恶（这是一种比人域中的任何恶都更危险的恶）之中。

经济法是一种后于契约法产生又与之有渊源关系的法形态。这似乎足以使它成为这种必需的新秩序方式的一种形式。比如在简单的比较中，我们会发现，与契约法主要满足如何分配人域利益、如何交易人域得失的功能不同，它主要注重如何去获得更多的养资源。即由于它满足了人类向自然索取财富的敏锐洞察力，故已客观上把规则的触角伸向了人域之外。但是，它并不是真正人际法的完美或完成形式，它的动机有重大过错——仍然是久远过去以来的人类中心主义的存在观所主导的秩序规则。这样的规则可能更有效地帮助人类获得更多的养资源，可它也会同比例地将人类引向毁灭。

应当给这样的秩序方式重新定名，以便它名符其实地规范我们从现在以至未来的行为、秩序。这种法将人类行为、秩序同其生境的进程同一地考虑于其中，故显然不再是人域法，而是人际法。

人际法对我们可能是一个陌生的名词，但并非是一个与我们无关的或可有可无的秩序现象。从某种意义上讲，它与人域法共同构成人在法的基本体系，但它却是一个比人域法，甚或人在法更古老的规则体系。我们已知，人在法是自在法的延伸和复杂化，自在法的主要功能恰不是人域的秩序化，而是人际的有序。这暗示着，人际法因其古老的渊源和它从未中断的对我们的支配作用而重要于人域法——人际法实质上是一种比人域法更关乎我们存亡的规范体系。在人域法的效域中，权利的分配、交易的得失、人格身份、地位等是其主要关心的客体，在涉及生死利害时，它只对特殊的犯罪主体有规定效力。而人际法，特别是作为自在法的人际法则主宰着每个人的生、死、病、食、性、冷、暖，乃至人类全体的存亡。这种决定性的或绝对的规则自人类之有以来，从未放弃过对我们的控制——假定它在现在放弃对我们的控制，如任其长生不老，那么，我们很快便会因作恶不止而自取灭亡，就自在法言，死亡的价值即是淘汰恶、增进善，由此可知，除非我们已达于至善，死亡才会与我们无关——即便在过去的几千年中，我们因观念的张狂和自大而将它人为丢失的时候，它仍然坚定不移地恪守其职责。

人际法，正是被我们丢失了的规则。

自在法的广普性，在于它不遗漏使存在所以为存在的每一个细节。比如植物，它们在生命世界里显然是弱者——没有逃避危险的能力，也几乎没有攻击的力量。由于缺乏表象上的自主性，故只得默默地被安排在了生物链的最下端。然而，这种安排并不是绝对的，保证其生存或不灭绝的总原则始终不移地表现在各种细微的法则中：一些植物以其繁殖力取胜，一些植物则以毒汁伤害攻击者，使之畏而远之，只允许那些对其生存有利者或掌握了其奥秘者才可亲近。

与自在法相比，已有的人在法都难以如此周延、细密。自从人在法叉开自在法的价值取向独立成长以来，人类智慧自觉的有限性严重地局限了它应有的广普性，一心专注内部事务和纷争纠葛，以致人际关系——人与生态的和谐、共处、共存、同构关系日渐被遗忘、丢失。这种遗忘、丢失的速率正好与人类自我关注的程度成反比，本世纪是这一速率的最高峰值。

在传统的观念中，似乎存在只是我们内部的事务，它与外界无关。即使那些最有智慧和良知的思想家，多半也只认为，人域的自由、正义、公平、和谐或人权、人格、人性、人能的合理与有效即是人之所以为人的最高境界。这的确是一种智慧，但只不过是河伯的智慧，与海若的智慧相去太远，更是不及鲲鹏的智慧。

宇宙间的存在不是孤立的现象，而是诸相的互助与同构，亦是诸在的互助与同构，存在即互为存在。用毁灭他物的方式谋求自己的生存，是狩猎者的心智，它已使人类承受过痛苦的教训。人之所以为人，即在于她能够体悟、把握、理解存在的真谛，这个过程可能是漫长的，可它却是渐进自觉的。同理可知，法之为法，亦得满足这互助、同构的秩序取向。

我们需要找回丢失了的秩序和规则。这种寻找不是再回到自在法之中，而是凭着意识自觉的主观能动性去重显自在法的价值取向（互助、同构、和谐），创化出一代全新的人与生境共享的法形态。

在最后冰期的中后期以前，即人类的智力尚未开发以前，人与自然的关系是和谐的，自在法的绝对性是导致这种和谐的原因。农业文明以后，一个纯农业文明中的人与自然生态的关系也基本上是和谐的，这是自在法与人在法的共同作用使之然。不过，这里的人在法不是契约法，而是道德规则和神灵法。在这样的社会中，人们已在观念上模糊了或向来就不存在人与自然的严格分界线，相互之间的取予有着良好的自然默契，这种默契来源于各自恪守着不越过各自生存的基准线。在这样的秩序中，没有主体的观念，只有和谐、互助的善举。正是这种善的自觉性促成了人与自然在人类新的生存方式中的一种低级次的和谐关系。今天，回到纯农业状态中已不可能。故而类似古代中国（即使不包括该域内的政治统治秩序）所擅长的那种人与自然和谐的秩序方式，也难以继续有效。

单一的道德规则无助于人类深度地理解自然之真实的进取精神，客观上它对恶的扼制也是力不从心的，所以它不能独立地担负匡扶人际关系的全部责任。

契约法在人域之内有着它特具的有效性。一是它最可能以理智的方式促使交易的完成，而完成交易恰是人类增殖财富或养资源必不可少的手段；二是它以恶对恶，具有抗衡恶的特殊效力。它的不足是视界太低，利益得失的包袱太重，主体观念太强，善恶的价值判断不清。

如果我们将这两种原本同根生来的秩序方式予以融合、创化，取各自之长，去各自之短，以达于会通合一，其情形则迥然不同，此正是我对法现象之于现时空的一种思考。这种法形态当如本文标题所示：广义综合契约法。

所谓广义综合契约，是运用契约规则的方式和效力来表现人际中的正义、合理、公平的伦理理念。将善的价值取向和判断广化为人与自然共在同享的秩序归依。契约理论的广义综合，满足了人在法是价值判断的秩序载体的必要要件，是人在法发展进化的必然导向。

根据法的进化逻辑，人域法必然导出人际法。开出人际法，是人类意识自觉之于现时空的一种应然的显示，但这还不是其涵意的全部。与人域法一样，人际法也是一个中性概念，它不包含价值判断的内质，除非也象人域法最终进化为人域同构法一样，人际法所指向的当是**人际同构法**。只有人际同构法才足以接续起从自在法至人在法这一将无限延伸下去的秩序链条。

与传统的全部法形式相比较，广义综合契约秩序有两个明显的差异，一是它将契约关系(事实上也将法)的外延广化到了人际之中，与之同态，伦理原则和正义标准亦外延不怠；二是其主体涵义的变化，绝对主体退出历史舞台，相对主体、复合主体出现，在任何一种契约关系中，每个当事人都同时空地具有多重身份，他既是当事人自己，也是他人、社会、未来主体和非意识主体[1]的当然代理人，他的意志中必得包含他所代理的其他主体和社会、生境的主要利益、权力、意志，这种权利和意志不由委托条款来表现，而主要通过他的性智觉悟和理智能力的双重显示来把握。社会立法将作为这种显示的参照和外援。

这种秩序及其理论的哲学资源有两个主要的供给，一是中国哲学的混元体用不二论；二是康德的先验道德理性学说。还有两个可资凭借的历史经验，一是契约关系由个别性到社会性、网络性、过程性

---

① 江山：《互助与自足——法与经济的历史逻辑通论》，中国政法大学出版社 1994 年 4 月版，第 298、324 页。

的麦克尼尔模式；二是农业文明中道德伦理法则(相与关系的伦理性)由人及物、由物及天的中国模式。此外，西方自然伦理学所提供的思想也是一种不可多得的理论资源。

人际同构法的呈显，将使现在正在兴起的科学技术法、环境法之类的具体规则获得深厚的学理滋养和体系解释，这些法现象不是传统民法之类法的副产品，而是一代全新的法形态。

人际同构法是自在法的延伸和复杂化，但又不同于一般的人在法，它是一种高级次的意识自觉和价值判断对自在法之同构、互助、和谐的价值取向的主动复杂化和人为进化，故而可为人的存在——她应有的地位、价值提供合理的秩序依归。

五、广义综合契约理论是如何可能的？

广义综合契约是由伦理原则充分评判的人际同构秩序规则。它由人域之善性的广化和自由意志的自治及对等交易诸种秩序因素同构而来，是一种比过去所有人在法更真实的法。那么，广义综合契约理论又是如何可能的呢？这是本文现在要回答的问题。

第一，存在的普遍性支配着人类存在的特殊性。在与无相对应的有的世界中，有的涵义就是存在。有是由无决定和支配的，有来源于无。然而，不能认为，拿一些无就足以塑造出某个独立特在的有，以致它可以不与其他的无或有发生关系。有生于无的解释，重要的是不能无视它们之间的中介者——相。无变转为诸相，这便有了存在得以为存在的形式和原因，但，相本身并不是存在。诸相只有同一于某种暂且的状态，存在才呈显出来。诸相的同一是存在之为存在的普遍性，任何在不能缺任一相而为在。然而，诸相之量维的差别和诸相间相互作用方式的不同，以及它们与周遭环境的关系状态，都有可能导致此在与彼在的非象态，而这，正是此在世界千差万别的原因。进一步言，诸相的互助及诸在的互助都可能达到炼化诸相，使之复杂化自足的后果，所以，存在必然地意味着进化的取向。

上述表明，任何在，不论它是一相对自在的在，还是一复合组合的在，是低级的在，还是高级的在，本质上都是诸相、诸在的同构。故说,存在即同构。同构意味着在即互为存在、共同存在、相对存在、暂且存在。当人们对存在的意义作出更具体的表述,如生存、进化,甚或权利时,切忌忘记存在世界的本质特征:全部现象都是同构的、互为的、共同的、相对的、暂且的。谁如果逆此必然性,主张单一的、孤立的、绝对的自我存在的意义,定然会被这必然性所淘汰。

第二,法是同构的规则。法源之于法相,它是存在自为状态的参与者,并自发地规定着在所以是在。存在并非一蹴而就,而是导向存在的复杂化、进化、自足的无限势态。这势态的哲学表述是体变相演用显,同构互助自足的必然之流。在这大流中,任何在都是暂且的。存在的矛盾是,流是必然的,但流又不能绝对化,如果不给具体的在保留适当的时空环境和机会,以利于它稳定、修饰、充盈、完善自我,那么,流就不会包含进化和复杂化,而只是一无情的不归路,奔腾不息而已;相反,如果任一具体的在过分拦截、敛滞必然之流,也会因之脱离体变相演用显的必然,成为遗弃之在。这种对立着的存在企求,用价值判断来表述,即是善与恶的互助与抗衡。据存在论讨论,善恶并没有绝对的界线,只是相对的两种存在方式而已,孰此孰彼取决于存在本身。基于具体存在的立场,敛相、滞流应是善,而流、演、显则是恶,如绝大多数人对生的向往和对死的厌恶;基于抽象的立场则正好相反,敛滞是恶,流变是善。进而论之,同样是敛滞行为,因受体不同,也有善恶的别致 ,如猫和老鼠,猫的善就是对老鼠的恶,反之则相反。所有这些都必须有存在所内具的法则为之约制、平衡,否则,流变与进化、此在与永恒就无法保持取向的同一性,存在的冲突或背反亦无法解决,同构的真实亦不知所出。

法,不论它以何种方式、形式、形态、质地表现出来,都无一例外地是平衡善恶关系,宏扬进化、复杂化、自足之善的价值载体。就此而言,法所导致的世界秩序是绝对的,任何存在都必得无条件地服从之。法的相对性在于,具体的秩序是由各种不同的表达方式来显示的。人在法对比自在法是一种很特殊的表示方式,而内中的契约规则和伦理规则则又是特殊中的特殊方式。这里值得注意的不是方式的如何特殊，而是特殊与一般的被决定与决定关系。一般总是为特殊设定限度的，故而得知，人际法是人域法的法上之法。这就是广义综合契约理论的真实基础。

第三，广义综合契约理论是人之所以为人的一种标识。人之所以为人，在于她有意识自觉或人性共识的智慧。这种智慧是由两方面的能力表现的：一是性智觉悟，二是理智能力。性智是一种直觉、灵感、神会、体悟的智慧。这种智慧能超越存在的暂且、虚假而通达诸相，以至无本体，并贯串体、相、用。它能够把握进化的真实，能够从容地否定自我。这种智慧为一切存在的终极价值提供着先验的解释和根据，也为一切秩序呈示着最高的评判标准。这种智慧是过去全部人在法所赖以成立的主观基础和内在根据。当人们遵从康德的教导把纯粹理性或绝对命令落实为契约规则的内在根据的时候，当现代人重新体会天人合一、民胞物与、体用不二，并以之解释人与自然的同构关系的时候，这种智慧的光芒就已使契约论成为了广义综合的学说。

然而，仅只有性智的智慧还不是人之所以为人的完整形式，不可或缺的理智能力则是一种能将上述先验的智慧具体落实下去的承载。在过去的几千年中，同构的实质意义正是这另一种智慧一点一点地解析出来的。生物本能或自在法所导出的只是血缘群内的善则。当两个或几个不同血缘的群聚居在一起谋生的时候，我们就看见了这种具体智慧的伟大所在，它帮助人们选择了将原善广普、创化开来的新的秩序方式——用出让利益来保全利益，或用利益交换利益，这便是契约关系降临人世间，以致最终出现近几个世纪以来的人域同构秩序观念的深刻基础。现在，罗尔斯、麦克尼尔等人对契约性质和其内具评判标准的理性处理，使我们又获得了重新解释契约关系的可能性；此外，新自然哲学家们对自然本身和自然伦理学的理论和技术贡献，以及诸多科学家、法学家、政治家们对科学技术规则、环境保护规则[①] 立法的联合强力推动,更使得契约关系的广义综合成为了现实。

人类的理智能力已踏入了人际同构关系的领地,并已着手重建这一曾为我们丢失了的秩序体系。广义综合契约是人际同构法的一种表现形式,亦是人类两种智慧交互作用于现时空,呈显人之所以为人的标志,从群自我以来,善的价值判断一直在推动着契约法的进化,其主要表现是:群自我的原善→地域伦理→人域伦理→人际伦理。正是这种人际伦理或自然伦理的自觉性,才使广义综合契约成为可能。所以,它是人这种存在必然要表示出来的秩序思想。

第四,广义综合契约是生命存在不得不受规的秩序规则。人是存在中的生存者——以生命形式表现的存在。生存者是比一般存在更复杂的存在。它不满足诸相的互助、同一,还要求着互养、互为。在这些相互性、复杂性中,生命者对环境的依赖更甚于非生命者。异养是不可缺少的方式之一,除此而外,大气结构、温度、湿度、风向、风力、土壤质量、水、压力、磁场、能源、星系构成……无一是可以缺失的。对人类言,复杂的状态还不只如此,意识场的质量、心理交流、感情沟通、文化继承、意境的有无等等,也是无法不依赖的。根据复杂性原理可知,愈是复杂的存在,其对环境的依赖性愈大,也愈具有脆弱性。即是说,由于这样的存在是诸多复杂存在及相互关系的微妙同构,故而只要内中某个环节或方面出现了破绽,就足以毁掉整个同构系统[②]。人类过去一直忙于经营自我需求和内部事务,很少考虑或关注她所

---

① 最典型的一项立法来自德国,该国最新的一部旨在保护环境的立法规定,生产商必须对全部生产品负终身责任。这意味着一个商品从生产到最终从这个世界上消失,生产商都有责任不得让它,包括它的部件、附件产生对环境质量的负面影响。这项立法所带来的结果是生产商改变生产工艺、原材料和商品结构,他必须谨慎地使用有害的原材料,他必须在生产时就要考虑好回收时的拆卸方便,他必须减少商品主体上的附加物。如此之类,都直接影响了生产、交换、消费、运输各个环节的契约关系,并进而有利于人际秩序的合理。

② 〔美〕E. 拉兹洛:《进化——广义综合理论》第二章,社会科学文献出版社 1988 年 4 月版。

赖以存在的同构系统和它的复杂性、相互性及脆弱性。结果是，我们错误的生存动机和无节制的养资源索取方式所造成的不只是养资源本身的匮乏和物种的毁灭，更重要的是同构系统之和谐、守衡关系的破坏，它会在更根本意义上将生命现象送上死亡之路，其中也包括我们自己。

除非我们愿意就此撒手此在的世界。不然，就应该去觉悟这危险性并理解存在的真实价值，进而将所理解的真实法则——同构、互助、自足建构为我们的行为规范。就此意义言，广义综合契约论正是这种不得已而接受之的秩序观念。只是这种不得已并非外在的强加，而是我们久远以来的主观意识观念的误解所致的必然后果。

第五，认同广义综合契约理论，必先有对法之为法的真实理解，为此，需要重申下列重要命题和基本结论。

(1)法是存在之为存在、同构之为同构的有序规则。

(2)法是广普的、自发的。

(3)法的价值具有扬善和以恶制恶、平衡善恶的二致性。

(4)法有域内与域外的双重性或多重性。这里，域界是一个变项，它受制于受体的质量，并进而决定法的进化。

(5)法在特殊的存在现象中有特殊的表现形式，故人有人在法。与之相对应的法可称为自在法。人在法是自在法的延伸和复杂化。

(6)根据命题(3)，人在法可分为人域法和人际法。

(7)人域法的主体应是契约法和伦理规则，它们是命题(2)、(3)在人域中的积极、合理显示。伦理法是域内法，契约法是域际法，它们虽有价值取向上的区别，但恰是这种分层的互助作用，才最终满足了人域同构秩序的需求。

(8)由契约法和伦理规则同构而成立的人域同构法的合理性在于：a. 合于法的先验自发性；b. 满足了秩序化由内向外的进化逻辑；c. 内含了正义的价值判断，并不断复杂化；d. 已有不同的社会和地域提供了可资借鉴的历史经验。

(9)广义综合契约理论是对人域同构法和自然伦理学说的广义

综合——伦理的无限性将化除人域的域界，使契约秩序广普于人际之间。这种综合是人类意识自觉的一种显示，也是对被我们丢失了的秩序的一种寻找。就如自在法必然进化出人在法一样，人域同构法也必然要延伸出人际同构法。

(10)契约不只是一种人域间资格主体的交易关系，广义的契约实有三种存在方式：其一是人与神的契约，它是体用的，这个神在过去的岁月中主要是有位格的主宰者，现在则是不可知的本体，这种契约关系主要由哲学和神学去解释；其二是人与人的契约，它是人域的，在往昔的经验中，人们曾把它具体区别为社会契约、政治契约、经济契约，或者区分为个别性契约、关系性契约、过程性契约、伦理性契约；其三是人与生境的契约，它是人际的，人与生态系统、存在同构的契约，亦由人自身充当资格主体，只是她不是绝对的、独立自主的，而是相对的、多维复合的，她通过人的自觉意识来把握和实现她所代理的他者的意志和利益。第一种契约始终是后面两种契约关系的内在根据和评判标准，也是它们的巨大存在背景。人类只有加深对第一种契约的理解、体悟，才能更有效、更合理地去实现后两种契约秩序。

由此不难知晓，广义综合契约理论不仅是可能的，而且是必然的。若以此为人类的共识，改变传统的人类中心主义观念和误导了的生存动机，我们会发现，人类赖以存在的养资源和生境不是有限的，而是取之不尽的；不是充满危机的，而是和谐自足的。

（作者单位：武汉大学法学院）

关于最近之未来的法律模型

〔日〕北川善太郎　李　薇　译

目　次

一、问题的所在

(一)现代法的双重规范结构

现代法律制度在相当程度上是继承了18至19世纪的近代欧洲法律遗产才得以形成的。而近代欧洲法律制度是以经过近代产业革命发展起来的资本主义经济及其必然结果的个人主义、自由主义的近代意识形态和统一的国家权力及其支撑这一权力的官僚制为基础确立起来的。在此意义上可以说近代法是历史的杰作。①

众所周知，欧洲的近代法律制度分为两大类。一类是以法国、德

① 本文所说的近代法、现代法是指此意义上的限定于一定历史的、地理的法。除此法之外，世界上还存在许多法。但是此意义的近代法、现代法在世界上具有其他法不可比的巨大影响力，日本在明治时期就是接受并继承了近代法。

国为中心的欧洲大陆法(the civil law system)之成文法主义的法系。其特征为，该法系是继承了古代罗马法而得以形成的。[②] 另一类是在英国独自形成并发展起来的判例法主义的普通法(the common law system)。普通法为美国、加拿大、澳大利亚等国所采纳，也被称为英美法。欧洲大陆法与英美法虽然在法律观念、法律渊源、法律概念和法律制度等方面存在很大差异，即便在今天两者仍被作为不同的重要的法系而加以比较，但它们都在维护着资本主义经济，同为个人主义、自由主义的法律形态。[③]

近代法经过修正，演变为现代法。特别是在第二次世界大战后，近代法的古典理念和制度基础受到现实社会变迁的冲击，不得不随之作适当调整。在这个过程中，出现了劳动法、社会法、社会保障法、经济法、反垄断法、国际交易法等于近代法上所未曾有的法领域。但是，这些新的法律制度并非作为近代法的替代物而出现，而是与近代法并存。现代的法律秩序恰恰是由近代法和那些对近代法进行了修正补充的新的法律制度之双重规范结构组成的。因此可以说，现代法就是现在的近代法，近代法也正是在维持其原有基础的同时通过将深刻的政治、经济、社会变动制度化来维持其生命力的。

(二)两个课题领域——现代法将永远是现代法吗

近代法和现代法将永远持续这种关系吗？现今社会所存在的某些现象或问题是否又要求人们重新认识现代法中的法律观念？如果我们对现代社会所发生的种种难题与现代法律制度联系起来作一考察，就不难发现有许多重要问题值得深思，就会看到并存于现代法律制度中的两种相互异质的东西。

---

② 日本的近代法及其后发展起来的现代法继承了以法国法和德国法为中心的大陆法。因此，日本法在比较法上属于这个法系。第二次世界大战后，日本又引进了美国的法律制度。欧洲大陆法系中，东南亚、中国、台湾地区法也引人注目。

③ 在成文法主义的国家，判例的重要性也被普遍承认；在判例法主义的国家，成文法的比重正在增加。两大法系的差距正在逐渐缩小。可参照大木雅夫:《比较法讲义》(1992年)第135页以下。

首先，可以举消费者受害、审判拖延、不正当交易、房地产制度不健全等问题为例，即对于这些现代社会发生的问题现代法的制度结构不能起到有效的调整作用，此类事例不胜枚举。法学研究的任务应当是为妥当有效地解决这些问题提出更好的法律框架。无论这些问题多么复杂，其解决的办法大多可以从现代法的发展中找到切入点。

其次，随着科学技术惊人的快速发展，为人类所认知的新的事实和掌握的新的智能以及由此而产生的社会变动对近代法律制度基础和作为近代法之延续的现代法律制度基础带来很大的冲击，其规模之大和程度之深均是前所未有的。虽然这并不意味着使连结近代法的现代法从根本上发生动摇，但近些年科技的发展和社会政治经济的变化已经使历史的同时又是现代的这套法律框架显现出相当程度的欠缺。换言之，在某些问题上使人感到现代法的框架本身存在问题。我们所面临的不是单纯的社会问题，而是迫切需要解决的法律问题。这些问题使人感到由以往的人类观、自然观、意思论、公平交易以及民事责任等这些近代法和现代法之前提为内容的法律结构的有限性。

例如，生命工程的进步所带来的生命伦理问题（体外受精问题、遗传基因诊断问题）对法领域的人与物的关系，即现代法中的人类观和自然观提出了疑问。又如，计算机系统在交易当中的应用使交易过程呈现机械化、量化、统一化的特色，而在这一过程中所体现的人的意思又使人们不得不对近代法以来法律上所一贯主张的意思论加以重新认识。再如，现代社会中出现了大量现代法律结构所未曾预料的权利现象和受害现象。环境问题已被提升到至关人与社会生死存亡的高度，对法之前提的以往的自然观当然也要有新的定义。另外，信息网络及数字工程导致的高度情报化社会对以实体物为中心的法律结构带来了不容忽视的冲击。[4]

以上列举的问题，有的仅停留在现代法律框架之内，有的则超越了这一框架。它们作为两种不同性质的问题出现在现代法面前，体现了两种不同的理论。如果超越现代法律框架的问题领域今后仍继续发展扩大以致达到可以取代现代法的程度时，必将从根本上动摇现在的法律框架。正因为如此，从理论上探讨上述两种异质问题之间的相互关系具有深远的意义。这项研究从目前来讲还过于超前，因为在此之前首先要搞清楚这两类问题在现代法舞台上的发生和演变过程以及研究和判断这些问题的方法，特别是首先要对属于同一个历史性法律类型的近代法和现代法的替代物即新的历史性法律类型作详尽的考察。这项工作对于处在同一历史进程中的我们来说并非易事。况且，那些超越了现代法律框架的问题并不意味着肯定就是继现代法之后的未来法的构成要素。因此，本研究仅仅是采取从个别问题切入的方法对上述问题进行最初步的探讨。

如上所述，本研究立足于当前的发展和未来的展望，就现代法上的两类问题进行初步的探讨。这些问题当中，有的需要以立法的方式解决，有的则可以通过法解释的方法加以对应。社会正是在出现新问题、解决新问题的过程中前进的。本研究的目的就在于发现变化过程中的一个个新问题，确定其内容，为摸索解决问题的方法构筑法律模式（参照下述三、五）。

二、最近之未来的法律课题——现代法之后的法

（一）作为术语的近代法和现代法

中世纪法与近代法是两个不同历史时期的法律类型。在近代法

---

④ 对这些单个问题本文将在后面另行论述（参照四）。本文拟通过对这些具体事例的分析构建法律模型，所分析的对象及其问题仅限于我所关心的范围。但本文未提及的问题以及今后可能发生的新问题也可适用本研究的方法。本研究是在平成3年10月的纪念未来工学研究所创立20周年学术讨论会上我作的“工程与知识财富的共存”讲演的基础上展开的。

与现代法之间则不存在这种历史性的法律类型区分。⑤ 因为所谓现代法就意味着近代法在现今的延续。术语上的 modern law，droit modern，modernes Recht 是从历史性法律类型的角度指近代法。在日本语中常常将上述外语译为现代法，但并不意味着在近代法之外还存在一个不同历史性法律类型的现代法。因为我们在说现代法时并未排除作为近代法之延续发展形态的法，而且认为这些法均是在近代法的原理、原则之基础上得以发展、修正的法。应当指出，在日本所惯用的现代法即指与近代法同质的法。换言之，在日本所谓的现代法，其历史类型同于近代法，但并不是近代社会当时的近代法，而是现今社会的近代法。这一术语正与欧美诸国的所谓 contemporary law，droit contemporain，gegenwärtiges Recht 相对应。本研究以此种意义的现代法所产生的诸问题为对象的同时，也着眼于超出此种意义的现代法的框架所展现的问题。而后者将是继现代法之后将要到来的法。⑥

（二）现代法与人性

作为近代法之延续的现代法发展到今天，在关于人性的问题上

⑤ 冠以“现代”二字的教科书数不胜数，如现代宪法、现代商法、现代劳动法、现代民法、现代契约法、现代公司法等。教科书一类的书上所使用的“现代法”往往与“现行法”无太大差别。正式以现代法为对象筹划出版的法律丛书可举岩波讲座《现代法 1－15》(1965年－1966 年)。这是在战后 20 周年时以战后法为现代法所作的尝试。依此划分，现代法是近代法经过两次世界大战发生了历史性转变后的现代姿态。在我国，采此意义的学者居多。我本人也在民法教科书中就民法的基本原理进行过近代模型与现代模型的对比（拙著《民法入门讲义》(1988)第 125—132 页、《民法总则（民法讲要 I）》(1993 年)第 13—15 页），但是民法的现代模型作为历史性类型来说仍是属于近代法（欧美的 modern law，droit modern，modernes Recht）。最近，基础法学理论研究的现代法论常常成为议论的话题。例如，田中成明编的《现代理论法学入门》(1993 年)第 27 页以下，田中成明的《法理学讲义》(1994 年)第 81 页以下。也许是本人学识不够，总觉得上述著作未能明确地从超出现代法之框架这一角度把握问题（关于现代法论和后现代论之关系的论点颇为有趣）。

⑥ 再次需要强调的是，所谓现代法之后的应有法律，并不意味着它将立即作为新的历史性类型取代近代法并构成未来法。

一直内藏着一对矛盾。[7] 一方面要坚持尊重人性这一基本原则，表现为在制度上对每一个人自其出生之日起即赋予其法的人格和权利能力，[8] 对私人的自由意思在法律关系上加以确定，即私的自治原则、限定在可预测的范围内的自己责任原则或过失责任原则等。在另一方面，近代法所保护的自由平等的人格和私的自治同时也造成了众所周知的恶果，即社会的、经济的强者对弱者理所当然的统治和自由竞争中的经济失败者被弃之不顾。除此之外，面对近代产业日益严重的加害行为和风险，自己责任、过失责任的原则却不能给予受害人法律上的救济。这些都使人强烈地感受到对人性的威胁。

上述现象的发生绝非近代法形成之初所能预料，后者恰恰违背了近代法的目的。在现今社会，近代法的基本原则在某些方面恰恰起到了轻视人性的机能，这一点是不容否定的。劳动法、经济法、社会保障法、环境法、消费者保护法以及制造物责任法的制定正是为了克服近代法所带来的非人性。[9]

上述对近代法给予修正的法领域的出现是否真正抑制了人性在法律上的丧失倾向呢?事实证明，近代法之修正领域的生成和发展对于在法律制度上恢复对人性的重视起到了作用，近代法也正因此而获得新的生命力。但是绝不能说人性就因此而得到了完全的保护。[10] 因为现代法总是要面对来自多方面接连不断的挑战，背着十分沉重的课题包袱。

但是，我们应当对人性所内含的意义加以慎重考虑。因为人性本

---

⑦ 在议论现代法时搬出人性这一话题议论，似乎尤如从现在的理论中提取古抄本。但是，19 世纪实体法上的权利能力、法人人格、法律行为、意思表示、私的自治等概念至今仍在法解释论中被作为前提。作为现代法研究的出发点，有必要设定这样的问题。

⑧ 关于这一问题的古典性著作，有 E. Ehrlich 的权利能力论。

⑨ 战后激烈的意识形态对立在法学当中也可找到其痕迹。但是，无论内容或评价的差距有多大，关于现代法的问题设定在战后法学中还是共同的，直到今天仍是这样。

⑩ 这在实体法上有双重意思。第一重意思是指在制度上虽然恢复重视人性，但在现实上并非如此。这对法律来说是个宿命的课题。第二重意思是，由于立法上的问题，人们所期待的人性的恢复在制度上也未做到。这种现象近来很多。这是关系到现代法中法政策手段化的问题，是现代法理论的一个值得研究的课题。

身在人类社会的今后发展中将会发生变化，它以往所具有的意义在今后的社会中也许不复存在，而人类却仍要生存。古典意义上的人性正在发生变化，我们只有将变化中的人性本身作为问题研究，才有可能从法律的角度使讨论得以深入。[11] 这项工作非本人能力所及，本研究也不打算从正面涉及这样一个根本性问题。本论文仅仅是就现代社会中出现的现代实体法水平上的个别问题（但都是些难以解决的问题）探讨法律上的解决办法，也仅仅是在这个目的范围内涉及到人性的研究。[12]

（三）人的物化现象

现代法通过制定社会法、经济法、消费者法、制造物责任法等对近代法进行修正，以便保护人性。但是，对来自其他方面的违反人性的挑战，现代法及其法理论完全处于麻木状态。

例如，随着计算机系统的广泛应用，人的意思决定被限定在人所使用的计算机程序当中，其选择只能在软件的许可范围内。作为人与人之间交流手段的意思在计算机系统中只不过是程序化了的意思而已。[13] 又如，分子生物学证明，人的生命是DNA（去氧核糖核酸）遗传信息世界中的一种，即物质世界中的一种，这个世界并不仅属于人类，而是为所有生物提供了物质基础。实际上，与人以外的动物和植物相区别的人的生命现象本身与其他生物具有同一物质基础。这一认识对法律制度也产生了影响。虽然尚不能说人的精神与其他动植物具有同一物质基础，但仅仅证明作为法律意义上之人格重要组成部分的人的生命与在法律意义上作为物的动植物生命具有同一物质基础，就足以使权利主体与权利客体的区别不能成立。[14]

---

⑪ 关于这种变动，矢崎光圀等编著的《过渡时期的世界与法（法哲学、社会哲学国际学会联合会第13届世界大会）》（1989年）登载的A.E.T的“一个世界、一个法、一个文化?”的文章（第9页以下）颇为有趣。

⑫ 通过这种方法的不断重复，我们可以探明现代法在今后的应有形态和法律世界中人性的未来。

⑬ 请参照后述四（大量权利现象和系统契约）。

⑭ 请参照后述四（作为第三法秩序的生物体法）。

此类事例表明，在现代社会中，对法律制度产生影响的“人的物化现象”正在逐渐触及人之存在的根本问题。这里所说的人的物化现象，是指人的意思形成和基于意思的活动，即法学上的所谓“基于精神作用”的人的行为，被物质性过程所部分替代，或者指非行为者自身精神作用的、外部的原因使人的精神作用受到制约和限制。[15]

本研究的目的是，对以往从基础法学微观角度所议论的现代法从实体法个别问题个别分析的角度重新审视。所谓人的物化现象也正是从这一角度才得以认识的现代法现象。在这一认识过程中，笔者则尝试对法律制度中的人性及其变化从单个问题的法模型角度进行考察。也许这种尝试并无太大意义，因为人的物化现象是人所不能抗拒的必然趋势，人的生命来自 DNA 遗传信息世界这一结论是自然科学对生命物质基础事实的必然阐释。但是，笔者认为，不应对关于人之存在的问题给予简单的理解，因为人的物化现象在未来时代所带给我们的将是内容丰富、影响深刻的新问题，这些问题足以引起我们极大的兴趣，并促使我们从现在开始着手法学应有的准备。

三、法律模型论

（一）法律模型与模型论

此前我们所遇到的法律问题中，有些是以修正现代法框架得以调整的，但已达到了极限；有的则是在框架之外得以解决的。有些事例已证明依靠近代法所延续的基本制度及其后来的补充与修正并不能妥当地解决当今的某些问题。有关这方面的研究还不多，但这种研究肯定有助于发现问题和解决问题，出现在现代法之后的不仅仅是超出了现代法框架的个别问题的解决方法，还包括一个新的法律框架，这是由于现代法目前的框架不能有效地对新问题进行法律调整，而人们不能不寻找解决问题的方向和方法。笔者在本文中提倡法律

---

⑮ 这里所说的法律制度方面的人的物化现象主要指自然人。法律上的人当然不仅指自然人，还包括企业组织体、团体等法人人格者。关于团体等法人的物化现象，这里能够指出的现象可举管理、组织方面对人的忽视现象日益严重、以企业为中心的事业体在种种活动过程中将人性逼迫到了危机的地步（例如环境污染）。

模型的方法，并就此加以探讨。在进入本论之前，先就法律模型这一术语与模型概念之间的关系稍作说明。

最近有来栖的论文从一般模型论的角度论述了模型在各种意义上的广泛应用。⑯ 论文指出，模型作为将复杂事象单纯化的方法为自然科学和社会科学广为使用，自然科学领域的模型一般是在理论研究的前提条件发生进一步变化的时候被运用，⑰ 基本分为两类，一类是物理性或物质性模型的“对象模型”（如理想气体、理想流体、完全刚体、类推模型）和“理论模型”，其中理论模型又分为“假定（理论）”和“理想型”。模型“作为理论与现实之间的中间阶段，以及作为理论与现实或实验数据之间的媒介，将两者联系在一起，是必不可少的方法”。⑱ 社会科学领域的模型一般为理论模型。在被称之为前沿社会科学的经济学和心理学方面，当前所使用的模型“并不仅仅是为将复杂事象单纯化，而是要提出相关的假定（理论）。”⑲ 相比之下，其他社会科学领域的应用模型一般是“作为社会现象分析框架（理论框架）的理论模型，并非提示关于社会现象假定（理论）的理论模型。”并且，“也可将作为评价、分析社会现象工具的理想型理解为理论模型的一种。”⑳

根据以上提示的诸种模型类型，可以将本研究的法律模型作如下归类：其中大部分属于分析框架（理论框架）类，少数居于假定（理论）类。另外，法律模型有时还可能是融合了自然科学、社会科学各领域专业知识和模型的跨学科的复合模型。

模型论在整个自然科学模型和社会科学模型中表现为专业化程度越高区分得越细。一般来说，也只有在这种细分的限定范围内才可

---

⑯ 来栖三郎“模型与拟制——《在法律上的拟制》论书稿的学习笔记”法学协会一百周年纪念论文集第一卷（昭和58年）第3—50页。

⑰ 来栖三郎前揭论文第3页。

⑱ 来栖三郎前揭论文第12页。

⑲ 来栖三郎前揭论文，第13页。

⑳ 来栖三郎前揭论文，第14页。

能设计模型。但是，要探讨现代法之后的法，必须设计跨专业、跨学科的模型。例如，环境问题是一个急需从法律上着手解决的课题，至少是需要对现代法的框架作大幅度改革的问题之一。这个课题的完成要求环境要素须在国家、地方公共团体的产业政策和文化遗产保护政策上得以体现，同时要求要有一部使环境要素内含于企业组织和企业交易活动之中的企业法和企业交易法。因此，环境法的问题如果仅仅是就法谈法则不可能找到应有的答案，只有在综合自然科学、社会科学有关环境问题的所有专业知识的基础上才可能得以解决。这就意味着法律模型的设计在一定情况下要求跨学科的研究。这种具有一定弹性的跨学科研究应当成为我们所掌握的方法论之一，否则，我们就很难发现、认识和评价现代法之后的法。

（二）法律模型的构筑

法律模型的构筑依如下顺序进行：首先是发现和认识问题，其次是确定该问题归着点的模型，最后是实现该模型的法律模型化。[21]

1. 发现和认识问题

我们应当从周围的现象中将那些有待于解决的新问题即动摇现代法制基础的问题或现代法制难以应付的问题提炼出来。因为这些问题非属短期现象，今后仍将继续存在或发展（尽管有的问题现在还表现得并不明显）。在发现问题之后，下一步就要根据其内容确定其法领域。在很多情况下由于我们的认识对象横跨几个专业领域，因此需要跨学科的综合研究。这项工作有时以已有的经验便可完成，有的则因其专业性强而具有相当的高难度。这是一个将各专业领域与法律制度衔接的过程，由于法律与其他专业领域分别具有不同的概念

㉑ 关于法律模型，拙稿“国际摩擦中的日本法”（下）NBL502号（1992年）第42页以下曾作概述。

和原理，因此必须寻找使之相接的共同点。[22] 高深的专业性并不能替代法律上的意义，要想从法律上准确把握那些专业性强的新问题，跨学科的研究必不可少。

仅就法学学科领域而言，我们可以通过研究外国法来把握本国法上的问题，也可以通过对法学领域横向的、综合性的研究来把握法学学科的新问题。尽管是同一法学专业，但这种国际比较或跨专业的衔接工作也并非易事。

无论如何，在上述发现问题、认识问题的过程中，通过跨学科、跨专业的研究准确地从法律的角度把握一个新问题，这的确是十分艰巨的工作，其中，准确地发现问题尤其至关重要。

2. 最近之未来的问题归着点模型

在发现问题并从法律的角度对该问题得以把握的基础上，进一步就要考察该问题随着科技的发展和社会经济的变动将来是否还可能存在或发展，如果回答是肯定的，那么我们就要知道该问题最近之未来的归着点是什么，即该问题发展成熟时将呈现什么状态。这项工作虽然并非轻而易举，但已有专家将其作为可能实现的目标着手尝试，有的在某一特定专业领域尝试成功。正是在此基础上，我们将设计各问题之归着点的模型。

上述问题模型中，有科学技术模型和社会科学模型，也有跨专业

[22] 根据我的经验，可举一典型事例，即计算机程序的逆工学（reverse engineering），问题。几年前，在跨学科的共同研究会的讨论中，我们曾为软件工学和著作权法之间的相接问题伤透脑筋。特别是有些问题在软件工学上很一般但在法学上却十分重要（尤其是复制问题），属著作权法上最起码要解决的问题。例如，思想（idea）不受保护而表现则受到保护这一基本原理在软件工学上不具任何意义（对软件工学来说，思想（idea）不受到保护是错误的，至于表现，在这门学科中并不比思想（idea）更重要）。作为研究会的成果，曾出版过比较法研究中心编的《计算机程序的逆工学——柏林国际讨论会》（1992 年）（请参照该书第二页拙文“前言”，其中介绍了研究的经纬）。当然，这个问题在世界上至今尚未解决。最近的研究成果有文化厅出版的《既存程序的调查、解析——有关计算机程序著作权问题的调查研究协力者会议报告书》（1994 年 5 月），Z. Kitagawa, Comment on a Mainfesto Concerning the Legal Protection of Computer Programs, 94 Columbia Law Review (1994 年) P. 605 et sniv。

领域的综合模型。除此之外，还可能有属于特定法规的问题模型。不同的问题涉及不同的专业领域，例如环境保护问题或数字信息等知识性、专业性很强的问题模型所涉及的专业领域就很广。

值得注意的是，与发现问题和认识问题的过程一样，探求问题归着点模型的过程中将会遇到法学家们所生疏的其他专业领域的知识，而这些知识对该领域的专家来说早已不新鲜，不需要进行跨学科的研究。但是，对法学家来说那些专业知识却十分重要，[23] 在设计模型时离不开跨学科、跨专业的研究，尤其是对自然科学与社会科学之间的研究。

3. 法律模型的构筑

作为最近之未来归着点的问题模型一旦设计成功，接下来的工作就是考察这些模型所体现的问题在近代法的基本框架内是否可以得到妥当的解决。如果结论是否定的，那么就要从新的角度构筑可提供新法律框架的法律模型。这些模型可能是引导立法行为的法律模型，也可能是提供行政对策的政策模型，甚至可能是契约或协议型的模型。

为此，将有许多模型值得我们去探讨。例如，由于分子生物学、生命工程的发展，需要构筑关于生命的生物体法律框架；由于人工智能和计算机的广泛应用，需要构筑相关社会系统的契约模型；由于现代化程度的提高而附带出现的危险性和大量受害现象的存在，要求构筑以救济为目的的综合救济系统的法律模型等。

四、法律模型的个别事例

以下将通过列举笔者所研究的法律模型的个别事例进一步阐述

㉓ 参照前揭注㉒。另外，在关于脑死亡、脏器移植、治疗说明等方面的同意、承诺意思，经常出现法律意义上的意思与医生方面的意思不吻合现象。确定问题并构建其模型已是首要课题。例如，患者是否可以认为自己的生命、身体属自己的人格利益，因而拥有其处置权？那么作出这种决定的规范是什么？拙著《债权各论（民法讲要 IV）》（1993 年）第 253 页提到了这一问题。如何理解患者的意思？患者的家属是否可以推断患者的意思并代其表示？这些都是现今在制定脏器移植法时出现的热点问题。在作出肯定或否定的判断之前，应当用这里所提倡的方法先找到问题的归着点。

本研究的法律模型构想。需要说明的是，这些个别事例的研究在刚开始着手时并没有明确的方法论作指导，而是在摸索当中逐步形成了自己的法律模式论。本稿只是将个别研究的部分结果加以概括，属于阶段性成果，文中许多方面尚未达到透彻把握法律模型论的程度。

（一）作为第三法律秩序的生物体法

1. 人与动物、植物的区别

在现代法上，人与物的区别似乎是永恒不变的，而分子生物学通过对微观生命现象的研究给以往这种人与物的区别打下了一个大问号。[24] 民法总则提供了近代法的基本概念和制度，规定了人（权利的主体）、物（权利的客体）、法律行为（人的行为）、期间、事件等法律的基本要素。现代法继承了这个框架。我认为，这些要素还可以进一步归纳为人与自然这两个要素。[25] 近代法、现代法所关心的是人的精神、意思，对一切人赋予权利能力并将一切人作为权利的主体。相对而言，物则为权利的对象、客体。人以外的不具有精神、意思的生物归属于物。法律上明确区别了作为权利主体的人和作为权利客体的人以外的动物、植物，两者之间存在不可逾越的鸿沟。[26]

这个在近代法、现代法上理所当然的前提正在发生动摇。这是由于对生命单位的遗传基因的微观研究成果带来的。这一分子生物学的研究成果证明，人的遗传基因与动植物的遗传基因之间没有任何

㉔ 关于以下论述，请参照拙稿"生物体法序说——DNA 与法——"载学士会会报795 号(1992 年)P. 84－90。

㉕ 拙著《民法入门讲义》，前揭注⑤第 562－563 页。

㉖ 最近关于这个问题有很值得注目的立法动向。德国民法第 90a 条明文规定了不将动物视为物。这与最近的保护动物的想法一样，把动物区别于无机物，作为生物在民法上给予特别规定。德国民法的新规定与人与物的古典区分之关系可作如下解释，即动物虽然区别于人，因其有生命故不能称之为物，这是近代法律制度的例外规定。即使在把动物视为物的近代法律制度之下，动物不同于物这一点也是一般人之常识。可以认为，法律制度毅然把动物置于物的法律规范之中，这是近代各国的法政策性决定。现在，在法律上将动物与物区别开来，这样做符合了一般人的常识，也是划时代的法政策转变，今后，还将会发生这种对既存法律制度的改革。这一势头已在各国不同程度地表现出来。当然，本文的对象之一生物体是微观水平上的法律模型，与德国修改民法的问题性质不同。

差别，人的生命现象是物质现象的一种。换言之，人的生命是DNA遗传信息世界即物质世界的一种，人并不因为人之固有的DNA才成为人。人、动物、植物都是通过DNA的遗传信息才得以繁殖，其DNA本身无论于人、于动物、于植物却都是无所差别的。在此意义上可以认为DNA的机能对所有生物都是共同的。因此，法律上被作为物的即人以外的生物(权利的客体)与人(权利的主体)在DNA的意义上不存在差别。分子生物学的发展在生命现象的问题上为作为权利主体的人和作为权利客体之物的动植物之间填平了鸿沟。[27]

也许有人会认为这一发现就生命现象来说虽然是不可动摇的事实，但并不意味着法律必须与其同步。在分子、原子现象上不必同步的看法也许言之有理，但生命现象关系到法律问题的发生，新的发现必然对法律产生影响。例如，利用遗传基因组更换技术的遗传基因治疗、利用冷冻受精卵的发育出生等问题都迫切需要从法律上加以解决。如果依照现代法的框架，遗传基因不属于人，因而要被作为物对待；遗传基因组的更换技术是以作为物的遗传基因为对象，由于关系到人和社会的安全因而要作为公益事由加以规制等等，这样做显然是荒唐的。当然，目前还只能在现代法的框架内对应此类问题，但分子生物学和生命工程给我们提出的问题已让我们对目前这种对应方式产生了极大的疑问。

2. 作为生命单位的生物体

既然在微观的生命现象中人、动物、植物具有同样的DNA这一物质基础，这就需要为这一共同生命单位的生物体设计法律模型，创造新的法律框架。这一生物体介于现代法律秩序之基本构成要素的人与自然之间，是独立的第三要素，可以为我们提供法律方法以便解决分子生物学和生命工程不断地带给我们的问题。作为生命单位的生物体既不是人也不是物，是不同于人的法领域和物的法领域的第

㉗ 渡边格：《从物质文明到精神文明》(1990年)，第16页："地球上的一切生物种都在DNA这一遗传的带子上于遗传基因信息中进行生命活动，即都属于'DNA型生物'。"

三法域的构成要素。

利用冷冻受精卵的发育出生在医学上已获得成功。如果一对夫妇立下遗嘱，委托特定的人或特定的机关在其死后使其冷冻受精卵发育出生，那么在财产继承上将如何处理呢？按目前的解释，对冷冻受精卵不适用关于胎儿的特别规定（民法第886条）。胎儿属于人的出生之前，法解释上，对胎儿承认人的权利能力、人格的延伸，但对冷冻受精卵却不承认这种延伸，从立法的角度看，更不能要求民法为此作修改。毫无疑问，现行法将冷冻受精卵子作为物对待是不够妥当的。因此，为解决这一难题，可以考虑建立生物体法律制度。即把生物体这一法模型作为新的权利主体以法律形式确定下来，使生物体的性质在法律上区别于物。在此意义上可以说，这项工作超越了现代法的框架。

生物体的法律制度可能与我们所熟悉的近代法、现代法的公法、私法秩序有很大差异，其形态如何尚不得而知，我们正处在对其摸索的阶段。作为前提，首先需要探求生物体法律制度的各个领域的法律规范结构。这里所说的生物体虽然不是DNA那样的实际存在的物质，但它是通过与分子生物学和生命工程的跨学科研究而构筑的法律模型，是新法律秩序中的基本要素。

3. 作为法律模型的生物体

生物体法构想是以在DNA或遗传基因这种微观水平的生命现象上所发生的法律问题为对象的法律模型。这种法律模型通过分子生物学和法学之间的跨学科研究决定其意义、内容。今天，我们经常会遇到这样的问题，如利用冷冻精子、冷冻卵子、冷冻受精卵子的体外受精问题、根据遗传基因诊断预想遗传疾病的未婚男女的婚姻障碍问题、DNA相关的知识财产问题、生物体的移植、转让问题等。对这些问题很难在只知道区别人和物的现代法的框架内作出法律上的妥当规范，人的存在可能受到物的法理的威胁。此种状况需要尽快从法律上加以解决。[28] 如果能够把既不属人又不属物的第三要素之生物体这种生命单位作为法律模型确定下来，就可以进行以此为前提的单个问题的法律对应——立法、行政、协商。[29]

（二）大量权利现象和系统契约

1．计算机系统与契约

在某种商品的生产到销售这一整个交易过程中，将签订大量有关买卖、承包、运输、雇用等不同类型的契约。从整体上看，这一契约群在企业的实务中有机地联系在一起。作为契约系统，最终还是个别系统以企业为基轴联系在一起的。而近代法、现代法上的契约法框架在制定当初并未把从生产到销售的过程考虑进去。关于契约类型，该框架也未照顾到相互之间的关联性，而是孤立地就其作出规定（只要考察一下有关买卖、承包的契约典型与现实的契约实务之间的关系即可一目了然）。但是我们可以发现，由于计算机系统的利用，即把计算机的信息处理和通讯系统结合起来的信息网络在交易社会的深深扎根，已使过去 的状况大为改观。契约一旦进入计算机系统，即可实现从商品的生产到销售这一全过程的契约群系统化。这种与计算机系统相结合的契约是新契约的现实类型，可称为系统契约。[30] 系统契约不仅能从整体上设定法律事项，而且还可转化为能够监控营业活动、库存管理、结算、财务管理的信息系统。

㉘ 在脑移植的情况下，在某种场合可能丧失人的同一性。人的人格的同一性这一理所当然的前提将发生动摇。另外，根据遗传基因的操作，人的体质、性格、感情、意思会在不同程度上受到制御，这就触及到了法律制度的基本前提，即法律人格、意思自由、私的自治的基础将发生动摇。科技与医学的发展并非人们所能预料，对这类问题的考察超出了本文对象即最近之未来法律模型的范围。

㉙ 作为立法论，可以有生物体法这一一般性法律。通过跨学科的研究，如果在理论上构建生物体这一法律模型，那么就可以对其单个问题探讨立法的可能性。

㉚ 北川善太郎编著《计算机系统与交易法》（1987 年）第 35—58 页，拙稿“系统契约——情报化社会中的新契约类型”（在“计算机系统与私法”讨论会上的报告）（1988 年）第 9—17 页、Z. Kitagawa，“Der Systemvertag——Ein neuer Vertragstyp in der Informationsgesellschaft”，Festschrift Fuer Murad Ferid Zum 80. Geburtstag am 11. April 1988，P. 209－238。

2. 系统契约的特质

系统契约具有值得注目的特质。[31]

首先，系统契约具有大量处理同种或类似权利的系统机能。近代法、现代法的框架在制定之初并未想到今天会有如此大量的权利现象即同种或类似的权利在国内外发生或履行。该框架是为私权的个别处理而架构的。多数权利关系在民法上是被作为多数当事者的债权关系或共有关系处理的。而现在的交易环境是，权利的大量处理通过计算机系统迅速而正确地得以实现，并且正在成为普遍现象。例如信用卡交易、机票预约系统、银行间结算系统的电子资金移动(electronic tund transfer:EFT)和电子交易(electronic data interchange:EDI)等，不胜枚举。

其次，系统契约将对法律行为和意思论带来影响。在计算机系统上，契约当事者的意思被作为情报资料处理，若不通过一定的程序意思表示就不得实现。系统契约虽然可以综合处理大量的契约问题，但另一方面，人的意思却转化为“程序化的意思”。[32] 另外，系统契约的契约当事者关系必然是多数当事者契约，[33] 这些由计算机系统统一处理的契约的当事者必将提出以往契约理论框架所不能解决的新问题。[34]

3. 作为法律模型的系统契约

可以预料，在21世纪，计算机系统将进一步广泛应用于社会各方面，同时，上述系统契约将在交易社会占主导地位。因此可以说，系统契约今后在法律上将作为交易的主要现实类型贯穿于社会、经济、企业、消费生活的各个方面。[35] 如前所述，以往的现代法律框架对于

---

[31] 参照前揭注[30]的文献。

[32] 参照前揭注[30]所引文献第45页。

[33] 关于多数当事者契约，参照拙著，前揭注[23]第134页以下。

[34] 参照拙著、前揭注[23]第149页以下。

[35] 关于契约的现实类型，参照拙著、前揭注[23]第105页以下。

系统契约来说已不合适，[36] 因为该框架是以个人或企业单位的意思为前提的。在约款交易中虽然也有类似的现象，但其性质与作为综合系统的系统契约不可比，围绕后者将会出现大量权利现象特有的问题。其中最急需从法律上解决的问题包括防止系统机能障碍和不当利用、救济受害、系统构筑者的共同责任（系统责任）等来自大量权利、大量受害现象的问题。这些都足以表明把系统契约作为最近之未来的法律模型定位的必要性。[37]

（三）拷贝市场——著作权与技术共存的法律模型

1. 大量拷贝问题与权利的集中处理系统

现代社会和最近之未来的社会是处处浸透着数字信息的社会，同时，多媒体的传送作用更是为其添光加彩。数字技术和多媒体事业不仅对社会制度而且必将对法律制度带来极大的影响。其中最关键的数字技术使著作物以与原版同等的质量得以准确、廉价、迅速并大量地复制。由此虽带来了方便，却对既存的著作权法律制度带来前所未有的冲击。[38] 著作权法律制度的核心在于不得随便复制他人之著作物。当任何人都可以准确、廉价、迅速并大量地制造复制物时，这个

㊱ 当然，作为法解释学，大多数人认为对这种交易以现行法的框架也可以对应得了。但不可否定的是，至少会出现十分复杂的问题（关于这一点，请参照前揭注㉚私法学会讨论会的报告）。

㊲ 这里提出的系统契约，作为法律模型构建时，与其构建单一的具体的现实类型，不如分别构建具备了这种特质的单个系统契约的法律模型。以下将论述的拷贝市场论就是一个例子。这与后述的信息论的法律模型研究也有一定联系（信息的产品责任。在此，只能就其大概轮廓加以论述。

㊳ 在数字技术下，通讯和广播之间的区别已经化为乌有，著者与读者之间缩短了距离，著作物还原为流动性的“量的信息”（0 和 1 组成的信息）。在这里，语言、音乐、绘画或电影等著作物均无区别。我们必须把信息和著作物之间的关系作为法律制度问题从正面予以研究。现在各国都在研究这个问题，无论数字技术还是多媒体，在不久的将来它们都将以某种方式受到著作权法的规制。与此相关，值得注意的是，克林顿政权在研究了 NII（全美信息基础）的知识产权问题后发表的报告——Green Paper, Intellectual Property and the National Information Infrastructure, A Preliminary Draft of the Report of the Working Group on Intellectual Property Rights, July 1994。另外，日本的著作权审议会多媒体小委员会工作班子的讨论过程报告书“关于与多媒体相关的制度上的问题”（平成 7 年 2 月）对目前的问题进行了整理归纳和研究。

法律制度的核心就受到了威胁。使著作权法律制度遭此灾难的,正是集高科技之精华的电子机器的发展和普及。对于高科技的发展来说,在多媒体时代,如果著作权法律制度不允许电影、电视作品自由地用于多媒体上,那就是对科技发展的阻碍。如此看来,高科技与著作权之间不得磨合。

大量拷贝问题随着复印机的发展而日益严重。为此,出现了权利集中处理系统。例如,关于私人转录录音、录像的制度规定,使用者要支付高于空带空盘的"私人转录录音录像补偿金"(著作权法第5章)。根据此规定,法律允许复制,使用者可以私自复制录音录像。至于可以复制谁的著作物、在何种程度上复制,因事先无法确定故不作规定,因而该规定之复制许诺完全是虚构。补偿金的支付对象是权利集中处理机构,而非著作权人,因而这种作法恰如"没有债权人的请求权"。[39] 也许这是为处理大量权利侵害问题而不得不采取的措施。但是,这种措施如果真能实现并普及的话,将著作权作为私权的法律制度将会崩溃,倒不如把著作权使用费作为税金征收更方便。有的国家在法律制度上采取了此种方式。[40] 但这难道就是未来著作权法律制度的应有形态吗?

2. 另一个思考角度的拷贝市场论

我们所要解决的是大量拷贝和多媒体所带来的对著作权侵犯的问题。如果事先取得著作权人的同意,那么大量拷贝或多媒体产品的制作将是合法的。因此,我们可以设想创造一个合法的环境条件使权利人的权利从受侵害转变为权利的实现。拷贝市场论正是主张做这

---

[39] 对著作权的集中处理系统来说,这是一个相当严重的问题。如果对空盘或复印机课税的话可以征收一定的税额,但是既无法确定该拷贝是何人的何种著作物,也无法合理地计算出征收的金额作为著作权许诺收入如何分配给著作权人。因此,各国的集中处理团体都在朝着个别处理的方向努力。但权利处理的基本设计上的问题并未得到解决。

[40] 在瑞典和挪威,为了处理录音、录像的拷贝问题,于80年代初采取了对复制机器和磁盘(挪威)、磁盘(瑞典)的课税方式。参照G. 迪比斯(黑川德太郎译)《录音、录像物的拷贝》(1985年)第145—147页。

样的尝试。即以民间的方式建立著作权自由交易的市场。[41]

在拷贝市场，由权利人将其著作权资料进行登记和录入并提示其许可条件。这是著作物的拷贝得以实现的一个交易环境，是市场。这种著作权市场是一种协议、契约形式的社会系统，即前述系统契约的一种。这个系统为了低成本并准确地进行权利的登记、费用的收取与支付、拷贝的分送，将充分利用高科技的信息网络，是一种 VAN (value added network)系统。权利人只要将自己的著作权在拷贝市场登记并提出自己的交易条件，如果出现愿按其条件进行交易的利用人，该利用人则把著作权的许可使用费汇入权利人的帐户。这种系统将保证作为私权的著作权之权利得以实现。利用人在拷贝市场能够检索到各种著作权信息，用不着像以往那样在制作多媒体产品前先要作出著作权成本的估算，而是可以通过拷贝市场的网络就著作权的利用价格与权利人进行直接的交涉。

3. 作为法律模型的拷贝市场

拷贝市场论是为著作权法律制度与契约制度的共存而设计的一个充分利用计算机和通讯技术的系统，是技术与法的共存模型。技术与法从专业领域的角度讲本来相差甚远，但是拷贝市场论提供了两者共存的模型，至少我们可以期待它作为解决大量拷贝问题的法律

---

[41] Z. Kitagawa, Copymart: A new concept—An application of digital technology to the collective management of copyright—:"WIPO Worldwide Symposium on the Impact of Digital Technology on Copyright and Neighboring Rights," Harrard Law School, March 31 to April 2, 1993, 第139—197页；拙稿"著作权市场论"，载日经电子工学1993年6月7日第582号第97页；Kitagawa, Computer, Digital Technology and Copyright, WIPO Worldwide Symposinm on the Future of Copyright and Neighboring Rights, Paris, Le Louvre, June 1 to 3, 1994, 第115—130页；拙稿"多媒体与著作权——拷贝市场：著作权市场论"，载电子情报通讯学会会报77卷9号933—935页(1994年)、拙稿"教育、多媒体、著作权"，载文化厅月报317号(1995年)9—11页等。关于拷贝市场论可追溯到在伦敦大学的拷贝营销论的讲演。关于拷贝营销，可参照 Kitagawa, Copyright Clearance or copy Sale—A Thought on the Problem of "Mass Right"—, AIPPI Journal International Edition (14—4)(P. 207—215)：Archiv für urheber－Film－Funk und Theaterrecht, Bd. 117, P. 57—69(1989)、拙著《技术革新与知识财产法制》(1992年)第202—221页。

模型发挥作用,这也正是笔者的关心所在。[42]

现在的权利集中处理系统因其运作方法正在向着作为私权之著作权的社会权化方向发展。当沿着这一方向走到头时,著作权将转化为一种具有社会性的文化财产而不再是著作权,或者至少同时具有非知识产权的性质。也许这也可称为是著作权的未来,但对此每个人都会产生疑问。如果我们仍要保持著作权的私权性质,就不能不认为社会权化现象过于虚拟。拷贝市场提供了法律模型,可以利用高科技,以作为私权的著作权为前提,在现代法的框架内实现大量权利的处理。

人们对这个法律模型已经表示了兴趣,[43] 今后的课题是构筑单个的拷贝市场,如关于硬件、软件的制作等具体的拷贝市场模型。

(四)信息的产品责任

1. 现代法与信息

信息在以实体物为中心的近代法、现代法上未被给予适当的位置。但是,象征着多媒体和数字技术的信息科学、信息工学将在相当宽广的范围内对最近之未来的法律给予强烈的冲击。

信息本来属公共财产,不属于任何人,但是当它受到"控制"时就变得具有一定的价值。即信息一旦受控,人们便不能自由接近,价值便由此而生。正如企业情报、客户名单被有偿交易的例子所说明的那

---

[42] 拷贝市场实际上是民间的资料存储工程,随着通讯线路的发达,这一工程可以在国际间展开。例如,电子出版物的销售、电子图书馆、电子学习塾、电子专科学校、电子剧场、软件市场等均有可能实现,目前已经有此类项目通过CD—ROM和通讯网络开展起来。按此趋势发展下去,随着著作权商务活动的发展,拷贝市场将成为我们新的生活方式,是创造新的信息文化可行之路。多种著作物的拷贝市场的多个诞生,必将有助于掌握最尖端的研究动向和专业的文献资料,有助于把握时刻变动的政治、经济、社会形势。除此之外,走访各国各地的美术馆、鉴赏古今的名画、名曲等娱乐、趣味和教养活动将成为在我们身边伸手可得、轻举实现的事。学习、教育方面的多媒体利用,其效果更是无可估量的。这就是我们生活方式的变化,是新的文化现象。当然,事情并非全部如人所愿,但既然有助于解决日益严重的著作权问题,就不能不使人去努力探求其内含的深刻意义。

[43] 例如日经电子工学特集《关于拷贝问题、录音再生问题的处理——开辟技术与著作权的共生之路》(1993年)6—7号92页以下、日经电子工学特集《多媒体著作权问题的解决(1994年)11—12号76页以下等。

样，信息是被作为财产使用的。控制信息的方法千差万别，由此创造的价值也高低不一。这就显示出了信息不能与实体物同等并列的特色。信息作为财产成为法律的对象时，其范围越广，与无体物的接合现象就越加明显。因此，在法律上，可以将信息定位于无体物的上位概念，可将具有财产价值的信息称为无体物信息。㊹

但是，信息还有其不具财产性质的另一面，这一点在现代社会里也是不容忽视的。这是指信息的流动问题，即交易场上的信息提供。㊺

平成 6 年 7 月 1 日制定的制造物责任法关于物的缺陷作了如下定义。即缺陷指考虑该制造物的特性、其通常可预见的使用形态、其生产者等交付该制造物时的其他与该制造物有关的事项，该制造物欠缺通常应有的安全性（该法第 2 条第 2 款）。毫无疑问，制造物责任法以有体物之产品的缺陷为对象。关于信息缺陷及信息产品缺陷的民事责任，制造物责任问题尚未有法律涉及。今天，软件和信息库等信息产品已被广为利用，信息的产品责任问题在法解释学上已成为

㊹ 无体物在近代法、现代法上是属于知识产权、知识财产法律制度范畴的问题。今后，信息将以包容无体物的形式影响到法律的框架。

㊺ 以提供多种内容的信息为目的的契约正在增多。产品的使用说明书中所包含的信息也说明这一点。例如关于产品的使用方法及使用时的注意事项、关于产品的危险性的提醒等就是产品的信息。

信息有其财产性和流动性两个侧面，由于数字技术的发展，信息的上述两面性正在发生变化。众所周知，根据数字技术，无论文字、音乐、照片、影视片，均可作为信息通过 1 或 0 的符号得以保存。从符号的角度看，这些作品的存在形态已没有任何区别（不能识别其是否属文字、音乐、照片或影视片）。这就意味着，在数字技术化的数据范围内，著作物与信息的区别已不存在，本来限定在一定范围内的著作物转化为一定量的信息。由此我们可以看到信息的特色。本来限定在一定范围的有价值的信息在数字技术世界中不再受到限制，被分解为 1 或 0 的符号。对此法律上应当如何看？这是一个有趣的问题，也是信息的法律模型论的课题之一。

亟待研究的课题。[46]

2. 包括信息在内的有体物产品责任模型

近代法和现代法在民事责任问题上只考虑到有体物产品,几乎没有顾及过信息。今天,即使是有体物产品也与信息密不可分。因此,有体物产品的民事责任问题离开信息几乎无从谈起。关于这一问题笔者将另行论述,[47] 其结论为:有体物的产品责任模型包括几个不同性质的类型,即有体物本身的缺陷、有体物的有体物零部件和材料的缺陷、有体物的无体物信息零部件的缺陷、有体物于生产过程中所利用的设备机械等有体物的缺陷、有体物于生产过程中所利用的设备机械类的无体物信息的缺陷以及就这些有体物、无体物之相关情况所提供的信息的缺陷等。以上这些又可分为三大类:关于有体物本身缺陷的产品责任、关于无体物信息缺陷的产品责任和关于提供有缺陷信息的产品责任。

3. 信息的产品责任模型

目前,信息产品的产品责任问题已很突出,但对于信息产品的产品责任并不适用制造物责任法,原则上适用民法第 709 条的过失责任。信息产品的产品责任模型比有体物产品责任的模型结构复杂,这个模型所显示的是信息产品的缺陷、信息产品有体物部分的缺陷、信

---

⑯ 制造物责任法是关于有体物产品的法,但是该法对于具有零部件性质的信息产品的缺陷、对于在有体物生产过程中被利用的控制器械、测定器械的信息产品缺陷所引起的有体物产品的缺陷是否适用?作为法解释问题很值得研究。在制造物责任法的解说中就软件缺陷所造成的产品缺陷问题已有所涉及。如山本庸幸《注释制造物责任法》(1994 年)第 29 页、通商产业省产业政策局消费经济课编《制造物责任法的解说》(1994 年)第 83 页、小林秀之责任编集·东京海上研究所编《制造物责任法大系 II》(1994 年)第 933 页等。以上解释均认为软件的缺陷不属于制造物责任法对象之内,但可作为有体物产品的缺陷追究制造物责任。

⑰ 拙稿《信息与民事责任的框架——信息的 PL 问题》载比较法研究中心编《关于信息瑕疵造成民事责任的调查研究》(1993 年)第 51—66 页、拙稿《信息与制造物责任》载企业法研究第 7 号(1995 年)第 1 页以下(这是平成 6 年 10 月在名古屋经济大学企业法制研究所第 4 次公开讲演会的讲演记录)。

息产品零件部分的信息的缺陷以及被提供的信息的缺陷等多重关系。[48]

4. 信息与产品责任的法律模型

无论是有体物产品还是信息产品，今后的发展趋势要求我们构筑一个将有体物产品责任与信息产品责任综合在一起的法律模型。也许未来的信息责任将朝着仿照有体物产品责任的民事责任方向发展。之所以这样讲是由于随着信息化的普及和深入，现在这种有体物产品中含有信息的状况将逐步转化为信息中含有有体物产品的局面。虽然在现阶段这样讲纯属假设，但是信息化社会、高科技社会的发展趋势所带来的影响是无法估量的。

由此可见，信息法律模型论的研究离不开跨学科的综合性考察。无论在现代法上还是在未来法上都需要将信息在法律系统中定位（即信息的法律模型）。除此之外，围绕民事责任和产品责任问题，还需要构筑有体物产品和信息产品的各类缺陷的法律模型。这些法律模型的目的无一不是为有体法上的基础理论创造条件。

（五）大规模受害的救济系统

1. 近代法上的风险两分法和现代的风险

在近代法和现代法上，任何人都具有法律上的人格并根据其意思和责任从事其行为。自由人格者虽然有意思、行动的自由，但如果从事了危害他人之生命、健康、财产的行为，则要对其意思可得预测的危险负责。但对超过其预测范围的危险不负责任。这种自己责任原则、过失责任原则至今仍被沿用。安全与危险被称为风险两分法，上述原则也是以此为前提的。作为近代理性人之选择责任的过失就

---

⑱ 信息的产品责任与宪法所保障的表现的自由、信仰的自由之间的关系也是较难处理的问题。例如，使用烹调书所介绍的材料烹饪致人食物中毒场合的著作人的责任、翻译作品错误百出场合的翻译者的责任可以认为是著作物这一无体物的缺陷问题。但是，这类责任不属于保护思想、感情之创作表现的著作权问题。著作权不是以作品内容的安全性和公序良俗性为要件而成立的权利。但是，由于烹调书籍的对生命、身体的有害记载而导致中毒死亡的场合或由于记载了危险的化学实验方法的教材而导致重伤的场合，如果不能追究民事责任显然不妥。

是由此而成为基本的法律概念的。[49]

近代法的自己责任原则在现代社会的危险、风险中已不再妥当。由于大量的公害、药害、日益严重的地球环境污染(如切尔诺贝利核电站的核污染事件)以及计算机信息网络之方便性的反面即其脆弱性(如停电事故可导致大范围的派生性灾害)所带来的危险和风险,已经使近代法上以人的意思为中心的制度以及对其进行了补充修正的现代法的框架难以应付,它们所面临的是近代法所未曾预想的大规模受害和对这种受害的救济问题。当然,现代法在某些方面用无过失责任替代了过失责任,并采用了行政手段。但在现代社会中还有一些风险是近代法、现代法的框架所未曾预料的,是无法通过目前的法律制度实现预防灾害、救济受害之目的的。[50]

现代社会可称为风险社会。[51] 现代技术所带来的风险不仅难以预测,而且具有国际性。这种无形的、不可预测的风险无所不在,随时可能造成严重灾害。在信息化时代,计算机系统越普及,发生各类连锁性灾害的可能性也越高。[52]

风险社会中的风险选择远远超出了近代法、现代法的框架,因其复杂性而使选择基准不明确。造成灾害的风险中,有的尚未被人们所认知;有的已被认知。对已知的风险,有的制定了相应的法律救济制度,有的尚未制定或制定得不充分。大规模受害问题向我们提出的课

㊾ 在比较法学会讨论会上的发言《对大规模受害的法律对策》,载比较法研究 51 号(1989 年)第 94—95 页。

㊿ 关于受害及其救济,参照“受害及其法律保护”学术讨论会论文,载法社会学学会会刊第 33 号(1981 年)、“对大规模受害的法律对策”学术讨论会论文(前揭注㊾)。笔者在这两次会上从构建发现问题和解决问题的系统这一角度论述了受害类型和救济类型,参照拙稿“法社会学学会讨论会序论”前揭 66—67 页、“比较法学会讨论会发言”前揭注㊾ 94—101 页。本文的法律模型论研究就是从上述文章开始的。

[51] 关于风险社会,Ulrich Beck, Risikogesellschaft Auf dem Weg in eine andere Moderne,1986(日译本《危险社会》1988 年出版)是一部对法律模型论的研究十分有参考价值的著作。

[52] 例如,由于瞬间停电事故可造成自动进款系统的混乱以及巨额账目结算的发生(即系统风险)。参照金融制度调查会 EB 专门委员会的中期报告(1988 年)第 26 页以下。

题是如何使这种风险选择与法律制度联系在一起。

2. 受害与救济的框架

与损害不同，受害本来并不是法律上的概念。当法律着手于环境受害、消费者受害等一系列受害问题后，这个概念便为法学所使用。所谓受害，指就一定的利益，起因于人的行为、物、自然现象的期待与现实不一致的状态。[53] 相对于风险而言，受害的类型多种多样。[54]

作为关于大规模受害的法的救济制度，可考虑立法、行政、司法三个方面。在立法方面，有关公害、药害、交通事故等问题的立法已受到好评。由于日本所经历的大规模受害更为严重，因而较其他发达国家，其立法对策具有革新性，有的甚至起到领先的作用。尤其是《公害健康受害补偿法》(昭和48年，法第111号)和《医药品副作用受害救济基金·研究振兴基金法》(昭和54年，法第55号)作为横跨公法与私法的综合性大规模受害救济制度很有特色。在行政对策方面，除具体的受害救济(如对医药品副作用受害人的救济给付)之外，还有社会保障的一般性救济制度。

在事后性救济的司法对策方面，最值得注意的是诉讼与协议的配合。受害人根据判决可得到一定的损害赔偿额，但还有一些救济内容从性质上看是不能或不便通过判决解决的，而要采用其他适当的救济措施或手段。例如，受害人将来的学费、养育费、医疗费、生活费、教养费等需要长时期地根据情况的变化连续性地给付，这些给付就不宜通过判决予以保证。这种给付的难度来自其延续性，并非金额多少的问题。这种连续性的给付通过加害人与受害人的协议才可能实现。协议型(以协定、协约的形式)的解决纠纷方式在大规模受害问题的解决上尤其起着重要作用。在事后救济上，上述两种解决方法相互

---

[53] 参照拙著《消费者法的系统》(1980年)第268页以下、272—275页、拙稿"法社会学学会讨论会序论"前揭注[50]第74页。

[54] 作为一个速描，请参照拙稿、前揭72—74页。受害模型的研究对大规模受害问题来说是一个亟待研究的课题。

配合，笔者将其称为两者的共鸣现象。[55]

在近代法律制度上，公法与私法被严格区分，它们依不同的原理和原则而成立。现在的受害救济制度尚未达到横跨公私法综合构筑的程度，两者之间的相互影响也并未作为制度得以固定。在体制上，尚未形成相关机构相互间的有机的配合。因此，我们所看到的是单个制度的形成或发展，基本上属现代法律制度框架的延伸，其有限性也是不容否定的。

3. 救济大规模受害的法律模型

现在的受害救济制度是在危险·风险（安全与危险的风险两分法）和区分公私法的前提下建立的，面对现代社会普遍发生的大规模受害现象，已经暴露了其不足之处。在现代型风险与现代化程度不得不并存的体制下，我们要构筑一个与近现代法律框架不同的受害救济系统。现代法框架内的无过失责任是民事责任法上的一个对应，但仅此水平的对应不足以应付严重的事态。解决大规模受害问题的受害救济制度需要把从事前的预防措施至事后的救济制度的全过程作为一个综合系统来构建。这个系统要在实质上保证救济的实现，如受害的预测与防止、受害的认定、受害额的算定、迅速而全面的救济、资金的确保等。[56] 这个法律模型超出了现代法的框架，在制度上综合了公私法的机能。另外，大规模受害问题已发展为国际性问题，如核电站事故、臭氧层的破坏、酸雨、海洋污染、进口食品的污染等，非一个国家所能应付，需要建立国际间协作体制和监督制度以及国际性的救济制度。在这方面也同样需要进行国际间综合性研究，并在此基础上构筑法律模型。

五、法律模型与立法、行政、诉讼

前一章所论述的是笔者长期以来就若干具体问题研究的法律模

---

[55] Z. Kitagawa, Resonance Theory——A tentative Approach to the Dispute Settlement Mechanism, Gedächtnisschrift füt Constantinesco, 1983, P. 393—409；拙稿、前揭注㉑、40—42页。

[56] 关于这一点，加藤雅信编著的《从损害赔偿到社会保障》(1989年)值得一读。

型。法律模型的构想基本上是以超出现代法框架的问题为分析对象的,因此容易给人以改革现代法即立法论的印象。当然不否认在一定情况下有这种倾向,但法律模型同时也把将现代法的难题置于现代法框架内解决作为重要课题,因此法律模型本身并不能说是立法论。另外,即便法律模型把超出现代法框架的问题作为对象,其新框架的设计正如契约模型、行政政策模型那样,并不等于就是立法论。与法的基本框架相关的法律模型,其本身并不能作为法律规范,而是通过立法、契约或惯行的援用才能实现的。因此,法律模型的设立与立法论完全是层次不同的理论性课题。

构筑法律模型的重要作用在于设计法律的构成要素(例如生物体、信息的法律模型或系统契约的交易类型),为解决现代法难以应付的难题开辟道路。法律模型可以被运用并被作为立法时的参考,[57]即便如此,构筑法律模型并不等于立法论。法律模型对新规立法的作用仅在于其引导性。当就某个问题通过跨学科的共同研究创造出妥当的法律模型时,作为立法的指针,该模型必将有助于问题的解决。[58]

法律模型作为实际问题将被利用于各种情况。对于行政来说,它的活用余地更大。行政在遇到难题时一般不会像学界那样进行跨学科的研究,也不会设计新法之构成要素的法律模型,但行政机关可以与研究机关联手促进法律模型的构筑。无论是在现代法的框架内还是框架外,如果构筑了某个难题的法律模型,那将直接有助于行政为

---

[57] 在关于中国民法通则的国际学术讨论会上,为进行中国契约法的比较法研究笔者发表了模型契约法的构想,其后又在北京大学和人民大学就此作了演讲。拙稿《模型契约法与中国的契约法》载法学论丛第120卷4—6号(1987年)第1—28页即演讲的整理稿(大阪市立大学副教授王晨已将其译成中文并发表在《国外法学》1987年第3期第10—15页和第4期23—26页)。该模型契约法在当前中国契约法典的立法中对构建该法典框架起到了参考作用。参见拙稿《中国契约法典的立法过程和模型契约法——模型契约法再会》,载法学论丛第134卷第5、6号(1994年)第50—81页。

[58] 在许多问题领域里,如果法律模型对立法过程的影响长期不断积累,我们就会看到现代法向未来法发展的过程。当然,目前还不知道未来法是怎样的内容。

解决该难题作出决策。

法律模型在现代法的适用之地即裁判当中的作用又如何呢？包括判例规范在内，实体法在某种程度上已提供了必须遵守的规范，但历史证明这些还不够充分。法律模型则可以提供发现和认识问题乃至解决问题这一全过程的指导，并提供解释的基准。[59]

本文在前面经常采用法律模型是法的要素这一表述方式。这正像民法典这一法典与民法典上未作定义的法律概念及基本法律制度的意义之间的关系一样。民法典规定了构筑其法典基础的法律概念，如法律行为、意思、契约、责任、债权、物权等，但这些法律概念的定义、意义及内容却只能由学说来加以解释。法律模型正是为了解决现代法框架内或超出现代法框架的问题，创造出作用于实体法之基础的基本概念和制度。

六、后记

近代法和现代法的法律框架与近代社会中所主张的普遍主义的精神相吻合。表现为私的自治、个人的意思以及实现自治，意思的手段即法律行为等。这种普遍主义类型的欧美近代法和与其同一潮流的现代法正在逐渐失去昔日的光彩。普遍主义类型的近代法、现代法曾夸耀其对人类社会普遍的妥当的价值，在世界史上提出了支持后发诸国走向近代化(modernization)的理念。其典型为日本对欧洲法的接受继承及其后日本法和法学的发展。我们无论在学术上还是思考方法上尚未从欧美近代法的这种普遍主义的束缚中摆脱出来。[60]普遍主义已失去了过去被作为人类社会必须实现的价值这一荣光，

---

[59] 例如，对于像计算机程序的著作权之类的技术关联问题，作为解释方法论，对应传统的法投影方法，提出技术投影方法，建议“构建关于思想与表现的法律模型，依此制定出解决跨学科问题的基准，以便处理依著作权法保护计算机程序时的法律与软件工学之间的关系。参见拙著、前揭注㊶第 87 页。这一建议是 1992 年在软件信息中心第三次关于计算机程序的法律保护的国际学术讨论会上笔者所作的基调演讲《法律学能切实保护程序吗》(同议事录 193—202 页)中提出的。

[60] 请参见拙稿、前揭注㉑《国际摩擦中的日本法(中)》NBL 第 501 号(1992 年)第 27 页以下。

正在开始向为实现国家之利益所要求的理论转变。无论有意还是无意，人们已开始了对现代法框架的重新认识。[61]

在考虑解决现代社会所发生的诸多问题时，已不能指望依靠现代法的框架得到切实的解决办法，通过修正现代法对应现实的作法也已显示出限度，因此，常常使人们不知所措。用19世纪形成的近代法律制度和对其进行了修正的现代法律制度的框架去解决因科技发展、社会政治经济变动而引起的诸多现象中的问题，实在不容易，甚至不可能。无论是否同意此判断，谁都不能否认有必要从根本上对现代法律制度的框架进行反省。在这个反省当中，我们很少发现有人能够通过对单个问题的具体研究探讨最近之未来法律的应有形态。法律模型的构想正是从这一角度提出问题和探讨问题的。[62]

---

[61] 拙著、前揭注㊶第228页。

[62] 如前所述，法律模型论深刻地关系到实体法及其系统化的问题。目前正在进行的法解释系统研究就意味着这一点。这些研究有：拙稿《法解释系统序论——关于法律家与行使判断功能的机械之间的作用分担——》法学论丛第132卷第1、3号(1992年)第1—20页、拙稿《民法的体系和法解释系统》法学论丛第134卷第3、4号(1994年)第1—25页。其中，特别值得今后着手研究的课题是，作为“问题和解决的规范系统”的法解释系统构想与法律模型论之间的接合问题。

契约法的现代化*

——展望21世纪的契约与契约法

〔日〕内田贵　胡宝海　译

目　次

一、前言

适逢商事法务研究会成立40周年,可庆可贺。40年前,即1955年,正值日本战后政治体制确立之际,经济上已渡过战争结束后的混乱期,开始强有力的迈向复兴与自立。40年过去了,日本的经济发展自不待言,日本的民事法学和企业法务也与商事法务研究会一同,踏着坚实的步伐,实现了令人瞩目的发展。正值40周年之时,展望今后契约法的发展,我理解这就是今天讲演交给我的任务。

---

* 本文是日本东京大学教授内田贵在日本商事法务研究会成立40周年纪念会上的特别讲演,载于NBL杂志584号,1996年。

我讲话的标题定为《契约法的现代化》，这个题目不是我自己定的，而是商事法务研究会作为课题交给我的题目，其主旨不外乎展望今后契约法的发展，然而仔细想来，这个标题意义深远。

“现代化”一词，英文为 modernization，日本语译也为“近代化”。但是，正如后面要谈到的，在契约法上“近代化”这一观念在日本，尤其是战后被作为一个不同凡响的词汇来使用。不过，今天的题目不是近代化，而是现代化，其内涵当然超越近代，这在说明今日之契约法乃至契约法学上，的确为恰如其分的表达。日本社会在相当长的时间里，以实现近代化为目标，至于今天的日本社会是否已实现近代化，见解因人而异。但是，不管日本社会是否已成为学者们所谓的近代社会，商事交易正在日益拓展，业务国际化使国界失去意义，加之新型交易、运用新技术的交易大量涌现，伴之而来的现状是，无论情愿与否，契约法不得不适应已超越所谓的近代契约法思想框架的世界。为此，今天我将重点放在今日之契约法乃至契约实务面临的状况，以及今后的发展方向，谈一谈自己的理解。鉴于 21 世纪即将来临，不揣冒昧之至，以“展望 21 世纪的契约与契约法”作为今天讲话的副标题。为了深入这个主题，首先有必要简略回顾一下迄今为止我们所走过的历程。

二、契约(法)的 40 年历程

(一)序

日本以商事交易为研究对象的契约法之正式启程是二战后的事，恰与日本商事法务研究会同时起步。战后日本契约法所关注的是现实交易中契约之实态，商事法务研究会从这一问题意识出发，所发挥的作用是巨大的。试举一例，以星野英一、谷川久教授为核心的关于“动产买卖契约”的实证研究，可谓之对于交易实态的最初的正式研究，这一研究发刊于《商事法务》(245 号以后)杂志上。同样，京都大学北川善太郎教授的《现代契约法 Ⅰ》、《现代契约法 Ⅱ》堪称交易实务研究史上划时代之大作，也是通过连载于该杂志方得问世。

那么，对日本战后契约法的研究热点从较宏观的视点加以纵览，其中存在若干特色，我把它概括为如下四个关键词，即“近代的契约法”“日本式契约观”“契约法之二元性”“继续性交易（契约）”，下面让我简单加以说明。

（二）近代的契约法

契约之“近代化”成为战后日本交易社会的目标，这一关键词的主倡者当推川岛武宜博士①。川岛先生本人作为日本中央建设业审议会的委员致力于建设业界的近代化，就与契约的关系而言，对建筑承包契约的近代化多所贡献。

此外，以纤维业界为例，成立了纤维交易近代化推进协议会，开展旨在推动该业界近代化的活动。同样的动向在其它行业也存在。

上述“近代化”的动向简而言之，正象对承包交易所制定的下请法那样，以契约之书面化为象征性目标，然而，并非只要是书面就万事大吉，而是以对等的当事人间缔结的合理的契约为理想。缔约时的理想模式是在欧洲形成的近代契约，即对等的市民间缔结的、基于意思自治原则的契约。这一契约理想是，通过制定明确的规则，当发生纠纷时当事人能预测裁判的结论，无论谁为法官都会得出相同的结论。近代契约法的目标就是构筑这一要件、效果明确的规则体系。

（三）日本式契约观

作为与“近代的契约法”这一关键词相对应的概念提出的，就是“日本式契约观”。作为其主倡者也应提到川岛先生的大名。这一概念其后一时成为时尚，给人强烈的印象是，近代化落后社会条件下的日本社会特有的契约观。后来作为所谓日本文化论的一环成为强调日本特殊性的关键词。日美构造协议等国际性经济摩擦发生，日本式契约观进而被联想为日本市场封闭性之要因。

（四）契约法之二元性

第三个关键词是“契约法之二元性”，它与前两个关键词相关联，例如在星野英一教授在向以日本与法国契约观比较为题目的日法研

---

① 川岛武宜：《日本人の法意识》（岩波书店、1967）。

讨会提交的论文《日本契约法之变迁》[①] 中指出，日本在继受的契约法之外，还存在基于日本式契约观的契约法，并主张日本存在两个契约法。同样的看法其他学者也提出了。这一结论为上述两个关键词的必然归结，因为承认日本存在从欧洲继受的近代契约法与日本式契约观，就当然得出结论，日本作为“活法”的契约法是与日本民法典中的契约法异质的法。那么，这一“活法”在多大程度上为日本所特有的，是个必须回答的问题，并与今天的题目相联系。但在回答这个问题之前，有必要进入下一个关键词。

（五）继续性交易（契约）

日本的契约现实基于与近代的契约法相异质的契约观，这一认识所设定的日本的典型交易就是所谓的继续性交易。当然严格的定义继续性契约究竟为何物，是非常困难的。但至少在我们日本人从印象上是容易理解的，而且迄今为止的有关日本契约实态的调查研究，即可称为是对日本继续性交易的研究。在对这一交易的研究上，日本商事法务研究会（尤其是NBL）一直做出大量贡献，在契约法学上也是最为引人瞩目的领域。

（六）小结

综上所述，表现战后日本对契约关注的四个关键词，在基本内容上有共通性，均有这一认识，即与近代的契约法理想相比，日本契约实务表现特殊。然而过去40年国内外的契约法学的成果提出这样的疑问，在日本所标榜的契约实务的特色未必是日本文化所特有的。相反，在日本之特殊性的讨论中作为引证基准的“近代的契约法”不过为在欧洲历史长河之一定时期发生的契约观[②]。

总之，日本式契约观究竟多大程度为“日本式”的，这一问题的提出是最新的动向，在这个意义上，撼动上述四个关键词的大变革期已经来临。那么，契约法和契约理论将走向何方，这正是今天我要探讨

① 日法法学会编：《日本法国的契约观》（有斐阁、1982）所收。

② cf. J. Gordley, The Philosophical Origins of Morden Contract Doctrine 1991.

的题目。

三、"现代"的契约与契约法

(一)国际化、信息化时代的契约法

国际化、信息化这两个名词在日本可谓脍炙人口,正因使用过频,重新搬出,反倒觉得有些难为情。然而今后数十年将是我们切身体验"国际化、信息化"驾临的时代。为预测这一时代的契约法和契约理论的发展方向,正象我们对过去40年有关契约的研究用四个关键词来表述的那样,我想举出两个象征未来契约的关键词。

第一个是"标准化"。"标准""标准化"目前已成为产业界的时尚,最近《NIKKE BUSINESS》杂志刊出了有关的特集[1]。但我所说的"标准化"并非流行的意义所能穷尽,是个更为复杂的概念。那么"标准化"这一关键词到底意味着什么,下面我将谈到。

上文说要举两个关键词,至此只举出一个,请原谅,这里多少有些讲话逻辑技巧问题,另一个关键词我将在适当的时候郑重提出。

我所说的"标准化"大致分为两个领域,第一为契约"法"领域的"标准化",第二为契约实务和"实践"水平上的"标准化"。首先谈"法"的领域的"标准化"。

(二)契约"法"的标准化

(1)国际货物买卖维也纳公约

①作为国际化时代的契约法,首先应该提到的是《国际货物买卖维也纳公约》(以下称《维也纳公约》)。该公约作为国际货物买卖应该适用的契约法,由联合国国际贸易法委员会(UNCITRAL)起草,在1980年的维也纳外交会议上被采纳,自1988年始公约生效,不过,日本至今尚未批准加入该公约。

《维也纳公约》由四部分构成,共计101条。中心部分为第二部"契约的成立",以及规定卖方的义务和买方的义务等的第三部"货物买卖"。从日本民法的角度看,该公约除契约总则、买卖部分外,还包

---

① NIKKEI BUSINESS 1995年10月16号。

含有相当债权总则的规定。在内容上，与100年前制定的日本和德国的民法、约200年前制定的法国民法比较，当然将其后发生的国际贸易和买卖上的新要求囊括进来。对正在进行中的美国的UCC第二编（买卖编）的修订和德国债务法的修订，经常成为参照的对象。

②《维也纳公约》从作为关于买卖契约的一般法的性质看，几乎为任意规定。因此有人认为该公约是否批准对日本均无影响，国际贸易契约大多采用约款，其结果，日本于1988年公约生效8年后的今日，仍不见批准的迹象。诚然，上述意见反映出日本式的实用主义，耐人寻味。该公约的批准国已超过40个，作为发达国家未批准的只有英国和日本，有消息表明一直保守一定信念拒不批准的英国也出现了批准的动向。与英国步调一致的新加坡好像一直在注意日本拒绝批准的理由，最终看穿日本并不存在占得住脚的理由，今年也终于批准。

鉴于上述世界趋势，并且日本作为自始参加联合国公约审议的成员国，以及以国际合作为宗旨，以国际贸易求生存的国家，我认为那种日本式的实用主义是不能令人信服的。

③对任意规定构成的契约法加以重新制定，这本身具有何种意义，值得探讨。从这样的观点看《维也纳公约》，该公约聚集了有关契约法和国际贸易法的世界一流的专家起草而成，超越了英美法、大陆法、伊斯兰法等的差别加以研讨，可谓首例官方的人类共通的买卖契约法规范。在这个意义上，该公约可谓是国际贸易上最终应该依据的合理的法律规范的集合。

当然该公约即使仅适用于买卖，国际贸易上存在各种各样的买卖，很难断定是否为在任何状况下均为最适合的规则。正因如此，当事人可自由地通过合意脱离这些规则。但是，一般而言，当对何种规则最为适当犹豫不决时，作为应该找寻的合理规则，存在维也纳公约。在这个意义上，该公约真正是合理的契约法规范的“标准”，即不是“必须遵守”意义上的严格的基准，始终是作为合理性标准的任意规定。虽为任意规定，因为具有合理内容，即使承认基于当事人意思而为的对公约的背离，这种背离需要充分的理由。正是在这个意义上，公约方成其为标准。这正反映出任意规定的地位从历来认为的“对当事人意思的推测”演变为“合理性的标准”。这一地位演变在德国，通过与约款规则的关系早已受到重视，追溯作为任意规定的契约法的历史发展过程，任意规定的地位变迁完全忠实于其哲学的演进历程。作为这种合理性标准的契约法的理想状态，可以通过另一例加以考察。

(2)UNIDROIT“国际商事契约原则”与欧洲统一民法典的构想

①以私法的国际统一为目标，具有悠久历史的国际机构有UNIDROIT(私法统一国际协会)。该机构设立于1926年，已有近70年的历史，当初隶属于国际联盟，现在已作为独立的国际机构活动。

去年，UNIDROIT 将适用于国际商事契约的契约法原则归纳为119条，予以发表①。全文由七章构成，已初具一个法典的格局。世界各国的契约法专家参加了起草工作，日本的东京大学广濑久和应邀参加。这些“契约原则”仔细研讨下来，内容上饶有趣味。

与维也纳公约比较，“契约原则”的对象并不限定于买卖，而以一般的国际贸易为对象，涉及范围极其广阔。例如，成套设备买卖契约也被纳入射程之中。另外，与契约法相关的问题也概括性的包含其中，例如维也纳公约未提到的所谓法律行为相关的问题，即错误、诈欺、强迫的问题也包含其中。此外，在关于债务履行的规定上，对于金钱债务清偿时的货币问题、清偿手段问题这些国际贸易上的重要论点也多有采纳。再者，“契约原则”设有关于所谓hardship(履约受挫)一节，发生情势变更的场合下，当事人应就契约条件重新商讨，明文规定了目前学者论争日烈的“再交涉义务”。经过再交涉仍未达成合意的场合下，在一定限度内承认法院有权限为恢复给付均衡而更改契约，这些引人注目的规定随处可见。

---

① UNIDROIT, Principles of International Commercial Contract. 1994. 其中译本《国际商事合同通则》，法律出版社1996年出版——编者。

②“国际商事契约原则”是由 UNIDROIT 即私法统一国际协会制定的，容易被认为当然以国际贸易上的契约法之“统一(unification)”为目标，其实不然，该文献既不是条约，也不是寻求国内立法化的样板法。它不是靠强制的作用，而是试图靠内容上的说服力加以普及推广。实质上试图制定国际贸易上应该依据的“标准”。

伴随交易之国际化，无疑人们要求适用于一般国际贸易的共通法。尤其在正为市场统一而努力的欧洲，其必要性愈感强烈，这点看一下 EU 的动向就明白了。然而，统一各国国内法谈何容易，因此首先采取展示国际贸易纠纷上应该适用的契约法“标准”的方法。在此代替“统一”这一富有刺激性的字眼，向人们启示一种新的法的理想状态之存在。

让我们看一下具体的条款的内容。

“当事人违反诚实信用原则而为契约交涉和取消交涉，有责任赔偿给对方造成的损害”(Art. 2.15)

“契约缔结时，契约及其契约条款对对方给与不能正当化(unjustifiably)的过大利益(excessive advantage)的场合，当事人可认定该契约或契约条款无效”(Art. 3.10)

上述规定从近代契约法的理想来看，其要件极其暧昧，这实际上联系到“标准化”的另一个含义。

③法律规范大致可分为两种，一种是“规则”，明确定义要件和效果，无论谁来适用都会得出同样的结论；另一种是“标准”，要件效果暧昧，给适用者留有较大的裁量余地。以“满 22 岁为成年”这一规定为例，“权利的行使和义务的履行要遵守信用、诚实为之”这一规范则是最典型的标准。此外，象“正当理由”“合理的场合”这些概念，可谓是最能表现作为标准的规范特征的语句。

并且，值得一提的是，除 UNIDROIT 的国际商事契约原则外，维也纳公约上也多处可见具有标准性质的规范。再者，1992 年开始施行的现今最新的大民法典荷兰民法典，以及美国的 UCC 买卖编等上也存在同样的现象。

回过头来看日本，诚实信用原则自不必说，日本法院频繁适用契约缔结上过失等要件比较暧昧的规范。令人感到在契约纷争的解决上这些灵活的规范更令人青睐。总合这些现象，不难得出结论，契约法规范的形态从作为近代法理想的预测可能性高的“规则”向“标准”移动，这是现代契约法的世界性趋势。仅此可见，契约法上根据具体的情况采取灵活适用的呼声日高。这就是现代契约法作为“标准”的性质的另一面。

④在与UNIDROIT的关系上，另一个值得注意的现象是，上述UNIDROIT的契约原则成为最近欧洲纳入议事日程的欧洲统一民法典和统一契约法典基础的可能性。当然维也纳公约和荷兰民法典将提供重要的基础，同时UNIDROIT的契约原则提供重要基础的可能性也不小，这一点从推进欧洲统一民法典的核心人物Lando兼任UNIDROIT起草小组的一员这一事实即可推测到。从这点上看，UNIDROIT契约规则今后也将备受注目。

(3)契约(法)上双重意义的“标准”

①国际贸易中，今后契约法作为双重意义的“标准”的性格将愈加强化，即在承认当事人自治的同时，强调作为一定的合理性标准的性格，可预想到作为所谓的商事习惯法(lex mercatoria)而发挥功能。另一方面，作为合理性标准的规范将重点从要件效果定义明确划一规律向适应情况变化的衡平实现移动。即，国际贸易的种类和当事人富于多样性，因此适应具体情况容许地方特色的法，且始终维护基本原则的法，即作为标准的法更受欢迎，这样两个水平上的标准化同时进行。这个问题并非国际贸易上特有的现象，在国内交易上也存在。国内交易也日益多样化，越来越难以设定对一切情况都具妥当性的要件效果明确的规则。法典中的契约法与现实社会所要求的契约法发生乖离，这一意义上的契约法的二元性在上述背景下不断加大。

在这种情况下，以国际贸易为对象的契约法所出现的双重水平上的标准化极富启示，特别是作为合理性标准在国际上被认知的契约规范不断影响国内契约法的可能性增大。关于这一点今后有必要逐项规定地加以详细研究，在此仅对契约规范的形态向标准的移动在民事程序上的意义予以说明。

②近代法诞生之时，作为规则体系的契约法，其理想是，给与当事人预测可能性，背后蕴含着对法官的不信任，为防止法官武断，最理想的是要件效果规定明确。然而，随着作为标准的契约规范的增加，适应情况变化的灵活的适用成为可能，但是这种适用若不存在对法官和仲裁人的极大信赖则无法正当化。这种对法官信赖的变化从背后支持着现代契约法的发展趋势。反过来讲，现代契约法的发展趋势正在要求那样的司法制度和法律程序。

四、交易惯例（实践）的标准化

（1）继续性交易的普遍性

①下面我们把目光移向契约实践，即交易惯例。在契约实践的水平上最引人注目的是日本特有的继续性交易。尤其是在日美构造协议上，与日本市场的封闭性相关，经常被提起。最近在经济学和经营学上，继续性交易颇为惹人关注。在经济学上关于继续性交易所展开的讨论，一般集中在微观经济学的理论。总之，认为日本的特有形态合于经济合理性的观点为多数。特别是以美国的著名经济学家、利用交易费用概念对继续性交易进行理论分析的威廉姆森的理论为基础展开的理论说明广泛传播[①]。即在需要对特定的交易关系才有意义的特殊的投资（关系特殊的投资）的交易上，交易关系的解除对当事人双方都不利，因此选择了稳定的继续性交易关系。

另外，东京大学经济学部的伊藤元重教授提出了“面对面的竞争”的概念，在封闭的继续性交易中乍看好像不存在竞争。正如准备大学入学考试，上预备校面对竞争对手复习比一个人学习更能激发竞争意识，提高效率。即使是少数人存在面对面的竞争的场合下，更

① 威廉姆森的《经济·组织——交易费用范例的展开》（井上薰、中田善启监译，晃洋书房 1989）。

易达到效率性[1]。除威廉姆森的理论外，还有利用博弈理论的说明。即使在单次的博弈中背叛对手对自己有利，在与同一对手进行连续的博弈的场合下，对对手背叛一次，最终都将以对自己不利的形式回报。因此在继续性交易中不存在相互背叛(不产生机会主义的行为)，这就是依据所谓的"连续博弈"理论的说明。

②然而上述经济学等的说明只是回答了继续性交易为何稳定和富于效率性，但对为何在与特定对手的关系上进行所谓的"对关系的特殊投资"未必阐述充分。即这些说明都是在方法论上从个人主义的立场出发，阐述对个人继续交易有利与否，是否合于效率性。但交易上存在对手，对此并未予以充分注意。

对企业进行的继续性交易的调查上，常会听到这样的比喻，"继续性交易的开始好比结婚"。如果可以用这个比喻的话，上述经济学和博弈理论的说明可概括为，"在一定条件下结婚比独身更有利，一旦结婚，轻易离婚或背叛对方则费用巨大，因此结婚关系是稳定的"。然而这只说明了结婚这一事实的一面。

一个人要结婚，并不是出于"无论与谁，只要结婚对自己有利"的想法，而是遇到特定的人后，才下要结婚的决断的。因此过分拘泥于结婚的比喻是危险的。对企业而言也是当遇到特定的对手才作出与之进行继续性交易的决断。那么这一决断的理由何在呢?

③一旦进入继续性交易关系，当事人共享内部信息，形成一种"命运共同体"(这也是企业调查中常听到的说法)，在此存在对对方的信赖，即某一对方是最适合与自己进行继续性交易的对方。这是一种极常识性的感觉，实际上在经济学中，获得诺贝尔奖的著名理论经济学家耐斯·阿隆也指出了这一点[2]。他认为，信赖实际上是市场化的困难的且重要的"财富"。并且，最近在经济学上除企业内部组织理

---

① 伊藤元重、松井彰彦:《企业:日本的取引形态》，收入伊藤元重、西村和重编:《应用微观经济学》(东京大学出版会、1989);伊藤元重:《企业间关系与继续的取引》收入今井贤一、小宫隆太郎编:《日本的企业》(东京大学出版会、1989)。

② 阿隆的《组织的界限》(村上泰亮译、岩波书店、1978)。

论外，展开了企业间关系的理论，认识到企业间特别是业务相互接触的人之间的人际信赖关系的重要性①。通过这样的视点，我们发现经济学和经营学的理论架构正在向与我们的实践感觉相一致的方向发展。这意味着我们印象中的日本式的继续性交易意外的具有普遍性。

④上面讲的是经济学和经营学的状况，在法学上，早在 30 年前美国威斯康星大学的著名的契约法社会学专家斯图亚特·马考利教授基于其社会学的调查指出，美国实际上也存在不援用契约法和契约书而解决交易纷争的现象，惹人注目②。最近马考利教授来日时得到的信息是，自上次此调查已时过 30 年，对 30 年后的状况重新调查的结果表明，30 年后美国的契约状况基本上未有改变。

⑤仔细想来，"日本的契约观和契约实务是特殊的"这一印象，多半是我们通过将我们的态度与美国企业对日本的态度比较得出来的。从美国人来看，在与日本这一人种、语言、文化都不同的国家进行交易，抱有不安是理所当然的。所以动员律师在法律上武装自己，没有什么奇怪的。这与在美国国内属于同一地域的对手的交易完全是两码事。

我在 NBL 杂志总编松沢先生的协助下，组织了研究小组从 3 年前进行调查，实证的比较日美国内交易的实际状况。美国方面邀请了著名的日本法学者哥伦比亚大学的马凯尔·扬格教授和华盛顿大学的约翰·亨利教授参加，在美国西海岸和东海岸进行了实地调查。同时在日本对百家以上的企业进行了详细的问卷调查，对横跨多个行业的企业进行了实地调查。今天出席的诸位之中当然就有对我们的调查给予大力协助的先生。

这一调查结果预计于明年 3 月召开的研讨会上发表。整体的印象是，美国也有所谓美国式的特征，表现在金融保险关系的交易上。

---

① 作为一例，野中郁次郎：《战略提携序说——组织间知识创造と对话》，BUSINESS REVIEW 38 卷 4 号 1 页(1991)。

② Macaulay. S.，"Noncontractual Relation in Business：A Preliminary Study"，28 American Sociological Rev. 55(1963).

此外的国内交易上日美的差异更多地表现在行业特性上的差异。实际上在美国的某些行业存在着与日本极为相近的交易实态。相反，日本的某些企业和行业更重视法律上的明确性。

对这种交易实态的揭示及其理由的探讨，已有象日本东北大学太田知行教授的研究成果等珍贵的先行者的业绩[①]，通过这次大规模的调查得到进一步证实。

⑥总之，有必要重新考虑日本式的契约观到底是什么，我们自认为自己的特殊的契约观其实未必如此，相反倒具有相当普遍的性格。当然契约缔结的过程中的接待应酬方式等存在差异。据调查在美国也有请客人去打高尔夫、去餐馆吃饭，但没有卡拉OK。不过，不该用能否唱卡拉OK来混同契约观的区别。

在考察继续性交易的普遍性上颇具意义的是，近年来产业信息化所引发的现象，下面就探讨这个问题。

(2)产业信息化与商事交易

泡沫经济之后，当我们定睛观看一度曾一蹶不振的美国的制造业，奇迹般地复苏，再度出现日本唯恐追赶不及之势。特别具有象征意义的是美国汽车产业的复活。这到底是为什么？答案是义务重组(reengineering)。

两年前在日本出版的哈玛和查比的《业务重组革命》，在日本卷起波潮，臃肿的企业经过所谓的业务程序重组(BPR)，令人难以置信，奇迹般地、成功地实现费用锐减和业务效率化。然而，仔细观察那里所描绘的新的业务程序，简而言之很象我们所熟悉的日本式的继续性交易，乍看恰似，却有决定性区别。区别在于BPR的核心技术运用了最新的信息技术。

这样讲，会有人提出异议，日本式的继续性交易也不是光靠义气人情完成的，JIT等没有最新的信息技术则不能实现，也在运用信息

---

① 太田知行：《交换过程中契约的作用——以日美的比较为中心》，收入藤仓皓一、长尾隆一编：《国际摩擦及其法文化的背景》(日本评论社、1989)。

技术。的确如此，但仍存在区别，那就是有无标准化的问题。那么构成BPR核心的信息技术上的标准化是什么呐?

(3)EDI与战略协作

关于运用计算机技术的交易，最近用得较乱的词有CALS、Electronic Commerce等，在此作为与契约法最密接的概念，我想用EDI。

EDI(Electronic Data Interchange)可译为"电子信息交换"，按字面的意思是在计算机间交换数字化的信息。然而，EDI并不是单纯的通讯手段的问题。现在所讨论的EDI是，具体的按着"标准化"的通讯程序和商务惯例，利用计算机进行交易。典型形态是，不用书面文件，而是用计算机发受订单。这样一来，迄今为止在纸上所为的契约，运用计算机就可完全办到，实际上仅此就可大幅度节约纸上交易的费用。例如据测算仅零售业传票的纸张费和保管费，合计1年约1790亿日元(日本流通体制开发中心)。最近由于地价下落，保管费用有所降低，这个数字不知现在妥否。但是可以这样认为，交易的无纸化将成为大幅度费用削减的原因。

EDI的影响远不止在交易上消灭纸张，对产业界有更大的冲击。因为最大限度的发挥EDI的优点，将必然带来组织内和组织间的结构变革。这才是作为BPR核心技术的EDI。并且重要的是，目前进行中的EDI并不是特定企业间的排他的EDI(曾经是)。而是面向世界标准化的EDI，即无论在通讯程序还是商务程序上，跨行业跨国境的标准化。其结果使交易关系超越历来的系列，通过EDI使跨行业的协作成为可能，这就是被称为战略协作的现象。这样，EDI交易的发展将逐渐改变原有的产业组织和结构。实际上正像我们所看到的大型零售业与制造业之间结成的所谓"制贩同盟"流通方面的改革已在相当的规模上进行。

然而这种EDI的普及正如前面讲到的那样，需要一定的前提条件，它们是用于计算机通讯的通讯程序的标准化，以及商务惯例的标准化。商务惯例这一概念也许法律家不一定熟悉，主要指交易时发受订单等传票数据的交换的结构，无非是交易习惯。只有实现这些标准化，跨越行业、国境的电子交易才容易进行。其结果是，以前所未有的规模促进企业间的协作。举一例迫使标准化推进的交易惯例，如价格后定、价款债务的概算支付等交易惯例在标准化的浪潮中得到修正。可以说，EDI 的普及不但带来流通等产业结构的变革，同时伴随而来的是交易惯例的标准化。它也给契约法带来冲击，这一点不难想到。对此因为没有详细阐述的时间，仅举一个象征性的事例。

目前，在零售业正在形成所谓的制贩同盟的企业间的关系，例如超级市场将 POS 信息直接传送给厂家，厂家自动补给商品，这种企业间的协作关系已经发生。这样通过将 EDI 应用于企业间的战略协作，企业间的关系依靠信息共有，在组织上说得极端些，正面向一体化。

企业间的这种结合中，发盘行为消失的例子也不少见。即使在向对方传送发盘数据的场合，发盘判断实际上已成为契约当事人双方的共同的判断。并且这种发盘数据的传送已构筑为 EDI 交易系统，例如，超级市场和连锁店的蔬菜食品、盒饭等，发盘数据传到商品的制造阶段，直接与制造流程连接，另外象日用杂货品，发盘数据已作为厂家的发货数据控制货物配送，直到收货、验收，形成一贯的信息网。交易惯例的标准化为这种信息网型的交易关系的广泛发生提供契机。

然而这样的交易关系用近代的契约法的架构来规范，其结果是，零售店对厂家的连续的发盘数据传送，将被分解为一个一个的单个的买卖契约而成立，这将使一体化的商务过程人为的被肢解，将联贯的信息流斩断，加以孤立化，这明显不自然，实际上由此导出的法律归结并不能说合于当事人的期待。

另一方面，如果将运用 EDI 的战略协作关系这种企业间关系的构造视为一个契约，这种契约是一种组织性的交易关系的构筑手段，应该把它真实地看作企业间的 cooperation 即协作的手段。这种场合下即使称作契约，已不是民法所设定的典型的买卖契约，而是立足于不同于近代契约的新契约模型上的契约。

(4)商务过程的标准化

对以上的考察,我们的感想如何。

信息时代的企业间的战略协作是成熟的经济条件下的追求效率化的必然结果。它类似于日本式的继续性交易的理想状态。这一事实显示,特殊日本式的以信赖关系为基础的继续性交易关系,可以从信息网的角度普遍化。这是一个非常有趣的事实。另一方面,标准化了的EDI的普及在这种继续性交易之中,要求个个交易惯例的标准化。即,成熟经济之下的效率性追求一方面使继续性交易普遍化,另一方面,也带来继续性交易上的商务过程的标准化,为跨行业的战略协作的可能提供条件。

今后的企业间交易不是那种对不同企业使用不同格式的发盘文本的模式,而是面向标准化了的商务过程之下的竞争,以及这一过程中的信赖关系的构筑。

五、21世纪的契约法和契约理论

(一)现实在发展

那么,上面讲到的契约法水平上的双重的标准化和交易惯例水平上的商务过程标准化给契约法以及契约理论带来怎样的影响,是我最后要回答的问题。

首要的是,正像我们在EDI上看到的那样,必须顺应交易现实不断发展的事实。无论是在市场统一之下寻求经济发展的欧洲,还是在通过BPR取得产业重振的美国,在对EDI交易的投入上,日本较之存在相当的温度差。在对围绕这种新的交易形式的法律讨论上也不例外。说得明确些,在对新的现实的对策上,日本契约法学已落伍了几年。然而可以准确的预测,日本不久将向运用信息技术的产业结构变革迈进,其结果,交易的国际化将日益推进。正像利用信息联网的交易上所反映的那样,国境几乎失去意义。契约法和契约理论面临着如何应对这一现实的考验。

基于信赖关系的继续性交易,已不再是日本的特殊性,具有普遍的性格。它要求代替以彼此互不相识的人之对立关系设定的近代契约模型，构筑以信赖关系为基础的继续性契约关系的契约模型。这样一来，“契约为当事人的合意，契约上的义务均基于当事人的意思”这一近代契约法的前提就失去妥当性。契约关系不再是光由私法自治支配的世界，所谓信赖关系就是非经逐个的合意，信赖对方而听凭对方处理。这就有必要用协作关系来把握契约关系。

（二）第二个关键词——协作

在此与开头讲到的“标准化”并列，出现了第二个关键词“协作”。

将契约关系狭义地理解为当事人对特定给付所为的约定，这是近代契约法的一种典型的存在方式。然而随着 EDI 交易的普及，特别是战略协作的拓展，这种植根于信赖关系的交易成为普遍的现实，其核心生动地表现在信息的共有上，这就是“协作”关系。“共生”这个概念曾一度流行，“协作”比它更积极，今后的目标就是构筑基于“协作理念的契约法。

实际上，这种看法绝非奇谈怪论。追溯历史，早在商事法务研究会诞生的 15 年以前，1940 年初版的我妻荣博士的《债权总论》中，已经展开了这一观点。我妻先生认为，契约是“为实现已谋划完毕的共同目标，相互协作而结成的紧密的，换言之，一个有机的关系”，形成“由诚实信用原则支配的一个协同体”。然而这种共同体论的契约观，随着其后个人主义浪潮的抬头被作为老古董而遭否定。

但是，具有讽刺意味的是，今日操纵先进的信息技术追求效率性的结果，作为协作关系的契约却在光天化日之下登场了。它出现于经济合理主义支配下的世界，不同于古代日本家族观支配下的共同体，对此有必要充分理解。

更有趣的是 UNIDROIT 的契约原则之中有如下条文：

“各当事人在为对方当事人债务履行之便计而被合理期待协作之时，必须给与协作”(shall cooperate with the other party)(Art. 5. 3)。

上述规定明确提出了“当事人间协作(cooperation)”的观念。并且绝非根据日本式的特殊感觉而发生。

理代契约法必须支持这种协作，并且作为契约法的理想形态，应充分考虑协作关系中的当地特色规范，采用标准的形态更为适合，同时只允许基于合理理由的规范背离，为此，作为合理性标准的任意规定更为适宜。

这样一来，在今后的契约法构筑上，已存在企业间协作关系和拥有众多尊重这一关系的判例的日本经验，更重要的是，实践这一协作关系契约的日本的企业法务经验，具有重要意义。迄今为止日本的契约法和民法一直处于引进外国的入超时期，在下一世纪日本不但在制造业上，在契约法领域也应不光进口，更要关心出口。

到那个时候，有必要转移视线，从目前的偏重对欧美的进出口转向对亚太地区的进出口，特别是对亚太地区的信息传递，为此有必要对我们的经验加以整理，使之适合于信息传递的需要。

我们迈向这一目标的绝好的机会已经来临，以 1998 年到来的日本民法典百年纪念为契机，学界和企业法务实务界应该共同研讨日本民法典，尤其是以契约法为中心的债权法的修订。象荷兰那样，把以现实经验为基础的契约法作为核心，构筑新的日本民法典，这就是我今天的结论。谢谢！

（译者为中国社会科学院研究生院民法博士生，
现在日本东京大学法学部研究）

[法学方法论]

也论民法解释中的漏洞补充、价值补充以及作为思考方法的利益衡量

喻　敏

目　次

《法学研究》1995 年第 2 期、1996 年第 2 期先后刊登了梁慧星先生《电视节目预告表的法律保护与利益衡量》（以下简称梁文）与孟勤国先生《也论电视节目预告表的法律保护与利益平衡》（以下简称孟文）这两篇观点截然对立的文章，作为《广西广播电视报》诉《广西煤矿工人报》侵权案"终审裁判之败诉方《广西煤矿工人报》的一、二审代理人"的孟先生，试图通过对作为梁文法理基础的、在梁先生《民法解释学》中作了系统阐述的民法解释方法论的质疑，否定梁文继而否定"电视节目预告表"案的终审裁判。笔者系孟文认为"在总体水平上

不能胜任法官造法职能”的中国法官之一，但仍不揣冒昧，斗胆对孟文的一些观点表示质疑并就法律的漏洞补充、价值补充以及利益衡量即“法官造法”的问题提出自己的看法，以请教于梁、孟二位先生及理论界其他人士。

一、有意义的讨论所应遵守的规则

对问题的讨论必须遵守一定的规则，讨论才有意义。笔者认为，第一条规则就是讨论的各方必须对一些关键性的词的意义达成一致，第二条，讨论的内容应限于事实陈述而不能渗入价值判断。否则，讨论就成了“聋子的对话”，毫无意义。

（一）孟文应当在与梁文相同的意义上使用的两个词

我们进行讨论的工具是语言，构成语言的基本单位是词，每个词在不同的语境中意义不同，因此，有意义的讨论的第一条规则就是各方对一些关键性的词的意义达成一致，也就是说，这些词所指称的对象及其使用方法对讨论的各方来说应当一致。我们不能不顾对方在使用一个词时所采的意义而采另外的意义与之讨论，否则就是以“下定义”的方式进行讨论，以下定义的方式作出的陈述是“战无不胜”的，因而也是毫无意义的。比如我说，“人不吃泥土不行”，这句话显然荒谬绝伦，但我可以下定义的方式使之成为真理——“我说的‘泥土’就是泛指一切食物”，显然，按照我对“泥土”一词的定义，“人不吃泥土不行”就无懈可击了。但是，这句话有什么意义呢？我无非还是说人需要一定量的食物才能生存。又比如，一个人结婚之后，又与另外一人登记结婚，这时，我们可以指控他或她犯了重婚罪，如果有人辩护说：“我的当事人不可能重婚，因为婚姻关系的成立必须符合《婚姻法》的规定，而我的当事人既然已经结婚，那么，他（或她）与另外的人就不可能重婚”。孤立地看这段辩护词，我们不能说它有什么不对，按照辩护人对“婚”的定义——符合《婚姻法》的规定的结婚行为所产生的法律关系，当然不可能有在此意义上的“重婚”，但是，“重婚”，并不是指双重的婚姻法律关系，而是指一种犯罪事实——有配偶或明知他人有配偶而进行结婚登记或以夫妻名义同居生活的事实。这样的辩护只不过是在给重婚下一个与众不同的定义而已，因此，谁也不会去考虑这段毫无意义的废话。实际上，法学上的一些问题的争论，往往就是因为定义不同引起的。比如，法理学上原始社会有没有法的问题，如果认为法是指社会的某一类行为规范，那么，原始社会就有法，如果认为法是指阶级社会的某一类行为规范，那么，原始社会就没有法①。笔者认为，孟文对梁文的质疑，就是采用了下定义的方法。

梁文的法理基础是梁先生在其《民法解释学》中系统阐述的民法解释方法论，主要是法律的漏洞补充、价值补充以及作为思考方法的利益衡量。梁文认为，此案的终审裁判补充了法律具体规定之不足，而孟文则认为，法官无权造法，地方法院无权从事司法解释。按照孟文的观点，以下结论就顺理成章了：既然地方法院无权从事司法解释，那么，梁先生民法解释理论起码在地方法院就没有适用余地，既然法官无权造法，那么，此案的终审裁判就超越了职权。其实，孟文"法官无权造法"与"地方法院无权从事司法解释"，并不是对司法实务的事实的描述，而是在对法官造"法"的"法"、"司法解释"这两个词下定义。

1．关于法官是否有权造法的问题：如果坚持认为，只有立法机关经立法程序通过的，在体例上分为章、节、条、款、项的规则体系，比如《民法通则》、《票据法》、《担保法》才是"法"，那么，法官当然无权造法，即使英美法系的判例法也不是"法"。但是，如果我们观察司法实务，我们就会看到这样的现象：法院对法律未作规定或法律虽有规定但意义不明的案件，仍然要作出判决，此一判决不仅对该案的当事人具有法律效力，而且，在以后与此相似的诉讼中，此一判决的思考方法、判决的理由甚至判决主文，还会被另外的当事人当作"法律"一样来援用以支持自己的主张，而法院也会继续沿着此一判决所指引的方向作出相类似的判决。诚然，此一判决不是前述意义上的法，但不

---

① 参见王勇飞、张贵成主编：《中国法理学研究综述与评价》，中国政法大学出版社1992年12月版，第87页。

可否认，在一定时间、一定范围内，它确实具有与前述意义上的“法”相同的效力与功能。由此可见，判例是不是法，法官是否有权造法，对此问题的回答完全是依据一个人对“法”的定义，“倘若一项规则的标准是其在社会现实中的效力和其于事实上的生存力，那么，毫无疑问，完全会有那些由法院创制的、复审判决确认的、具备全部法律规则要件的法律规则。”①

2. 关于地方法院是否有权从事司法解释的问题。如果坚持认为，只有最高法院的意见、批复等才是司法解释，由于地方法院不是最高法院，当然无权从事最高法院的司法解释了。但是，法官要适用法律，首先要理解法律，最简单的理解，也是要明确法条的规范意义。法官对法律的理解，孟先生自然可以将其排除在司法解释之外，但却不能断言，法官可以不理解法律就能适用，事实上，“法律必须经由解释，始能适用，解释之中寓有创造法律之功能。法律用语多取诸日常语言，必须经阐明，始能臻于明了，不确定之概念，必须予以具体化，法规之冲突，更须加以调和和排除。”② 当然，不同级别法院的法官所从事的司法解释，其效力范围不同而已。一般而论，最高法院的是对于实施法律规范的一切场合、情况、对象都具有普遍约束力的规范性解释，而地方法院的是根据具体情况、对象和场合对有关法律规范进行的虽有法律效力，但无普遍约束力的个别性解释③。

(二)讨论的内容应限于事实陈述而不能渗入价值判断

事实陈述，是对实然的描述，而价值判断，则是对已然的评价或是对应然的态度。事实陈述可以用相反的事实推翻，即可以证伪，但对事实陈述的讨论有助于我们认识事实，所以，是有意义的。比如“天下乌鸦一般黑”，是对乌鸦颜色的事实描述，这一陈述可能是真也可

---

① 〔德〕K·茨威格特、H·克茨：《比较法总论》，潘汉典等译，贵州人民出版社 1992 年 9 月版，第 177 页。

② 〔台湾〕王泽鉴：《比较法与法律解释之适用》，载王泽鉴：《民法学说与判例研究》第二册。

③ 参见孙国华主编：《法理学教程》，中国人民大学出版社 1994 年 8 月版，第 457 页。

能是假，如果我们能拿出一只白乌鸦，就可以证伪这一陈述，这样，我们对乌鸦的颜色就可以有进一步的了解。相反，价值判断是一个人情感的体现，它以爱憎、应该不应该、喜欢不喜欢、想要不想要等词语为标志，它不可能被事实推翻，因而可以无视客观事实。有时，争论的一方可能将价值判断伪装成事实陈述，比如，有人为自己损人利己的行为辩护说："人都是自私的。"即使我们举出无数的大公无私的事实，他仍然可以说："反正，人是自私的。"其实，他并没有对人究竟是自私还是不自私的事实作出陈述，"人都是自私的"只不过是他的价值判断——"人应该是自私的"或"人自私并不坏"——而已。价值判断是一个最易引起持久争论并很难有结果的问题，比如在经济学领域中，经济学家们对租金控制的影响、最低工资、经济上的关税以及汇率的作用和政府支出等实证经济学的问题已经取得相当一致的意见，但在规范经济学的问题上，如通货膨胀的容忍限度应当是多少，政府应有怎样的规模才适当，是否应当向富人课以重税以帮助穷人等，这些问题涉及到伦理和价值判断，因此，经济学者们就存在重大分歧。① 笔者虽不赞成价值判断是一个毫无意义的、无所谓真假对错的形而上学问题的观点，但是，事实陈述与价值判断，由于其确证方式不同，因此，以价值判断去反驳事实陈述是没有意义的。事实陈述需要事实来加以证明或证伪，而价值判断是对事实的评价，它需要的是作为评价标准的规则，规则又必须靠更抽象的原则来确证，讨论具体的价值判断问题，双方应在上一级抽象标准问题上达成一致，如果不能，则应在更抽象的原则上达成一致，如果还不能，则应在更抽象的理论上达成一致②，如果仍然不能，则可以无休止地争论下去。而讨论事实陈述则不同，如果我们没有相反的事实，我们就承认它为真，如果有了相反的事实，我们就证明它为假，所以，事实陈述的讨论，不能混入

---

① 参见〔美〕保罗·A·萨缪尔森、威廉·D·诺德豪斯：《经济学》（第12版），高鸿业等译，中国发展出版社1992年3月版，第10—11页。

② 参见〔美〕汤姆·Z·彼彻姆：《哲学的伦理学》，雷克勤等译，中国社会科学出版社1990年5月版，第447—455页。

价值判断。笔者认为,孟文对梁文的质疑中,就渗入了自己的价值判断。

梁先生在其《民法解释学》以及其他一些文章中指出:法律的适用是指将法律规范适用于具体案件以获得判决的全过程。法律的适用并非简单的三段论推理。在能够作出三段论的逻辑推理之前,首先应探寻可得适用之法律规范,找法的结果,有三种可能,其一,有可适用的法律规范,则应进行确定该法律规范意义内容的作业,此为狭义的法解释。解释的方法有文义解释、体系解释、法意解释、扩张解释、限缩解释、当然解释、目的解释、合宪性解释、比较法解释;其二,没有可适用的法律规范,即存在法律漏洞,则应进行漏洞补充,漏洞补充的方法有三种:一是依习惯补充,二是依法理补充,三是依判例补充;其三,虽有规定,却过于抽象,须加以具体化,即价值补充。笔者认为,这是梁先生对法律适用过程中法官所作所为的归纳、概括,是事实陈述,如果我们不同意梁先生的观点,就应提出相反的事实予以反对,如,法律是浅显易懂的、法条的意义是明白无误的、唯一的、法典是完美无缺、详尽无遗的等等,如果事实的确如此,那我们才能断言:梁先生错了。然而,孟先生也知道,法律的漏洞、法条的意义不明难以避免,却认为法律的"漏洞补充和价值补充不在法官权利范围之内","在中国还不是很习惯和遵守成文法的条件下赋予法官造法的权利(应为权力,法官应有权而无利——笔者注),让法官去做漏洞补充和价值补充,其后果之一是引导人们去服从法官而轻视成文法律——依然是人治"。显然,这是孟先生的价值判断,孟先生认为法官不应该进行法律的漏洞补充与价值补充,不应该赋予法官造法的权力,至于梁先生前述事实陈述的真伪,可以全然不顾。当然,孟文中"漏洞补充和价值判断不在法官的权力范围之内"也可以理解成有意义的事实陈述,笔者将在下文再作讨论。

综上所述,笔者认为,孟文是在用下定义的方法并渗入了自己的价值判断来质疑梁文,虽然在理论上达到了"自圆其说"的程度,但没有什么意义。并且,作为我们的智力工具的名词、术语、概念,我们虽然可以随意界定，即定义问题无所谓对错，但却可以有有用与无用之分，定义一个术语，只要不违反其习惯用法，适用范围大显然比适用范围小要有用[①]。比如，关于“法”，将法官通过判例确定的规则也定义为法，显然就比将法限于法典之类的立法文件更有用。孟文可以认为法官无权造这种意义上的“法”，但并不意味着法官就无权造那种意义上的“法”，孟文可以认为地方法院无权从事最高法院的“司法解释”，但并不意味着地方法院就无权解释。对于价值判断，虽然我们不能贸然断言其真假，但对判断所持的“应然”，我们至少可以问一句“可不可能”，如果不可能，那价值判断就没有意义。孟文可以认为法官不应该进行漏洞补充、价值补充，但并不意味着法官可以逃避此项工作并从未做过此项工作，“民法解释学是关于法律的解释、适用技术的科学，……民法解释学属一种实用科学”[②]，它应当从事实出发，对事实进行陈述，从问题出发，找出解决问题的方法，而不能从抽象的原则、规则、公理出发，一味进行在实务上很难有其兑换价值的价值判断。

二、在成文法国家，法官是否无权造法？

为了支持孟文法官不应该进行法律漏洞补充、价值补充的价值判断，孟文提出了“在成文法国家，传统认为法官的职责在于严格执法，法官无权造法”。如果这里的法仅指立法机关制定的法，法官当然无权造法。如果法官造法的法还包括法官所进行的漏洞补充、价值补充，那么，在法官是否有权造法的问题上，在以法、德为代表的成文法国家，传统上就存在着理论与实务的差别，存在着理论与理论的对立。

1. 法国的情况：

“《法国民法典》编纂的结果，在法国产生了注释法学派，它将民

① 参见〔奥〕凯尔森：《法与国家的一般理论》，沈宗灵译，中国大百科全书出版社1996年1月版，第5页。

② 梁慧星：《民法解释学》，中国政法大学出版社1995年1月版，第164页。

法典奉为'书面理性'，认为法典能够解决一切案件，永无缺漏，无须向法典之外寻求其他法源，进而发展为法典崇拜，又由于三权分立思想的影响，严格禁止法官造法，视法官为适用法律之机械，判决犹如复印，法律解释的方法限于对法典规定进行逻辑推演"[①]。在《法国民法典》颁布前的1790年，法国就通过法律规定，"当法院认为有必要解释一项法律或制定一项新法时，必须请求立法会议"，差不多同时，也设立了上诉法庭，即后来的上诉法院，其任务就是撤销"法官造法"的判决[②]。由此可见，在《法国民法典》编纂的前后，法国确实存在着严格禁止法官造法的理论主张和立法例，但这仅仅是一个方面。另一方面，从1880年开始，在注释法学派内部就发生了强调对制定法中心主义进行批判、强调在进行法律判断时必须加入法律外的诸种要素的考虑，强调尊重和研究判例的主张，后来兴起的以惹尼和撒莱为代表的科学法学派，更对注释法学派的法典万能主义进行了彻底的批判。科学法学派认为，判例具有发现社会生活中生存的法规范的法创造机能，主张承认判例作为法源的地位[③]。在实务上，"法院必须将解释问题提交立法会议裁决的原则从来就没有认真执行"，《法国民法典》的编纂者们清楚地意识到，立法者即使尽其最大的想象力也不能认识到所有问题的案件类型并予以判断，因而必然要给司法判决留有余地，即法律在不可预见的个别情况下的具体化和它对变化的社会需要的适应。《法国民法典》编纂者之一的波塔利斯指出："立法机关的任务是从大处着眼确立法律的一般准则，而不是陷于对每一可能发生的问题的琐细规定，……那些立法者没有时间处理的、太过于变化多端，太易引起争议的细节及即使努力预见也于事无益或轻率预见则不无危险的一切问题，均可留给司法判例去解决"。实际上，一部近200年前生效的法典之所以能够经受漫长岁月和猛烈的政

① 梁慧星：《民法解释学》，第41页。
② K·茨威格特、H·克茨：《比较法总论》，第167页。
③ 梁慧星：《民法解释学》，第68页。

治、经济和社会风暴的考验，除立法者对法典的修改外，还因为司法判例也使法典的规定与现代社会需要相适应，同时，司法判例又通过解释对这种社会需求予以发展、补充或限制，既阐明旧的法律思想，又提出新的法律思想。[①]

2. 德国情况：

德国情况与法国相似，在《德国民法典》编纂之前，也产生了法典编纂学派，它“将法律的适用降为一种纯技术的过程，一种只听命于抽象概念那种臆想的逻辑必然性的计算过程，而对实际的理智，对伦理的、宗教的、法律政策及国民经济的权衡斟酌则根本没有发生联系”[②]。在立法上，1794 年，也颁布了多达一万七千多条的《普鲁士邦法》，立法者就试图设想出对每个可能出现的情况都适用的法律解决办法和法官在审理案件时都能直接找到的法律条款，借以禁止法官对法律作出解释[③]。然而，这样一种“‘以概念计算’来取代对社会现实的审慎观察的法律思维方式，只能实现于一种法律文化之中，这种文化中起决定作用的载体乃是倚重学理、脱离实际的教授们”[④]，正是由于脱离实际，法典编纂学派才遭到目的法学、利益法学等自由法学运动的猛烈抨击，被讥为“概念法学”。而扼杀了法官法律解释职能的《普鲁士邦法》也难逃失败的命运。代之而起的《德国民法典》虽然仍致力于法典的用语、技术和概念的精心构筑，仍不失法典编纂学派精确而抽象的“逻辑计算”的特征，但并未走向极端，《德国民法典》第 242 条确定的诚实信用原则，使法官们能够依据这一条款对一些不合时宜的法条进行补充、缩小等自由解释，这条著名的一般条款成为德国司法判例的基础，法官们在判例中所发展的一些概念范例，如较重要的“情势不变条款”、“交易基础消灭”等，修正了《德国民法典》中最初的个人主义倾向，既不改变法典的形式，又使之适应了德国多次

---

① K·茨威格特、H·克茨：《比较法总论》，第 168 页。

② K·茨威格特、H·克茨：《比较法总论》，第 267 页。

③ 夏成华：《法律解释比较研究》，中国人民大学出版社 1993 年 1 月版，第 25 页。

④ K·茨威格特、H·克茨：《比较法总论》，第 261 页。

剧烈的社会变动，如一战后的经济混乱、通货膨胀、物价上涨以及二战后德国东部地区丧失和货币兑换等带来的一系列重要的经济和社会问题[①]。

从以上法、德情况可以看出，虽然在成文法国家，确实存在着禁止法官造法的理论和立法，但同样也存在着与之对立的理论和立法，有的学者甚至认为，大陆法系从“严格解释到自由解释转变的标志是1804年《法国民法典》第4条的规定：‘裁判官如以法律无规定或规定不明确不完备为理由，不进行审判的，以拒绝审判论罪’”[②]。而晚于《法国民法典》、《德国民法典》的《瑞士民法典》更在其第1条2、3款中规定：“如本法没有可为适用之规定，法官依据习惯法，习惯法亦无规定时，法官应根据其作为法官阐发的规则判案。在此，他要遵循业已公认的学说和传统”。它在清晰了然的位置，并以鲜明准确的语言形式表述了“一种现实的法律秩序总是存在着需要通过法官法律创制加以填补弥合的漏洞”的思想[③]。大陆法系的法官们，创造性地适用法律，将抽象条款具体化，同时，也创立了许多判例，填补了法律的漏洞，修正了法律的滞后性，推动了法律的进步。所以，即使“判例在普通法系（即英美法系）国家和民法法系（即大陆法系）国家的作用存在差别，但现在人们同意，这些差别被夸大了，而且在现代已大大缩小。”[④] 笔者认为，孟文以成文法国家一百多、二百年前一时的理论主张和立法例为依据，认为我国作为成文法国家也应禁止法官造法，进而否认梁先生民法解释方法论在适用上的合理性，难免其“以偏概全”之嫌。

三、在中国，是否需要法官造法？

孟先生作为法学院教授，当然知道前述以法、德为代表的成文法国家“法官造法”的情况，所谓成文法国家严格禁止法官造法的“传

---

① K·茨威格特、H·克茨：《比较法总论》，第276—277页。

② 夏成华：《法律解释比较研究》，第29页。

③ K·茨威格特、H·克茨：《比较法总论》，第320页。

④ 沈宗灵：《再论当代中国的判例》，载《判例与研究》1995年第3期。

统”，只是作为孟文下述观点的陪衬。孟文认为，漏洞补充和价值补充不在法官权力范围之内，其理由除中国属成文法之外，还因为中国法官的一部分受到了腐败的侵蚀，而且，中国法官的业务素质不高，在地方法院，大多数法官具有的是自学成才的大专学历。

笔者对孟文就中国法官队伍的现状所作的评价深有同感，但笔者认为，孟文所述的诸种现象与法官造法，即漏洞补充和价值补充的问题没有什么联系。的确，是有违法乱纪、贪赃枉法的法官，这样的法官不仅不能指望其进行恰当的利益衡量，妥当地补充法律漏洞，公正地将抽象条款具体化，而且，也不能指望他严格遵守成文法具体的法条，这样的人根本不配当法官，但这是反腐败的问题。如果因为个别法官的腐败现象就要剥夺全体法官进行审判所必需的职能的话，那么，同样存在着腐败现象的检察机关、行政机关又将作何处理呢？的确，包括笔者在内的法官队伍，素质不高，还不能适应建立社会主义市场经济体制的新形势对审判工作的要求，但这是提高法官队伍素质的问题。实际上，在我国的律师队伍中，也并非每个律师都是法学院教授，同样也有相当部分具有的也只是自学成才的大专学历，这难道就妨碍律师开展业务了吗？再说，象梁先生这样的学者所作的利益衡量，孟文都会提出质疑，那能够胜任此一职能的法官究竟要多高的理论水准和业务素质呢？可见，将我国法官队伍的现状作为禁止法官造法的理由是难以成立的。笔者认为，关于法官造法，真正有意义的问题应该是：在中国，需不需要法官造法？

正如孟文所言，“法律不可避免地会出现法律漏洞和意义不明”，然而，一些特殊的案件却并不因为法律未作规定、或已有规定但因情势变迁而不合时宜、或法律虽有规定但意义不明等现象而不发生，法官也不能因为法律这些固有的缺陷而拒绝审判或机械地适用某一条文而放任自己不公正的裁判，遇到这类案件，如果禁止法官造法，即禁止法官进行漏洞补充、价值补充，那法官除了请求“内批”外就别无他策了。而且，法官只能请求立法机关的“内批”。因为按照孟文的观点，即使最高法院也仅仅有权“探求立法者明知或可推知的意思”，如果存在法律漏洞，那立法者在立法时根本就没有“意思”可言，如果立法者的意思是明知的或可推知的，那就不存在法律条文意义不明了。既然法律漏洞和意义不明难以避免，那么，法官进行漏洞补充和价值补充的职能就不可或缺。

在我国，即使法律存在漏洞或法律条文意义不明，法官也必须及时作出裁判，而且应尽量公正、妥当，这就意味着法官造法是法官的权力同时也是其义务。这时的法官就像一个必须要到达一个目的地的行路人，他可能因不知道正确的方向而犹豫不决或因走错了路而无功而返，但他肯定不愿意听旁人喋喋不休地讨论他该不该走的问题。对于像笔者这样的“行路人”，我们法官最需要的是学者们告诉我们“道路该怎样走”，给我们提供交通地图，至少给我们指出一个正确的方向。笔者认为，像梁先生《民法解释学》这样的著作，正是向法官们指出了正确的方向，向法官们提供了进行法律漏洞补充、价值补充即法官造法的正确方法，而不仅仅具有“理论本身”的合理性。当然，梁先生的民法解释理论，并非不容讨论，但它应当接受的是事实的检验，科学理论的特征正是其可证伪性。

四、中国法律是否明文禁止法官造法以及中国法官的实践

孟文“漏洞补充、价值补充不在法官权力范围之内”作为价值判断没有讨论的意义，已如前述，如果孟文的此一陈述要有意义，必须是事实陈述，即是指在事实上，我国法律禁止法官进行漏洞补充、价值补充，法官也因此并未从事此项工作或者具有此一现象的判决被撤销而成为前车之鉴。但是，我国法律并无禁止的明文，相反，我国《民法通则》中规定的公平原则、诚信原则以及许多过于抽象难以直接适用的条款，正如一张张白地委任状，赋予了法官充分的自由裁量权，为法官造法提供了充分而坚实的法律基础。

话又说回来，说中国法官的素质不高，是指我们缺乏较高的法学理论修养，因而不能从理论上抽象地理解、系统地阐述“漏洞补充”、“价值补充”、“法官造法”等概念，但这并不意味着我们就一点都不知道、从来不做我们必须要做的事情。这就像“任何一个经济学的门外汉，都从自己的经验中懂得了价值理论的全部内容，他是一个门外汉，只是因为他没有从理论上理解这个问题——即不依靠别的，只是从这个问题本身来加以理解，只是从实际上理解它——也就是说，仅就某种特定情况，并依照在这种特定情况下这个问题所呈现的结果来加以理解”①。的确，我们素质不高，我们也许并不知道民法解释的各种方法、规则，但我们毕竟要面临许多纷繁复杂的案件，毕竟要对法律没有规定或法律条文意义不明的案件作出裁判，不懂方法、规则，并不意味着我们的工作就不做或工作都做错了。这正如许多人不懂汉语语法规则和逻辑规则，但还是要说话，而且，也不全部是病句。在下面的事例中，笔者将介绍所在法院的法官们为实现个案的正义所进行的造法工作。

（一）法律的漏洞补充

四川省新津县人民法院（1993）新武民字第 56 号黄卫诉四川希旅游乐城有限公司（以下简称希旅公司）交通事故损害赔偿案。1992 年 10 月 27 日，希旅公司驾驶员胡永江驾驶该公司汽车将叶文君撞伤致死。叶文君死亡时，其妻黄学琼已怀孕，并且医院证明：黄学琼从小患小儿麻痹症、痴呆症，已丧失劳动能力，在交警部门的调解中，希旅公司同意承担黄学琼的生活费但拒不承担胎儿未来的抚养费。黄学琼于 1992 年 12 月生产一女，取名黄卫，1993 年 3 月，黄学琼以黄卫的名义向新津县人民法院提起诉讼，请求希旅公司承担其抚养费。

此案双方争议的焦点是黄卫是否具有损害赔偿请求权。按《民法通则》第 9 条“公民从出生时起到死亡时止，具有民事权利能力，依法享有民事权利，承担民事义务。”如果按概念法学所有条文均可作反对解释的主张，那么，本案原告黄卫，在其父叶文君死亡时尚未出生，未出生的胎儿是母体的一部分，不具法律人格，没有权利能力，自然就叶文君的死亡对希旅公司没有损害赔偿请求权。但是，如果我们真

① 〔奥〕弗·冯·维塞尔：《自然价值论》，陈国庆译，商务印书馆 1982 年 6 月版，第 53 页。

的作出这样的判决，却又明显违背社会的正义感情，黄卫之父叶文君被希旅公司的汽车撞伤致死，其母黄学琼已丧失劳动能力，如果希旅公司不承担其抚养费，那么，黄卫从出生时就无人抚养，这是极不公平、极其残酷的现实。法官们认为，判决，无论在形式上有多少法条为依据，如果导致不公平、不人道的结果，就难谓合法，因此，新津县人民法院根据《民法通则》第4条规定的公平原则判决：被告因交通事故致叶文君死亡一次性赔偿原告经济损失23600元。

笔者认为，此一判决就补充了我国《民法通则》在保护胎儿利益方面所存在的漏洞。

（二）价值补充

新津县人民法院(1995)新民初字第294号舒易平诉蓝剑集团公司产品责任损害赔偿案。1995年6月10日，原告舒易平在饮用被告蓝剑集团公司生产的蓝剑啤酒时，一啤酒瓶突然爆炸，击伤舒的左眼，致其左眼失明，舒向新津县人民法院提起诉讼，请求蓝剑集团赔偿其医疗费、误工费、生活补助费等以及80000元残疾赔偿金。

承办此案的法官感到的难题之一，就是如何确定“残疾赔偿金”的数额。关于人身伤害的赔偿范围，《消费者权益保护法》与《民法通则》及其他民事法律相比，有一个引人注目的变化，就是新增了“残疾赔偿金”这一赔偿项目，关于“残疾赔偿金”这一无形损失的赔偿标准，连以数学为工具的经济学也无能为力，最高法院无实施意见，法官们在审理此案时并无任何可以借以进行纯逻辑推演的定额标准，并且也很难有这样的标准。因为“慰抚金之基本机能在于填补损害及慰抚被害人精神或肉体之痛苦，须就个别案件，基于一切情事，始能实现慰抚金制度之目的。因而固定不变之定额化制度，似不足采。”①虽然如此，法官们必须将“残疾赔偿金”这一抽象的概念在此案中予以具体化，即对之进行价值补充。审理此案的法官们是怎样进行价值补充的呢？请看法庭在宣判前关于此案“法律适用的说明：本案系一

---

① 〔台湾〕王泽鉴：《慰抚金》，载王泽鉴：《民法学说与判例研究》第二册。

损害赔偿案，关于赔偿项目，我国《民法通则》第119条和《消费者权益保护法》第41条均有规定，依本案事实，原告作为消费者饮用蓝剑啤酒受伤，按特别法优于普通法的原理，本案应适用《消费者权益保护法》，两法相比，《消费者权益保护法》第41条新增了'残疾赔偿金'的项目，我们认为，原告左眼受伤失明，不仅给其生活带来极大的不便，更给其精神上造成巨大的终生痛苦，请求80000元残疾赔偿金，并不为高，应予支持……"在此案判决中，新津县人民法院判决被告蓝剑集团赔偿原告192438元，其中，残疾赔偿金80000元。

此案判决后不久，此一判例作为"法律"的效力和作用很快显示出来。新津县人民法院(1996)新民初字第156号饶勇诉新津县太平鞭炮厂产品责任损害赔偿案，原告在燃放被告生产的魔术弹时，魔术弹爆炸，击伤其左眼，致其左眼视力严重下降，并有失明可能，在诉讼中，由于双方都知道前述"啤酒瓶爆炸案"，双方很快达成了调解协议，被告赔偿原告各种损失130000元。

(三)利益衡量

利益衡量，虽然主要是法律的漏洞补充和价值补充时的思考方法，但其适用范围则不限于此。在一些案情简单，法律也有具体规定的案件中，如果法官掌握并运用利益衡量的思考方法，就能作出更公正，更妥当的判决。

新津县人民法院(1996)新经初字第15号瞿玉华诉成都市双流县光华电器塑料厂双倍返还定金案。原、被告签订了一份购销合同，原告购买被告塑料鞭炮筒5吨，交货时间是1995年10月，原告在签订合同后交付了定金6000元，被告违约，到1996年3月仍未交货，原告遂起诉到新津县人民法院，请求被告双倍返还定金并支付利息。

收受定金的一方违约，应双倍返还定金，法有明文，自不待论，返还定金的利息呢？法官在考虑这个问题时就进行了利益衡量。

首先，衡量当事人双方的利益。在本案中，如果被告按约供货，那么，原告交付的6000元定金就会被折算成价款，原告取得货物，就相当于被告将定金返还给了原告，从交货时获得这笔定金利息的则是原告而非被告，在被告违约后，如果它及时承担了双倍返还定金的违约责任，那么，从此时起它不仅不能获得原告交付的6000元定金的利息，而且，还将失去另外6000元的利息，所以，从被告违约之日起，原告就应取得12000元的利息。

其次，衡量当事人利益与社会利益。社会利益，在实务中称为办案的社会效果。如果收受定金的一方违约，在双倍返还定金时不支付利息，这无异于纵容、鼓励收受定金的一方违反合同并拖延承担违约责任，因为拖延供货或双倍返还定金，至少可以取得定金利息，而且，时间拖延得越长越好，最终利息会超过本金，这显然不利于市场经济条件下对财产流转的要求。

基于这样的利益衡量，新津县人民法院判决，被告应双倍返还定金计12000元及利息(自1995年10月至1996年3月)1296元。

通过以上案例可以证明，在实务中，法官们确实在从事法律的漏洞补充、价值补充，而且，一些看似简单的案件也要进行利益衡量，笔者认为，如果法官能了解民法解释的方法，那么，他在从事这些工作时，就不会"在黑暗中摸索"了，所以，梁先生在其《民法解释学》中阐述的民法解释理论，并非如孟文所言尚不被实务界接受。

五、电视节目预告表为什么不是新闻并且应受法律保护?

电视节目预告表是否应受法律保护，梁文与孟文分歧的焦点似乎在于"电视节目预告表是不是时事新闻"的问题上，梁文认为，时事新闻仅指国内外大事，因此，电视节目预告表不属时事新闻，所以，应受《著作权法》的保护，而孟文则认为，时事新闻还包括小事、琐事，因此，电视节目预告表属于时事新闻，因此，不受《著作权法》保护。笔者认为，二位先生均未将新闻与事实这两个不同的概念阐述清楚。事实，是已经发生、正在发生的事件及其过程、结果、影响等客观存在，而新闻，则是对事实的报道，一般而言，报道的形式包括文字、图片、音像制品等，可见，事实并不等于新闻，比如，海湾战争，只是一个事件，对这场战争的报道，才是新闻。即使如孟文所言，《著作权法》不保护时事新闻，就是不保护新闻，但也并不意味着任何事实都能报道而不受法律的保护。如果凡是事实都能被报道的话，那《著作权法》就保护不了任何作品了。比如，孟先生写了这篇文章，这显然是一种事实，难道《法学研究》在刊登时，加上“本刊讯，孟勤国先生最近写了《也论电视节目预告表的法律保护与利益平衡》一文，全文如下……”，就可以不支付任何稿酬了吗？难道其他刊物加上“最近，《法学研究》刊登了孟勤国先生……”，就可以随意转载了吗？笔者认为，什么样的事实能够被报道而成新闻，除了公法上的限制比如不得泄露国家秘密、不得有伤风化等外，私法上也应有所限制，那些由特定的人付出了劳动才发生的事实，而人们之所以愿意付出劳动促成这一事实，是因为这一事实又能够满足人们想听、想看、想知道的需要因而具有一定商业价值，就不能被任意报道。即使要报道，在报道的媒体种类、报道的内容详略上也应有所限制，使报道不减少、不损害事实本身的商业价值，比如，一场文艺演出，可以被报纸报道，可以被电视台简略报道，但不能允许电视台进行全过程的“详细”报道，除非电视台付出一定代价，当然，这就不是新闻报道而是实况转播了。

电视节目预告表，是电视台工作人员付出劳动而编制的，它的存在是一种事实，它并不是对将要播出的电视节目的“报道”，相反，电视台在通常情况下应按电视节目预告表播放电视节目，它能够满足人们想知道电视台将要播出的电视节目的需要，这是其使用价值，无论它刊登于哪家报纸，甚至像《列车时刻表》一样单册发行，人们都愿意付出代价取得，这就是它的商业价值，这种价值，自然应该由电视台“原始取得”，《广西广播电视报》付出对价后，“继受取得”了它的商业价值，因此，只有《广西广播电视报》才能刊登。在电视节目预告表未丧失其商业价值之前，也即，电视台没有按电视节目预告表的安排播放完全部电视节目之前，任何人不得使用之。

孟文还认为“电视节目预告表不具有独创性，因为从内容上看，只是一些将要发生的事实，从形式上看，是固定不变的按时间顺序排列的表格。”笔者认为，孟文对“独创性”的理解未免过于苛刻，按照这样的理解，那任何作品都很难具有独创性而受《著作权法》的保护了。

比如，孟文，在内容上只是对法律的解释，即探求、叙述“立法者明知或可推知的意思”，这种意思在立法时就已存在，其形式只是一些文字的排列组合，这些文字在《新华字典》上都能找到，其排列也严格受到汉语语法规则和逻辑规则的制约，难道孟文就没有独创性，就不受《著作权法》的保护了吗？

六、结语

“不正义的行为之一就是法官及其他有权者没有运用恰当的规则或者不能正确地解释规则”[①]。而要恰当地运用规则，必须要正确地解释规则，所以，法官该不该解释法律的问题没有意义，有意义的是法官怎样解释法律、怎样进行法律的漏洞补充与价值补充的问题。笔者在实务中深刻体会到，法官们需要的正是对这一问题的研究、回答，这也正是笔者撰写本文的原因。

（作者单位：四川省新津县人民法院）

① 〔美〕约翰·罗尔斯：《正义论》，何怀宏等译，中国社会科学出版社1988年3月版，第225页。

日本的民法解释学(续)*

段　匡

目　录

5. 第三期　民法学反省期(1921—1945)

5—1. 促使日本民法学变迁的社会背景

这个时期民法学的变化是从批判第二期盛行德意志法学而展开的,并以此为基础形成了新的民法学。造成这一变化的原因之一是,第一次世界大战前后世界和日本社会的变动。在日本,日俄战争以后

---

* 本文"一、史的概观"中的1—4,刊登于《民商法论丛》第4卷,第244—268页;因篇幅所限本卷只将"一、史的概观"全部登载完,以下待续。

城市地价飞涨，土地和房屋的租借成了社会问题，当时工人运动的兴起使得要求为工会立法的呼声也随之高涨。1916 年和 1921 年相继制定的“工厂法”和“借地法·借家法”就反映了这种社会的变动。法律家以及法学面对社会变化，以及新出现的社会问题也不得不去寻求与此相适应的新法学理论。

同时，对日本民法学最有影响的法国、德意志民法学也随着社会经济的改观正在相应地发生变化。19 世纪后半期，资本主义飞跃发展所伴随的资本集中化、工业生产的大规模化、贫富不均的悬殊化对于法国法典注释派的前提个人的绝对自由、平等投之以很大的疑问，并给予支配法学界，只探求立法者意思和仅仅对法典条文做逻辑操作的概念主义法学以极大的动摇。在这种形势下法国法典注释学派内部诞生了新的主张，对原来以制定法为中心的观点给予批判，认为在进行法的判断时需要考虑法律之外的各种因素，为了研究法学必须探讨现实中产生出来的判例。继承和发展了这些新主张，并对学说转变产生决定作用的是撒莱(R. Saleilles，1985－1912)、惹尼(F. Gény，1861—1956)两位学者。他们给予注释学派的法典万能主义以彻底的批判，认为制定法并不是自我完结、完美无缺的，存在着法的欠缺。为此，法学必须充分考虑法外的因素，并在通过对制定法的自由解释来补充法律欠缺的同时，脱开制定法科学地探究社会生活中生成的法规范。针对原来据有支配地位的那种否认判例为法源的学说，以及认为法院只能运用制定法的倾向，他们提出了新的主张，指出法院不仅应适用判例，并且判例研究还具有发现生存在社会生活中的法规范的创造作用。这一学说后来形成为法国科学学派。

德国的民法典虽然与日本民法典同年制定，但是在如何柔软、弹性地应付社会现实的问题上却有着各自的不同点。日本民法典继受的是建筑在近代法学汇纂学说体系上的德意志民法典第一草案，而德意志民法典最后采纳的是第三草案。尤其是第一草案问世后，历经了来自日耳曼法学的批判。为此，第二、三草案在此基础之上又充实了对应 19 世纪后半期经济变化的内容。所以，民法典成立后的德国民法学，在若干部分脱离了原来的法学汇纂学说。反之，民法典成立后当时的日本民法学不但没有吸取这一变化，却始终一面倒向了游离现实生活之外的概念法学。

但是，伴随着社会变动，以及20世纪初欧洲批判法律实证主义和概念法学中产生出来的各种新法学理论逐渐地在日本开始传播，并且由于世界大战的缘故与德意志法学的交流也受到一时的隔断。进入这一时期的日本民法学开始发生了变化，这种变化集中表现在两个方面：一是，民法学不再停留在理论体系的自我完善上，而要在社会变动中实现自己的发展，即法学要面对社会；二是，从单一的继受德意志民法学中解放出来，广泛地研究和接受世界上各种学派的理论。

5－2．末弘严太郎创始的民法学转变

直接促进这一变化的是末弘严太郎，他是在川名兼四郎的强烈影响下开始法学学者生涯的。由于世界大战他不可能实现当初去德国留学的计划，转而前往美国和法国留学，并在瑞士与欧洲自由法学的创导者埃利希会了面。末弘先生是川名兼四郎的学生，而川名则是日本著名的德意志流法学的代表之一，可以说在留学之前末弘先生是一个彻头彻尾的德意志法学者。但是在美国留学期间，他在学问上受到了很大的冲击。以前末弘先生学到的法律学是从抽象的原理出发通过演绎逻辑的推理达到具体的结论。然而在美国他所接触到的法律学，则是从一个一个具体的问题出发，通过归纳逻辑达到抽象的原理。也就是从那时候开始，末弘先生决心与德意志解释法学做诀别了①。

这样的留学结果使得他的立场有了很大的转变，归国不久后发表的二部论著也给日本民法学带来了很大的冲击。在其中之一《物权法》自序中，末弘先生认为，在日本的法律书里必须要有自己本国的

---

① 末弘严太郎在座谈会上的发言，摘自《日本的法学——回顾与展望》，日本评论社1950年版，第50—51页。

色彩(Local colour)，在法律学里要分别讲解“应该有的法律”部分与“实有法律”的部分。在这里“实有法律”部分指的是，以讲解在日本社会里施行的法律是怎么一回事为目的的。但是，为了探求“实有法律”仅仅从法典和外国法律文献中去找，就好像是在地上设网打鱼。像鱼要在水中生活一样法律内存于实际生活之中。当然，要了解掌握实际生活中内存的法律是非常困难的，目前要抓住实际生活里的内在法律，除了依靠手头有的判例和报刊杂志的报道以外别无他法。他指出，(当时的)日本学者无视这一点，十年如一日仅埋头在法典和外国法律书里，并且还以概念的精确和逻辑推理的一贯性而自豪。如果那些学者有无限的想象力的话，就能发现甲说、乙说、第三说、折衷说……愚笨的无穷的变种来。世上的人希望知道的是现在实际上正在施行的唯一的“实有法律”，对他们来说变种的理论是没有任何价值。“法的不确实性”给社会带来的只是最大的麻烦。我们不想依据自己的创造力，制作学说上的变种。只是设法纯朴、如实地去探求“实有法律”，如实地去加以说明。

在接着说明有关“应有的法律”时，末弘先生指出，不在研究“实有法律”的基础上审查原有的概念，而是无批判的接受照搬外来的以及原有的概念，或者仅仅独断地把概念做一些小小的变更以及做一些巧妙的组合是不能在学问上具有任何权威的。必须依据事实筛选概念，然后在筛选过的活生生的崭新的概念之上，构筑“应有的法律”。如果不是这样做的话，那么构筑出来的东西只能是沙滩上的楼阁。所以说必须要有知道“实有法律”部分和说明“应该有的法律”部分为前提。不论从什么角度出发，无视现实生活的法律说明是非常危险的而且是无益的。当然，并不是说严密的研究法典，研究外国法学就是有害无用的，但是一味埋头在此忘记了面对现实世界，仅仅无益地拿概念和逻辑做游戏以此来讲解我们现行法律的倾向是必须反对的。在欧洲的英国、法国、德意志以及其他国家都有自己国家的特色。那些国家里有着各自的特别的色彩，并且那种色彩自然而然地一定表现在法律学中。法律只能在那些国家的实际生活中表现出来，法律书应该正确地表述这一切。但是在我国(指当时的日本)的法律书里实在没有象日本似的色彩。如果仅仅是通过读法律书来理解想象日本这个国家的话,即使把它当做是欧洲的一个国家也不能予以责备[①]。这些都是末弘先生对当时日本民法学的抨击。按照我妻荣先生的话,末弘严太郎的论文对当时的法律学界犹如炸弹一般。

1921年,末弘严太郎与穗积重远以及东京大学法学部刚毕业的青年学者一起成立了"民法判例研究会"。末弘先生在1921年判例民法集的序里,表明了这一研究会的主旨[②]。以下是它的概要:

①无视判例是不可能理解现行法律的。

②立法机关制定的是法律的外部围墙,不妨说裁判所制定的是围墙里的内容,至于是否将这种内容称之为法是无关紧要的,事实上它与法也没有什么区别。

③作为事实来看,裁判所也是创造者。法绝不仅仅是由宪法上的立法机关制定,也有由裁判所制定的。

④裁判所制定法,但是其制作的方法以及由此产生的法的出处与立法机关制定法的场合是不同的,它与具体事实是不可分的。抽象是立法机关立法的特色,而判例法的具体则体现了它的本色。依附在具体事实上的判决,如还不能让人容易的认识,那么作为法律创造者的判决就没有充分的发挥其本能。但是,现在的大审院(现最高裁判所)的判决里原则上不记载事实,却具体地记述了与直接事件无关系的抽象理论,这样就使得应该与学者论说有区别的东西没有显示出来。

⑤为此,今后大审院要充分尽到其依据法律被赋予的职责,就不能仅仅是一个独立的具体的事件的判断者,为了充分发挥其作为具体法律创造者的职责,就应该在做出判断的同时把成为判断基础的

① 末弘严太郎:《物权法》,以上为"序文"第1—7页内容的概要,有斐阁1921年版。
② 《判例民法·大正十年度》,有斐阁,此序为匿名但后来证明是末弘严太郎执笔。

事实也予以明示[①]。这样法律才真正开始有其充实的活生生的内容。

⑥研究的目的在于理解认识具体的法律。为此，首先努力从不完整的事实记载中尽可能详细地收集事实关系。然后，把裁判所对此事实做出的判决做一简短的摘要。最后，给予评释。但是，评释的主旨却与依据原来诸学者尝试的批评是完全两样的。主要是在于探寻该判决与以往判例的联系，以及说明与这一问题相关的具体法律变迁和它内容逐渐充实的过程。当然，也多少会附加一些依据各担当者见解的意见，但是，尽可能地注意不做脱离具体事实的抽象议论。

末弘先生上述两篇论文给予日本民法学带来了很大的变化，后人称他转变了民法学的方向[②]。而给末弘先生带来很大影响的则是以下两个因素。其一是，美国的实务法律学以及判例式的法律教育；其二是，埃利希的法社会学思想。前者的实践是民法判例研究会，后者则体现在《物权法》一书中。后来，末弘严太郎也是顺着这条道路来展开自己的学说的。

5—3. 我妻荣确立的民法学综合方法论

日本自明治民法制定以来已经快有100年了，而在此其间我妻荣的民法学说占有领先地位却有60多年并且还在继续下去，为此我妻民法学被称为日本民法学史上最富有生命力的学说。我妻先生与其他学者不同的是，从一开始就致力于研究构筑民法学的方法论，在确立自己的方法论的基础上展开庞大的民法学实体论的研究。他开始研究民法的时候正是德意志流的解释法学为主流，末弘严太郎为先导的新民法学流派正在形成的时期。处于这种方法学观点混沌的时期，我妻先生开始探索自己的方法论，并贯穿于自己的教学之中。他最初的民法学方法论的论文是《丹兹(Erich Danz)的“裁判官的解

---

① 以这种批评为契机，“大审院判决录”更名为“大审院判例集”，从前没有的(判决认定的)事实概要自此开始也加以记载了。

② 星野英一:《日本民法学史(2)》，法学教室1981年6月号，第14页；五十川直行:《英国法给日本法带来的影响》，载于《现代社会与民法学的动向》，有斐阁1992年9月，第51页。

释作用”》[①]，虽然此文由于出国留学未能最后完成但它在我妻民法学中却留有很大的意义[②]。在这篇论文中值得注意的是，我妻先生与丹兹有着强烈共鸣的两点：一是裁判官的法创造论。这个观点末弘严太郎在《判例民法》大正10年度(1921)的序中也是加以提倡的。二是在解释法律行为中裁判官的应有作用是，做一个使得当事者能实现自己目的的辅助者。在判断法律行为时，裁判官应该站在非法律家、外行、一般人的立场上。这一我妻的思想与日后“利益衡量论(价值判断论)”，或许是有些关联的。

确立我妻民法学的大作是《关于私法方法论的考察》(最早刊载在法学协会杂志44卷6号、7号、10号1926年)，此时他才29岁。我妻先生认为法律在社会中的作用之一是依据这一法律“处理”一定的生活关系；所以，考察作为私法学者工作的中心应该放在研究“裁判”(包括广义的和解、调解以及其他所有的法的处理)的立场上。在叙述这一研究根本问题的前提基础上，我妻先生指出了存在着的三个课题，并围绕这些课题展开了自己的学说。这些课题是，(一)被认为是现时法律学的根本问题，即法律价值问题；(二)法律与其他社会现象的关系问题；(三)作为法律解释的法律构成的技术问题。

川岛武宜认为我妻荣的第一课题是针对当时法学界流行的法哲学做的解答[③]。在这里川岛先生所说的日本当时流行的法哲学是指新康德主义法学。我妻先生认为，像施塔姆勒(Rudolf Stammler)“具有自由意志人的共同生活”这个有名的命题，由于有陷入被恣意引用的危险，所以主张不予采用。同时，指出19世纪私法关系的指导原理绝对的个人意志，以及在此基础上形成的契约自由、过失责任和绝对

---

① 载于法学协会杂志41卷1号—3号，丹兹(Erich Danz)是与奥地利的埃利希和法国的惹尼等齐名的德国自由法学代表人物。

② 我妻荣：《民法研究Ⅰ私法一般》，有斐阁1966年，第154页；在“丹兹的《裁判官的解释作用》”附记我妻的追记中，即使在40多年后的今天他仍然深切地感到，在自己民法学者的出发点上该文具有重大的意义。

③ 川岛武宜：《特集我妻荣法学的足迹》法学家杂志563号1974年6月21日，第18页。

的私有财产权原则，在今天已经丧失了一般原则的指导价值，取而代之的应是“正义、衡平、社会作用”这样的命题。但是，即使如此这些命题也显示不出具体的指针，所以，我妻先生站在裁判中心的立场上，强调设定具体价值标准的必要性。在这里，他清楚地认识到实定法与社会变化的背离，以及再三提出针对这种背离需要有相应的具体的价值判断标准。这些观点对于当时日本民法界来说是有他独到的先见性。

在第二课题中，我妻先生认为法律处理的生活关系虽然有它一个个具体的条件，但它毕竟是社会生活因果关系中所产生的，在这一因果关系的过程中与其他所有的社会现象都有着复杂的因果乃至相关的关系。为此，他主张以裁判为中心的立场，不仅是简单地埋头于依据裁判处理的一个个具体的事情，而要把该事件看做是社会现象之一，研究它与其他社会现象之间存在的因果以及相关的联系，努力去发现在这之间的法则。并且，我妻先生身体力行，此后写下不少有关法与经济的社会科学的论著。例如：《在近代法中债权的优越地位》,《在资本主义生产组织中的所有权作用》,《资本主义与抵押制度》等等。

对第三命题我妻先生是这样认为的，基于实现法律应有的理想以及研究以社会现实为中心的法律可以做出妥当的判断，但是仅是判断还不能成为裁判，即在进行具体事件的法律处理时，还有必要把此构成为以现行法为基础的法律。在这样的场合，现行法体系中，成文法、习惯、判例等之间有许多矛盾在相互碰撞，另外，概念、相互规定关系的不明了也有很多。为此，我妻先生强调，通过法律学的努力，不间断地吸收新的要求，构成新的体系。

作为对上述三大课题研究的终结，也是作为该论文的结尾，我妻先生写下了这样一句话：“不伴随探究实现应有理想的法律学是盲目的，不伴随实际探究法律中心的法律学是空虚的，不伴随法律构成的法律学是无力的”①。

5—4. 民法学实体论研究的新展开

以上叙述了这一时期开始以来，由以末弘严太郎和我妻荣提出的方法论为基础形成了构筑新民法学的方向。同时，这一时期中也出现了与以往不同的各种民法学实体论的研究。所谓实体论与直接以构筑民法学手段自体为对象的方法论不同，它是以民法的有关实体内容为中心对象的论著。当然，要严密地区分方法论和实体论是很困难的，例如：我妻荣民法学就比较简单，方法论是《关于私法方法论的考察》，在完成此基础之上展开了庞大的实体论。但是，末弘严太郎的《物权法》就很难区分，在自序中为了构筑新的民法学他提出了自己的方法论，而在书中则基于方法论论述了有关民法的实体内容。同样，其他学者在体系性的著作中将方法论和实体论分别加以阐述的也不多见。所以，这里也没有什么严格的分类概念。

在这一时期里有关实体论的论著是多种多样的，自 1921 年至 1945 年间，日本政治、经济、社会的变化非常激烈，另一方面，在思想上交替出现了大正民主运动尊重个人的民权主义思想，东西自古就有的共同体思想，马克思主义，法西斯纳粹思想、军国主义和国粹主义。这样错综复杂的时代背景给予日本民法学以各种各样的影响，并且反映到实体论的研究中。

5—4—1. 信义诚实论与权利滥用论

第一次世界大战前后，社会生活关系有了很大的改观，现行法与这些社会的变化产生了背离，并且损害到法处理的妥当性。为此，出现了提倡自由法学，寻求法解释的弹力性以顺应社会现实的变化等趋势。但是，近代民法是以个人意志为轴心，基于所有权绝对、契约自由以及过失责任原则而构成的，所以操作以这些原则为基础的法规就会有一定的限制。因此，面对社会生活关系的急剧变化要寻求妥当的法处理答案，在某些场合就产生了困难。在这里，为了妥当的解决

---

① 我妻荣：《关于私法方法论的考察》，法学协会杂志 44 卷 10 号 1926 年，第 97 页。

民事纠纷就有必要依据成文法或者判例法开拓新的法律体系。在法国和德国,在19世纪中叶这种开拓就已出现在判例理论、法律规定以及学说之中了。它的展开主要表现在两个方面,(一)采用信义诚实·禁止权利滥用原则把它作为上位的基本原则;(二)在学说中掺入日耳曼法的法理。在日本,虽然也有一些下位的一般原则,如:公序良俗(90条)、正当理由(110条)、不得已事情(628、651、633、720条),但是,像信义诚实·禁止权利滥用这种上位基本原则一直没有得到认知,作为基本原则给予认真地研究则是第一次世界大战之后了。

a. 有关信义诚实原则

法国民法(1804年)规定必须诚实地履行合意(1134条),德意志民法(1896年)有关诚实信用原则,在第157条和第242条中做了规定。与德意志民法同年公布的日本民法,由于参考的是德国民法第一草案,没有规定信义诚实原则。另外,日本民法学虽然经历了明治民法注释时代和德意志解释法学的全盛时代,但是在日本有关信义则法理的出现则晚于第一世界大战之后。

在一次大战后至二次大战结束之间,有关信义诚实原则的主要论著有以下这些。

最具有代表性的要算鸠山秀夫的《在债权法中的信义诚实原则》(发表于法学协会杂志42卷1,2,5,7,8号.1924年)①。这篇论文从法学解释的立场出发,把信义诚实原则附之于体系加以论述,具有划时代的意义。鸠山先生从论文一开始就主张把信义诚实原则放在债权法的基本原则的位置上,以此来纠正近代私法基本原则之一契约原则所产生的弊病。论文的总论部分从比较法研究了信义诚实原则的历史沿革,然后以日本民法为对象,按“延续中的债权关系”、“债权关系结束后”以及“缔结契约之前”部分分篇做了论述。在这篇论文发表之前,牧野英一等自由法学者曾就信义诚实原则做过一些启蒙的

---

① 鸠山秀夫:《在债权法中的信义诚实原则》,有斐阁·学术选书(4)1953年。

论说[①]，但是，作为实定法学从体系上加以认真地研究，并且把信义诚实这种社会伦理构筑为法的解释理论，这在日本还是属于首次的创举。在此之后，对信义诚实原则作了长期研究的学者是常磐敏太，他最早的有关论文是《信义诚实的原则》，后来还相继发表了不少有关论文。最后，修改、汇总为单行本加以出版的是《法律中的信义诚实原则》(风社 1963 年)。在这一时期，其他有关信义则的主要论著有：野津务《信义诚实的发展意义》(法学协会杂志 52 卷 11 号 1920 年)；林信雄："判例中出现的信义诚实原则(一)(二)"(民商法杂志 4 卷 5，6 号 1922 年)，《转变期中的私法理论……关于信义诚实原则的研究》(严松堂 1938 年)；石田文次郎《契约的基础理论》(有斐阁 1940 年)；奥野健一《债权法的指导原理信义诚实原则》(法学志林 41 卷 6 号 1939 年)；我妻荣《民法中信义则理论的发展……鸠山教授理论为中心》(纪元 2600 年奉祝记念·东京帝国大学学术大观·法学部、1942 年)。

在这一时期里，以信义则为基础的下位法原则所谓的"情事变更原则"被提出来加以研究。情事变更原则发端于中世纪经院注释法学的 clausula rebus sic stantibus(情事不变条款)，16、17 世纪也被广泛适用。但到了 18 世纪后半期，即为 pacta sunt servanda(必须信守合约)原则所取代。但是，第一次世界大战后，特别是在德国经济异常的混乱和急剧的通货膨胀背景下，这一原则又得到了复活。同时，它也影响了日本民法学界。

大正末期前后(1926)，出现了三部有关情事变更原则的大作。它们是小町谷操三的《货币变动与契约》(有斐阁 1925 年)；胜本正晃的《民法中的事情变更原则》(有斐阁 1926 年)；岩田新的《经济变动与债权的效力》(有斐阁 1926 年)。特别是胜本先生的著作，从 clausula 理论开始法制史、法理论、欧特曼(Oertmann)乃至德意志法学的行

① 牧野英一：《现代的文化与法律》，有斐阁 1918 年；《在法律中具体的妥当性》，有斐阁 1925 年。

为基础论，以及包括对第一次大战后通货膨胀增额评价的学说和判例逐一做了详细的探讨。并且“事情变更原则”的名称也由来于他的上述著作。同时，胜本先生明确提出情事变更原则基于信义诚实原则。此后，日本的民法学界都把情事变更原则解释为从属于信义诚实原则的下位原则。与此不同的是德国今天仍以行为基础丧失理论作为概括情事变更原则的概念。但是，日本的判例对于情事变更原则迟迟不予认可，直到第二次大战时才给予确立。

b. 有关权利滥用论

在罗马自古就有这样的法谚语，Qui iure suo utitur，neminem laedit（行使自己权利不得有害于他人），即，权利行使原则。另外，还有Schikane（权利滥用）禁止的概念，即，存有加害于他人目的的权利行使被看做是违法的，不被承认为正当行为。法国革命15年后制定的法国民法典没有规定禁止权利滥用，但是，19世纪中叶有名的嫉妒建筑事件（1855年）以及矿泉干枯事件（1856年）为首的判决相继肯定了禁止权利滥用，此后的判例理论也都沿着这一方向展开。德意志民法典则从第二草案开始增加了规定，即“权利行使不许可只以加害他人为目的”（第226条）。然而参考德意志民法典第一草案的日本民法对禁止权利滥用却没有涉及，当时的法律注释书在说明权利行使时认为它是没有限制的。虽然，以后有部分学者触及到过这一问题[①]，但是主要明确的主张是当权利滥用超越了权利行使的适当范围时，不能称之为权利行使，它不是权利行为而是侵权行为[②]。同样，在明治时代（1912年为止），判例也大致持有上述一样的观点。

---

① 这一部分学者的论著是：牧野英一《权利滥用》，法学协会杂志22卷6号1904年，主要以研究滥用劳动契约中的解雇权为中心，言及了所有权的滥用，以及利用言论出版侵害名誉权等。富井政章：《民法原论》（第二卷·物权），有斐阁1906年，此书多少论及到了一些有关所有权行使的界限。川名兼四郎：《日本民法总论》，有斐阁1912年，此书认为存在着权利滥用。

② 鸠山秀夫：《在债权法中的信义诚实原则》，有斐阁1953年。

大正8年(1919)信玄公旗挂松事件[1] 为起端,日本民法学界出现了不少有关权利滥用的论文。在这方面最有代表性的著作要算是末川博的了,他确立了权利滥用的概念,并从权利滥用的意义、要件、效果、与侵权行为的关系以及法思想的背景等方面做了详细的论述。主要的有:《有关权利滥用的考察》(法学论丛11卷6号1919年)、《权利滥用禁止的考察》(法学论丛14卷5号1925年)、《罗马法中有关权利行使的原则和Schikane(以及权利滥用)禁止》(法学论丛13卷6号1925年)、《德意志民法和瑞士民法中有关权利滥用规定的成立过程》(法学论丛20卷6、7号1928年)、《法国的权利滥用理论》(法学志林31卷1、2号1929年),这些论文后来都收入了《不法行为与权利滥用的研究》(岩波书店1933年)。此外,还有牧野英一《具体的妥当性》(法学志林24卷10号1922年)、《权利观念的转变》(法学志林26卷7、8号)以及平野义太郎《民法中罗马思想和日耳曼思想》(有斐阁1924年 此书中第一编第一章第四节"权利的行使")等。这些论著的发表,使得权利滥用原则理论在日本民法界得到了确立。

5—4—2. 对日耳曼法理的研究

德国民法典起草过程中曾有过从日耳曼法角度出发针对第一草案中罗马法色彩过于强烈的批判,同时19世纪末社会变化也使得那种以个人权利为中心的市民社会秩序有了修正的必要。为此,历经八年审议后,日耳曼法理也被吸收进了德国民法典。但是,在日本民法制定过程中却没有这样的历史,所以,直到第一次世界大战后,才出现脱离向以罗马学说汇纂为主体的德意志民法学一边倒的现象,开始了对日耳曼法理的研究。这一现象的出现也与上述末弘严太郎和我妻荣创导新民法学有着密切的关系。它主要分两个方面:(一)对德国日耳曼法学者论著的研究;(二)对日本自古已有的共同体法(入会

---

① 事件的事由是蒸气列车排出的煤烟致使停车场附近的有名松树"旗挂松"枯死,为此松树的所有者向铁道方面提起了诉讼。当时大审院的判决认为,铁道方面没有采取预防煤烟的措施,致使松树蒙受烟害以至枯死,这一(排放煤烟)行为已经超越社会观念的容忍界限不在权利行使的正当范围之内。

权)理论的研究。

在民法学方面,对日耳曼法做研究的先驱著作是平野义太郎的《民法中罗马思想和日耳曼思想》。全书从民法各项制度(除家族法)出发,吸取、依据德国日耳曼法学者基尔克(O. F. Gierke. 1841—1921)对第一草案的批判,把个人、城市式的罗马法理与日耳曼法理逐一做了对比,并指出了按德意志民法第一草案为蓝本的日本民法中所存在的缺陷。这本书给予当时日本的实定法学解释理论以很大的影响。

除平野义太郎外,从民法学角度研究日耳曼法理而做出很大贡献的另一位学者是石田文次郎。他主要的著作有《土地总有权史论》[①],该书由"日耳曼法中的土地共用权"、"罗马法中的共有权"、"罗马法继受与共用权","我国(日本)的土地共用权以及土地共用权的社会意义"等构成。此书与平野先生上述著作的不同处是,平野义太郎是以法社会学作为论述的出发点,而它是立足在西欧、日本法制史上的。在其他方面还有,近藤英吉的《日耳曼中的夫妇财产关系》[②],西本颖的《日耳曼法中契约成立的方法》[③] 等。

在日本民法学第三期中,由于平野、石田、近藤等学者的日耳曼法理的研究,使得基于罗马法系而成立的日本民法学具体地认识到除了有罗马法绝对的个人支配财产法理以外,还存在着与此不同的法理。此后,日耳曼法的研究渐渐地纳入法社会学的研究之中,近年来研究日耳曼法则是西洋法制史的对象了。

5—4—3. 有关资本主义与私法的研究

由于第一次世界大战资本主义国家在政治、经济、社会等方面发生了巨大的变化,伴随着这种变化日本民法学也有了很大的变迁。这

---

① 石田文次郎:《土地总有权史论》,岩波书店 1927 年,土地总有(Allmende)权以下译为土地共用权。

② 近藤英吉:《日耳曼法中的夫妇财产关系(1)(2)》,法学论丛 15 卷 5、6 号 1923 年;《日耳曼法中的夫妇共产主义》,法学论丛 17 卷 1 号 1925 年。

③ 西本颖:《日耳曼中契约成立的方法》,法学论丛 19 卷 3 号 1927 年。

一变迁的中心是以末弘、我妻两学者为先导创立了新的民法学，另外在研究日耳曼法理的同时对实体民法学也展开了新的研究。作为上述研究的继续，出现了从社会科学的观点出发，对资本主义发达与私法制度关系进行研究的论文，其中最为优秀的要属我妻荣先生的著作了。如前所述，我妻先生发表了《关于私法方法论的考察》的论文，此后即以此方法论为基础开始了实体民法学的研究。他认为作为大学教授有两个任务，"一、撰写有关自己专业学问领域的讲义和教科书；二、选择最有兴趣的感到重要的课题，终生集中在这一研究上。而此课题就是"伴随资本主义发达的私法变迁[①]"。围绕这一课题我妻先生发表了众多的论文[②]，各论文虽然侧重有所不同，但内容逐一涉及了三个部分，所有权论、债权论和企业论。但是，并没有形成可单独区分的三部曲，只是在实质内容上加以区别而已。在有关所有权论述中，我妻先生认为手工业时代的所有权制度与资本主义时代的所有权制度，从所有权来看虽然还是同样的制度，但是，在它的法律构成中，经济作用方面却产生了很大的变迁。随着手工业生产组织向资本主义组织推移，经济变迁促使所有权法律制度的构造发生变化。同样，法律制度的变迁也作用于经济变化。他特别强调了法律制度和社会经济这种相关关系中的相互作用。

债权论是我妻先生以上课题论文中篇幅占用最多的核心部分，他认为近代法中债权呈现出两种形式：(一)作为资本的所有权去进行支配；(二)取得具有独自性的金钱债权掌握支配资本主义全机构的力量。简单说来，即，前者是与产业资本主义相适应，后者是与金融资本主义相适应的。在研究了所有权脱去封建主义枷锁成为自由所有权这一变迁后，他指出金钱债权促使企业经营合理化、集中化并走

---

① 我妻荣："序"《近代法中债权的优越地位》，有斐阁·学术丛书(4)1953年，第1页。

② 主要有《资本主义生产组织中所有权的作用》(1927年)；《近代法中债权的优越地位》(1929年)；《Karl Diehl '资本主义的法律基础》(1932年)；后来都被收入《近代法中债权的优越地位》一书中。

向垄断。

关于企业论散见于论文的各处，最终没能形成完整的体系观点。

我妻先生从社会科学角度出发研究私法制度给予经济的作用，给了后辈学者以很大的启发。二次大战中开始的川岛武宜的农村渔业调查以及战后的法社会学研究，战后民法上的所有、所有权的研究，商法上的有关企业合同法、株式会社变迁论、经营支配的研究都或多或少的与上述我妻先生的先驱研究有着直接或间接的关系。

5－4－4．面对社会现实问题展开的民法学

一次大战前后日本社会发生了很大的变化，直接与民法学相关的主要社会问题是，劳资问题、地主与佃农关系以及住宅问题。社会的变迁使得基于所有权绝对、契约自由以及过失责任为基调的民法规定，对于社会、经济的弱者越发显得不利。认为传统的市民法原理已经不可能解决这些社会问题的见解，成了社会各界学者的共识。在这里，本文就这一时期的民法学者是如何研究解决这三个社会问题的，分项目做些探讨。

a．劳资问题与民法学

劳资法的变迁，在这一期间中，中心是从民法上的雇佣法理向劳动法原理进行转换。雇佣是双务性的债权契约，劳动者负有提供劳务的债务，雇佣者负有支付对等报酬的债务（日本民法623条），在这里承认双方当事者的自由人格，这点与封建时代的提供劳务是不同的。但是，雇佣的根本目的是要提供劳务，所以，服从雇佣者的指挥是必然的。随着资本主义经济组织的发展，当事人双方的社会、经济的不平等逐渐增大，依据民法立场的雇佣契约渐渐地成为不当地拘束劳动者自由人格的契约。由此产生了采用缔结个别雇佣契约以外的法律手段，来解放不当拘束劳动者人格的思想。这些方法主要有两种，（一）组成工会团体与雇佣者订立协约来保护劳动者的正当权益，并给予这种协约以一定的法律效力；（二）通过法的制约在雇佣契约中增加保护劳动者的内容。从学说史的观点出发，这一时期是从学问上完成了自民法上的雇佣契约观向社会法的劳动法观的转向。当时，日

本作为劳动法制上的社会问题主要表现在劳动组合法和工厂法的制定上。前者，由于政治、社会、经济上的矛盾以及思想、理论上的对立，虽已立案但未经立法即迎来了战败。后者几经难产终于立法，但是在保护劳动者方面存在很多缺陷。

围绕两法的立法出现了很多民法学者的论著，而其中最为引人注目的则是被人称为日本劳动法创始人末弘严太郎的《劳动法研究》(改造社 1926 年)。在此书中他没有采取那种从现存法体系构成中通过解释学去解决劳动问题的态度，针对通过法的权利去支配人民的法律观，提出了法是有关人间生活的技术这一见解。并对当时争论不休的有关劳动协约和就业规定法的性格问题，提出这些都应该是独自的社会的法规范。

其他还有很多学者发表了这方面的论文，但大都应归属到劳动法的范围内去，在此就不详述了。值得一提的是，劳动法学单独形成体系并与民法学分离开来，一般被认为是 1924 年前后的事。

b. 佃耕问题与民法学

在日本，自明治初期开始封建土地所有制渐渐地趋向解体，但是，没能走向农业资本经营即耕作农民扩张经营雇工种地的农场制道路，而是在明治中期确立了地主制。旧民法(1890 年公布 1893 年施行预定)中曾把租赁权规定为物权构成，但是，民法典争论的结果，正式成立的民法中则把租赁权变更为由债权构成。不言而喻土地所有权优越于土地租赁权，从而地主制的确立也有了法的支柱。同时，由于租赁权是由债权构成，租种人在对第三者的对抗力上，转让、转租、抵押设定、保障延续期间、因不可抗力的减收而请求减免地租等方面的立场显得格外软弱。自此以后，佃耕呈不断增加之势。直至第一次大战后经济危机引起米价暴跌，佃耕纠纷成了一大社会问题。

这一问题引起了民法学者的关心，而其中最为出名的著作又是日本法社会学创始人末弘严太郎的《农村法律问题》。同时，在《物权法》等著作中他也多次涉及到佃耕制度改革的问题。他指出，说来佃农也有对地主的债权，但实际上这仅仅只是名义而已。佃农始终仰仗地主的鼻息度日，对日后生活的安定根本无可期待。要解决佃农问题，首先需要确立租赁耕作权。为此，象为了盖房建屋需要借地的租地权以及租房权一样，租地耕作的权利也必须受到物权的保护，也得给予佃耕权以对抗第三者的具有物权效力的对抗力。其次，佃耕权的延续期间应该尽可能地长，即使延续期满，如地主没有诸如类似必须自己耕作的理由，不得任意拒绝佃农更新延长期间[①]。

c. 住宅问题与民法学

在这里指的住宅不仅包括居住用的建筑物，也包含店铺其他营业用的建筑物、以及场地利用等。住宅问题与劳资和佃耕这两个问题有所不同，后两个问题牵涉到资本主义社会构成的基本关系，所以直到第二次世界大战结束经济民主制出现才得以在法制上予以解决。与此相反，住宅问题则没有等到战争结束从法制上就逐渐地得到了解决。第一次世界大战由于西方列强都卷入战争之中，日本的工业却渔翁得利有了飞跃的发展，为此城市人口急剧增加。人多房少居住难必然带来的是房租暴涨，所以纠纷也是连续不断。面对这一现实，日本政府频繁立法，而民法学者也大都围绕法案做些评论和注释。对于后世说来具有理论意义的著作，还属末弘严太郎和我妻荣的论文。

末弘先生从略述英、美、法、德各国为解决居住难进行有关住宅立法展开了他的论文，并把大正 10 年(1921 年)“借家法案”作为探讨的对象论述了自己的见解[②]。他强调只要日本是资本主义社会，社会政策就是重要的事情，但是资本主义的社会政策是有极限的。末弘先生的这种见解是一贯的，在劳动问题上过分保护工人就会损害资本家的发展心理造成产业不兴，以至生产不足劳动者失业；而住宅问题也是如此，过分保护房客就会使得房东感到无利可图不愿兴建新房修理旧屋，从而使住宅问题更趋恶化。所以给予房东相当的利益也是必要的，作为结论是应该考虑协调房东和房客双方利益的对策。他

① 末弘严太郎：《物权法》(下卷第一分册)，有斐阁 1922 年，第 562—564 页。
② 末弘严太郎《住宅问题与借家法案》，法学协会杂志 39 卷 2 号、3 号，1921 年。

认为制定决定房租标准及其方法是至关重要的大事，提议将此纳入法案，并提案设立相应的调查机关来从事这种认定工作。另外，他针对当时争论最多的有关租赁权物权化问题发表了自己的见解，认为某种权利应该是物权还是债权并不是仅仅从性质上来加以决定的事，立法者应该在考虑到社会上各种情况然后为保护某种物的利益斟酌给予物权保护还是债权保护。当今，各国的立法者在做了上述考虑后，渐渐趋向不动产租赁权的物权化，我认为日本也有此物权化的必要。

我妻先生的论文主要阐述的是租赁权对抗第三者的问题[①]，他认为所谓债权、物权毕竟是学者为了方便起见而定下来的概念。从社会生活的存在意义来看有必要对抗第三者的权利即使分类属于债权，也应该采取对抗第三者的措施。相反，即使是物权，如果从社会生活理想出发也有必要或应该限制它所具有的对抗力的场合。

在德国自第一次世界大战末期开始，随着以租赁人保护法为首的住宅立法，出现了倾向租赁权物权学说的本质论或以此论为基础的立法论、解释论。在日本也有同样的趋势，出现了新的租赁权本质论。其中有租赁权占有权说[②]、租赁权支配权说[③] 以及其他的各种论说。但是，在日本不论是哪种本质论，都不能彻底解决住宅问题，也可以说改变不了日本的关于土地、建筑物所有权思想，很难期待根本性的立法改革。

5—5. 小结

在这一时期内，随着民法学新的展开，学者们表现出对法律解释方法论和法学方法论的很大的关心，在前面章节中介绍的末弘严太

---

① 我妻荣:《判例中出现的借家问题与借家法案》，法律新报（中央大学）1 年 4 号、5 号、6 号，1921 年；后来收入《民法研究》XI(2)补卷，有斐阁。

② 租赁权占有权说的主要代表作是:岩田新:《关于赁借权性质的历史考察》，(1—7)法学志林 32 卷 1—8 号，1930 年。

③ 租赁权支配权说的主要代表作是:石田文次郎:《债权契约的二类型》，东北大学法文学部 10 周年纪念，法学论集，1933 年。

郎和我妻荣的学说只能说是主要的代表，民法学说呈现了多样性。但是，从全体来看基本上都有这样一个明显的倾向，即，脱离法律实证主义的趋势。

首先，在法律解释方面，自法律条文到学说都继受了德意志民法第一草案的以概念法学为特征的前期日本民法学，被注入了社会的弹力性和赋予了现实的适应性。出现了新兴的法律解释体系，具体说来，具有上位性的基本原则诚实信义论和权利滥用论相继登场，并在理论上和判例中被确立下来。

其次，日本民法参考的是把罗马法学说汇纂成文化的德意志民法第一草案，而没有经历过德意志民法第一草案完成后罗马法理与日耳曼法理的争论，以及后来在民法第二草案中注入了日耳曼法理的过程。一直到这一期的初期，才开始出现对日耳曼法理的研究，并且在这种研究的基础上产生了村落共同体（农村公社）的研究成果。上述这些理论学说的发展，对后来日本民法学说有着重大的影响。

进入 30 年代后，日本社会进入了军国主义和国粹主义盛行的时代，民法学界以其研究对象的非政治性为由，只有极少的一些人卷入了法西斯的潮流，并且也出现了对当时政权进行间接性批判的论稿。但是，这一期的后半，对于日本人民包括民法学界都可说是一个不幸的时期。

6.第四期　民法学再建期（1945 年至今）

战后由于社会、政治环境的变化，日本民法学界进入了一个新的发展时期。为了方便叙述起见，将其分为两个部分。一是主要叙述对民法界有很大影响的并波及整个日本法学界的三大论战，即，法社会学论争、法解释学论争以及有关判例研究方法的论争。二是着重叙述在上述论争基础上发展起来的日本现代民法学的方法论和法解释学。

6－1.法学的三大论争

以战败为转机产生了许多有利于法学发展的条件，其中最为显著的有以下一些。第一，学问自由得到了保障，在此基础上大学自治，表现自由以及自由结成各种研究团体得以实现。同时，研究对象也没有了禁忌，象天皇制度和家族制度不再是不可议论的了。其次，法学研究跨越各个学校、讲座的界限，全国性的研究交流学会也相继成立。并且，由于法学部的不断增加和各种学会的成立，杂志也随之增多，学术论文、研究成果的发表也不再是困难的事了。同时，随着法学研究者的增加，研究的内容也越来越丰富。

在这样的主、客观条件下，就产生了跨越大学、地区和专业，有着各种法学者参加，并且引起广大法学界关心的上述大论争。论争围绕的中心课题都是与各种专业相关的共同问题，尤其是很多民法学者直接参加了争论，所以其后对民法学的发展也有着重大的意义。

6—1—1. 法社会学论争(1948—1951)

法社会学论争始终的时间可参考藤田勇和江守五夫编的《文献研究日本的法社会学(法社会学论争)》[1] 书后附录的"法社会学论争参考文献一览表"，最早的有关论文发表于 1946 年，在 1949、1950 年是鼎盛期，到了 1951 年则接近尾声了。

法社会学论争的起因一般认为有三个[2]，其一是，戒能通孝的论文《法律社会学》[3]；其二是，川岛武宜的论文《劳动法的特殊性和劳动法学的课题》以及对此文进行批判的杉之原舜一的论文《法社会学的性格》[4]；其三是，山中康雄的论文《民主主义与法的认识》以及对此文进行批判的杉之原舜一的论文《在法律学中唯物论的课题》[5]。争论在两条线上展开，(一)有关"法社会学"的论争；(二)马克思主义

---

① 藤田勇、江守五夫编:《文献研究日本的法社会学(法社会学论争)》，日本评论社 1969 年版，第 329—332 页。

② 潮见俊隆编:《战后的法学》，日本评论社 1968 年版。

③ 藤田勇、江守五夫编:《文献研究日本的法社会学(法社会学论争)》，第 25—29 页。

④ 藤田勇、江守五夫编:《文献研究日本的法社会学(法社会学论争)》，川岛论文见第 3—14 页，杉之原论文见第 30—35 页。

⑤ 山中康雄论文见藤田勇、江守五夫编:《文献研究日本的法社会学(法社会学论争)》，第 169—182 页；杉之原论文载东北大学学生新闻 44 号，1968 年。

法学与法社会学的论争。但是，相互共通的问题意识都是为了追求作为科学的法律学。参加争论的主体一方是法社会学的提倡者戒能通孝、川岛武宜以及战后年青的马克思主义派的山中康雄等，另一方面为战前就以马克思主义学派著名的杉之原舜一等。意外的是这些争论的主要人物都是以私法为专业的学者。

末弘严太郎在“法社会学”创刊号《旁观者的话》一文中直率地表现了法社会学者的见解。他认为，法社会学是法的理论科学。所谓理论科学与物理学、化学一样，一时上完全脱离实用目的，以探究有关法的社会规律理论为使命的学问。有人说法社会学是保守的学问，其实作为科学的法社会学自身说来既不是保守的也不是进步的。如果它作为一种发现真理的科学手段用之于实际目的，那么保守的可以利用同样进步的也可以加以利用。法社会学无疑是法的社会科学，但在日本至今仍然认为社会科学像是马克思主义的独占物，还有人出来主张不是马克思主义的法社会学就不是社会科学。我充分地认识到作为法社会学的方法之一马克思主义有它的价值，但是我也认为不是马克思主义的法社会学就不是科学的主张是没有根据的独断[①]。这一段话可以说是当时日本法社会学者的共同的基本立场。

论争是围绕以下几个问题展开的。

①法社会学的性格

法社会学的代表戒能通孝发表了《法律社会学》的论文，该文在日本法学界中激起了很大的波纹。在这篇论文中戒能先生把法社会学规定为资产阶级的科学，他认为法社会学原来的课题是揭示“法意识形态的成立过程、它的逻辑构造以及对经济基础的反作用过程”。他认为法社会学只限定于分析意识形态自体，而不涉及意识形态的成立根据。也就是说，作为理解市民社会学问的法社会学与社会学同样，只停留在分析作为研究对象的资产阶级法上，不去批判地追究它

① 藤田勇、江守五夫编:《文献研究日本的法社会学(法社会学论争)》，日本评论社1969年版，第254页。

存在的根据和改造它的存在。在后来的论文《法律社会学中的合法性与正当性》[①]中，戒能先生指出了法社会学当前的实践目标是"如何克服日本现实社会中所有的前市民因素（这一因素可理解为封建社会的残余——笔者注）"。仅从日本社会如何实现市民社会这一点来看，从事法社会学的研究还是有它积极的意义。

戒能先生给法社会学性格做出的这些规定，给予那些意图把法社会学按马克思主义方法发展的人以很大的冲击，自然也遭到了批判。例如，从阶级关系分析这一角度出发，戒能先生的观点被认为是不明确的。但是，对于孕育着阶级矛盾的对立的社会关系应该如何从法学角度加以分析的这一问题，批判者也没能提出什么积极的意见。

②法社会学中的法概念

首先，整理一下成为批判对象的川岛理论，这些观点都包含在《劳动法的特殊性与劳动法学的课题》，《法社会学中法的存在构造》[②]两篇论文里。在第一篇论文中川岛先生认为，对法的生成期、法的变革期来说，与国家法区别开来以研究社会中现实的行为规范为对象的法社会学占有重要的地位。这样说的理由是，在历史的变革中，必然要去追究法解释的根据和前提，另外，因为日本民主主义革命的实践课题不是形式上的法制度近代化，而是实质上的法制度近代化。同时，川岛先生指出，规范民众行动的"行为规范"与作为裁判官行为规范的"裁判规范"，是应该加以严格区分的两个不同的法范畴。他认为，行为规范作为现实生活中的生活关系，作为事实是一直存在着的，同时，作为规范或多或少的规范着民众的行动。然而，裁判规范不过仅仅是裁判所裁判官以及国家官吏的行为规范。当然，在很多场合民众为了在裁判上的纠纷中保持不败，在现实生活中依据裁判规范行动也是很多的，象这样裁判规范在日常生活中反射出来或

① 藤田勇、江守五夫编：《文献研究日本的法社会学（法社会学论争）》，日本评论社1969年版，第130—143页

② 藤田勇、江守五夫编：《文献研究日本的法社会学（法社会学论争）》，日本评论社1969年版，第50—66页。

者转化为行为规范的也是不少。但是，不管到什么范围为止，它只不过是转化或是反射而已，裁判规范只能是国家官厅的行为规范。一定的裁判规范的存在，在大多数的场合下作为它存在的根据是以一定的现实的行为规范作为前提的。正是有了这样的前提，一定的裁判规范才能在现实生活中予以施行。如果没有了这样的前提，简单地将裁判规范放在现实生活中，只能得到被糟蹋的结果。正是在这种意义上，川岛先生认为，行为规范是裁判规范的基础，并且还是产生后者的根据。

在第二篇论文中，川岛先生更为精细地分析了两个法范畴的相互关系。

a. 现实社会中作为现实的社会关系，历史直接给予的法的直接的存在状态＝活着的法（行为规范）是法的观念形态＝法规（裁判规范、国家法）的现实基础。前者意味着，要求法规通过政治权力的强制作为媒介必须维持一定的社会关系的存在。后者意味着可以把前者那种现实的社会关系以及它的必然性进行还原分析。法规作为它现实的使命是，依据强制为媒介保障和维持确立在现实中的一定的社会关系。人类制定一定的法规，是因为现实社会生活中存在着必须维持一定社会关系的要求。支持这种要求的是社会诸关系的构造，从法学以至法社会学的角度来看，这种现实的诸关系表现为命令要求人们做一定的社会行为，它也是一种规范关系。研究、区分这两种规范，法社会学才能真正体现出自己的价值。

b. 活着的法的现实存在是，矛盾对抗的社会各种力量均衡的结果，即，某种利益、某种力量与他种利益、他种力量的力量关系，并且是力量关系均衡的总和。法社会学重要的课题之一是分析这种力量关系，揭示其在现实中形成的过程以及它的构造。

c. 法的概念从法的“直接的存在状态”起到成为“观念的形态”为止，通过了各种发展的过程。另外，法是持有各自历史的社会的固有概念而成立的，并且是逻辑地历史地发展着和运动着的。所以，法社会学必须追求这种逻辑的历史的发展过程。

杉之原先生对川岛论点的批判，有以下几个重点：

a. 法社会学的中心课题是探讨行为规范与社会经济基础的关联，但是在把握关联上是有问题的。即，法社会学进行的逻辑分析是针对特定的行为规范，探究的只是这个行为规范与社会经济基础的对应关系，缺乏对一个一个行为规范在日本资本主义的全体构造中处于什么具体位置的认识。简单说来就是宣扬法的超阶级性。

b. 法社会学，无视有无直接的国家权力的强制，混淆了裁判规范与行为规范的本质差异，把两者都放在“法的范畴”是抹杀了法的阶级性。

c. 从依据国家权力强制这一点来看，裁判规范比行为规范对民众的生活具有更大的强制力。杉之原先生认为，两者都是以时代和社会经济为基础而产生的，但是产生的方法不同，行为规范不直接通过国家的意志是自然而然发生的，裁判规范则是直接依据国家意志而成立的。国家意志是统治阶级的权力意识的集中表现，并且通过强制机构之一的裁判所来施行，以此对人民的行为加以规范。这意味不是行为规范是裁判规范的基础，反而是裁判规范成为行为规范基础的根据。契约被履行并不因为它是法，而是契约的根据契约自由被裁判规范所承认。

总结了川岛和杉之原之间的两种对立观点后长谷川正安先生认为，如果说法社会学的缺陷是轻视法的阶级性，那么（日本的或者说杉之原的）马克思主义法学的缺陷是轻视了与法有着密切关联的行为规范[①]。

③法学中的实在与范畴的关系

围绕这一关系的争论是在山中康雄和杉之原舜一之间进行的，两人都属于马克思主义法学，不同的是前者为战后派，后者为战前派。山中先生主要是从马列主义思想出发，意图对市民社会和民法进

① 长谷川正安：《马克思主义法学与法社会学》，藤田勇、江守五夫编：《文献研究日本的法社会学（法社会学论争）》，第115页。

行分析。他的主要观点表现在这两篇论文中,(一)《市民社会与民法》,(二)《市民社会与亲族身份法》[1]。按他自己的说法是依据《资本论》进行的法律研究,概括起来有以下几个观点。

a.范畴论。作为市民社会的法秩序即财产法体系中的最初范畴是,提供使商品交换在经济上得以成立的可能手段,并加以法的保证。作为这样的法范畴,在民法中是"人"、"物"、"行为"。

b.客观法秩序论。客观的法秩序与人是否意识它无关,它是客观的存在,带着自有的运动规则完成它的发展。成文法——法规只能是立法者对关联的客观法秩序的主观认识。

c.市民社会论[2]。在今日,全体社会是由市民社会、国家以及家庭这三个部分社会构成的。但是,市民社会全面地独占地掌握着全体社会(包含国家、家庭)的物质经济基础。为此把全体社会称为资本制社会,与作为部分社会的市民社会相区别。

至于市民社会与国家和家的关系则是这样的。市民社会在法形式上是由自由独立平等的市民社会人构成的,但是随着社会被资本制社会吞吐,实现的并不是由市民社会人所组成的社会,导致市民社会的人与人之间成立法权力那样的支配服从关系,从本质上成为不可能。作为解决这一矛盾的方法,市民社会要使社会生活成为可能,只有承担需要国家这一宿命。另外,扶助老幼、失业者、不具备劳动能力、难以在社会中生存人的生活功能与营利的商品交换观念相矛盾,所以市民社会自己对此不予以负担而委托给了家庭,这也是在今日社会中允许家庭得以存在的根本理由。

针对山中先生法范畴的自我发展,杉之原先生的批判是,作为一个一个的法现象以及总体的社会关系自身是建筑在社会经济构造的基础之上的,它不可能有自身的固有的历史。另外,杉之原的基本立

---

① 山中康雄:《市民社会与民法》,日本评论社 1947 年;《市民社会与亲族身份法》,日本评论社 1949 年。

② 山中康雄:《民主主义和法认识》,藤田勇、江守五夫编《文献研究日本的法社会学(法社会学论争)》,第 169—182 页。

场是，唯物论法学首先必须从具体客观的事物出发，法概念、法范畴只是它的反映而已。

法社会学论争经过高潮后，既没有出现什么理论的总结，也没有形成什么明确的结论就自然而然地告终了。但是，争论中提出的问题，例如：行为规范与裁判规范、活着的法与国家法、客观的法秩序与成文法等的相互关系，在后来的各自的研究中都有一定的发展。围绕的主题之一是如何认识市民社会，法社会学重视的是市民社会本身，马克思主义法学重视的是国家权力，争论的结果是停留在这种对立上。但是，直到今天从马克思主义观点出发如何认识市民社会，仍然是一个还未解决的难题。

日本的法社会学从开始就把法解释学的存在作为前提，并以服务于法解释学为目的，法社会学的提创者虽然力图从根本上摆脱这种联系，但最终还是没能办到。虽然，法社会学论争中提出的不少观点对后来的法解释学发展有很大贡献，但在当初把它认同为法的社会科学还是显得过于唐突。

法概念或法的定义问题，当时在日本，苏联维辛斯基的法＝国家权力 的观点被看做是马克思主义的法学。但是，大多数日本学者认为轻视法的国家权力作用固然是不对的，但是过分强调重视法的国家权力同样也是危险的。争论中，川岛先生提出二元论，即行为规范和裁判规范，并强调前者是后者的基础，反之杉之原先生认为后者是前者的基础。长谷川正安先生则认为两者是相互作用的。虽然没有什么定论，但是法是由行为规范或者说是社会规范与裁判规范两者组成的，则成为一般日本基础法学的通说。

6－1－2. 法解释学论争(1953－1956)

法社会学论争刚过高潮进入50年代初期后，一个新的引起广大法学者关心的题目就是法的解释问题。成为论争契机的是来栖三郎的论文《法律家》和有着同样宗旨的报告《法的解释与法律家》①。来栖先生长年从事民法的解释，从这些经验出发他在《法的解释与法律家》这一论文中得出了以下的结论。

在解释法律条文中有着一定的制约，但是这种制约一般并没有严格到只准许得到唯一的结论。这样在一定的范围内，从可能存在的复数解释中选择正确的解释，就不仅仅是条文认识的问题，而是政策性的选择问题和价值判断的问题。并且，成为这一范围内的解释也不能说是一成不变的。为此，在同一条文中可能存在复数的法解释，已变得越来越非承认不可了。因此可以说仅仅选择一个作为自己解释的解释者，他必定进行过主观的价值判断。裁判所判决的基础中，存在着裁判官这种价值的判断。

面对着不怀疑法的解释由于人的不同解释会不一样的事实，把自己解释的前提作为是有客观性的唯一正确的法解释，并在观念上认为这是客观认识法规的结果。为什么会是这样的呢，来栖先生认为，这是在法学世界观上把神学世界观世俗化，并为此奉献的概念法学的所为。概念法学用形而上学的方法，把自己主观上的主张加以客观的名义，是一种把自己的主张假借法规之势的权威主义。就这样法律家不知从何时起，把法律与正义混同并出现了对法律缺乏批判精神的倾向。另一方面，在对待现实社会中出现的问题时，又使人感到他们采取了漠视现实的态度。还不仅仅于此，一面标榜尊重法律，另一面却敢于歪曲法律。所以，法律家经常有陷于诡辩家的危险。

来栖先生的上述指责是从认定法律解释行为的两个事实出发的。第一，同一法律条文，同时存在着复数的解释。第二，解释者主张的一个解释是经过选择的，在选择的基础中解释者有过主观的价值判断。法律家在日常进行的法解释行为中，存在这两个事实是难以否定的。当然，也会存在这样的解释者，声称自己的解释中丝毫没有参

① “法律家”《民事法的诸问题》(末川先生还历记念)，有斐阁 1953 年；《法的解释与法律家》私法 11 号，1954 年。

入个人的主观价值判断，并且是该法条排他的唯一的解释。但是，无论就什么条文而言，主张自己的解释是唯一的人总是复数存在的。仅就此从客观上来看，作为来栖先生见解的出发点认识事实，也没有显示出错误。

那么应该如何保障得出真正的正确的解释呢，来栖先生是这样认为的，简单说来，不能仅从实定法的规定中依据逻辑的演绎来得出法的规范，应该从对现实社会的观察和分析中来酌量。来栖先生把这样的解释方法称之谓法社会学的方法，并加以说明。在法解释中始终如一的贯彻法社会学方法时，必须注意的一点是，虽然说来是从社会现象中得出规范，但仅仅认识到作为前提客观的唯一正确的法规范在社会现象中内在，并把它探求出来是不够的，还要加上意图具体制作的依据自己价值判断愿望的法规范。为此，在就某一事件做法的判断时，a. 在一定界限的范围内存在着复数解释的可能性；b. 自己的解释仅仅是其中之一；c. 选择可能的解释之间的竞争不是基于形式上的理由，而是基于实质上的理由，这是由于受到解释者主观上价值判断的影响；d. 法解释竞争与政治问题牵连时，它是一种政治的争论，问题的结果不能简单地归咎于法，必须率直地承认对此应该负起政治的责任。

为了便于理解由此展开的争论，在这里对来栖先生观点的表述做若干的说明。

第一，关于同一法条存在复数解释这一事实。它的原因并不仅仅在于，因为法文言是抽象的、一般的，由于立法技术上的缺陷成为多义的东西。另外，也并不完全因为解释者主观上有偏向。仅仅承认法解释有复数的存在显然是不够的，如果说要追究复数存在的必然性，那就必须去发现围绕法本质的问题。一般说来，法存在这一点是以一定的社会中存在着纠纷为前提的，应该认为这是解释有复数存在的根本原因。法律是为了给予已经存在或者在可预见的将来会发生的纠纷以一定的解决而制定的。纠纷或者说问题不发生是法的理想，但是法的现实功能是建筑在解决纠纷上的。如果从这一点出发，对纠纷中对立的当事者们来说，任何法律都具有同样的意义是不可能的。债权法的解释中，站在债权者的立场或站在债务者的立场上，每个条文被依据不同立场的解释所左右。这是日常经常能够发现的，那么是否存在超越当事者的第三者立场。即使存在这样的第三者，也只能使解释变得越来越复杂，而断定第三者的解释是唯一的解释更是困难的事。这是因为制定法律是政治性的，经常有着特定的限制，它并不是所能预想的对社会纠纷以第三者的立场制定的。但是，无论如何在进行法解释时，考虑到事实上已经可能存在的多样的解释是至关重要的大事。然后对各种解释以及造成多种分歧的原因进行追根溯源分类、整理，如果能够做到这一点，那么就可以形成与现有的完全不同的法解释学。最为重要的是在进行法解释之前，有必要对成为法解释的东西进行科学的研究。

第二，是有关同一条文存在复数解释中择其一的行为问题。有关这一点来栖先生的观点是，在选择中含有解释者的主观价值判断的活动，但他停留在指出法社会学方法是判断的基础上，对于主观价值判断的恣意则没有加以涉及。但是，来栖先生明白表示的是，法律解释中有主观的价值判断是不可避免的，为此，法律家当然要负起这经过自己加工的法解释的责任。在这里，问题被提出的特色是解释的责任论。

围绕法解释学说的对立不用说日本在战前就有，但是以前的争论主要围绕在解释技术的方法上，从根本上探讨法解释这一行为的论争还是未曾有过的。1936 年发表的宫泽俊义论文《法律中的学说》中指出，解释论学说经常是论者的政治、伦理的主张。为此，按照论者所持的政治、伦理而不同。例如，有一这样的理想但其中的内容却因有 10 人而有其 10 种颜色，所以与此相适合的解释论学说的内容也会是十人十色。并进一步指出，法解释中无论从何种意义上说不存在科学性和客观性的问题①。在这里可以看出，来栖先生的法解释含有主观价值判断的见解在某种意义上说是延续了宫泽俊义的解释论。

在法解释论争中，对这一点予以反对的是法哲学学者尾高朝雄的论文《法的解释》。他认为即使说法解释是主观的，但不能说判断的构成和推理都是主观的。欧几里得的几何学是现实人的现实意识作用，但是它的判断和命题是客观的法律。法的价值判断也是同样，一个学者在达到某种解释的心理过程中有主观的作用，但是被确立、表明的价值判断自身具有客观的意义。当法解释学者认为这是一个正确的价值观时，这学者就有关具体问题做出的价值判断，是超越主观的价值法则所决定的②。

法的解释是十人十色，并且否认其有科学性的宫泽学说，与承认法解释可以和欧几里得几何学一样具有客观性的尾高观点的中间，还有着各种各样不同的见解。但是，针对来栖先生提出的问题，改变了视角，使得它有了新的发展的则是与来栖同样的民法学者川岛武宜。

川岛先生在论及法学的科学性时是这样说明的，某个法的价值判断是为哪个社会价值服务的，同时它的社会价值从属与哪个体系并占据何等位置（价值判断和价值的关系，价值与价值体系的关系），另外，哪个价值体系反映了什么利益关系（价值体系的社会的、经济的、政治的基础），依据社会发展规律哪个价值体系将成为具有支配性的，等等。可以这样说，这些问题的回答不取决于个人的信念和愿望，必须通过对各种经济事实的验证才能得到，追求这样的结论是科学的任务。也只有如此，只有依据这样的解答，人们才能实现预见现象、管理、支配、变革现象的目的。如果把这种观点放在法律学中加以考虑的话那应该是这样的，随着既存价值体系的构成以及在此基础

① 宫泽俊义：《法律学中的学说》（法学协会杂志54卷1号1936年），《法律学中的学说》有斐阁1968年，第74、76页。

② 尾高朝雄：《法的解释》，法哲学年报1954年，有斐阁，第22—23页。

成立的各种价值判断的相互关系被清楚地认识，人们将能够判断何种价值判断与特定的价值体系（或者价值判断的体系）之间有无矛盾，并进一步可以预见裁判所将来必定会给予怎样的价值判断。另外，随着清楚的认识到那种价值判断与那种价值体系之间有矛盾有调和，人们可以向着价值体系的方向指导立法和裁判。同样，随着清楚地认识社会发展规律以及社会中利益的相互关系，可以预见依据怎样的体系或者怎样的价值判断对社会有何意义和作用，以及将来是否占有支配地位，并且在这样分析的基础上可以变革社会（当然不用说，依据裁判进行革命是不可能的）。在这种意义上，以价值判断为对象的法律学与其他各种科学同样具有称之谓科学的资格，并清楚地显示出它对社会的重要作用①。

上述的这段话是川岛武宜为实用法学（川岛先生的所谓实用法学是指，为了立法解释等实务提供必要的技术为目的的学问）作为它科学的任务而写的。川岛先生的观点很清楚地表明的是，他把来栖和宫泽两先生提出的以个人角度出发的主观价值判断，领会为社会现象，从而依据一定的价值法则的客观现象来加以理解，视点有了转换。他把一个个被认为是主观的法解释，看做是社会现象以此克服解释的主观性问题。由来栖先生理解为主体的价值判断从客体的角度去加以认识，使得法解释的论争前进了一步。值得注意的是，川岛先生的这一观点是在承认来栖先生主张的前提下前进了一步，把人主观意识作用中存在的成为客观认识的部分，作为法解释的价值判断来认可，这与来栖观点相对立的尾高解释论是有着根本的区别的。

在这里可以看出川岛的理论把来栖提出的问题，推进了一步。对法律家各种法解释的恣意性的批判，已经作为法解释的客观性或科学性的问题被提了出来。战前的宫泽放弃了探求科学性的可能，而战后尾高又要求象欧几里得几何学那样认可法解释中的客观性，都是一种偏向极端的法学。来栖先生提出的问题却存在着两个出口。即，

---

① 川岛武宜:《作为科学的法律学》，弘文堂 1977 年第 13 版，第 65—66 页。

法律家的法解释始终作为主体性的东西来加以理解；改变视点，把法解释行为作为社会现象加以客体化。来栖先生站在前者的立场上，他的解决对策是向法社会学求救，川岛先生是站在后者的立场上意图解决问题的。经过川岛先生的努力，法解释行为的性质有所清晰，明确了从客观的侧面去掌握法解释。依据川岛先生的理论逻辑，法律家的解释基于价值或价值体系即便能够客观化，但是，把法律家选择价值体系的行为客观化是不可能的。川岛先生把宫泽理论中个人的相对化提高到社会的相对化，可是法律家不会停留在并存的价值体系面前，怎样突破这一难题仍旧是未解决的问题。

关于法解释中显示出的科学性、客观性标准的存在问题，引起了各界学者的关心纷纷发表了自己的见解。历史学者家永三郎认为[①]，所谓的法解释中实际上存在着各种各样的解释，这是一个重要的事实。虽然，它们都以学问的形式出现但其中混入了实质上没有学问价值的东西，简单地认为各种各样解释有可能以对等的价值平行存在仅仅作为见解不同，对此是有疑问的。家永先生的见解是，即使有各种解释但其中只有一个具有普遍的妥当性，有关一些技术问题上也会有平行存在的可能，但原则上只此一个。成为解释标准的是，依据发现制定法律时的条理或者自然法去决定解释的一义性和妥当性。而成为法解释标准的条理是，只能通过对还原该事件环境的社会现实进行社会科学、历史科学的研究来发现，不能简单地依靠概念法学的知识去寻找。家永先生基于上述的观点提出，例如在裁判所认为需要适用“公共福利”这一抽象概念时，应该请历史研究者作为鉴定者，对日本社会发展的方向进行鉴定，在广阔的科学视野下加以解释。这一提案用历史发展方向来决定解释的一义，即便说它有此可能，但对从此大原则出发必然能引导出一个一个的法解释这一结论，也有产生疑问的余地。家永先生是法学的外行虽然涉及了来栖先生提出的

---

① 家永三郎在《法解释……作为科学的法律学》专题讨论会上的报告，载民科法律部编：《日本法学的课题与展望》，理论社 1955 年，第 48—49 页。

问题,但是以后并没有再加以发展,只不过率直地对此本质问题发表了见解而已。

法解释论争的由来是法解释与社会科学、法的实践与理论统一这一根本问题,战前宫泽以来把理论与实践加以区别的新康德派不可能解决这个问题,宫泽不得不放弃了探讨法解释的科学性,川岛也只是把实用法学实践=技术性的性格部分做了科学的分析。当时试图全面解决这一问题的是沼田稻次郎的法解释论,他把法解释作为实定法规范的意义加以认识,并以存在唯一正确的解释为出发点展开他的观点的。他的见解有以下几点。①:

a. 法解释是认识实定法规范的意义,这当中还包含认识承担实定法的价值体系以及法解释的界限等等。

b. 上述的认识依照解释者的价值观被规定下来,然后,从解释者的价值观与承担实定法的价值体系之间的相互关系出发。

c. 如果解释者的价值观基于认识历史的现实即洞察历史必然性的基础之上,那么这一解释就具有真理性。

d. 正确的法解释由法形成的实践所引导,同时还必须具有以实现真正的多数者的幸福与自由为目的的志向。

沼田先生为了把主观的价值判断加以客观化,提出了两个课题。(一)主观价值判断被价值体系所拘束;(二)成为解释对象的实定法受自身价值体系的拘束。至于,解决方法是,依据劳动者阶级的价值体系,利用资产阶级法形式上的超阶级性,作为企图代表多数者利益的法解释可以把真理融和进法律的解释中去。

法解释论争在 1955 年进入高潮以后,随着学者的关心分散于各自专业,法学共同问题的争论意识渐渐地消失了。法解释论争,虽有学者各自的立场不同,但作为共同的是以批判权力者恣意解释法律,批判概念法学观点为课题的,综合起来是意图明确法解释的意识形态。解释的实践性,价值体系的选择,法律家的责任等课题被提了出

---

① 沼田稻次郎:《劳动法中的法解释问题》,季刊法律学 20 号 1956 年,第 42—51 页。

来，由此出发，在追求解释的正确性＝客观性＝科学性争论中，法学解释与科学的法学被连接起来了。但是，随着法学界共同问题意识的消失，解释法学与科学法学的两个倾向也随之各自分道扬镳了。

6－1－3. 有关判例研究方法的论争（1962－1964）

向法学界提示有必要讨论判例研究方法的是在第一、二次论争中发挥了重大作用的川岛武宜先生。在此以前，日本的判例研究呈现三种流派，即，（一）运用法社会学通过对裁判的政治分析，就裁判规范侧面做内在的研究，基本上对现实的裁判持批判态度；（二）同样从法社会学角度出发与美国流实用主义法学（Legal pragmatism）急速接近的川岛武宜的"实用法学"，以预测将来判决为目的的判例研究；（三）在传统概念法学与法社会学之间呈中间状态的判例研究，并没有什么共同的特别方法论，主要是作为讲义的辅助教材和司法考试准备用的判例研究。

在这样的情况下，川岛先生发表了论文《判例研究的方法[①]》，他指出，从日本研究判例的数字来看，也可称之为世界第一流。并且，判例研究方法之多样化也堪称是日本的特色。大正10年（1921）以来，故末弘严太郎先生提倡的有关判例研究功能、目的、方法等新理论已经问世四十年了，但是在日本学界既没出现从正面对末弘理论的批判，该理论也没有得到普遍的承认。……为此有必要在学界共同进行一次对判例研究方法的探讨。接着他提出了自己的见解，首先在研究目的上他区分了古典的解释主义观点与现实主义的观点，并明确自己是取后者的。他认为古典解释主义的判例研究目的是，明确法律解释的具体内容，即检讨法的构成＝法概念以及逻辑推理的构成是否妥当。而作为现实主义见解的判例研究的目的是，明确在现实上认为裁判所是妥当的，或者已经是妥当的裁判规范，并且进一步预见将来的裁判。依据现实主义的观点，所谓判例的法源性问题，即指判决是

① 川岛武宜：《判例研究的方法》，法律时报34卷1，2号1962年，后收入《作为科学的法律学》，弘文堂1964年，第169—228页。

对一次具体纠纷做出决定，并通过该判决作为事例向社会显示现实的具体裁判规范，同时它又成为决定后来判决的现实事实的先例裁判规范。这就是判例的拘束力。至于，个别的具体的裁判可能被看做是判例的条件是，限于对同一定型事件的将来的裁判多少能有所启示。为了明确裁判先例的意义，还需进行以下的操作。

a. 依照抽象的操作把成为裁判对象的个别具体的事实构成定型的事实。

b. 依照抽象的操作把该裁判的个别具体的结论构成定型的决定内容。

c. 在上述基础之上，选出作为对定型的决定内容的结论有前提意义的定型事实而构成一个命题。

那么应该选出什么事实作为定型事实呢，依照川岛先生的见解，审判该事件的裁判官对成为判决对象的客观的实在事实也是不清楚的，为此，只能以判决书中依据裁判官认定的事实为出发点。另外，某个裁判作为后来裁判的先例，对这一裁判的裁判官来说，除了对认定事实做决定外不可能知道其他的。所以，裁判官在根据先例裁判的时候，除了从作为先例裁判的认定事实出发以外别无其他方法。在此意义上，作为先例的裁判规范经常是构筑在认定事实之上的。在此限定下，从认定事实出发构成的判例规范能说对预见裁判有着充分的意义。

对于裁判官来说，在进行定型事实与定型结论做相关结合时不可避免要介入价值判断这一问题，川岛是这样认为的。成为判例规范因素的定型事实，从经验科学的角度来看，裁判官的价值判断是被放入视野之中的，但在认识客观事实的平面上它不成其为问题。具体说，对以预见裁判为目的的作为经验科学的法律学来说，为了预见将来它所研究的目标是判例内容中有着假说性质的判断结构。也就是说，先例规范是站在裁判官立场或者站在解释者立场上观察先例裁判意义的语言表现，对经验科学的法律学来说，也必须是作为假说语言的表现，也正是如此，可以避免对裁判先例意义的理解混乱。但是不用说，在构筑假说的运作中有关怎样的裁判才是理想的主观心理不能介入到假说构成者的价值判断里去。上述假说构成是以立足于事实产生的知识上来预见事实为目的的，而事实与愿望是存在于不同的平面上的。

成为川岛的批判对象并被认为是从古典的解释主义立场出发的柚木馨对川岛的理论展开了反击[①]。他拒绝把议论仅限定于民法领域之内，并且不承认下级审具有判例的意义，只有最高裁的法律审才能作为判例。判例有了这样的限定，自然不会以活生生的事实为出发点，认定事实也是下级审单方决定的内容，决定是否采用原审判决的关键不是判决的结论而是判决理由。他认为判决理由仅仅是为了证明结论正当性的说明技术没有任何作为先例意义的川岛学说，违反了仅限于法律审场合的很多事实。特别是受过象日本这样的法典国所进行的体系性法律教育的老练的上诉审的裁判官，首先基于利益衡量做出外行的结论，然后考虑为了把此结论正当化进行法律逻辑推理的做法是不能想象的。为此，把定型的事实和定型的决定内容通过判决理由的媒介使其相互结合的做法是不可能的，这是柚木先生反批判的第一点。

柚木先生反批判的第二点是有关判例研究的目的。他强调在预见裁判这一点上还要以更大的比重加上改善裁判活动使其向应有的方向发展。

随着判例研究方法争论的发展，川岛先生的学说不仅受到柚木来自古典立场的反批判，而且接受了来自多方面的批判。其中宪法学者长谷川正安从三个方面提出了自己的看法[②]。第一是有关判例中的事实问题，他认为不知道现实的事实，不了解裁判官是怎样认定这一事实的过程，也就不能理解裁判的实质，而不理解裁判的实质也就

---

① 柚木馨：《判例研究的目的和方法》，载日本法社会学会编：《法社会学研究》，有斐阁1964年。

② 长谷川正安：《判例研究的方法》，法律时报9、10号，1963年。

不可能预测裁判。某个具体的纠纷成为裁判时，预测裁判最为重要的是预测这一事件的事实将如何被认定，从各个认定事实中预测各个结论使得推测成为双重性。第二是如何对待判例中的思想意识形态的问题。长谷川先生认为明确判例中表现出来的各个裁判官的社会意识，对于理解事实认定、法的解释以及判决结论是不可欠缺的。第三是如何看待判例作为法规范的这一点上。他认为古典的判例批评把在判决理由中反复出现的裁判官的法解释看做是判例。这种场合的判例说它自身是法规范不如说是有关制定法的有权解释例，或者具体适用例，在这里问题的中心是判例形式性和逻辑性的一致。末弘先生的立场是把判例从裁判官的法解释这一狭窄范围里解放出来，重视裁判中成为争论点的事实，并把对同种事实反复做出的裁判所的同一判决看做是判例。在这里，判例是在裁判过程中制作出来的法规范。与末弘观点相似的川岛学说，把事实限定为认定事实，将末弘的主张做了单方面的发展。这种见解与古典见解一样游离了日本现实中的裁判。

乾昭三先生在回顾战前判例研究方法[①] 时做了分类，以东京大学为中心的"判例民事法"型和以末川博为中心的"民商法杂志"型。形式上的区别是《判例民事法》不拘泥于判决概要，评议者从自身出发探讨真正的判决理由和值得发现的事实，而《民商法杂志》比较注意判决概要。方法论上《判例民事法》采取了尊重限于涉及事实关系的态度，与此不同的是《民商法杂志》的中心课题是成为判决理由的裁判官的逻辑构成。依照乾先生的说法，集"民商法杂志"型判例研究大成并予以发展的是柚木馨，使得"判例民事法"型有所发展的是川岛武宜的研究。为了判例研究的前进产生了这场争论是有一定必然性的。

虽然参加判例研究方法争论的有来自各个方面，但是最终得到

---

① 乾昭三:《座谈会战后判例的特质和研究方法》，法律时报 34 卷 1 号，1962 年，第 61 页。

成果要属民法学了。引人注目的是民法解释的利益衡量论与判例研究方法论的对应关系，尤其是川岛武宜的认定事实的定型化和利益衡量论中出现的纠纷事实类型化。它们都从同样的实用主义法律观出发，得出了一些相似的结论。

小结

在战后的日本，跨越了专业的分类引起众多法学者关心和参加的论争是上述三大论战。从各种意义上说它给了日本法学界莫大的影响，尤其在探讨日本战后法学方法论时是不能忽视这三大论战的。

参加第一次法社会学争论的学者与后两次论争相比要少得多，可是涉及的领域却没有停留在法学上，一直延伸至社会学、哲学、历史学、经济学等。参加争论的学者在反对战前旧制度，概念主义法学问题上是基本一致的。但当时法社会学着眼于“活着的法”以及行为规范，忽视国家权力性格和裁判规范，自然也就招来马克思主义法学的批判。这种批判和反批判的争论，却为后来主要以研究行为规范与“活着的法”的法社会学打下了坚实的基础。同时，争论的结果也反映出日本战后从革命转向改良的社会背景趋向，法学界关心的问题也从追求理论的原理性随之转向探求技术性的理论。

第二次的法解释争论最为强调的是解释的多元化，以及不同价值体系的并存。它从解释的实践性、选择价值体系和法律家出发，向着探求科学实践的基础迈进，但是最终以没有明确的答案而告终。值得注意的是在争论的过程中川岛武宜构成了他所提倡的“实用法学”，并为后来的民法解释利益衡量论起了架桥的作用。

第三次是关于判例研究方法的争论，很多学会围绕这一共同的课题进行了讨论。这次研究给予固定化、观念化的法解释学以对照现实进行再检讨的机会。达到的成果是在方法上如何把在判决中表现出来的事实加以类型化，并如何使得法解释更富于弹力性。

三次论战都是围绕法学的基本问题展开的，诸如如何认识行为规范与实定法的关系，价值判断的客观性，判决中的认定事实和现实中的事实等等。这些论争从一个侧面反映了日本法学战后20年的主要潮流。它既显示了日本法学从近代向现代过渡的过程，也为后来的法学研究提示了方向。同时，论争结束也预示一个新的趋势，就是法学的研究从原理性的全体方法论，逐渐转向具体的部门的技术论。

6－2. 民法方法论和解释论的新发展

经过三大论战或者说在争论过程中逐渐形成的民法学方法论和民法解释论，在进入60年代以后有了很大的发展，特别是民法解释学，随着时代的进步以及社会的发展显得格外的富有弹力性和柔软性。下面将试图把方法论和解释论加以区分逐一做些叙述。需要指出的是日本学者专门就方法论提出见解的著作并不很多，民法解释学又属于民法学的主要部分，方法论中又多包含法解释学的方法论。为此，只能从研究对象上加以区分，把构筑全体民法学为对象的认知为方法论，把研究对象集中在法解释学上的认知为法解释论。

6－2－1. 民法学方法论

从正面把方法论作为具体研究对象的是川岛武宜先生，他对自己在《所有权法的理论》一文中的主要方法做了这样的说明[①]。有关近代所有权构成的一般理论虽然被认为是《资本论》(第一卷)中政治经济学的商品论，马克思的最单纯的理论模式和《德意志意识形态》，但是，以法＝权利，以及对权利加以规范的法现象形成的所有权制度所构成的一般理论为出发点的是马克思·韦伯(Appropriation)“专有利益”理论。他认为立足在此(韦伯理论)基础上，把马克思商品的一般理论作为社会过程侧面的焦点进行理论的再构成是可能的。具体说，就是把马克思的社会历史观与韦伯的权利理论结合起来构筑所有权的基础理论。为此，在把握资本主义社会市民法的基础构造上川岛先生与韦伯的观点是有所不同的。具体说在以下三点上显示了川岛的特色。

a. 有关资本主义社会构造的认识方法问题。川岛在《所有权法的

① 川岛武宜:《解题》,《川岛武宜著作集·第七卷》,岩波书店1981年,第417—421页。

理论》中是这样指出的，现实的所有权问题经常是围绕着历史形态存在的……所有权是人与物关系中表现出来的人与人之间的关系……这些都必须是我们提起问题、把握问题的出发点。一切人类历史的第一次前提虽然是现实中活着的人类的个人存在，但是，人类的生存与生产有着根本的结合，并且与一定的共同活动、一定的社会关系（生产关系）相结合。这一切最终都是由依据在一定社会历史中对人类有支配力的生产力所必然决定①。这里显示出川岛意图用历史唯物论把握法学研究的志向。

b. 把握资本主义社会法律的方法。川岛认为，在资本主义社会"富、所有权"经济实态的开端以及普遍的形态是商品。近代所有权的特殊＝历史性的内容、性质是包含在近代所有权经济社会的实质初始形态商品之中。并且指出，作为商品是资本主义经济普遍、抽象的初始形态的对应面，构成商品交换规范关系的范畴是私的所有权、契约、人格，特别作为起点的私的所有权是全部法体系的普遍、抽象的初始形态。川岛以商品的私有作为基础，把在此基础上市民社会与国家的分裂、对立、统一作为辩证法来把握，而作为与此相对应的则是近代公法与私法的分裂、对立、统一的辩证法。并且规定近代国家是作为市民社会的政治投影，近代公法是作为近代私法的政治反射而成立的。②

c. 川岛是如何理解以上述为前提的价值论与社会关系中权利、义务规定的关联的。他指出，所有权是生产关系的基础构造的一个侧面，换言之是在生产关系中以及作为生产关系直接存在时，初始的直接存在形态中法的基础部分。在这里，生产关系概念不是作为理论的抽象的物质的社会关系，而是生产和交换的现实社会关系。并进一步提出了法存在的构造论，即，从法的第一次直接存在形态到法的观念

---

① 《川岛武宜著作集·第七卷》，岩波书店 1981 年，第 10—15 页。
② 《川岛武宜著作集·第七卷》，第 30、39、109 页。

形态为止，对诸形态的历史、逻辑的发展逐一做了描述[①]。在这里可以看到川岛先生为了把马克思的价值概念与社会关系的法形态相结合，显示出运用了韦伯基础社会学范畴的痕迹。同时，象黑格尔的“抽象法”论，马克思的“交换过程”论，埃利希的“活着的法”论也都渗透在川岛先生对法存在构造的再构成论之中。

在以上研究成果的基础上，川岛武宜承继了末弘严太郎所提倡的实用法学方法论，并进一步提出了自己有关实用法学的目的和对象。他在《作为科学的法律学》一文中表明实用法学是以给予立法，法律解释等法律实务提供必要的技术为目的的[②] 学问，它的对象是立法和裁判的法规律的侧面技术。在此意义上它包含两个要素，即法规律中的价值判断和为了要实现价值判断的语言技术。并在分析这些要素的基础上列举了它们的具体内容。川岛先生的实用法学以后又有过两次变化，一次表现在《市民的实用法学的方法与课题》[③] 一文中。他指出，科学的实用法学不仅是以进行法律解释为目的的，又是以先例裁判为材料以预见将来裁判为目的的，它的任务是明确规定裁判行动的各个原因。最后川岛先生又从预见裁判转向主张法解释学、判例研究应采取通过对裁判的支配或者调节，使得预见成为可能的方法[④]，为此依据经验科学的判例研究就有了反馈的必要。在这里，川岛的理论又增添了现实主义法学的内容。

与川岛有相同志向的高岛平藏先生也探讨了成立作为实用科学的法解释学的可能性，并且以明快的方式表达了他的见解。他指出，实用法学的科学根据在于它与其他实用学一样是利用科学认识的成果来为其实用目的服务的。他认为要预测依照解释确立的规范以及由此在现实中形成一定的社会关系，就必须明确把握这两者因果关

---

① 川岛武宜:《法社会学中法的存在构造》，发表于 1949 年;《文献研究·日本的法社会学(法社会学论争)》，日本评论社 1969 年，第 50—66 页。

② 川岛武宜:《作为科学的法律学》，弘文堂 1977 年第 13 版，第 1—80 页。

③ 川岛武宜:《作为科学的法律学》，弘文堂 1977 年第 13 版，第 107—167 页。

④ 川岛武宜:《一个法学者的轨迹》，有斐阁 1978 年，第 306—311 页。

系的结合。对于在民法解释学中被普遍看做是问题的价值判断，他做了这样的分析。

第一，我们基于一定的价值观，判断什么样的社会关系是理想的，然后加以选择。例如，物权买卖关系应如何定型化，给予方向性的判断就是属于这一类。或者，判断习惯法上的权利是否应该作为物权加以保护；即使是违反了强行法规的行为，但是在交易关系上还有保护的意义。如把这些判断的共同要素归结起来，就成为对某一社会关系存续，变革的价值判断。在这里为了便于区分，将它称谓有关社会关系形成的价值判断。

第二，我们在民法解释时，不是对社会关系的形成做判断，而是站在为解决某一问题的基本价值观上，有由此进行确立规范的场合。例如，对照以公平为标准解释民法的时候就属于这一类型。形成社会关系的价值判断有着高度政策性的因素，这更接近于规范是解释操作必须依据的价值标准。为此，这种价值判断有可能与形成政策性社会关系的价值判断相竞争。在这里为了便于区分，将它称谓有关解释原理的价值判断。

第三，我们在解释民法要注意的是，在事情许可的范围内尊重这一法律规定，构成与其他规定不产生矛盾的理论，不要无理地去构成理论。按照这样的方法确立的规范是有所期待的价值判断。这经常被认为是解释学的主要课题，事实上解释者对此做了很大的努力。象这样某一解释作为是有所期待的价值判断，既不象第一价值判断那样含有政策性，又不象第二价值判断那样具有规范性，只能说是技术性的东西。这样的价值判断确实可以说是符合有效的法适用所要求的技术。为此，相对前两者称它谓有关解释技术的价值判断。

对上述三种价值判断在民法解释学中的作用，高岛先生做了如下的阐述。他认为，第一种有关形成社会关系的价值判断，在成立作为实用科学的民法解释学时并不存在问题，换句话说它被当然的预定下来了。接着，他又指出要注意的是当希望实现期待的社会关系时，可以依据确立规范这样的方法，但是作为确立规范的基础存在着民法典和特别民法等的成文法以及判例，并且这些在事实上、制度上都具有约束力。至于第二种有关解释原理的价值判断通过价值判断给予社会关系以影响，所以，自然而然地依据价值观为应该确立的规范制定了基本方向。为此，基于公平原理确立的规范，依据它的确立通过因果关系原理使一定的社会关系得以实现。第三种解释技术的价值判断是，在确立规范的操作中以给予的实定法规范为前提，将此前提通过解释予以具体化的方法。它使规范的确立，构成在逻辑上无矛盾并且与其他诸规范整序的基础上[①]。

与以上川岛、高岛学说相对立的是柳泽弘士的方法论。他首先区别了法实务与法律学和法理论，区别的核心是法实务家为了解决具体的纠纷事件，决定法的解释和适用，有的是解决问题的志向；而法学者没有被课以特定的课题，有的是探究真理的志向。法学者的任务是离开具体的纠纷事件理解认识一般性的法，法系统的分类，法的整序也是学者的工作，但绝不是创造法。与此相反，法实务者的任务是形成牵涉一时、一次性发生的具体纠纷事件的法，它是创造也是行为。接着，他又对法实务与法理论分离的历史进行了探讨，他认为在罗马法学中法理论和法实务是密切地结合在一起的。但是，进入现代以后法理论与法实务完全分离了，法理论膨胀起来，开始成为与必须适用具体事件的法即被认识为实用的法所不同的法现象认识。并且，作为理论对象的法，成为与作为事实的法、作为被认识、解释、适用的规范的法不同的东西。这样他把实用法学与理论法学分开，认为实用法学是为了形成在法实务中针对一次性发生的具体事件中涉及到的法，为此，它是根据情况为了解决具体事件而被认识、解释、适用的法，以及为法的形成和创造指定方向的学问。它为当事者提供取得胜利避免失败的工具和技术，也为裁判官提供使一方得以胜利，他方得

---

① 高岛先生的有关论述参考：高岛平藏：《民法解释学的性格和方法》，早稻田法学46卷2号，第1—24页；《关于形成科学的民法解释学》，早稻田法学47卷1号，第171页；《有关民法解释学的诸要素》；早稻田法学47卷3号，第45—72页。

以失败的工具和技术，在这里根本不需要科学。另一方面，理论法学与法的实务没有直接的关联，专门是以法的纯粹认识为目的①。

另一方面，北川善太郎针对日本战后民法学的变迁，各家的学说提出了自己的见解。首先，他对战后的几次争论和当时主要的潮流做了评价指出，这些学说或者研究除若干例外都停留在宏观世界，这对不能舍弃微观法要素的民法解释学来说只能是外来批判式的问题提出。对于争论不休的“科学性”他认为，历来作为科学法学前提的科学把自然科学中数学、理论物理学作为模式的，并把它按原样拿到法学中去判定科学性，这种科学概念，这种认识的方法造成的作用是对解释学科学性的怀疑，以及固定了法社会学的科学性从而使重要的法学研究成为一家独尊的局面。现在，实用法学、法解释学被掌握为应用科学，从这里出发是重新考虑与法社会学关系的时机了。

北川先生进而提出了自己的“比较私法方法论”，区分了处理法的静态侧面的法构造论和处理法的动态侧面的法形成论。作为前者研究分析的对象是法解释中的技术问题、法制度的结构。它还需追查法解决中技术性知识运用到语言领域中是否妥当、巧拙，探讨对解说的一贯性、调和性的概念和学说的代表责任。并且，对能否保证合理通过此项解决后有再现试验和教授的可能性进行分析。另外，法解释学(法构造论)还要解决法的概念、体系、学说如何作用于现实中法的形成的(包含法的解释，适用以及法的创造)。至于法形成论则是从价值因素具体化角度出发，研究法如何从社会现实中被形成的。他关心的重点是从各种法价值论出发选择出来的价值如何干预法形成的，又是如何与法的逻辑、事实因素相关联的。同时，从方法论上明确法的形成中法的价值以什么样的形式存在的，以及与其他逻辑，事实因素是怎样关联的也是北川先生论文的重点。

北川先生还提出了扩大解释学视野的观点，法的形成被分为两

---

① 柳泽先生的有关论述参考柳泽弘士:《实用法学和理论法学》，日本大学法学研究所法学纪要 17 号 1975 年，第 163—282 页。

个部分，即，法形成的场所和给予日本法的条件。前者被列举的是立法、行政、裁判实务、社会、学界，特别对以判例为中心的民法学提出警告，指出在裁判所表现出来的事件仅仅是社会纠纷中极小的一部分，主张必须对更广阔的企业、行政实务进行探讨。作为后者他举出四点问题，即，继受法与社会规范的二重性、民法典与基于德意志法学建立的民法体系(第二个两重性)、抽象的法概念和社会现实以及判例中心的实用法学。另外，作为测定法解释学的实用性列举了三个标准，即，提出问题的功能、解决问题的功能和对付问题的功能。并指出这些标准各自都与法社会学有着不可缺少的联系①。

70 年代末 80 年代初，引起民法界关心的方法论是平井宜雄所提倡的法政策学。平井先生提出的作为实用法学分支的法政策学并不是自己提出什么政策，而是研究决定法政策的理论，即，发现某个具体制度的问题点，并为解决此问题提供一般性理论和技法。这一理论构思也在一定程度上受到美国法经济学的影响。

综观这一时期的方法论，基本立场呈现出了多样性，但是，作为共同点是大都与法律实证主义做了诀别。取而代之的是社会学实证主义，特别是战后初期立足于马克思主义的学者有所增多，这与其他法领域相比可以说是一个特色。采取自然法理论的学者只是极少部分，并且随着学者人数的增多比例日见减少。值得注意的是比任何人都更强烈的追求科学性的川岛武宜学说。全体民法界的倾向是大都主张解释法律的基准是追求社会的进步，自然其中也有受到马克思主义影响的一面。另外，也有个别通过加深对外国法学的研究，意图对日本民法学予以再构成的动向。

6－2－2. 活跃的民法解释论

经历了三次大论战后的民法界特别是法解释论进入了一个活跃

① 北川先生的有关论述参考：北川善太郎：《日本法学的历史与理论》日本评论社 1968 年；《法解释学中的理论和法形成……为法解释学的再构成》，载《法的推论》法哲学年报 1972 年(有斐阁)，第 43—73 页；《法解释学与法社会学》，载《日本的法社会学》日本法社会学会编，有斐阁 1979 年，第 124—136 页。

的时期，同时，川岛武宜所提倡的实用法学也到了支配整个民法学界倾向的地步。进入60年代后的日本社会与战后初期相比起了很大的变化，随着经济高速发展社会走向安定，革新气氛渐渐地淡薄产生了追随经济的潮流。以保护企业为中心的经济成长，使得农村人口流入城市，随着农业的近代化、农村的城市化使现代化的生活方式扩散到整个社会边远角落。在这样社会关系的变化中，市民的生活利益显得多样化和复杂化，并且，出现了人与人的关系日趋疏远化，以及形成了脱意识形态化的社会意识状态。同时，社会问题也以新的方式表现出来，例如象公害、住宅、交通等。

接受了社会关系变动的民法学界的大改观是诞生了新的民法解释论，并且，很快地波及整个学界。正象甲斐道太郎先生在当时指出的，占据现在民法解释学主流的是基于自觉选择一定的利益衡量之上的功能主义方法[①]。持有同样看法的乾昭三先生表明，实用主义、功能主义的观点能在民法领域里毫无抵抗予以接受，是因为民法上的主体被预定可以相互交换立场，并假定他们利益本质上是等质的。但是，到了现代法的阶段，立场不同、利益的异质性显示出来，异质的利益间用什么基准去衡量真正成为了问题(笔者注:近代民法中民事主体的地位被拟制为相等的，简单说买和卖的关系是可以相互交换的。但进入现代社会，企业和消费者，雇主和雇员现实上不但地位不同，追求利益也有区别，显示出异质利益冲突的问题)。总之，掌握纠纷对象利益的类型成了实用法学上重要的课题[②]。并且到了只要是涉及民法解释论或多或少都要论及利益衡量的程度[③]。

新民法解释学的先驱是实际利益论，它出现在加藤一郎论述请

---

① 甲斐道太郎:《法解释学的课题》，法律时报第37卷5号。

② 乾昭三:《战后法学》座谈会的发言，载法学研究(法学セミナー)102号，第53—54页。

③ 水本浩:《民法学中利益衡量论的成立和成果》，民商法杂志第63卷4号，第507页。

求权竞合说和非竞合说[①]，铃木禄弥探讨有关特定遗赠中物权效力说和债权效力说等[②] 以及星野英一的论及有关围绕瑕疵担保的法定责任说和债务不履行说之中[③]。概括起来实际利益论有以下几个特点。

a. 实际利益论是作为解决存在着对立的二个以上理论的工具。解决的方法有这样几个，从实际利益的角度出发决定理论构成的良否，避免固执一个理论，觉察没有实际利害冲突的无意义争论，依据实际利益扬弃那两个理论提倡新的理论构成。总之，它有着整理学说、判例中有关错综复杂的争论和对立，清洗无益观念的效用。

b. 实际利益论是一种首先将有无实际利害或者效果作为问题，然后再考虑理论构成解释方法论。

c. 这种实际利益论使得即使是在传统的解释方法中，依理论优先进行逻辑演绎然后结合效果的法处理到了最后也出现要计算实际利益差异的倾向。

d. 法解释争论使存在复数解释的认识得到了普遍的承认，而实际利益论的抬头的结果出现了抛弃那些不适合实际利益理论的倾向，并使法解释中理论构成技术性的重要得到了再认识。

e. 实际利益论的出现显示出在日本这个成文法国家里发生了这样的变化。从理论体系的思考转向了问题的思考，法的解决不再依据理论体系的演绎方法，而是针对问题通过逻辑归纳取得的基准来加以处理。同时，它也为后来的利益衡量论铺平了道路。

1966 年，在日本民法界具有相当影响力的加藤一郎和星野英一相继发表了自己的民法解释论[④]，前者的被称谓利益衡量论，后者的

---

① 加藤一郎:《事物管理不当利得・不法行为》(法律学全集 22)有斐阁 1957 年，第 50—52 页。

② 铃木禄弥:《特定物遗赠中物权变动时期》，民事研修 51 号 1961 年。

③ 星野英一:《瑕疵担保的研究　日本》比较法研究 23 号 1963 年。

④ 加藤一郎:《法解释学中的逻辑和利益衡量》，《现代法学的方法》岩波讲座，现代法第 15 卷，岩波书店 1966 年，第 25—26 页；星野英一:《民法解释论序说》，《法的解释与运用》法哲学年报 1967 年，后收入《民法论集》第 1 卷，有斐阁 1970 年，第 1—47 页。

被称谓利益考量论。

a. 加藤一郎的利益衡量论

加藤一郎的观点大都围绕侵权行为展开的，而日本的侵权行为法随着资本主义向现代化的过渡，以及为了应付变化多端的民事事件形成了多样化的局面。以侵权行为作为专业的加藤先生的学说受到这种侵权行为特有现象的影响是不言而喻的，功能主义、实际利益论、把握类型化的倾向一开始就出现在他的论文中，并且渐渐地浓厚起来。作为利益衡量、实际利益论首倡和推进者的加藤先生把自己的有关法解释方法论的见解汇总起来予以发表的论文是《法解释学中的逻辑和利益衡量》。

在此文中他将作为“理念型”的概念法学与自由法学的法解释方法论做了对比，分析了它们各自的内容和特质，强调在现代社会中应该采取的是自由法学的解释方法并在此基础上展开了自己的观点。加藤先生主张，法的判断被认为依据常识是得不到的但是它也不是反常识的，把重心放在哪个实质性利益上的价值判断和选择的方法是不会与外行判断有质的不同，法律家在做法判断时与外行的实质性判断立场是同样的，法律家的议论必须使外行也能理解。在此前提下法的判断过程中，首先要把法规的考虑除外从具体事实中努力探求应该如何处理这一事件的结论。在这里得到的不是最终的结论，它是后一过程给结论赋予理由时必须进行验证的假说即假设的结论。另外，这也不是指去探求唯一的正确结论，而是在承认其他结论也有可能成立的基础上(复数解释的存在)，探讨哪个结论从实质意义上最为妥当、最为正确。可是，利益衡量在这一场合那一场合进行时，有失去相互间的平衡的危险，同时也为了避免不必要的烦琐，有把实质性利益衡量的类似事件汇总成一个类型的必要。但是，它不是依照适用法规形式的分类，而是依照实质性利益衡量的类型化，这是建立新的法解释学不可缺的一环。

依据加藤先生的话，如果法的判断结束在以上过程时，它还是一种大致的裁量，不能算作是近代或者现代的法判断。在这里要继续进行的是上述实质性判断以外还必须赋予形式理由的作业。这种赋予形式理由的操作，并不仅仅依据法规来进行，它还包含依据法以外广泛的规范直至法理论为止，它被称之谓理论构成(法的构成、逻辑构成)。实质性判断可以被几个理论构成所覆盖，应该决定选择其中哪一个，需考虑的是哪个理论最适合实际，最有说服力。至于，为什么要进行理论构成呢？依据加藤先生的见解，它不是为了导出结论而是为了给结论赋予理由。给实质性判断赋予理由的作用是，(一)验证结论的妥当性(不是正确性)。比较在判断过程初期被忽略了的与其他相关制度类似事例，这样可以清楚地认识结论的妥当性。根据情况，也会有必要修正当初的判断，或者予以抛弃寻求其他结论的可能。(二)通过进行理论构成，明确这一结论的适用范围。通常在具体事件的处理中是没有此必要的，但是作为法律论却必须经常做此考虑。另外，据此也有可能要重新探讨当初的结论。例如，某一法规的适用范围打算予以扩大，但是扩大以后难以确定适用界限到何处为止时，从管理、处理裁判角度出发这不是所希望的，为此适用范围扩大将被重新考虑也是可能的事。(三)依据理论构成使得这个结论将更富于说服力。接着，加藤先生指出以上这样赋予理由的方法与概念法学的由上至下演绎逻辑相反，是采取了从下而上的归纳逻辑形式。作为假说的结论与作为验证的理论构成经过试行错误的过程，到达最终判断的阶段。这样如果是优秀的法律家就能使法判断方法中有血有肉的部分变得多起来了。为此，这两个过程是不能分割的，必须把它作为一个整体来进行。

以上是加藤先生法解释方法论的大致框架，与此相关的有其特色的见解还有这样一些。第一，正象加藤先生指出的实质性判断得出的结论不一定就是唯一正确的结论，而只是妥当的结论，并且前提是存在着复数解释的可能性。加藤先生更进一步提出，自己支持朝着历史发展方向的立法和解释，但是，它是价值判断的问题不是作为法解释被许可或不许可的问题。

第二，他指出日本也有必要在判决中论述而不是隐蔽判断的实质理由(利益衡量的内容)以及形式的理由(理论构成)。即,从法规中如不能得出唯一正确的结论却仅仅依照法规做出一些形式上的说明来作为判决理由是不充分的,还必须举出为什么选择这一结论的实质性的理由。同时,判决是裁判官的决断,明确了复数可能性中择一而取也就明朗了做此决断的裁判官的责任。

第三,加藤先生还涉及了市民对市民以外的利益衡量,国家权力对市民、强者对弱者、阶级对阶级,在这样的场合必须十分注意不能造成权力自由、强者自由的局面。同样在私法领域中,也必须考虑拥护国民基本人权的价值,在做利益衡量时应该采取慎重、严格的态度,虽然由此可能造成法判断的幅度变得狭窄。

第四,对于法的安定性(所谓预测可能性)和具体的妥当性的关系加藤先生是这样指出的,以往在资本主义社会为了确保预测可能性过分强调了法的安定性,并认为在公平的处理中应该相当程度地回避具体的不适宜。他主张虽然预测可能性并不能象现实主义法学所主张的那样是幻想,但也不是那么确实的东西,法原来的目的是实现具体的正义,必须尊重的是具体的妥当性。法的安定性也无绝对的价值,只不过是在每个具体场合中都需要考虑的一个事由而已。这里要注意的是加藤观点与重视预测可能性川岛理论的差异。

第五,依据加藤先生的理论,裁判官的判断自由是很宽广的,反之,法规的制约性却变得狭窄,甚至有时裁判官与立法起到了同样的作用。对于这一立法与司法的关系,他是这样表明的,虽然法的判断是自由的,但为此依据裁判完成革命或者大变革当然是不可能的。离开多数人民的法感情或者统治阶层的法感情做出的判决,必定会被上级审所纠正。假设最高裁判所也做出了这样的判决,那还有予以抑制的立法。为此,虽然法判断是自由的,裁判官的身份也是受到保障的,但是毕竟是现体制内的自由,是在立法不予正面阻止限度内的自由。在裁判也是国家机关活动的组成部分的这一前提下,这些都是理所当然的。所以,裁判以及法的解释、适用只能依人民前进的方向渐进地发展。

b. 星野英一的利益考量论

首先，星野先生主张作为法律适用的前提是，法解释持有保护、实现一定利益、价值的功能和意义，这是谁也否认不了的客观事实。判决也必定在一定方式、程度上保护一方的利益，并在一定程度上排斥另一方的利益；一定程度、方式实现某一价值，一定程度、方式拒绝他方价值。学者主张法规应该这样予以解释的行为，相等于一定程度、方式的实现和保护某种利益或价值。这应该把它理解为法的解释包含价值判断的实践。星野先生接着指出解释者对自己所做的解释应该负有社会责任，并且需要自觉地认识到这一点。解释有明示的必要，从正面依据价值进行判断开始，直到做出结论为止的根据、价值判断的由来以及理论构成的考虑这些都要予以公开。他还主张在利益考量、价值判断方面法律家没有什么特别的权威，作为法律家的权威只存在于法律的技术侧面，例如逻辑推理、概念和制度沿革意义的说明等理论构成上。虽说是法律家但在利益考量、价值判断上，有的只能是一个市民或普通人的资格。他认为成为法解释的决定手段是在今日什么价值如何予以实现，什么利益应该如何予以保护的判断。

至于如何实践价值判断，星野先生是这样主张的。首先要明确法规的内容，但这本身并不是法的解释操作只是基础的作业，即，一方面进行语义解释和逻辑解释，另一方面探讨立法者、起草者的意思。在此作业中要尽可能地尊重文字、文章的原来意义，接着调查立法者和起草者的意思，考虑他们的这些解释在今天有无妨碍之嫌。

其次，他逐一说明了依据价值判断、利益考量进行解释的方法。第一，在适用法规解释的事件中必须考察对立着什么利害关系。在解释法规时，要对成为社会问题的该规定适用的问题做类型区分，并有必要明确类型间利益状态的差异。这里有必要考虑的是认可那些场合不同的效果是否妥当。所以，对一般条款性的规定以及要件很抽象的范围也很广的规定，它都是有效的预备作业。这里星野先生问题的提出和解决都很费解，只能理解为在考察利害关系对立时就有必要做类型的处理。第二，某一事件必须适用哪个法规成为了问题或者某一社会关系应该符合怎样的法律关系成为问题时,首先要明确的是,成为问题的几个规定中适用哪一个会产生什么样的效果,在这里要决定应该采取哪个价值判断。如果该社会关系是属于能够实现价值判断规定的规范对象的话,就适用这一规定。但是,该社会关系不属于或不同于这个能够达到妥当效果规定的原来规范对象,并且原来应该规范该社会关系的规定又不能得出妥当效果时,究竟应该采取什么规定。不能说是一律,或者把能够导致妥当效果规定的要件部分的解释加以有限修正,使其只限于该社会关系得以适用,或者把原来规范该社会关系规定的效果部分的解释加以修正,哪个有理就决定采取哪种方法。这不是价值判断只是理论构成的问题。第三,有必要彻底查明的是在可能有的几个解释中,采用其中之一后实际上会有什么样的价值、哪些人、怎样的利益得以实现和被予以保护,同时,又有什么样的价值、哪些人、怎样的利益不能实现和不被保护。第四,什么样的价值怎么予以实现,什么样的利益应该怎么给予保护都被说成是价值的选择问题,也有最终只能依据价值判断来决定的场合。但是,首先有进行预备作业的必要。即,(一)集中对类似状况适用的规定和观点,比较这些规定中的要件和效果的差异,考察为什么会产生这样的差异。依此操作可以明确各规定适用的范围,调节这些就能使谋求调和各种解释变得容易。(二)考虑依据该规定实现保护什么样的价值利益是妥当的。这被说成是探讨立法宗旨,但它不是认识而是判断。在逻辑上存在几个可能的解释时,问题是择取了那一个时产生的法律效果是否妥当。最后要考虑的是,对立的诸价值、诸利益、诸要求怎样实现调和,怎样从更高的层次进行价值判断。这时候,如果是等质利益的对立就比较简单,但在民法领域这样的事件并不能说很多。但如果是异质利益就很复杂,简单地做同等分是不行的,这时候就要依据价值判断来决定。这里要按照常识来进行判断,重视能够得出被认为是妥当解决的解释。第五,在能否决定价值判断是正确的问题上,星野先生认为价值有其客观的妥当性。在日本,一般说来学者们把能够决定价值判断正确性的见解认为是客观说,而把不能决定的称之谓主观说。加藤先生前述的利益衡量论明显采取了主观说的立场，而星野先生是力图用客观说来构筑他的理论。这里显示出加藤说与星野说的重大分歧。[①]

星野先生认为应该考虑承认价值这一东西的客观妥当性，而且不是抽象地是在一定程度上对具体价值的客观性予以承认。他指出在历史上有一些价值正渐渐地被人们所承认，人的尊严、平等、精神的自由等等。这些价值不是自古以来就有的，但是，在今天或过去它一旦被人们所公认，那么它的存在价值对人类，或者从狭窄的意义来说对日本人是不能否定的共有财产。剩下来的只是探讨如何使它表现得更为具体。但是星野先生这些宏观的议论在民法解释时却没能按原样被适用。他指出在民法解释中，这不等于某价值具有客观妥当性就意味着只有某个一义性的正确解释，甚至是完全相反。民法中的问题是，调整极其微妙的具体利益和实现价值的调和。所以，仅靠人的尊重、近代化等抽象论决定不了应该如何解决的大量具体问题。为此，不能决定特定的法律解释有客观的妥当性，其他的解释都是错误的。他主张，我们只能努力使每个解释尽可能的客观些妥当些，并且自信这是当时最佳的解释，至于这是不是客观的、妥当的，它的判定权限不在我们手中。

以上是星野英一先生所提出的"利益考量论"和其对客观妥当性说明的概略。加藤先生的利益衡量论，星野先生的利益考量论在日本民法界产生了很大的反响，但是，从当时发表的有关"两论"的评价论文来看，表明完全赞同的基本上没有，反之，持完全否定态度的也没有，大多是在肯定基础上提出一些批判或者疑问。首先，大多数学者都持有的同样看法是法解释中原来就应该有采取利益衡量的必要性。并且，对照战后民法解释论的潮流，认为这种提法也没有什么不当之处。至于，批判和质疑则集中在下述三点上。

①质疑，在现代社会，作为市民立场的利益对立以外，异质利益

① 笔者注：有关两种学说的比较分析拟放在后面主要学说章节里再做详细探讨。

的对立变得多起来了，与此相关异质利益的对比是否可能。对此依照加藤先生的理论答复是肯定的，利益衡量在任何场合的贯彻都是可能的，只要增添考虑拥护基本人权等情况，异质利益的衡量是可行的。而星野先生把利益衡量与价值判断放在两个层次来考虑，认为异质利益的对立放在价值判断中加以解决。

②异质利益对立时应该如何予以评价由于解释者的价值判断不同而不一样，利益衡量论不能提供价值判断和分析的客观标准，亦不能抑制权力者的恣意解释，这一点受到了集中的批判。依据加藤理论的立场，从正面肯定了价值观的相对性，并否认有决定谁是正确的标准。同时指出自由法学曾被非难协助过法西斯的法体制，因为自由法学的柔软性适应各种体制自然就有协助之嫌。假设自由法学协助过法西斯，这并不是自由法学柔软性的罪，而是错误选择价值判断之罪。依此见解，采取不采取抑制权力者恣意的解释，依解释者的判断如何来决定，与利益衡量论本身的性格无关。星野先生反对加藤先生否定存在正确法解释肯定存在妥当解释的观点，他认为把正确性改写为妥当性，结局是一样的。但是，从他的观点中找不出针对这种批判的解答。总之，他们的论述来看，加藤先生采取的是很明确的价值相对主义，而星野先生自称站在新自然法论的立场采取价值绝对主义。

③是指责利益衡量论到了对裁判官近乎放手信赖的程度，并指出它的危险，这种指责与上述第二有点相似。依据星野理论是通过比利益衡量更高一层次的价值判断来解决。并且，如果利益衡量、价值判断内容得以公开，解释者自觉自己的责任所在，恣意也可被排除。这是两位先生强调的共同点之一。

另外，也有指责加藤理论在认识论上宣扬的是不可知论的批判。但是，整个民法界包括加以批判的学者在内，对利益衡(考)量论的出现是持欢迎态度的。水本浩先生对加藤、星野两先生以很高的评价，他认为利益衡量论的出现使所有的解释者对离开法规制约性的利益衡量和价值判断得以再认识，淡化依存现有判断体系，使封闭体系进一步得到了开放。

利益衡量论真正沐浴批判的洗礼，还是在它的现实运用中，并把忍受限度作为衡量基准之一而引起的。这种见解和观点被称谓“忍受限度论”。日本自从60年代起公害事件频繁发生，随之形成了很多诉讼事件。这些事件主要涉及大企业，并且牵涉到国家的管理责任。事件的特点是产生公害的企业大多与当时日本国民经济发展有很大关系，为此被认为具有一定的公益性当然也不能否认企业也有营利的一面，同时被害者大都属于当地的居民[①]。问题是为了产生某些一定的社会利益，究竟应该让另一部分人做出多大的牺牲。另外，除了对于已经造成的损害给予赔偿以外，关键是能否采取民法中保护物权的措施即排除侵害、恢复原状。

基于利益衡量论（加藤说为主）之上的忍受限度论主张，在判断类似公害事件的侵权行为中违法性（也包括对此侵权行为本身）能否成立时，应依据被害的状态、程度，加害行为的情况、公共性以及其他诸因素做综合地比较衡量，判断该事件的受害是否超过了忍受限度。[②]

忍受限度论在60年代后期和70年代曾一度获得通说的地位，并且在下级审的判例中得到一定的承认。这种学说一方面对社会产生的新问题公害的法处理提示了判断的方法，另一方面，在对于比赔偿更困难的停止侵害中采用顺序关系的比较衡量使得违法性判断变得富有弹力性。但是，它与母体的利益衡量论同样没有明朗地提出任何价值判断的基准，采取的是逻辑归纳的方式。也正是在这一点上，忍受限度论遭到来自各方面的批判，并且随着公害问题相对得到解决，渐渐地成为一种过去的学说。

利益衡量论自60年代中期被提出以后，可以说一直在民法解释

① 笔者注：这里所指的公害事件都是有特定的内容，并非泛指一般公害。

② 忍受限度论观点比较具体的论文大都发表在加藤一郎主编的《公害法的生成与展开》（1968年）一书中，有代表性的是野村好弘和淡路刚久。

学中占据着主要的地位。直至20年后，平井宜雄先生从根本上向这种学说提出了质疑，虽然批判的矛头直接针对的是星野英一的利益考量论而回避了加藤学说。但是，两说有着共同的部分，所以可以认为平井先生锋芒所指的是60年代产生的利益衡量论的全体。如前所述战后以川岛武宜为代表的民法学在提倡法社会学研究的基础上，提出了科学的法律学和实用法学研究方法论，这种学说包含了两个部分。(一)为以能预测裁判影响裁判为目的的实用法学，从技术的侧面提供价值判断的方法论。(二)为价值判断的客观性、科学性提出可行的方法。前者由于利益衡量论的出现使它前进了一大步，而后者由于利益衡量论的出现更加变得相对化和不可探究。这种现象被平井先生称为是法律学的非合理主义，他首先指出在法律学教学中利益考量，仅是法解释中追求妥当结论的一种程序，对于结论自身的正确与否却不能加以最后的论证。反映平井先生一系列见解的论文[①]分为四个部分，对战后的法解释论进行了全面的探讨和批判。在第一部分对战后法解释论提示了三个论点，a.法解释中是否含有价值判断；b.价值判断的混入是否伴随导入主观性；c.对法解释中的主观性应做何处理。其中a点已被学者们肯定，可以认为是得到解决了，但是其他两点基本上没能获得解决。在第二部分中，他表明了自己的见解，并提出从法议论的一般构造到理论归结的三个命题。a.言明仅是依据言明的基础被正当化的，即议论(言明)基于感觉、经验等心理事实是一种语言的表现，并通过逻辑推理过程达到正当化。b.区别发现的程序和正当化的程序，例如，牛顿看见苹果落地发现万有引力规律这是心理学的程序，而后由数理逻辑来证明万有引力规律则是正当化的过程或程序。至于三段论演绎逻辑是正当化的程序，而判断事实真伪(心理学上的活动)发现程序不能与正当化程序混为一谈。c.正当化有两个等级，即宏观的正当化和微观上的正当化。这些提法无

① 平井宜雄:《法律学基础论觉书1—9》(法学家杂志No.916、918—921、923、926—928。

非是把心理学研究的一些成果用来分析法的判断过程。在第三部分他对日本战后法解释论进行了分析，对象限定在来栖三郎、川岛武宜和星野英一等三人上。认为来栖和川岛的学说是正统的理论，星野的利益考量论是学者中心主义。在最后部分平井先生提出了必须区分好的法律论和坏的法律论的见解。平井先生的观点反传统的部分很多，三言两语难于概括只能放在后面再做专题探讨。

平井先生的观点遭到来自两方面的议论，一是星野先生的反论，一是以法社会学为主的学者的批判，内容基本上都是再度重申自己的见解。虽然参加讨论，表示关心的学者局限在很小的范围内，但是，这毕竟是最近以来少有的一场争论。

从历史发展的角度概观这一时期的民法学，大致可分为两个阶段，前一阶段民法的主要学者在参加整个法学界的争论中，不断完善和发展民法学。它的最大成果是树立了以川岛武宜为首的实用法学理论，并且这种法律学的倾向逐渐地渗透到民法学的各个部门，直到在私法领域达到支配的地步。后一阶段是在继承了前期的成果，在民法学自身的范围里的发展，最具代表性的是利益衡量论的出现以及围绕它的争论，这种理论学说同样渗透到了私法的各个部门，可以说现今还在一定程度上支配着日本的民法界。

这一时期民法研究共同的倾向有这样一些，第一、不论是否有无意识，努力探讨应有的真正的民法学，这一研究是贯穿多方面的。有从民法各个制度、各个概念以及法学史出发的，也有从关联社会的、经济的、政治的方面出发作沿革的、历史的探讨。主要的成果表现在对母法，法国、德国民法各制度由来的研究，明确了不少日本民法制度的渊源。同时，对民法典成立后日本民法学的各个问题进行了学说史上的研究。这种民法学史的研究有两种方式，或从各个问题着手，或从全体的潮流开始，从学说史上丰富了日本的民法学。第二是通过对判例的研究，了解社会现实中活生生的民法姿态。这是在继承了第三期判例研究下发展起来的，有这样几个特色。a. 随着诉讼事件的增加，判例尤其是最高裁判所的判例也大量增加，研究解说的书和杂志的出版有大幅度的增长。b.研究也不局限在单一事件的范围内，与广泛的社会背景和时代潮流联系起来。c.对一定期间内各个法领域的判例倾向分别予以概观的研究，同时，分课题的判例综合研究也以丛书的形式被加以出版。d.在民法制度，概念的研究以及教学中，判例的作用日益增加。第三、在所有的民法研究中对活着的法（现实中的行为规范）日趋重视，包括在现实中日本人民对民法是如何意识的，例如，是如何应付（包括通过何种手段）常见的交通事故的。第四、对外国法学有了更深更进一步的研究，特别与过去相比研究不再单纯停留在法律制度上，而与制度的文化、历史和社会背景结合起来，并注重考察这些制度在现实中的功能。

6—3.小结

以上，简单而又不完全地对日本自民法典编纂前后以来民法学，包括人物、学说，学派争论做了一个大致的史的概观。同时，也是为以后探讨、叙述日本民法解释学主要学说奠定一个基础。但是，经过百年积累的日本民法学说实在是一个浩瀚的大海，要为此理出一个清晰的线索，实非笔者能力所及。下面，就所见的日本民法学史做一些归纳。

日本自民法典成立以来大体上经历了三次大的变化。民法典以及稍后建立起来的民法学所拟制的对应的社会生活构造，追述的远一些还是学说汇纂法学体系所预定的古典市民社会的生活构造。为此，每当社会生活发生大的变革后，它都不得不随之发生变化，使其适应社会的现实生活。最早也是第一次变化是在第一次世界大战的前后，这次变化的结局是在日本诞生了自由法学，并且在民法学中萌生了不少法社会学的因素。第二次变化是第二次世界大战结束以后，近代的市民生活关系从被军国主义歪曲的轨道上扭向正常的道路，限制市民社会发展的桎梏被废除了。自由法学在民法学中全面开花，并逐渐地渗透到各个部门法领域，是自由法学在日本的延长线。第三次变化是以日本战后60年代开始的经济高度成长为契机的，如果说第二次变化完成的是民法学的近代化，那么这次变化预示的是全面走向现代化。打破观念性、解释的僵硬化，是由于当时现存的法判断总体和法的运用手段已不能适应经过高度成长的社会现实。基于社会现实的变化，现存利益、利害关系的价值绝对意义渐渐地淡薄，而建立在这些价值观上的各种概念、理论被从现实功能出发，逐一加以筛选也是不可避免的了。这时出现的实际利益论以及由此媒介而诞生的利益衡量论则是民法学这次变化的体现。但是，这种学说所代表的民法学有重视方法、技术侧面，轻视价值判断具体标准内容的倾向，这将是现代民法学有待解决的重大课题。

战后尤其是民法学第三次变化以后，民法学者身上一度曾有过一种明显的倾向，在论著中，并不固持第三者或者仲裁者的身份，甚至较多的站在被害者立场上发表议论，尤其表现在侵权行为法、借地借家法、消费者保护法等法领域内。针对新的社会现象积极地探求合理的政策路线，这些被害者救济论为扩大救济发挥了很大的作用。但是，现在随着经济发展社会日趋稳定，这种倾向也有了改观。从这一角度来看，预示日本民法学又将进入一个新的转机。（未完待续）

（作者单位：复旦大学法律系）

[域外法]

1947年至1992年间荷兰民法典的修改*

〔荷〕阿瑟S·哈特坎普博士**　　姜宇　龚馨　译

目　次

一、修改方案

1.出版此书是始于1947年的民法典重新编纂运动的关键步伐。新法典的头两编已分别于1970年(自然人和家庭法)和1976年(法人法)生效。荷兰政府现已决定新法典的核心部分——第三、五、六编以及第七编的部分内容将于1992年元月1日生效。至此,法典修改方案基本达到了预定目标:以一部"统一的"新法典代替存续了150

* 本文是作者为编辑有新民法典第三编、五编、六编以及第七编部分条文的《荷兰财产法》(the Patrimonial Law of the Netherlands)一书所写的序言。由于荷兰民法典的重新编纂尚未最终完成,所以文章只提及到1947年至1992年这段时间。——译者

** 作者是荷兰最高法院总顾问(Advocate-General),司法部民法修改办公室前成员,罗马统一国际私法协会常务理事,皇家科学院成员。

年的民法典和商法典，新法典包括民法、商法、消费者法、许多过去在法典之外颁行的私法立法；使日益重要的法官制定法（判例）成文化。

2. 荷兰旧民法典可以追溯至1838年。它是在荷兰生效的第三部民法典。第一部法典根据国王路易斯·拿破仑的命令于1809年颁布施行。这部法典与法国民法典（拿破仑法典）存在着许多共同之处，尽管其程度并没有普遍认为的那么高。1811年随着荷兰被并入法兰西帝国，该法典亦为法国民法典取代。1813年荷兰从法国统治下解放出来，随即就有人提议制定自己国家的民法典，此一愿望最终于1838年以一部新法典的诞生而得以实现。除了自然人和家庭法（特别是婚姻财产法）、债务法以及物法的一些重要内容外，该法典大量地（经常是逐字逐句地）借鉴了拿破仑法典的内容。

当然，就法典的体系而言，这样的结论（指大量参照拿破仑法典——译者注）并不适用。由于1838年民法典回归到罗马法和古荷兰法的"所有权转移的交付要件主义"，所以物法和债务法被严格区分，其内容分别置于第二编和第三编。继承法的内容也规定于第二编中。此外，第四编规定有证据法和时效法的内容。这样的体系与盖尤斯、查士丁尼的《法学阶梯》体系以及1631年荷兰著名法学家格老秀斯（Hugo de Groot）所写的《荷兰判例法介绍》一书[①]的体系有着明显的相似之处。此外，还有许多现象表明荷兰民法典背离了法国民法典的体系，例如在债务法中出现了总则一章。

3. 荷兰商法典同样可以追溯至1838年。在此前（1811—1838年）适用的是法国商法典。法国大革命以前的荷兰联合省（the Dutch united porvinces）并不存在民法和商法的划分。格老秀斯在《荷兰判例法介绍》一书中对民法和商法作了一体论述。就其他典型的荷兰学

---

① 作者注：Hugo de Groot. Inleidinge lot de Hollandsche Rechis-geleerdheid. re-edited by F. Dovring, H. F. W. D. Fischer and E. M. Mcijcrs, Leyden University Press, 1965(2nd ed.).

者甚至荷兰法学家林登(Johannes Van der Linden)1807年所制民法典草案而言亦是如此。新民法典中民商法的合并是1838年以前之发展历程的必然结果。荷兰商法典第一条明确规定:除了明确指示的情形外,民法典适用于商法典调整的所有问题。1838年拿破仑时代引进的商事特别法院被取消。后来破产法从商法中分离出来,成为单行的特别法(1893年),且其调整对象不再仅限于商人。最后在1934年,几乎所有商人和非商人的区别在私法中都不复存在。在这种背景下,将民法和商法置于不同的法典显然是不适宜的了。在新法典中,商法的内容被分别规定于民法典的第二编(法人)、第七编(特殊合同)以及第八编(运输法)中。

4.可以认为旧民法典和旧商法典在许多方面都过时了。但在许多具有重大社会意义的问题上并不如此。无论是法典本身还是单行的特别法在这些问题上都发生了巨大的变化。这些问题包括未成年人法、不动产租赁(居住和农业)〔lease and hire (residential and agricultural)〕、融资租赁、劳动合同、租购、工业和知识产权、公司法等方面。然而,遗憾的是荷兰立法者未能使物法和债务法适应现代的标准。这样的不足是很容易被理解的,因为如果不考虑社会压力因素,法律中相对独立的部分比物法、债务法这些普遍适用、相互牵连的部分更易于发生变化。在对这些普遍适用的法律进行修改时,如果不相应地对其他许多问题作出调整,对这些法律中的部分内容进行修改将是不可能的。其结果要么是全部未实现任何变革,要么是未实现所欲之全部变革。

由此情形所致私法发展上的漏洞很大一部分系由法官所造法(judge－made Law)补充的,这方面最突出的例子就是侵权行为(unlawful acts, torts)法,它几乎全是法院的创造物。在其他许多领域,法院也同样补充了法典因本世纪之急剧社会发展所致之漏洞。正如此——发展本身能够被愉快地接受,它也确实对立法者的不积极不完全之法律变革及其拥护者产生过重大影响。

在如何修改民法的问题上出现了两种方式。那些相信法院能针对具体情况，采取具体灵活措施的人，提倡将法律发展的任务委托于法院，但其弊端是会导致模糊法(opaque law)的不断增加。而另一些人则建议通过立法方式变革法律，希望借此产生更多的明确法律(transparent rules)。然而对法律进行部分修改变得越来越困难，这是因为法律的任何一个变革不仅要适应民法典本身，而且要适应更为复杂的判例法体系；不但要分别适应民法典的每一部分，而且要适应内容相互交织的民法典整体。所有这些导致私法成为一个混杂的体系，它的表现形式为：已经部分过时的法典、许多单行法规、大量的法官决议。这种状况根本不符合宪法的规定，宪法(自 1789 年以来)明确规定：私法(包括商法和民事程序法)必须由立法者以普遍适用的成文法典形式加以规定。

5. 最终，对法典进行重新编纂的意见在荷兰取得了胜利。1947 年长期坚持法典重新编纂的雷顿大学梅耶斯(Meijers)教授被授权起草一部新的民法典。这个法典总共包含九编。

(1)自然人法和家庭法(包括婚姻财产法)；

(2)法人(总则、社团、有限责任公司、财团)；

(3)财产法总则(the Partrimonial Law in General)，该编的规定适用于以下各编；

(4)继承法；

(5)物和物权(Property and Real Rights)；

(6)债务法总则；

(7)特殊合同(Special Contracts)；

(8)运输法(Law of transport)；

〔(9)智力成果法〕。

除了第九编，此一体系维持至今，舍弃第九编的理由将在本文的第二部分中论述(第二部分所讨论的是新法典现在的体系)。

6. 梅耶斯教授一开始工作就与许多专家商量了许多在新民法典中要予以解决的问题。最终决定 52 个最重要的问题，特别是一些具有政治影响的问题，必须提交议会讨论决定，以期获得议会对这些问题的决策意见。

尽管梅耶斯教授倾向于将法典草案一体公布，但最后序言（preliminary title）和带有释义（the Explanatory Commentary，Toelichting）的第一编至第四编于1954年单独公布出来。这主要是因为司法部长顿克（Donker）——一位法典重新编纂的坚定倡导者，担心若该项工作出现最初成果的时间过分长，会使人们对此失去兴趣。几个月后，梅耶斯去世。最终决定由德雷奥（J·Drion）、容（F·J·de Jong）和埃更斯（J·Eggens）〔后来埃更斯被格鲁茨（G·de Grooth）所代替〕组成三人小组继续此项工作。其他各编的工作很大程度上是以梅耶斯教授精心准备的法律初步草案和释义为基础展开的。

7. 三人小组分别于1955年、1961年公布了第五编和第六编的草案。对于第七编特殊合同则采取了不同的方式。由于此编涉及面广，一些问题需要相关的专门知识，司法部长决定将立法资料分发给一些法学家，由他们分别承担二十几章中的一章或多章的法律条文及其释义的起草。三人小组中的一员被委派对这些草案进行协调并确定条文的最终表述。第七编的草案于1972年提交给司法部长。第八编运输法委托给海商法专家谢地（H·Schadee）起草。它的第一部分于1972年公布，内容包括运输合同总则、海商法和内河运输法；第二部分陆路运输法于1976年公布。

议会对该草案的讨论（每一编作为一个单独的议案）始于1954年，当时第一编至第四编提交给议会下院；第五编系在两年后、第六编于1964年提交。第一编、第二编、第四编分别于1959年、1960年、1969年通过。第三编、第五编、第六编和第八编的第一部分分别于1979年至1980年间通过。遗憾地，实际上法律从通过到生效实施要经过很长的时间，生效实施要经由另一个法案，叫做“实施法”（Invoeringswet，an Act to Put into Force），包括：①过渡性条款，②与其他法典及单行法必要的协调，③法律所起的变化。

8. 一个重要的问题是将其中的几编与其他各编分别地发生效力是否可行和明智。对于第一编和第二编该问题得到了肯定的答案，这两编分别于1970年和1976年生效。

第三编、第五编和第六编由于相互紧密关联，因而人们认为有必要使它们一起生效。为此，需要非常复杂的立法操作——不仅需要颁布以上所提及的“实施法”，而且要制定为新法典实施所需的一些新法规（比如为登记不动产的公共登记法）；而且，不可避免地要修改民事程序法典中的整个一编扣押法（Law of Seizure），并要通过第七编特殊合同中的四章（其中包括最重要的买卖合同）。这些庞杂的立法大致可分为15个独立但又相互关联的法令，于1986年至1990年间由议会通过。新法律将于1992年元月1日生效。

第八编很快也将生效。第四编及第七编的其余部分将于90年代晚期生效。其先后顺序将由议会按其认为合适的方式安排。

9.作为第一部分的总结，可以说，这次工作花费了比一开始所预计的多得多的时间。值得庆幸的是，由此会导致政治家一方和法律理论、实务一方对此工作失去兴趣的担忧并未变成现实。从一开始，法典草案及其释义对荷兰法律实务就产生了相当大的影响。草案也影响着立法者，他们有时将法典中的部分内容作为一个单独的法令加以颁布，并且在起草私法立法时尽量使用法典草案的体系及专业术语。草案也同样影响了判例法，在许多案件中，荷兰最高法院在解释现行法典和单行法时，尽量使之符合草案法典或其释义（“先期解释”anticipatory interpretation）。法院的这一立场反过来又使得法律实务一步一步地将其自身定位于新法上。此一历程亦得到了法学理论的帮助；教科书在安排其内容时业已基于新法典的体系并对其内容给予了相当的关注。因此，新法典的诞生可以说是荷兰整个法律界共同努力的结果。

二、新法典的体系

10.第一编：自然人法和家庭法。如前所述，第一编和第二编已分别于1970年和1976年生效。第一编自然人法和家庭法包括了结婚、婚姻财产、离婚和收养。有趣的是，离婚法于1971年再次被修改。这表明，一部新法典的诞生并不阻碍法律以立法形式作进一步的发展。

相反，完善一部现代化的体系化的法律比完善埋藏于判例法之中的古老法典更为容易。自1971年以来，本编的内容发生了许多变化。因此，对某些荷兰法学家而言，1970年仅仅意味着荷兰自然人法和家庭法修改的真正开始。

第二编法人法，包括：社团、公司法、财团。这一编的开始部分是适用于所有法人的总则部分。

11. 第三编财产法总则(Patrimonial Law in General)。与现行民法典体系相比较(实际上，也是与民法国家中的任何其他法典化之体系相比较)，新法典最显著的变化就表现在该编中。

首先，一些过去被分别置于合同法和继承法的内容现在被置于第三编中，因为这些问题作为一个整体与财产法(Patrimonial Law)相关。第一，以下的这些内容归入到了第二章"法律行为"中：一般有效要件——意思及行为能力；保护因信赖出现有效意思而行事的善意第三人；条件(conditions)及期限(terms)；与法律、善良风俗(boni mores)或公共秩序(public order)相违背的法律行为的效力；变更和部分有效；意思的瑕疵；债权人欺诈；某些法律救济形式；追认(ratification)及确认(confirmation)。第二，现行法典中内容混杂的委任合同法被规定于第三编的代理法中(这当中不包含调整法定代表人代表法人行事的规则)。

此外，新法典将有体物和无体物同等对待，相应地，与这两类物相关的规则在同一编中被结为一体，自罗马法以来被视为物法的部分内容被置于第三编中，例如有体物和无体物的转让、占有、共有；以有体物、无体物为标的的对物权(rights in rem)——使用收益权(usufruct)、质押(Pledge)、抵押(hypothec)、优先权(Priviledges)及留置权(The right of retention)；关于财产(Property)和物(things)的一般定义，孳息(fruits)，物的组成部分，不完全权利(dismembered rights)，以及一些相关的一般规则(最为著名的是为登记不动产的公共登记的规则)。

在本文中，第三编中的两个新问题须被提及。首先是有关信托管理(fiduciary adminstration，bewind)的一章。在荷兰法中是没有信托(trust)这一概念的。但在实践中存在着多种形式的"附利益的信托质"(fiducia cum amico)在某种程度上发挥了相同的作用。但因"信托质"(fiducia)[①]不符合民法中所有权的概念，所以它没有被纳入新法典。相反，存在着信托管理(fiduciary adminstration)产生的充分可能。由于它将和第四编继承法一起生效所以它被从现行的条文中删除了。

第二个新内容系关于诉权的几条一般性规定(第11章)。这些权利包括：有权获取一个判决以对抗有义务代原告履行义务的人，[②]有关实际履行的规定，判决可以取代被告应实施一定法律行为的法律文书，诉权的时效限制。

12.第四编继承法。法国民法典中，继承被视为财产取得的一种方式，因此它被归入第三编中。这种结构为旧荷兰法所采用，这是继承法在旧荷兰法中被归入第二编物法(the Law of things)中的原因之一。由于这种方式的片面性，新法典抛弃了这种主张。因为不仅仅是财产(Property)可以继承，而且其他对物权(right in rem)、占有、对人权(right in personam)、工业和知识产权以及债务都可以继承。继承法将被继承人的财产(Patrimony)视为一个整体。因此，继承法编被置于财产法总则(the patrimonial law in General)与调整各类财产权(the patrimonial rights)的各编之间。此后各编是根据它们所调整的权利而予以排列：有体财产权(the rights in corporeal things)，

---

① fiducia(信托质)，在古罗马法中，一方依照"曼兮帕蓄"式(mancipatio)或"拟诉弃权"(iure cessio)方式将物的所有权移转于他方，他方则允诺在约定的情形下仍将原物归还物主。在实践中，两种形式的"信托质"最重要，一种是"附债权人的信托质"(fiducia cum creditore)，是指为了保证债权能够得到实现，而将物的所有权移转给债权人。在债务被履行后，债权人应将物返还。另一种是"附利益的信托质"(fiducia cum amico)它是一种物的经营管理与利益享用相分离的形式。例如，创作者为了获取更大收益而把版权转让给出版社。——译者

② 第三编第11章第296条第1款规定：除非法律、债务或法律行为的性质导致不同的结论，应债权人的请求，法官可以判令有义务替债务人为给付，为一定行为或不为一定行为的人履行债务。译者引自《荷兰财产法》

对人权以及智力成果权(传统的称谓为工业和知识产权)。

13. 第五编物权法(Real Rights)。本编规定的是有体财产权(the rights in corporeal things)或称对物权(the right in rem)。这一编中包含了动产和不动产,依法设定的地役权,依习惯而形成的地役权以及其他一些法国民法典中不存在而从古荷兰法中吸收的其他形式的对物权。如前文业已表明的,由于有些对物权的标的不仅限于有体物,所以它们被规定于第三编中。这些权利又被定义为"不完全权利";在此方面,第五编的这些对物权构成一个有自己特征的体系。

14. 第六编债务法总则。债务法的规定包括第六编、第七编以及第八编的大部分内容。债务法总则一编是由五章组成。第一章"债务之一般"包括适用于所有债务的规定,而不问其成因。许多规定都是新出现的,比如关于自然债务的一般规定,连带债务,多数债权人,债权人违约,债务履行及债务不履行的法律后果。另外,还有关于损害赔偿的规定,它适用于合同责任和合同外责任,其优点是使合同不履行和侵权的法律后果能得以协调。还有关于"给付一定数量金钱债务"(the obligation to pay a sum of money)的规定,这当中包含的内容有:票面主义(the rule of nominalism),邮寄形式支付(Payment by postal money transfer, giro),迟延支付金钱应给付的法定利息,以及外币债务。

第二章"债权让与、债务承担与债权抛弃"同样有许多创新,例如关于代位权,债权让与的后果,债务和合同的承受等规定。第三章完全是关于侵权行为的规定,其值得注意的创新将于下文论述。第四章规定了除了合同债及侵权行为之债的其他债—— 无因管理(management of the affairs of another, negotiorum)、不合理给付(undue payment, solutio indebiti)、[①]不当得利(unjustified enrichment)。

---

① 第六编第四章第二节第 203 条第 1 款所作的定义为:没有法律根据给付他人一定财产的人,可以基于不合理地进行了给付,而有权要求财产受领人返还财产。译者引自《荷兰财产法》

最后，第五章是关于合同法总则的规定。其新的规定系关于定式条款(Standard terms)；关于在何种程度上一方当事人受其于缔约时尚不知其内容的一般条款(general conditions)(由另一方制定且通常置于向公众开放的地方)的约束；关于对不公平一般条款的司法控制；有关合同的成立；有关登记财产之合同的对抗第三人的效力；有关诚实信用(good faith)；以及有关因未预见情形(unforseen circumstances)所致合同落空(frustration)。

正如刚刚所指出的那样，尽管第六编的一大半内容都是过去旧法典所未提及的，但第六编的条文规模并不比原先相应的部分多很多。法条的数目要少得多。尽管旧法典的债法部分有弹性有特色，但该部分无疑属于荷兰旧法典中最过时的部分。

15. 第七编特殊合同。这一部分被安排成三个连贯的有层次的部分。第一部分：导致物的移转的合同(买卖、交换、消费借贷、赠与)或授权使用合同〔不动产租赁(lease and hire)、使用借贷〕。第二部分：一方代表另一方行事的合同〔委任合同、出版合同、寄托合同(deposit)、劳动合同、集体劳动合同、企业合同(the contract of enterprise)、合伙〕。第三部分：其他合同〔保证、和解合同(contract of settlement)、汇票和支票、赌博契约(aleatory contracts)(包括保险)〕。由于梅耶斯想要把私法作为一个整体置入法典中，现行的许多单行法规(如土地租赁法、集体劳动合同法)将被放入第七编。部分商法典的内容也将置于第七编中。最终，新法典的第七编将要包括出版合同、和解合同等新合同，而在旧法典中对“交易”的理解是相当局限的。目前，第七编仅只有买卖合同(包括交换合同)、委任合同、寄托合同、保证合同将与第三编、第五编和第六编一起生效。

16. 第八编运输法。这一编不仅包括旧商法典中的海洋和内河运输，而且包括陆路和航空运输。值得注意的变革体现在运输合同总则一章中，这一章中包含了旅游合同(the contract of travel)和搬迁合同(the moving contract)的内容。

17. 工业和知识产权法。起初，立法者想将这部分内容作为财产权(partimonial rights)的第三种分类——智力成果权。有关这些权利(专利权、商标权、版权、商号权)的成文法原本打算予以分离。法律中私法性质的条文打算被置于第九编,而其他行政性、程序性、刑事性质的条文将被置于其他地方。

但是随后,关于这些权利的立法形势已经发生了巨大的变化。专利法的统一化已经开始,并已在欧洲取得部分成功。在商标法方面,一部统一法规则已经通过并且在Benelux[①]开始生效。关于外观设计(designs)和模型(models)方面也发生了同样的变化。

当然不用说,将这些完整的单行法规进行分解是不可能的,就象对该民法典最初设计的那样。由于这些单行法规不仅包括了私法性质的条文,那么将整个法规都归入第九编将显得不适宜。并且这样在实践上也有缺陷,因为相同的条文在法典第九编和单行法中会有不同的编号。更为重要的是,单行法中诸如转让和质押等内容将很难与新法典的体系相协调,因为在法典的其他部分也有关于转让和质押的规定。因而原先所设想的使立法简化以及使现行规定与成文私法之间更好的衔接将无法实现。因此第九编将不可能以人们最初设计的方式制定出来。由于第九编以这样一种不成熟的形式(仅将版权法和商号法的内容并入)存在显得不很合适,所以第九编的前途就不得而知了。对此,尚待有权机构作出决定。

18. 序言(preliminary titlc)。后来被取消的法典的另一个部分就是“序言”。它的九个条文被分为两类。第一类条文是将法律根据不同渊源排列其效力顺序;成文法、习惯、衡平(equity)。例如,有条文规定:法律的补充性条款可以依习惯或衡平而被排除适用,但强行法则不能被排除。这些规定受到了猛烈的抨击,最终这些条文被删除。这类问题将留待法院作出决定。

第二类条文是关于主观权利,特别是关于权利滥用的规定。这些

---

① 荷兰、比利时、卢森堡于1947年缔结关税联盟,所以习惯上将比利时(Belgium)、荷兰(Netherlands)、卢森堡(Luxembourg)并称为Benelux.——译者

条文已被归入第三编的第一章。结果，序言部分整个地被删除了。

19. 结论。从以上的分析可以看出，新荷兰民法典是依照总则(general rules)——分则(more detailed rules)的模式建立起来的，并且这种总则——分则的划分有时是多层次的。这在合同法方面表现得尤为明显。人们不仅可以在第七编和第八编中找到合同法的内容，而且在第三编(比如：意思及其瑕疵)、第六编的第一章(债务法之一般)和第五章(合同法总则)中也可以发现它们。物法(the Law of property)由两个层次(第三编和第五编)甚或三个层次的法律所组成。继承法也是由两个层次(第三编和第四编)组成。在体系结构安排上，荷兰民法典与德国民法典有一定程度的相似。所不同的是，德国民法典的总则涵盖了整个法典的内容，而荷兰民法典的各个“总则”部分仅调整相关的财产法(patrimonial Law)内容。

在此，应当提及法典体系上的另一个特征。经常在一章或一节的末尾，有些条文指引法官在特定的情形下将前述条款类推适用到这些条款没有直接指明的案件中去。例如，合同法总则的条款适用于其他财产性质的多方法律行为，如设立地役权和进行遗产分配。这在某些情况下意味着扩大了物法和债法的适用范围。初看起来，这完全违背了前面所述的第一个特征，但这实际上却履行了一个可比较的功能。在没有适当的规定或原有规定不可行的情形下，这类条款等同于一个推定适用的一般规定(可与比较的是瑞士民法典的第7条，意大利民法典的第1324条，和奥地利民法典的第876条)。

三、新法典的内容

20. 梅耶斯教授1947年接到的委任书的内容是极其简短的：起草一部新民法典。这给予了起草者最大限度的发挥空间，来修改法律并使之适应时代的需要。有两点是明确的，一是新法典并非要根本改变由成文法和判例构成的现行法；二是这项工作不仅仅是为了删除法条中多余的和过时的部分而作的法律重述(restatement)，也不仅仅是使判例法和单行法法典化。梅耶斯教授实际上也并未局限于上述范围。以下我们阐述的都是法律本身的许多重要革新。由于显而易见的原因，我们的阐述将局限于财产法特别是债务法方面。

21. 第三编中第一个显著的变革就是关于从无权转让物品的卖主那里取得不动产的人的保护问题。该编规定，如果障碍是由于该不动产应予登记而未登记，而受让人不知道存在该障碍，那么受让人取得完整的权利。在物品的所有人对物进行了不准确的登记，而又应当对此作出更正的情形下，如果受让人基于这个不准确的登记取得了该物，那么他同样受到保护（第三编第24条和第26条）。尽管法律规定转让物品需要一个有效的权利（a valid title），在前述情况下，即使转让人是无权转让，物品的所有人也不能以此来对抗善意第三人并主张取消该转让（第三编第88条）。

关于动产的取得，荷兰民法典借鉴了法国民法典的"占有等同于权利"（possession vant titre）的规则。荷兰最高法院解释认为：如果第三人以善意和负有负担的方式从非所有人那里取得财产，那么他取得完全的权利。这样的规则目前已规定于第三编第86条中，但已通过各种方式进行了修改。目前该规则已扩大适用到遗失物及赃物的取得（在取得赃物的情形下，取得人必须是以消费者的身份在商店里通过正常途径取得）。

一个法律行为需要一个相关的意思及其表示。如果行为人的意思与其表示之间存在不符，而行为相对人又无法发现这种不符，那么这个行为是有效的。如果一个明示或默示的意思表示产生了一种法律关系存在或不存在的表象，那么善意第三人就可以基于这个表象行事（第三编第33、35和36条）。

除了传统的意思瑕疵的三种形式〔威胁、欺诈和错误（error）〕外，新法典增加了"情势的滥用"（abuse of circumstances）。构成该情形并不需要出现实际的经济损失。第三编第44条第4款详细列举了所指的相关情形——"情势所必需"（a situation of necessity）、依赖性（dependency）、挥霍（wantonness）、精神失常或缺乏经验。这些列举表明，在规定这些情形时充分考虑了各种因素，不仅要考虑经济的或现实的需要，而且要考虑受害方当时特定的精神智力状况。

第三编的新章（第六章）系关于信托管理（fiduciary adminstration）的规定，它将取代“附利益的信托质”（fiducia cum amico），在本文的第11部分业已述及。实际上第三编第8条第3款禁止任何形式的信托权利，所以这也影响了荷兰判例追随德国法发展而来的“附债权人的信托质”（fiducia cum creditore又称transfer by way of security）。最终，这种制度为“不移转占有的质押”（non－possessory pledge）所取代。一些例外情况表明“不移转占有的质押权”比“移转占有的质押权”（the right of possessory pledge）要弱得多。如果债务人不是物的所有人或物上设有不完全权利负担，而允许债务人持有该物，债权人若善意地认为债务人有权对物进行处分，那么在物为他占有以前，债权人将不能获得一个有效的质押权。（第三编第238条）。

22.继承法（第四编）多年来一直是争论的焦点。总的趋势是要加强生存配偶方的地位而不考虑子女的利益及他们的法定份额（Legal Portion）。在旧荷兰民法典中，配偶仅仅是和子女一样的继承人，但他（她）没有法定份额。许多强调保护配偶一方利益的人要求宣布配偶是唯一的继承人，并且如果为了维持生计的需要，配偶有权获得所有遗产。1981年在司法部长和议会司法委员会意见妥协的基础上，荷兰政府提出：生存配偶一方享有对遗产的使用收益权（usufruct），这种使用收益权主要是指可对财产进行处分，且这种权利优先于子女的法定份额；且子女的法定份额将由物权（a property right）转化为金钱的给付请求权（a Pecuniary claim）。如果为了维持配偶一方的生存需要，那么即使被继承人在遗嘱中排除了生存方，配偶一方仍可对遗产主张使用收益权。由于在此问题上无法与第三、五、六编一起形成定论，所以第四编将于后一阶段生效。

23.物权法（在本文第13部分所限定的意义上）也现代化了。这里需提及的是关于遗失物范围的规制（第五编第二章）、授予国家对领海的所有权的规定（第25条）以及对地役权概念的扩大（第六章）。

24. 第六编债务法总则中最重要因素之一就是“诚实信用”(good faith)在法律关系中的地位。第六编第二条明确宣布：诚实信用(在债务法中将被界定为“合理及公平”)不仅可以补充合同债或其他债，而且可以消灭它们或排除它们的适用。该条规定“债权人和债务人之间应当根据合理及公平之要求来行事。”该条第二款增述道：“在特定情形下，根据法律、习惯或法律行为形成的约束当事人的规则，如果依据合理及公平标准将被认为是不能接受的，那么，这些规则可以不适用。”这些规定适用于所有债务，而在旧民法典(第1374条第3款，法国民法典第1134条第3款有同样的词语)中，类似的规定只适用于合同债务。并且在旧法典中仅仅运用了以上所提及的两种功能中的一种(扩张功能)，而新法典的第六编第二条第二款同时也发挥了限制性功能。新法典依据原有判例法，规定诚实信用的限制功能主要(并不仅仅)适用于债权人因自己的行为或疏忽而失去对债务人主张请求权的情形。

在合同法中，诚实信用的效力被反映在合同效力的许多条款中。第六编第248条同样将第六编第2条所述的原则适用到合同中去。根据第六编第216条之规定，这些规定同样适用于财产性质的其他多方法律行为。

规定“未预见情形”(unforseen circumstances，imprevesion)的第六编第258条也有相似的规定。该条第一句规定：根据合理及公平的判断标准，合同方不可能期待合同将以不变更的形式存在下去，根据合同一方的请求，法官可以基于未预见情形而改变合同的效力，或整体或者部分地解除合同。相似的规定同样可见于法典的其他部分，比如遗产和地役权部分。必须明确，未预见情形不能根据字面进行理解。[①]法律的规定与合同方已经预见或能够预见的情形无关，而且要考察合同是否对后来发生的事件作了充分的规定。

① 该条第二款规定：如果根据合同性质或一般观点，援引“未预见情形”的人对这些情形的出现是有责任的，那么他无权请求变更或解除合同。译者引自《荷兰财产法》

25. 自然债务(natural obligations)的规定见于第六编第 3 条至第 5 条。由于连带债务(见第六编第 6 条)的规定将适用于所有多数人对同一损害负有赔偿责任的情形(第六编第 102 条),所以这一节将越来越重要。

在合同中出现"互负债务"(counter－obligations)的所有情形下,可以行使中止权(第六编第 52—56 条)[①];且如果债务的关系支持中止履行,那么也可以行使中止权(第六编第 262—264 条)。[②]在破产和其他案件中,大大强化了有权中止返还属于另一方财产的债权人的地位(第六编第 290—295 条)。

出现了"债权人违约"的新的一节。债务不履行的效力被规定于第六编第 74 条至 94 条。债务人不仅在有过错的情形下承担责任,而且在依据一般观点(common opinion)看来是可归责于他时,也应承担责任。法律中还规定了对履行债务时使用的人和物的无过错责任。一旦适当履行变为不可能,那么就立即产生损害赔偿之债。另外,除非合同规定了债务履行的固定期限,那么债务人不正确履行或根本不履行债务都将构成违约。在行使合同解除权时,也有相同的要求(第六编第 265 条)。

违约债务人原则上可以通过提出对对方的损失及花费作出补偿而弥补自己的违约。他可以要求债权人在实际履行、损害赔偿、合同解除之间作出选择。如果债权人没有在合理长的时间内对此作出答复,那么债权人仅有损害赔偿请求权。

法院可以根据公平削减当事人之间的约定罚金,但不能使之低于法定赔偿金。如果规定罚金的目的是为了取代法定赔偿金,那么法院同样有权根据公平来增加损害赔偿金(第六编第 94 条)。

---

① 例如,第六编第 52 条第 1 款规定:如果债务人对他的债权人有一个请求权,并且请求权和他所负的债务之间的关系支持中止履行,那么在他的请求权得到满足以前有权中止履行。译者引自《荷兰财产法》

② 例如,第六编第 262 条第 1 款规定:若合同一方没有履行合同,另一方有权中止履行他的关联债务(corelative obligations)。译者引自《荷兰财产法》

26. 损害赔偿一节(第六编第95—110条)的内容适用于合同责任和合同外责任。这里有几条新规则,责任产生的基础事件与损害之间的因果关系的规定(见98条,简言之,唯一的尺度就是合理性标准),非物质损害和致受害人死亡时的责任规定(第106条和第108条)。

这一节的最后是两条非常有趣的条文。第109条授权法院:在认为如果给付全部补偿将导致明显不可接受的后果时,可以减少损害赔偿额。在这当中要考虑责任的性质(亦即,危险或过错),双方的关系以及各方的经济状况等因素。在债务人的责任已经或应该为保险所包含的情况下,则不能减少损害赔偿额。第110条允许政府制定法规限定责任形式,以确保这些责任形式能为保险范围所包含。

27. "给付一定数量金钱的债务"(第111—126条)一节包含有邮寄形式支付、金钱债务不履行的法定利息以及外币债务。"债权让与、债务承担与债权抛弃"(第六编第2章)包含代位权、债权让与的效力以及债和合同的承受方面的创新。

28. 现行的由从法国借鉴过来的条文以及判例组成的侵权行为法被置于第六编第三章。与其他各国相同,这方面最重要的变革就是从过错责任转向危险责任。危险责任在旧荷兰法中并非没有,只不过仅限于雇主替雇员承担的损害赔偿责任、建筑物倒坍责任、船舶责任及汽车责任。在危险责任的情形下,被告可以举出反证排除过错推定的适用。因此,除非父母能够证明,他(她)未能采取措施排除他的未成年子女对第三人造成损失是不可归因于他的,那么父母对未成年子女的侵权行为应当承担责任。与法国与比利时法不同,荷兰法院并未从旧法典的第1403条第1款中推断出严格责任(并非过错责任),法国民法典中相应的部分是第1384条第1款。

与此种立场相反,新荷兰民法典规定了对于物的严格责任(第173—183条)。原则上,173条的规定适用于所有的物,而不论物是否具有危险性,但条件是损害是由于物固有的缺陷所致(这样的限制是从比利时法借鉴而来)。这样的限制对危险性物质不相适宜,因为危险是这些物品的特性，所以关于这些物又规定了一些特殊规则。关于动物和建筑物的规定实际上扩大了“适用于所有物的一般规定”规定的责任。这一节并不包含汽车、船舶和飞机，有关这些方面的条文被置于第八编运输法中。产品责任方面的规定与欧共体在此问题上的相关规定一致(第185—193条)。

责任主体是物的占有人。理由很实际：受害人易于找到他，而且正是他能够得到物件损害的保险赔偿。当然也有例外规定，其中最重要的几乎与主要规定同等重要。如果经营事务中使用的物品造成了损害，那么责任归于事务经营者(第181条)。比如，一家工厂因爆炸伤害第三人，那么受害人无法证实哪件物品造成损害，由于经营该厂的人可以对爆炸的损害一体获得保险赔偿，因此不论谁持有该加害物件，也不论损害是由物件或该厂的雇员所致，该厂的经营者都应承担责任。

基于相同的理由，新法典扩大了雇主对独立缔约者(independent contractors)的严格责任这一新的情形，只要他们系受雇于雇主的经营过程中(第171条)。

在对自己行为承担责任的问题上，荷兰民法典保持了过错要件主义(第162条第3款)。当然也有重大的例外，生理或智力有障碍不能成为侵权行为不可归因于错误行为人的理由(第165条；比较法国民法典第489条第2款)。但年龄在14岁以下的未成年人不对侵权行为负责(第164条)。因此，不管其父母本身是否有过错，父母都要承担责任(第169条)。

这仅仅是对拥有庞大丰富之细节的新侵权行为法的一个一般勾勒。总之，政府有权制定法规规定责任(特别是基于危险者)的最高限额；法院也可以拒绝对某些侵权行为颁布禁令(如工厂造成了妨碍，但这些工厂却带来了巨大的社会利益)。

29. 依据旧法典，荷兰法不允许对不当得利提起诉讼。这样的规定见于最高法院的决议中，这与法国和比利时最高法院的做法相反。为了赶上其他国家更为先进的立法(特别是德国、瑞士、意大利)，第六编第 212 条作了原则性规定:“一个人无合法根据取得利益,而使他人受到损失,应在合理的范围内,以其所得的利益为限,赔偿他人因此所受的损害。”在合理限度范围内的限制,实际上排除了未经受益人同意而强加于受益人的利益的返还。

30. 第六编的最后一章是合同法总则。其中规定了旧法典没有提及的“一般条款”(general conditions)。这一章的中心是:如果一般条款中规定了不合理负担,那么可以被撤销。此后三十多个确定性或推定性的条文都是对此作出详细规定。但这些条文仅仅适用于与消费者签订的合同。这一部分最后规定,不管出现的“不合理负担”的情形是否在上述条文中有明文规定,消费者和商业组织都可以申请撤销。

“定式条款”(standard terms)应当与“一般条款”相区分。定式条款指的是依据法律适用于某一特定种类合同的一系列条款。定式条款应当由司法部长委派的一个委员会来起草,并应经政府批准。相关的单行法规定委员会将主要由相关商业组织推荐的人和消费者组织推荐的人(如果涉及到消费者的利益)组成。

有关合同成立的规则吸收了 1964 年海牙国际货物买卖法公约中有关合同成立的统一法规定。当然其中关于“错误”(error)的规定很大程度上受到了普通法“错误陈述”(misrepresentation)的启发。

关于诚实信用和未预见情形对合同效力的影响已在上文第 24 部分作了论述。这一章当中有合同对第三人的法律效力的内容,比如在第三人依据与合同相关的权利和义务而获得某物时的处理。新法规定,如果雇主对雇员行为的责任被免除,那么雇员可以提出同样的理由来对抗从其获得赔偿的请求(第 257 条)。

最后,第 265—279 条是关于双务合同不履行的解除问题,只要出现不履行的情形,那么无论债务人对损害是否有责任,也不论不履行是否由不可抗力所致,都可能出现合同解除。仅需一个书面的通知就可以全部或部分地发生合同解除的效力,但合同解除没有溯及力。

31. 第七编特殊合同不属这篇介绍性文章的论述范围(参见本文

第15部分之列举)。第一编中的四类合同由于与第三编、第五编和第六编关系密切而即将颁布,并和它们一起生效。其他部分的内容将在90年代余下的时间内完成。这里提出一个重要的问题是在多大程度上消费者法的内容将体现于新民法典之中(亦即在买卖法、服务合同、工作合同、保险、保证和旅游合同等方面)。

总的来说,荷兰法有将保护社会经济弱者的新规则置于民商法典的传统:劳动合同(1907年)、分期付款租购(1936年)、商业代理(1977年)和居住租赁法(几个保护性立法于1979年合并)。目前以单行法形式规制的土地租赁法和集体劳动合同法将被置于第七编。以相同的方式来处理私法性质的消费者保护法律是符合这一趋势的。主要的例子是第六编规定了"一般条款"(见第30部分)第七编第一章规定了买卖合同。

这一部分的条文草案是依据1964年的海牙国际货物买卖法公约的统一合同法的内容制定的。其中许多关于消费买卖的规定是在草案送交议会时增加上去的。在制定以上所提及的其他章时采取了同样的方式。由于强行法理所当然地被视为与第六编"一般条款"一节的背景相抵触,所以此领域内所需强行法的数量是个关键问题。迄今为此的经验表明"一般条款"部分在保护合同弱者方时规定的强制性规范并不多余。

四、结论

32.从以上的论述可以看出新法典规定了许多新规则以适应现代社会的要求。在提及这些革新的方向时,几个大的特征须被述及。它们是:保护据相关意思的出现依诚实信用行事的条款及保护依诚实信用从非所有人取得财产的条款明显增多;合理及公平及其他象不当得利这样的开放性概念在债务法及其他部分中发挥了重要的作用;对弱者(未成年人、雇员、消费者、侵权行为的受害人)的保护被大大加强了;社会普遍利益被视为私法中一个相关因素(见第三编第12条、14条和第六编第168条和第259条)。还有许多技术性质的进步可以反映革新的另一个特征,例如出现了阻碍无效行为发生效力以及减少溯及既往以至无法控制之情形的规定。

33. 新法典的革新是多方面的，在此不能一一加以阐述。对于此点只要看一看第六编的释义以及它的千百个脚注就可以明了。这里有必要提及草案起草者进行了相当广泛深入的比较法研究，以下的数字可以说明这个事实：第 372—415 页对第六编的注释（英译本、1977 年版）包含有 220 个脚注，其中 120 个涉及到了制定法、法院决议以及其他国家的法律文献（这些国家是奥地利、比利时、英国、法国、德国、瑞士、匈牙利、意大利、葡萄牙、瑞典、斯堪得勒维亚国家、加拿大、美国、南非、日本）。并且立法中还参考了法律史、国内国外的法学著作以及立法。

当然，从比较研究所得的启发的重要性不应被过高评价。有人认为，荷兰私法不再属于法国法体系而更接近于德国法。如果考虑到法典的体系性的结构、抽象语言以及技术性的细节则这样的结论有一定的科学性，但在论及许多重要的法律革新时（前面已经论及了一些）外国的影响是相当均衡的。

法国——比利时法最重要的启发是在不法行为法上，从过错责任转向无过错责任。受普通法影响形成的制度有：错误(error)、不当影响、预期违约、以及对独立缔约者的责任。德国法的影响很明显地表现在：一般条款以及关于诚实信用（合理及公平）在合同法上的地位的规定。并且新法典还受到统一法特别是 1964 年海牙统一法和 1980 年维也纳统一法的影响。它们的影响不仅表现在“恰当出售”(sale proper)的规定上，而且还体现在债务法总则中合同不履行、合同成立等规定。

库兹(kötz)和兹魏格特(zweigert)的观察比较恰切：

“新法典是否还属于法国法传统很令人怀疑。正如有关资料所证实的那样，法典的每一部分都是在充分比较衡量的基础上作出的。可以说新法典是在欧洲大陆统一法(ius commune)的基础上建立起自己的风格。”①

（译者为中国人民大学民法硕士研究生）

① 作者注："Ob das ncue Burgerlijk Wetbock wirklich noch der franzosischen Tradition zugerechnet werden kann ist schr zwcifclhaft. Jedenfalls beruhtcs-wie aus den Gesetzcsbcgründungen zu Cntnchmcn ist-übcrall auf gründlichen rechtsvcrglcichenden Ucberlegungen, und es mag scin, dass es zu cincm eigcnen, auf kontinental-europaischem ius commune beruhenden Stil gefunden hat". (Einfuhrung in die Rechisvergleichung auf dem Gebiete des Privatrechis I, 1984, P. 119). See also the English translation: Konrad Zweigen et Hcin Kotz, Introduction to comparative law, Oxford: Clarendon Press, 1987, Second revised cd. , Vol. I. P. 105.

美国契约法理论的历史发展及思想渊源

万　群

目　次

引　言

在西方，系统地以法律形式固定下来的契约概念首先出现在罗马法，而契约思想还可以追溯到古希腊的智者以及伊壁鸠鲁等，这些先驱者们已将法解释为一种契约的思想。契约思想无疑与古希腊城邦制度有着不可分割的联系，可以说是城邦制度的重要历史产物之一。至古罗马，由于政治、社会的变迁，从来以身份来约束人们社会行为的规范难以维持，而新型的内在于社会及人的深层的道德精神要求以法律的形式来规范，而外在的规制社会及人的法律义务亦寻求合理的道德支持，反映这两者要求的重要形式就是契约，契约就是在这种社会及人的要求下符合逻辑地诞生了。它的产生是社会变化的要求，也是结果，是对旧社会关系的否定和对新社会关系的肯定。对此，英国法史学家梅因爵士精辟地指出："所有进步社会的运动，到此为止，是一个从身份(Status)到契约(Contract)的运动。"①

契约即人与人之间的某种交往关系的外在化。它一方面意味着某种社会性，意味着契约主体不是孤立的，而是相互发生联系的个人，另一方面它又是以独立自生的个人的存在及行动为前提和基础。契约还暗示着订立契约的双方是自由和有理性的存在，一方要实现其自由(对其预期的获取)，必须遵守契约所设定的某种义务和秩序。这样，"个人与社会"、"自由与秩序"既矛盾又统一的关系之间的张力也就构成了西方契约理论的基石(在某种意义上也构造了西方政治及社会制度的基石)。所以，当我们考察西方国家契约法理论产生与发展的历史时，仍然可以触摸到从古希腊罗马一脉相承下来的契约思想这一深厚的渊源。

契约理论的成熟导致了私法的发达。而私法的发达又反映了商品和资本在社会经济中的重要作用。可以说，市场经济体制的建立，必然有利于私法的发展，反过来，私法的兴旺，亦势必促进市场经济体制的成长和壮大。

由于我国经济正在向市场经济体制转变，也由于我国的市场经济法律体系，尤其是私法体系极不发达，这就很有必要通过比较和借鉴实施市场经济先进国家的私法理论，来逐步发展和完善我国的市场经济法律体系。而美国作为当今世界的头号经济大国，其法律体系对我们来说无疑具有重要的参考价值，因此，笔者把目光首先投向在美国法律体系中占据重要地位的契约法理论的原由就在于此。

要了解美国私法，对美国契约理论产生与发展历史的把握就是一件非常重要的前提性工作。资本主义社会是市民社会，而契约理论是市民社会的理论基础。"资本主义并不纯粹是一种经济现象，它也是一种法权体系"。② 顾准的这一论断也为我们拓开了一个从法律侧面去思考美国社会与法之间的制度关系的视角。所以本文在对美国

① 〔英〕梅因:《古代法》,沈景一译,商务印书馆 1984 年版,第 97 页。

② 顾准:《顾准文集》,贵州人民出版社 1994 年版,第 318 页。

契约法的历史产生与发展进行整理时，始终关注着美国契约法的演变过程中所涉及的一些经济、政治、文化及社会事件，力图透过法与社会的互动关系使读者对美国契约法有一个客观的、历史的、逻辑的清晰理解。

美国契约理论是对英国普通法理的承继，更是对后者的发展。它是以美国18、19世纪自由经济社会现实为基础发展成熟起来的，本文从时间顺序上将其发展过程分为古典契约主义(18世纪——1932年美国《第一次契约法重述》出版)，和新古典契约主义(1932年至今)两大阶段。在古典契约主义阶段，由于自由企业经济环境和人文主义伦理观念的时代要求，美国契约法采取一种自由放任的体制。近现代以来，古典契约理论由于社会变革的巨大潮流的冲击而不断受到挑战。尤其是伴随国家干预主义的加强及社会本位思想的渗透，古典契约体制的两大基石——意思主义理论和契约自由原则，其内涵不断受到限制甚至削弱。尽管如此，这两大基石仍然是美国新古典契约主义坚实基础，在新的原理和学说的补充与平衡之下，它们又获得了新的生命力。而今，随着新自由主义在西方的兴起，古老的契约制度及其所反映的价值观念又一次得到人们的支持与认同。

个人与社会，自由与秩序这两大关系，是贯穿于契约理论的主线。契约理论的变革，也只是某种倾斜，偏向的程度有所不同而已。无论怎样，自由、平等、理性始终是美国契约法所关注的和所追求的精神。

离开了历史，我们就不可能真正地认识现实。对美国契约法历史的概观，使我们更深刻地体会到其契约理论所反映的“一种独特的美国精神，性格和行为方式。”[①] 因此，在我们研究和借鉴美国契约法时，不应该忘记其产生和发展的历史背景。

---

① 〔美〕H. S. 康马杰:《美国精神》，南木等译，光明日报出版社1988年版，“前言”第1页。

第一章　古典契约主义

一、古典契约主义的内涵

（一）古典契约主义的生成及含义

美国古典契约主义是指产生于18、19世纪的契约理论和原则，经过1932年美国《第一次契约法重述》(Restatement(First)of Contracts)的出版，而发展成为一个高度统一的理论体系。[①] 在古典契约主义确立过程中，贯穿于始终的是两个层次相异而又内在统一的原则——意思主义和契约自由。由这两项原则导出了古典契约法的基本原理，即契约拘束力的根源在于当事人双方的意思或意愿。美国古典契约法理的核心理论较为独特，一般称之为交易理论，这是美国契约法史上一场重大革命（从主观主义转向客观主义）的产物。

古典的意思主义理论，是指契约须建立在双方意愿的基础之上，契约成立的前提是双方意见达成一致，它含有某种共识或合意的因素，意思主义理论表明缔约双方是自由和理性的存在，契约是双方合理选择的结果。为人们普遍信仰的契约神圣观念，即源于契约是具有最高效力的当事人意志的产物。

古典的契约自由原则包括三层含义：(1)缔约自由。即当事人双方有权决定是否缔结契约，法律不应限制当事人订约或不订约。(2)选择缔约对方的自由。这一要求表明，当事人可以自主决定与何人缔约，法律不强制规定当事人必须与某一特定人缔约或不缔约。(3)决定契约内容的自由。它赋予当事人可以按其意愿订立任何种类和其中包括任何条款的契约，除非存在诈欺或其他方式的欺骗事实，法律

① 英美法系的法学家和法官倾向于认为，18、19世纪之前的英美国家有关契约争议的判例，只是于对个别案件的具体判决，尚未形成有原则、有体系的完善的契约法。只是到了18、19世纪之后，英美契约理论才逐渐成形。参阅周林彬主编：《比较契约法》，兰州大学出版社1989年版，第53页。又见〔美〕格兰特·吉尔莫：《契约的死亡》，曹士兵等译，载于梁慧星主编：《民商法论丛》第3卷，法律出版社1995年版，第222页注释7。

不干预也不保护订约人。“法院不为当事人订立契约”是古典契约主义时代流行的一句法谚。

整个19世纪，西方历史学家称之为契约的世纪。[①] 那个时代的法官们认为，他们在处理当事人之间的契约争议时，不是在把法律规定强加于双方当事人，而只是在找出双方自己的真实意图以及所选择的解决争议的办法。契约法被认为是中立地迫使双方履行协议的法律制度，因而大多数情况下契约规则是任意性的而不是强制性的，双方当事人可以在协议中自由地变更或排除这些规则的适用于他们的契约。但对于双方的约定而言，其效力几乎是绝对的，即使是国家意志也不能任意将其改变。19世纪的法律科学，其中心思想就是“个人独立性和自由个人意志的重要意义”，[②] 维护私人自由订立契约的权利成为法律的首要目标。

（二）契约的严格履行

契约必须严格履行的观念因自由契约原则的深入在19世纪大大加强，绝对责任思想得到人们的普遍认可。当时，如果一项义务或责任是当事人自愿同意为自己设定或创制的，那么无论发生任何意外事故或必然事件，当事人都要受到自己订立契约的拘束而不能免除责任。

值得注意的是，这种严格责任观念的确立，一方面，由于契约作为双方合意的产物，所以履行契约就是实现缔约双方自由意志的必然要求，另一方面，契约作为当事人允诺的一种体现，在自由社会里也是一种秩序的范例，它是社会整合的唯一合法手段，有机地协调着各类交易中的关系。因此，资本家利用契约这一法律手段的目的，除了加速经济资源流转之外，也是为了实现生产和经营的计划性从而避免经营活动中的盲目性和危险性，并且可以充分利用“人人必须遵

---

① 〔美〕伯纳德·施瓦茨：《美国法律史》，1989年中文版，第64页。

② 〔美〕罗·庞德：《通过法律的社会控制法律的任务》，沈宗灵、董世忠译，商务印书馆1984年版，第7页。

守诺言"这一道德原则的力量以及法律强制手段的作用保证允诺的实现。由此可以看出，从古典时代开始，契约的观念不仅仅包括合意、自由选择等要素，而且也含有秩序的因素。因此，在我们讨论契约的概念时，不仅要分析自由和秩序的冲突，同时也要关注二者的协调。如果忽视其中的任何一面去探究契约的内涵，那么我们所得到的都将是一个有欠完整的契约概念。

(三)契约理论的理想与现实

不过，无论古典时代的人们推崇契约自由原则到了何种令人难以置信的程度，自由的契约体制毕竟是建立在大量假定的基础之上的，而且它所赖以建立的自由主义经济学说，个人主义道德伦理本身也是一种理论预设，这必然造成了契约理论与现实生活之间出现的某种程度的虚拟真空。

首先，契约自由原则是建立在人是自由和有理性的抽象存在，每个人在经济上、政治上、道德上以至在法律上都是自足的个体单位，因此，每个个体都是其自身利益的最佳判断者，任何有理智的人都不会订立损害自己利益的契约的前提之下的。这样，"在一个一般规则和制度都很合适的体制内，人们之间会产生一种自发的关系。这个关系仍然保留'秩序'但却自我维护，因此在规则设定的范围内就不再需要详细、具体的规章。"[①]"让交易者自己当心"(Let the barguiner beaware)，这项在美国古典契约法形成初期很著名的原则，深刻反映了当时盛行的个人主义观念。

其次，古典契约自由原则还建立在这样一个预设前提的基础之上，即缔约人之间享有平等的缔约能力以及相似的对等交易，商品性能的认识能力，因而在讨价还价能力或者说交易能力基本相同的基础上达成的自由协议，就是一种社会公正的体现。此外，它还假定契约所依赖的市场是一种完全的自由竞争环境，独立主体通过自由竞

① Lord Robbins，Political Economy Pastand Present5－9(1976)，转引自 Contraces－Cases and M aterials，Little，Brown and Company，1986，P3.

争会寻找到自己最佳的位置，私人财产所有权和社会经济之间的平衡会因此得到有效的维护，市场也会最终形成一种自发性协调地运转的秩序。

在这一系列假定的基础之上，契约是神圣的，“契约即正义”也成为19世纪的美国人所信奉的主要观念之一。①

然而，理想与现实总是有着一定的距离。美国古典契约法从未被自由资本主义企业诚心诚意忠实地奉为准则，契约自由也从未达到自由主义者所假定的那种状态。② 在实际经济生活中，人们逐渐认识到，缔约人之间的经济地位和经济实力是不平等的，对于他们所从事交易的认识能力也是各不相同。小的零售业主显然无法与大的商业组织相抗衡，雇员的讨价还价能力则明显低于雇主，商人与非商人的交易能力也有一定的差别。很多情况下，经济实力上处于弱者地位的一方迫于生存或经营的压力，不得不签订一些对他们明显不公平的契约。契约实践中越来越多的不公平现象深刻地表明，法律上赋予所有社会成员具有自由，平等的契约权利相对来说是没有价值的，生活世界的逻辑毕竟不可能通过理想的设计而改变。随着经济交易的扩大和交易的日趋复杂，古典的契约自由原则愈发显示出理想主义的本质，其内在的缺陷也越来越多地暴露出来。③

司法实践中，缔约人之间并非平等的缔约能力以及难以自发解

---

① 康德鲁将最大限度的个人自由的自我主张表述为法律正义。在契约法上，“正义就其本身的性质而言就在于对合法契约加以维护。”参阅伯纳德·施瓦茨：《美国法律史》，第92页。

② Pound, Liberty of Contract，转引自 Contracts－Cases and M aterials，p9.

③ 对古典契约自由原则的反思，在大陆法系和普通法系法学家的著作中都有论述。法国民法学家茹利欧·莫兰杰尔在他的《法国民法的渊源和发展》一文中指出：“把契约自由变为过分绝对的信条，从而使人们关系中的竞争急剧发展，使居于首位的只是财产利益，这有可能导致弱肉强食。承认权利平等往往导致实际上的不平等。”该内容载于《外国民法资料选编》，法律出版社1983年版，第58页。英国学者P.S.阿蒂亚在谈到英国古典契约法中的契约自由原则时也指出：“古典的‘契约自由’概念甚至从一开始便存在着某种严重的缺陷”，“古典契约法很少注意到缔约人之间的不平等关系。”《契约法概论》，程正康等译，法律出版社1982年版，第8、10页。两大法系法学家的共同检讨表明，契约自由作为一种社会理想的缺陷，使它的实际效果走向了自由平等的反面。

决的个人利益和社会利益的冲突，也使得在古典契约主义时代，法院一直处于自由和公正的张力之中。一方面，在自由社会，每个人都具有引导其个人生活的尊严以及承担自己过错的责任这个理论框架内，契约正义是一种可交换的正义(Changable justice)而不是一种分配的正义(distributive justice)，[1]法院的功能不是撤销不谨慎的交易，而只是解释缔约双方在契约中所表现出来的意图。不论订约者因严酷的交易承受多少痛苦，法院也不能以公平的名义对不幸者给予救助。"允诺必须遵守"，似乎成为19世纪契约法中残留的唯一道德成份。然而，尽管如此，苛刻的交易也常常使法官的良知受到震撼，公众心灵中固有的公平观念令法官承受着相当的压力。理想中的契约神圣观念，在残酷的交易事实以及法官判决面前，不可避免地受到了人们的质疑。如何在个人自由和社会控制之间达成有效的平衡，是古典时代的法官们面临的一大难题。

二、古典契约主义产生的思想根源

美国古典契约法中的意思主义理论和契约自由原则，是盛行于18、19世纪的古典自由主义经济学说，自由主义哲学思想以及人文主义伦理观念和功利主义思潮交互影响下的产物。下面我们分别对此加以阐述。

(一)经济自由主义

16世纪以后，随着近代资本主义生产关系的成长壮大，它要求摆脱一切束缚和限制，实现充分的自由竞争。古典自由主义经济学说的集大成者——亚当·斯密(Adam Smith)在其1776年出版的《国富论》(The Wealth of Nations)中提出，最好的经济政策是经济自由主义，政府应该采取和奉行不干预经济事务的政策。亚当斯密指出，每个人在平等地位上进行的不受国家干预的自由竞争，是满足个人利益和社会利益的最好方式，各种限制性法规只能窒息个人的创造

---

① Hayek, Constitution of Liberty 232,464, Chicago and London: The UNIVERSITY of Chicago Press and Routledge & kegan Poul, 1960 a.

力，阻碍经济的发展。因此，政府只能是自由竞争的“保护者和看守人”，法律也只能以任意性规范的形式对当事人作出建议从而为他们提供订约方便。[①] 经济自由主义理论构成了美国古典契约理论的思想渊源。

古典的契约自由原则深受古典自由主义经济学说的影响，也配合了18、19世纪自由经济发展的需要。生产技术的不断改进，经济基础的增强，是资本主义经济在18、19世纪取得巨大成功的主要原因。而这种发展必须具备一个前提，即企业能够对将来交付的商品和服务讨价还价并可以依赖于将来交付的允诺这一契约形式，促进商品和服务的流动顺利进行，确保因允诺产生的合理期望受到尊重。而契约要为这种建立在自由交换而不是传统，习惯或命令基础上的经济制度提供适宜的法律工具，必须是一个几乎不实施限制的极其灵活的法律体制。首先，它必须给予契约形式上的自由，这意味着将保证实现契约交易的必要形式减少到最低限度。其次，契约法必须给予当事人自由确定其契约内容的权利。因为市场处于不断扩大和变化之中，法律无法预测社会成员所要签订的无数契约的内容，而古典的契约法大都是由一些一般化的原则所构成，没有具体琐细的规定。再次，企业希望以最有效的方式利用生产要素并能合理地运用新的方式满足市场不断变化的要求，他们不愿被动地服从传统和习惯所设定的强制性的统一行为方式，而是需要自由的契约制度以保证他们能够选择合适的方式使其行为最大程度的理性化，从而减少交易费用。[②]

（二）个人自由的哲学思想

美国古典契约自由原则的确立也有其哲学上的根据和基础。18世纪从英国移植到美国的自然法学说，因为适应了美国人追求独立、

---

① 参阅李仁玉、刘凯湘：《契约观念与秩序创新——市场运行的法律、文化思考》，北京大学出版社1993年版，第101页。

② F. kessler G. Gilmore、A. T. kronman, Contracts－Cases and Materials (Third Edition), Little, Brown and Company, 1986, P. 4.

自由和财富的权利要求而深深扎根于美国法律制度之中。[①] 基于同样的缘由，自由主义哲学观念也在这块新大陆上开花结果。推动18、19世纪美国社会发展的占统治地位的信仰，就是人们深信，无论在家庭，教会还是市场，个人和团体的行动都不应受到限制。这是一个开放的社会，放任主义体制将保护个人自由与尊严并最大限度地维护和实现社会正义。持有这种信仰的人们相信，个人在追求自身利益的同时也使团体利益得以实现。如果个人对财富的追求不受限制和束缚，那么这个社会也会在财富的日益增长中得以顺利进行。在这种道德背景之下的“正义”有着一个确定的含义，它意味着财产自由、契约自由、贸易自由。

18、19世纪，在美国的许多大学里经济学是作为道德科学的一部分讲授的，绝大多数美国法官没有接受太多的法律教育，但却广泛受到了自由主义的熏陶，他们对休谟(Hume)、斯密(Smith)、洛克(Locke)等自由主义思想家的著作非常熟悉。深受古典自然法理论和自由主义思潮影响的那些创立美国契约法的法官们认为，前者意味着人人都具有缔结契约不可剥夺的权利，而后者则意指每个人都应有完全的自由订立反映其自由意志的契约。他们指出，公共权威应被限制于某些调节工作，人们应从无所不包的、受传统和国家势力支配制度中解放出来，法律应给予人们表达意志的自由并对这种自由加以保护。在人们缔结契约的活动中，法律亦只能扮演一种消极的角色，它不能限制也不应干预人们依其自由意志缔结契约的权利。他们进而强调，法律必须确信，每个个体都具有独立的人格和自主思考的能力，只有在一方不履行契约致使另一方受到损害时，法律才能运用强力手段保护受侵害的一方。美国古典契约自由原则就是这种几乎不受任何限制的绝对自由观念的产物。

总而言之，美国古典契约自由原则的确立，也反映了开拓时期的

---

① 关于自然法理论对美国人的吸引力及其控制力，参阅〔美〕H. S. 康马生：《美国精神》，南木等译，光明日报出版社1988年版，第17章“美国法律的演变”。

美国所流行的关于如何管理经济和社会的思想。新大陆大片未开垦的荒野之地,大量亟待开发的自然资源,需要一种放任的体制使其能量得以释放。[①] 松弛的社会经济结构,社会成员之间基本相同的经济地位,以及渴望竞争,肯定自我,发展创造力的精神追求,这一切都构成了契约自由原则得以确立的背景。而当时在工业和商业领域展开的较为纯粹的竞争,也确实在很大程度上为人们提供了真正的选择自由。在此意义上可以说,美国古典契约主义的现实主义色彩相当浓厚。

勿庸置疑,自由开放的契约体制也对美国资本主义经济的蓬勃发展起到了巨大的推动作用。各种资源通过自愿交换的方式趋向于最有效的配置和使用。同时,自由竞争式的独立个人的社会理想也极大地引发了个人的主观创造能力,为美国经济的发展注入了无穷的活力。另一方面,自由契约的兴起,也反映了以身份为基础的社会的衰落。随着近代经济秩序的发展,契约日益成为扩大自治权(Self－determ ination)和自决权(Self－assertion)的工具。在19世纪,自治被认为是社会进步的标志,而契约自由观念就推动了这种"从身份到契约"的社会进步运动。[②] 契约自由或私法自治原则确立了平等、权利、义务责任、自由意志等观念在法律上的尊重,这深刻反映了盛行于当时的人文主义伦理思潮——天赋人权、每个人都有追求幸福和私有财产的不可剥夺的权利的影响。从另一角度来看,自由的契约观

---

① 美国法学家威拉德·赫斯特(W. Holster)在他的《19世纪的法律与自由的条件》一书中提出,"能量释放"的根源是私法的发展,而19世纪头60年里,私法的产生把产权的解释从一件明显的反发展观变成了一种发展观。转引自〔美〕道格拉斯. C. 诺恩著:《经济史中的结构与变迁》,陈郁,罗华平等译,上海三联书店、上海人民出版社1995年版,第212页。诺思在该书中也认为,19世纪中期的美国社会的法律结构反映了新古典经济理论中的效率标准,在增长和自由放任市场的历史背景中,私有产权体制中的交换构成了新古典经济学的理论基础。

② 庞德认为,"梅因用黑格尔式的术语,将实现自由这个抽象的一般命题说成是从身份进展到契约的具体的一般命题。"可以认为,"契约"和"自由"之间具有一种内在的,天然的联系,这也是在美国新古典契约主义阶段,有学者提出的由于现代国家对契约自由的大量限制而使契约已失去其本来内涵这一观点的基本根据之一。

念又进一步深化和发展了人文主义伦理观念，奠定了资本主义精神的实质。

三、古典契约主义理论的研究

（一）兰德尔的契约实证分析研究

古典契约主义理论的发达，在很大程度上得益于法学家们对契约理论的研究和探讨。因此，我们可以透过美国学者们的思维，来把握古典契约主义理论发展的轨迹。

对美国契约法作整体性理论研究的，是从兰德尔（C. C. Langdell）开始的。在兰德尔之前，美国的法学者肯特（Kent），大小斯托利（J. Story 及其子 W. W. Story）对契约法都未作过详细的研究，契约领域也未引起人们的关注。1870 年至 1895 年任哈佛大学法学院院长的兰德尔，选择契约作为其第一本案例集的主题，受当时盛行的实证法学的影响，兰德尔在美国法学院的课堂上使用案例教学法，力图在案例分析的基础上发展出契约的一般原则和学说。

在兰德尔"法律是一门科学"的见解中，法律是由有限数目的基本理论和原则所组成，而外部世界，包括繁杂的政治生活及经济活动和价值观念都被明确地排除在外，公共政策的观点对兰德尔学说几乎不产生任何影响。兰德尔坚信，法律发展的原则是从基本学说和概念中逻辑发展的原则。为使他的这一分析方法有效，兰德尔严格限制所选择的案例，凡是不符合他预想体系的他都认为是"错"的，他所使用的对其体系有用的案例，只占所有已经报告的案例中极小的一部分。兰德尔就采用这种实证分析的方法，在其 1871 年出版的《契约法要论》一书中对契约理论作了系统的论述，使美国契约法理论初步成为一个有内在逻辑联系的体系。

（二）霍姆斯的客观契约理论

继兰德尔之后，美国历史上最伟大的法官之一，美国法理学引导人物——霍姆斯（O. W. Hlomes），在其 1881 年出版的《普通法》（The Common Law）一书中，对契约原理进行了广泛的论述。霍姆斯的契约思想体现出两个方面的倾向。一方面，他深受实证法学的影响，主张客观地看待事物。霍姆斯思想的哲学意味非常浓厚，经过抽象的分析，他认为法律发展必然遵循从“主观”到“客观”、从“内部”到“外部”、从“非正式”到“正式”运动的轨迹。① 他的这种客观主义立场使他在进行契约法理的分析时，坚持客观契约理论。另一方面，霍姆斯又是美国实用主义法学的代表人物，他主张在充分尊重历史传统的基础上赋予先例以新的含义，强调法官要善于根据司法实践对原则作出新的解释。“法律的生命不在于逻辑而在于经验”，霍姆斯的实用主义哲学观念使他站在坚决反对兰德尔式形式主义和概念主义学说的立场之上。

在霍姆斯之前，美国法院是以一种主观主义者的态度来确定双方合意的判断基准。换言之，法院是通过探求当事人的主观意图来判断契约是否成立。我们可以从 1864 年发生于英国的拉夫勒斯诉威奇尔汉斯(Raffle V. Wichelhaus)这一著名案例中窥见其一斑。② 该案中，原告售给被告 125 包棉花，该批货物装在从孟买出发的皮尔利斯(Peerless)号船上。一艘名为皮尔利斯的船 12 月从孟买出发，但它将棉花运抵目的港时，被告拒绝接货，理由是他们所指的是另一艘 10 月份就从孟买开出的皮尔利斯船。高级法院判决被告胜诉，理由是契约订立之时，“合意”的双方在内在意志的纯粹主观方面存在缺陷，双方并未就哪一艘皮尔利斯号船装运棉花达成合意，所以也就根本不存在契约。在美国本土 1876 年出现了拉夫勒斯案的翻版——狄更森诉道斯(D ickson V. Dodds)案，马萨诸塞州法院以相同的主观主义

---

① 参阅〔美〕吉尔莫：《契约的死亡》，曹士兵等译，载于梁慧星主编《民商法论丛》第 3 卷，法律出版社 1995 年版，第 236 页。美国经济分析法学派领袖人物波斯纳(Posner)在《法理学问题》(The Problem sof Jurisprudence)一书的绪论中也对霍姆斯的客观契约理论进行了分析。他指出，霍氏的这一理论“直接来自于他对神秘的无形实体的否定”。霍氏认为，“他人的心思对我们是封闭的，因此在决定法律责任时不应猜想意图。”参阅《法理学问题》，苏力译，中国政法大学出版社 1994 年版，第 24 页。

② Raffles V. Wichelhaus, 2Hurl. & C. 906, 159 Eng. Rep. 375(Ex. 1864). 另参阅《契约的死亡》，《民商法论丛》第 3 卷，第 231—236 页。

立场判决了这件有要约撤销问题的案件。[1]

霍姆斯在他的《普通法》一书中对拉夫勒斯案进行了评述。他认为，“法律对当事人内在意志的实际状况是无能为力的，就契约（其他也一样）来说，它必须能够表现出可以被审查的外在特征，因为法官判断当事人的意思只能根据他们的行为，而无法去揣测他们的心理……。”[2] 霍姆斯虽然承认该案的判决结果，却坚持对该案进行客观解释。他提出，该判决的真正基础在于当事人双方表述出来的不是同一事实。按照霍姆斯的法哲学思想，他认为应当把案件事实限定于当事人的“外部行为”（如“言”、“行”等），从而避免对当事人的主观意志和“意图”、“打算”、“确信”等名词术语空洞莫测的探讨，这样将会加强法律的一致性和可预测性。将一系列事实问题转化为法律问题这一霍姆斯式的方法，是美国古典契约理论框架形成的主要途径。霍姆斯的后继者——威里斯顿（Williston）进一步阐释了霍氏的客观契约理论。威里斯顿在对狄更森案评述时指出，该案的判决结果与当事人的主观意图是不相干的，对该案的解释应该是由于狄更森未向道斯提供后者提出的不可撤销要约的“对价”，所以该要约是可以撤销的。美国古典契约主义的中心理论——互惠对价理论，就是霍姆斯客观契约理论的典型例证。

英美契约法中的对价理论，在其形成过程中与交换、互惠等观念有着漫长的联系。尤其是互惠观念，奠定了契约的交易为中心的古典交易理论的基础。在霍姆斯提出互惠对价理论之前，有关对价的流行公式是“获益——受损”规则，即“一方取得的权利、利益、利润或受益，或是另一方承受的负担、损害、损失或责任。”[3]这是以利益为中

---

① Dickinson V. Dodds, 2ch. D. 463(C. A. 1876)该案中，原告于星期三向被告发出出售土地的要约，并附笔说要约可以“延缓”至星期五。但是在被告接受该要约之前，原告已将土地卖给第三方，而原告又知悉这一事实。尽管如此，原告在星期五期限到来之前仍表示承诺该要约。审理该案的麦利西（Mellish, L. J.）法官认为，在原告承诺之前；被告已改变了主意，因而以双方并未达成合意，契约自然也就没有成立。

② 吉尔莫：《契约的死亡》，《民商法论丛》第 3 卷，第 236 页。

③ Currie V. Misa, (1875)L. R. 10EX. 153.

心的对价学说。霍姆斯批评了这种学说存在的缺陷，认为用历史进化论的观点来看，传统的对价理论缺乏逻辑性和一致性，他通过强调对价中的交易因素赋予其更强的严格性。在有关对价的著名讨论中，霍姆斯强调允诺和对价必须互相意味着是对方的动机或诱因，以此又限制了交易概念的含义。霍姆斯互惠对价理论的核心思想是："从协议的角度出发，对价的本质在于，它是作为允诺的动机或诱因而给予或接受。决定事物(指契约)的主要根据是对价与允诺之间的互惠诱因关系。"①

霍姆斯的这一革命性学说具有高度抽象的意味，是其分析哲学的产物，同时也是其客观主义立场的典型说明。这一学说的最大特点，是强调契约正式性和外在性。即契约必须具备外部的形式要件，否则就不存在契约，自然也就谈不上契约责任。在互惠对价理论提出之后，美国古典契约理论的客观主义特征最终得以确立。

依照霍姆斯对价理论的中心思想，当事人双方只承担存在对价的契约中所设定的责任，责任的范围只限于对价限定的范围内，而在契约责任成立的范围之内又实施绝对责任。由此可见，美国古典契约主义中的责任观念也体现了霍姆斯的客观契约主义思想。当然，如果再进一步探究盛行于19世纪"契约必须严格履行"这一观念的深层原因时，那么，我们将会再一次认识到，绝对责任思想的内在根据仍然是订约人意思至高无上的这一绝对的个人自由主义观念。

同绝对契约责任观念相适应，法院对待损害赔偿的基本精神是限制受害人获得补偿的数额。在1854年哈德利诉巴克森得尔(Hadley V. Baxendule)一案中，②法院成功地设计出一种决定因违

---

① Oliver W. Hlmes, The common Law, Ed. Mark Dew. Howe, Boston 1963, (first-Published 1881), P227－300. 道森(J. P. Dauson)教授在其《赠与和允诺》(Gifes and Promises)一文中对霍姆斯公式进行了分析。他指出，该公司表明，双方"不仅同意交换什么，而且也同意为什么交换"，"这意味着，每一方采用的方式，即诱因必须是公开的并取得对方的同意。"

② Hadley V. Baxendale, 9Ex. 341, 156Ery. Rep. 145(1854).

约而取得赔偿，数额的高度概括的公式——哈德利规则。该规则的主要内容是赔偿范围是受害方应该合理预见到违约所带来的损失。19世纪，法官们对该公式的真实含义（主要是对“合理预见”）流行一种限制性解释，一般情况下，受害方很难取得“特殊的”或“间接的”损害赔偿。

严格的对价理论和绝对的契约责任观念，使19世纪的美国法官们在契约案件中只能充当超然的公断人的角色。他们既不为当事人订立契约，也不为他们审查契约，其主要职责只是在当事人一方不履约时强制其履行责任。对古典时代的美国法院来说，契约公正与否是不在他们考虑范围之内的，法官们所关注的只是对价在法律意义上的满足而不是经济上的满足。“一分钱或一颗胡椒子可以构成一个有价值的对价”，[①]普通法中这句著名的谚语清楚地表明，霍姆斯客观主义的产物——互惠对价理论，同时也具有形式主义的特征。

美国古典契约法理的核心理论——交易理论（The Bargain Theory），是极具美国特色的一项理论。交易的观念深植于美国人的道德直觉之中，他们认为，买方之所以愿意购买某件物品而卖方又之所以愿意让渡该物品，主要是因为存在对双方同时都有利益的交易。在霍姆斯的客观理论提出之后，为给双方内在的合意加上一个外在的、客观表现出来的外部信号，具有历史意义的“交易”就充当了内在合意的外观。美国古典交易理论是由三个要素构成——要约、承诺和对价。如同对价要素，要约和承诺两个要素也是从典型案例中分离，抽象出来，然后将其上升到法律原则的水平。这是美国交易理论形成的特殊的方法论基础。根据这种方法论所形成的理论框架表现出两个特点：其一，理论框架内的规则具有准确、明晰、技术性的特点，是一种纯粹意义的契约法则；其二，对非典型事件不予考虑，表现出教条、机械的特点。在这个高度抽象和一般化的理论框架内，没有具体琐细的规定，表现出强烈的中性色彩。

---

① Whitney V. Steams, 16Me, 394, 397(1939).

一个有趣的现象是，作为霍姆斯客观主义思想产物的互惠对价理论所逐渐显示出的似乎是不可避免的形式主义特征，又恰好与霍姆斯法哲学思想中的反形式主义倾向相悖离。霍姆斯所提出的普通法发展原则是“经验的”而非“逻辑的”这一经典思想，显然是针对追求形式主义体系和统一理论建构的兰德尔式法学进行的批判。对霍姆斯影响最大的是 H. S. 梅因的《古代法》、霍氏的法律从内在到外在，从主观到客观的精辟论述，就是对梅因“进步社会的历史迄今为止都是从身份向契约社会变动的”这一具有价值含量的历史的法律观的回应。霍姆斯是一个进化论者，他主张法律根本不是绝对的，也不是已完成的事物，而是处于不断的进化之中以适应时代的迫切需要。因此对各种法律形式，他认为都应该经常重新解释以符合新用途。然而，无论怎样，从霍氏开始建构的美国古典交易理论，却都日益表现出一种严格、刻板的机械主义和形式主义倾向。

（三）古典契约主义的集大成——《第一次契约法重述》

由霍姆斯构造的美国古典契约的一般理论，在本世纪初由另一位著名的契约法专家威里斯顿(Williston)进一步予以发展和完善。1932 年出版的由威里斯顿主持编写的《第一次契约法重述》(Restatem ent (First) of Contracts)，集中反映了美国古典契约主义的中心理论和思想方法。然而，20 世纪初叶美国社会的发展对契约法律制度与法律思想的影响，在这次“重述”中也得到了相当程度的反映，最为突出的表现是第 90 节所规定的“不得自食其言(或谓禁反言)”(Promissory Estoppel)原则。在这一原则背后，是以卡窦佐(Cardozo)和科宾(Corbin)为代表的新一代法学家所建构的更加“社会化”的契约学说与传统契约理论的抗争。

《第一次契约法重述》的核心理论是第 75 节规定的对价原理。该节规定：“(1)允诺的对价是：(a)一种行为而非允诺，或(b)一种容忍，或(c)一种法律关系的产生，变更或消灭，或(d)一个相对的允诺，即用以交换另一个允诺的交易或所付出的对价。(2)应由承诺人或其他人向要约人或其他人作出。”[①]

我们再看“重述”第90节的规定:“允诺如果是允诺人应当合理地预见受诺人因此作出的行为或者出于确定的真实个性的容忍,且确实导致了这种行为或容忍,如果只有使允诺得到强制履行才能避免不公正,则是有法律拘束力的。”[②]

依据传统的对价理论,契约责任的范围非常狭窄。一个无对价支持的允诺,即使一方因依赖此允诺而受到某种损害,他也无法得到补偿。契约法的目标在于实现当事人所追求的私人目的,然而,在严格的规则主义的约束之下,尽管强制履行当事人所作出的无对价作保的允诺有助于实现订约人的缔约目的,但却因违反对价规则而往往不能得到执行。这类情形下对价规则不仅阻碍了当事人实现其订约目标,同时还造成了许多不公正的契约现象。不得自食其言原则的确立,是对以对价为中心的传统契约理论的重大突破,它开始强调依赖因素在契约规则中的重要作用,表现了美国古典契约主义从重视契约成立向重视契约内容的转变,它成为美国整个古典契约理论得以扩张的基础。

本世纪初兴起的社会法学派,是“重述”第90节禁反言原则确立的思想背景。该学派的主导人物是美国著名法理学家罗斯科·庞德(R. Pound),他在一系列的法哲学、法律史著作中明确阐释了社会法学的内涵与任务。庞德主张,法律应与变动中的社会和技术文明的需要相结合,好的法律应该是能充分为社会服务的法律。同时,他还强调,社会控制在协调各种社会利益,保障社会的和平与程序中的作用。社会法学派坚决反对传统实证法学的概念主义和形式主义的僵化,主张法律与生活的结合。该学派的另一代表人物、美国历史上著名的大法官卡窦佐也指出,法官要运用“社会学的方法”使司法适应社会现实。他在最后一次讲演中讲道:“司法程序的最高境界不是发

---

① Reseatement (First) of Contracts, § 75.

② Restatement (First) of Contracts, § 90.

现，而是创造。”①

与威里斯顿共同主持编写《第一次契约法重述》的契约法专家——科宾，是“重述”确定第90节的主要努力者。科宾主张不仅要研究所有的案例，而且主张研究的对象应是案件的“有效事实”而非案件的原则内容。科宾在研究契约案例时，对所有重要案例都进行了细致深刻的事实分析，甚至在附注里对次要案例的事实也加以分析。②科宾这种研究案例的方法，不可能形成高度概括、统一连贯的兰德尔——威里斯顿式原则体系的。他的大作——《论契约》(Corbin on Contracts)一书，已明显表现出兰德尔——威里斯顿确立的统一原则体系的互解。

和霍姆斯一样，科宾也是一个法律进化论者。在他看来，“一项法律原则只是在适用中才生存，除非适用，它就是一种死的、无法力的东西。”③ 科宾将变化看作法律中的创制力量，认为法律绝对不是由一系列永恒的，可以被机械适用的定义所组成。在科宾所进行的分解古典契约法的开拓性论述中，反映出第一次世界大战后美国大部分法学者的一种倾向或特点，即恢复并重建多元主义价值体系，主张持有将法律视为发展的、灵活的并来自于生活世界的立场。显而易见，霍姆斯、卡窦佐、庞德、科宾等，他们的实用主义世界观和社会化的法律思想倾向以及所采用的社会分析方法，对美国古典契约理论提出了严峻的挑战，兰德尔——威里斯顿式追求抽象思维、建立普遍有效的统一理论模式的形式主义体系根基已受到动摇，多元化的科宾式理论在相当程度上改变了美国契约法的走向。

尽管如此，美国《第一次契约法重述》仍然是一个高度体系化的

---

① 卡窦佐：《司法程序的性质》，转引自〔美〕格兰特·吉尔莫：《美国法的忧虑时期》采田译，《法学译丛》1983年第5期，第20页。

② 《法学译丛》1983年第5期，第21页。又参阅《契约的死亡》，《民商法论丛》第3卷，第253页。

③ 〔美〕E. 唐纳德　埃利奥特：《美国法学中的进化论传统》，仁堪译，《法学译丛》1986年第5期，第22页。

理论模式的典型代表。从契约的概念、构成要素、效力到契约义务的强制履行、违约及违约救济等。兰德尔——威里斯顿构筑了一座美国古典契约的形式主义大厦。这座大厦中的一般原则是从司法判决而不是社会生活中归纳总结的,而那些司法判例的选择又是以追求表面上的统一、明确为宗旨,一些学者评述它是以少数"正确"案例为基础建筑起来的,反映了建构者的主观偏好。① 高度抽象化、形式化的美国古典契约理论在第一次"重述"中获得了巨大成功,主要是因为它适应了古典时代对理性和确定性的深刻要求,同时也表现出法学家们的一种理想,即寻求一种普遍有效的理论公式,从全面的理论体系的角度分析所有的具体事物,从而摆脱当时社会的政治和经济冲突,使正义作为一种永恒的目标在明确性的规则中得以伸张。

综上所述,在南北战争之后,美国经济迅速崛起。伴随着经济事务的日益复杂,司法上缺乏一致性规则所引起的经济上的不良后果日益严重。金融家、工业家、投资家等需要司法判决具有预见性和确定性,以便能对未来采取有把握的行动,从而减少交易风险。② 因此,美国古典契约理论在其构建初期是回应了美国上升时期经济生活追求合理性的要求,同时它体现了这个时期人们追求简单、纯粹的一种理想主义倾向。然而,社会的变化与发展必然使整个社会生活趋向于复杂和成熟,简单划一的理想只能注定在这个变动不居的社会里走向危机与衰落。

总而言之,美国古典契约主义的生成、发展过程,一方面,使我们会感受到美国古典主义的现实主义特点,它很好地配合了18、19世纪新大陆背景下的古典自由经济和人文主义发展的需要,它对于美国资本主义经济的蓬勃发展和人文主义观念的推广深入起到了巨大的推动作用。然而,另一方面,我们又会强烈认识到美国古典契约主

---

① 参阅〔美〕格兰特·吉尔英:《美国法律发展的回顾与前瞻》,采田译,《法学译丛》1983年第1期,第18页。

② 〔德〕K. 茨威格特、H. 克茨:《比较法总论》,潘汉典等译,贵州人民出版社1992年版,第434—435页。

义的理想主义特质，无论是契约法则还是对这种法则的理论阐释，都是在大量假定的基础上发展而成的。尽管作为一般的原则在道德上和法律上都还是受到尊重并得到严格执行，但其本身就已具有了衰落的内部因素，面对社会现实的不断冲击和挑战，就更加显示出捉襟见肘的尴尬。在本世纪30年代的一系列革命到来之时，理想的美国古典契约制度无法再保持其整体架构的完整统一性，呈现出一种支离破碎的倾向。

第二章　新古典契约主义

一、新古典契约主义的形成和抬头

契约自由原则，反映了资本主义上升时期经济上的要求和精神上的理想，它在资本主义文化进程中扮演着一个不容替代的角色。尽管如此，一个由“平等理念导出的模式”（内田贵语）[①] 毕竟与社会现实相距太远，其内在的缺陷从一开始就为人们所关注。分析一下美国契约法的早期历史，可以发现，对契约关系进行社会控制在自由放任主义初期就已经作为一种反潮流倾向出现，这对自由契约体制起到了一种补救和平衡的作用。这种非主流的契约思想后来成为新古典契约主义的基础。那么，反叛古典契约主义并试图创立新型契约主义的倾向表现在哪些方面呢？

（一）对契约自由的限制

首先，普通法院从未犹豫地否定含有默示的犯罪，侵权或不道德行为内容的契约具有强制履行力，从19世纪中叶开始，法院又对过去盛行的“购者当心”（Caveat emptor）理论进行了反思，并在产品买卖中扩大了卖方对产品质量应承担的责任，即除了明示担保外，还增加了所谓的默示担保责任。而且，美国立法机关在19世纪就开始通

---

① 〔日〕内田贵：《契约的再生》，胡宝海译，载于梁慧星主编《民商法论丛》第3卷，法律出版社1995年版，第327页。

过发布一些限制性的规定干预当事人的契约自由权利，这也是早期国家干预主义的一种表现。例如，1890 年制定的《谢尔曼反托拉斯法》，1906 年通过的《纯净食品和药物法》，此外还有一些为限制雇主和雇员之间订约自由而出现的劳动法规，最明显的是关于妇女和儿童就业问题的立法。

其次，在 18 世纪就存在一种朝更加公平的契约责任发展的趋向，对价理论受到强调即是因为法院认识到对价作为社会控制工具的有效性，由于当时的司法观念深受放任主义哲学的影响，公共政策的思想无法得到促进，对价理论受到重视就是以保护和发展公平交易为初衷的。然而，由于其形式主义特征的确立造成了适用上的僵化与刻板，对价制度最终却成为不公平交易的重要根源之一。

再次，19 世纪末，伴随美国工商业的高度发展，缔约能力不平等的问题日益突出，不断激化的社会矛盾也推动了控制契约自由运动的发展。这一时期，公众对童工现象，没有规范的工作条件以及工业社会出现的其他种种弊端产生了激烈的反应。人们普遍认识到，社会在认可契约自由的同时，却不能确保社会所有成员都能在同等程度上享有这一自由，对于弱者来说，这种自由是虚幻的。人们还发现，市场其实并不是中性的，它对某些人有利而对另一些人却总是不利。因不平等的缔约能力而使越来越多的人产生了深层意义上的挫折感，他们要求给予法律自由所需要的物质条件而不仅仅将其变成纸上的价值，对交易实施社会控制的呼声日益高涨。

(二)国家对契约的直接干预

当历史进入到 19 世纪末 20 世纪初的时候，美国社会的经济条件，思想方法以及生活习惯等都发生了迅速变化，这些变化所提出的问题以及人们观察问题的方法已完全不同于殖民时期。首先，国家对经济的干预加强，完全放任的自由经济政策已不能适应日益复杂的工商业经济发展的需要。越来越多的交易结果表明，契约自由所导致的结果并不一定总是符合社会公益的要求，缔约能力不平等所潜在的危险也会对国家的整个经济活动造成巨大的震荡。为了防止经济强者对弱者施加难以承受的重负，从而防止社会整体利益的不安全，国家立法对企业活动的自由加以限制表现出了不断强化的倾向，尤其对企业严重滥用契约自由的行为进行了较为有力的监督和约束。

在世纪转折时期，美国社会的伦理和社会义务方面的观念也发生了重大的转变。整个社会的价值观念从个人本位转向社会本位，法律思想的方法也从强调抽象个人的抽象意志转向强调具体人的具体要求。这一时期，社会法学成为美国的主要法学思潮，古典契约自由原则的内涵受到了这种思潮的巨大影响而发生了重大的变化。绝对的自由观念作为一种社会理想的吸引力逐渐减弱，人们开始更多地关注经济现实，对自由的理解和诠释趋向于一种相对主义。并且，法律的作用也从保护绝对的个人利益倾向于对社会整体利益的协调和促进。

国家经济政策与社会伦理观念的调整与转变，对美国古典契约主义所产生的深刻影响，主要表现为契约从形式到内容都受到了越来越多的制约，并且这种制约主要来自于国家立法。

(1)强制性契约大量出现，此类契约中当事人不订立契约或任意选择缔约对方的自由受到极度限制甚至被取消。强制性契约主要适用于电力、煤气、供水等公用事业公司以及铁路、公路、水运等运输企业，这类组织不能拒绝为公众服务，更不能拒绝为特定顾客服务，他们的契约活动已受到国家的严格管理和控制。

(2)强制性契约条款大量产生于雇佣、保险等契约之中，并规定当事人在契约中不得对这些条款排除适用。例如，对雇员最高工资和最低工资的规定，对雇佣童工的限制等等。

(三)契约形式的变化——标准契约及附意契约

1. 含义

标准契约的产生以及国家立法对标准契约的规制。标准契约(standard contracts)早在19世纪初的保险业与铁路运输业中就已出现，20世纪之后广泛适用于各类公用事业所订立的契约，40年代之后则盛行于几乎所有的商业契约领域。[①] 标准契约主要是指，契约中的价款，履行方式，免责条件等重要内容一般均由经济实力较强的一方当事人预先规定，并且适用于同一项产品或服务的每一项交易，从而形成了一种格式化、定型化的契约样式。标准契约中绝大部分都是一种"附意契约"(contracts of adhesion)，即一方当事人意志的实现仅限于服从，接受或拒绝由另一方当事人提议的契约。[②] 在附意契约情形下，或者契约条款完全由缔约能力较强的一方确定，没有任何协商余地，另一方当事人的选择只能是服从其条款否则就不能形成契约(take-it-or-leave it)；或者在某一领域中所有的商人都提出了相同或实质上相同的条件，顾客们不得不接受这种条件。

标准契约的出现，是与大规模企业的产生密切相关的。古典的契约自由原则所引致的无限制的竞争，在解放人们创造力的同时，也使人们对交易的前途感到极不可靠。为了寻求稳定和保障，人们希望利用提高效率和建立垄断公司的办法获得更大的利润。[③]19 世纪末，美国实力雄厚的一些企业借助契约自由的形式结成托拉斯，并采用标准契约的形式来加强企业对市场的支配地位。而且，竞争性行业中通过采用标准契约的形式，节省了消费者和生产者签订特定促销契约的交易成本而提高了效率，同时还能在一定程度上减少交易风险。

显然，标准契约，尤其是附意契约的出现，在相当大的程度上严重动摇了古典契约主义的两大基石——意思主义以及契约自由原理。多数的标准条款实际上未经消费者承诺即已规定在契约之中，而且在某些情形下作为交易规则强行生效。缔约能力不平等的现存事实使经济弱者在约款面前无能为力，契约从成立过程到成立内容都已失去了古典主义所大力推崇的双方合意这一基本根据。此外，标准

① 董安生:《民事法律行为——契约、遗嘱和婚姻行为的一般规律》，中国人民大学出版社 1994 年版，第 82 页。

② 〔英〕戴维. M . 沃克:《牛津法律大辞典》，光明日报出版社 1988 年版，第 17 页。

③ 〔美〕德怀特. L. 杜蒙德:《现代美国:1896—1946 年》，宋岳亭译，商务印书馆 1984 年版，第 72 页。

契约中大都规定了负责条款，它将全部风险和不利条件都归于经济弱小的一方，而起草契约的一方则在任何情形下都可以免除承担契约责任。古典自由原则所设想的以及所追求的平等理念，在大量出现的规范现代社会重要交易的标准契约面前，逐渐失去了往昔的魅力。

为了限制因标准契约而产生的不平等的契约现象并在弱者与强者、个人与有组织的企业之间实现某种利益平衡，国家通过立法活动对约款进行了规制。最为明显的表现是从本世纪初开始大量涌现的保护消费者的立法，对商业企业的契约权利进行了广泛的监督、管理和控制。标准契约的使用严重限制了经济弱者的契约自由，而国家又通过立法制约了经济强者的契约权利，无论怎样，古典的绝对自由观念都表现出一种不可逆转的趋势，即从绝对化、形式化走向相对化、实质化。

2. 标准契约是古典契约主义在现代社会遭遇的重大挑战之一，然而美国一些学者也提出了其他一些富有挑战性的观点。

耶鲁大学教授凯斯勒(kessler)在其发表于1943年的《附意契约——有关契约自由的一些观点》(Contracts of Adhesion－Some Thoughts about Freedom of Contracts)一文中指出，“今天已形成固定形式的契约反映了市场不受个人感情影响的特性……在商业企业中不断出现的典型契约条款的统一，是准确计算风险的一个重要因素。影响契约履行的不可预见的偶然事件，例如罢工、火灾、交通事故等，都可以在契约中得到反映……标准化的契约因而成为排除或控制诉讼中‘非理性因素’的重要手段，在这方面它们真正反映了我们这个时代敌视司法程序中‘非理性’因素这一精神。”①

另一位学者斯劳森(Slaw son)教授在他的《标准格式契约与立法权力的民主控制》(Standard Form Contracts and Democratic Control of Law making Power)一文中，就制定法律的民主程序与标准格式契约背景下契约自治的关系进行了探讨。斯劳森教授认为，如同

① 转引自“Contracts-Cases and Materials”，P257－258.

不是所有我们称之为公法的法律都有民主根源(例如行政规章)一样,也不是所有我们称之为契约的东西都可以追溯到双方的协议,标准格式契约和附意契约提出了非合意的私人制定法律的问题。他提出,标准契约的确立就象行政规章的制定一样,起草者得到了消费者的授权而起草支配他们之间契约关系的规则,这些规则应由法院进行再评价。至于附意契约(斯劳森教授将其与标准契约进行了区分),他认为并不具备契约的性质,然而如果它们同公共利益的标准相一致,还是可以得到强制履行的。①

在有关标准契约性质的讨论中,拉考夫(Rakoff)教授在《附意契约:重建的讨论》(Contracts of Adhesion: An Essay in Reconstruction)一文中提出,附意契约是权力关系的反应,能否执行附意契约,最终问题是如何在商业组织和个人之间分配权力和自由。他否定约款(无形条款:(invisible terms))有法的约束力,坚持由法院制定"背景法"(background law)并采用其中的条款取代前者。拉考夫的观点开拓了美国契约法学中的新思维,然而他对所提出的"背景法"的渊源及如何制定的具体讨论却是不清晰的,他的法律建议因此也很难被采用。②

可见,正是由于上述的缔约强制、契约内容的规制以及标准契约的普及,美国古典契约主义的核心原则——契约自由和意思主义的实质含义发生了变化。国家通过大量的立法活动平衡当事人之间的缔约能力从而消除不公平的契约现象,然而自由契约制度赖以建立的观念基础——自由意志,却由于法律的日趋细密和复杂而失去了它的作用,换言之,当事人无法用自由意志抗衡国家对契约权利的强制性规定,而国家权力却可以用法律的形式监督、控制甚至取消当事人在其契约中所表现出的契约意图。显而易见,美国古典契约主义原理的内在根据已受到严重侵蚀,契约自由原则在各个层面上都显示

① 转引自"Contraces-Cases and Materials",P274—275.
② 转引自"Contraces-Cases and Materials",P275—276.

出了陷入危机的迹象。

在社会层面上，美国古典契约主义逐渐从古典时代的思想所构筑起来的象牙塔中走出来，它所发生的种种变化都意欲回应现代社会的挑战和冲击。与此同时，在时代变革的浪潮之中，美国古典契约法理论也经历了一系列的演变和发展，不得不向新古典契约主义靠拢，以求通过新理论获得再生。

二、新古典契约主义的社会背景和理论根据

（一）现实主义法学对契约理论的影响

经历了第一次世界大战和20、30年代的大恐慌，西方资本主义世界爆发了一系列的政治、经济革命。受革命的冲击，美国社会的经济、政治、文化价值观念等都发生了深刻的变革。美国契约法同样表现出了令人注目的变化。

在这一时期，现实主义法学在美国蓬勃兴起，这一运动将更多的关注投向了社会生活和经济生活。现实主义法学者们对于集中于规则、原则和学说的传统做法持否定态度，他们对抽象的法律体系不感兴趣。20世纪科学尤其是社会科学的进展激励了这些现实主义者，他们批判兰德尔“法律是一门科学”的见解，提出了“法律是一门社会科学”的主张，将经济学和社会学都当作法学的相关学科。他们认为，法官在判案时要对多种因素进行考察和分析，其中包括经济、政治、社会因素等。这些现实主义者坚决反对形式主义和概念主义，力求在“法律”定义之外探求对法律规则和结果的解释。依他们的见解，法律是不确定的，规则也是可以灵活解释的，美国法的精神实质是一种动态的粗略风格(Grand Style)，具有功能美的特征。[①]

现实主义法学是美国新古典契约主义确立的法律思想基础。从抽象概念和原则构筑的象牙塔中回复到社会现实的潮流之中，是现实主义运动对美国契约法的强烈要求。1952年出版的美国《统一商

① Llewellyn, The Common Law Tradition，参阅张乃根：《西方法哲学史纲》，中国政法大学出版社1993年版，第293—295页。

法典》(Uniform Commercial Code)是由现实主义运动的代表人物之一——卢埃林(Llew ellyn)主持编纂的，毫无疑问，这部成功的商法典较好地回应了现实主义运动的要求，表现出明显的反传统倾向。1981 年出版的美国《第二次契约法重述》(Restatement (Second)of Contracts law)，同样体现出现实主义法学所要求的尽量适应经济发展状况和社会整体需要的特点来。

从 20、30 年代至今，美国契约立法中表现出了明显不同于古典契约法的特征。努力适应经济生活的要求，容纳吸收较多的商业惯例，总之表现出一种灵活的、实用性的、社会化的立场和态度。在契约的司法实践中，因古典规则的严格、僵化与机械，法院招致了越来越多的批评和不满。于是，为了在不根本"背叛"基本法则的同时又从道德、良心的谴责中解脱出来，法官们创制出越来越多的例外力求在契约法理的过去、现在和未来之间达成一种平衡。必须承认，这些例外已在或正在相当程度上蚕食着古典契约法则，古典形式主义大厦的根基已受到严重动摇。尽管如此，这些例外并未彻底改变古典法则的核心地位，古典契约主义的中心内容——意思主义理论和契约自由原则仍然是美国现代契约法理的两大基石，当事人契约权利与契约义务的最终根据还是落在双方合意这一内在基点之上。事实似乎是，只要当事人可以自由地控制契约的意义和范围，古典的意思理论就仍会主宰整个契约法原理。所以，我们将本世纪 30 年代以来的美国契约法称为新古典契约主义，其基本法理的集中反映是前文提及的美国《统一商法典》和《第二次契约法重述》。

(二)国家干预经济对契约理论的影响

为了更准确地把握美国新古典契约主义及其思想背景——现实主义运动的发展脉搏，我们有必要简略回顾一下本世纪 20、30 年代以来美国经济政策的调整以及社会价值观念的转变。

一战以后，伴随国家垄断资本主义在美国的发展，国家对经济生活的干预日益加强。尤其是 1922 年—1933 年经济危机之后，国家进一步加强了对国民经济活动的调节。1933 年开始施行的罗斯福"新政”，是美国历史上最全面的社会和经济革命，也是美国实行国家干预主义的突出例证。

此外，古典契约自由原则没有考虑到的许多情况，在日益加速的社会变革中对契约自由和契约神圣观念产生着日趋严重的压迫力。缔约人之间的不平等关系造成的双方讨价还价能力的巨大差异以及事实上严重存在原社会弱者必须签订某些契约的社会和经济压力，使经济强者和弱者在契约利益上存在着严重的不平衡。尤其随着标准契约的普及，这种利益不平衡情况更加严重。于是，契约法应该是达到公平的一种积极工具的看法日益得到人们道德意识和法律观念的认同。20 世纪日渐盛行的福利国家思想又强化了这种认同，法律的目标越来越倾向于保护交易中的弱者。

对 20 世纪 30—70 年代国家的经济政策以及政治思想和政治行为有过决定性影响的两位人物——约翰·梅纳德·凯恩斯(John Maynard keyhes)和威廉·贝弗里奇(William Bereridge)，他们提出的国家干预主义经济学说，对建立在古典自由主义经济学说基础上的较为“纯粹”的契约自由原则产生了巨大的冲击，契约自由的内涵发生了深刻的变化。值得注意的是，上述两位国家干预主义经济学说代表人物也自称是自由主义者，他们声称所信奉的“是一种实实在在的自由主义，一种社会自由主义。”[①]T. H. 马歇尔(T. H. Marshall)在其 1949 年的《阿弗里德·马歇尔演讲集》中对这种新型自由主义观点进行了诠释：公民权利的进步应当包括它们从法律和政治领域向

① 《新帕尔格雷卡经济学大辞典》第 3 卷，经济科学出版社 1992 年版，第 189 页。本世纪 20、30 年代以来，尽管各资本主义国家已在执行国家干预的经济政策，但在经济理论上仍鼓吹并提倡自由放任的古典自由主义经济观念。自由主义观念是西方国家社会发展的思想基石，深深根植于人们的道德观念之中。无论是积极的自由观，还是消极的自由观(参阅哈耶克(Hayek)：《通向奴役的道路》，商务印书馆 1962 年版；卡尔·波普(Karl R. Popper)：《开放社会及其敌人》，山西高校联合出版社 1992 年版；I. 格林(I. Green)：《两种自由概念》，载于《市场逻辑与国家观念》，生活·读书·新知三联书店，1995 年版)，对自由的尊重以及对干预自由的警惕是欧美国家共同的传统与信仰。因此，尽管人们对现代社会的契约自由原则提出许多质疑，但这一原则仍在很大程度上左右着人们的视野，新的契约体制也依然奉其为基石。

社会领域的延伸，而社会公民权利又似乎是实现法律和普选权面前人人平等的先决条件。[①] 日本学者内田贵提出，“福利国家论本身是自由主义的补充，而非其替代物”，[②] 对契约自由的干涉实质上是为了实现真正的自由意思决定，即从一种形式自由走向一种实质自由。从某种意义上说，这是对契约自由的一种完善。伴随19世纪古典自由放任主义的衰落，古典的契约自由原则是走向衰亡还是又获得了新生，因为对“自由”的不同诠释而评价不一。

无论怎样，今天美国社会的个体成员发现他们自己仍处各种各样契约关系之中，只是契约的内容却越来越多地由成文法，公共权威机构或集体行动事先加以确定。例如车票，一个人如果选择公共交通工具去上班，那他就毫无选择地必须接受车票上的各项规定。家长主义的价值观集团主义价值观以及分配的正义观，使正义的观念从一种自发的“理想关系”发展为一种实现理想的“制度”，对契约自由进行干涉也越来越被认为是合法的。阿蒂亚认为，这种合法干涉“并非要破坏这种自由市场，而是要支持自由市场。”[③]

三、新古典契约主义的主要特征

如前所述，在古典契约主义的鼎盛时期，契约法理论的非主流倾向已经孕育。经过了第二次世界大战以及战后的经济发展，美国终于取代欧洲成为世界上头号经济大国。伴随着经济运行的高速化和国家宏观调控经济因素的增强，新古典契约法理论终于抬头并获得了极大的支持源泉。1952年《统一商法典》和1981年《第二次契约法重述》的诞生，无疑是新古典契约主义理论的汇总和内容的检阅。那么，新古典契约法理论在多大程度上发展了古典契约理论，又在何种程度上侵蚀了古典契约主义的理论大厦，我们通过分析集中反映了新古典契约主义精神的《统一商法典》和《第二次契约法重述》，可以主

---

① 同第458页注①。

② 内田贵：《契约的再生》，《民商法论丛》第3卷，第318页。

③ 阿蒂亚：《契约法概论》，第24页。

要归纳出以下四个特征。

（一）对价原理进一步衰落，相互依赖关系原理取得了越来越稳固的地位。

第二次“重述”第 75 节的对价定义与第一次“重述”无实质性区别，而第 90 节“不得自食其言原则的文字有了些微改变。[①]“重述”第二版最为重要的变化是，相互依赖关系原理有了很大的发展，甚至有超越、涵盖第 75 节“互惠对价理论”之势。第一次“重述”中加入的第 90 节，是在古典契约基本原理的关系上承认的一个重大例外，在此信赖只是作为无偿性诺言中对价的替代物出现的，第 90 节的适用范围似乎也只是局限于捐赠这种非商业性允诺之中。然而，审判实践中，第 90 节的内容逐渐扩展，在许多商业性案件中，已成为判决原则。

第二版“重述”第 90 节的评论及其说明非常清楚地表明，原先第 90 节的适用局限性问题已经消除，商业性环境和非商业性环境同样适用第 90 节的原则。1965 年霍夫曼诉红猫头鹰商店（Hoffman V. Red Ow l Stores，Inc.）一案，典型地反映出第 90 节不断扩张其支配领域的情况。[②]

该案中，原告为从被告处获得一家日杂店的特许经营权而与被告进行了长期的谈判，但最终谈判破裂。本案原告基于对获得该特许经营权的信赖，卖掉了盈利的小杂货店，并花费 1000 美元购买了他将于其上开店的一块土地的选择权。此外，原告还在其他方面花费了大量的金钱和时间。谈判失败后，原告起诉被告，要求赔偿他因对被告允诺的信赖而遭受的损失，法院依据第 90 节的规定支持了原告的

---

① 修订后的第 90 节将要求承诺人的行为或容忍具有“明确、真实的特点”删去，新增加了“违约补救应被限制在正当要求的范围之内”的内容。该节的注释中对所增加内容的解释是：“主要原因是明确有关第 10 节的案例中损害赔偿可以依据信赖范围来确定”，“部分的原因是由于对承诺人的行为或容忍具有‘明确、真实的特点’的要求已被删去……”。《Restatem ent（Second） of Contracts》，§ 90 and Ed. Note.

② Hoffm an V. Red Owl Stores，Inc.，26 W is. 2d683，133N，W 2d267（1965）.

主张。

霍夫曼案件的判决结果表明，未经谈判但被合理信赖的允诺，即使没有同意或对价，仍然存在因信赖而产生的损害赔偿，契约救济的基础就是信赖利益。“重述”第二版第 90 节原则的扩展使用，使人们对第 90 节的救济是否还是契约上的救济以及第 90 节是否还只是作为第 75 节的补救手段出现，都发出了质疑。许多学者认为，第 90 节不得自食其言原则的确立是古典契约法中隐藏的一颗随时可能会引爆的“炸弹”，这颗“炸弹”会将古典契约主义的整座大厦改变成何种面目，学者们又有不同的看法。

第二次“重述”中相互依赖关系原理的发展，导致了契约责任范围进一步扩大，人们的合理期望越来越受到法律的重视和保护。同时，这一发展也产生了另一个结果，即今天的契约责任呈现出双轨制特色，一是建立在传统的交易观念之上，另一个是建立在模糊的“违法”观念之上。相比较传统的形式主义对价理论，不得自食其言原则的一种新的也更为宽容的态度对待当事人之间的允诺，从而有助于契约法体制保持一种开放性特色。

美国《统一商法典》在对价的问题上走得更远。这部法典没有按照传统理论将对价作为契约的构成要件，在第 1—201 条的总定义中以及第 2—204 条的“一般构成”中都没有出现对价的规定。在第 2—205 条“确定的要约”(firm offers)和第 2—209 条有关修改契约的规定中，也不再像传统理论那样要求必须具备对价的要素允诺才具有拘束力。在第 2—609 条之后的注释中，起草人的确指出契约的本质特征在于确定了相对人之间的互相依赖关系。①

对价理论因为众多的例外规定遭到了越来越严重的侵蚀，其中有关对价的充分或对等、过去的对价、道德对价等基本规则都有了相当的改变。尽管如此，在古典契约原理日益从一种抽象的形而上学的迷津之中回归到社会现实之中时，由于交易的观念深植于人们的道

---

① Uniform Commercial Code，§ 2—609 and officaial Comment.

德直觉之中，而对价又在交易中发挥着重要的作用，因此，美国契约法的整个态度仍然只是试图弥补对价制度的缺陷而不是全盘取消该制度。同时，由于依赖原理的适当调整和平衡，对价原理很可能仍是美国契约法中一个持久的特征。

（二）契约规则柔性化，不确定的社会习惯和道德标准大量被引入，整个美国契约法呈现出一种更加灵活的特点。

随着经济生活和社会关系的日益复杂，立法机关和越来越少的法官对古典契约法那种精致的简洁和整齐划一的规则表示出兴趣甚或尊重。相反，越来越多的社会习惯和道德准则被引入到契约法当中，许多商业规范术语也可在法律中得到使用，例如，合理的（Reasonable）、适当的（Suitable）、适时的（seasonable）、公平的（fair），等等。

无论在《统一商法典》还是在第二次"重述"中，一些宽泛的，不明确的标准取代了古典契约法中明确的、技术性的规则，这种"规则——标准"的转移也体现出古典契约法原理现实化的一种倾向。尤其在《统一商法典》中，大量的商业习惯和惯例被吸纳并给予相当的权威。例如，第2—608条之后的评释3中指出："应该主要根据商业（习惯）而非法律标准判断是否合理与适当"。①

在《统一商法典》和第二次"重述"中有一项非常引人注目并且招致很多议论的制度，那就是商法典第2—302条规定的显失公平（Unconscionability）制度，"重述"将这一内容几乎全部照般过去。该条款被商法典首席报告人卢埃林称为"商法典中最好的一项条款"。第2—302条的主要内容为：如果法院发现某个契约或某项条款显失公平，法院则可以拒绝执行该契约或该项条款。②

显示公平制度是现实主义运动的杰出产物，它所具有的潜在而又深远的影响是商法典中其他制度所无法比拟的。通过这项制度，法

① Uniform Commercial Code，§2－608 and official comment3.

② Uniform Commercial Code，§2－302.

院对契约的干预合法化，在裁判是否属于“公平”、“合理”时法官拥有很大的裁量权。这项制度是当代社会分配的正义在现代契约法中的典型表现，也是现代法律保护重点倾向于弱者的一种转换。

然而，由于统一商法典和“重述”中都没有明确定义契约在何时是显失公平的，这就带来了很多的麻烦。一方面，当法院以公正的名义干预私人契约活动时，非常容易导致一个危险的倾向——所谓的社会正义对个人自由、权利的削弱甚至剥夺；另一方面，显示公平制度是否只是一张空头支票？[①] 商法典第 2—302 条注释 1(1977)提出的有关显失公平的“基本检验标准”中，一些语词的意义是不明晰的，并且“由于占优势的讨价还价力量扰乱风险的分配”并不包括在显示公平的范围之内，实践中该项制度的实际效果则是很让人质疑的。美国学者利夫(Leff)就认为该条款是“不明智”的，没有“现实指导”意义。[②]但亦有学者提出，如果慎重地运用显失公平条款，不仅没有破坏反而加强了契约自由，因为它能使双方共同决定有关他们之间关系的条款，从而促进了整个契约的稳定性。[③]

(三)契约法中开始规定一般条款，最突出的例证是诚实信用原则的确立。

诚实信用是一极赋伦理道德性质的弹性条款，它从一种道德规范上各项为法律规范，旨在防止自由权利之滥用，消除古典契约自由原则的缺陷。[④] 美国契约法中诚信原则的确立，主要归因于新自然法学派的影响。与卢埃林一起参加《统一商法典》起草工作的朗·富勒(L. Fuller)，是美国继法律现实主义运动之后兴起的新自然法学的

---

① 参阅〔美〕罗伯特·考特，托马斯·尤伦：《法和经济学》，张军等译，上海三联书店、上海人民出版社 1995 年版，第 369—371 页。

② Leff, Unconscionability and the Code: The Em peror's New Clause. 转引自 Contracts-Cases and Materials. P562.

③ Spanogle, Aanalyzing Unconscionability Problems. 转引自 Contracts-Cases and Materials, P563－564.

④ 在各国现代契约法中，诚信条款的地位越来越高，甚至被誉为“帝王条款”。参阅梁慧星：《诚实信用原则与漏洞补充》，《法学研究》1994 年第 2 期。

代表人物。新自然法学要求突出正义观念,认为应当将法律理念和法律概念进行区分,法律理念就是正义的实现。该学派关注法律制度所应当促进的基本价值,认为每一条法律规则都旨在实现法律秩序某种价值的目的,强调"使法律成为实现法律秩序某种价值的目的,强调"使法律成为可能的道德。"①《统一商法典》在总定义第(1)201(19)条中所设定的诚信义务就是富勒自然正义观的典型体现。该条规定,"诚实信用是指有关的行为或交易中事实上的诚实",②第二次"重述"第205条进一步将该原则上升到有关一切契约的一般性原则:"一切契约当其履行和执行时,当事人负有诚实信用和公正交易的义务"。③

美国契约法中的诚信义务主要指交易过程中的诚实信用,但一些学者已注意到了缔约前当事人之间遵守诚信原则的重要性以及司法实践中的有关做法。例如,凯斯勒(kessler)和弗恩(Fine)于1964年发表的著名的《诚实信用与契约自由》(Culpa in Contrahendo, Bargaining in Good Faith and Freedom of Contraces; Comparative Study)的论文中,提出了前契约义务,该义务要求缔约者以诚实信用为缔约前提。④

交易中诚信义务的确立,隐含着合意作为契约义务发生根据的地位已受到动摇,契约责任的范围越来越宽泛。此外,美国契约法中出现的附随义务,例如情报提供义务等,一些学者认为也是以诚实信用原则为根据的。⑤ 古典契约责任是当事人在契约中所约定的责任范围内承担的一种绝对责任,然而由于新的契约法原理将当事人未约定的社会标准引入契约关系之中,并且在契约条款显失公平时允

---

① 〔美〕E·博登海默:《法理学——法哲学及其方法》,邓正来、姬敬武译,华夏出版社1987年版,第163、183页。

② Uniform Commorcial Code, § 1—201(19).

③ Restrtem ent (Second) of Contracts, § 205.

④ 转引自Contracts-Cases and Materials, P203.

⑤ 内田贵:《契约的再生》,《民商法论丛》第3卷,第312—313页。

许法院替当事人创设新的权利义务，所以，新古典契约主义中契约责任的范围已远远超出当事人在契约中所明示或暗示的内容。吉尔莫将这种倾向称为“责任的爆炸”。显然，诚实信用原则的明确承认，无论在契约法理上还是在契约实践中，都加速了古典契约法原理的衰落与变容。

（四）契约受挫失效(frustration of contracts)原理和第三方受益人(the third party beneficiary)理论进一步得到强化或扩展，契约责任的范围因此呈现出一种更加宽泛的趋向。

英美契约法中的受挫失效原理，主要是从两个判例发展起来的——1863 年泰勒诉卡德威尔(Tagor V. Cald well)案和 1903 年克内尔诉亨瑞(Krell V. Henry)案。[①]20 世纪之后，该原理在美国得到了很大程度的发展，主要原因是伴随经济事务的复杂以及社会的不断变化，人们的思想方法也变得细密和现实。人们逐渐承认，契约中所反映出来的只是缔约双方对现实世界本质的一系列不确定的假定中极小的一部分，契约从订定到履行完成过程中，当事人无法预见的各种偶然因素都可能会影响到契约目标的实现。为了合理、公平地分配交易风险，法官们对免责范围持越来越宽松的态度。在《统一商法典》和第二次“重述”中，该原理的主要含义是指，契约形成后，情况已发生根本的变化以致于契约无法履行或至少无法实现原定契约目的，缔约双方如果再受契约约束就是一种不合理的现象，契约因此受挫而终止。

契约受挫失效原理的演变过程，表明新古典契约主义中法律作为一种社会控制手段，在分配交易风险、平衡当事人之间的契约利益过程中发挥着日益重要的功能。很清楚，受挫失效并不是取决于任何一方的抉择，而是由法律赋予的作为已发生事件的后果，因而无法将之归因于当事人的内在意思。随着法律的日趋完善和复杂，当事人所

---

① Taylor V. Caldwell, 3Best & S. 826, 122 Eng. Rep. 310(Q. B. 1863). krell IV. Henry, L. R. 2k. B. 740(Ct. APP. 1903).

订立的契约的内容越来越多地由国家立法所制约，契约建立在双方意思之上的古典理论日益暴露出虚构的本质。

美国契约法中的第三方受益人理论是在1889年劳伦斯诉福克斯(Law rence V. Fox)一案中确立起来的。[①]此后经历了一个曲折的发展过程，长期以来始终是美国契约法学中争论的一个焦点。该理论主要是指，契约当事人以外的第三人依契约可以要求法院强制执行赋予他利益的契约。

依照传统契约法中的合意理论，契约规定的权利义务仅对契约各方当事人有效。理由是契约是对同一权利或财产有合法利益的人之间的相互关系，契约的拘束力因此仅及于参与此交易、表达其意图的当事人。然而，市场和交易日趋繁复，承认并保护权利的转让已成为促进经济流转中不可逆转的趋势。现代美国契约法中，第三方受益人理论已得到广泛的适用，被允许以契约第三方起诉的非契约当事人的范围以及被允许起诉事项的范围都在日益扩大。该理论的胜利可以看作是19世纪契约责任理论中那些僵硬规则日益自由化的一个典型证明。

总结新古典契约主义的发展特征，可以发现，《统一商法典》和第二次"重述"所表现出的种种否定传统理论的倾向，有的是作为一般原则出现的，但更多的是作为古典原则的例外来满足新的关系所产生的新的要求，或者说给予新的关系正当化根据。总体上看，这两部法律文件都反映出这样一个特点：法律在自由与秩序、自由和公正之间努力寻求一种平衡。一方面，法院依然持有尊重当事人自由意志的价值观念，审判实践上尽可能地不去干预当事人为自己安排的事务；另方面，面对不公平的契约以及损害社会利益的契约，法院又不得不考虑社会正义观念的压力，公众的道德谴责以及公共政策观念使他们不乏做到冷酷，无情地保持中立。从契约法在美国这块新大陆上生根并不断发展过程中，法官们就一直处于这种紧张的对立状态之中。

① Law rence V. Fox,20N. Y. 268(1859).

只是到了现代社会，纷繁的价值观念更让他们感受到这种张力的压迫。

从法原理方面来看，新古典契约主义中许多原则之间的关系是模糊甚或矛盾的。古典的契约法则仍占据着核心的位置，而新的观念还在努力寻找规避它们的方法。新旧原理共享一片天空的局面，却使法官在复杂的社会关系和多元的价值观念面前能够灵活地运用这些矛盾的原则有效地进行法律规避。究其原因，可能是新旧契约法原理之间并未割断本质的联系，对它们所包含的重要因素——自由意志、合意、正义等，也似乎只是用不同的方式作了本质一致的诠释。

第三章　美国契约法理论的发展方向

一、美国契约法理论的过去和现在

（一）古典契约主义的作用和局限

从18世纪开始，两百年来，美国契约法经历了古典主义和新古典主义两大阶段。两百余年的历程，美国从一片荒野之地发展成为一个蓬勃繁荣的世界超级大国，美国契约法也在过去和现在、理想与现实的反反复复斗争之中，诞生着各种原则、学说和理论。

古典契约主义所确定的核心原则——意思主义和契约自由，反映了那个时代美国人民对自由主义的诚挚信奉和不懈追求。自由放任的古典契约体制配合了开拓时期美国社会和经济发展的需要，极大程度地解放了人们的创造力，为美国自由企业经济的迅速崛起提供了适宜的法制环境。然而，深受古典自由主义经济学说和古典自然法传统影响的美国古典契约主义，又是建立在大量假定的基础之上的。缔约双方绝对的自由意志、平等的缔约能力、不可剥夺的财产权利，使契约作为双方自由选择的结果，具有了正义、神圣的意蕴。脱离现实的法律幻想，反映了追求平等、自由、竞争的社会理想，然而，这种理想主义的色彩却从古典契约主义形成之时就开始隐兆着它走向危机的命运。

现实主义与理想主义，成为美国契约法发展过程中贯穿于始终的两种相互冲突又不断融合的力量。

本世纪以来，尤其是从20、30年代开始，一系列涉及各个领域的革命强烈冲击、涤荡着美国古典契约主义。在强大的变革浪潮之中，要求法律回归生活，加强法律社会控制功能的呼声日益高涨，最终促成了美国新古典契约主义的诞生。大浪淘沙，古典契约法中一些陈旧、僵化的规则被时代抛弃，而一些代表着社会正义和公共政策观念的规则开始进入美国契约法的舞台并日益占据着重要的位置。尽管如此，古典契约体制的核心原则经过修饰之后仍然占领着契约舞台的中心，并且在一些例外规则的调整和平衡下，反而显示出了新的生命力。

从兰德尔开始构筑的美国古典契约主义大厦，经过威里斯顿的权威论点的完善和统一，在美国《第一次契约法重述》中最终形成了一个高度抽象，逻辑上内在统一的形式主义体系。兰德尔法学一直努力在案例的基础上达到原则的统一，企图建立起一个普遍有效的理论范式。统一，明确的原则体系有助于实现法律的确定性要求，但同时也易于形成僵化、刻板的形式主义怪圈。

（二）契约理论在新古典契约主义中的新生

从大法官霍姆斯开始，庞德，卡窦佐，科宾，卢埃林等，以社会法学派到法律现实主义者，都向古典的形式主义大厦发起了猛烈的攻击。强调对案件事实的分析，主张审判实践中对经济、社会、道德等多种因素的考察，在《统一商法典》和《第二次契约法重述》中得到集中反映的新古典契约主义，呈现出一种标准多重性和适用灵活性的特点。

普遍的抽象思维的减色，统一理论的消失，契约责任的相对主义特征趋于明显，现代美国契约法体现出一种美国的特色的奉行灵活的实用主义法学精神。从抽象的形而上学的象牙塔中回归到社会现实的怀抱里，是美国新古典契约主义继续发展的趋向。

在美国契约理论演变过程中，值得大书一笔的是霍姆斯所确定的客观契约理论，其典型表现是美国契约法中独具特色的交易理论。要约、承诺，对价三要素，从典型案件中高度抽象出来构成了交易理论的框架，从此"契约的全部意义在于它的正式性和外在性。从主观主义向客观主义的转变，是美国契约法理的重大转折。并且，这种客观主义的立场至今仍在很大程度上支配着现代美国契约法的新理论。

从兰德尔"法律是一门科学"的见解到现实主义运动"法律是一门社会科学"的口号，尽管道路不同，但目的却极其相似。科学作为一种信仰，一种价值观念，是一代又一代法学者在建构他们的理论时，梦寐以求的目标。无论理论或模式最初是激进的、革命的还是保守的、传统的，最终却都表现出一种强烈的倾向——运用科学的方法使现在的理论、模式达到完善的程度，从而成为一门科学。这一有关科学的幻想左右着几代法学家们的视线，影响着他们的行动。在美国契约法理论历史发展过程中，除了激进的现实主义在坚决反对形式主义学派的同时又在努力构筑着自己的"科学大厦"，极具创新、挑战意味的前沿学派——经济分析法学派，也表现出概念主义、体系主义的倾向。吉尔莫在他的《美国法的三个时期》一书中讲道："法学家的职能，是在一个倾向于绝对化的社会中，保持一种怀疑态度的相对主义"。[①] 这是一种科学的态度和立场，却又是对"科学幻想"的一种预防和警醒。

尽管新的观念、新的立法、新的判例，不断冲击着美国的契约法则，但其所反映的一系列价值观念，尤其是注重个人自治、尊重个人自由，在今天的美国社会仍继续得到广泛的认同。契约自由、契约神圣，依然是这个社会受到普遍尊重和维护的道德和法律观念。而且，80 年代以来，新自由主义思潮又在西方国家泛起。越来越多的迹象表明，该思潮又再次从家长制和再分配动机转向自由市场思想。然而，新自由主义观念已呈现出多元化色彩，国家干预主义的内涵也在

---

① 吉尔莫：《美国法律发展的回顾与前瞻》，第 19 页。

不断变化。

二、契约之死的论争和契约理论的发展方向

论述美国新古典契约主义的发展状况及其未来趋势，不能不提及美国法学界就契约原理进行的各种论争，通过这些论争或许能使我们感触到美国契约法的发展走向。

引发美国契约法大论战的是美国著名法学家吉尔莫(G. Gillmore)于 1974 年出版的《契约之死》一书。吉尔莫在该书中声言，"契约和上帝一样，已经死了。"他提出，正式的古典契约的理论体系已经解体，契约责任将同侵权责任合并在一起。① 这场论战波及世界范围，引起了各国法学界极大的关注，由此也引发了契约法学的复兴。这种复兴局面的出现，是各国法学界就契约法基本原理及其所体现的价值观念进行反思的共同结果，反映出现代社会在多元主义价值观念推动之下，不断对一些所谓已定型的，成熟化的理论模式和规范体系进行多元的反思理性的批判和必然的趋势。这种批判和反思，是人类社会也是人类思想进步的一种鲜明的标志和重要的推动力量。

当代美国法学界在"契约之死"的论战中，主要存在三种富有挑战力，引起广泛争论的理论和学说。

(一)经济分析法学派

本世纪 60、70 年代兴起的经济分析法学派，以原芝加哥大学法学院教授波斯纳(Posner)为首，采用经济分析的方法，对法学的几乎所有领域都进行了极具挑战性的研究和论述。该学派淡化了传统理论中的正义标准而采取了以效率性为理想的立场，适用经济学手法的广泛性并以效率性原理作为既存的普通法规则的正当化理论。

就普通法的中心内容之一——契约法，经济分析法学派亦导入其独特的方法论而赋予美国契约法全新的意义。该学派认为，契约中的法律规则对各种不同的行为会带来隐含的费用，因而可以用微观经济理论的工具加以分析。他们认为，由于契约订立和契约完成之间

---

① 吉尔莫:《契约的死亡》,《民商法论丛》第 3 卷,第 199 页。

有时间的距离，或者说承诺交易是一种缓期交易，因此这种交易中最重要的问题是如何分配偶然性的风险和交换信息。经济分析法学派将经济学中的理性原则导入法的评价标准中，认为良好的契约法理论应该是以促进效益的最优选择为目的来建立促进风险分配的背景规则，从而有助于当事人实现其追求的契约目标。

经济分析法学派以财富最大化作为伦理基准的前提，许多学者提出这种效率性原理缺乏道德价值判断，体现不出正义、安全等人们在契约活动中需要感受到的价值观念。为了回应这种批评，波斯纳转而将合意作为其理论中伦理正当化的根据，在基于允诺原理的“权利论哲学”中寻找它的依据。这种向“合意”的妥协或回归，连同其试图确定“法律是一门科学”的努力，似乎都表明经济分析法学派这个富有挑战性的阵营正在转向一种“新概念主义”的倾向。一种法律幻觉仿佛又一次笼罩了人们的视野。

（二）富勒的信赖理论

早在1936年，富勒(Fuller)和帕迪(Perdue)发表了一篇在美国契约法学说史上具有划时代意义的论文：《契约损害赔偿上的信赖利益》(The Reliance Interest in Contract Damages)，[1]从此，信赖理论作为一个新的理论正式登上美国契约法的历史舞台，迄今仍具有很大的影响力。

在该文中，作者依据给予契约的损害赔偿的三个目的，将作为确定损害赔偿范围的标准的契约利益分为不当得利、信赖利益和期待利益。所谓不当得利，是指原告依赖于被告的允诺而给予被告的利益。如果被告没有履行其允诺，法院将会强制被告放弃他从原告处获得的利益。法律在此保护的是回复原状的利益。所谓信赖利益，是指原告信赖被告的允诺而改变其自我状态，法律保护的目标是将原告恢复到允诺作出前的状态。而期待利益，则是指给予原告因允诺而产生的期望的价值，法律的目标是将原告置于与契约已履行的相同的

① 转引自 Contracts-Cases and Materials，P1172－1174.

地位。

富勒认为，三种利益对司法干预的要求是不一样的，从对地位改变的补偿到期望受损的补偿，用亚里士多德的话讲，就是从纠正正义(corrective justice)领域到分配正义(distributive justice)领域。在此意义上，法律不只是仅仅恢复被扰乱的现状，而且也创造出一个新的境况。因此，法律不再是进行防卫性的或复原性的行为，而是承担了一个更为积极的角色。

富勒在此文中表明，契约拘束力的原则性根据存在于信赖之中，这为契约和侵权行为的中间领域提供法律救济开辟了道路。富勒信赖理论的提出，使美国契约法理论从允诺原理中解放出来，尤为重要的是表现出一种多元价值倾向，这就推动了美国契约理论进入了一个更为广阔的天地。但是，仅以信赖作为美国现代契约法新发展的正当化根据仍然存在许多困难，然而信赖理论无疑会在今后得到进一步的完善和深化。

(三)关系契约法

美国当代契约法专家麦克尼尔(Macneil)继承了富勒的契约利益论，但从一种新的视角——社会的角度认识和解决处于困境之中的美国当代契约法所存在的各种问题。他在其《新社会契约论》(The New Social Contract)一书中，导入社会学的研究方法，对契约关系加以动态的把握，提出以契约背后的社会关系和共同体的规范中寻求契约拘束力的根据，他认为只有社会关系本身才产生契约上的各种义务。

麦克尼尔的契约概念，体现了对未来进行把握的性格。他提出，契约是“有关规划将来交换的过程的当事人之间的各种关系”，[1] 契约不是一次性的个别性交易，而是一种有过程的、关系性的交易。因此，当事人起初的合意，只是在确定契约内容时的一个要素，契约的

① 〔美〕麦克尼尔：《新社会契约论》，雷喜宁、潘勤译，中国政法大学出版社1994年版，第4页。

内容是随契约的进行不断确定和变化的，因此仅仅通过合意理论是无法把握当事人之间契约关系的整体结构的。麦克尼尔认为，古典契约法理将契约缔结前后的社会关系全部排除在外，是一种脱离现实的法律拟制，所以在契约实践中必然遭到很多的排斥和规避。而关系主义的契约观则关注关系性经济活动在契约中的重要作用，认为在交易中起作用的是关系而非意思，契约理论因此而具有丰富的社会意义。

麦克尼尔的关系契约论思想渊源是一种共同体主义（communitarianism）。这种共同体主义价值观认为，人的主体性不仅表现为选择的自由和能力，而且表现为对于选择目标的自觉和反思，主张相互性和团结是整体经济合理性得到实现的重要要求。[①] 深受共同体主义影响的麦克尼尔关系契约论，反对彻底的利己主义，追求一种超越自由主义的契约概念，表现出一种更为广阔的思维视角和更加灵活的思想方法。

除上述三种较为引人注目的理论之外，美国契约法学界就"契约之死"问题进行论争的还有其他一些学派，如威廉姆森（Williamson）的经济分析理论，弗里德（Fried）的约定理论等。无论这些理论和学说持有怎样不同的思想和态度，它们共同的作用都是将契约从单一的意思理论中解放出来，同时表明了一种观点和立场：契约法理并非是一以单一模式为核心的规则体系，而是各种具有不同原理的规则的集合。有学者认为这是美国契约法体制趋向开放性的一种进步的表现，但亦有学者惊呼这是契约死亡的征兆。

无论怎样，就契约的死亡之所引发的契约法学的复兴，似乎又为契约的再生注入了新的活力。众多的理论模式与学说范例，为契约法的辉煌带来了新的契机。

在就"契约之死"进行的令人兴奋的讨论中，美国法学家塞尔兹尼克（Selnnick）就契约在当代社会中的角色提出了一种均衡的观

① 参阅季卫东为此书所作的代译序：《关系契约论的启示》，第 10 页。

点。

“契约仍是一种普遍的、强有力的、便利性的法律工具……契约作为一种普遍的观念，其吸引力还未严重衰落。部分原因是由于契约深深根植于普通法的经验之中，它给在其名称中得以详尽阐释的并适用于新的环境的规则和关系投下了一层柔和的合法性色彩。而且，从19世纪开始，契约法就包容了自由、平等、自治、合法竞争等价值观念。契约保持了双方当事人的一致性，支持并确定了双方合意中所体现的权威原则。①

经历了200年的流变过程，美国契约法给人们留下了很多的困惑和思考。自由与公正、自由与权威、市场逻辑和国家观念，一系列价值观念的冲突和融合，左右着美国契约法百年来的走向和发展。贴近生活、回应现实，是当今美国契约法正在努力实现的目标。然而，法律不仅反映社会需要，同时也要高于社会需要。在一个变动不居的社会里，在一种多元主义价值观念的支配之下，美国契约法理论或许会获得新的生命力和新的发展。

（作者为中山大学研究生院硕士研究生）

① Selnick, The Ethos of Americian Law, 转引自 Contracts—Cases and Materials, P17.

英国民事诉讼的改革*

〔英〕A. A. S. 朱克曼　叶自强　译

目　　次**

导　　言

1—民事诉讼的成本和延迟，成为人们关心的话题已有一段时间了。1988年的《民事审判报告》的主要目标之一是：寻求革除这些弊端的途径，并最终采取一些措施。证人陈述现在取代了占主导地位的讯问，概要式辩论和书面材料倾向于减少上诉法院之口头辩论的范围。然而，这些及其他措施，都无助于抑制成本和延迟不断上升的势

* 译自英国牛津，Journal of Law and Society，1995年第2卷，第155—188页。译文经邹海林先生校，谨此致谢。——译者

** 目次为编者所加。——编者

头。政府为螺旋式上升的诉讼费用所惊恐，近年来已削减了公共基金法律援助服务，同时宣布限制法律援助基金的使用。诉讼的昂贵代价把富人之外的大多数人拒于门外，减少了有权要求法律援助的人的数目，诉讼成本成为众人不满的根源。

2——一个简单的争执，即使诉讼速度非凡亦可能耗费大量金钱。有一件要求执行限制性交易条款的诉讼，该诉讼指控年薪约 1 万英镑的雇员。原告立下字据，作为中间禁令的担保，并获得终局判决，整个诉讼过程刚好用了 9 个星期。胜诉的原告所花的费用超过了 10 万英镑。我们可以保守地估计，关于被告辩护失败所花费的法律援助基金开支是相当巨大的。该争执的全部费用还应当(但实际上没有)包含与法庭和法院管理有关的司法行政开支。这些例子还不具有代表性，但这类情形必定相当严重。“罗尔斯的书记官”所描绘的民事审判情况已经证实了这一点：

3—我们日复一日阅读着如下新闻：诉讼费用过高、法院有讼案过剩的压力，最近几个星期，因法律援助费用螺旋式上升而无法控制，提出了削减法律援助预算的建议。很明显，法律援助预算的增长，不能归咎于受援当事人数目的增长，而要归咎于他们承担的诉讼费用的巨大增长。

4—粗看报道过的案件，足以使人领悟：民事诉讼程序在高等法院或在郡法院进行都是相当复杂和昂贵的。在任何案件中，一个纯形式上的问题，在送达发生效力之前，书记官都必须酌量签发送达令、准备书面问卷；如上诉，这些问题则要法官权衡；从哪里再上诉，以便上诉法院定夺。最近，上议院作出了不少于4 件与令状的效力有关的判决。在这些案件中，为了弄清诉讼的初步争执点，即为什么进行诉讼，要花费成百上千的英镑。对诉讼请求的任何修正，都必须经过两次上诉审。延迟本身可能成为产生诉讼的一种方式，而这种诉讼会导致新的延迟。大量的金钱，在发现开始前不久，在诉讼中，有时在接近诉讼法院的途中，及以后，被花费掉了，不论时限是否允许，亦不论诉讼是否因惩戒而被驳回。

5—由于《民事审判报告》的发布，郡法院的管辖权在民事诉讼领域已经获得了适当的拓展，目的在于尽可能避免高等法院诉讼程序的费用支出。但是，开支问题也延及郡法院。这用不着惊讶，因为郡法院的实践同高等法院相似。事实上，法律服务在郡法院收费较低，有较多的节省，初级律师能代表其当事人，没有同时雇佣初级律师和大律师的需要。但是，与争议额相比，诉讼支出仍可能是高的，因为初级律师的服务以小时计费，有最低限，而不论诉讼请求本身的价值多少。尽管确实存在一些重要的程序区别，但从总体上看，他们不会使诉讼费用支出节省多少，除非诉讼请求额为1000英镑或更少。至于其他区别，郡法院诉讼程序的自动导向值得提及。它是于1990年采用，试图消除延迟问题的。它涉及到为审判前诉讼制定一个合适的日程表。依该制度，除非原告要求在诉讼终结之起日15日内，请求举行听审，“诉讼将会自动勾销”。然而，虽然诉讼进程有所加快，费用得到节省，但开支并没有戏剧性地降下来。

6—的确，在前面引证之“罗尔斯的书记官”作出评论的案件，涉及到在郡法院的请求占有之诉。“本质上”，罗尔斯的书记官说，“郡法院处理的诉讼案件，主要根据日常的理由，法律原则简单，问题也不复杂。简单的争议要求作出简要裁决。然而，它一旦开始，就会由于如下原因而复杂化：彼此方的申请不同，对彼此方作出的命令不同，以及与此有关的听审不同，所有这些因素当然增加了诉讼支出。”

7—毫无疑问，我国法律程序的结构，包括低级司法机关和高级司法机关，导致了大量的不可避免的程序性浪费。结果，批评家和改革者已经倾向于把他们关注的焦点，集中到改进法院和案件的管理，以及简化相关的诉讼程序方面来。最为重要的，沃尔夫勋爵（由上议院议长任命的负责司法行政改革的一个委员会主席）似乎认为，解决办法仰赖于较广泛的对诉讼过程的法院监督，以及严格执行审理案件的期限。然而，对此，我国没有给予足够的重视。我国诉讼程序耗费日益增长的金钱的能力，原因并不在落后的诉讼管理办法，或者民事诉讼的复杂化。诉讼费用的增长是由某些潜在因素促进的。以小时计律师报酬的方法显然不具有提供法律服务请求节省的动因。公共基金法律援助费用的支出,至少到目前为止,是参照通常由富人雇佣的法律服务的标准来决定的,而不是参照纳税人能够合理承受负担的标准确定的。诸如此类的因素相互作用,为增加诉讼开支和造成诉讼延迟创造了条件。

8—由于对法律程序的不同因素之间的相互作用缺乏关注,不时削弱着改革的目标。例如,当采用法律援助制度时,对于如下可能性几乎未作任何斟酌:把大量公共资金注入到法律服务的购买之中,将会与既存的通货膨胀因素结合,产生巨大的开支压力。同样,亦未注意到这种可能性:当一项新措施在某一方面取得节省时,它可能在另一方面产生同等的或者更大的开支导致浪费。因此,审判前证人陈述的交换,目的之一在于,通过排除先行讯问以求节省。但是,在准备证人陈述过程中投入的资源表明,有时可能会超过在口头证据程序中所付出的代价。

9—将来的改革必须避免这些易犯的错误,确保这种改革不仅仅在局部节省方面取得效果,而且保证在总体开支和延迟的削减方面获得成功。为此,我们必须在总体策略上考虑这种制度的不同方面之间存在的潜在互动作用。例如,除非我们消除增加诉讼的复杂性和延长诉讼期间这种动机,那么在简化诉讼程序方面将不会有什么进展。同样,我们希望加快案件的处理速度,但如果这样作造成诉讼量的几何级数式增长,而使法院难以承受,加快办案速度可能自告失败。

10—这篇论文的目的是,着重分析导致开支和延迟的主要因素,勾画出扭转既存倾向的策略。改革,会有争论,它将受这一思路的指引:诉讼资源是有限的,我们应该合理利用,而不是象现在所做的那样,因为诉讼费用过高而限制人们诉诸法院。为了落实这一思路,我们必须设想一种全局方法,它由三个方面有机构成。第一,我们必须在绝大多数案件中使诉讼程序变得较为简捷和便宜,以便人们在能够承受的诉讼成本基础上很容易提起诉讼,即使这意味着判决质量有一些降低。第二,我们必须保证,通过向律师和当事人提供降低开支的有效诱因,使诉讼在成本方面为人们所承受。第三,我们需要阻止这种可能性:由于建立了强有力的公正和非歧视的反诱因机制,这与目前的诉讼机制不同,人们更容易提起诉讼,从而将刺激诉讼。

11—然而,在勾画这些建议之前,必须论述两个基本问题:我国诉讼程序的相反辩论与其复杂性之间的联系,及诉讼成本与公平之间的关系。

辩论自由与合理程序

12—在对抗制中似乎存在一种观点,认为公正要求当事人诉讼行为自由。理由如下:因为法院不能自行承担调查争点之职责,而应使自己充当公平仲裁人的角色,当事人必须拥有一些手段,以准备他们的案情,并将其提交审判。因此,他们需要一些便利,以获取对方当事人的争议及证据,迫使证人作证、在审判中讯问证人等等。陈述、质问、发现、证人陈述的交换程序以及证据规则,都是用来满足这些需要而设计的。

13—如果这些手段被赋予当事人任意处置,法律就不能限制当事人运用它们 的自由。例如,如果当事人有权得到处理案情或节省费用所必需的发现文件,那么法院就不能回过头来说,这个或那个披露请求并非确实需要的,或者告知当事人自己应该对有限的和较便宜的发现方式感到满意。法院也不能告知当事人案情的重要性或争点的性质,言明他们建议采取的范围广泛而代价高昂的诉讼步骤是正当的。对抗制得出的结论是,当事人在允许的范围内可以自由地利用法律提供的诉讼方法,以实现他们自己的利益。

14—即使法律所制定的诉讼方法能被认为是有用的,若不考虑争点的复杂性和问题的严重性,那么我们不能说它们在所有案件中都具有同等的重要性和必要性。正如并非所有的身体状况都要求利用一切有用的诊断方法一样,也不是法院的所有案件都可以利用一切有用的审判前策略,而不管其开支如何。我们可以这样考虑,一件诉讼不能证明利用一切可用的诉讼方法均为正确,但也并不意味着这种利用应该被限制或禁止。因为,正如公民不能被禁止去享受奢华的医疗服务,只要他们愿意付这笔钱一样,当事人也可以按自己的愿望自由地投资于法律服务,包括诉讼。但是,这种类推存在着明显的瑕疵,因为不合理的法律措施,不仅影响到那些当事人可以利用的资财,而且增加了其对方当事人的负担,并且消耗法院的钱财。

15—绝对的辩论自由的思想,在现行法制状况下,无论怎么说都是畸形,因为诉讼程序的利用已经受到一些限制。几乎不能辩护的诉讼当事人不能主张使用正规的审判前和审判程序。他们所期望的一切,是简易审判。因此,相信被告缺乏合理或可信的辩护的原告,可能依照法律规定申请简易审判。同样,根据原告或被告一方当事人的申请,法院可以按照法律规定,驳回没有合理的起诉或抗辩的任何请求。这些规定的目标在于:一旦诉讼对方的理由是无力的,以致于不需求助于正常诉讼程序,那么堵住接近正规的审判前和审判程序的路径,使当事人能够得到较快的判决。

16—应当指出的是这些简易审判方法的合理性问题。正规诉讼程序因其对终局结果不可能有重大影响而予以坚持。简单地驳回起诉或抗辩,不可能象审判后的驳回一样值得倚靠。一旦起诉的正式审判前程序、质问、发现程序均被利用,当事人各方的案情皆被披露,以便审判中仔细复查,那么曾受到简易程序检验,并表现得软弱无力的争辩,可能证明是有根据的。例如,运用发现程序可能找到某种事物,它散发出奇异的光芒,借此可以审视似乎没有抓住事物本质的抗辩;交叉讯问,可能表明一种无法答复的请求是有根据的。当然,撤销标准程序的理由还有,标准程序对时下审判的案件不可能都具有重大影响,利用它还可能是一种浪费。这些简易程序能够解释诉讼程序的合理性观点,这种观点认为,争端必须具有充分的实际意义,才可以利用正式程序。

17—这种制度不仅准备在争点十分明晰的情况下排除适用一些程序规定,还准备在紧急情况下也这样做。如果当事人在诉讼悬而未决期间，担心他或她的权利要受到侵害时，他或她可以申请中间禁令。申请中间禁令，不需求助于抗辩、质问、发现、证人陈述的交换及证人证言。申请中间禁令不依赖于立誓证据。用正当司法手段来排除审判前程序，案件中间禁令并不能最终处理，但这不是采用简易程序的理由，因为这种理由不能总是可以适用的。确实，假若遇到紧急情势，不论中间禁令实际上是否永久处置案件，都可以取得中间禁令。不管它们在主观上和目的上态度如何，都永久性地处置了案件。进一步说，即使中间禁令不能终局地、决定性地处理全部诉讼，它仍有可能弃一方当事人遭受无可挽回的损失之困境，因而永远地牺牲了他或她的权利。结果，在中间阶段法院本身不必考虑当事人各方请求之事实这种想法，已经多有指责，并被有效地摒弃了。此外，这个被认为对于获得精确的判决相当重要的程序，散落在中间程序中，不是由于法律规定，而是因为在短时间内有作出判决的需要。

18—因此，会出现如同目前已显现的这种情形：制度不容许非正当地适用正式诉讼程序。合理化观念，即并非每件争端都值得给予同等的诉讼投资，已在我国诉讼规则中扎根。因此，原则上，没有什么能够阻止我们去思考适用正式法律程序是否被定义得过于宽泛，在平衡简易审判与普通审判时，是否不应过于倾向简易审判。

19—诉讼程序的规定可能是相对的，这种观念导致对“诉讼制度已经致力于确定真情”的更多的一般性争论。这是公认的原则：诉讼程序的目标是确保当事人的正当权益，即通过正确适用法律而使判决符合事实。但是，这并不意味着国家有义务制定最精确的民事诉讼程序，而不考虑代价如何。当我们不能取得最好且可能的医疗服务或交通系统时，认为我们有权享受最好且可能的法律程序，而不计其昂贵代价，是没有意义的。同样，认为诉讼程序不需要致力于取得任何水平的精确性，而可以满足公平的要求，也是没有意义的。因此，我们有权期待致力于提供合理的权利保护措施的诉讼程序，尽可能与我们所能供给的司法行政消耗的资源相一致。

20—一旦我们承认精确之行为不是绝对的和无限的，我们就必须承认诉讼程序必然涉及妥协问题。首先，也是最重要的一点，精确与成本之间的妥协是不可避免的。一种高精确度的司法制度要求进行缜密的准备和众多的司法人员，因而将是非常昂贵的。相反，一种十分低廉的制度可能产生很低水准的精确度。立法者对于司法行政不能给予无止境的投资，必须在司法行政可能产生的精确度水平上达成妥协，这将反映出合理期望政府给予法律服务的支持的水平。由此可见，在设计诉讼程序制度时，立法者在平衡精确度与成本的不同方式之间，有一个十分明显的选择范围。

21—因此，我国现行民事审判制度仅仅代表了一种平衡成本与精确度的可能的方式。当然，不能认为这种制度是过去在一定程度上实施的、故意和有目的的成本利润方法的结果。民事诉讼程序在过去数十年里，因立法者迫于各种法律的、经济的和其他社会因素考虑，通过继受不同的选择方法而演进成现行的模式。应该注意的重要一点是，现行诉讼制度并非神圣不可侵犯。相反，我们应当不断质询，司法行政在精确度与成本之间能否反映最理想的妥协，它是否能够满足公众在这一时期的需要。

22—这样看待诉讼程序，可以帮助我们处理这种异议，它反对将经济方法引入司法行政，与精确度相妥协的经济方法，也与公正相妥协。质量，不必为了经济的原因而作出牺牲。我们不是生活在所罗门时代，而是生活在比这复杂得多的社会，这个社会需要复杂的法律调节机制。在这种情况下，正确的判决，只有通过投入大量的时间和资源，才可以得到。可以认为，低廉地、快速的司法程序正如所付出的代价，质量不会太好。没有任何方式可以简单地避免妥协。因此，为了经济的原因，质量应在某种程度上作出牺牲，这可能是无法避免的。真正的问题在于：是不是任何已经存在的诉讼程序制度都能产生令人满意的妥协。

23—在目前的情况下，民事诉讼程序因过于倾向精确度而不计成本的妥协应当受到批评。我国的诉讼制度表明，为了判决的高精确度可以忍受高支出代价。结果，向法院起诉对于绝大多数人而言是无法实现的，以致于国家难以负担穷当事人的费用。因此，可以合理地质问：为少数人提供高质量的司法服务，是否要比向社会大多数人提供质量不高的司法服务更好。当司法服务耗财极少但缺乏任何精确度时，反而要求纳税 人把大量金钱投入民事审判活动。当然，我们也不会认为它是公正的。

24—关于诉讼程序之支出与精确度之间的关系，还存在一个深层的方面，即精确度与速度之间的妥协。我们倾向于认为：司法的唯一要求是，判决应给予当事人正当的东西。但是，时间也是司法程序的一个方面，因为司法程序的延迟的结果是当事人的诉讼请求被驳回。延迟可能削弱请求补救权利之判决的实践性，判决作得太迟，以致难以纠正错误。很显然，由于制度上的原因而导致延迟判决的诉讼程序剥夺判决之实践性，不能被当做正当的诉讼程序。由此可见，公正的诉讼程序不能全然漠视确定真情的需要，也不能对延迟毫不关心，公正的诉讼程序的目标在于，及时作出能够起积极作用的判决。没有一项制度可以投入无限的资源而加速诉讼程序的进行。因此，如果资源是有限的，出于经济的原因或者得到及时判决的考虑，判决的精确性可能要在某种程度上作出牺牲。

25—因此，当我们思考民事诉讼的改革时，不能因此种意见——采用节省机制可能导致判决之精确性退化——而裹足不前。需要考虑的事项不是精确度的任何特定水平，而是司法程序的精确性与及时之间、精确性与费用承担能力之间的正确平衡。

齿轮机制——诉讼的障碍

26—统计数据足以充分显示出一幅开支急剧上升的严酷画面。在 1987 年至 1988 年间，法律援助费用达 426 百万英镑，但到 1993 至 1994 年间，这项费用上升到 1020 百万英镑，其中 350 百万英镑花在民事诉讼上。到 1996 至 1997 年间，这个数字有可能上升为 1633 百万英镑，其中民事诉讼将花掉 685 百万英镑。诉讼成本，不论由公家提供基金，还是私人提供基金，都已无情地呈曲线上升趋势。1974 年，初级律师的小时计费约为 25 英镑，但到 1994 年，已上升为 185

英镑(平均数),有的高达310英镑,而同期零售价格指数仅上升了6倍。法律援助统计资料表明,在1974—1975年间,高等法院非婚姻案件的平均成本为338英镑,但到1993—1994年间,这个数字上升为4462英镑。在过去的20年里,初级律师和大律师的收入,比零售价格指数或国民的平均收入上升的快得多。有几种因素可能对这种上升态势起了作用,但几乎无人怀疑我国诉讼制度在两个方面的决定性作用:以小时计律师报酬的方法和法律援助制度。因此,关于改革的讨论必须从考察这些因素开始。

27—在英格兰,初级律师以小时计服务报酬。过去,大律师是根据案件的复杂程度收取报酬的,现在也比较倾向于依小时计酬。不论依小时收费或以案件的复杂性计酬,有一点很明显,即律师在提供法律服务方面没有直接的节俭动机。相反,诉讼越复杂,时间拖得越长,他们挣得就越多。不要以为律师会有意识地降低其提供服务的机会。但是,若没有任何自我意识规范约束,行为人的经济活动必然会遵从盈利最大化的道路前进。

28—一般而言,阻止价格上升的动力源自享受服务的消费者,然而,在目前,这种合理的机制由于受几种因素影响而不能发挥作用。人们须仰赖律师去判断为维护他们的权利要花多少钱,也就是说,主要由律师来决定诉讼的必要支出。结果,当事人对于降低诉讼费用不起任何作用。损害赔偿规则,其中规定败诉方必须支付胜诉方的费用,也为此起了作用。正如我们显见的那样,这项规则的主要作用是减少诉讼。但是,一旦非进行诉讼不可时,它就会倾向于削弱阻止费用支出上升的力量。假如胜诉,不仅赢得所请求的数额,且返还了所付出的昂贵费用,那么当事人便会认为,增加诉讼费总额即会增加他或她取胜的机遇,这就是为什么投入资源而逐步增加其诉讼成功率的很好的托辞。一旦一方当事人增加了这种机会,对方因惧怕利用较次的诉讼手段、无名气的律师或水平不高的专家,被迫应诉,他们会失去胜诉的机会,并且将承担支付另一方当事人诉讼费用以及败诉的危险。实际上,有一种情况可能出现,即如果当事人双方据理坚持投入诉讼，不是为了依是非曲直取得有利的判决，而是为返还已经在诉讼中花掉的金钱，那么这项投资可能超过诉讼标的物的价值。

29—法律援助制度已经从本质上改变了阻止成本上升的范式，因为它是被设计成帮助无力诉讼者进行诉讼的。这种制度的采用是由这种认识助成的，即诉讼的高昂代价把日益增加的相当部分人拒于法院之外。因此，在这种体制下，隐藏着一种值得赞誉的说法，因无力诉讼而被拒之于法院之外的人更无法享受公平审判。但是，从支出膨胀的观点来看，这种用于帮助穷人上法院打官司的方法，几乎可以说是一件幸事。

30—这种制度确立的基本思想是：政府必须支付穷人的法律服务费用，足以确保他们与那些富人对手相比并非不利。该制度旨在向穷人提供法律服务，能够与富人有能力负担的法律服务相当，所以法律援助服务的水平从一开始就被当时的诉讼实践决定下来了。因为诉讼已经为大多数人所不及，这些诉讼实践是由诉讼当事人在经济上可以承受的诉讼决定的。结果，财政部被迫筹集大量基金，以支付法律服务费用。把这笔钱注入一种已经有支出上涨压力的制度中，结果加速了费用的上升。这种推定并非不合理。因为法律援助制度是作为一种政策，以使提供给穷人的法律服务与现行诉讼实践保持一致，结果激发了一种自动推进的机制：一旦开支开始增加，更多的公共基金必被投入其中，与此相应，这又会推动法律服务费用进一步上升，从而，要求更多的公共基金援助。

31—尽管诉讼费用上升不能单纯归咎于通货膨胀，但是，如果通过基金的实用性与律师的收入之间的对比来考虑这个问题，看来正好合适。在过去20年里，律师业加深了对诉讼工作产生的收入的依赖，这一点十分明显。在1975—1976年间，诉讼收入总计为141百万英镑，占初级律师总收入的22%。1984—1985年，诉讼收入占初级律师总收入的32%。到1992年，这个数字再次上升为40%。格拉斯作过分析，认为初级律师在过去20年里，由非婚姻案件取得的收入已经增加了9倍。他得出结论：在过去20年里，由于诉讼案件的增加，律师事务所的职业性收入及其幅度，在相当程度上获得了实质性增长。撇开统计分析不谈，可以预料，如果诉讼过程的主要参加者(指律师——译者注)得益于诉讼的复杂性和诉讼期间的拖延，那么诉讼就会逐渐变得费用更贵，时间更长。

32—法律援助的需求无情地日益增长，呈给政府一道可恶的难题：要么无限度予以支付，要么削减对穷人的资助。政府选择了后者，并采取了两项措施。它严格了享受法律援助的资格，通过冻结法律援助预算，限制支付给从事法律援助工作的律师的费用额度，而控制其财政支出负担。缩小享受法律援助的资格范围，使大部分人比起法律援助预算制度采用以前的情况更糟了，因为与此同时，实际支出的费用上升了。那些仍然享受法律援助资格的人，情况也变糟了，因为限制资助单个当事人，可能意味着穷人现在所能够得到的法律服务比他们的较富裕的对方当事人可能得到的法律服务要差一些。这将削弱法律面前平等的原则。然而，这会使人们误以为，压缩法律援助服务的实施，责任全在财政。一项制度，如果由公共基金提供的服务水平，为富人经常购买的服务水平所决定，而不是被纳税人能够支付的数额所控制，那么它注定要崩溃。现在，对法律援助预算的集中检查表明，它在很大程度上呈现出一种衰退的迹象：民事审判部门无力对付开支上升的问题。

33—同时，不要忘记，不仅国家财政的负担已经变得越来越重，而且那些自己出资援助诉讼的社区成员的负担愈加沉重。诉讼费用的上升，法律援助的持续削减，这两种情况相互作用，不可避免地导致了法院收案的递减。如今，高等法院的诉讼几乎全部是由法律援助基金或大型企业负担的诉讼。对于大多数人和大部分中型企业来说，高等法院的诉讼太贵，风险太大，甚至郡法院的诉讼也是许多人望而未及的。

34—除这些不尽人意之处外，有人认为高诉讼费用对压低诉讼量作出了积极贡献。高诉讼费用，据确信能够减少那些无意义的请求，鼓励当事人自行选择可利用的其他纠纷解决方式以解决争议，从而把许多纠纷阻于法院体系之外。毫无疑问，开支是控制对诉讼需求的非常有效的措施，正如它可以缓和对任何其他服务的需求一样。但是，这种以开支为基础的策略极为不公正，因为其有效性与人的资源成反比例；对于越穷的人来说，他们寻求法院损害救济帮助的可能性越大，被迫放弃解决争议的权利的可能性就越大。

35—诉讼成本的阻却诉讼的效果被赔偿规则明显地强化了。该规则以“赢家取得一切”一语而著称。一般地说，依该规则，胜诉方有权要求败诉方补偿他或她的合理支出。当诉讼开始，很清楚不需适用缺席判决或简易判决的场合，诉讼当事人必须接受他或她败诉的风险。由于费用很高，支付当事人的相关费用可能成为一项巨大的经济负担。由此可见，对于每个当事人来说，潜在的诉讼开支，由于支付自己及对手的费用可能加高。当然，损失的可能性受到依是非曲直判案的力度的影响，结果，赔偿规则对于那些胜诉希望不大的当事人起了阻止的作用。但是，阻却诉讼效果与当事人的经济状况成反比例；在其他条件相同的情况下，当事人越穷，他或她的诉讼便越会受到阻止。因此，赔偿规则加重了穷人所遭受的既存的不利益。

36—这最后一点值得进一步做些阐述。当事人能够负担诉讼费用和承担最终败诉结果的程度，直接取决于其在解决争议过程中恢复其权利的前景。如潜在的被告知晓潜在的原告甚至无力支付诉讼开始的费用，他们几乎不会答复原告的诉求。同样，假如被告不能证明其有能力打胜官司，那么他必定考虑全部满足原告的要求。坦言之，当事人能够用于诉讼活动和承担败诉风险的资源越少，越不希望通过诉讼解决争议。反之，当事人负担诉讼费用的资源越多，他剥夺对方权利的希望就越大。

37—不能认为，为了和解而放弃部分请求存在什么问题。实际上，因权利减少所付出的代价，很可能在避免诉讼成本和诉讼延迟方面带来可观的利益。和解或多或少维持着公正。如果当事人从中得到的利益与他们各自请求的份量大体相配，则和解是公正的。假如原告负担诉讼成本的能力极为有限，被告则会坚持在这种立场上进行和解:不能按照原告获胜的可能性,而应按照他或她负担诉讼成本的能力。假如一个完全避免诉讼或者解决争议或进行抗辩的决定,不是按照当事人案情的胜诉力度,而是因为当事人贫穷作出的,很难说是公正的。再者,当较贫穷的当事人基于案件事实而不可能败诉时,赔偿规则能使富裕的当事人凭借其经济优势,通过增加其自身的诉讼投入来向其较贫穷的对手施压,因而给较贫穷当事人增添了潜在的负担。

38—除了上述不公正现象以外,认为依靠高支出阻止人们诉诸法院产生了许多经济性浪费,是不够充分的。为了劝说对方当事人进行认真的谈判,当事人必须通过开始诉讼或者进行答辩,以证明对诉讼有所承诺,这迫使许多当事人在没有开庭希望的时候,把相当数量的资源消耗在诉讼步骤上。再者,高收费制度在相当程度上影响到纳税人。诉讼负担限制求诸法院者越多,对政府采取步骤从经济上支持穷人的压力越大。因此,利用开支阻止诉讼的策略既浪费又不公正。

39—民事审判方法实质性和持续性的改进,只有通过废弃齿轮机制,才能取得。为此,我们需要设计一个全面的、各组成部分有机作用的策略。这种策略必须达到三个目标。首先,它必须限制诉讼的复杂性范围,使求诸法院的人们能够负担得起。其次,它必须消除鼓励诉讼支出、拖延诉讼等因素,稳定地抑制开支和延迟。第三,它必须取代以诉讼成本为基础的体制,而以更加公平的方法来解决争议。

合理的诉讼资源

40—我国民事诉讼制度为当事人及其律师寻求诉讼复杂化及拖延诉讼,提供了可资利用的相当手段。在某种程度上说,诉讼的复杂性不可避免。诉讼制度必须有能力处理很可能诉至法院的所有纠纷。从效果上说,为了确定最难的争议,必须采用适当的手段。在复杂的纠纷中,如果事实模糊且存争议,法律不确定且有争论,那么,为了弄清争点,决定事实和法律,可能必须用尽所有可用的诉讼手段。但是,并非所有案件都是重要的、复杂的和有难度的，也并非每件案子都要求最大限度地适用诉讼规范。因此，一个富有活力的制度应该包含一种节俭使用诉讼资源的机制，以保证所利用的诉讼程序与特定案件的需要相符合。

41—我国的制度明显缺乏这种机制。正如我们已经看到的，当事人为了达到无拘束地利用所有诉讼方法的目的，仅需提出诉讼即可。再者，不论事实上是否需要，在当事人随意利用所有手段时，因为他可以据此通过某种方式耗尽其对手的资财，或得到有利于己的和解，或使自己的地位变得更为灵活些，他可以从中得到实益。想避免浪费的当事人并非总想这么做。当事人必须全盘审视纠纷，才决定适用何种程序在诉讼上是可行的。在对抗制中，当事人只有在昂贵的、拖拉的审判前程序结束时，才能获得这种认识。还有，这种程序可能要贯穿诉讼的全过程，并且陷入起诉与反诉、上诉与抗告而不能结案，以致审判前程序更多的泥沼。

42—当全部诉讼手段运用的成本给对手、审判部门、时机、法律援助基金构成沉重的负担时，起诉是低廉的，但却产生了大量诉讼浪费。适用更经济的民事审判管理方法的第一步，在于采用一种合理利用诉讼资源的制度，以区别那些导致否定诉讼制度合理性的诉讼。写作本部分的目的，在于提供一些可供选择的方法，这些方法以废除诉讼当事人必须无障碍地利用所有诉讼规范的原则为基础。

43—分派诉讼策略的核心思想在于：不同的案件可以适用不同的诉讼规范。这个思想并非全是新的；它受到《民事审判报告》的赞誉，这个报告设想：高等法院应该限于受理涉及公法性质的案件、专门性案件（如商事案件和海事案件）以及重要的、复杂的或者实质性诉讼。然而，这个报告没有提出从根本上简化郡法院诉讼程序的建议。在郡法院，由于缺乏一套简化的、快捷的和成本低廉的诉讼程序，移送到这里的案件在诉讼支出方面几乎不可能有什么实质性的改变。

44——项更有效的策略可能是，划定某类案件，使它们可以自动按快速程序加以处理。例如，可以这样规定，争端达到一定价额，如2万英镑，即按简易审判程序进行处理。其他选择还有，诸如债务、违约，甚至可能是人身损害案件等特定类型案件也可以直接按简易程序处理。不论按这种程序处理的是所有郡法院的案件，或者仅是按后者处理的某种案件，重要的是，这里应强调：需要一种费用低廉的选择程序。

45—我国已经尝试过简易审判这种方法。它已经在中间救济及与之相关的救济领域里被利用了很长时间，并且它正在逐步成为结案的一种模式。按照这种模式，当事人表示愿意接受关于中间禁令申请的决定，以终局性解决他们之间的纠纷，法院则用简易判决。这个过程是简便和快捷的。寻求中间禁令的当事人必须通过宣誓提出他或她的申请，被告以同样的形式，即书面争辩和他或她自己的宣誓进行答复。因为对宣誓不适用交叉讯问，决定的根据是书面材料和有限的辩论，因而可以很快地作出判决。

46—因此，这种简易审判模式为现行的标准诉讼程序提供了一个现成的程序。如果认为这种审判模式过于粗糙。可以考虑一些附加因素。例如，可以要求当事人同时交换文件和保证书清单，以减少隐匿和规避的范围。听审时，法官可以自由裁量以进行一些有限的交叉询问。由于简易审判在诉讼程序方面有所加强，可能威胁到审判速度和诉讼效益，但它可以更好地通过宣誓和有限的口头陈述来保留现行的审判模式。

47—这项制度不是僵化的。自由裁量权应予保持，以便把特别复杂的案件或者对广大公众重要的案件移送到高等法院，高等法院在处理这些案件时，现行诉讼程序将继续发挥作用。下面讨论的有关阻止诉讼投入和鼓励法院外调 解的措施，在不同法院或者按不同程序进行运作可能存在差别。因此，例如，固定费用或者临时费用调解和调和性的判决，可能被限定于专门的郡法院诉讼程序，选择的高等法院的诉讼程序不受这些措施的影响。这些并非可供诉讼制度合理化选择的唯一替换措施。可能还有更易于适用于各审级诉讼程序的其他措施。重要的是，为了最大限度地节省开支和时间，我们可能必须采取具有弹性的诉讼方法，酌量不同类型的纠纷而要求不同程度的诉讼投入。

48—简易审判的观点也有大量争议。有人认为，简易审判会减少和解的范围。目前，被告在通过诉状、发现、证人陈述从原告那里得到重要的信息之前，不必决定是否坚持他或她的抗辩。一旦双方相互间对案情都有充分了解时，能更好地实现妥协。简易审判不会为双方交换信息提供很多机会，因而可能无益于和解。当事人在他们有机会估价其对手案情的分量之前可能不得已进行诉讼。然而，即使发生这种情况，案件和解率的降低也不能成为使双方当事人负担更昂贵的诉讼成本的理由。因为，缺乏广泛的请求、发现及类似情况，简易审判可以更廉价地处理案件。再者，可以通过立法来鼓励当事人和解。原告在提起诉讼时，必须在诉状中附带顾及被告利益的建议，以使被告在诉讼开始时有机会估量他或她在诉讼中的地位。

49——一种更加严肃的异议对以程序规范合理化观念为基础的假定提出了挑战。程序规范的合理分派不仅会消除浪费的和低效益的程序规范，而且也降低了判决精确的标准。不论解决纠纷怎样直截了当，简易审判均代表了一种较劣的审判模式，它很可能导致降低司法发现方面的精确水准。宣誓证据隐匿真情，不能同披露真情一样多，即使允许反诘，也不可能通过糟糕的审前程序有所补偿。当这条给人深刻印象的意见首次出现时，很难估计其效果，理由很简单：我们对我们的非简易程序之精确性不甚了解。我们确信所知道的一切，是它运行得更慢，比简易中间程序更昂贵不是它更精确。因此在研究证明有相反的情况之前，没有理由去设想，假如相对不复杂的简易审判被用来处理案件，依据初步的司法评估，它在判决的精确度方面会有重大损失。

50—即使证实简易审判所提供的精确性较差，但适用简易程序审判案件并不一定有害处，因为我们可能遇到的原则问题是：损害精确性而实现诉讼费用节俭是否是正当的。这个问题不能抽象回答。再者，回答这个问题必须考虑当时的经济和社会情况。现在，我们处于这样的境地：诉讼成本如此之高，以致财政部也不能继续坚持对穷人提供援助，且对于把大多数人拒之于法院之外的情况只字不提。在这种情况下，一种使大多数人能够承担得起的、但精确性较低的诉讼制度，比起那种限制诉讼的、但能够给予少数有能力支付诉讼费用的人和那些纳税人仍能提供资助少数穷人以较高质量的制度，更受公众的欢迎。

51—以诉讼费用承受力为基础的观点带给我们合理安排诉讼程序一种更可能的策略：为当事人利用简易审判解决纠纷提供了一种选择权。

52—目前，我们已经注意到，富有的当事人在诉讼中利用其优势经济地位方面有相当的余地。他们在诉讼中投入资金，以增强诉讼的对抗性，使较穷的对手无力对付他们的诉讼手段。必须强调的是，不要认为较多的诉讼投资必然增加当事人成功的机遇。但事实是，没有人愿意使用劣等武器同比他们强大的对手作战。这种对诉讼缺点的自然逆反意识将增加较穷的当事人的压力，使其在诉讼中不得不作出经济上的牺牲。无力增加必要的资金的当事人很可能不得不按照他或她认为不公平的条件和解。由于经济上的不平等导致的诸如此类的压力必将造成诉讼地位的不平等。

53—当然，审判方法不能对这种当事人之间的不平等负责。但是，资源的不平等能够导致诉讼地位的不平等，很大程度上制约着我国诉讼调解的功能。因而，目前允许如此的诉讼不平等是否正确。富有的当事人应该有机会自由选择条件并用于诉讼，这公正吗？问题以此勾画，但问题的回答将是明显的。没有任何诉讼原则或者其他社会标准提出如此要求：经济上受到援助的当事人应该靠他或她的财富拥有无限制地取得诉讼利益的自由。

54—较为合理的解决方式是，穷人，而不是富人，有权选择解决纠纷的程序。贫穷的当事人所作的廉价程序的选择，并不一定于富有的当事人不利；相反，由富人对昂贵程序的选择肯定于穷人不利。然而，因为没有当事人使用这种方法的实际验证，选择这种方式的权利还不能局限于那些相对于其对手而言经济地位较差的当事人。因此，这种选择必定对所有诉讼都是适用的，全体当事人，不论他们贫穷或者富有，原告或是被告，意愿如何，都可能有权自由选择较廉价的审判方式。这种广泛的选择权可能提供一种大量节约程序资源的自我规范机制，会导致平均诉讼费用令人注目地减少和诉讼期间的缩短。这种审判方式可以采取简易诉讼程序。

55—这种选择不是绝对自由的，必须附加一些约束。某些诉讼类型，如宪法争端或者群体侵权诉讼，考虑到其复杂性或对广大公众具有重要意义，不论当事人意愿如何，应当按普通诉讼程序进行处理。具有广泛公共影响的争议，可以通过法定或者司法裁量权的实践，从简易审判中加以排除。运用司法裁量权，也要防止简易审判的滥用。例如，因害怕通过彻底调查而揭露有关他或她的请求虚假的当事人，可能选择简易判决以隐匿他或她的案情的瑕疵。同样，在当事人之间的争议事实出现明显差异的情况下，不宜适用简易审判。例如，假定人身伤害案件的受害人控告他或她的雇主有过失，后者申请简易审判，原告可能基于如下理由予以反驳：他或她对于被告的安全措施知之有限，不依普通审判，经过发现或专家检验，解决本案将是不公正的。

56—值得指出的是，任何程序均应当给诉讼策略行为留下余地，这有利于当事人的诉讼利益最大化。因此，上述建议的程序将造就能以诉讼策略，期待适用何种策略应当根据司法实践经验和可资利用的其他替代手段予以衡量。

57—除依法或依当事人选择安排诉讼程序之外，法官可以通过审判安排诉讼程序的适用。对程序资源耗费加强司法控制的主张并不是新的。近年来，关注民事诉讼的昂贵和复杂性已经导致频繁地要求增加诉讼的司法干预。现在，这已经得到大多数人的广泛认同：不能再把诉讼程序的范围和进行完全交给当事人去控制。澳大利亚联邦法院法官皮特·黑利(Heerey)根据他自身的经历认为，给予当事人的时间越多，他们只根据有限的资源所产生的诉讼工作就越多。因此，许多人抱怨：法官应该控制审判前程序，指导和控制由当事人所采取的诉讼步骤，保证诉讼过程有效而快捷地进行。

58—毫无疑问，削减诉讼期间会是有利的。因为迟延有害于权利和增加诉讼成本，用于解决纠纷的时间越少，越会增加判决的价值，以及会减少诉讼成本支出。但是，一味地增加诉讼速度将不会必然导致费用的实质性减少。诉讼的积极司法干预会要求大量增加法官数量，这些人的开支会是惊人的，这种开支又会落到当事人和纳税人身上。更为重要的是，如果我们要引进对诉讼程序的司法管理，同时不改变诉讼程序的其他方面，诉讼仍能够吸纳大量的经济资源。审判前程序可能单独加快，尽管缩短了诉讼期间，但诉讼仍然是复杂的，这需要在司法服务方面给予惊人的投入，并产生实质性的开支。如果不考虑法律专业和司法方面的文化，赞得尔(Zan der)教授认为，仅仅依靠司法管理的作用会导致诉讼成本的预期降低或诉讼迟延的预期减少。

59—运用司法管理的实践没有受到鼓励。法院有权以不适当的、不可原谅的延迟为由驳回诉讼。然而，行使这种权力对诉讼行为，因为法院对诉讼的宽容态度而没有明显效果。尽管对延迟将会有更加严格的政策，但是，它是否会产生重要影响还是令人怀疑。实际上，依照近年来已有的规定，法官有权依法命令诉讼代理人控制个人的诉讼费用支出。这类以浪费命令著称的命令，是法院在诉讼代理人(律师)有不适宜、不合乎逻辑、或疏忽行为而导致开支增加的情况下作出的。但是，上诉法院的判决对这种权力的行使，表明了一种宽宏大量的态度。再者，关于浪费性命令的诉讼，其本身就消耗了大量的法院资源。实际上，关于各种程序事务之诉讼成本诉讼范围反映了司法制度依是否曲直限定争议方面的无能。

60—很清楚，管理政策不会产生所期望的结果，除非它受到一种合理分派程序资源的明晰政策的引导，并由促进此项政策的特殊规则所支持。这将要求在程序上进行文化的变革和物质的变革。为了取得文化上的变革，最为重要的是，法官要看到它们的作用，他不仅是个人纠纷的仲裁人，而且作为匮乏的司法资源的监护人，他必须在所有当事人(包括实际的和潜在的)之间精细公平地分派诉讼资源。

61—为了利用司法管理诉讼的优势，法官在诉讼开始后，必须尽快采取管理诉讼的措施。如果有可选择的审判方式，法官的首要任务将是决定应当直接适用哪种方式。例如，如果要引进简易审判方式，我们会需要按照有利于简易审判的原则作出设想，来取代现行的自由诉讼原则。所有纠纷都可选择简易审判，除非当事人能够在诉讼之前说服法官：只有适用普通审判程序才会有公正。如果当事人对诉讼程序的选择得到允许，法官接下来的工作是处理有关选择简易审判的异议。一旦决定案件将进行简易审判，法官会相应地以简易程序处理纠纷。

62—当需要适用普通程序时，法官的管理作用在合理利用程序资源方面特别重要。考虑到诉讼的技巧性和确定争议可能发生错误的风险，确定争点的过程要求较强的法律服务。再者，因法院的中间程序申请及法院的决定而引起的争议程序是普遍的。这已经获得了广泛的认同：确定争点的过程必须简化。诉讼请求应当对当事人开始时所寻救济予以描述，并基于其案件性质的直接的经济的考虑及其他必要情况。这一过程的目的是将争议的性质告知法官，以便他或她可以在审判前听审阶段和基于当事人帮助下，分辨必要的争点，给予相应的指导。如果这种司法干预被坚定地、合理地予以实施，那么其作用将是减少许多争点，很可能帮助当事人在此阶段解决争议。

63—这种审判前程序的深层目标是依照案件的大小及其实际需要，减少发现程序的适用。现在已经意识到：发现程序是资源浪费的主要原因。商事法院法官在给沃尔夫勋爵(Lord Wool)的答复中指出“我们的坚定立场是：对于在许多重要案件中，对审判时间和费用支出起决定作用的发现程序，它的原则和实践，应当给予重新考虑，并进行有限的改革。”因此，我们应该认真考虑发现规则的替换措施，法官应该根据当事人已经提出的争点范围，决定当事人双方应该提交什么材料。

64—这里所设想的审判前程序类似于苏格兰的商事诉讼程序。苏格兰法院的《商事诉讼规则》规定，通过传唤开始诉讼程序，其中必须包括：诉讼请求、纠纷产生的事实描述、情况介绍、诉讼理由。当事人必须按照传票的要求附加文件清单来说明上述问题。被告必须用同样方式给予答复。法院据此举行"初审"，并考虑是否需要当事人就其请求作进一步的说明、要求甄别证人，提示构成证据或者与诉讼事务有关的文件、对专家证据提供指导。在随后的"程序听审"中，当事人将提供证人目录，专家报告及类似的材料，法院将给予必要的审判指导。尽管英国商事法院的法官并没声言采纳苏格兰的制度，但是他们坚持强化对诉讼的司法控制，特别是有关发现程序的控制。

65—这方面一个试验性步骤已由首席法官于最近的实务指南中作出。它告诫法官在发现、口述的篇幅、允许质问证人的时间和大声阅读文件及官方文件等方面，加以限制。如果口头辩论和口供是根据个案确定的，审判的平均期间很可能十分明显地缩短。但仍要注意的是，法官是否能够执行自我否定的政策，以改变他们自己处理纯程序事务争议的习惯作法。

66—一种新的管理文化将会产生普遍的结果。唯一可期待的是，一旦法官起到积极的作用，他们就不再能够保持不干预当事人之间争议的立场。在审判前和审判期间，法官必须作出影响诉讼当事人的胜诉机遇的决定。但这对公正不构成威胁。它仅仅是关于诉讼程序的认识转变的产物。诉讼不单纯是当事人自己的事情，诉讼程序应当考虑它可能给对方和司法审判所带来的代价。

降低诉讼费用支出

67—前已言之，既存的诉讼结构包含着增加诉讼费用的诱因。因此，改革的第二个主要目标是扭转这种倾向，建立抑制诉讼费用的机制。

68—对于多数客观的观察家而言，明显的是：诉讼方法的简化、流水线作业和司法干预措施均不会具有持久的效果，只要律师仍然具有使诉讼复杂化和拖延诉讼的手段或措施，即律师提供以小时计酬而无限度的、不计结果的法律服务。因此，我们必须无选择地舍弃此种制度。

69—这方面有几种选择。一种可能的解决办法是，采取比例收费制度。如果律师收费按其当事人获得救济的比例收取，律师就具有强烈的压低诉讼投资的动机，以保证合理的盈利。再者，依照这种制度，在诉讼期间，律师与当事人之间利益冲突的范围就较少了：但按小时计酬制则存在利益冲突，因为审判越是复杂和延迟，律师相应地得到的利益就越多。然而，这种制度并非无可挑剔。当进行调解时，它会产生明显的利益冲突。因为律师从当事人追索的财产中得到合理比例的报酬，不论以审判或是调解方式结案，他们均可以通过调解获益，而不须投资于诉讼，即使诉讼对他们的当事人有较高回报时，情形也相同。克服这一问题的方法也可能是有的。此外，在这种制度下，律师与当事人之间的利益冲突与现行制度下产生的不同利益冲突相比是否严重些，还并不清楚。深层的困难在于：比例收费体制较适宜于律师与原告之间的关系，而不适宜于律师与被告之间的关系。

70—改革我国现行制度的一项措施，是大法官会议提出的附条件收费制度。这项建议是：原告律师将按其已缴纳税费的100％得到报酬。这些费用由经过诉讼返还取得的损害赔偿金支付。这并不是大法官正在考虑的唯一的改革。在削减法律援助费用的运动中，大法官会议正在调查在民事案件中引进标准费用的可行性。对此，德国的方法尤其具有指导意义。

71—在德国，律师收费是由法律规定的。律师是按诉讼阶段分步获取报酬的，每个诉讼阶段中支付请求价值的一小部分。诉讼开始时，律师获取一份报酬。第二份报酬是在庭审陈述法官判决前支付。在听审时，法官则尝试进行调解，如果失败，则指导当事人准备证据。如果案件进行到收集证据和在法官面前提示证据的阶段，律师得到他们的第三份和最后的报酬。

72—显然，因为律师仅取得了固定的费用，他们就没有延迟任何一个阶段的动机。相反，如果尽可能快地进行诉讼，以便保证其工作得到合理的回报，他们就有利益。这种降低案件复杂性的机制，也有减轻法院作用的倾向。然而，人们发现，律师倾向于把诉讼推到第三阶段，以便保证所有的3份报酬均能得到，结果导致司法制度负荷过重。为了抑制这种倾向，最近规定，如果案件在较早阶段解决，律师有权要求得到所有3份报酬。

73——如果小时计酬制的惯例不能废除，我们至少应该向当事人提供较好的手段，以便利用它们来控制开支。两项合理的直截了当的措施会很好地提高当事人影响开支的能力：较好的信息和较大的竞争。关于第一项措施，澳大利亚诉讼咨询委员会提出了有用的建议。他们认为，律师在开始时应该向当事人提供下列信息：详细的收费办法、可能收取的全部费用的估价、律师收费的相关市场信息、胜诉或者败诉的可能性、纳税解释、以及处理案件的其他选择手段和收费。关于竞争，该委员会提出了促进内外竞争的建议。关于这些方法的讨论，以及自我规范机制的前景和后果的争论，已经超出了这篇论文的范围。这里足以说，与在任何其他情况下一样，如缺乏把法律实务推向市场的决定性努力，当事人的利益将遭受损失。

74——我国制度中深层的通货膨胀因素产生了不同的问题。我们已经看到，一旦诉讼开始进行，赔偿规则鼓励通过诉讼程序而取得利益的投机风险持续上升。美国的制度通过规定每个当事人各自承担自己的费用，避免了这个问题。这项规则与比例收费制度相结合，保证了贫穷的当事人也能告至法院。然而，这一制度有其自身的缺陷，至少有一点，即违法行为的受害人将因支付律师费而牺牲他们实际取得的损害赔偿部分。再者，若案件对律师不具有经济上的吸引力，美国的制度没有为穷苦的当事人提供充分的诉讼路径。结果，法院和立法机构采取了一些措施，以补偿辩护律师在特定案件中的费用，但这已经违反了诉讼费用非补偿性规则。特别是，法律规定为民权案件中的诉讼费用提供补偿。

75——不采取美国制度中的现有形式,我国会寻求中立的解决办法,置身于完全的追索和什么也不追索两者之间。例如,我们能够限制通过胜诉当事人给判决确认之胜诉比例为限,限定其能够从败诉方处得以补偿的诉讼费用支出额。原告仅取得70%的请求额的赔偿。因此,他将只能获得70%的费用的补偿。就被告来说,被告能够依照其胜诉部分的比例份额而不承担偿付原告诉讼费用的部分支出。这种规则对非实质性的诉讼请求具有抑制作用,因此减少了对开支的压力。另一种可能的安排是,法官在诉讼开始时确定胜诉方能够受返还的费用。最后,可返还费用在总额上应以败诉方在诉讼中支出的费用额为限。这样做有助于确保官司按照两个当事人中较贫穷一方能够负担得起的诉讼程序进行下去。

抑制诉讼

76——一旦我们降低了诉讼费用,我们就会遇到这个持续多年的问题,即诉讼费用和延迟的减少能够激发更多的诉讼。诉讼量的增加对已经取得的任何程序上的改善将有所提高。因此,旨在减少诉讼费用的改革必须辅之于能够抑制诉讼量的相当的措施。在讨论这个问题之前,需要明确两点。

77—当我们评价提高诉讼的可能结果时,我们必须正确地看待诉讼量将会增加的问题。显然,诉讼成本和延迟易于诉讼。不幸的是,诉讼拖得越长、原告负担诉讼费用越大的案件,被告从中通过调解将取得较大的利益。因此,一些被告有相当的理由来对抗原告的诉讼请求,尽可能地拖延诉讼。通过否定被告借以增加开支和延迟的手段,我们能够使得原告有可能提起诉讼的机会减少,我们可以据此降低诉讼的消耗。这就是说,诉讼效益的增加有可能把更多的诉讼拉到法院去。但重要的是,这种制度显然不能应付诉讼量增加的局面,诉讼量增加的结果不会消除已经取得的诉讼效益的改善,诉讼时间的节约可以使法院处理更多的案件。

78—诉讼费用和延迟以及它们和诉讼量之间的相互关系，还没有限于去改革。任何民事审判制度必须包含一种平衡司法的供给和司法需求的机制。现行的以高费用来阻止诉讼的方法，因其既不公正又无效益而受到反对。普遍认为：能够在可选择的纠纷解决方式中找到解决这一问题的方法。创造一种同和解和仲裁平行的体制，很可能具有巨大的利益。但是，这种制度的存在，不能成为不去改革法院的民事审判方法的借口。公民享受平等诉讼的权利，其不因贫穷而被拒之于法院之外的要求也是正当的。这是审判的要求，即所采取的任何抑制诉讼和鼓励选择的纠纷解决办法的任何措施，在拥有财富或缺乏财富方面应当是非歧视性的。

79—抑制诉讼的一种可能的措施是弹性的审判制度。依该制度，法官仅能决定接受原告的全部请求，或者全部接受被告的抗辩，或者驳回他们的全部请求和抗辩论。按照这种制度，法官无权判决承认部分请求或者部分抗辩。理由是：法官作出的决定应当有利于其立场，最接近于法官认为正当的立场的一方为 2 人。提出过分请求或抗辩的当事人面临完全败诉的风险。因此，这种制度为缩小原告与被告之间的诉讼分歧，提供了有利的手段，并且使相互同意调解更具可能性。当然，弹性的审判方式不适合于所有类型的诉讼，如宪法案件，在这种案件中，法院应当运用一般的适用规则。总之，要求审判方式具有弹性，但弹性的审判方法只能用于特定类型的案件。

80—弹性的审判方法不可能是用于抑制诉讼的唯一方法。必须意识到，民事诉讼制度的任何改革必须与有效地抑制诉讼的策略联系起来。

经验与调查研究

81—改革诉讼制度必须建立在以下基础上：我国现行诉讼程序运作的事实、情形以及改革方案的令人信服的可行性研究。几个事例足以说明这一点。这里讨论的主题之一是，我们应该考虑牺牲一些精确性来换取节省或时间。为了实现这一结果，我们需要就现行程序的精简可能削弱精确度的范围达成尽可能完整的认识。可以从中间禁令程序的精确性与普通程序的精确性的比较中，得到一些有益的启示。我们可以选定一些中间程序之后进行审判的案件，分析其中有多少利于中间阶段的胜方。如果分析结论表明判决的结果和中间决定一样，那么就可以认为简易审判不会在判决精确方面作出巨大牺牲。同样，如果分析结论证实大部分案件以中间禁令的决定结案，我们可以认为，应当将简易程序依法确定为一种终局审判方法。

82—分析我国审判前程序的其他方面也需要占有信息。发现程序可能要花钱，我们对它的用处还知之甚少。尽管我们不能准确把握发现程序与认定事实之间的相互关系，但我们应该能够得到其他类型的有用信息。例如，我们有必要知道当事人从事较便宜或较昂贵的发现活动的动机，以及发现与解决纠纷的和解愿望两者之间的相互关系。调解现象本身需要更好地予以了解，因为它对民事审判方法的运作是如此重要。我们需要关于调解以及影响调解方式的不同因素（如延迟和开支）的可信资料；尤其是，在何种程序上调解不利于贫穷的当事人、法律援助对于调解有何影响。对法律援助制度已经知之甚多，但对其支出膨胀的影响还没有充分认识。我们需要更好地把握法律援助基金的需求稳定增长的原因、法律援助服务需求增长或者援助基金膨胀压力的程度。

83—目前，事实上我们缺乏关于我国诉讼制度的总体情况的现成资料，尤其缺乏关于诉讼费用支出、诉讼费用与争议价值之间的关系、或者诉讼费用支出与不同种类的诉讼费用支出的相互关系的资料。这种情况在其他普通法国家要好一些。任何预期改革的动议均需要进行调查研究。例如，在其他国家中，对于诉讼成本的变动以及法律服务收费已经有了相当充分的认识，但我们难以直接利用这些信息。为了弄懂从其他制度借来的思想如何在我国运作，我们有必要建构能调节新程序和既存结构之间的相互作用的模型。

84—有关司法制度运行机制的资料是重要的，同样重要的是，我们不能因为缺乏现成资料而不采取任何改善步骤。关注提起诉讼的问题是当务之急。可能很快取得一些进步，特别是关于程序的简化和律师费用方面。同时，我们应当对事态的发展予以跟踪观察，以确保变革取得预期的效果，并提出进一步改革的建议。

结　论

85—民事诉讼的过巨的费用支出已严重妨碍了提起诉讼，并且已相当程度地加剧了法律援助基金的负担。同时，诉讼量已超过了法院的诉讼资源所能承受的限度。结果，改革民事诉讼几乎不可避免。本文的主题是：只要采取能够应付各种不良因素的全面策略，改革方能成功。这种策略应当节约使用程序资源，而使当事人能够依照争议的重要性和复杂性充分利用诉讼程序，而非仅仅向法院起诉。

86—目前，鼓励复杂性而把诉讼推向高支出的机制仍在运作。诉讼当事人只须提出一个完全有争议的案件，就可以利用普通诉讼规范。然后，不管争议多难或者多重要，不管于其对手多不方便或者开支多大，不管对法院制度会有什么影响，当事人可以自由地利用程序所提供的一切手段。这种以小时计服务报酬的方法，为律师提供了使诉讼复杂化和拖延诉讼的诱因。一旦诉讼要进入审判阶段，胜诉方要求败诉方偿还其诉讼费支出，赔偿规则为当事人提供了继续进行诉讼而依靠诉讼获利的理由，而不论是否利用昂贵的程序方法，或者加紧利用程序。大量的公共基金被投入到法律援助项目，它是依照贫穷的当事人在诉讼中为达到富有的当事人所利用的诉讼程序而投入的标准，结果导致了进一步增加诉讼费用支出。因此，诉讼的复杂性并非这种齿轮机制产生的原因，而是齿轮机制发挥作用的结果。

87—为了扭转这种倾向，我们必须开始着手减少诉讼的复杂性和缩短诉讼期间。这个目标可以通过合理安排并利用诉讼程序规范来实现，从而能够控制利用程序规范的手段。不同的控制方法已经提到过，如司法案件的管理和简易审判方式的设想。通过这些方法，那些试图利用普通程序的当事人必须向法院证明其利用普通程序的正当需求。所有上述这些，被誉为文化上的改革，因为法官从那里渐渐懂得了他们的作用，他们不仅是纠纷的仲裁人，而且要负担公平分配有限的资源于当事人（包括实际的和潜在的）的职能。即使这将导致判决的精确度有所下降，但是它为大多数公民提供了诉讼救济，它在质量方面有所降低，可比起那种把较高质量的诉讼救济给予少数人的制度，似乎更好些。

88—这种文化上的改革不会有持久的影响，除非它受到强有力措施的支持。这些措施应当有助于当事人和律师节省诉讼资源。以小时计付法律服务报酬的制度必须加以改革，以便律师有志于提高速度和效益。当事人应当拥有更好的手段，以便控制诉讼成本。同时我们需要意识到这种可能性：当诉讼变得更便宜和更快捷时，许多人会受到鼓舞而提起诉讼，从而威胁到新制度的建立。所以，还必须为法院外解决争议提供有效的手段。目前，诉讼因诉讼成本和延迟而受到抑制，但此种方法既费钱且不公正。必须探求更公平的解决争议的制度，弹性的审判方式被认为是一种可行的解决办法。

89—最后，如果不充分研究国内外的民事审判机制，可能不会取得任何进步。原因在于，除非我们的讨论已经越出了我国领域之外，并把这种讨论延伸至纯粹的法律问题之外，进入社会的和经济的研究领域，关于民事诉讼改革的明智和开放的争论不可能发生。除此之外，可靠的现成资料及其深刻分析，是形成具有广泛的社会认同感的改革共识的先决条件。

（译者单位：中国社会科学院法学研究所）

[判解研究]

悬赏广告问题研究

——李珉诉朱晋华、李绍华悬赏广告酬金纠纷上诉案评释

张　晓　军

目　次

一、引言

最高人民法院公报 1995 年第 2 期(总第 42 期)发表了《李珉诉

朱晋华、李绍华悬赏广告酬金纠纷上诉案》，该案涉及到了人们日常生活中司空见惯的悬赏广告现象。悬赏广告方法多样，如报刊登载、街头招贴、广播电视传播等；内容广泛，常见的如寻觅遗失物、寻找走失人口、征集作品、查禁伪劣假冒商品、访求车祸目击者等等。实践情况如此复杂，法律上又没有规定，而民法上悬赏广告理论又颇多争端，致使实务界处理此类案件甚感棘手。笔者不揣冒昧，借评释本案，对悬赏广告问题加以探讨。

二、本案事实及理由

被告上诉人（原审被告）朱晋华与李绍华是朋友关系。李绍华委托朱代办汽车提货手续。1993 年 3 月 30 日，朱在天津市和平区电影院看电影，散场时，将装有洛阳市机电公司（李绍华工作单位）面值 80 余万元人民币的汽车提货单及附加费本等物品的一公文包遗忘在座位上。被在后几排看电影的上诉人（原审原告）李珉发现并捡起，与同去看电影的原审第三人王家平（原系李珉同学）在现场等候良久，未见失主来寻，便将它交给王家平保管。同年 4 月 4 日、5 日和 7 日，朱晋华先后在天津市《今晚报》、《天津日报》上刊登寻包启事，表示要“重谢”和“必有重谢”拾得人。4 月 12 日，李绍华得知失包情况后，在《今晚报》刊登内容相同寻包启事，声明“1 周内有知情送还者酬谢 15000 元”。当晚，李珉得知以李绍华名义刊登的寻包启事，即告诉王家平并委托其与李绍华联系。次日，双方在约定的时间和地点交接钱物。由于在给付酬金问题上双方发生争执，李珉遂向法院提起诉讼，要求朱晋华、李绍华依许诺支付报酬 15000 元。朱晋华、李绍华辩称：寻包启示许诺给付酬金不是其真实意思，且公文包内有李绍华单位及本人的联系线索，李珉不主动寻找失包人、物归原主，却等待酬金，请求法院驳回李珉的诉讼请求。王家平表示仅替李珉保管拾得物，不要求酬金。

三、原审及终审裁判要旨

原审法院认为，李珉拾得物确属被告李绍华所在单位财物，系被告朱晋华遗失。根据包内线索，可找到遗失人或财物所属单位。依照

《中华人民共和国民法通则》第79条第2款的规定，李珉不主动与失主联系，反而在家等待“寻包启事”中许诺的并非真实意思表示的酬金，依照《民法通则》第58条第3项的规定，在违背真实意思的情况下所为的民事行为，应属无效。对李珉的诉讼请求不予支持。据此，该院判决：驳回李珉的诉讼请求。本案讼费625元由李珉负担。

李珉不服一审判决，以原判决适用法律不当为由，向天津市中级人民法院提出上诉。

天津市中级人民法院审理认为，一审法院认定的事实清楚，但又认为被上诉人朱晋华、李绍华在“寻包启示”中所称给付报酬的承诺并非真实意思表示，缺乏充分的依据。悬赏广告系广告人以广告的方法，对完成一定行为的人给付报酬的行为。只要行为人依法完成了所指定行为，广告人即负有给付报酬的义务。朱晋华、李绍华先后在天津《今晚报》、《天津日报》上刊登的“寻包启事”，即为一种悬赏广告。李绍华还明确表示“1周内有知情送还者酬谢15000元”，系向社会不特定人的要约。上诉人李珉，即悬赏广告中的行为人，在广告规定的“1周内”完成了广告指定的送还公文包的行为，则是对广告人的有效承诺。从而在李珉与朱晋华、李绍华之间形成了民事法律关系，即债权债务关系。依照《民法通则》第57条关于“民事法律行为从成立时起具有法律约束力。行为人非依法律规定或者取得对方同意，不得擅自变更或者解除”的规定，朱晋华、李绍华负有广告许诺的给付报酬义务。其辩称：“寻包启示”许诺给付报酬不是真实意思表示，事后翻悔，拒绝给付李珉酬金15000元，有违《民法通则》第4条规定的诚实信用原则，是错误的。李珉的上诉理由成立，应予支持。一审判决不当，应予纠正。

天津市中级人民法院依民事诉讼法第85条的规定，在事实清楚的基础上，分清是非，进行调解，双方当事人于1994年12月26日自愿达成如下协议：(1)朱晋华、李绍华一次性给付李珉酬金人民币8000元；(2)二审诉讼费人民币1435元，李珉负担635元；朱晋华、李绍华负担800元。

四、本案在理论及实践上的意义

第一，确立了悬赏广告可以作为债发生的根据之一。在我国的理论界、司法实务界，很多人以社会主义道德风尚、无法律规定等为由否定悬赏广告作为债发生的根据，忽视其作为一种民事法律行为的严肃性，特别明显的就是对待以寻找遗失物为目的的悬赏广告问题。在本案中，原审法院的误判就是这种观念作祟的结果。民法通则第79条第2款，拾得遗失物“应当归还失主”，这一规定应认为是对拾得遗失物所有权归属的确定，拾得人只是在失主向其主张所有物返还请求权时，负有归还义务。法律绝没有将“主动与失主联系”的义务加予拾得人，无论是法院，还是失主在此均没有权利把道德上的义务作为法律上的义务强加给拾得人。

第二，对悬赏广告含义进行了界定，对当事人的权利义务作了概括，尽管恰当性尚有探讨之处，但毕竟作出了有益的探索。

第三，在法律无详细规定情形下，依总则的“诚实信用”原则作为法律依据判案，这在将法解释学具体应用于司法实践上有重大意义，对纠正司法实践中不敢于、也不善于运用基本原则填补法律空白、补充法律漏洞的流弊将产生积极影响。

第四，对悬赏广告的性质，进行了有益探索。虽然将悬赏广告定性为契约难称恰当（笔者将在后文中探讨这一点），但毕竟对悬赏广告的性质第一次在司法实践上进行了明确界定。

五、悬赏广告的含义及性质

悬赏广告，是广告人以广告的方法，声明对完成一定行为的人给予报酬的意思表示，因而广告人对于完成该行为的人，负有给付报酬的义务。

悬赏广告通常包括两层含义。第一层是指悬赏广告的意思表示。此含义中，还没有人完成一定行为，广告人给付许诺报酬的义务没有实际发生。第二层是指悬赏广告的意思表示与一定行为的完成结合而成的法律行为。显而易见，悬赏广告首先是一种意思表示，终审法院将其界定为“系广告人以广告的方法，对完成一定行为人给付报酬的行为”，难称精恰，在叙述概括上似有将两层含义混用，而哪一层含义也未被周延运用之嫌。

关于悬赏广告的性质，学说分歧，有契约说及单独行为说两种不同见解。契约说也称要约说，认为悬赏广告是对不特定人的要约，必须经行为人完成一定行为，予以承诺，契约成立，广告人始负有支付报酬的义务，行为人享有请求报酬的权利。我国台湾的大多数学者持此看法，① 本案终审法院采纳的也是契约说。单独行为说，认为悬赏广告是因广告人一方的意思表示而负担债务，在行为人方面无须承诺，仅以其一定行为的完成为停止条件。也就是说，悬赏广告的法律行为，虽因广告人以广告的意思表示成立，但其效力的发生须待一定行为之完成。我国台湾学者史尚宽、王泽鉴、梅仲协诸先生持此看法。② 笔者亦认为采单独行为说为当。主要理由是：

第一，有利于维护当事人利益。就广告人而言，追求的目标就是“一定行为之完成。”采取单独行为说，首先可以使不知有广告而完成一定行为的人享有报酬请求权，从而广告人的目的可更快实现；其次可以使限制行为能力人、无行为能力人也能因完成一定行为享有报酬请求权，因为完成一定行为属于事实行为，不以行为人有行为能力为必要，广告人的目的在此情形下亦能顺利实现。就行为人而言，在其不知有广告存在而完成一定行为或行为能力欠缺时，采单独行为说，亦可行使报酬请求权。反之，如果采契约说，行为人完成一定行为于知晓广告前，不知要约的存在也就无从谈承诺，此时广告人的目的实现可能受阻碍甚至无法实现，行为人无法主张报酬请求权；行为人如行为能力欠缺，不具缔约能力，无法发生债之关系，此时同样不利于当事人双方利益。况且，某些悬赏广告应征对象就是无行为能力人（如幼儿绘画作品大赛），法定代理人是无法代理此“一定行为”的，对

---

① 王伯琦：《民法债编总论》，第 31 页；郑玉波：《民法债编总论》，第 61 页；邱聪智：《民法债编通则》，第 43 页。

② 史尚宽：《债法总论》，第 33 页；王泽鉴：《民法债编总论》，第 185 页；梅仲协：《民法要义》，第 93 页。

此现象，契约说是无法解释的。

第二，有利于维护交易安全。采单独行为说，在一定行为完成时广告人所负债务即发生，关系明确。若采契约说，在什么情形下有效承诺存在，很难下定论，学说繁杂。主要有五种：(1)在着手一定行为前有意思表示，就算承诺；(2)着手一定行为就认为承诺；(3)一定行为的完成为承诺(通说)；(4)完成一定行为，并向广告人通知为承诺；(5)须将一定行为的结果交与广告人，方为承诺①。很显然，不如采单独行为说有利维护交易完全。倘按单独行为说，本案被上诉人很难以意思表示不真实来否定债务责任，即使其主张意思表示不真实，也要负全部举证责任。如采契约说，行为人对契约成立要负有相应举证责任，对其甚为不利。

第三，有利于吸收历史立法经验。大清民律草案关于悬赏广告的第879条之立法理由书称："谨按，广告者，广告人对于完结其所指定行为人，负与以报酬之义务。然其性质，学说不一。有以广告为声请订约，而以完结其指定行为默示承诺者，亦有以广告为广告人之单务约束者。本案采用后说，认广告为广告人之单务约束，故规定广告人于行为人不知广告时，亦负报酬之义务。"此诚可以作为今日司法，日后立法之参考。

第四，有利于吸收国外经验，并维持民法体系和谐。我们的立法体系采大陆法系，德国民法典是大陆法系国家的重要摹本。该法典将悬赏广告单列一节，与买卖、互易、赠与、承揽、不当得利、无因管理等各种债的关系并列，从体系上免去了因被列于契约之内，而将悬赏广告作为契约看待的滋扰。该法典第657条规定："通过公开的通知，对完成某行为，特别是对产生结果悬赏的人，有向完成此行为的人给付报酬的义务。即使行为人完成行为时，未考虑到此悬赏广告者，亦同。"从而从立法内容上免去将悬赏广告作为契约看待之虞。笔者认为我们在对悬赏广告立法时，应学习德国民法典的经验。

---

① 转引自王泽鉴：《民法债编总论》，第187页。

第五，司法实践上并不排斥单独行为说。即使在本案中，终审也认为“只要行为人依法完成了所指定的行为，广告人即负有给付报酬的义务”，颇合单独行为说特征，只不过在后边又改采了契约说，但足以证明实务界在观念上并不排斥单独行为说。基于上述理由，笔者对终审法院采契说解决悬赏广告纠纷认为大有质疑余地。

六、悬赏广告的构成要件

1. 须有广告人。广告人是作出悬赏广告意思表示的行为人，可以是自然人，也可以是法人，其他民事主体如个人合伙、非法人单位，也可作为广告人。广告人为广告意思表示应具行为能力，因为此意思表示是其对完成一定行为人负有债务的原因，应符合民法通则第55条对民事法律行为的规定。需要说明的是，因广告而生的义务不因广告人日后死亡或丧失行为能力而受影响，其权利义务应由继承人继受或由其法定代理人承担。

2. 须以广告方法对不特定人为意思表示。以广告方法，或以书面形式(如报纸刊登，广告栏张贴)，或以口头(如街头叫喊)，或以广播电视传播，只要能使不特定人知晓为已足，具体方式无法律上区别。不特定人，并不必须为一般公众，只要是不特定多数即可，即使在资格上(如某校学生)、地域上(如北京地区)、行业上(如书法美术工作者)等方面有限制，也不妨认为属悬赏广告。

3. 须完成一定行为。一定行为的完成，是广告人负债务、行为人行使报酬请求权的条件。“一定行为”在形式上既可以是作为(如发现珍贵动物)，也可以是不作为(如吸烟人不再吸烟)；在目的上既可为公共利益(如举报逃犯)，也可为自己利益(如提供走失亲属线索)，还可为自己之不利益(如报刊对指出报刊上之错别字者之悬赏)。至于不知有广告存在而完成一定行为者是否享有报酬请求权，应探求广告人的真意，一般应认为享有报酬请求权，尤其是广告追求目的在于“一定行为”时，亦对广告人有益。如广告人目的在于“促成一定行为”，可认为无报酬请求权。当然，广告人得在广告中，对此作出限定，法律对此不作强行性规范。

4. 须广告人表示对完成一定行为之人给付报酬。悬赏广告，必然以“赏”之许诺为要件。广告人因广告行为而使自己受债务拘束，当行为人完成一定行为时，债务发生效力，广告人应向行为人给予报酬。至于报酬的种类、数额，广告人可自行决定。报酬不应限于财产利益，社会荣誉亦无不可，如荣誉称号、奖章、匾额等。正如，我国台湾学者王泽鉴先生指出的，“报酬不限于金钱，凡能为法律行为标的之任何利益均可。”①

七、悬赏广告的法律效力

1. 报酬请求权

悬赏广告系因广告人单独意思表示，而对完成一定行为之人负有给付报酬的义务，只是以行为人完成一定行为为停止条件。所以，一定行为的完成，就意味着债的关系发生，广告人负有依许诺给付报酬的义务，行为人享有请求报酬的权利。“一定行为”的内容，通常情形下在广告中均有明确的要求，例如本案中李绍华声明的“1 周内有知情送还者酬谢 15000 元”。如在广告内容中有不明确之处，应参照交易惯例并依诚实信用原则，对广告内容加以解释，而不能以一方当事人主观意志决定，尤其要避免给广告人任意翻悔、逃避债务提供机会，以维护社会公平与正义。

既然一定行为完成，广告人目的达到，行为人行使报酬请求权条件始为具备。反过来就可以推出，一定行为没有完成，报酬请求权因生效条件不具备而不能发生。因此，一定行为完成与否，符合广告内容与否，就关系到债的关系是否发生，关系到广告人与行为人间的民事权利义务。实践中在此关键点上发生争执在所难免，诉讼中原则上应由请求报酬的行为人对此负举证责任。因为悬赏广告面向不特定多数人，有时以“完成一定行为”而主张报酬请求权的人数甚多，要让广告人对报酬请求人完成的行为是否符合广告内容一一举证，似为过苛，也易纵容完成行为不符广告内容之人投机取巧。当然，在报酬

---

① 王泽鉴：《民法债编总论》，第 188 页。

请求人举证之后，广告人仍认为其完成的行为不符合广告内容，就要提出相应的反证，也就是说，此时举证责任转换，广告人应承担举证责任。

这里需要再加说明的是前述曾提及的广告内容不明问题，实践中最常见、最易引发纠纷的就是报酬数额问题。如本案被上诉人朱晋华登寻包启示时就表示“重谢”、“必有重谢”，这种情形时常见诸于悬赏广告中，因此，发生广告人认为是“重谢”，而报酬请求人认为“报酬太少”的现象不可避免。如果酿成诉讼，我国民法没有此方面规定，而“法官不能拒绝裁判”又是私法上的原则，此时法官就应合理发挥造法功能。笔者认为：(1)要考虑诚实信用原则，考察广告人之真意。(2)要考虑利益衡量规则，以求在当事人利益之间、个人利益与社会利益之间找到一个平衡点。如果报酬额太小，不利于维护行为人利益，也会使将来的悬赏广告难以达到目的，使潜在的行为人减少或消失；如果报酬额过高，将会使该广告人在经济上不合理，同时从社会角度看，会使潜在的行为人之报酬要求不合理扩张。(3)要考虑悬赏广告的目的，是为公益还是私益；(4)要考虑广告人获益大小；(5)要考虑行为人完成一定行为的支出(不仅要考虑物质支出，还要考虑精神上支出，如为某项技术革新，可能花费不多，但耗费心神很大)；(6)要考虑行为人完成一定行为的风险，风险高的报酬额应高一些，风险低的报酬额应低一些(如完成猎获为害的野猪与最先捕获一只野山羊的风险存在很大差别)。

2.完成一定行为有数人时的报酬请求权问题

在由一人单独完成广告人于悬赏广告中要求的一定行为时，仅在该人与广告人间产生债权债务关系，属于单一之债，只此一人有报酬请求权。然则，在实际生活中，常有数人完成一定行为的情形，何人拥有报酬请求权？如广告人在悬赏广告中对此有规定，可依规定解决之。如广告中未作规定，应区别不同情形加以解决。

(1)数人个别先后完成一定行为时，报酬请求权应归于先完成一定行为之人。在采单独行为说情形下，即使先完成一定行为之人事前不知有广告存在，也仍然拥有报酬请求权，因为此时广告人之债务发生以一定行为完成为条件。当然，广告人在广告中订有限制时，限制内容应认为是衡量“完成一定行为”与否的标准。广告中指明除完成行为外，尚须通知的，“通知”亦属于“完成一定行为”之固有内容，报酬请求权应属于通知最先到达者。广告中指明期限者，在该期限内最先完成一定行为人有报酬请求权。本案中，被上诉人李绍华声明“1周内有知情送还者酬谢15000元”广告中的“1周内”属于期限限制。

(2)数人同时个别完成一定行为时，各行为人享有平等的报酬请求权。如报酬性质上可分的，数人依比例平等分配；报酬性质上不可分或广告中声明有报酬请求权者仅限1人时，处理较为复杂。查大清民律草案第880条，“完结广告所定行为有数人，仅最初完结其行为者，有受报酬之权利。数人同时完结前项之行为者，各有平等分受报酬之权利。但报酬性质不便分割，或广告内声明应受报酬者仅1人时，以抽签法定之”。德国民法典第659条中亦有规定，“报酬因其性质为不可分割的，或按悬赏广告的内容仅可由1人取得者，由抽签确定之。”笔者认为上述规定大有可借鉴之处，实践中悬赏广告以抽奖方式分配报酬已为广大群众所接受。不过，为防止作弊，表彰公平，应为抽签定奖制定一定规则，比如有公证人员监督等。

另外，尚须讨论的是报酬具体实现前，广告人与数行为人间的债权债务关系性质，笔者认为应看作连带债权债务关系。为防止有违公正，广告人应对数行为人全体为给付，不得应某一个或某几个行为人的自身利益要求而为给付，各行为人亦仅得为全体而要求给付。数行为人中的个别人因与广告人间事项产生的利益或不利益，对其他行为人不产生法律效力，比如数行为人中有抛弃报酬请求权者，对其他行为人无效。例如本案中，王家平放弃报酬请求权，对上诉人李珉的报酬请求权不生否定效力。

(3)数人合作完成一定行为时，报酬请求权属于数行为人，但广告中声明不许合作的除外。广告人应考虑各参加人对取得结果所起的作用，按公平原则衡量，分配给个人。分配显然不公的无效，应依法院判决确定之。如数行为人就报酬分配不能取得一致意见时，广告人有权拒绝履行义务，但数行为人全体有权请求广告人将报酬提存。在报酬性质上不可分时，应按前述抽签方式分配之。

(4)数行为人完成一定行为，广告人已对最先通知者给予报酬时，如何处理?如前所述，悬赏广告系单独行为，完成一定行为是债务发生的条件，除广告中有声明的情况下，通知不是报酬请求权发生条件。因此，在实践中，就会出现享有报酬请求权的行为人没得到报酬，而广告人已对最先通知之行为人履行义务的情况。如甲先于乙完成一定行为，但乙因先于甲向广告人主张报酬请求而受偿；或甲、乙同时完成一定行为，乙先于甲通知广告人而全部受偿。在前一个例子中，乙无请求权而受偿，后一个例子中乙仅有部分请求权而全部受偿。在两个例子中甲的报酬请求权均未实现，如何保护？如要求广告人向甲给付报酬，就会造成双重给付或额外支付，即使此后广告人可基于不当得利向乙主张返还，对广告人要求似为过苛。因为悬赏广告面向不特定人，债务发生不以通知为要件，在有数行为人完成一定行为时，广告人对于先后或同时完成一定行为的情况全面知悉注定不可能。笔者认为台湾学者史尚宽、王泽鉴先生的主张较为恰当，即此种情形下，广告人可因对最先通知人为给付而免除再次给付报酬义务，有如对债权准占有人之清偿，而享有报酬请求权的行为人可向受领报酬之人行使不当得利请求权。当然，广告人应基于善意向最先通知者给付方可免责。①

3. 广告人给付报酬义务的消灭

广告人给付报酬义务可因下述原因而消灭：(1)一定行为不可能完成；(2)指定期限届满；(3)给付不能；(4)广告撤回；(5)悬赏广告被宣告为无效或撤销；(6)已为给付。

八、悬赏广告之撤回

1. 悬赏广告撤回之要件

---

① 史尚宽：《债法总论》，第39页；王泽鉴：《民法学说与判例研究》，第69页。

悬赏广告作为有拘束力的许诺，能否撤回，学说上不甚一致。有人认为悬赏广告系单方有拘束力之约束，故不得撤回。有人认为悬赏广告既然系广告人之单方意思表示，并依此而产生义务，广告人当然可撤回自己的意思表示。笔者赞成后一种观点，但由于悬赏广告撤回关系到行为人之权益，任意撤回有害交易安全，应具备下列要件才生撤回效力。

第一，在时间上，悬赏广告撤回必须在一定行为完成前。一定行为的完成，是广告人债务发生的条件，它是不以人的意志为转移的客观事实，至于广告人对此知悉与否，在所不问。也就是说，一定行为的完成，标志着债之关系发生，自然无撤回意思表示的道理。

第二，在方法上，悬赏广告撤回必须以使知晓广告存在的不特定多数人能得知为必要。至于撤回悬赏广告是否应以原广告同一方法，各国规定并不一致，日本民法典第 530 条要求撤回悬赏广告应以原作出悬赏广告一样的方法为之。德国民法典也以此要求为原则，辅之以特殊通知。笔者认为不宜拘泥于形式，应首先着眼于广告影响力。如原为街头广告栏张贴，现以在其所属城市的日报上刊登广告撤回，不能认为方法不当。反之，则可认为方法不当，因为一个城市的日报面向不特定人数要广于街头招贴广告面向人数。

2. 悬赏广告撤回权的抛弃

悬赏广告人撤回悬赏广告的主要原因是一定行为完成对其已失去意义，或意义不抵许诺代价。允许广告人撤回悬赏广告，对广告人甚为有利，但对行为人则不利。如在行为人付出代价后，一定行为完成前，广告人撤回悬赏广告，行为人无权主张报酬请求权，从而面对可随时撤回之悬赏广告，行为人会顾虑重重。基于上述原因，广告人为达到广告目的，获取一定行为完成的结果，经常在广告中抛弃自己的撤回权，打消行为人顾虑。抛弃悬赏广告撤回权，既可以明示方法，也可以默示方法。依德国民法典第 658 条第 2 款规定，“在悬赏广告中得抛弃撤回权。在发生疑问时，对完成行为规定期限者，视为已抛弃撤回权。”例如，本案被上诉人李绍华声明，“1 周内有知情送还者酬谢15000元,”即可推定其抛弃撤回权,也就是说在“1周内”他抛弃了该悬赏广告的撤回权,假如次日他再改登广告“3天内有知情送还者酬谢15000元”,此时不生撤回前项广告之效力。

3. 悬赏广告撤回的效力

悬赏广告撤回,不生悬赏广告的效力,此后完成一定行为之人无报酬请求权,即使行为人不知撤回之事实亦无不同。问题在于,在悬赏广告撤回之前,行为人就为完成一定行为而付出之代价,能否向广告人要求赔偿。各国立法例不尽相同,瑞士债务法规定在一定条件下可以,我国台湾的民法典也明定:“预定报酬之广告,如于完成行为前撤销时,除广告人证明行为人不能完成其行为外,对于行为人因该广告善意所受之损害,应负赔偿之责,但以不超过预定报酬额为限。”何谓“善意”,王泽鉴先生认为,指于撤销前知有悬赏广告而着手指定行为而有所劳费者而言。[①] 德国民法典则持否定态度,立法理由认为悬赏广告既得以自由撤回为原则,则行为人自应承担风险。笔者认为,德国民法典的作法较为可取,虽然这样对行为人不利,亦对广告人目的达成不利。但要采取肯定态度,一方面社会成本太大,因为因此而生纠纷肯定增多;另一方面,广告人为证明无赔偿责任支出也太大,这样也就不符合经济合理目的。因此,基于利益衡量,采否定说较为符合我国目前社会状况。

需加补充说明的是悬赏广告的撤回与民事行为的撤销和无效不同,作出与撤回悬赏广告均属民事法律行为,而民事行为无效、撤销系法律规定的民事法律事实出现的结果。所以,在具备民法通则第58、59条规定条件时,悬赏广告或无效,或广告人可行使撤销请求权,而不受悬赏广告撤回要件、撤回权抛弃的影响。如因胁迫而作的悬赏广告,属于无效民事行为,纵使广告人在广告中明示抛弃撤回权,也不生悬赏广告效力。

九、优等悬赏广告(悬奖)

---

① 王泽鉴:《民法学说与判例研究(二)》,第72页。

优等悬赏广告，是对于完成一定行为的人中仅就被评为优等者给予报酬的广告。优等悬赏广告在日常生活中屡见不鲜，如法律知识竞赛、运动比赛等。悬赏广告的一般原理，优等悬赏广告自应适用，但其也有不同于一般悬赏广告的特点，反映在其成立要件及效力上。

1.优等悬赏广告的成立要件

(1)广告人须声明只对被评为优等的行为人给予报酬。这是由优等悬赏广告性质决定的。

(2)广告须定有应征期限。优劣是比较而言，如无期限，优劣永远难定。

(3)须有应征意思之通知。优等悬赏广告，只有被评为优等者才享有报酬请求权，如不作应征意思通知(即不参评)，就无法评定优劣。应征方法，依广告规定为准，广告中没有规定，依行为性质或惯例。此外，应征是否符合要求，由广告人指定的人评定，该评定对应征人有拘束力。应征亦属单独行为，在评定前，应征人应有撤回权。

2.优等悬赏广告效力发生条件

优等悬赏广告，因应征人被评为优等而生效。然则何时成立？看法不一，史尚宽先生认为优等悬赏广告以行为人为应征意思通知而成立，虽然此时尚不能行使报酬请求权，但其已有一种期待权。评定为优等是生效要件，而非成立要件。[①] 笔者认为，此种意见可资赞同。

3.优等悬赏广告的效力

(1)报酬请求权。被评定为优等者有报酬请求权，在数人被评定为同等时，应依前文数人同时完成一定行为的处理方法解决。

(2)关于应征行为产生结果归属。因应征优等悬赏广告而生专利、著作、所有权等权利时，原则上归属于应征人。除在广告中规定应征行为产生上述权利归其所有的情形外，广告人无权要求应征人将上述权利移转。

十、结语

---

① 史尚宽:《债法总论》，第41页。

悬赏广告是一个日常生活中常见而在法理上很复杂的问题，司法实践中因缺乏法律规定，法官自由裁量权很大，加之法官素质参差不齐，在实践中出现一些问题是必然的。本案例的公布，表明了在处理这一问题上，实务界已取得了一些进展。总之，尽管在法理上难说恰当，尽管本案最终以调解结案限制了其案例典型性，但仍然不能否定它将在理论界、实务界产生重要影响。

（作者为中国人民大学民商法硕士生）

为商业推销目的擅自拍摄使用他人财产外观形象是否构成违法

王　敬　毅

目　　次

一、引言

随着社会的发展与经济的进步，实践中不断涌现出新的法律问题，对于法律未明确规定的权利与利益是不是就不予保护，还是应灵活适用法律，探究立法的深层目的找出适当的法律依据以实现法律正义，这一点非常值得法学界与司法界人士认真思考。本文拟加以评述的这一案例，其权利客体具有相当的新颖性，对之是否应加以保护以及依据什么法律规定对之加以保护均非一目了然。笔者通过对请求权基础的分析，得出一己之见，希望能达抛砖引玉之效。

二、案件事实

1994 年 3 月某市中级人民法院审结该市温泉高尔夫球会诉该市香泉房地产开发公司侵害财产权、名誉权一案。

原告温泉高尔夫球会的球场位于该市三乡温泉宾馆地段范围

内，高尔夫球会于1984年10月10日领取了营业执照。1992年9月，该市香泉房地产开发公司成立，并在高尔夫球场西侧兴建香泉花园别墅进行销售。1993年7月，香泉开发公司为了招揽购房客户，制作了宣传画册3千余份，画册共14页，8个版面，均用高尔夫球场西面一部分的外景作背景，将所有楼房别墅的设计平面图叠印在上面，文字说明“别墅区东面相邻中山温泉高尔夫球场，南临广珠公路……。”事后，该公司将部分画册送给高尔夫球会的工作人员要求协助推销时，被该会管理人员发现而提出异议。香泉开发公司获悉后自觉不妥，将余下的1970本画册停止发放，并于同年8月另行重新制作版本印制广告。1993年11月4日，高尔夫球会以香泉开发公司侵害其财产权、名誉权为由向法院起诉，要求香泉开发公司停止侵权行为，将《香泉花园别墅》的彩色宣传画册全部销毁，登报赔礼道歉，承担诉讼费。

被告香泉房地产开发公司辩称：根据我国《民法通则》的规定，侵犯财产权属于一般侵权行为，必须同时具备以下四个条件：(1)行为人必须具有可归责的意思状态，即行为人主观上有过错。(2)行为人行为必须具有违法性。(3)行为人的行为必须造成他人的损害事实。(4)违法行为同损害事实之间必须存在因果关系。而在此案中，被告在宣传资料中，使用自已拍摄的某一局部的地理环境的照片，并没有侵犯该地理环境的管理人的财产权的故意。在所作的文字宣传中，也只是说明交通便利以及在房地产建筑周围，有什么类型的什么设施，从文字与照片来分析，找不到侵犯原告财产权的主观故意的证据。其次，被告认为在原告状词中指的财产权的客体是土地，但实际上是土地使用权。被告使用自已拍摄的某一局部的地理环境的照片，是否构成侵犯土地使用权，应当由原告在我国的土地管理法律制度中查找法律根据。再次，行为人行为必须具备违法性方可构成侵权行为。但在我国现有法律中查找不到禁止拍摄中外合作企业使用的土地并使用该照片的规定。最后，不存在损害事实与损害后果。因此，该行为并未侵犯原告的财产权与名誉权。

三、裁判要旨

该市中级人民法院经审理认为：香泉开发公司利用高尔夫球场一部分外景（包括自然的和人造的），印制推销房地产彩色宣传画册，用文字说明香泉花园别墅相邻高尔夫球场，此行为对高尔夫球会的财产权、名誉权没有损害的事实，不构成侵权行为。高尔夫球会认为这种行为属侵权行为，无法律依据，故不予支持。香泉开发公司未征得高尔夫球会的同意，便使用了球场内一部分景物作图版印制宣传画册，确有不当之处，但鉴于其不是故意，且在获悉高尔夫球会管理人员有异议时，即将存有的画册停止发行，另行设计新的宣传画册，此行为在诉讼前已作自我改正，不宜追究责任。因此判决驳回原告的诉讼请求。

四、评述

本案法院判决驳回了原告的诉讼请求，也就是说原告所提出的权利未得到认可。

对此笔者以为存在可商榷之处。原告是否存在应受保护的权利，其权利是否受到了侵犯，在本案中原告应据之提起诉讼的请求权为何，均是值得思考的问题。笔者认为要解决好以上的问题，应对本案进行请求权基础的分析。

在谈请求权基础之前，应先明确何谓请求权。所谓请求权是指权利人得要求他人为特定行为（作为或不作为）的权利。它系由基础权利而发生，必先有基础权利，方有请求权的存在。请求权因基础权利的不同分为：债权上请求权；物权上请求权；准物权上请求权；知识产权上请求权；人格权上请求权；身份权上请求权。债权上的请求权从债权成立时当然发生，而其余的请求权，需在基础权利受到侵害时方才发生。请求权与诉权不同，它存在于平等的当事人之间，属于私权；而诉权系私人请求国家予以保护的诉讼权利，存在于个人与国家之间，属于公权。在一般情形下，请求权都伴有诉权，请求权人可诉请法院强制对方当事人履行义务。[1]

请求权基础是指请求权的根据何在，其在法律中规定在哪条哪款。[2] 请求权基础分析的方法是当前民法上案例分析中最重要的方法之一。面对一个案件，首先分析其法律关系是怎样的，然后分析可能存在哪些请求权，即将民法上的各种请求权与案情一一加以对照，最后得出存在的一项或几项请求权是什么，并进一步寻找到法律上的根据，从而正确地保护合法权益。

在本案中，原告与被告并无合同关系，而系争是由原告的高尔夫球场所起，所以可能存在的是物权请求权与侵权法上的请求权。这两项请求权是否能够成立，本案中原告的请求权基础应是什么，笔者将在下文一一论述。

(一)物权请求权是否存在

1. 物上请求权的要件

在本案中，原告在依法取得土地使用权之后营建了温泉高尔夫球场。对于不动产所有权，世界上存在有两种立法主义。一种继受于罗马法，坚持地上物属土地原则，认为地上物(如建筑物)系土地之构成部分，不得单独成为权利之客体，如德国即是。[3] 一种系采地上物与土地分离原则，将土地与地上建筑物，其他附着物作为不同的不动产分别赋予所有权，我国立法采用该种原则。我国现行法把土地与地上建筑物、其他附着物分别作为各自独立的不动产，因此土地所有权与地上建筑物、其他附着物所有权可以独立存在，并可异其主体。[4] 因此在本案中原告虽然并不享有对其所使用的土地的所有权，但通过土地营造依法取得了地上的高尔夫球场的所有权，此项权利依法

---

① 梁慧星:《民法总则讲要》,第 48 页。

② 见梁慧星先生讲义。

③ 陈华彬:《土地所有权理论发展之动向——以空间权法理之生成及运用为中心》,《民商法论丛》第 3 卷,第 87 页。

④ 崔建远、孙佑海、王宛生:《中国房地产法研究》,中国法制出版社 1995 年版,第 148 页。

受到保护。我国《民法通则》第71条规定:“财产所有权是指所有人依法对自己的财产享有占有、使用、收益和处分的权利。”占有、使用、收益与处分是所有权的四项积极权能。此外,所有权还具有消极权能,即排除他人之干涉,以保障积极权能的实现。排除他人干涉这一权能实现的手段是民法上的物上请求权制度。

当物权内容的完全实现遭到某种事由的妨害时,物权人有对使该事由发生的人,请求除去其妨害的权利,此权利即为物上请求权,亦称物权请求权。物上请求权可分为两种:(1)返还请求权;(2)保全请求权。保全请求权又包括妨害除去请求权与妨害防止请求权。[①]物上请求权存在的根据在于物权是对物进行直接支配的权利,物权人对物权内容的实现,无须他人行为的介入,也不许其介入,倘若有他人行为对物权人的物权有妨害时,则法律上不能不赋予物权人以请求除去该项妨害的权利,否则物权只能落入有名而无实之境地。[②]具体到所有权的保护,权利人享有的是所有物返还请求权、所有权妨害排除请求权与所有权妨害预防请求权三项权利。

是否可以行使物上请求权,关键在于是否满足行使此项权利的两项要件:一是是否有受合法保护的物权存在;二是此项权利是否因受到妨害而无法充分实现。权利的有无往往较易明了,那么需要判断的还有是否存在妨害。所谓妨害,是指以占有以外的方法阻碍或侵害所有权的支配可能性。[③]妨害区别于侵权法上的损害,它不以故意或过失为要件,只要存在妨害权利实现的状态,物权人即可请求排除。

在本案中,原告享有对温泉高尔夫球场的所有权。作为所有权人,原告对高尔夫球场的一切享有所有权,包括对其外观形象的支配权。所以在本案中有受合法保护的权利存在。那么,被告对高尔夫球场进行拍摄并将照片印于商业画册的行为是否妨害了原告权利的实

① 郑玉波:《民法物权》,第24页。
② 郑玉波:《民法物权》,第24页。
③ 王泽鉴:《民法物权:通则·所有权》,第148页。

现呢？

2. 为商业推销目的擅自拍摄使用他人财产外观形象是否构成违法

在实际生活中并非所有对他人之物的外观形象进行拍摄的行为均属违法。是否违法，应依拍摄的具体情况以及对拍摄照片如何使用而定。

（1）是否经过所有人同意。无论拍摄何物，只要经过所有人同意而对其进行拍摄并以所有人同意的方式使用拍摄的照片即不构成违法。如果未经所有人同意而进行了拍摄，此行为是否构成违法尚须依以下几个要件而定。

（2）被拍摄物的性质。首先，凡是公共建筑、公共场所且无明令禁止拍摄的，对其进行拍摄不构成违法。一般的公共建筑，其性质决定了对其进行拍摄不会侵犯任何人的权益，对公共建筑本身也不会造成损害，所以此类拍摄行为应不属于违法行为。如对公园内的景色进行拍摄或对一般的街景进行拍摄等。其次，如果被拍摄物为非公共物，则未经所有人允许即进行拍摄并使用所得照片的行为应依拍摄人对照片的使用目的与造成的后果来定该行为是否构成违法。再次，若被拍摄物在性质上即属于禁止拍摄之物，如一些明令禁止拍摄的展览厅及军事要地等，则对其进行拍摄的行为应属违法。

（3）拍摄目的。对他人之物未经所有人允许而进行拍摄的行为是否构成违法要依其拍摄目的而定。如果拍摄行为伴有非法目的则当然地构成违法，除此之外是否仍有违法行为存在的可能呢？

一般出于摄影爱好，对所拍照片进行私人收藏的行为，其影响多仅限于个人范围，不会给他人造成不利后果。但出于商业目的对他人之物进行拍摄并使用所得照片的行为，若未经所有人同意，往往会对所有人造成不良影响，或妨碍其权利的充分实现，这种行为应属于违法行为。

我国《民法通则》规定了公民的肖像权依法受到保护，未经本人同意，不得以营利为目的使用他人的肖像。前一时期，围绕“偷拍”与肖像权的问题在社会上展开了广泛讨论，其中有学者提出："关于电影拍摄中偷拍他人肖像是否构成侵害肖像权问题，原则上应作肯定回答。因为在市场经济条件下，多数电影属于商业性电影，与其他营利行为在实质上无大差别。无论何种行业，只要是营利性的，就不应允许擅自使用他人肖像"。[①] 也就是说，只要是商业性的电影，若未经允许进行偷拍，都构成对公民肖像权的侵犯。

对物的外观形象的支配是物的所有权的一部分，它在权利性质上不同于作为人格权之一的肖像权，但对公民进行偷拍与未经允许对他人之物的外观形象进行拍摄这两种行为有一定的类似性，在探究这两种行为在何种情况下构成违法时也肯定存在相同之处。所以由上面对偷拍问题的探讨中，不难看出未经他人允许进行拍摄是否构成违法关键在于拍摄出于何种目的，在出于商业目的情况下一方面拍摄人可以据此获利，另一方面往往会造成一定的公开影响。基于此，其擅自拍摄的行为是不应受到法律保护的，当其对权利人造成不良影响时或权利人主张此行为妨碍其权利实现时，即应认定其为违法行为。

在本案中，首先被告是在未经原告允许的情形下对高尔夫球场进行了拍摄。高尔夫球场并非公共场所，原告作为所有权人在管理规则中明确规定了禁止对球场进行拍摄，而被告擅自进行了拍摄。其次，被告对高尔夫球场进行拍摄是基于推销自己房地产的商业目的，被告将球场的照片印入画册并以此推销其房地产，使人误认为球场与被告公司有一定关系，这一点被告也自觉不妥。也正是因此，其行为受到了原告的反对与阻止，可见其以商业推销为目的擅自拍摄使用原告外观形象的行为已对原告造成了不良影响，对原告的权利构成了妨害。

本案中被告以违背所有人意志而使用所有权人禁止拍摄的照片进行商业推销的行为侵犯了原告对其所有物外观形象的支配权，破

---

① 梁慧星：《民法总则讲要》，第83页。

坏了所有权的圆满状态，构成了对所有权的妨害。因此，原告可依法行使物上请求权，请求排除妨害。在本案中，尽管原告提出异议后被告停止发放原画册，重新制作版本印制广告，但这并不足以排除对所有权的妨害，因为在此之前，被告已经发出了一部分画册，造成了一定的影响，被告应当销毁现有画册，登报赔礼道歉以消除影响方足以消除对原告所有权行使造成的妨害。

由上可知本案原告可以依法行使物上请求权。那么除此之外，是否成立侵权责任的请求权呢？

（二）侵权法上的请求权是否存在

侵权行为是指因故意或过失不法侵害他人之权利或故意以背于善良风俗的方法加损害于他人的行为。[①] 在侵权行为中，受害人权利遭受侵害的情形多种多样，因此法律也相应地规定了多种救济方式对受害人加以保护，也就是说在侵权法上有多项内容不同的请求权存在，主要包括金钱赔偿请求权、原状回复请求权、妨害排除请求权与不作为请求权四种。

1. 损害赔偿请求权

损害赔偿请求权包括金钱赔偿请求权与原状回复请求权。其成立要件除构成侵权行为的主客观要件外，尚需有损害事实存在，此两项请求权的作用在于填补受害人的损害，体现了侵权行为法填补损害的宗旨。

(1)金钱赔偿请求权

金钱赔偿请求权是侵权法上最重要的一项请求权。在传统侵权法理论中金钱赔偿是损害赔偿最主要的形式，损害赔偿基本等同于金钱赔偿，金钱赔偿请求权是损害赔偿请求权的核心。金钱赔偿作为侵权行为的救济方式是指以金钱来赔偿受害人的损失，它主要适用于原状回复不可能的情形，但即使在原状回复有可能的时候，当事人也可能会选择此种方式，因为它具有简便易行的优越性，事实上在实

① 史尚宽：《债法总论》，第101页。

践中该种请求权是被当事人最为普遍地加以使用的方式。适用金钱赔偿请求权的要件除需具备侵权行为的主观要件(侵权人主观上的故意过失)与客观要件(受害人权利被侵害)外,还必须具备受害人的财产或人身受到可以金钱计算的损害这一要件。在以金钱赔偿的方式对受害人加以救济时,损害为受害人财产在加害行为前与加害行为后的价值差额。

(2)原状回复请求权

原状回复请求权作为侵权法上的救济方式之一,系指请求侵权人为使受到侵害的权利回复原有状态的行为的请求权。它主要适用于存在原状回复可能性且实现原状回复的费用并不显著高于金钱赔偿额的情形。例如,在物被毁损的情形受害人提出修缮要求时,或在物被毁灭的情形可以交付相同质量的代替物时,均可适用该项请求权。

在传统的侵权法上,只存在以金钱赔偿为原则,以原状回复为例外的两项请求权。但随着社会的不断发展,侵权行为呈现出多样化,被侵害的利益涉及人格利益、环境利益等多种新型利益,受害状态带来了各种各样深刻的后遗症,这些情况都决定了仅以金钱赔偿作为唯一的损害赔偿方式已无法达到完全填补受害人损害的效果,所以在理论上和立法上各国都出现了新的救济方式。[①]

2. 妨害排除请求权与不作为请求权

妨害排除请求权与不作为请求权的成立要件与侵权行为的成立要件相同,其作用在于保护权利人的权利不受侵犯,体现了侵权行为法上权利不受侵犯的宗旨。

(1)妨害排除请求权

如果侵权行为的救济手段仅限于损害赔偿请求权,将无法实现保护权利不受侵犯的立法目的,因此对除损害赔偿之外,是否承认妨

① 上述(1)(2)部分参照中井美雄:《损害赔偿的方法》,有泉亨编:《现代损害赔偿法讲座》,日本评论社 1976 年版,第 117—122 页。

害排除请求权的问题在学术界展开了讨论。[1]

妨害排除请求权存在的主要根据是权利的不可侵性。它的成立要件与侵权行为的成立要件相同,即侵权人主观上的故意过失、受害人权利被侵害的事实及行为与事实间的因果关系这三项。妨害排除请求权与金钱赔偿请求权及原状回复请求权不同,只要有权利被侵害的事实而无需损害的发生,该请求权即可成立。[2]

妨害排除请求权是权利人在第三人违反权利不可侵义务而对权利进行侵害的情形下,请求回复权利的圆满状态的权利。受害人对侵权人所请求的并非是一种损害的赔偿,而是一种圆满状态的回复,所以请求权的内容并非损害赔偿而是排除对权利行使的妨害,这就使该项请求权与损害赔偿请求权得以区别开来。

侵权行为法上的妨害排除请求权与物权法上的妨害排除请求权在内容上十分相近,但两者也存在着不同之处。物权法上的妨害排除请求权是物权的保护手段之一,其立法目的在于对物权加以保护;而侵权行为法上的妨害排除请求权是侵权行为的救济手段之一,其为侵权行为的效果。其次,物权的妨害排除请求权作为物权法上的一项制度,它仅适用于物权,而侵权行为法上的妨害排除请求权则不仅适用于物权,也适用于一切绝对权,甚至还可适用于债权。[3]

妨害排除请求权的产生主要是因为损害赔偿请求权已不足以使被侵害的权利受到完全保护。这种请求权以权利不可侵性为存在根据,有利于对受害人加以全面救济,从而实现法律的正义。

(2)不作为请求权

不作为请求权也是传统的损害赔偿请求权之外的一项新的侵权

① 中井美雄:《损害赔偿的方法》,第128页。

② 中井美雄:《损害赔偿的方法》,第133页。

③ 日本大正10年10月15日大审院对有关赁借权案件的判决中,肯定了妨害排除请求权的存在。目前,在日本学术界,大部分学者均对妨害排除请求权的存在持肯定意见。参见中井美雄:《损害赔偿的方法》,第130页。

行为法上的请求权。它可以起到对权利与权益侵害的预防功能。[①]它与妨害排除请求权有所不同,后者是在客观的违法状态已经发生的情形下,对继续发生的侵害状态予以排除,[②] 其内容是请求侵权人为一定行为,即排除妨害,而不作为请求权是在权利尚未被侵害但存在被侵害的现实危险的情形下,请求相对人不得为侵害权利的行为。二者在功能上与内容上均有所不同。

不作为请求权的成立要件在客观要件上与妨害排除请求权不同,其要件为存在权利被侵害的现实危险,而不是存在权利被侵害的事实。该项请求权与物权法上的妨害预防请求权十分相近,二者的差别与上述侵权法上的妨害排除请求权与物权法上的妨害排除请求权的差别相同,这里不再赘述。

(3)各国的有关制度

目前,在英美法系与大陆法系的国家中均有妨害排除请求权与不作为请求权制度存在。

A. 英美法上的禁止令(Injuction)

英美法系的侵权法上有一项妨害制度,它分为公害制度(Public nuisance)与私人妨害(Private nuisance)制度两部分。该项妨害制度基本等同于大陆法中的相邻关系制度,以调整相邻不动产所有人间的相互权利为内容。

在英美法上,判断是否构成妨害需要考虑多种因素。[③] 首先是判断妨害程度的大小是否在受害人可以容忍的限度内,如果妨害大到一般人无法容忍的程度即认为构成妨害;其次,妨害应是可能阻止或避免的;再次,妨害非出于巨大的社会公共利益而产生;最后,决定是否可以构成妨害的因素是若构成妨害则对原被告双方的利益调整是适当的。综合以上几方面的因素判定构成妨害后,受害人即可依法请

---

① 中井美雄:《损害赔偿的方法》,第 141 页。

② 中井美雄:《损害赔偿的方法》,第 141 页。

③ 参照:William. L. Prosser, Laws of Torts, P597—599, WEST PUBLISHING CO. 1971 年。

求救济，救济方式之一就是请求法院颁布禁止令(Injun ction)。[1]

法院采用禁止令的救济方式多是在损害赔偿不足以对权利人被侵害的权利予以补救的情况下，当侵权人的行为如若再继续即可能给权利人带来不可弥补的损害时，权利人就可寻求此种方式的救济。禁止令这种救济方式的一项显著特征是它可用于尚未发生的损害，当有损害发生的危险时权利人即可援用该项制度，侵权人将因此被禁止继续从事其行为，尽管他的行为只是有较大的可能导致妨害，而这种妨害目前仅是不确定和未发生的。[2] 可见，英美法上的禁止令实际上包括了妨害排除请求权与不作为请求权两项请求权的内容。

B. 德国法上的不作为之诉[3]

在德国的侵权行为法中有一般预防的不作为之诉的规定，对被侵害的权利和法益加以保护。其适用如下：a. 因故意或过失对他人的生命、身体、健康、自由以及所有权及其他权利的违法侵害；b. 违反保护法规，以信用毁损、对营利或生计予以不利益行为及流布事实的陈述或违反一定的监督义务而对他人的权利、法益造成侵害的行为；c. 故意违反善良风俗。该条对受不诚实侵害的一切利益予以保护。当满足了以上的基本构成要件时，即可承认预防的不作为之诉存在。

德国法的该项制度最初规定在 BGB1004 中，适用于侵害继续发生的情形下对所有权及其他绝对权的保护。而这些权利也受到 BGB823 条第 1 项的一般的侵权行为法的保护，于是预防的不作为之诉就将 823 条第 1 项的保护领域扩大了。

C. 日本法上的妨害排除请求权与差止请求权：

日本法上以判例、学说为先锋而产生了妨害排除请求权的理论与制度，并且适用范围广泛，除绝对权之外，在有关判例中被援用来保护赁借权，延伸到债权的保护领域中。[4]

---

① William. L. Prosser，Law of Torts，第 602 页。

② William. L. Prosser，Law of Torts，第 603 页。

③ 参见中井美雄：《损害赔偿的方法》，第 142 页。

④ 见前注大正 10 年 10 月 15 日大审院判例。

日本的差止请求权不如妨害排除请求权的适用范围广泛，它主要适用于公害与生活妨害的情形。[①] 日本有学者指出，损害赔偿乃是对过去所生损害的赔偿，而在将来权利受到侵害的情形下，权利人享有的是禁止为一定行为或命令为一定行为的请求权，即差止请求权。[②]

对于差止请求权日本的理论界与司法界均在一定问题上存有争议。该项请求权对于保护从利益衡量的角度应受保护，但依法律规定无保护根据的权利十分有利。但是作为侵权行为效力的差止请求权在某些方面与传统的侵权理论存在矛盾，它是在并未产生损害时对权利加以保护，这与侵权行为法填补损害的宗旨相违背。而且在某些情形下是否应在尚未造成损害之前禁止一定的行为，这种禁止是否合理，其后果是否对社会有利可能也是难以确定的。由于差止请求权的特殊性，在理论上对其权利根据存在多种说法。首先是物权权利说，认为只有在物权受到侵害时方可提起差止请求权，在物权请求权不涉及的范围也不可能存在差止请求权。这一说法使差止请求权基本类似于物权请求权。在物权权利说之外，还有权利说、不法行为说与二元说。持权利说者认为差止请求权的根据不应局限于物权，而应该是扩展到所有的绝对权上，所以人格权、环境权等物权以外的绝对权受到侵害时也可提起差止请求权。不法行为说又称非权利的构成说、生活利益说，认为应将差止请求权纳入侵权行为法体系之中，此项请求权应以侵权行为为权利根据，也就是使之成为了一种以债权为基础而非以绝对权为基础的请求权。二元说(又称为复合构造说)，则认为，既应承认此项请求权的绝对权根据，又应承认其以债权为根据。在侵害绝对权的场合当然地承认差止请求权的存在，当绝对权以外的利益受到侵害，或者从质上而言绝对权受到了侵害，但不具备量的侵害而无从认定其为违法时，可以从侵权行为的构成上考虑差止

---

① 中井美雄:《损害赔偿的方法》，第143—144页。

② 四宫和夫:《不法行为》第465页，青林书院1985年版。

请求权的存在。对于差止请求权，不仅在日本的理论界呈现出众说纷纭的局面，在审判实践中也存在分歧，有以物权为根据的大审院与最高院判例，也有以侵权行为为根据作出判决的下级法院判例，还有认为应不仅仅以侵权行为为根据且应以物权为根据的最高法院判例。[①]

D. 台湾的不作为请求权

史尚宽先生在其《债法总论》的侵权行为之效力部分谈到了不作为请求权，他指出“损害赔偿，为事后之救济，即以既生损害之回复原状为目的。其尚继续或有反复之虞之违法行为之除去或防止，或正将开始之违法之防止，是否有不作为请求权，学者意见不一，然侵权行为制度之理想，不仅在事后之补救，而对现在及将来之侵害，须有排除及预防之方法，始可达其目的。对一般绝对权之侵害，均应承认有不作为请求权。”[②] 此处史尚宽先生所讲的不作为请求权包括了妨害排除请求权与不作为请求权两项内容。

妨害排除请求权与不作为请求权是侵权行为法在理论上与制度上变革的产物，这一变革以学说发展与法官造法为动力，它使得现代侵权法与传统侵权法相比发生了根本性的变化。

传统的侵权行为法以填补损害为宗旨，损害赔偿是侵权行为法的核心，没有损害即不构成侵权。传统侵权法上的损害主要指金钱上的损害，如Oertmann在其1901年发表的《请求损害赔偿时之损益相抵》一书中论及损害的观念时，谓：损害乃法律主体因其财产之构成成份被剥夺或毁损或其身体受伤害，所受之不利益。Neuner所倡导的直接损害与此相近，谓：损害乃交易上金钱取得或出售之财物所受之侵害。[③] 而曾世雄先生在其所著的《损害赔偿法原理》一书中将损害定义为受害人的财产状况于有损害事故之发生与无损害事故下

① 四宫和夫：《不法行为》，第480—481页。

② 史尚宽：《债法总论》，第199页。

③ 曾世雄：《损害赔偿法原理》，第27页，三民书局1986年。

所生的差额。[①] 而且在实践中损害的计算均以金钱数额来体现，这就决定了传统侵权行为法以金钱赔偿请求权为主，以原状回复请求权为例外，不存在其他请求权的请求权构架。但随着社会的发展，这种构架已不能满足充分保障当事人权利的需要，这就决定了传统侵权法在理论上与制度上必然发生变革。

现代侵权法中的妨害排除请求权与不作为请求权在成立要件中均不包括损害的发生这一项，这标志着侵权行为法已从传统的以填补损害为宗旨的阶段发展到现代的以体现权利不可侵性从而保障权利的圆满状态为宗旨的阶段。传统意义上的损害已不能作为侵权行为成立的要件之一，而仅仅是损害赔偿请求权成立的要件而已。日本学者四宫和夫在其《不法行为》一书的序目中，在侵权行为成立要件栏下，只列了三项：侵权人主观上的故意过失；权利被侵害的客观事实；侵权人行为与权利被侵害事实间的因果关系。而在损害赔偿栏目下才列出损害这一要件。[②] 在日本学者所论妨害排除请求权的成立要件与德国法中规定的不作为之诉的成立要件中也均未提及损害，而是明确提出以权利被侵害为核心。[③] 这种发展表明了现代立法从适应实践要求出发对权利加以全面保护，从而填补了传统侵权行为法的不足。

目前我国大陆的侵权行为法理论仍停留在以损害赔偿为核心的传统法阶段，没有妨害排除请求权与不作为请求权的规定。对此应借鉴国外先进的立法经验，完成侵权行为法从传统向现代的飞跃。

具体到本文所述案例，笔者已在前面的第(一)部分中论述了被告的行为对原告的所有权构成了妨害。原告除享有物权请求权外，依据现代侵权行为法理论，原告还应享有侵权行为法上的请求权，则他可依据侵权行为法中的妨害排除请求权寻求救济。

---

① 曾世雄:《损害赔偿法原理》,第 27 页。

② 四宫和夫:《不法行为》,第 12—14 页。

③ 中井美雄:《损害赔偿的方法》,第 133 页、第 142 页。

（三）本案的请求权基础

肯定了本案原告享有的请求权后，就可进一步找到本案应依据的法律规范，也就是说可以确定请求权基础何在。我国《民法通则》第71条规定："财产所有权是指所有人依法对自己的财产享有占有、使用、收益和处分的权利。"第134条规定："承担民事责任的方式主要有：（一）停止侵害；（二）排除妨害；……（九）消除影响、恢复名誉；（十）赔礼道歉。"这两条法律规定即为本案的请求权基础。

五、结语

本案的关键在于能否认定以商业推销为目的擅自拍摄使用他人之物外观形象的行为构成违法。如果不肯定此点，无异于认为所有人对所有物的外观形象无权支配，而他人竟可肆意利用它进行商业推销，这对社会经济秩序的稳定极其不利。纵容此类行为会造成对他人之物不经权利人同意即可任意使用从而使权利无以保障的混乱局面，这与民法要营造良好社会秩序之目的是截然相背的。

所以尽管我国法律并未明文规定物的外观形象所有权受保护，但通过分析我国所有权的立法规定与物上请求权的构成要件以及国外侵权行为法上请求权的理论与制度，可得出该权利应受合法保护的结论。凡出于商业目的擅自拍摄使用他人之物的外观形象的行为均应受到禁止。这样才有利于在市场经济发展初期这个特殊的阶段中，在新问题不断涌现的情形下，保护权利人合法权利不受侵犯，更好地实现我国民法的立法目的。

（作者为中国社会科学院研究生院民法硕士生）

合同的解释规则

——陕西省机械进出口公司与陕西省石油化工物资供销公司经营部购销合同纠纷上诉案评释

梁 慧 星

目 次

一、主要事实

1993 年 5 月 19 日上诉人陕西省机械进出口公司(以下简称进出口公司)与被上诉人陕西省石油化工物资供销公司经营部(以下简称石化经营部)签订了 93004 号工矿产品购销合同。合同约定:进出口公司供给石化经营部热轧低炭钢板 5000 吨;产地波兰;每吨单价(西安车板交货价)4205 元,总金额按商检后的实际重量乘以西安车板交货价;"交(提)货时间及数量"栏内写明:"1993 年 7 月 5 日前到上海港报关、商检后交货”;“交(提)货地点、方式”栏内写明:“中国储运总公司西安公司石家街仓库,西安东站 201 专线”;由进出口公司负担国内运输责任及费用;如国内运输出现丢失,石化经营部应在 20 日内提出索赔单,由进出口公司向有关单位索赔;合同签订后 3 日内石化经营部向进出口公司交定金 6000000 元,货到上海港商检后由进出口公司出示铁路运输货票,5 日内石化经营部向进出口公司支付所余货款;违约责任:1. 货到后石化经营部不得退货,否则不退定金;2. 货不能于 7 月 5 日按时到港,进出口公司向石化经营部按定金以日息 1‰计赔偿;3. 见铁路大票后石化经营部不能于 5 日内付款,石化经营部向进出口公司按运单数量乘以西安车板交货价为计算金额以日息 1‰计赔偿;合同有效期限为 1993 年 5 月 19 日至 1993 年 8 月 30 日。

合同签订后,石化经营部于 1993 年 5 月 22 日将定金 6000000 元付给了进出口公司。因进出口公司未能在 7 月 5 日前将货物运抵上海港,石化经营部于 7 月 6 日即以此为由口头要求解除合同,进出口公司未予同意。7 月 9 日石化经营部又以同样理由书面通知进出口公司终止合同,并要求双倍返还定金,支付违约金。7 月 10 日进出口公司函复不同意解除合同。7 月 25 日钢材运抵上海港。8 月 4 日首批钢材运抵西安石家街仓库。8 月 5 日石化经营部以进出口公司未按期将货物运抵上海港为由向西安碑林区法院提起诉讼,诉请解除合同。8 月 24 日进出口公司将钢材全部运抵西安石家街仓库。进出口公司委托陕西省进出口商品检验局进行检验,该局指令中国进出口商品检验总公司陕西省分公司实施检验,该公司于 8 月 25 日出具了商检证书,评定结果合格。8 月 28 日,进出口公司三次通知石化经营部货物已全部运抵石家街仓库,要求石化经营部 5 日内付清其余货款,并附有铁路运输货票、铁路货物运单、海运提单和商检证书的复印件。同日石化经营部函复:纠纷已提交碑林区法院解决。至 8 月 30 日合同有效期届满,石化经营部仍拒付货款、拒收货物。8 月 31 日石化经营部向西安市碑林区法院申请撤诉,并于同日向陕西省高级法院提起诉讼，要求进出口公司双倍返还定金、支付利息和违约金。进出口公司答辩并提出反诉：货物迟延到达上海港是因为台风等不可抗力；7月5日是到港时间，不是交货时间；进出口公司按合同约定履行了义务，石化经营部应按合同约定支付货款、接收货物并赔偿经济损失。一审法院判决进出口公司败诉，进出口公司不服，上诉于最高法院。最高法院于1994年12月30日作出终审判决，改判进出口公司胜诉。

二、一审法院裁判要旨

陕西省高级法院审理认为，原告石化经营部与被告进出口公司于1993年5月19日签订的93004号工矿产品购销合同主体合格，内容合法，意思表示真实，为有效合同。石化经营部按合同约定如期支付了6000000元定金。进出口公司违反合同约定未能在"1993年7月5日前到上海港报关、商检后交货"。进出口公司辩称货物迟到上海港系不可抗力造成，因证据不足，不予采信。因此，进出口公司应当承担违约责任及后果。该院于1993年12月22日作出判决：1.原告石化经营部与被告进出口公司签订的93004号工矿产品购销合同依法予以解除；2.被告进出口公司于判决生效后10日内向原告石化经营部返还定金6000000元，并赔偿占用期间的利息损失。

三、二审法院裁判要旨

二审法院审理认为，上诉人进出口公司与被上诉人石化经营部于1993年签订的93004号工矿产品购销合同，符合国家法律规定，应依法确认为有效合同。合同约定的"1993年7月5日前"，是货物运抵上海港的时间，而不是最后的交货期限。在合同约定的有效期限内交货，应当受到法律保护。本案合同已明确约定交提货地点为"中国储运总公司西安公司石家街仓库，西安东站201专线"，在上海交货之说无事实依据。进出口公司在合同约定的有效期限内将货物全部运抵交货地点并依法实施了检验，且于1993年8月28日通知石化经营部付款、提货，基本上履行了合同约定的义务。进出口公司未能在7月5日前将货物运抵上海港，应按合同约定，按定金以日息

1‰计赔偿。石化经营部在合同约定的有效期限内拒绝付款、提货，应当承担违约责任，赔偿因此给进出口公司造成的经济损失。进出口公司的上诉理由成立，本院予以支持。陕西省高级法院关于合同效力的认定正确，但对违约责任的认定缺乏事实和法律依据，应当依法改判。二审法院于1994年12月30日作出终审判决：维持原判第一项（即解除合同），撤销原判第二项，改判由被上诉人石化经营部承担违约责任向进出口公司赔偿价差损失7954715.45元、利息损失1994611元、仓储费349495元，赔偿冻结帐号存款损失18101元，扣除已交付定金6000000元，还应再支付给上诉人进出口公司4316923元；由上诉人进出口公司承担货物迟延到港的责任向石化经营部支付赔偿金120000元。

四、法院裁判与合同解释

本案一、二审判决对系争工矿产品购销合同效力的认定相同，而判决结果截然相反，差别在于两审法院对违约方当事人的判断相左。一审判断上诉人进出口公司违反合同，所依据的事实仅是进出口公司未能在“1993年7月5日前到上海港报关、商检后交货”。关键在于将“1993年7月5日前”认定为合同约定的交货期限。二审法院之所以作出相反的判断，关键在于，认定合同约定的“1993年7月5日前”，只是货物运抵上海港的时间，而不是最后的交货期限。归根结底，两审法院之所以作出截然相反的判决，关键在于对系争合同书上的一句话，即“1993年7月5日前”，作出了截然相反的解释。

如所周知，法院在审理案件中所处理的无非是两个问题。其一，事实问题；其二，法律问题。所谓处理事实问题，即查清案件事实。所谓处理法律问题，即正确适用法律条文。处理事实问题，目的在于把握案件的真实。为此，当然要运用程序法所规定的各种证明手段，如书证、物证、证人证言、鉴定等。而对于书证、证言、鉴定结论等，则又发生一个问题，即对其中的文字、词句、用语正确含义的理解。最后归结到解释。最常见和最重要的，是对合同书的文字、词句、用语、条款的解释，即合同解释。对合同书某一文字、词句、用语或条款的不同解释，将导致截然不同的判决。本案即是明证。而对于本案两审作出的不同判决，要判断何者为正确，何者为错误，不能不依据合同解释规则。

合同解释亦即意思表示的解释，即对于意思表示内容含义所作的解释。合同（法律行为）之所以需要解释，最根本的原因在于语言文字的多义性。由此多义性，使合同所使用的文字、词句、条款可能有不同的含义，不经解释不能判明其真实意思。当事人的文化水平所限及法律知识欠缺，也往往造成合同中的用词不当，使双方真实意思难以明确表达。也可能有当事人出于规避法律或其他不正当目的，故意使用不适当的文字词句，掩盖当事人的真实意思。因此，法院在审理案件时，往往需要先对合同的内容进行解释。虽然在诉讼中当事人双方往往提出各自不同的解释，但最终作为判决的事实依据的，是法庭所作出的解释。因此，民法上所谓合同解释，仅指法庭所作的解释。

解释合同（法律行为）的目的，在探求当事人于意思表示中所表示的真实意思。唯须注意，此所谓当事人的真实意思，不是指当事人内心的意思（效果意思），而是指当事人在合同中所表示出来的真实意思。因现代民法大抵采介于意思主义与表示主义之间的折衷主义。在解释原则上，一方面规定应探求当事人的真实意思，另一方面又规定不可拘泥于所使用之不当词句。我国民法通则关于合同（法律行为）的解释未设规定，致使审判实践中常发生因合同解释不当而致错判。已经引起了审判机关和立法机关的重视。

五、合同解释诸方法

（一）文义解释

合同的解释，应从文义解释入手。所谓文义解释，指通过对合同所使用的文字词句的含义的解释，以探求合同所表达当事人的真实意思。但由于语言文字本身具有多义性，及当事人语言程度和法律知识的不足，难免可能使用不准确、不适当之词句，以致表示于外部的意思与当事人真实意思不一致，甚至可能有的当事人基于不正当目的，故意用不当词句隐蔽其真实意思。因此进行文义解释，不应仅满足于对词语含义的解释，不应拘泥于所使用之不当词句。民法关于文义解释，要求解释合同时，应探求当事人共同的真实意思，不得拘泥于所使用之词句。

法国民法典第1156条：解释契约时，应寻求当事人的共同意思，而不拘泥于文字。德国民法典第133条：解释意思表示，应探求其真意，不得拘泥于字句。瑞士债务法第18条第1款：判断契约应就其方式及内容，注意当事人一致之真实意思，不得着重于当事人误解或隐蔽真意所用之不当文字或语句。我国台湾民法第98条：解释意思表示应探求当事人之真意，不得拘泥于所用之词句。我国立法机关委托学者起草的合同法建议草案对文义解释作了规定：解释合同应探求当事人共同的真实意思，不得拘泥于所使用之词句。

（二）整体解释

所谓整体解释，指对合同各个条款作相互解释，以确定各个条款在整个合同中所具有的正确意思。

一个法律行为例如一个合同是一个整体，要理解其整体意思必须准确理解其各个部分的意思；反之，要理解各个部分的意思，也必须将各个部分置于整体之中，使其相互协调，才可能理解各个部分的正确意思。如果将某个条款单独解释，或许存在不同的意思，难以确定哪一个意思是当事人的真意，但只要将该条款与其他条款相联系，相互解释，相互补充，即不难确定当事人的真实意思。

整体解释方法，规定在法国民法典第1161条：契约的全部条款得相互解释之，以确定每一条款从整个行为所获得的意义。我国民法通则关于法律行为的解释虽未有规定，但学说和审判实务均认可整体解释方法。

（三）目的解释

所谓目的解释，指解释合同时，如果合同所使用的文字或某个条款可能作两种解释时，应采取最适合于合同目的的解释。

例如法国民法典第1158条规定：文字可能作两种解释时，应采取最适合于契约目的的解释。第1157条：如一个条款可能作两种解释时，宁舍弃使该条款不能产生任何效果的解释，而采取使之可能产生某些效果的解释。联合国国际货物销售合同公约第8条：(1)为本公约的目的，一方当事人所作的声明和其他行为，应依照他的意旨解释，如果另一方当事人已知道或者不可能不知道此一意旨。

当事人订立合同必有其目的，该目的是当事人真意所在，为决定合同内容之指针。因此，解释合同自应符合当事人所欲达成之目的。如当事人意思表示的内容前后矛盾或暧昧不明，应通过解释使之协调明确，以符合当事人之目的。合同所使用的文字或某个条款有两种相反的意思，自应采取其中最适合于当事人目的的意思。唯应注意，此所谓当事人目的，乃指双方当事人共同目的或者至少是为对方当事人已知或应知的一方当事人目的。若属于对方不可能得知的一方当事人目的，自不得作为解释之依据。

(四)习惯解释

所谓习惯解释，指合同所使用的文字词句有疑义时，应参照当事人的习惯解释。

例如法国民法典第1159条规定：有歧义的文字依契约订立地的习惯解释之。第1160条规定：习惯上的条款，虽未载明于契约，解释时应用以补充之。德国民法典第157条：契约应依诚实信用的原则及一般交易上的习惯解释之。美国统一商法典第1—205条亦规定行业习惯得作为解释合同的依据。联合国国际货物销售合同公约第8条规定：(3)在确定一方当事人的意旨或一个通情达理的人应有的理解时，应适当地考虑到与事实有关的一切情况，包括谈判情形、当事人之间确立的任何习惯作法、惯例和当事人其后的任何行为。第9条规定：(1)双方当事人业已同意的任何惯例和他们之间确立的任何习惯做法，对双方当事人均有约束力。(2)除非另有协议，双方当事人应视为已默示地同意对他们的合同或合同的订立适用双方当事人已知道或理应知道的惯例，而这种惯例，在国际贸易上，已为有关特定贸易所涉同类合同的当事人所广泛知道并为他们所经常遵守。

习惯解释的依据在于，人们的行为除受法律的支配外，往往还受习惯的支配。各地有各地的习惯，各行业有各行业的习惯，如不违反法律强行性规定和公序良俗，应可作为解释法律行为当事人真实意思的依据。例如，在合同内容有歧义时，应依据习惯予以明确；在合同约定不完全致使权利义务难以确定时，应依据习惯予以补充。此为各国法律及国际公约所共认的解释方法。唯应注意，采为解释依据的习惯，应是当事人双方共同遵守的习惯，如果仅为一方的习惯，除非订立合同时已将该习惯告知对方并获得对方认可，否则不应采为解释的依据。此外，无论地方习惯或行业习惯，其是否存在及为对方所认可，应由主张一方举证。

（五）公平解释

所谓公平解释，指解释合同应当遵循公平的原则，兼顾当事人双方的利益。在合同所使用文字词句，有两种不同的含义时，若是无偿合同，应按对债务人义务较轻的含义解释；反之若是有偿合同，则应按对双方均较公平的含义解释。如果属于依一方当事人单方面决定的定式合同条款所订立的合同，即所谓定式合同或附合契约，在有歧义时，应按对决定条款一方不利的含义解释。

例如法国民法典第 1162 条规定：契约有疑义时，应作不利于债权人而有利于债务人的解释。南斯拉夫债务法第 101 条规定：解释合同应符合公平原则，遇有歧义时，如属无偿合同应按对债务人义务较轻的含义解释，如属有偿合同则应按对双方均较公平的含义解释。我国民法通则规定公平原则为民法基本原则，解释合同当然也应遵循。

现代民法，以公平原则为指导当事人缔结民事法律关系之基本原则，同样也是指导法院或仲裁庭解释合同的基本原则。作为一种解释方法，首先要求解释合同应当遵循公平的原则，作为对合同解释的一般要求。但合同又分为有偿合同与无偿合同，公平解释方法要求区别对待。因无偿合同非关于商品交换，自应按对债务人较轻的含义解释。而有偿合同实质为商品交换关系，自应兼顾双方利益，解释时应尽可能采取对双方均较公平的含义。另外，现实中往往有一方当事人单方面决定合同内容的情形，即通常所称定式合同或附合契约，这种情形应采取不利于单方面决定合同内容一方当事人的含义。这样解释,是出于对经济上的弱者予特殊保护的考虑。

(六)诚信解释

所谓诚信解释,指解释合同应遵循诚实信用的原则。

例如德国民法典第157条规定:契约应依诚实信用的原则及一般交易上的习惯解释之。日本最高裁判所昭和32.7.5判例:所谓诚实信用原则,已广泛适用于债权法领域,它不仅适用于权利行使和义务履行,而且也应成为解释当事人缔约目的所适用的基准。联合国国际货物销售合同公约第7条规定:(1)在解释本公约时,应考虑到本公约的国际性质和促进其适用的统一以及在国际贸易上遵守诚信的需要。

诚实信用原则为现代民法上指导当事人行使权利履行义务之基本原则,也是指导法院或仲裁庭正确解释合同的基本原则。我国民法通则第4条规定,诚实信用为一切民事活动所应遵循之基本原则,合同之解释当然应包括在内。依诚实信用原则,合同所使用文字词句有疑义时,应依诚实信用原则确定其正确意思,合同内容有漏洞不能妥善规定当事人权利义务时,应依诚实信用原则补充其漏洞。无论采何种解释方法,最后所得解释结果均不得违反诚实信用原则。合同内容经解释仍不能与诚实信用原则相协调者,应无效。

六、对本案两审判决的评论

由上可知,民法关于合同解释的规则要求,法庭在解释合同时应探求当事人共同的真实意思,不应拘泥于合同所使用的个别词句,应对合同各个条款作相互解释,以确定各个条款在整个合同中的正确意思,且解释合同应遵循公平及诚实信用的原则。

本案系争合同"交(提)货时间及数量"一栏内写明:"1993年7月5日前到上海港报关、商检后交货";"交(提)货地点、方式"一栏内写明:"中国储运总公司西安公司石家街仓库,西安东站201专线";且合同书明文约定,由进出口公司负担国内运输责任及费用;如国内运输出现丢失,石化经营部应在20日内提出索赔单,由进出口公司向有关单位索赔；货到上海港商检后由进出口公司出示铁路运输货票，5 日内石化经营部向进出口公司支付所余货款。显而易见，“交(提)货时间及数量”一栏所填写的内容，与合同书上的其他内容存在矛盾。因此，解释时绝对不能拘泥于该栏所填写的“1993 年 7 月 5 日前到上海港报关、商检后交货”一句，而置其他内容于不顾。应正确运用文义解释方法，探求双方当事人订立合同的真实意思，而不拘泥于不当文句，并运用整体解释方法，将合同关于交货时间、交货地点、计价方式、运输费用及风险负担等条款内容作整体解释，相互协调、相互补充，再依据公平及诚实信用原则，作出正确的解释。

一审法院判决，仅依据合同书上“交(提)货时间及数量”一栏所填写的“1993 年 7 月 5 日前到上海港报关、商检后交货”一句，全然不顾及合同书其他条款的内容，即轻率地得出“1993 年 7 月 5 日前”为双方约定的最后交货时间、上海港为双方约定的交货地点的认定。其违背解释合同的文义解释规则、整体解释规则及公平、诚信解释规则，至为明显。

与一审相反，二审法院判决并未拘泥于“交(提)货时间及数量”一栏，而是将该栏所填写的内容与合同书上的其他重要内容，尤其是合同关于交(提)货地点、计价方式、国内运输费用、风险负担及索赔权行使的明文规定，相结合进行整体解释，得出合同交货地点为中国储运总公司西安公司石家街仓库，上海港不是交货地点的认定。毫无疑问，二审法院的解释是正确的。首先，合同关于交货地点有明文规定，且文字表达清楚，不容轻易否定。其次，此关于交货地点的规定，与合同其他重要条款的规定一致。如果像一审法院那样拘泥于合同书关于“交(提)货时间及数量”一栏，认定“1993 年 7 月 5 日”为最后交货期限、上海港为交货地点，则无论如何不能解释何以当事人关于计价方式要约定“西安车板交货价”，何以要由上诉人进出口公司负担国内运输费用(既然在上海港交货，国内运输即与进出口公司无关)，至于约定国内运输发生丢失由进出口公司负担风险并行使索赔权，更是于法于理均有不通。二审法院正是在采用文义解释之后，复采用了整体解释方法，以合同关于计价方式、国内运输费用、风险负担及索赔权行使的规定，解释合同关于交货地点的规定，认定西安石家街仓库为交货地点是签约时当事人双方共同的真实意思。

二审法院关于交货期限的解释也是正确的。

合同“交(提)货时间及数量”一栏写明:“1993 年 7 月 5 日前到上海港报关、商检后交货”。如果仅从这一段文字，而不考虑其他条款，似可有两种解释，即:既可将“1993 年 7 月 5 日”解释为报关时间，也可以解释为交货时间。两种解释中，毫无疑问，只能有一种解释是正确的。而要判定哪一种解释是正确的解释，必须采用整体解释方法，将这一段文字与合同其他重要条款进行相互解释。换言之，只有能够与合同其他重要条款协调一致的解释，才是正确的解释。

而将“7 月 5 日”解释为当事人关于报关时间的约定，而不是关于交货时间的约定，最根本的理由在于，这一解释能够与当事人约定的以西安石家街仓库为交货地点、以西安交货价为计价方式、由供方承担国内运输费用、风险和行使索赔权的约定相协调一致。而另一种解释，即将“1993 年 7 月 5 日”解释为交货时间，因为不能与合同上述重要条款协调一致，所以不能采取，所以是不正确的解释。这一将“1993 年 7 月 5 日”解释为报关时间的解释结论，之所以是正确的解释，还可以由需方石化经营部并未在上海港为接收和贮存货物作必要准备，相反却在西安与石家街仓库签订了仓储保管合同的事实，得到确证。

在得出“1993 年 7 月 5 日”只是报关时间而不是交货时间的解释结论之后，就需要回答合同最后交货期限这个问题。

关于在合同未约定明确的履行时间的情形应如何处理，大陆法系的办法是，允许债权人随时向债务人请求履行，但应当给对方必要的准备时间。我国民法通则第 88 条即采此办法。英美法系的办法是，债务人应在一个合理的时间履行。实际上，两种处理问题的办法并无实质的差别。都是授权受理案件的法院依据具体情况确定债务人的履行是否在“必要的准备时间”或“合理的时间”之内。二审法院判决将合同有效期“1993 年 8 月 30 日”解释为合同最后交货期限，亦即“必要的准备时间”或“合理的时间”的下限，并无不当。在合同中约定有效期，其所表示的意思是，凡在有效期内，双方均应受合同的拘束，反之，一经超过该期间，双方均不受合同的拘束。当事人在协商约定合同有效期时，毫无疑问所考虑的是该期限对于债务人履行债务是否必要和是否合理。在合同未约定明确的履行期限的情形，将合同有效期解释为最后履行期限，也是各国合同实践中的通常作法。

我认为，二审法院判决由被上诉人石化经营部承担违约责任，赔偿上诉人进出口公司所受到的损失，并依照合同关于到港迟延约定的违约责任条款，判决上诉人进出口公司向被上诉人支付迟延到港的约定违约金，不失为妥当的判决。二审法院通过该判决，保护了当事人的正当权益，维护了合同和法律的严肃性且符合民法公平及诚实信用原则，值得赞佩。

[硕士学位论文]

两大法系国际私法的比较研究

郭　晓　梅

目　次

第一节　国际私法比较研究的意义

一、国际私法与比较法的关系

1. 对各国民法的比较是国际私法产生和发展的基础

国际私法的形成和发展，有两个基本条件。第一，由于不同国家或地区及其人民进行交往和发展贸易的需要，不同国家和地区的自然人、法人往来日益频繁，产生了大量超越一个国家和地区界限的各种财产关系、婚姻家庭关系、契约关系及其他一些人与人之间的民事权利义务关系。从一个国家的角度看，这些关系被称为涉外民事关系，它们需要用法律加以调整和规范，其中主要是民法（包括商法，下同）。第二，由于上述关系超出一国范围，使至少有两个国家的民法得以适用于它们。在这种情况下，如果两个国家的民法规定是一致的，适用其中任何一国的民法都将获得同样的结果，适用哪一国的民法都无所谓。但实际上，由于各国民法的规定千差万别，对同一关系往往会因适用不同国家的民法而获得完全不同的结果，法律冲突随之产生，进行法律选择成为必要，国际私法出现了。因此，国际私法是一种以各国民法规定的不同为基础而产生的法律规范，其目的是为了解决各国法律之间的冲突，其核心是法律选择适用。

从方法论的角度看，国际私法的形成和发展，还有一个基本条件，那就是比较法方法的运用。比较法，严格说来，“它不是一种原则和规则体系”，而是指对不同国家法律或不同法系进行比较，因此，“它首先是一种方法”。[①]国际私法并不等同于比较法，这是显然的。一则国际私法是一种规范体系，而比较法是一种方法，二则国际私法是选择的而非比较的，即使它对各国民法进行比较，也是为了法律的选择适用。但是，二者之间存在着密切的关系也是显然的。首先，它

① Schlesinger: Comparative Law Cases-Text-Materials 4thed. The Foundation Press Inc. 1980. P1.

们赖以产生的基础相同。一位比较法学者曾经指出,“不同国家有不同的法律,甚至同一国家也常有不同的法律,这一事实导致了一个叫比较法的法学部门的诞生。”[①] 而国际私法正是基于各国民法规定的不同而产生的。其次,国际私法的方法“本质上是比较法的方法”,[②] 因为,如果不通过比较不同国家间的民法,就无法认识其差异和适用结果的不同,也就没有法律冲突的存在和法律选择的必要。所以,尽管比较法作为一门学科只不过有一、二百年的历史,但是这种方法却久已存在并被适用于国际私法的领域。有的学者甚至不无夸张地说:“比较法是国际私法的附属学科。”[③] 最后,比较法的对象是不同国家的法律或不同的法系,这其中当然包括了各国民法甚至国际私法,而国际私法的对象虽不是各国民法本身,但它也要比较各国民法和国际私法,甚至同一国家不同地区和不同历史时期的民法和国际私法,从这一意义上它与比较法是重叠的。

因此,比较法方法对于国际私法具有重要的价值,国际私法的产生、发展都离不开比较法方法。许多国际私法制度的形成都是比较法方法作用的结果。例如,通过对各国法律概念、分类及其内涵差异的比较,人们发现,对于同一“事实构成”各国往往赋予不同的法律概念,将其归入不同的法律范畴,甚至虽然各国使用的法律概念相同,归入的法律范畴也相一致,但却赋予其以不同的内涵,于是可能产生识别的冲突,导致适用不同的准据法。德国学者拉贝尔(Rabel)和英国学者贝克特(Backett)甚至提倡以建立在分析法学与比较法学研究基础之上的根据所有法律制度对所涉问题或“范围”的共同认识或普遍性概念进行识别。[④] 还有,正如罗迪埃尔指出的,“深入的比较会使人们发现不同法律体系之间的基本差别,因此比较法可能有助于

① 麦克斯·马恩斯泰:《比较法与法律制度》,载《法学译丛》1989 年第 3 期,第 1 页。

② Zweigert and Kötz An Introduction to Comparative Law translated English by T. weir. Oxford. 1987. Vol. 1. P. 7.

③ 勒内·罗迪埃尔:《比较法概论》(中译本),法律出版社 1987 年版,第 39 页。

④ 韩德培:《国际私法》,武汉大学出版社,1984 年版,第 62 页。

确定国际公共秩序理论的适用范围。当一项外国法律所提出的解决方法被认为是与我们的文明基础不相容时，以公共秩序为由提出抗辩，就可以排除通常有管辖权的外国法律的适用。从这一理论来看，我们就发现了研究比较法的好处。① 再如，在法律选择的方法中，有的学者主张，应依案件取得的结果进行法律选择，即所谓规则选择方法的采用，有赖于对各国实体法进行比较。卡弗斯(Cavers)在提出这一理论时特别强调，在进行法律选择时应对内、外国法律进行认真的比较以及注意适用到具体案件中所导致的结果。②

比较法方法对各国国际私法的司法实践也有很大的帮助作用。当一个涉外民事法律争议发生后，为使其获得公正解决，对于争议当事人双方、律师和法官来说，除首先必须知道其本国法之外，他们还不得不了解可能适用的外国法。只有全面地了解与该争议有关的国家的法律及其适用的结果后，法官才能使法律适用准确和公正，当事人及其律师也能对案件结果具有一定的预见，从而有针对性地为其权利辩护。

综上所述，国际私法本身的性质决定了它的产生和发展依赖于对各国民法的比较。不仅如此，对国际私法规则和制度本身的比较也对国际私法的发展同样不可或缺。

2. 比较国际私法

比较法方法在促成国际私法的产生后，国际私法本身也成为比较法研究的对象，特别是在当代，当国际私法的国内法性质确定后，对各国国际私法本身的比较——比较国际私法更是成为比较法的专门领域。

首先，对各国国际私法本身的比较，导致了一些独特的国际私法制度的产生和发展。例如，反致、转致和间接反致制度的产生。很难

---

① 勒内·罗迪埃尔：《比较法概论》，第42页。

② Cavers A Critique of the Choice of-Law Problem. Harvard law Review. 1933. P190.

想象法国法学家弗罗兰(Froland)在对反致问题进行研究时,会只涉及到法国本国的冲突规范。因为只有认识到不同国家冲突规范的差异性,才能认识到反致问题产生的可能性。对各国国际私法的比较,也是某些法律选择方法的基础。例如依有利于判决的承认与执行进行法律选择的方法,需要对有关国家关于承认和执行外国判决的国际私法规范加以比较才能得出结论。

其次,比较法方法运用于其他法学领域所能产生的良好结果,同样可以产生于国际私法领域。这可以从以下几个方面进行阐述:

(1)比较国际私法对各国国际私法立法的作用。可以说,国际私法的立法过程,本身就是一个比较法方法运用的过程。因为它一方面要借助于既有的其他国家的先进立法及经验;另一方面也要注重本国法的特色,了解本国法的历史,它的形成、演变和发展的趋势。这两方面均要求运用比较法方法,包括横的比较(不同国家的国际私法立法的比较)和纵的比较(本国在不同时期的国际私法立法的比较)。实际上,早在1900年第一届世界比较法大会上就已经指出比较法有两大作用,其中之一便是对各国立法的作用,“它是完善一国立法的有力工具。”[①] 也只有比较法的方法才是唯一正确的途径。因为事实上,国际私法是一种调整涉外民事关系的法律,各国在进行国际私法立法时,也不得不考虑到与国际接轨,考虑到外国国际私法(当然不只是国际私法)是如何规定的。除立法外,修订和改善国际私法,也有赖于比较法方法的帮助。通过比较能使人们了解本国法的不足甚至错误,对本国的国际私法规定提出疑问和批评,使本国法变得更为完善。

(2)比较法方法运用于国际私法本身,对国际私法的司法实践也有所裨益。当事人欲运用法律保护自己的权利时,首先必须确定他可以在哪一国家的法院进行诉讼,从而能够选择一个可能于己有利的管辖法院。这不仅需要了解各国不同的管辖根据或管辖规则,而且需

---

① 勒内·罗迪埃尔:《比较法概论》,第54页。

要了解不同的管辖法院可能适用的冲突规范以及适用该冲突规范产生的后果，而要了解这些，没有对各国国际私法规则的比较是不可能的。对于法官而言，在了解本国的国际私法规则之余，了解相关国家的国际私法规则，有助于正确地适用法律，在反致、转致或间接反致发生时更是如此。

(3)比较国际私法还是对国际私法进行法律解释的有力工具。无论是立法解释还是司法解释，无论是官方解释还是学理解释，对国际私法的解释都必须求助于比较法方法。孤立地对待某一项法律条文而不是将它与本国法中其他法律条文的用语或含义以及外国法中相关规定的用语或含义进行对比而作的法律解释是不可能存在的。特别是学理解释，任何一位法学家对任何一个法律条文、一个法律用语的解释，都会旁征博引外国法，以支持其论点。法官在裁判具体的涉外民事案件时，当事人及其律师为其权利进行辩护时都尽力从适用对其有利的法律来解释国际私法规范，这同样也离不开比较法方法。

(4)毫无疑问，比较国际私法研究的目的，并非仅仅在于发现差异，而且还在于发现共性，寻求法律统一的途径。法律在国际上一定程度的统一，是日益频繁的国际经济贸易和其他国际民事交往的要求。在国际私法领域，统一国际私法立法的加强与比较法方法的应用的加强是分不开的。为求得国际私法在世界范围内的统一所必须进行的各国民法与国际私法之间的综合和协调工作，不借助于比较法方法是无法完成的。正如勒内·达维德所说："对于了解各国法之间存在的共同点和分歧点，比较法是必需的；对于明确统一应加的地理上或其他方面的限制，比较法是必需的；对于调和这国或那国使用的各种不同的技术，使统一的努力取得在当前形势下可能取得的最大成功，比较法同样是必需的。"①

值得一提的是，战后比较国际私法学派的勃兴，对国际私法的立

① 勒内·达维德：《当代主要法律体系》(中译本)，上海译文出版社，1984年版，第15页。

法特别是对统一国际私法的立法工作起了巨大的推动作用。传统的国际私法学说中，一向有普遍主义——国际主义和特殊主义——国家主义两种倾向。普遍主义希翼从国际公法的普遍性中推演出国际私法的普遍性，从自然法中演绎出具体的国际私法规则，认为有一个统一的适用于世界各国的冲突法体系。这当然不切实际。特殊主义则从狭隘的民族利益出发，认为各国完全可以根据国家主权原则自由决定其国际私法的内容，甚至有时对内国法与外国法的适用采取不平等的态度。这又不利于国际交往。为此，第二次世界大战以后，作为“第三学派”的比较国际私法学派应运而生。比较法学派专重于各国国际私法的比较，试图寻找共同点，并利用它制定出新的国际私法规则，找出对当事人最公正合理的准据法。这一学派着眼于国际私法的方法论，对整个国际私法进行横向和纵向比较，不仅克服了普遍主义从国际公法中找寻国际私法根据的不足，保持了国际私法的独立性；也避免了特殊主义从各国国内法中找寻依据的狭隘做法，有利于认识国际私法的性质和目的，有利于找到适当办法使法律适用问题得到妥善解决，也有利于国际私法的协调和统一。[①]

二、对两大法系国际私法进行比较研究的意义

比较国际私法的研究，最为重要的莫过于对两大法系——大陆法系（或称民法法系）和英美法系（或称普通法系）——的国际私法理论与实践的比较研究。这大致可以从以下四个方面来说明：

1. 正如前文所述，比较法的对象是全世界的所有法律规则和司法实践。显然，这并非意味着比较法只能停留在对各项具体的法律原则或规则的简单对比上，从而陷入对各种法律规则的细节的比较之中。相反，比较法应撇开细枝末节，着重对代表世界各大文化的主要法律体系的比较。比较国际私法不可能穷尽所有国家的国际私法规则，也没有必要穷尽所有国家的国际私法规则。它只要对二、三个法系中的国际私法规则进行抽样比较“就足以使法学家们构成一幅能

---

① 卢峻：《战后国际私法的新发展》，载《中国国际法年刊》1987 年，第 20 页。

看出这些或那些法律体系的分歧、接近或演变的图景。"[1] 在这一意义上，大陆法系和英美法系无疑是两大具有代表性的法系，对它们的国际私法理论与实践进行比较研究具有典型意义。

在长期的历史过程中，两大法系各自形成了一些独有的特点，又分别影响了世界上其他地区和国家的国际私法理论与实践。例如，印度、马来西亚、澳大利亚、马耳他、乌干达、加拿大(魁北克省除外)、新西兰、南非等国深受英国国际私法的影响或采用英国国际私法规则；马里、毛里塔尼亚、埃及、多哥等国关于法律选择、管辖权的规定源于《法国民法典》；乌拉圭、印度尼西亚继承了荷兰国际私法的衣钵；希腊、阿根廷则普遍接受了德国萨维尼的主张；[2] 等等。总而言之，在世界其他地区或国家，他们的国际私法都或多或少地接受了两大法系中某一法系的影响。

2. 由于两大法系是两个具有代表性的法系，对它们的国际私法理论与实践的比较研究，有助于推动统一国际私法立法的进程。两大法系之间的分歧，是国家间统一冲突法立法的主要障碍，如下文所述国籍原则和住所原则的对立。因此，弥合两大法系国际私法之间的差异，消除其矛盾，是统一国际私法运动的主要任务，也是其追求的目标。二战后，统一国际私法的努力已从统一亲属继承等领域的冲突规则逐渐扩大到国际经济、贸易关系和侵权行为等新领域，这将需要展开更深入、更细致的两大法系国际私法的比较研究。

3. 对两大法系国际私法的比较研究有助于在司法实践中准确地解释该两个法系中某一国家的法律规定，从而做到法律的正确适用。在任何一个涉外民事案件中，当法官或诉讼当事人及其律师面临应当适用的准据法是两大法系中的一个国家的法律时，他们发现，该国对此类案件存在不同的法律规定或法律规定不明确而容易引起歧

---

① 勒内·罗迪埃尔:《比较法概论》，第142页。

② 参阅 International Encyclopedia of Comparative Law Volume 1 National Reports 中关于各该国国际私法的介绍。

义，如果完全依内国法的观点对之进行解释，有可能曲解该国法律，导致法律的错误适用。较好的解决方法应当是，将该外国法律置于该国所属的那个法系中，比较该外国法与该国所属法系中其他国家的法律，这样才不致于曲解该国法律的规定。

在另一种情况下，当一国法院按照其国际私法规则应适用某一外国法时，当时的环境可能使法官、诉讼当事人及律师无法了解或确定该外国法的内容，或者该外国法中根本没有对此类案件的法律规定，这时，以法院地法取代该外国法当然不失为一种解决方法。但是如果法院地国与该外国属于不同法系，且其法律制度明显有别时，适用法院地国法就不能被认为是恰当的。因此，有位德国学者建议，对该案件适用依冲突规范指明的但其内容无法确定或缺乏有关规定的该外国所依附的那个法系的一般规则。举例来说，德国法院依其冲突规范应适用新西兰法作为准据法时，法官、律师、当事人等都不能查明新西兰法的具体规定，或发现新西兰法没有有关规定，这种情况下应适用普通法系的一般原则，或者，普通法系的代表是英国，而适用作为该法系样板的英国法。这可以说是两大法系的比较研究带来的便利。[①]

4. 对完善我国国际私法立法具有现实意义。通过对两大法系的比较研究，明确其相互之间的异同，了解双方的长处和不足，为我国现行法的解释、修改、补充以及将来最终制定一部完整而有特色的现代化的国际私法典提供丰富的资料和先进的经验。本文第三节将对此加以阐述。

第二节　两大法系国际私法的比较研究

一、概论

大陆法系是以罗马法为基础的法国和德国等欧洲大陆国家的法

---

① 勒内·罗迪埃尔:《比较法概论》,第 43 页。

律以及受法国法和德国法影响而制定的其他国家的法律的总称；英美法系包括英国法和以英国法为典范的美国法及其他各国法。在国际私法这一特定的法学部门，两大法系在很多方面都表现出自己的特色。

1. 在国际私法的名称上，大陆法系起源于罗马法，公法和私法的划分——罗马法对法律的基本分类为大陆法学者们所承袭，然而这一划分对英美法系国家的学者却是如此陌生，以至于“私法”这一名词并不能引发他们的任何联想。因此，虽然自1851年德国学者薛福纳(Schaffner)首先使用“国际私法”(International Private Law)这一名称以来，德国、瑞士、荷兰等大陆法系的其他学者相继采用，但它并未在英美法学者中流行。在英美国家，学者们更加乐于使用“法律冲突法”(Conflict of Laws)这一更加直观的概念。美国学者施托雷(Story)虽提出 Private International Law① 但仍以《冲突法评论》(Commentaries on the Conflict of Laws)命名其书便是鲜明的一例。②

2. 除法律的分类外，两大法系其他互不相同的概念同样影响着他们各自的国际私法。基于对实际生活中一系列私法关系的抽象和总结，大陆法系发展出两个完全概括的概念——物权和债权。因此，无论大陆法系学者的著作还是各国的国际私法立法，涉外物权的法律适用和涉外债权的法律适用都是两个互相独立且必不可少的章节。但是向来不注重理性的逻辑推理的英美法系只有财产权、合同、侵权等具体的法律范畴，因此，英美法学者的国际私法著作中不存在物权的法律适用和债权的法律适用这样概括的章节，而只有对财产权、合同、侵权等法律关系的法律适用的个别论述。

3. 对相同概念的不同理解也影响着国际私法的实践。例如英美

---

① 直译为“私国际法”，多为法国学者采用。参见翟楚：《国际私法纲要》，台湾正中书局1958年版，第9页。

② 由于加入欧共体和其他组织的缘故，英国亦有以 Private International Law 命名的著作。参见 Cheshire and North's Private International Law Butterworths. 1992. P13.

国家在隔地合同的合同缔结地的确定上采取投邮主义，即以承诺人发出承诺地为合同缔结地；大陆法国家则采取到达主义，即以要约人收到承诺地为合同缔结地。因此，同样是以合同缔结地为连结点确定准据法，在大陆法系国家和在英美法系国家将导致适用不同的法律。又如在英美法国家，继承在本质上被认为是一种财产权的转移方式，英美法学者在他们的著作中总将继承置于财产权并将之作为财产的总括转移(universal assignment)方式来讨论，在继承的方式上也以遗嘱继承为基本的继承制度。而大陆法国家虽不否认继承是财产的一种转移，但更多地着眼于这种转移与特定的身份关系的联系，在国际私法著作中，继承多被置于物权、债权、婚姻家庭之后独立地予以讨论。在继承的方式上，重视法定继承，以特留份规定限制遗嘱自由，并赋予其强行法的效力。两种不同的继承概念导致在继承方面对运用意思自治原则的两种不同态度。英美法国家可以毫无困难地承认意思自治原则。如美国1969年《美国统一遗嘱验证法典》第2—602节规定："遗嘱中法律处分的意义和法律效果应依遗嘱人文书中所选择的一个特定国家的当地法决定，除非该法的适用与应当适用于该处分的该国的公共政策相抵触。"大陆法系国家虽也有在遗嘱继承方面接受意思自治原则的例证，如1967年《在国际私法上补充民法典的法国法草案》第1307条，1989年《瑞士联邦国际私法典》第87、90、91条等，但反对在继承问题上适用意思自治原则的呼声同样来自大陆法系国家。他们基于大陆法系传统的继承制度提出如下反对理由：(1)实体继承法与契约不同，它广泛地接受了强行规则的控制；(2)允许当事人选择法律可能导致对遗产债权人和对继承人不可取消的利益即特留份的损害。[①]

4. 属地主义与属人主义。(1)在国际私法学者们的学说上，如果说大陆法系的国际私法学说史是一条属人主义与属地主义交织发展

---

① 李浩培：《国际私法在遗产继承方面的几个新发展》，载《中国国际法年刊》1991年，第172—173页。

的历史，那么英美法国家的国际私法学说从一开始便带有极强的属地主义色彩。自公元14、15世纪意大利的巴托鲁斯(Bartolus)“反对过去封建主义那种在法律适用上的绝对属地主义而提出另一条属人主义路线”之后，属地主义和属人主义的斗争，一直持续到现在。[1] 16世纪法国学者杜摩林(Dumoulin)和达让特莱(D'Arentre)采取了完全不同的立场。杜摩林虽承认物法从物，人法从人，但他极力主张扩大人法的适用而缩小物法的适用。达让特莱则认为，只要有可能，一个法则就应该是物的，只有在极例外的场合下如纯粹关于个人的权利、身份、能力的法则才具有人法的效力。他提出混合法的概念并指出这种既涉及到人又涉及到物的法则更接近于物法。继承杜摩林主张的学者们形成一条属人主义路线，强调属人法的适用(不仅适用于人身，而且可以适用于物权、债权等)。德国的萨维尼、意大利的孟西尼及稍后时代法国的皮耶等都属于这一阵线。达让特莱的衣钵则不仅为大陆法系的荷兰学派所继承，形成一条属地主义路线，与属人主义互为批判，而且更为重要的是，它通过荷兰学派对英美国家的国际私法学说产生了深刻的影响，成为在英美法系唯一具有支配地位的路线。直到现代美国国际私法革命，这种属地主义的烙印仍有增无减。库克(Cook)的本地法说，柯里(Currie)的政府利益分析说，艾伦茨威格(Ehrenzweig)的法院地法说，卡弗斯的优先选择原则说，都在大多数情况下导致法院地法的适用。(2)在实在国际私法制度上，英美法系的法律选择强调法院地法的适用。英国最早的侵权行为准据法是法院地法，直到现在仍然是采用法院地法为主，兼采侵权行为地的做法。英国法院对外国法的适用有赖于当事人的请求和当事人对外国法内容的查明。如果在具体案件中当事人没有提出请求或没有查明该外国法的内容，即使该案与该外国法有关，英国法院也会认为该外国法与英国法相同而适用法院地法。[2]与之相比，大陆法系国家

① 李双元:《国际私法·冲突法篇》武汉大学出版社1987年版，第77页。
② Cheshire and North, Private International Law, P107.

在适用外国法的问题上要宽容得多。

与属地主义路线相适应，英美国家理所当然地将国际私法的性质认识为国内法。尽管施托雷(Story)认为在一定条件下应根据国际礼让承认并适用外国法，戴赛(Dicey)认为依他国法律合法取得的权利也应在内国予以承认和保护，但他们都是基于国内法的立场，并不把适用外国法看成是国际上的义务。大陆法系学者对国际私法性质的认识却不尽相同。荷兰学派将国际私法视为国内法，萨维尼则认为存在着一个“相互交往的国家的国际社会”和“普遍适用的各种冲突规则”，从而将国际私法视为国际法。两种主张都能找出大量的支持者。前者如德国的科恩，法国的巴丁、尼波耶、巴迪福等，后者如德国的巴尔、齐特尔曼，法国的魏斯、毕耶等。

除上述特点之外，本文将着重分析两大法系在以下三个方面的内容。(1)国内法的渊源形式。这不仅是大陆法系和英美法系最为基本的区别，而且这一区别导致了两大法系国际私法一连串的差异。(2)属人连结点。这一方面的差别不仅影响到连结点的确定，而且还影响到所有以属人法来确定法律适用的领域，如婚姻、家庭、继承等，因而具有一定程度的普遍性。(3)管辖权。鉴于管辖权问题与法律适用问题的密切关系，并已被公认为国际私法一个重要的组成部分，对这一方面进行比较也十分重要。

二、国内渊源形式

在17、18世纪古典自然法学派的推动下，欧洲大陆于18世纪中叶掀起了一场规模空前的立法运动。他们希冀在对人类社会的理性分析的基础上建立起一套完善的、良好的法律体系，于是他们便精心设计具体而精细的规则。其最大成就之一是1804年《法国民法典》。之后有1896年《德国民法典》、1907年《瑞士民法典》，成文形式的法典编纂成为大陆法系法律渊源的一大特色。在大陆法系国家，法律规范具有抽象性、概括性和必须遵守的效力，任何种类的问题都能够而且应该通过适用一条现有的法律规范得到解决。国际私法亦不例外。理论上，自14、15世纪意大利的法则区别说开始，大陆法系的学者们都在力图寻找解决同类性质法律冲突的基本原则。例如巴托鲁斯提出关于合同的成立应该适用合同缔结地法，关于遗嘱的成立要件适用立遗嘱地法，不动产适用物之所在地法，程序问题适用法院地法等。而各国立法也意在确立这些经过抽象提炼的基本原则。1756 年的巴伐利亚法典和 1794 年的普鲁士法典可谓欧洲大陆最早规定冲突规则的法典，二者均采用了意大利法则区别学派提出的普遍原则，这些规则无论对法官还是对当事人都具有拘束力。

大陆法系的国际私法立法主要有两种形式。其一，将国际私法规则作为民法典的一部分。法国 1804 年民法典是这一立法形式的代表。荷兰 1829 年民法典、罗马尼亚 1865 年民法典、意大利 1865 年民法典、葡萄牙 1867 年民法典等都受到法国民法典的影响而采用这一立法形式；其二是 19 世纪末出现的以单行法规专门规定冲突法的立法形式，尤以德国 1896 年《民法施行法》和日本 1898 年《法例》为代表。这种立法形式目前获得普遍接受，并且逐步地向集中、系统、全面、详明的方向发展。1989 年瑞士联邦国际私法典代表了这一发展方向的最高水平。该法典共分十三章、200 条。除第一章总则对管辖权、准据法和外国判决承认与执行的原则作出一般性规定外，其余各章分别就自然人、婚姻、亲属关系、监护、继承、物权、知识产权、债、公司、破产等问题的管辖权、准据法和外国判决的承认与执行作出专门规定，体例完整，内容也十分完备。

在与欧洲大陆相隔离的不列颠群岛上，英国法获得了完全独立的发展，法院与英国法的整个发展历程密不可分。与大陆法系不同，法学家们并不致力于设计人人遵守的行为规则，而是致力于如何解决业已发生的各种纠纷和解决这种纠纷所需履行的各项程序，法官在解决纠纷的过程中便创造了法，判例因此成为法律的渊源。所以，只有到法院所作的判决中才能找到英美法国家的“法律规范”(Legal rule)。“法律规范”只为解决该具体案件而提出，一旦出现新情况，便会有与之对应的新的“规范”出现。同样，其冲突规则也由判例加以确定和修正。例如 1775 年在 Mostyn V. Fabrigas 一案中，英国法官曼斯菲尔德(Mansfield)提及部分支配侵权行为的规则,1868 年 Halley 案件予以确定,即侵权行为适用法院地法,1870 年的 Phillips V. Eyre 案中,大法官威利斯(Willes)又对其加以修正,确立了双重可起诉原则(Double Actionablity Rule)。在美国,确立侵权行为依侵权行为地法的判例为 1913 年 Loucks V. Standard Oil Co. of NK 案,直到 1963 年 Babcock V. Jackson 一案改用最密切联系和利益分析的方法。

两大法系的不同渊源形式导致了它们在国际私法方面的诸多不同特点。

1. 在具体的国际私法制度上的反映

(1)由于英国"普通法……是在越来越多的案件中能够保证各种纠纷解决的各种程序的堆积"①,只是在个案的审判实践中才逐步发展出确定当事人权利与义务关系的实体内容,因此,程序问题在英美国家具有特殊的重要性,它使英美法系的国际私法在三个方面出现了不同于大陆法系的特点:第一,在国际私法的内容上,管辖权和外国判决的承认与执行被认为是国际私法的重要内容,甚至英国学者对国际私法问题的研究,首先是从研究对外国判决的承认与执行问题上开始的。戚希尔(Cheshire)在其《国际私法》(Private International Law)一书中指出:"与合同或侵权一样,国际私法在英国法中是一个独立的部门,不是因为它处理同一特定问题,而是因为它总涉及以下三个问题:(a)英国法院的管辖权;(b)外国判决的承认与执行;(c)法律选择"。②该书用近一半篇幅阐述前两个问题,这在大陆法学者的著述中是很难发现的。在大陆法学者们看来,程序问题具有公法性质,不应属于国际私法的研究范畴,而应将它们置于诉讼法的研究范围内。这种情况目前已有所改变。匈牙利 1978 年《国际私法典》和前述瑞士 1989 年联邦国际私法都有关于管辖权和外国判决承

---

① 勒内·达维德:《当代主要法律体系》,第 300 页。

② Cheshire and North, Private International Law, P7.

认与执行的规定；第二是识别上的差异，一些大陆法国家传统上识别为实体法问题的，如消灭时效等，在英美国家则被识别为程序法，从而依照程序问题适用法院地法的原则，适用其内国法。这样便形成两大法系对公共秩序保留的不同态度，即第三，对程序问题和实体问题的识别差异使得对公共秩序保留的倚重有所不同。自巴托鲁斯提出“令人厌恶的法则”(Statuta odiosa)概念到17世纪荷兰学派正式提出公共秩序保留的理论至今，公共秩序保留一直被视为在国际私法领域内排除外国法律适用的有效工具，是维护本国利益的“安全阀”。这一“安全阀”一直被大陆法国家所倚重，但它在英美法国家的实践中的作用却并不十分重要，因为英美国家把许多大陆法国家认为是实体法的问题识别为程序法，从而有效地排除了外国法的适用而并不需要借助于公共秩序保留。所以“正常的英格兰冲突规则足以取得欧洲大陆用含糊的公共秩序概念所能取得的结果。”① 显然，根据大陆法系国家的冲突法制度，“适用外国法的机会越多，则公共秩序保留制度的作用也就越大”。②

(2)不同的渊源形式对两大法系在外国判决的承认与执行的程序方面也有所影响。在大陆法系国家，承认与执行外国判决采用发给执行令的方式。在承认与执行外国判决前，无论是象德国那样只进行形式审查，还是象法国那样需要实质审查，如果审查中未发现不妥，即由有关法院发布执行令，按照执行本国法院判决的程序予以执行。在英美法系国家，对一般的外国民商事判决并不直接予以执行，而是把它作为向执行地国法院重新提起诉讼的根据，经当地法院审查并作出一个其内容完全相同的判决后，根据一般的程序予以执行。从法律形式上看，英美法院执行的是本国法院的判决而不是外国法院的判决。英美法院如此重视判决的内外国性质的原因与它们对判决本身的理解是分不开的。对他们而言，法院的判决即具有法律的性质

① 马丁·沃尔夫：《国际私法》(中译本)，法律出版社1988年版，第263页。

② 李双元：《国际私法·冲突法编》，第223页。

(判例法),怎能想象外国法院可以为内国立法呢?内国法院也就当然不能直接执行某一外国判决了。因此,对于英国的只有其自治领和与其有互惠条约的外国判决才能由其法院通过登记程序予以承认和执行的做法,就不难理解了。[①] 大陆法系则没有这种顾虑,外国判决虽然有可能是适用外国法律的结果,但它毕竟不是外国法律本身。

2. 在国际私法的研究方法上的反映

大陆法系的学者都致力于通过先验的逻辑推理,寻找他们认为是理想的解决原则。这种研究方法是演绎法,即由基本概念演绎出各种法则。英美法系学者的研究方法却完全不同。在欧洲大陆的国际私法学说传入的那一刻起,它便被染上了判例法的色彩。理论上承袭荷兰国际礼让学派的施托雷在研究方法上却另辟蹊径,他将自己的学说建立在分析丰富的美国州际冲突判例的基础上,而不是进行先验的推理。"他的方法,与其说是演绎的,不如说是归纳的。"[②] 其他英美法学者无不如此。

3. 刚性与弹性的差别

通过严格的立法程序制定出来的大陆法系的成文法典,以普遍适用于同类案件的一般规则为主要内容,一经颁布便具有法律拘束力,对它的任何修改,终止或废除都需经过同样严格的程序。因此又被称为刚性规则。它最大的特点便是确定性,然而这种确定性有时则以牺牲个案公平为代价,因此这种刚性规则就失之严苛,无法针对个案的具体情况。当社会环境变化需要新的规则时,它又失之于存在缺漏。与之相比,英美判例法则富有弹性,由于判决针对个案的具体情况,在求得个案公平的同时,有助于影响及规避过去建立的规则,以新的判例代替原有判例,无形中促使新的法律规则产生和发展。

美国现代国际私法革命没有出现于欧洲大陆也有这方面的原

---

① 英国采取此种作法的另一原因应当是既得权思想的影响,见本节第五关于学说的相互融合。

② 马丁·沃尔夫:《国际私法》,第58页。

因。美国国际私法学者们提出的诸多学说很快为判例所采纳，例如1970 年 Cipolla V. Shaposka 案运用了卡弗斯的优先选择原则说，著名的 Babcock V. Jackson 案采纳了柯里(Currie)的政府利益分析说，利弗拉尔(Leflar)的法律选择五点考虑则被 1973 年 Milkovich V. Saari 案和 Hunker V. Royal Indemnity 案采用，甚至连影响不如前者大的流派如贝克斯特(Baxter)的比较损害说都能够找到判例支持。可以说，几乎没有一种美国现代国际私法学说不被很快地应用到司法实践中，由此，美国现代国际私法，特别是在侵权行为领域，很快便抛弃了受欧洲大陆影响而采用多年的以单一连结点确定准据法的方法，改用更为灵活的方式如利益分析、最密切联系、优先选择、五点考虑等来确定准据法。相反，欧洲大陆学者们的学说并不总是如此幸运。萨维尼的"法律关系本座说"尽管在学理上赢得了广泛的支持，却不为德国立法所采纳。美国现代国际私法学说只在欧洲大陆产生了有限的影响也与此有关。英国法院可以在 Chaplin V. Boys (1969)案中对美国的 Babcock V. Jackson 一案进行长篇分析，大陆国家法院就不可能如此，更谈不上经由判决将外国法律移植入本国法律之中。总之，美国国际私法革命所采用的各种方法，几乎没有被欧洲立法采纳，只有巧妙结合了刚性与弹性的并在欧洲大陆具有理论基础的最密切联系原则受到了特殊青睐。

但是弹性付出的代价是，法律失去了确定性。美国的国际私法革命虽然带来了确定准据法方法的革命，同时却造成了美国国际私法极为混乱的局面——各种互不协调的不同学说并存且都为美国法院所采纳。这种缺乏确定性的现象迄今依然未变。

可见，无论是立法还是判例都有其本身固有的长处和不足，理想的模式应当是立法与判例的结合。两大法系的各国都为这种结合作着努力。以立法为主的大陆法系国家越来越重视判例的作用。在德国，学者们认为，如果无视判例，正确地解释和适用民法施行法是不可能的；在法国，由于法国民法典关于冲突规则的规定稀少而分散，必然需要大量创造性的判例加以补充。"实际上，法国国际私法的主要渊源至今还是最高法院及其下属法院的判例”。[①] 例如法国民法典第3条第1款规定关于警察与治安的法律适用于法国境内的一切人。其中警察之法律除包括行政法规外，还包括侵权行为在内。但该项规定极不完备，没有理由认为法国法规定侵权行为适用侵权行为地法。对于在法国发生的侵权行为，法国判例都适用法国法，到1948年最高法院受理一宗在西班牙作成的侵权行为而双方当事人均为法国国民的案件时，则明确侵权行为适用侵权行为地法规则[②]。战后日本的法学家们也非常重视对判例的研究，1958—1965年间，先后出版了《国际私法关系案件判例集》(上、下)，《涉外身份关系案件判例集》和《判例体系(国际私法)》。在这些判例集中，学者们对作为国际私法适用前提条件的涉外关系性质、反致问题的定性、作为连结点的国籍的确定、违反公序的外国法适用之排除，外国离婚案件判决的承认等问题作了深入的研究[③]。以判例为法律渊源的英美法国家也在进行立法活动。美国统一商法典和各州关于职工赔偿与保险的法规中包括一些成文的冲突规则。美国法学会主持编写的《第一次冲突法重述》和《第二次冲突法重述》虽不具有法律拘束力，但都受到美国司法实践的采纳，体现了立法倾向。英国在二战后也颁布了不少包含有关冲突规范的单行法，如1963年遗嘱法、1968年收养法、1975年证据法、1985年儿童绑架和监护法、1986年家庭法、1987年信托承认法、1990年合同(法律适用)法。此外，英国还实施其作为欧共体和海牙国际私法会议的成员国而缔结或加入的诸多公约。但是，几百年来形成的历史传统并非一朝一夕所能改变。在大陆法国家，判例不可能达到法律规范所具有的必须遵守的效力；在英美法国家，零散的法律条文也不可能与大陆法系国家内容详明、逻辑严谨的国际私法典相比拟。

---

① 巴迪福：《国际私法总论》(中译本)，中国对外翻译出版公司，1989年版第22页。

② 巴迪福：《国际私法各论》(中译本)，台湾正中书局印行1975年版，第258页。

③ 何勤华：《当代日本法学　人与作品》，上海社会科学院出版社1991年版，第396页。

三、属人连结点

大陆法系和英美法系在属人连结点方面一直存在着国籍原则与住所原则的尖锐对立。大陆法系以国籍作为属人连结点，英美法系以住所作为连结点，二者之间的矛盾成为统一国际私法的主要障碍。

1. 大陆法系国籍原则的历史发展

早在意大利法则区别说时期，法学家们将“法则”(Statuta)区分为“人法”和“物法”，其中人法追随于人，决定有关人的身份、能力、婚姻、继承、家庭等方面的法律关系，被称为属人法。当时意大利城邦林立，没有形成统一的民族国家，国籍概念不可能出现，住所是确定属人法的唯一纽带，只有根据一个人的住所地为连结点决定属人法的适用才是合适的。住所作为属人法连结点在欧洲大陆一直持续沿用了 4 个世纪，直到 1804 年《法国民法典》的出现。该法典第 3 条第 3 款规定：“关于个人身份与法律上能力的法律适用于全体法国人，即使其居住于国外时亦同”。虽然该法并未规定居住于法国的外国人的相反情况，但法国最高法院在它的评论中指出，如果规定在外国的法国人的身份适用法国法而在法国的外国人的身份仍然适用法国法是不合适的，因此，法院对于涉及身份及能力的案件，普遍倾向是以互惠为原则适用外国人的本国法，即国籍所属国法，从而属人法的连结点确定为国籍。法国民法典如此规定的原因是：(1)民法典是在法国资产阶级革命后建立了统一的民族国家的情况下制定的，相对于封建割据时代国籍概念得以出现并且成为确定内国人和外国人的根据，而且，采用国籍原则也有利于巩固法国大革命的胜利成果；(2)在国际交往日趋频繁的时候，以国籍作为连结点，便于维护法律的统一性和稳定性。如果仍以住所为连结点，住所的频繁变更必然导致法律选择的盲目性和法律适用上的困难。国籍虽然也可以变更，但毕竟不如住所的变更容易，因此较住所具有相对的稳定性。

19 世纪中期意大利学者孟西尼(Mancini)更是从理论上出色地阐述了国籍原则的根据，使这项原则获得了空前的成功。继法国统一后，意大利、德国等欧洲国家都在要求自己的统一。在这一政治环境下，1851 年孟西尼发表了题为《国籍是国际法的基础》(Nationality as the Fonndation of the Law of Nations)的著名演讲。他认为，国籍对法律选择起着决定作用，无论何种法律关系，其应适用的法律，原则上都应以国籍作为连结点。因为国籍的构成要素包括了乡土、气候、宗教、生活习惯、语言文化、人民种族、历史传统等，它们通过国籍这一共同意识创造出一个整体精神，一国法律的制定正是体现了这一整体精神，因而是最适合该国国民的法律。

法国民法典和孟西尼的学说几乎征服了所有那个时期大陆法系的立法。意大利从 1865 年起接受了孟西尼属人法系属于本国法的观点。其他如葡萄牙、奥地利、瑞士、德国、日本等都接受国籍作为连结点。本世纪初，这一连结点又受到国际条约的确认。1896 年、1902 年和 1905 年的海牙公约完全接受了系属于本国法的属人法。

对国籍原则的接受，还有另外一个原因，即移民倾向。欧洲统一民族国家的建立促进了欧洲资本主义经济的发展。这些国家在其国力不断强盛之际，开始向海外扩张殖民地，也不断向海外移民。为了从法律上继续对这些移民进行控制，扩大内国法的适用范围，有必要采纳国籍国法作为属人法，否则将会把对这些移民的管理拱手让与住所地国家。由此可见，欧洲大陆以国籍国法代替住所地法是多方面原因促成的结果。正如戚希尔所说："属人法的确定，本应根据法律及实务上的考虑，但事实上却为各种政治及经济因素所影响。法国革命，意大利的独立斗争，19 世纪席卷欧洲的民族主义浪潮，穷国想同其移民分享兴旺的愿望，这些以及其他相似的情况导致了对国籍原则的普遍崇拜。"①

2. 英美国家以住所作为属人连结点有以下几方面原因：(1)理论上，英美法系的国际私法直接承袭了受到法国法则区别时代的学者达让特莱影响的荷兰学派的主张，强调国际私法的属地性，在法律适用上坚持属地主义路线，认为属人法应当系属于住所地法。这一点在

① Cheshire and North, Private International Law, P165.

概说中已交待。(2)住所是一个人的生活中心所在地，有关该人的一切法律关系，都与住所存在着直观的联系。在英国，住所意味着一个人在住所地所属国建立了自己“永久性的家”，“有什么比受本人家乡法律的管辖能够更加自然或更加合适呢？”[①](3)在英联邦和美国这样的国家，住所是确定属人法的唯一可行的标准，“本国法”这个名词意义甚微。因为这些国家在同一国家内部还有许多不同的法律制度。在联合王国，“没有‘英国’法存在，而只有英格兰法、苏格兰法、曼岛法等等存在”，[②]英格兰实行着与苏格兰等不同的法律制度。在美国，各州享有独立的立法权，各州实行着互不相同的法律是人人皆知的事实。(4)像美国这样一个由移民组成的国家，以住所地法为属人法符合其同化移民者的政策，有助于实现各国移民之间的平等待遇。同时，以住所地法为属人法不仅有利于维护内国的司法主权，也避免了以国籍为连结点所带来的在其领土内的移民将分别隶属于多个国家法律管辖的混乱局面；英国虽然也是一个对外移民较多的国家，但其独特的住所制度也能达到欧洲大陆采用国籍原则所能达到的同样的扩大内国法适用的目的。在英国，首先，每个人出生时即取得一个原始住所，即出生时他父亲的住所。而选择住所的确定需要居住的事实和永久之家的意思两方面因素，只在某地长久居住的事实并不足以构成在该地设定了选择住所。因此，承认英格兰人在国外取得的选择住所便具有相当的难度；其次，原始住所自动恢复的制度实际上扩大了英国法的适用。一个人虽可以抛弃原始住所而设定选择住所，但是在未取得选择住所前，原始住所始终存在，一旦该人失去选择住所，原始住所自动恢复。“假如一个人怀着决不再回的无可怀疑的意图离开他出生的国家，他的原始住所还是跟随着他，直到他确实以法律规定必需的意图在某个别的国家定居下来”[③]。这样，英格兰法在最大

---

① Cheshire and North, Private International Law, P180.

② 马丁·沃尔夫：《国际私法》，第 201 页。

③ 戚维新主编译：《国际私法》，知识出版社 1982 年版，第 67 页。

限度内支配了出生于英国而移民于国外的人;(5)以住所地法作为一个人的属人法,无论其国籍如何,有助于内国人和外国人,以及不同国籍的外国人的平等待遇。

3.住所原则和国籍原则的弊端

一个多世纪以来的实践使无论是国籍原则还是住所原则作为属人法连结点的缺点暴露无遗。

就国籍而言,首先,它对双重、多重或无国籍人的本国法的确定无能为力。现代国际社会都承认国籍法为一国国内法,取得或丧失某国国籍的条件及程序由该国自行规定。有的国家采取血统主义,有的国家采取出生地主义;有的国家法律规定一个因婚姻、收养等原因而加入一个外国国籍后即自动丧失本国国籍,有的国家则不自动丧失,仍视其为具有本国国籍;等等。因此,国籍的积极冲突或消极冲突现象几乎是不可避免的。在这种情况下如何确定国籍国法便成为难题。其次,现代国际商业交往日益密切,人员流通日益频繁,一个具有某国国籍但不与该国存在实质联系而在另一国设定住所使该地成为其生活中心的现象屡见不鲜,这时如果仍以本国法为属人法加以适用是不公平的,因为他与该国的联系仅限于国籍而大部分的活动是在住所地国进行的。最后,在具体的涉外民事案件中,如果本国法是像美国、英国这样的多法域国家的法律,单靠国籍这一连结点无法确定支配该法律关系的具体准据法。

就住所而言,其最大的缺点莫过于不稳定性。因为国际交往越来越密切,住所变更的情况也就越来越容易发生,以住所地为连结点确定准据法也就越来越不稳定,当事人就越不容易预见。另一方面,住所的含义各国也有所不同。在法国,住所是一个人的主要所在地,每个法国人必须设有一个住所,而且只有一个住所;德国实行复数住所制度;意大利规定一个人可以有基础住所与特别住所,其中前者为其生活重心所在地;比利时将住所定义为一个人形式上的户籍所在地。在英国,一个人在同一时间内必有一个且只有一个住所,判断该地为其住所需要居住的事实和久居并使之成为永久的家的意思,两个构成因素缺一不可。若一个国际公约用英法两种文字写成，法文"住所(domicile)"一词在英文本中不是译为"住所"(domicile)，而是译为"惯常居所"(habitual residence)。[1]美国在住所的确定方面曾经受到英格兰法影响而且现在仍在实行着某些英格兰法的住所制度(如单一住所，原始住所的取得等)，但放弃了将永久的家的意思作为确定住所的先决条件的做法。可见，住所同样可以发生积极冲突和消极冲突的现象。最后，由于英国对住所的确定需要有对当事人意思的证明，一些错误判断的出现便在所难免，容易导致法律的错误适用。而且，原始住所自动恢复的制度也将使住所地法与当事人之间没有实质联系。

4. 结论

综上所述，两大法系各自采用住所或国籍作为属人法连结点都有缺陷，兼采两种原则才能互相弥补对方的不足。那么，在住所地法和本国法之间，究竟应侧重于哪一个呢？笔者认为，总的来看，适用住所地法较之适用国籍国法有更多的优越性。不过，必须特别说明的是，这里的住所应是法国法上的住所概念，即"住所为设立于本人的生活根据地"(民法典第102条)。住所的确定不需要证明当事人有久居的意思，而只需要长久居住的事实。在这一意义上，住所与惯常居所是一致的。

住所相对于国籍的优越性体现在：(1)国籍体现了一个人的政治身份，体现了他对特定国家的效忠，而住所则表明一个人的民事身份。显然，在确定涉外民事关系的法律适用时适用住所地法比适用国籍国法更为合理。(2)与国籍相比，一个人与其住所存在着更为密切的联系。选择住所或国籍作为连结点的重要考虑因素之一应当是该连结点是否与该人存在着实质关系。孟西尼的理论归结为一点，即一国法律的制定是以该国人的心理状态为依据的，该国法是最适合于该人的法律，也就是说一人与其国籍国法存在着实质的联系。但是，

---

① 马丁·沃尔夫：《国际私法》，第171页。

正如巴迪福所说:“意大利法律实际上考虑得更多的不是个别意大利人的心理状态,而是由意大利居民组成的整个意大利社会的心理状态。一个移居纽约的意大利人不管愿意不愿意都得接受其新定居的社会的心理状态时,难道不是在很大程度上摆脱了意大利社会的心理状态吗?”① 而住所是一个人生活和工作的中心,由此产生的法律关系当然地与住所存在着实质的联系。(3)相对于住所而言,国籍虽然不易变更,但它的变更却比住所的变更更富于隐蔽性,远不如住所的变更来得表面和直观,使第三人容易了解住所变更的情况。(4)法律需要有强制性的制裁措施予以保证,而这种强制性是与领土相联系的,因为国家只有在其领土之上才能使用实际的强制力。一个人在一国设定住所,则系属于该国的领土,实际上更容易受到该国法律的约束。(5)采用住所地法所具有的最大缺陷——不稳定性,可以通过兼采本国法的方式予以排除。对于属人关系中需要特别加以稳固的关系,例如婚姻实质要件的准据法等,可以作为适用住所地法原则的例外,适用本国法。另外,国籍还是一国行使外交保护,在内国的外国人缔结领事婚姻的基础条件。事实上,在以住所地为属人法的英美国家,国籍在上述问题上作为属人法连结点的地位也是一直得到肯定的。住所所具有的其他缺陷,如住所的积极冲突,可以通过在具体案件中适用最密切联系原则加以排除;住所的消极冲突发生时,可以其居所或现时所在地代之。

应当指出,海牙国际私法会议和美洲国家间组织国际私法会议都曾为解决国籍原则和住所原则的矛盾作出过不懈努力。尽管1979年美洲国家间组织国际私法会议就适用于身份与能力的属人法连结点达成协议的努力最终因住所地法和本国法的不同主张而归于失败,也尽管海牙国际私法会议1955年关于解决本国法和住所地法冲突的公约远未能消除二者之间的矛盾(该公约只有5国签署,2国批准),但是这两个会议(特别是海牙国际私法会议)仍尽量缩小两大法

---

① 巴迪福:《国际私法各论》,第325页。

系在该问题上的分歧，在实践中取得了积极的成果。

第二次世界大战后，海牙国际私法会议从或多或少具有欧陆性质的组织发展为具有世界性，特别是英国、美国、澳大利亚、加拿大等国的加入带给会议普通法传统，协调国籍与住所的矛盾从而成为会议的主要议题之一。1955 年《关于解决本国法与住所地法冲突的公约》表现出一定程度的住所地法优先的倾向，例如该公约第 1 条规定："当事人住所国规定适用他的国籍国法，而他的国籍国规定应适用他的住所地法时，各缔约国应适用他的住所地国的内国法"。而且，"就习惯居所而言，宁使用该词语而舍弃住所及其公认的奇特制度如原始住所的回复等，已成为海牙公约的惯例。"① 依照英国的定义，住所更多地依赖于当事人的意思，而习惯居所是通过更均等地权衡一系列因素决定的，它本质上是当事人与之有最密切关系的地点。对第三人而言，他不必揣摩当事人的意思而从外观即可客观地认定习惯居所，因此，海牙公约明显地倾向于以"习惯居所"代替"住所"作为人的身份关系和继承关系的连结点。1956 年海牙抚养公约和 1989 年海牙继承公约都反映了这一倾向。海牙诸公约在两方面产生了积极效果。第一，促进了大陆法系国家恢复采用住所作为连结点。例如 1989 年瑞士联邦国际私法第 33 条第 1 款放弃了该国长期以来以国籍作为属人连结点的传统，确立了以住所地法作为属人法的原则。该款规定："除本法另有规定外，住所地之瑞士司法或行政机关就属人法事项有管辖权并适用住所地法"。第 68 条第 1 款为："亲子关系之发生、确立和争执，应适用子女习惯居所地国之法律。"第 72 条第 1 款规定："在瑞士认领子女得依据子女之习惯居住地或国籍之法律或父或母之住所地或国籍之法律。"又如德国也已在某些属人事项中，如抚养、保护弱者利益、父母子女间关系等方面采纳了习惯居所作为连结点，并已签署了有关海牙公约。第二，虽然英国仍固执地坚持其住所定义，但参加公约已使习惯居所一词进入英国立法，如 1963 年

① 李浩培:《国际私法在遗产继承方面的几个新发展》，第 143 页。

遗嘱法，1976 年收养法，1986 年家庭法，1990 年合同(准据法)法等。美国也已接受将住所解释为包括习惯居所在内，从而使两大法系在消除该问题的差异方面获得了很大进展。上述公约的规定和各国国内法规所体现的倾向又为笔者主张以住所地法为主兼采本国法的原则提供了第 6 条论据，只是在住所概念尚未统一的情况下，以习惯居所概念代替住所概念尚为时过早。

四、对涉外民事案件的司法管辖权

管辖权问题一直是英美法国家国际私法的重要内容。这一方面固然是英美法国家注重程序的结果，另一方面还在于管辖权与法律选择有着密切的联系。英美法国家的属地主义使法院地法的运用十分广泛，只要确定了管辖权，也就确定了应当适用的法律，即依法院地法。目前，大陆法系学者也开始对管辖权问题进行研究。他们也认识到管辖权与法律选择紧密相连，只有首先确定了管辖法院才能由该法院进行法律选择，决定适用内国法还是外国法，适用这一外国法还是另一外国法。如果管辖法院不同，可能导致法律选择不同，从而影响当事人之间的实体权利义务。此外，管辖权是一国主权的体现，各国对管辖权问题规定不一引起的国家之间的管辖冲突日益增多，如何解决和避免这些冲突当然地成为国际私法的研究课题。因此在大陆法系国家的国际私法典中，也出现了规定管辖权问题的条款。

1. 两大法系有关管辖权规定的共通性

一国法院对涉外民事案件管辖权的确定，取决于它所采用的管辖根据，即一国有权审理具有涉外因素的民事案件的理由。两大法系关于管辖根据的规定表现出某种程度的共通性。

(1)属地管辖根据

根据国家领土主权，国家对其所属领土内的人或物或事件享有排他的管辖权，此即为属地管辖权。因此，大陆法系各国将住所作为法院管辖的基本根据。德国联邦民事诉讼法典第 13 条规定，“人的普通审判籍，依其住所定之”，第 16 条规定，“无住所的人的普通审判籍，依其在国内的现在居留地定之。”其他国家如匈牙利、瑞士等都将住所作为确定涉外民事案件司法管辖权的基本原则。根据以原就被原则，只要被告在该国设有住所，则该国即享有管辖权。作为对住所原则的补充，大陆法系国家还有对特定种类案件，如合同、侵权行为等行使管辖权的某些补充性属地管辖根据，如法律事实发生地，包括合同订立地、合同履行地、侵权行为地等。例如瑞士1989年国际私法第113条规定有关合同的诉讼案件，被告在瑞士既无住所也无居所或营业所时，以在瑞士的合同履行地法院管辖。第129条规定关于侵权行为的诉讼案件，被告于瑞士既无住所，也无居所或营业所时，以在瑞士的侵权行为地法院管辖。德国民事诉讼法第32条，法国民事诉讼法第59条也有类似规定。其他如诉讼标的所在地，被告财产所在地等，尽管它们作为管辖根据的合理性受到一些学者的怀疑，但仍有一些国家如奥地利、德国、日本、荷兰、丹麦、挪威等的法律有这样的规定：对于在该国 既无住所也无居所的人，有关财产债务纠纷的诉讼，可以向他有财产所在地方或争议标的所在的地方法院提起。德国在1991年前，被告财产无论价值大小、与讼案有无关系，其所在地法院都可成为管辖法院。1991年7月德国联邦最高法院的一个决定改变了这一作法，规定财产必须与讼案有“足够的联系”。日本则规定这种财产必须是可供扣押的。

“英美国家从纯粹诉讼程序的原理出发，并考虑到传票送达被告的实际可能性……来处理管辖权问题。”① 英国对人诉讼② 的传统管辖根据——出现（presence）实际上也是一种属地管辖。“依英国理论，任何踏入英国领土之人，应即对英国女皇效忠，故自然亦服从女皇法院的管辖”。③ 就对人诉讼而言，“出现”在美国也是一个基本管辖根据，只要被告出现于一国或一州，并且因为这种出现使法院可以

① 戚维新：《国际私法》，第198页。

② 英国将民事诉讼分为对人诉讼与对物诉讼。决定诉讼当事人相互间对诉讼标的所应有的权利义务的诉讼为对人诉讼；对物诉讼的目的在于得到一个对任何人都有效力并可对抗任何人的判决。

③ 陈隆修：《国际私法管辖权评论》，台湾五南图书出版公司1986年版，第99页。

对他送达传票，则该国或该州就可以对他施行管辖。由于“出现”作为管辖根据的缺陷显而易见，英国1852年《普通法诉讼程序法》授予英国法院依据原告的申请，将诉讼令状公示送达给不在英格兰的被告行使管辖的自由裁量权。该法规定法院据以自由裁量行使管辖的根据基本上是大陆法系国家常见的属地管辖根据：如被告的住所或经常居所位于英国，侵权行为地为英国，契约于英国订立或作为诉讼原因的违约行为发生在英国等。美国现在也认为，仅是“出现”并不能构成法院的充分管辖根据，根据美国宪法“适当程序条款”(due process)的要求，并由1945年International Shoe Co. V. Washington案和1977年Shaffer V. Heitner案确立，被告、法院地与该诉讼间必须有“最低限度的联系”(Minimum Contacts)。就对物诉讼而言，在英国，有关英国领海内船舶的诉讼由船舶所在法院管辖，离婚诉讼的管辖权专属于住所地法院，位于国外的不动产由不动产所在地法院管辖。美国传统上对对物诉讼和准对物诉讼[1] 的管辖根据为该物位于法院地，但自上述两案后，“最低限度的联系”适用于所有诉讼，成为被广泛采用的管辖根据，而所谓“最低限度的联系”自然不乏属地的联系因素。

(2)属人管辖根据

国家对一切具有本国国籍的人有权行使管辖权，此为属人管辖权。在法国，国籍是法院对涉外民事案件行使管辖权的基本根据。法国民法典第14条规定：“不居住在法国的外国人曾在法国与法国人订立契约者，由此契约所产生的债务履行问题，得由法国法院受理，其曾在外国订约对法国人负有债务时，亦得被移送法国法院审理”，第15条规定：“法国人在外国订约所负的债务，即使对方为外国人时，得由法国法院审理。”可见，只要当事人一方具有法国国籍，不论另一方是否居于法国或有法国国籍，法国法院就有管辖权。在其他国

① 基本上相当于英国的对物诉讼。

家，国籍作为管辖根据一般仅限于民事身份和能力方面。[1] 即使在法国，由于这样的规定大大限制了在法国的外国人的诉讼权利，法国法律已规定只要外国被告人在法国拥有事实上的住所，法国法院就有权管辖[2]。美国 1932 年 Blackmer V. United States 案中，国籍也曾作为管辖根据，但它只是在某些特殊情况下作为美国国民的被告必须履行某项对美国的忠诚义务时才能使用。[3]

由于管辖权是源于国家主权的国家的一项基本权利，两大法系对涉外民事案件的管辖权均包括属地管辖和属人管辖，其中尤以属地管辖最为重要。住所（居所）、契约履行地、契约订立地、侵权行为地等都是两大法系共有的属地管辖根据。除此之外，不动产所在地法院对不动产诉讼的专属管辖权，合同案件中当事人的协议管辖也是为几乎所有国家所承认的管辖。

2. 英美法系不同于大陆法系的弹性特色

在管辖权方面，英美法系同样具有弹性特点。表现在：(1)长臂管辖权（Long-Arm jurisdiction）和(2)不方便法院原则（Doctrine of Forum Non Convenicnce）。

(1)长臂管辖权，即对不需要其同意接受，也不居住在那里的人或公司行使管辖权。这是一种范围过宽的管辖权。它发源于美国，其理论根据为 1945 年 Intenational Shoe Co. V. Washington 案确立的“最低限度的联系”原则。依据这一原则，1955 年伊利诺斯州制定了美国第一部长臂法规，以该法为蓝本，美国统一州法委员会 1963 年拟订了一项标准的长臂法规——统一州际和国际诉讼程序法（Uniform Interstate and International Procedure Act）。美国其他大多数州的长臂法规都仿效该法制定。该法第 1.03 节，规定，由下列原因提起的诉讼，法院可以行使对人管辖权：1）在该州进行的任何交易；2）

---

① 参见 1964 年捷克国际私法和国际诉讼法典第 38—46 条的规定。

② 戚维新：《国际私法》，第 196—197 页。

③ Schlesinger, Comparative Law Cases-Text-Materials, P365.

在该州订立契约提供服务或物品；3)在该州的作为或不作为引起的侵权损害；4)在该州以外的作为或不作为引起在该州的侵权损害；如果他在该州经常经商，或者长期工作，或者从供应货物或提供服务中取得相当收入者；5)对在该州的不动产享有利益、使用、占有者；6)订立契约，对当时在该州的任何人、财产或风险提供保险者。可见，所谓长臂管辖实际上是对最低限度联系原则的具体化，只要符合长臂法规规定的任何一项要求，即构成最低限度的联系，法院就有权管辖。在具体适用时，美国判例对“交易”和“侵权行为”都作了扩大解释。“交易”包括商业交易和非商业交易，把钱借给被告人赌博、家庭成员之间的债务、一个大学的代表到另一州商谈体育奖学金、执行分居协议等都属于非商业交易；而任何行为，只要违反了法律施加的义务，就构成侵权行为。[①] 因此，最低限度的联系和长臂法规很明显地体现了美国法院竭力扩大其管辖权的意图。

施莱辛格(Schlesinger)在其《比较法》(Comparative Law)一书中曾对两大法系的长臂概念作过比较。[②]他认为大陆法国家的长臂概念要比英美国家古老，如侵权行为地法院对侵权案件的管辖，合同签订地或履行地法院对合同案件的管辖等。但它不具有美国现代意义上长臂法规的灵活性(flexibility)。这种观点似是而非，因为缺乏灵活性正是使大陆法国家的侵权行为地、合同签订地、合同履行地等管辖根据不成其为长臂管辖的关键。大陆法的管辖根据是确定的和单一的，它并不同时考虑包含这些根据在内的其他多种因素并加以衡量。

(2)不方便法院原则。英国和美国对不方便法院原则的运用各具特色。英国法院1987年Evers V. Firth一案的判决对不方便法院的解释为：“只有满足下列条件，法院方得以不方便法院为由终止诉讼：

---

① 林欣：《论国际私法中管辖权问题的新发展》，载《法学研究》1993年第4期，第82页。

② Schlesinger, Comparative Law Cases—Text—Materials, P370.

有另一个可供选择的管辖法院存在，并为该诉讼的适当法院（appopriate forum），为保护各方当事人和求得公平的结果之目的，在该法院进行诉讼更为合适。”[①]其中，适当法院同自然法院（Natural Forum）一样，都是指诉讼与之有最真实和实质联系的（most real and substantial connection）国家的法院。美国于1929年从英国引进不方便法院原则，由1947年Gulf Oil Corp. V. Gilbert和Koster V. Lumbermen's Mutual Casualty Co.两案确立。根据该两案和以后的判例，美国运用不方便法院有以下特点：1）有另一个方便的和可供选择的法院存在：2）方便指法院在诉讼程序上的便利；3）美国法院在运用非方便法院原则时一般对私人利益和公共利益进行分析后得出非方便法院的结论。其中私人利益如可靠的证据来源，对不愿到庭的证人的强制性措施的执行以及任何其他能使案件的审理容易、方便并能减少诉讼开支的各种程序因素；公共利益则包括法院的工作量、可能适用的法律等。然而，“非方便”概念所具有的弹性却是两国的共同特点，尽管英国法院认为仅以诉讼程序的便利为由不足以使法院停止诉讼，但实际上诉讼程序的便利也是英国法院的考虑因素之一。

3. 分析

两大法系在管辖权领域表现出来的共通性使在该领域内达成国际统一的可能性大大增加。那么，以属地管辖为例，是以被告住所作为基本原则还是以出现作为基本原则呢？刘铁铮指出，一国有关涉外民商事案件管辖权的规定，在对外效力上是否具有行使管辖权的合理基础至关重要。[②] 住所是一个人社会和经济利益的中心，对该人行使民事权利，承担民事责任具有重要意义；同时，以被告人住所作为管辖根据，有利于诉讼文书的送达、保证被告人出庭和判决的执行，从而使法院更为有效地行使管辖。可以说，对一般民事诉讼而言，被告住所位于该国构成该国行使管辖的合理基础。而“出现”所具有的

---

① Cheshire and Nonth's Private International Law, P221.

② 刘铁铮：《国际私法论丛》，台湾三民书局印行1987年版，第263页。

偶然性，使法院地与原告、被告、诉讼原因都不存在任何关系的现象是时有发生，即使在英国本土也都以住所等其他管辖根据作为补充。所以，大陆法系以住所作为行使管辖权的基本根据的传统做法比较合理。1968 年欧共体和 1988 年欧共体与欧洲自由贸易联盟缔结的两个《关于民商事案件管辖权与判决执行的公约》第 2 条都规定以被告住所作为法院行使管辖权的基本原则，并将“出现”、“当事人国籍”等定为过分的管辖根据予以排除。包括英国在内的欧共体国家都接受了这一基本原则。除住所外，大陆法国家的其他管辖根据，如契约履行地、侵权行为地等也具有合理性，作为对特殊案件的特别管辖根据，是对住所原则的有益补充。

在确定基本原则的基础上，大陆法系也应吸收英美法系的弹性特点，这不是指长臂管辖，而是指不方便法院原则。虽然不能否认长臂管辖中具有的某些合理成分，例如对原告利益的保护等，但是作为以“最低限度的联系”为基础的管辖，长臂管辖极易走向极端，将合理的管辖根据弃之不顾，成为一种过分的管辖，因损害他国主权而很难为他国承认。不方便法院原则则不同，它至少有三个作用：(1)有利于保护被告利益。由于目前各国对管辖根据的规定不同，在对同一案件存在多国法院有权管辖的情况下，原告选择法院(Forum-Shopping)的活动可能给被告带来不公平的结果。因为原告所挑选的法院或者对原告有利而并不同时对被告有利，或者只对被告不利而并不同时对原告有利。在这种情况下，被告可依不方便法院原则提出申请，终止该案在该国的诉讼，改由另一个对双方当事人更为合理和公平的法院受理，从而使被告的利益得到保护。(2)可以遏制长臂管辖。个中道理不言自明，如果一国法院根据长臂法规管辖对被告的起诉，被告可依该原则提出由另一国法院管辖。(3)可以有效地防止管辖冲突。在当代国际司法管辖权领域，不同的管辖根据或法律本身规定某类案件可由某几类法院管辖的情况使管辖权的矛盾或冲突时有发生。除双方当事人的协议管辖可以解决此类冲突外，适用不方便法院原则可以帮助法院在管辖冲突发生时拒绝由本国法院或由某外国法院审理案件。这是防止或解决管辖冲突的有效途径。另外，不方便法院原则不以原告的选择为管辖权的决定因素，而是从实际出发，衡量各种因素。这种灵活性的做法有助于寻找一个合理的管辖法院，最终决定一个案件的管辖归属，同时也符合现代国际民事关系顺利发展的要求。因此，不方便法院原则在国际民事诉讼中能够起到积极作用。

五、两大法系国际私法的相互融合

尽管两大法系的国际私法具有上述种种差异，也尽管现代国际私法学者们大都主张国际私法的国内法性质，人们却不曾否认国际私法的国际性。无论称之为国际私法，还是称之为冲突法，各国国际私法的内容存在着一种普遍性——解决法律冲突，确定法律适用。这种普遍性使其具有相同的“质”而成为这一特定的学科。同时，这种普遍性也是实现国际私法世界性统一的基础，正是因为这种基础的存在，各国才有可能就这一领域的某些问题通过比较、协商和妥协达成一致，签订国际条约，从而统一国际私法。因此，在分析了两大法系的种种差别之后，再具体考察其相互融合也是必不可少的，尽管上文已有所涉及。

1. 学说上的相互影响

在漫长的国际私法发展历史上，两大法系都蕴育出各自的学说。除属人主义与属地主义、普遍主义与国家主义的差别外，大量著作的出版和学术交流注定两大法系的学说在相互影响中共同发展。

(1)荷兰国际礼让学派对英美国际私法学说的影响

继承达让特莱属地主义路线的荷兰学派的代表人物胡伯(Huber)于17世纪中期提出了著名的三原则：1)任何主权者的法律必须在其境内行使并约束其臣民，在境外无效；2)凡居住在其境内之人，包括常驻的与临时的，都可视为主权者的臣民；3)一国法律只在其本国领域内实施，但根据礼让(Comity)，行使主权权力者也应让外国法律在其境内保持效力，只要这样做不损害自己的主权权力及臣民的利益。这三项原则全面奠定了国际礼让说(Comitas gentium)的基础。该说对英美国际私法学说产生了深刻影响。根据他的第三原则，所有的行为和交易，依某一外国的法律已有效成立，即令依内国自己的法律为无效，也应承认其为有效；反之，如依某一外国法为无效，也应到处视为无效。英国的戴赛据之提出"既得权说"(Doctrine of Vested Rights)。第三原则中国际礼让的思想为美国学者施托雷所因袭。

英美国际私法的发展晚于欧洲大陆达4个世纪之久，是英美国际私法学说受欧洲大陆直接影响的重要原因。

17世纪末叶以前，普通法在英国境内具有普遍适用的效力，内部不存在法律冲突。当时，英国也成立了一些特别法院来审理英国商人与欧洲大陆交往产生的涉外案件，而在这些案件中一律适用被视为具有普遍约束力的商人法，不涉及适用外国法的问题。直到19世纪商人法并入普通法，失去了以前对涉外案件的普遍适用效力，现代国际私法学说才得以在英国生根。而且，对国际私法的研究也是首先以承认与执行外国判决开始的。[①]其间，荷兰学派对此产生了较大影响。17世纪下半叶，英荷为争夺海上霸权而进行的几次战争，也在一定程度上具有沟通两国联系和了解的积极意义。1688年光荣革命后，执政者威廉既是荷兰都督又是英国国王，荷兰的法律思想自然顺利传入英国。18世纪后半叶大法官曼斯菲尔德完全追随荷兰属地主义路线，强调国际私法的国内法性质，主张适用诉因发生地法。到19世纪戴赛提出了完整的既得权理论，认为法官只负责适用内国法，他既不直接承认或适用外国法，也不能直接执行外国判决，而只保护诉讼当事人根据外国法或外国判决所已取得的权利。这一学说迎合了当时英国向海外扩张殖民地的政治要求。

美国国际私法发展滞后的原因不言而喻。18世纪末初建的美国既然不能从英国国际私法学说中吸取营养，自然转向欧洲大陆。"美国人与荷兰人同样具有独立的精神，同样主张特殊主义并有同样发

① Cheshire and Nonth's Private International Law, chapter Ⅱ.

达的贸易”使“我们可以了解荷兰人的观点为何很容易为美国人所接受的原因”。[①] 荷兰学派所主张的主权原则和法律的地域性，恰恰符合刚刚摆脱英国殖民统治而独立的美国的政治需要。况且，19 世纪上半叶，欧洲大陆并没有出现伟大的法律冲突理论家（曼西尼、萨维尼都是在施托雷之后才发表了自己的著作），对于偏好标新立异的美国人来说，接受大陆学者的学说比接受已经成名的、并且还统治过他们的英国人的学说，从感情上讲就更容易了。后来，随着美国国力的不断强大，既得权说才取代国际礼让说，成为美国传统国际私法理论的主流。

虽然英美国际私法学说是在欧洲大陆的直接影响下形成的，但它反过来也影响着欧洲大陆。欧洲学者对戴赛的既得权说或赞同或批判。施托雷的理论虽基本重复了荷兰学派的学说，但它的方法论却给欧洲大陆以很大影响。萨维尼对他的著作作过很高的评价，法国的弗利克斯也承认从施托雷的著作中获益匪浅[②]。

（2）萨维尼法律关系本座说对英美国际私法学说的影响

1849 年，德国学者萨维尼在其《现代罗马法体系》（System des heutigen romischen rechts）一书中提出了他的法律关系本座说（Sitz des Rechtsverhaltnisses）。他从普遍主义的观点出发，认为应适用的法律，只应是各该涉外民事关系依其本身性质有“本座”（Seat）所在地的法律。萨维尼的学说不但一直影响着大陆国家的国际私法思想，而且也影响着英美国家的国际私法理论。最早由英国学者适用于合同领域、并最早由美国判例扩大适用于侵权领域的最密切联系原则（Doctrine of the closest connection），其理论基础就是萨维尼的法律关系本座说。因为某一法律关系本座的确定需要考虑法律关系与各种因素的联系，本座实际上是该法律关系的最密切联系地。正如戚希

---

① 巴迪福：《国际私法各论》，第 321 页。

② 李双元：《国际私法・冲突法编》，第 90 页。

尔和诺斯(North)所说,“合同因素最密集的国家即为合同的本座”[1]。他们还指出,尽管英美法的基础是经验的,而不是逻辑的,但是它们的法院在实践中所采用的选择准据法的方法,客观上却与萨维尼的方法是一致的。二者都是依据有关的全部条件,力求在各个案件中找出与它们最相适合的,或有最密切联系的法律。因此可以说由英美法学家正式提出的“最密切联系说”实质上是萨维尼“法律关系本座说”的继续。除此之外,法律关系本座说也影响着英美其他学者的学说。例如卡弗斯的优先选择原则说(Principles of Preference)也使用了萨维尼的本座概念。他的第四原则为,如果双方当事人之间某种法律关系本座所在地的法律,为了保护一方当事人而对另一方当事人规定较损害发生地高的经济保护标准,那么就应当适用法律关系本座所在地的法律;第五原则为,如果双方当事人之间某种法律关系本座所在地的法律为了保护一方当事人而对另一方当事人规定了低于损害发生地法律规定的经济保护标准,也应当适用法律关系本座所在地的法律[2]。

(3)美国现代国际私法学说对欧洲大陆的影响

从本世纪30—40年代起,美国掀起了一场批判传统国际私法机械的法律选择方法的革命,提出了许多以灵活方式来确定法律适用的学说。柯里的政府利益分析说(Governmental Interests Analysis Theory)主张在确定法律适用时,应着重考虑法律规范所体现出来的政府利益以确定何州(国)的利益将让位于另一州(国)的利益。卡弗斯的优先选择原则说主张在进行法律选择时,应优先考虑的因素包括:法律规定的行为标准或经济保护标准、法律的目的、住所、法律关系中心地、被保护财产利益中心地、当事人的选择、法律关系本座地等。艾伦茨威格的法院地法说(The Doctrine of Lex fori)主张法院地法作为首要的应予适用的法律。利弗拉尔的法律选择五点考虑为:

① Cheshire and North's Private International Law P197.

② 邓正来:《美国现代国际私法流派》,法律出版社1987年版,第83页。

结果的可预见性、维持州际和国际秩序、司法任务的简单化、法院地政府利益的优先、适用较好的法律规范。里斯(Reese)则在《第二次冲突法重述》中确定了最密切联系作为法律适用的一般原则。虽然各种学说互不相同,但他们共同的特点是主张冲突法方法的灵活性、多点性,反对传统国际私法的单点要素的法律选择方法。

美国现代国际私法学说在欧洲大陆引起了广泛的讨论。法国学者巴迪福提出目的论(Objectifs),主张根据法律所体现的目的来决定法律的适用。法国学者凯格尔提出利益论(Interesfen),主张在确定法律适用时考虑有关利益。温格勒尔认为在决定适用时应考虑六条原则:公共秩序、具体的和谐、内国法的目的、国际冲突的最低限度、判决的效力及政治的利益等。这些主张实质上与现代美国学说有很多共同之处。当然,现代美国学说对欧洲大陆的影响是有限的,大多数欧洲学者仍然赞成传统的法律选择方法[①]。除最密切联系原则外,美国学者的其他主张并未在欧洲大陆的立法中得到反映。

2. 国际私法具体制度的相互融合

在国际私法的具体制度上,由两大法系国家共同缔结或参加的国际公约,使其在某些领域达成一致。各国国内法律选择规范中弹性连结点的运用,也有助于两大法系之间的相互融合。

(1)国际公约对融合两大法系国际私法的作用

海牙国际私法会议自召开之初,便成为统一国际私法的一个重要场所。英国、美国、加拿大、澳大利亚等国参加会议,改变了会议以统一大陆法系内部分歧为中心的做法。此后,几乎每一海牙公约都体现了会议对两大法系各国国内法的比较、取舍、妥协和融合。1967 年海牙《有关遗嘱方式法律冲突的公约》舍弃欧洲大陆传统的遗嘱方式适用立遗嘱地法的原则,对遗嘱方式的准据法作了多种规定,凡符合成立地法、遗嘱人死亡时本国法、住所地法、惯常居所地法的,均为有效。1971 年《关于道路交通事故准据法的海牙公约》考虑到这类案件

① 高凤仙:《美国国际私法之发展趋势》,台湾商务印书馆 1989 年版,第 19 页。

中适用法律的确定性，以大陆法系侵权行为地法作为基本原则，同时又规定了若干例外。1977 年《关于产品责任法律适用的海牙公约》既没有采纳传统的侵权行为地法原则，也没有采纳现代美国政府利益分析、最密切联系等方法，而是规定了五种连结点，即损害发生地、直接受害人惯常居所地、赔偿义务人主营业所所在地、直接受害人购买产品的市场以及当事人的选择，每一法律要成为准据法均需至少两个连结点作为条件，并规定了四个独一无二的法律适用顺序，等等①。

欧洲经济共同体是另一个对融合两大法系国际私法起重要作用的国际组织，这主要是因为该组织的成员既有大陆法系国家，也包括了英国。除前述欧共体《关于涉外民商事案件管辖权和判决的执行公约》外，1980 年欧共体关于合同义务的法律适用的公约，采用了大陆法系强行规则(Mandatory rules)和特征履行(Characteristic Performance)的概念，英国也不得不接受这些概念。至少是，对公约范围内的案件，它必须适用公约的规定。

此外，美洲国家间国际组织国际私法会议等，也为融合两大法系的国际私法作了大量的工作。

(2)国内法中弹性连结点的运用对融合两大法系国际私法的作用

两大法系传统的法律选择方法都是给某类法律关系确定单一的硬性(hard)连结点，由该连结点指引适用的准据法。如果两大法系确定的连结点不同便会产生解决此类法律冲突的差异。弹性连结点的运用不仅是当代越来越复杂的涉外法律关系的要求，而且它能弥合两大法系的差异，对融合两大法系的国际私法起到促进作用。

“意思自治”可谓最早运用的弹性连结点。如果依“合同适用合同缔结地法”，两大法系对隔地合同缔结地的不同界定会导致适用不同

① 参见周海荣：《国际侵权行为法》，该书中有详细论述，广东高等教育出版社 1991 年版。

的法律，而采用当事人意思自治则不同。由于16世纪法国学者杜摩林提出的这一原则为整个资本主义世界契约自由原则所要求，在合同领域，大陆法系国家通过立法，英美法系国家通过判例采纳了这一原则。几乎世界上所有的国家，合同双方当事人都可以协商确定适用于他们之间合同的准据法。可以说，由于意思自治这一弹性连结点的运用，合同领域法律关系的稳定性得到保障。两大法系在合同的法律适用上基本达到统一，只是对意思自治的限制略有不同。除合同外，凡以尊重当事人自由意志为主的领域，意思自治便有适用的余地。在德国，夫妻双方可以选择他或她有惯常居所的国家的法律确定他们的夫妻财产关系[①]；在瑞士，侵权行为发生后，当事人可以合意选择适用法院地法；[②] 1989年《关于死亡者遗产继承准据法的海牙公约》第5条第1款规定被继承人可以选择其本国法、惯常居所地法作为继承关系的准据法等。

最密切联系是另一个可能对两大法系的融合起到促进作用的弹性连结点。这是由最密切联系本身所具有的特点和功能决定的。第一，由前文可知，“最密切联系”作为弹性连结点被运用实际上是两大法系的共同成果；第二，“最密切联系”是使刚性与弹性相结合的最好方式。以大陆法系传统的刚性规范作为原则，以“最密切联系”作为连结点确定准据法作为例外，如果根据实际情况判定某法律关系与刚性规范确定的准据法以外的法律存在着更为密切的关系时，则以“最密切联系”为连结点确定的准据法取而代之。第三，最密切联系可以消除两大法系在法律适用方面的分歧。“最密切联系”地的确定，需要对众多可供选择的因素加以衡量，例如如果以最密切联系来确定收养关系的准据法，可供考虑的因素可能包括收养人的国籍、被收养人的国籍、收养人的住所地（或惯常居所地）、被收养人的住所地（或惯常居所地）等，这样大陆法系与英美法系本国法与住所地法原则的矛

---

① Netherlands Internatienal Law Review, 1993, VolXI issue 1, P10.

② 瑞士联邦国际私法典第132条。

盾得以化解。因此,“最密切联系”作为弹性连结点的广泛运用无疑展示了两大法系国际私法相互融合的美好前景。

第三节　两大法系国际私法的比较研究对中国的意义

几乎所有比较法学者都承认法律的比较研究对本国法的积极作用。勒内·达维德说:“比较法有助于更好地认识并改进本国法”①。对两大法系国际私法的比较研究可以使我们认识到本国法更多地受到来自哪一方面的影响,认识到本国现行法的不足并提供可能改进的方案。

一、中国是一个受大陆法系影响较多的国家

一般认为,包括国际私法在内的近代法律制度是清末由西方引入中国的。中国固有法中根本没有,也不可能产生近代意义的国际私法。

早在唐代,中国就已有了某种类似于国际私法的规范,即唐《永徽律·名例章》中“诸化外人同类自相犯者,各依本俗法;异类相犯者,以法律论”的规定。但是由于资本主义在我国无法生长,及至明清又因外敌入侵而采取闭关锁国政策,窒息了中外民事法律关系的发展,这决定了中国缺乏国际私法生成和发展的基本条件。直到上世纪末本世纪初,为了迎合帝国主义的要求和适应新的国际环境,进行了一场以采用西方法律为主要特征的法律改革,国际私法亦随之传入中国。

1918 年,中国历史上第一个国际私法立法《法律适用条例》诞生(1927 年 3 月 12 日国民党政府令准适用该条例,该条例于国民党政府退至台湾后历经两次修改现仍在适用。名称为涉外法律适用法)。在其前后还出版了许多国际私法著作和译著,多为比较全面地介绍、

① 勒内·达维德:《当代主要法律体系》,第 10 页。

论述西方理论与学说，显然缺乏独创性[1]。

总的来说，1949年以前的中国国际私法，无论立法或学术，均受到西方国际私法理论与实践的影响，其中主要是德国的影响 。从形式上，中国国际私法立法采取德国单行法规的形式；从体例上，法律适用条例与德民法施行法是一致的；从国际私法的范围上，立法和著作均以冲突规范为主，没有涉及英美法系视为冲突法不可缺少的两个部分：管辖权和外国判决的承认与执行，对于英美学者不主张研究的外国人的法律地位问题，接受德国主张适当研究的观点，但没有采纳法国学者认为应详细研究的立场[2]；在法律适用上，贯彻本国法主义，与英美法系住所地法主义背道而驰。特别是，1918年《法律适用条例》是在参照德国、日本的国际私法法规并结合中国固有的国情由日本人主持制定的[3]，而日本近代法律又深受德国法律的影响，这可以说是中国国际私法沿用德国传统的最有力证据。

中华人民共和国成立以后，曾一度十分重视国际私法的研究，但到60—70年代，由于极左思潮和法律虚无主义的干扰，国际私法没有得到发展。随着经济体制改革和对外开放政策的实行，国际私法也日显重要。自80年代以来，有关国际私法的立法也越来越多，例如1985年涉外经济合同法第5条，1985年中外合资企业法实施条例第15条，1985年继承法第36条，1992年海商法第14章，1995年票据法第5章，1996年民用航空法第14章。其中尤以1986年《民法通则》第8章具有基本法之功效。从这些立法来看，新中国的国际私法也在一定程度上受到大陆法系的影响。成文法的法律渊源形式自不必说，其立法方式更接近于法国，于《民法通则》中设以专章规定。从国际私法的范围来看，尽管我国的国际私法学者仍将管辖权和外国判决的承认与执行作为研究对象，但立法将二者规定于民事诉讼法

---

① 李双元、金彭年：《中国国际私法》，海洋出版社1991年版，第95－96页。

② 翟楚：《国际私法纲要》，第58页。

③ 翟楚：《国际私法纲要》，第42页。

之中，国际私法立法以规定冲突规范为主。但是我国立法并不拘泥于大陆法系传统国际私法，而是同时借鉴和吸收了英美法系国际私法的先进做法以及两大法系相互融合之后的积极成果。例如在属人法的确定上住所地法的适用，在合同、抚养等领域采用最密切联系原则，强调对弱者利益的保护等。

二、我国现行国际私法立法的不足

虽然我国国际私法有许多先进之处，但与两大法系国家的国际私法相比，我国的立法存在着明显的缺陷和不足。主要如下：

1. 我国现行国际私法立法残缺不全，与大陆法系国家立法讲究详尽、完备、周延的传统相去甚远。现行法不仅对于许多国际私法制度如反致、识别等未作任何规定，而且对于涉外物权、债权、婚姻、继承等关系的法律适用都是蜻蜓点水，对代理、夫妻人身、财产关系、法人的能力、遗嘱、监护、产品责任等付诸阙如。即使是有规定的内容，很多也是就法律关系的某一方面加以规定，而欠缺对另一方面的规定。例如有不动产物权而缺乏动产物权，有遗产的法定继承而缺乏遗嘱继承，有中国公民定居于国外的民事行为能力而无外国公民定居于我国的民事行为能力，等等。

2. 有些规定缺乏灵活性。例如《海商法》第 273 条第 3 款规定："同一国籍的船舶，不论碰撞发生于何地，碰撞船舶之间的损害赔偿适用船旗国法律。"这样的规定虽有一定道理，但是过于绝对地排除了侵权行为地法的适用，也有损我国的国家主权，因此，条文应当改为"可以"适用船旗国法律。

3. 现行立法的缺陷促成了"司法立法"现象的产生。与传统大陆法系国家一样，在我国只有立法机关享有立法权，人民法院只在个案审判中对如何适用法律的问题可以进行解释。但是由于在大量的国际私法实践中法院无法可依，大量的"司法解释"随之产生。除对现行规定的字义解释外，更多的是对现行法的修改或填补空白，事例不胜枚举。这样的现象使我们联想到法国，由于法国民法典关于国际私法的规定极不完备，很多国际私法规则由判例确定。但法国民法典是国际私法的早期立法，许多涉外民事法律关系尚未发育成熟，产生这种现象情有可原，况且它还有判例作为基础。但是我国立法的时期是国际私法获得充分发展的时期，有大量的外国立法可供借鉴和吸收，这种现象当然不是不可避免。而且，是否可以通过判例确立规则尚不可知，这在理论上或实践中是否可行也未获得解决。

三、关于完善我国国际私法立法的几点建议

作为一个受传统大陆法系影响的国家，我国应当适应国际上国际私法法典化的形势，制定一部体例统一、内容完备的国际私法典。现行《民法通则》第八章虽条文不多，但内容上涉及总则、人、物权、债权、婚姻、继承等，构筑了国际私法典的基本框架，并且该章在通则中具有相对独立性，单独立法不会影响民法通则本身的完整。可喜的是，从1993年起，我国的国际私法学者们就已着手起草《中华人民共和国国际私法示范法》，以期获得立法机关的承认，成为新中国第一部国际私法典。目前，《示范法》的体例包括总则、管辖权、法律适用、司法协助和附则，规定十分细致。但是，《国际私法示范法》草案第一稿的规定仍有不尽人意之处，一些国际私法学者就草案的某些内容仍有不同意见。

1. 从体例上讲，有的学者主张采用总则、法律适用、国际民事诉讼程序和附则四部分的体例，也有主张只规定总则、法律适用和附则三部分的办法。而笔者认为就目前的三种体例而言，草案第一稿所采用的体例较具科学性。因为管辖权是在法律适用之前所要解决的问题，而司法协助，主要是外国判决的承认与执行，是有管辖权的法院于法律适用之后才发生的问题。只规定法律适用问题会使国际私法的范围狭窄，而在国际私法中加入国际民事诉讼程序，容易引起诉讼法学界与国际私法学界的争执，也与现行的《民事诉讼法》难以协调。

2. 在法律适用上，将物权、知识产权、合同、侵权、不当得利与无因管理等在同一层面上进行规定未必妥当。在大陆法系中，物权与债权是民法上两类基本的财产权，二者在反映财产从静态到动态的过程中，形成了一系列相对的概念，如物权称为绝对权、对世权，债权称为相对权、对人权。合同、侵权行为、不当得利、无因管理只是债权的具体分类。既然采纳了大陆法系的物权概念，同时不采用债权概念，而将具体的债权与物权并列是不合适的。较为恰当的做法是，将物权、债权、知识产权并列，在债权中进一步规定合同、侵权等内容。至于像知识产权此类有可能涉及合同与侵权两方面内容的法律关系，可施之以“德伯沙治”(Depecage)，区分不同的法律关系规定于不同的制度下。对于知识产权的一般性内容(如其成立、内容、效力等)则单独规定并使之与物权和债权平行。

3. 虽然草案采用了包括管辖权在内的体例，但草案却忽视了传统大陆法系的观点和我国现行法的有关规定。在我国现行法中，《民事诉讼法》中有专章规定涉外案件的管辖权和司法协助。尽管对于研究，学科之间划分范围并无意义，但一国立法却不能不互相协调。如果民诉法中的规定详尽、完备和无懈可击，以相同的文字规定于国际私法中便毫无必要。鉴于民诉法中的规定有许多需要改善之处，在国际私法中对之加以补充和修订并无不可，但必须写明，该国际私法生效之时，原民诉法中有关规定自行废止，以达到立法的和谐。这一点，草案中并未提及。

4. 在属人连结点问题上，我国应当确立住所地法作为属人法的原则地位。首先，我国已存在以住所地法为属人法的法律条文，如《民法通则》第 143 条，《继承法》第 36 条等；其次，虽然我国目前尚为一个法制统一的国家，但香港和澳门回归在即，此外尚有台湾回归问题，我国即将成为一个多法域国家，以住所地法作为属人法才是实际可行的；最后，随着我国对外开放的进一步扩大，来华投资、定居的外国人仍然适用其本国法，将会给这些外国人的生活，及其与中国人的民事交往带来不便，从而不利于我国对外开放。草案中关于属人关系大都规定可以适用本国法或住所地法，这固然为法律适用增加了一种可能性，但却给人以本国法或住所地法在我国不分主次、平等适用之感。而且有些规定适用本国法的地方，适用本国法并不一定是合适的。例如草案第 120 条，无人继承财产的确定，适用死者死亡时的本国法。如果死亡者为台港澳人时,本国法便无法确定。

5. 我国是一个受大陆法系影响较多的国家,法律规范对法官而言具有必须遵守的效力,因此不能不是刚性规范。但是对连结点进行软化处理使法律适用具有灵活性却是当代国际私法发展的必然趋势。美国国际私法革命所确定的各种灵活方法自然与我国传统格格不入,而刚性与弹性相结合的最密切联系这一弹性连结点的运用却在我国有良好的基础。我国民法通则第148条规定:"扶养适用与被扶养人有最密切联系的国家的法律"。我国涉外经济合同法第5条规定合同当事人没有选择合同适用的法律时,适用与合同有最密切联系的国家的法律。最高人民法院《关于适用涉外经济合同法若干问题的解答》和《关于贯彻执行〈中华人民共和国民法通则〉若干问题的意见》在确定各类涉外经济合同的准据法,当事人的国籍、住所、营业所、多法域国家中的准据法时,都运用了最密切联系原则。因此,在草案总则加入一个原则性条款——"根据所有情况,如果案件与本法指定的法律联系并不密切,而与另一法律的联系明显地更为密切的,则可作为例外,不适用本法所指定的法律"——作为法律适用一章中刚性规范的例外,这既是对我国现行立法的优点的继承,也可以解决目前学者们关于连结点多与少的争执。

(作者系中国人民大学法学硕士,
现在单位:外交部条法司)

所有权保留制度研究

王　铁

目　次

引　言

依据学者的研究，所有权保留制度源远流长。罗马法上曾有类似制度，德国普通法也认可它的存在，但当时极少被利用，因而并未引起世人重视①。延至19世纪末期，伴随着工业革命而来的供求膨胀使信用经济勃然兴起，分期付款买卖日益在欧美各国成为流行的交易方式。此时，所有权保留制度方因其制度设计所独具的功能属性，做为与分期付款买卖结合紧密的担保方式，在沉寂了数千年之后，抖落了历史的风尘，重又粉墨登场了。

所谓所有权保留制度，系指在买卖合同中，买受人虽先占有、使用标的物，但在双方当事人约定的特定条件（通常是价金的一部或全部清偿）成就之前，出卖人仍保留标的物所有权。待条件成就后，再将所有权移转给买受人的制度。它以微观上的利益均衡，交易安全为宗旨，以权利拥有和利益享用相分离的权利分化理论为构思主题，以设定标的物所有权移转的前提条件为特征，精巧地实现了买受人对标的物的提前享用，有效地消弥了出卖人滞后收取价金的交易风险。从而以制度设计的内在合理性为契机，一经运用，就发挥了巨大的信用供与功能。因此，美、英、法、德、日和我国台湾等国家和地区都普遍地予以采纳。

即将步入21世纪的中国同样面临着扩大生产，加速资金融通，增加人民福祉的迫切任务，而且在经济实践中，所有权保留制度业已在一些耐用消费品的销售中得到运用②。因而，立法上的认可势在必行。最高人民法院《关于贯彻执行〈中华人民共和国民法通则〉若干问

① 王泽鉴：《民法学说与判例研究》第一册，（台）三民书局印行1980年6月第5版，第167页。

② 杨峻文，见1994年12月7日《羊城晚报》；于培明：《分期付款的热与不热》，见1995年2月17日《中国青年报》（生活特刊）。

题的意见》(试行)第84条可以认为所有权保留制度的雏形,[①] 但做为司法解释的一部分,仅表明了司法机关的肯定意向,效力上尚未提升到相应位阶,且就这一规定本身而言,也尚不具备制度设计的圆满性,尤其是程序性设计的欠缺,更使其可操作性大打折扣。立法机关在草拟《中华人民共和国担保法》的过程中,考虑到中国目前的信用欠缺,所有权保留制度在实际操作上尚有一定难度,故暂不对它作出规定,而留给学说继续研究,让司法裁判去建立调整规范。从而形成法解释学上所称的明知漏洞[②]。本文拟对所有权保留制度的相关内容进行研究,为推动中国法制建设尽些微力。

第一部分 所有权保留制度的存在合理性及各国立法沿革

一、存在合理性分析

市场经济就是市场化的商品经济,它以社会分工的发展为前提,反过来又进一步推动了社会分工的发展。以此为背景,在私法领域,两个特征日益显现:一为债的关系中心化。"社会分工把人置于彼此全面依存的关系之中……每个人都只能从满足他人的需要中去满足自己的需要。"[③] 因而,"交换"成为市场经济的关键词。以交换程序为形式本体构造的债的关系适应这一需要,日益成为各种交易活动的枢纽,由边缘而渐中心,取得了私法上的优越地位。[④] 二为债的关系担保化。债务人虽以全部财产对债务负其责任,但因责任财产变化不定,债权发生无论先后,均处于平等地位,债权重叠为通常现象。"又

① 该条具体内容为:财产已经交付,但当事人约定财产所有权转移附条件的,在所附条件成就时,财产所有权方为转移。

② 崔建远:《我国民法的漏洞及其补充》,载《吉林大学社会科学学报》1995年第1期。

③ 高清海:《从人的生成发展看市场经济》,载《江海学刊》1995年第1期。

④ 〔日〕我妻荣:《债权在近代法中的优越地位》。

为国家财政目的，正逐渐创设各种税捐优先权。”因而，“为债权的担保而奋斗是市场经济的必然现象。”①

债的关系中心化推动了交易方式的创新，分期付款买卖即为其成果之一。这种买卖方式若不与担保方式相结合，便面临如下难题：买受人尚未完全清偿价金时已先占有、使用标的物，此时，如何保障出卖人的价金债权的实现或者实现不了时，如何最有效地追夺买卖物，也即如何实现分期付款买卖的担保化，就成为现代法律交易上的一项重大课题。

担保方式有数种，哪一种是最佳方式呢？我们认为系所有权保留制度。这一结论并不意味着民法上的传统担保制度与分期付款买卖的结合断不可能。因为从理论上讲，传统担保制度都可保障出卖人价金债权的实现。问题在于植根于简单商品经济社会，并带有农业社会痕迹的传统担保制度，其创制以微观上的公平、安全为第一要义，相对冷淡了交易便捷，与发端于竞争日剧、交易频繁的现代工业社会的分期付款买卖的结合，或多或少欠缺效益功能。详细些说，就保证制度而言，保证人不易寻觅，即使有人愿意提供保证，也多系有偿，徒增交易费用，而且保证制度仍难以摆脱无法确保责任财产的阴影。质权制度的运用，出卖人难脱保管质物之累，且在交易外的标的物上设定负担，势必影响物尽其用，这一弊端在现代工业社会更为突出。② 抵押制度虽已在制度设计上对效益有所偏爱，但一方面抵押权设定手续较为麻烦，另一方面，抵押权实行手续相当烦琐，效率不高，又不切实际。③ 有时还会因交易标的物价值与担保物价值不成比例，而出现目的与手段不相称。所有权保留制度则既不必求于人，亦不必求诸他物，设定和实行手续也不繁复，且做为以所有权为基础的债的担保，

---

① 王泽鉴：《动产担保制度与经济发展》，载梁慧星主编《民商法论丛》第2卷，法律出版社1994年12月第1版。

② 吕荣海、杨盘江：《契约类型·信托行为》，蔚理法律出版社1989年3月2版，第14—15页。

③ 刘德宽：《民法诸问题与新展望》，(台)中享有限公司1980年再版，第3页。

出卖人以所有人身份而受保护，法律地位至为牢固可靠，还可使买受人自觉使用他人之物，以加强买受人对价金债务的意识，俾促残余债务的履行。因此，在微观层面上，所有权保留制度存在的合理性是以其对交易安全和交易便捷的兼顾，也即以其在有效地确保出卖人价金债权的同时，又更为彻底地践行了法的效益理念而得到体现的。

在宏观层面上，所有权保留制度更显其进步意义。生产领域，生产商得以其为可靠保障，凭借分期付款买卖大量出售货物，并可舍弃为保全价金而附加的各种苛刻条款，对其增加生产、扩大销售，建功甚伟。在销售领域，中间商可借此增加进货、转售获利。在消费领域，消费者可以此为提高生活水平的手段。在金融领域，这一制度将融资手段引入了交易过程，为金融业的扩张开辟了道路。可见，所有权保留制度以其在社会经济领域的广泛适用性和有效性，获取了宏观层面上的存在合理性。

二、各国的立法沿革

（一）美国法上的所有权保留制度

截至19世纪初叶，美国仅存不动产抵押和动产质权两种担保手段。以不动产抵押为制度原形，又通过制度创新确立了以动产不移转占用为特征的动产抵押制度，并广泛地运用于悄然兴起的分期付款买卖中。但到了19世纪末期，一种新的交易方式K附条件买卖(Conditional Sale)成为分期付款买卖的主流。所谓附条件买卖，系指交易双方约定，在买方尚未支付最后一期货款之前，虽然买受人业已占有，使用所购货物，出卖人仍保留货物的所有权，待最后一期货款支付之后，方发生所有权的移转。这就是美国法上的所有权保留制度。[①]

在动产担保领域，所有权保留制度异军突起，替代动产抵押制度，是与以下两个原因相关联的：1. 运用动产抵押制度时既需签订买

① International Encyclopedia of Comparative Law. Installment Sales. Form of Transaction. P8.

卖合同又需订立动产抵押合同，程序繁琐。与此不同，所有权保留制度具有一步到位的优势，适用起来，更为便捷。2.当时的动产抵押制度一概要求进行登记，以对抗第三人，这样容易暴露交易双方的融资状况，而且由于需向登记机关交纳登记费，增加了交易费用，因而交易各方更愿意选择当时无须登记的所有权保留制度。鉴于所有权保留制度业已得到广泛运用，1918 年的《统一附条件买卖法》应时而生，并先后被 14 个州采用。这一立法对所有权保留制度重新加以构造，表现为：(1)吸纳了动产抵押的若干制度特点，例如，规定该制度的运用也需进行登记以对抗第三人。(2)针对该制度的初始形态中，当出现买受人违约情形时，出卖人只能选择强制执行合同或取回货物，但却不能在行使取回权的同时就未获清偿价金得以清偿的缺陷，进行制度改造，一方面排除此情形下出卖人的选择权，另一方面又规定出卖人在行使取回权的同时可以得到不足额判决(deficiency judgement)。[①](3)将伪装分期付款买卖租赁(bailment lease)纳入所有权保留制度之中。[②]

美国经济在二战后所出现的迅速发展势头使得法律运用一体化和法律关系简单化成为美国法律一大课题。为此，1952 年，美国制定了《统一商法典》，该法典在形式和名称上废止了附条件买卖、动产抵押及信托占有等各种动产担保交易的区别，仅规定了一种担保形式"担保约定"(Secured agreement)。[③]这一制度变革在私法领域不啻是一场革命！它非如大陆法系物权法上以"类型"固定(Typenzwang)和"内容固定"(Typenfixerung)为物权法定主义的核心构造，[④] 而是另辟蹊径，采用求同存异的立法技术，将各种担保制度的个案特征消

---

① International Encyclopedia of Comparative Law. Installment Sales. Form of Transaction. P9.

② Uniform Commercial Code—1987 official text with comments West Publishing Co. 1987，P38，P44.

③ Ronald A Anderson，Ivan Fox，David P. Twomey：Business Law-principles. cases，legal environment South West Publishing Co. 1992，P672.

④ 王泽鉴：《民法物权》第一册，(台)三民书局 1992 年版，第 37 页。

解到最小程度，仅在因标的物的差异或担保利益实现方式上的差异不能化约时，方作出单独的规定，以示区别。其余内容都作为共同适用的通则一体规定。另以具体表现为担保利益的附着(attach)、完善(perfect)、实现等关于正当程序的详尽规定，作为获取大陆法系物权法定主义维护交易安全，实现交易便捷等积极效用的工具。从而在一定程度上将契约自由的机能引入物权法上的类型创制，有效地克服了大陆法系物权法定主义的弊端，使该法在一切双方当事人契约所创设的担保利益上均可适用。

(二)英国的所有权保留制度

分期付款买卖在英国是以19世纪中叶 Singer Manufacturing Compang 发明了缝纫机为契机逐渐风行的。[①]根据普通法惯例，在分期付款买卖中，出卖人可以规定保留所有权的条款。[②] 货物无论是特定物还是确定化的货物，只要出卖人仍对其保留某种处分权，则不发生所有权的移转。另依1979年《货物买卖法》第19条的规定，除了出卖人明示保留对出卖物的处分权利，在以下两种情况，也视为出卖人保留处分权：在货物已经装运，但凭借提单仍须经出卖人或其代理人指令方可提货的情况下；在出卖人向买受人发送提单时，须同时将货物汇票发送买受人以获得承诺的情况下，权利视为保留，除非买受人承诺该汇票、货物所有权不发生移转。[③] 由此可见，该法上与所有权保留制度结合的交易方式并非只有分期付款买卖一种。

在以信用为基础的大宗工业品买卖中，合同中的所有权保留条款日益普遍，且有“简单的所有权保留条款”与“扩张的所有权保留条

---

① International Encyclopedia of Comparative Law. Installment Sales. From of Transaction. P10.

② 董安生等编译：《英国商法》，法律出版社1991年版，第333页。

③ 董安生等编译：《英国商法》，第303页。

款”之别。[①] 但英国法上，最应引起重视的所有权保留形式是租买(hire-purchase)，租买又称租购，根据租买合同，租买人同意以分期支付租金的方法接受标的物，并具有选择取得购买人地位或租用人地位的优先权。而租卖人在租买人行使优先选择权的有效期内，不得将该货物另行出售。[②] 租买初始得以在英国确立，只能归结为历史发展的偶然性，但随后的法制发展却印证了这一选择的必要性。由于在英国，并无类似于美国《统一商法典》的登记融资报告制度，因而依《1889 年代理人法》第 9 条和《1979 年货物买卖法》第 25 条的规定，分期付款，买卖中出卖人的所有权保留并不具有绝对效力。如果买受人经出卖人同意占有货物后，又将其转卖给不知道原始出卖人权利的善意第三人，则该善意第三人的对物权具有优先于原始出卖人保留权利的效力。但如在分期付款交易中，买受人仅具有租借占有权(或保管占有权)和选择购买或退货的优先权，则不适用上述两条立法规定，即原租卖人仍可向该第三人追及货物。[③]故而租买这样一种所有权保留形式在英国法上占有了更为重要的地位。

(三)德国法上的所有权保留制度

所有权保留制度在德国普通法时期业已出现，因其未能得到广泛运用，故没引起法学界和司法界的重视。1888 年德国民法第一次草案并未明文规定所有权保留。[④]1894 年，主要以保护在分期付款买卖中处于弱势地位的消费者利益为目的，《分期付款买卖法》颁布实施，该法未正面规定所有权保留制度，但其第 5 条规定：“出卖人如以其保留之所有权为理由将其出卖物再取回者，有视为实行解除权之

---

① 凡规定在买受人支付价金前，货物所有权不发生移转的合同条款被称为：“简单的所有权保留”条款；凡在合同中规定，如果买受人在支付价金前转卖货物或在生产过程中将货物消费掉，须以其制成品抵偿的，称为“扩张的所有权保留条款”。参看董安生等编译：《英国商法》，第 303 页。

② 董安生等编译：《英国商法》，第 332 页。

③ International Encyclopedia of Comparative Law. Installment. Form of Transaction. P10—11.

④ 王泽鉴：《民法学说与判例研究》第一册，第 165 页。

效力。”[①]说明当时该制度已被交易双方广泛采用。1898年，德国民法第二次委员会鉴于这一制度事所恒有，而且当事人之间的约定，常有不尽明确周到之处，为避免引起无谓的纠纷，就决定增列一条解释规定加以补充。当时提交讨论的有三个提案，第一个提案为“动产出卖人为担保基于买卖契约所生之请求权而保留所有权，其标的物已交付于买受人的，视为保留因不履行之契约解除权。”第二个提案为“动产之出卖人于价金清偿前保留所有权者，有疑义时，应认为所有权之移转系以清偿全部价金为停止条件，买受人给付迟延时，出卖人得解除契约。”第三个提案建议将第二个提案的“停止条件”改为“解除条件”。委员会再三研究，认为第一个提案仅规定保留所有权的债权效力问题，难称完善。第三个提案的建议则未尽符合当事人的意思及交易上习惯，因此决定采用第二个提案，此即现行《德国民法典》第455条的规定。[②]

此外，德国法上，经过判例学说的努力，将在德国存在已久的租赁买卖也纳入所有权保留买卖之中。所谓租赁买卖，即制造商或销售商以自己制造、所有、管理的产品，直接租赁给顾客，也称直接租赁。依原联邦德国财政法院判例，在对租赁买卖契约课税问题上，不拘于契约的民法外观和所采取的法形式，而是就具体契约内容进行综合的、经济的考察，凡符合一定基准时，即认定为买卖契约，此即所谓“经济的观察方法。”[③]

由于《德国民法典》第925条规定，土地所有权移转的物权合意，禁止附条件或期限，因而对于不动产交易，并无适用所有权保留的余地。

（四）法国法上的所有权保留制度

---

① 陈荣宗：《民事程序法与诉讼标的理论》，国立台湾大学法学丛书（十四），1977年5月初版，第228页。

② 王泽鉴：《民法学说与判例研究》第一册，第165—166页。

③ 〔日〕岩崎政明：《融资租赁课税的问题点》，《法学家》NO.861，第126页，转引自梁慧星：《民法学说判例与立法研究》，中国政法大学出版社1993年版，第191页。

19 世纪以来，为防备在价金支付完毕之前买方支付能力恶化，法国广泛实行附保留所有权的分期付款买卖。但 19 世纪后半期，最高上诉法院判例将附保留所有权的分期付款买卖视为单纯买卖，除破产宣告前有解除契约的意思表示外，买方破产之际卖方对标的物的所有权不能对抗破产管理人。因此，为了确保卖方的取回权，发生了一种新的交易形式——买取租赁。即将动产于一定期间租赁给用户，待最后一期租金支付完时，租赁契约转换为买卖契约。这种信用买卖方式，由于采取租赁契约形式，待租金支付完后自动发生向买卖契约的转换，因而不是伴有买卖预约的租赁，被认为是将所有权转移时间推延至价金支付完毕的单纯买卖，买方破产时卖方的取回权依然未被承认。为了规避此种结果，双方约定于租赁期满时支付追加金以实现、发展为一种复杂的交易形态，尽管如此，卖方的取回权仍不被法院承认。[①]

此外，与大多数国家和地区在所有权保留制度的运用上采登记对抗主义不同，法国采登记成立主义，即登记是担保利益有效成立的条件，而不仅仅是对抗第三人的条件。[②]

（五）我国台湾地区的所有权保留制度

仍在我国台湾地区生效的《中华民国民法典》，其体例和内容系以德国民法为蓝本，买卖制度的各项规定，更多仿自德国；但却未有所有权保留制度的规定。该制度在台湾的正式确立是基于《动产担保交易法》的颁行。1963 年，为了彻底克服质权缺陷，避免在以动产为担保对象上立法和学说的迂回曲折，基于社会经济生活的强烈需求，台湾毅然放弃了在大陆法系框架内的艰难探索，舍欧陆而就英美，于同年 9 月综合美国《统一动产抵押法》、《统一附条件买卖法》和《统一信托收据法》，而制定《动产担保交易法》。该法以登记代替占有作为

---

① 梁慧星：《民法学说判例与立法研究》，第 188—189 页。

② International Encyclopedia of Comparative Law. Installment Sales. Form of Transaction. P10－11.

公示方式，同时因应了大陆法系“物权法定主义”传统，规定动产担保有且仅有动产抵押，附条件买卖（所有权保留买卖）及信托占有三种。[①]

《动产担保交易法》规定所有权保留制度以动产为适用对象，但并非所有动产皆可适用。该法第4条第二项授权“行政院”视事实需要及交易性质，决定标的物的品类表。其目的在于防止“过分提高生活，足以减少储蓄，影响开发基金之储蓄。”使“人民生活不致因本法而过分提高，而工商业间，则可因而较易进行其信用之交易。”[②]

三、反思与借鉴

（一）信用经济与所有权保留制度

信用经济的本质特征在于交易双方利益实现上的位序性，即交易双方的利益实现存在着时间差。这就意味着后实现利益的一方承载着一定的交易风险，从而使双方当事人之间的利益结合，从利益实现的安全性上考察，处于失衡状态。以作为信用供与方式之一的分期付款买卖为例，出卖人在买受人尚未完全支付价金时，已将标的物移交买受人，由其占有使用。与买受人相比，出卖人无疑在利益实现的安全性上处于劣势地位。对信用经济中交易双方利益结合失衡状态的补正，最为有效的方式之一，就是在双方当事人之间另行设定一种与之互补的处于失衡状态的利益结合，从而在两相结合的此消彼长中，使从整体上考察的双方当事人利益结合，处于均衡状态。仍以分期付款买卖为例，由于所有权保留制度的运用，使买受人在尚未满足特定条件时，仍由出卖人保留标的物所有权，从而营造了出卖人在利益实现安全性上的优势地位。这样，就结合运用了所有权保留制度的分期付款买卖而言，双方当事人的利益结合处于一种均衡状态。正是在这种意义上，我们说，信用经济与所有权保留制度关系密切，所有权保留制度的生命力就在于其对信用供与的有效保障。

① 吕荣海、杨盘江：《契约类型·信托行为》，第25—29页。
② 参看台“立法院”《动产担保交易法》立法原则书。

所有权保留制度采用初期，所保障的信用供与多为商品经营商与消费者之间的一种直接信用，这是信用经济的初级阶段，它表现为直接的厂家赊销。由于直接信用受提供信用人资金数量限制，因而，只有具有一定规模经济实力雄厚的大企业才能够运用，这无疑在范围和规模上限制了所有权保留制度的运用。随着工业帝国向金融帝国的挺进，银行金融公司等各种类型的金融机构大规模地介入到分期付款买卖中，间接信用代替了直接信用。交易方式也发生了相应的变革，主要有以下二种类型：(1)由商品经营商与消费者先进行交涉，达成协议后，经营商即将其所获权益概括转让给金融机构，由金融机构支付其相应的现金，现金额度按一定比例少于经营商与消费者的协议金额。然后金融机构通知消费者这一权利让与过程，由消费者向其逐期支付价款。这就构成了实际上的银行(或其他金融机构)消费信用。这种形式下，金融机构与经营商之间常订有一种特别的协议，称为“援助协议”，当买方违约，金融机构依所有权保留取回标的物后，经营商负有重新购回标的物的义务，购回所用资金由经营商在金融机构设立专门帐户，备有足够的资金以备使用，这就使金融机构的利益得到了充分保证。(2)由消费者直接向金融机构提出申请，双方经协商签订所有权保留买卖协议。然后由金融机构出面向商品经营商购买货物，再转售于消费者。新的交易方式大大拓展了所有权保留制度的运用范围。在美英法诸国，商品经营商与金融机构还通过设立专项帐户和签订加盟协议的方式建立了固定的联系，[①]使信用供与呈长期化、制度化趋势。所有权保留制度也日益显现规模效益，成为信用经济时代须臾不可忽视的担保制度。

我国经济发展起步较晚，信用经济尚未充分发育，商品销售中所有权保留制度仅是零星地采用，尚未如同经济发达国家那样达到一

① International Encyclopedia of Comparetive Law. Installment Sales. From of Transaction. P16.

个可观的百分比。[1]但90年代以来,在负利率的背景下,居民储蓄存款连续出现超常增长,尤其是1994年,在银行储蓄存款利率基本没动,居民消费价格指数上升了24.1个百分点的条件下,我国城乡居民储蓄存款余额比上年末增加6315亿元,增加幅度达41.5%。[2] 这表明,居民消费在由低层次向高层次的过渡中出现了断层,这一消费断层的存在,使中国经济发展面临潜在危机:(1)它可能使有效需求锐减,从而导致经济增长乏力,直接影响我国经济发展目标的实现。(2)一有风吹草动,巨额储蓄存款就可能形成对消费品市场的冲击。(3)居民结余购买力没有一稳定顺畅的流通渠道,形成潜在的通货膨胀压力。因而,如何采取有效可行的办法跨越消费断层,成为中国亟待解决的课题。经济学家建议,应尽快启动消费信贷机制,以顺利实现消费层次转接,从而跨越消费断层。[3] 这一建议表明,分期付款买卖业已成为中国当前必要的选择,所有权保留制度在中国的规模运用指日可待。

但应注意的是,信贷是消费的提前,消费信用做为对未来购买力的预支,会造成一时的虚假需求,容易掩盖消费供求之间的矛盾,同时过量发展消费信用还会导致信用膨胀。因而,我国经济生活中,所有权保留制度应在何种范围内,多大规模上采用,以适当控制消费信用,尚是一个需要认真研究的问题。

(二)物权法定主义出路何在?

前面的分析显示了当前中国借鉴所有权保留制度的必要性和紧迫性。法律借鉴中,作为借鉴对象的具体法律制度,在一个新的法律系统中的功能发挥状况决定于其与该法律系统原有的价值取向、原则要求和运作方式的相容程度。若相容性较强,二者自可相得益彰,

---

① 以英国1971年的统计数字为例:运用所有权保留制度的交易金额占机动车交易额65.4%,占工业和农业设备交易金额的13%。参看International ncyckopedia of Comparative Law. Installment Sales. Economic Controls P21.

② 张少龙:《关于居民储蓄超常增长的两个话题》,1995年3月30日《光明日报》。

③ 张少龙:《关于居民储蓄超常增长的两个话题》,1995年3月30日《光明日报》。

若相容性较弱甚至根本不相容，则轻者导致被借鉴的法律制度处于实际失效状态，重者导致作为法律借鉴受体的法律系统功能失调。甚至出现法律传统的迷失。因此，具体所有权保留制度的借鉴而言，在尚未有明文规定的前提下，其引入我国法的最大障碍在于其与我国现存法律系统中物权法定主义原则的冲突。

日本民法第175条、我国台湾民法第757条规定，物权除本法或其他法律有规定外，不得创设。学说称其为物权法定主义。此处所谓不得创设，有二种意义：其一，不得创设民法或其他法律所不承认的物权，学说上称为类型强制；其二，不得创设与物权法定内容相异的内容，学说上称为类型固定。我国民法虽未明文规定物权法定主义，但学说则一致承认它。物权法定主义得以确立的根本原因在于物权是支配性财产权即绝对权，其种类、内容和变动对世人影响巨大，为保护物权人的利益和维护交易安全，防止第三人因权利上瑕疵而遭不测之害，须以类型的强制限制当事人的私法自治，避免当事人任意创设具有对世效力的新的法律关系，借以维持物权关系的明确与安全。可见，物权法定主义是基于对安全价值的偏爱证成了对自由的限制。由于物权法定主义营造了一个相对封闭的类型结构，因而在瞬息万变、一日千里的社会经济发展面前，日益成为法律适应现实生活的障碍。于是，法律发展史上一个奇怪的现象出现了：法律成为了法律传统的奴隶，人则异化成了法律的附庸。这种怪异在采纳物权法定主义的各国都有不同程度的表现。“德日两国为新出现的动产让渡担保方式的合法性而争论不休，虽经百余年的论战才得以习惯法的形式获得肯认，但它一直是个存在问题的制度。”① 日本目前还正在为一般动产抵押的合法化和立法化而热烈地研讨。我国台湾虽在动产担保问题上调整了继受方向，以《动产担保交易法》的颁行避免了上述争论，但因该法仍未摆脱物权法定主义传统，故当Lease融资租赁在台湾出现时，又显得手足无措。我国大陆基于民法发育的落后现状和

---

① 吕荣海、杨盘江：《契约类型·信托行为》，第20页。

改革开放以来社会经济的迅猛发展，这一矛盾更加突出。例如典权在我国早已被习惯所承认，随之又被最高人民法院的司法解释所认可，实践中也被广泛运用，但全国人民代表大会及其常委会制定的法律却欠缺典权规范，若绝对贯彻严格的物权法定主义，就会在逻辑推论中将之视为非法，这既难以被人们所接受，又不利于社会秩序的稳定。还有住房有限产权，迄今为止，只有部门规章和地方法规及地方规章对此有所规定，全国人大及其常委会制定的法律尚未规范。按照严格的物权法定主义的衡量，住房有限产权就不具有物权的效力，只能有债权的性质，这明显忽略了住房登记于购房人名下，由购房人占有、使用、收益及至处分这种主体对标的物的支配关系，即实质上的物权关系，购房人的合法权益缺乏强有力的保障。① 另就与分期付款买卖结合运用的所有权保留制度而言，也存在类似的问题。出卖人在买受人尚未满足特定条件时，仍保留标的物所有权。但因买受人对标的物所有权所享有的期待权，已经实际限制了出卖人基于其对标的物所有权而产生的任意处分标的物的权利。这种限制在双方当事人将所有权保留予以登记时，具有物权的效力，即使没有登记，也可在多数场合下（尤其是买受人占有动产标的物时）认有物权的效力。因而，出卖人此时对标的物享有的已非完整的所有权，而仅是一种有限产权。依严格的物权法定主义衡量，出卖人的有限产权在物权领域内难有容身之地，而这一结果又是与出卖人得在买受人不履行合同义务时，径自取回标的物变价受偿的实际权利状态不相符合的。所有权保留制度与物权法定主义之间的冲突，必将随着分期付款买卖在我国逐渐普遍的运用愈益显现。物权法定主义出路何在？

做为法定主义调整方式的具体化，物权法定主义“要求现实社会关系去适应法律预先规定的典型标准，”② 从而使做为工具的法律异化成了目的本身。究其实质，是奉守严格规则主义立法方式使然。它

① 崔建远：《我国物权法应选取的结构原则》，载《法制与社会发展》1995 年第 3 期。

② 董安生：《民事法律行为》，中国人民大学出版社 1994 年版，第 56 页。

以立法者的自大为认识前提，将民事主体的自由意志压缩到了不合理的限度，从而排除了民事主体的主动选择，以牺牲法律的弹性和个别正义为代价换取了交易安全，这种内在缺陷业已在法律实践中导引出了前述的种种困难，对物权法定主义的改造刻不容缓。但应注意的是，法的价值体系中，安全价值与秩序价值互为因果，“秩序的存在是人类一切活动的必要前提。”[①] 因此，保护交易安全仍是我国民法的必要选择，这就决定了我们的选择不能从严格的物权法定主义这一极滑向物权放任主义的另一极。“从现代民法的发展来看，法定主义调整方式与法律行为制度不仅有各自的必要调整范围，而且有愈益扩大的并存调整领域”[②]，为了兼顾自由与安全，在维持物权类型体系的稳定性前提下，营造必要的开放性，“调和”成为我们唯一的着眼点。

业已开始的为缓和物权法定主义的僵硬而对其进行改造的努力，主要循以下思路展开：(1)一般条款的运用。为实现在制定法的解释适用中的具体的妥当性为目的而生成发展起来的诚实信用原则，禁止权利滥用原则等一般条款，对物权法定主义的缓和主要体现为具体情形下对特定物权权能范围的限制，从而消解了固守“类型固定”在具体适用时所可能产生的不良后果。日本学者菅野耕毅指出的禁止权利滥用原则具有缩小权利范围的功能即是明证。[③] 正是在这一背景下，司法判例实现了对出租人所有权的限制，实现了租赁权的物权化。在完成对物权法定主义改造的同时，确认了生存权在权利体系中的优先地位。(2)在一定条件下承认习惯创设物权。“物权法定主义过于硬化”难以适应现时社会经济发展，倘于习惯上能有适宜的公示方法之新物权之生成，自不妨予以承认。同时旧习惯之物权，虽因不合现行法之规定，而被抹煞，但行之自若者，亦非无有，对此种社

① 张文显：《法学基本范畴研究》，中国政法大学出版社 1993 年版，第 256 页。

② 董安生：《民事法律行为》，第 58 页。

③ 〔日〕菅野耕毅：《诚实信用原则与禁止权利滥用法理的功能》，傅静坤译，载《外国法译评》1995 年第 2 期。

会事实，若绝对严守物权法定主义而不予承认，则法律不免与社会脱节，若竟熟视无睹，不加可否，则又将贻人掩耳盗铃之讥”[①]。因此，应正视习惯形成物权关系的机能。(3)对于民事主体在实际中依债权行为创制的事实上“物权”应及时进行物权立法，除去其债权形式，还其物权的本来面目，使经济关系的本质要求与法律和最佳保证真正统一起来。对于法律行为设定“物权”在社会上比较普遍化以后，形成习惯时，只要有适当的公示方法即应承认此类物权。针对中国的国情，有学者提出，既然我国法学理论承认党的政策是立法的指导依据，法律是党的政策的规范化、定型化和法律化，那么当法律行为设定的“物权”已被党的政策所肯定时，也可成为有效的物权。[②] 上述第1种思路以在一定程度上引入法官的主动性做为缓和物权法定主义的手段，有一定的积极效果，但却无力从根本上解决问题，而且须首先克服判例能否成为法律渊源的理论难题。第2、3种思路都以如何尽快将实际中存在的具物权之实，但却仅有债权效力的新类型“物权”纳入现行物权体系为思考对象，精巧地设计了种种方案。但不可否认的是，上述设计仍难以消弥从新类型“物权”发生到其被现行物权法承认之间的时间差，这就意味着法律面对经济关系的本质要求仍因其滞后而承担着一种“补遗”的作用，这无疑影响了问题解决的圆满性。

基于这种认识，笔者认为，我们不妨在法的继受方向上适度调整。以承认物权法对于已经成熟并得到普遍适用的物权类型负载整理功能的前提下，在一定范围内借鉴《美国统一商法典》对物权类型的态度，[③] 转变物权法定的着眼点，将“法定”的内涵由种类固定转换为程序固定，即通过立法对适当的公示方法的规定和强制要求，设计出民事主体通过法律行为创制新的物权类型必须具备的程序要件。借助程序“在控制自由的前提下保障自由”，“既可容纳千变万化，又

---

① 郑玉波：《民法物权》，(台)三民书局1988年版，第182－183页。

② 崔建远：《我国物权法应选取的结构原则》，载《法制与社会发展》1995年第3期。

③ 美国《统一商法典》主要借助程序要求对物权类型进行控制。详细可参看该法典第9－103、9－110、9－203、9－207、9－305、9－310、9－312、9－313及第9编第5章。

可保持不离其宗，使无限的未来可能性尽归于一己，从而提供了为形成新的规范所需要的法律体系的开放性结构，适应能力和可塑性”的功能，[①] 使法律对新创制的物权类型由事后的个别承认转变为同步的有前提的一般承认。从而一方面引入私法自治机理的积极效用，另一方面通过程序要求反制私法自治开放过度的弊端，营造一种只要通过法律行为创制的新型物权具有适宜的公示方法，即当然具有物权效力的开放态势，使法律与时俱进。这一设计，基于其对适当的公示方法的强制要求，使对抗第三人的物权效力与公示挂钩，有效地保障了交易安全，与传统物权法定主义殊途同归。在具体运用中，它还要受到一物一权等物权法结构原则的制约和一般条款的调整，这也从不同侧面有效限制了当事人的咨意。而民事主体做为“经济人”的等价语，其追求利益最大化的自身理智也是一道防止咨意的安全阀。以这一改造为背景，预期所有权保留制度引入中国法，必将容易得多。

第二部分　所有权保留的制度性研究之一：关于期待权

在所有权保留买卖中，买受人在尚未满足特定条件时，虽不能取得标的物所有权，但却因其与出卖人的约定，取得了这样一种特殊的法律地位：得于特定条件满足时，取得标的物所有权。买受人的这种法律地位，学者称之为期待权。笔者拟在这一部分在研讨期待权的一般理论的基础上，对买受人的期待权加以分析、探讨。

一、一般理论

(一)课题的提出

期待权一语系由德国学说所创设。19 世纪以来，期待权一直是学者间论争的中心。德国普通法于 19 世纪曾对附条件和附期限法律

① 季卫东：《法律程序的意义》，载《中国社会科学》1993 年第 1 期。

行为进行过精密的研究，但却未能建立起完整的期待权概念。德民第一草案曾于第132条明文规定“附条件权利”，力图在立法上体现期待权，但这一努力却因随后的制定德国民法典第二次委员会的删除规定付之东流。这种立法欠缺，无疑为期待权的争议注入了新的动力，有关的宏篇巨制次第问世。德国学者对于期待权理论的建立，贡献最大的，当推Zitelman教授，他于其1889年问世的《国际私法》一书中曾专章加以讨论。后meyer、Raiser 、Larenz等也反复多次进行研究。做为法律继受的结果和社会实践发展的需要。[①] 日本、台湾等国家和地区，期待权问题也日渐成为学界的兴奋点。中国大陆因国情所限，民事立法和学说研究起步较晚，对期待权问题尚未给予应有的重视。就学说历史的发展规律看，期待权问题成为民法学界热点，当是一时间问题。

围绕期待权的争论探讨已达百年之久，但若干问题仍无定论。这一方面归因于学者间研究期待权思维坐标的差异，另一方面也导源于期待权问题本身所固有的复杂性，而立法上迟迟不予表态，无疑更是起到了推波助澜的作用。这一问题争议最大的首推期待权的概念界定。几乎每一个研究期待权的学者，都有自己的理解。而这一分歧，又直接影响到了期待权的类型化和性质认定等诸多问题。各家学说，见仁见智，可谓百家争鸣，但学说的浪漫色彩过于浓厚对于本系社会控制工具的法律而言绝非一件可以称道的事情，它直接影响到立法选择和审判实践的前提确定的稳定性，从而对法律的确定性，安全性价值造成难以避免的功能损伤，有碍公平、正义、秩序等诸多法治理念的实现，所以，在学说上对期待权理论予以澄清，颇具意义。

(二)类型化研究的前提

自期待权概念建立以来，学者对于期待权概念及如何纳入私法体系，虽然意见不一，但在众说纷纭之间，有一个共同基本观点，即将期待权与民法上的权利观念结合。学者比较一致的见解，认为期待权

---

① 王泽鉴:《民法学说与判例研究》第一册，第182—183页。

发生并存续于取得特定权利的过程中，"为权利取得的必要条件的某部分虽已实现，但独未全部实现之暂时的权利状态，"① "这种机能上独立的权利状态，自消极意义言，取得权利之过程尚未完成，权利迄未发生，自积极意义言，权利之取得，虽未完成，但已进入完成之过程，当事人已有所期待，"② 与日常生活中商人增加收益的希望，妻子获子的希望等单纯的取得希望判然有别。学者间的一致性也就在此结束，对于期待权更进一步的理解确定，即对单纯的期待与期待权的区别认定上，不一其说。

单纯的期待是从单纯的取得希望过渡到期待权的中间形态，也属取得特定权利部分要件的一种法律状态，只是这种法律状态本身尚未具备一个独立权利认定的全部要素和必要性。因而，尚未被立法或判例用权利概念加以指称和保护。在这种意义上，单纯的期待与期待权的区别认定问题，实际上就是一定的法律地位，应具备何种取得权利的要件，始得被称为期待权的问题。

有学者认为取得权利如尚欠缺最后要件时，则其地位具有权利性质，应为期待权；也有认为应视取得权利要件之"质"而定，已具备重要要件的，为期待权，反之，则为纯粹的期待，还有主张应分别成立要件与生效要件而断定，若已具备成立要件，则为期待权。③ 这些见解，力图从形式的观点出发去回答问题，着眼于单纯的期待与期待权之间区分标准的抽象确定，但在实践中，何谓最后要件，何谓重要要件，何谓成立生效要件，都难以确定。这就使建立于其上的区分标准的可操作性大打折扣。此外，依形式的观点立论，在实际上将一定的法律地位上升为权利的正当性判断赋予了研究者个人，这就难免使其结论与研究者个人的认识成果相关联，带有强烈的个人偏好而难以形成统一的认识。一些学者认识到了这些见解所依托的思路将期

① 〔德〕Raiser 教授语。转引自刘德宽：《民法诸问题与新展望》，第 483 页。
② 王泽鉴：《民法学说与判例研究》第一册，第 184 页。
③ 王泽鉴：《民法学说与判例研究》第一册，第 184 页。

待权讨论引至各成其说局面的危险性，德国在期待权研究领域卓有贡献的学者，Raiser 教授明确指出"'期待'者，乃机能上独立之权利状态，而且受法律之保障者也"。"其在法律上之采用可能性，乃在于法规之是否承认其有独立的法律地位以断"，[①] 从而表达了应在实定法和现有判例基础上研究期待权问题的倾向。我国台湾学者王泽鉴先生也表达了"纯依形式之观点而立论"的不可取，认为"应依实质之观点论断之"。[②] 这一思路以现行的法律规定和司法判决为依托，具有浓厚的实证色彩，一定的法律地位上升为权利的正当性判断，来源于以立法人（或法官）为代表的社会对于现实社会需求和法律承认之间的认识成果，能够在一定程度上以具有法律效力的正当程序为背景实现在期待权问题上的认识统一，对于确立现行法体系中单纯期待与期待权的区分标准以及现行法体系中期待权的类型认定，都有指导意义，应予赞同。与这一认识相适应，期待权就是一种在现行法上符合独立权利认定全部要素要求的取得特定权利部分要件的法律地位。

关于实证的独立权利要素要求问题，法理学者曾进行过深入的研究，澳大利亚学者佩顿认为，一个适当的法律权利应包括以下三个要素，"权利是法定的因为它受到法律制度的保护，至少是获得法律制度承认的"，"权利的占有者以一定方式行使它的意志，而其意志是实现某种利益。"[③] 我国法理学者也以不同的语言表达了基本相同的见解，即将法律的保护（规定和承认）主体的自由选择以及可获得的利益做为权利的构成要素。[④] 做为权利的期待权，自然也应对被认可为自身的法律地位，提出相同的要素要求。当然，期待权中的构成要素尤其是利益和法律保护要素有其自身的独特内涵，这也是期待权

---

① 〔德〕Raiser 教授语。转引自刘德宽：《民法诸问题与新展望》，第 483－484 页。

② 王泽鉴：《民法学说与判例研究》第一册，第 185 页。

③ 张文显：《当代西方法哲学》，吉林大学出版社 1987 年版，第 129 页。

④ 张文显：《法律基本范畴研究》，第 82 页；北岳：《法律权利的定义》，载《法学研究》1995 年第 3 期。

所以成为一个独立权利的依据所在。详述之,期待权人的利益体现为他在取得特定权利过程中的优势地位,即得随着法律规定和当事人约定的条件的满足而取得特定权利,从而使其指向特定权利的选择和意志优越于他人的选择和意志。法律的保护要素则体现为法律对被称为期待权的法律地位与被称为特定权利的法律地位之间关联的认可和保护,并设置具体的规定排除任何人随意改变这种关联的可能,使此法律地位向彼法律地位的过渡得以顺利进行,从而使期待权内含的利益成为一种稳定性存在。基于这种认识,笔者提出本文的期待权概念以做为类型化研究的前提。所谓期待权是指取得特定权利部分要件的主体所享有的,得因法律规定或当事人约定的其他要件的实现而取得特定权利的受法律保护的地位(自由)。

(三)类型化研究

界定期待权的概念之后,进行类型化研究,用意有二:一是为了沟通学理上的期待权概念与实定法的关联,从而在学术理念与实际的法律体现的彼此返照下,深化对期待权的理解;二是为了行文上的方便,借此将做为买受人期待权基础理论的若干问题提前予以探讨。勾勒出认识买受人期待权的基本理论框架。

类型化研究本是一个仅涉及到以现行法为认知基础的类型认定问题,但考虑到中国民事立法现状和适应社会经济发展其应有的改进,本文的类型化研究将在一种更为广泛的背景和更为宽泛的意义上进行。考察的对象不仅包括我国现行法,也包括民事立法先进的其他国家、地区的现行法;认定的标准在实证之外引入基于现实社会需求的必要性判断,以求兼备解释论和立法论的特点,为中国未来民事立法提供一孔之见。

1. 附条件民事权利和附期限民事权利

尽管各国立法和学说关于民事法律行为所附条件和期限对法律行为效力限制态样的规定存有分歧,历来有限制法律行为效力和限制法律行为履行之别,但在条件成否确定前和期限届至前有否期待权存在这一问题上,态度却惊人的一致。笔者见到的所有论及期待权问题的著述都无一例外地认有期待权存在。此论确值赞同，理由在于：(1)此时民事法律行为已经成立，民事主体取得特定权利的过程已开始进行，各方当事人间业已形成一种稳定的私法上的结合关系，但因条件尚未成就或期限尚未届至，民事主体取得特定权利的过程尚未完成。一旦条件成就或期限届至，主体即可取得该特定权利。(2)法律对附条件(或期限)民事权利主体的法律地位设有保护性规定。这可从以下二个方面说明：1)条件成就的拟制。即因所附条件成就而受不利益的当事人，如以不正当行为阻止条件的成就的，视为条件已成就。2)排除侵害和要求损害赔偿的权利。《日本民法典》第128条规定："附条件法律行为的各当事人，在条件成否未定期间，不得侵害因条件成就由其行为所生的相对人的利益。"我国台湾民法第100条规定"附条件之法律行为当事人，于条件成否未定前，若有损害相对人因条件成就所应得利益之行为者，负赔偿损害之责任。"德国民法则以侵害行为系事实行为与法律行为的不同而异其效果，即如为事实行为，应负损害赔偿之责。如为法律行为，则于妨害其效力的范围内，归于无效。台湾民法和德国民法对于附期限民事权利设有同样的保护性规定。对于条件成否确定前或期限届至前，第三人因故意或过失毁损标的物，不法侵害附条件(或附期限)权利人的权利时，是否负损害赔偿责任问题，我国台湾学者李宜琛先生曾以附条件权利为例论及："附条件权利既为权利之一种，则第三人之加害如具备侵权行为之要件时，应依法赔偿，自无庸疑。但附条件权利人于条件成否未定中，不得为损害赔偿之请求，须经条件成就时，始得请求，固不待言。"① (3)从学说发展的历史来看，期待权概念发端于学者对于附条件和附期限权利的研究。因此，附条件、附期限权利是期待权概念的抽象基础。(4)附条件民事法律行为中，条件成否未定期间，附条件权利主体业已处于取得特定权利的有利地位，这种地位本身就具有一定的经济价值，得成为交易客体。日本民法明文规定当事人的这种法

---

① 李宜琛：《民法总则》，(台)1977年第6版，第290页。

律地位得依一般的规定，将其处分、继承、保存或担保，法国民法和瑞士债务法也有类似规定。附期限民事法律行为中，因期限届至是一个必然实现的要件，因此，期限届至前主体享有的附期限权利得借助被附期限的权利反鉴自身的价值，在市场上进行流通。可见，自社会经济实际需要的观点考察，附条件权利和附期限权利业已成为交易的客体，诚有赋予权利性质使之成为期待权的必要。

2. 履行期尚未届至的债权

关于履行期尚未届至的债权与附期限民事权利之间的关系，立法学说上向有分歧。法国民法和日本民法认为附期限民事法律行为中，期限不停止法律行为效力之发生，惟停止其履行。若依此说，则附期限民事权利与履行期尚未届至的债权之间为包容关系。德国民法则认为，附期限民事法律行为中，期限为停止法律行为效力之发生，若依此说，则附期限权利与履行期尚未届至的债权各据两端。我国民事立法，关于附期限民事法律行为尚无明文规定，但最高人民法院在《关于贯彻执行〈中华人民共和国民法通则〉若干问题的意见》(试行)第76条规定：附期限的民事法律行为，在所附期限到来时生效或者解除。该规定采期限限制法律行为效力说，国内民法著述也持相同见解。因而，在期待权问题上，履行期尚未届至的债权在我国民事法律上不应与附期限民事权利同一视之，而应单独加以探讨。

笔者认为，履行期尚未届至的债权为期待权。理由如下：(1)"债权之本质系债权人对债务人之"当为要求"，即债权人得向债务人请求给付并保有债务人所为给付之权利。"[①] 履行期尚未届至时，债权人虽已开始了取得完整债权的过程，并已享有得排除相对人或第三人侵害的权利，但尚不得享有向债务人请求给付和保有债务人所为给付的权利，因而，债权人此时仍处于取得债权的过程中，只有待期限届至时，方享有完整的债权。可见，履行期尚未届至到履行期届至，是一个债权效力由不完备到完备，由弱到强的发展过程。简言之，是

① 王泽鉴：《民法学说与判例研究》第四册，第102页。

一个取得权利的过程。(2)法律对其设有保护性规定。其中最为突出的是以下两个制度:1)预期违约制度。预期违约制度旨在解决在履行期届至前当事人一方违约时如何对另一方当事人进行权利补救的问题,这一制度发端于英美法系,大陆法系多依不安抗辩权制度解决这一问题,但因预期违约制度在设计上的明显优势,《联合国国际货物销售合同公约》予以采纳,学者认为,预期违约所直接侵害的权利不是效力完备的完全债权,而是请求力不足的不完全债权,是期待权色彩浓厚的债权,是期待权。① 针对预期违约,法律对履行期届至前的债权人设有以下救济制度:A. 可拒绝承认预期违约,而待履行期届至再主张债务不履行的违约责任。B. 可承认预期违约,立即提起诉讼,并有权解除合同。2)第三人侵害债权制度。传统民法中,由于固守对第三人活动自由的维护,对第三人侵害债权持排斥态度。但债权虽非直接支配物所体现的利益,也仍然是以一定利益为基础的,缺乏侵害债权制度,债权的外部关系就得不到法律保护,也就难以建立稳定而又有信用的社会经济秩序。因而,在英美法系国家,19 世纪中叶就通过判例创造了不法干扰合同之诉(Interfer with contrct)。近 50 年来,普通法通过大量的判例确认了第三人劝诱他人违反合同的侵权责任,而在大陆法系,判例和学说通过对民法典关于一般侵权行为规定的解释,形成了侵害债权制度。② 当第三人故意引诱债务人不履行合同,或干涉债务人使之不能履行合同,或以其他不正当的方式导致债务不能履行,致债权人遭受损害的,应负法律责任。(3)履行期尚未届至的债权具有一定的经济价值,得依一般规定而为处分、继承、担保的客体,在市场上流通,这在实务中已屡见不鲜。延至市场经济大为发展的今天,其流通已随着期货市场的勃然兴起而成为一种领域化的存在,成为货畅其流,提供生财的重要方式。可见,从社会经济

---

① 韩世远、崔建远:《先期违约与中国合同法》,载《法学研究》1993 年第 3 期;王利明:《预期违约制度若干问题研究》,载《政法论坛》1995 年第 2 期。

② 王利明、姚辉:《完善我国违约责任制度十论》,载《中国社会科学》1995 年第 4 期。

实际需求的观点考察，诚有赋予权利地位而成为期待权的必要。

3. 采登记要件主义的物权让与（或设定）尚未办理登记时，受让（或取得）人的法律地位。

物权是直接支配一定的物并得以排斥他人干涉的权利，为了依法定的严格方式规范物权变动的过程，直接保护变动物权的当事人，间接地保护处于交易过程之外的第三人，物权变动认有公示原则，即当事人必须将物权变动的事实向社会公开。其中动产物权的公示以占有为原则，登记为例外，不动产物权的公示采登记方式。依据不动产物权公示对于不动产物权变动效力的差异，有登记要件主义和登记对抗主义之别，后者意指登记为不动产物权变动对抗善意第三人的要件，日本采之。采登记要件主义的物权让与（设定），尚未办理登记时，当事人不能取得不动产物权，笔者认为，当事人此时的法律地位应认为期待权。理由如下：(1)尚未办理登记，意味着当事人尚未取得不动产物权。但因不动产物权变动协议业已有效成立（生效），当事人系处于取得不动产物权的过程中，并得随着登记手续的具备而取得不动产物权。(2)此种法律地位已受到法律保护。在未设有预告登记（或假登记、预记登记）制度的国家，办理登记前，当事人之间的结合关系为基于不动产物权变动协议而生的债的关系，法律关于债的关系所设的保护性规定都有适用余地。在设有预告登记（假登记、预记登记）制度的国家，法律对于尚未办理本登记的当事人的法律地位的保护可分以下两种情形考察：1)未办理预告登记时，法律的保护体现为对单纯的债权的保护。2)已办理预告登记时，当事人之间的结合关系已非单纯债的关系所能解说。这是因为预告登记是一种为保全关于不动产权利移转或使其消灭的请求权，或不动产权利内容或顺序变动的请求权，或附条件或期限的请求权，由不动产登记机关基于债权人或受益人的申请，经登记名义人的同意所为的登记。它"具有使妨害其所登记请求权所为处分无效之效力，关于其法律性质，究为一种物权，或仅为一种债权之保全手段，甚有争论。预告登记系介于债权与物权之间，兼具二者之性质，在现行法上为其定性，实有困难，可认为系于土地登记簿上公示，以保全对不动产物权之请求权为目的，具有若干物权效力之制度。”[①] 立法对于已办预告登记的当事人多设有特殊的保护。如中国台湾土地法为兼顾当事人的合法权益，保持目的与手段的平衡，采取登记名义人所为处分相对无效的原则，即预告登记尚未注销前，登记名义人所为之处分，对于所登记的债权请求权有妨碍者无效。[②] 3）当事人的此种法律地位，可借肋其于登记后可获得的不动产物权反鉴自身的价值，而成为交易的客体。而且在实践中，这种法律地位的转让已屡见不鲜。可见从社会经济实际需求的观点考察，也有认其为期待权的必要。德国学者Raiser教授、Larenz教授、Von Tuhr先生和我国台湾学者王泽鉴先生都有相同的见解。[③]

4. 采登记对抗主义的物权让与，尚未办理登记时，受让人的地位

动产物权变动的公示方式以占有为原则，登记为例外，而且采登记做为物权变动公示方式的动产，多以登记为物权变动的对抗要件。此外，日本民法和法国民法对不动产物权变动也采登记对抗主义。于此情形下，尚未办理登记时，物权变动业已随当事人的意思表示发生完全的效力，只是不得对抗善意第三人。那么，采登记对抗主义的物权让与，尚未办理登记时，受让人的地位是否得认为期待权？答案是否定的。理由在于，期待权是发生并存续于取得特定权利过程中的权利，而此时受让人业已基于当事人间的意思表示取得了物权，完成了取得特定权利的过程，故没有期待权的存续余地。

5. 时效取得占有人在时效届满前的法律地位

时效依事实状态要素和法律效果要素之别，得分为取得时效与诉讼时效。所谓取得时效是指占有他人财产于时效期间届满时取得该财产所有权的时效。我国现行民法仅认有诉讼时效，尚没有关于取

---

① 王泽鉴：《民法物权》第1册，第102页。

② 崔建远等著：《中国房地产法研究》，中国法制出版社1995年3月第1版，第249页。

③ 王泽鉴：《民法学说与判例研究》，第183页。

得时效的规定，但学者认为，应在未来立法中认可它以完善我国的时效制度。

关于时效取得占有人在时效届满前的法律地位是否得认定为期待权，学者间意见对立。德学者 Von Tuhr 持肯定态度，Raiser 教授则以时效取得占有人地位“至为薄弱，其经济地位亦极微小，称为权利，实无必要”为由，持否定态度。[①] 笔者认为，此时应认有期待权的存在，理由如下：

（1）时效取得占有人在时效届满前，虽未取得占有财产的所有权，但已因其对特定财产的一定状态的占有开始了取得该财产所有权的过程，而且随着这种占有的继续和法律所规定的期间的届满，得取得所有权。（2）承认取得时效制度的国家和地区，都明确地认可时效取得占有人得在时效届满时取得财产所有权，而且承认占有人得依对占有的保护确保取得权利过程的顺利完成。（3）时效取得占有人在时效期间届满前，已处于取得财产所有权的有利地位，在泛商品化的今天，这种有利地位本身也可依一定标准换算成定量的经济价值，从而进入市场进行流通。尽管各国（地区）立法以时效取得占有人移转占有于他人为取得时效中断的事由，但这并未从根本上动摇此法律地位的交易性。考虑到法律担负的应为民事主体依正当方式生财提供最大限度的可能性使命，从社会经济实际需要的视角，也能证成认可其为期待权的正当性。（4）Raiser 教授所持时效取得占有人地位至为薄弱，经济地位弱小的看法，无非是指其得因原所有人主张权利而归于消灭。但笔者认为，这并不构成支持他否定态度的充足理由。因为，A. 因原所有权人主张权利而使时效取得占有人取得该财产所有权的期待归于消灭，这是由法律加以规定的，时效取得占有人在对特定财产取得一定状态的占有时即已知晓的前定条件，这个条件是前提性的，不可更改的。无论如何，也不能将之归于随意性的范畴。B. 如果将时效取得占有人取得财产所有权的法定要求视为“法定条

---

① 王泽鉴：《民法学说与判例研究》第一册，第 190－191 页。

件”的话，那么，从其取得财产所有权的或然性来看，与附条件民事法律行为中民事主体取得特定权利的或然性并无任何差别，对两种实质相同，仅在形式上有差异的情形采取截然相反的双重标准，笔者实在看不出有什么可以服人的理由！

6. 遗失物拾得人的地位

关于拾得遗失物，我国现行民事立法仅规定拾得人应将遗失物归还失主，对于失主不明的情形，未设有规定，实务中采归国家、集体所有的方式，以践行“拾金不昧”的传统美德。这种前提下，拾得人并无取得遗失物所有权的权利，因而，在财产权范围内，遗失物拾得人的地位不得被认为期待权。

7. 继承开始前继承人的地位

此种法律地位，有否期待权的存在，学界向存争议。德学者 Von Tuhr 持肯定见解，我国台湾学者王泽鉴则持否定态度①，笔者从之。理由如下：(1)在继承开始前，继承人与被继承人之间虽已构成了私法上的结合关系，但此种结合关系仅使继承人拥有了一种得于被继承人死后继承其财产的资格，就这种资格本身的法律性质而论，仍属民事权利能力的范畴。因而，继承人在继承开始前尚未开始取得特定权利的过程。(2)法律对于继承开始前继承人的地位并未赋予任何实质性的权利。相反，在继承开始前，法律仍致力于保护被继承人对自己财产的完整的处分权，他既可以为了继承人的未来利益而谨慎，使用管理自己的财产，也可以随意地将其赠与他人或予以抛弃。(3)继承开始前继承人的法律地位根本无法，也不可能用一定的经济价值进行衡量，因而从社会经济的实际需要看，也没有赋与其期待权地位的必要。

这里需附带指出的是，德国民法上认可的后位继承人制度，即遗嘱人得指定继承人使其于他人先为继承人后，始由其为继承人，学者多认后位继承人有期待权。笔者也赞同之，但后位继承人制度与我国

---

① 王泽鉴：《民法学说与判例研究》第一册，第193页。

民法上的继承制度区别明显，不应混为一谈。

二、所有权保留制度中(买受人)的期待权

前文认定了几种典型的期待权类型，具体结合运用所有权保留制度的分期付款买卖而言，包含有两种类型的期待权：一为出卖人在买受人应付价金履行期届至前所享有的“履行期尚未届至债权”类型的期待权，一为买受人在取得标的物所有权前享有的“附条件权利”类型的期待权。本文以后一种类型的期待权为研究对象。

(一)买受人期待权的性质

买受人期待权的性质直接关涉到法律体系的建构以及法律原则的适用，对于当事人各方利益影响甚大，故一向是司法实务界和理论界论争的焦点。因考察者理解上的差异和价值评断上取舍偏好的不同，至今未有统一的见解。笔者力图以分析有代表性的观点得失为基础，提出自己的看法。

1. 德国法院的观点：1920 年，仍处于帝国时代的德国法院已明白承认保留所有权买卖中买受人的地位系属期待权，但对其性质却始终未有明确肯定的说明。帝国法院曾以如下表述表明其基于物权法定主义考虑，将期待权与物权加以明确区分的态度，买受人期待权本身非为物权，盖现行法律仅承认一定数目之物权，取得所有权之期待权并不属之。联邦时代，联邦法院于 1852 年一案例(BGH210,69)中，虽提及买受人的期待权，但否认其为具有对世效力的物权。在 1954 年另一判决中，联邦法院虽承认买受人之期待权正在进行，可变为所有权，但认为其本身非即属物权。(NJW,1954,1325)，1956 年一判例(BGHZ,20,98)的判决中，认为买受人的期待权系属一种权利，可以让与，其性质与完全权利颇为相近。1958 年一判例(BGH2,28,166217)表示，买受人的期待权，仅系所有权的前阶段，与所有权非为异类型，而系本质相同的缩型体。所谓“本质相同的缩型体”从字面而言，可解释为期待权与所有权本质相同，皆为物权。但随后一个案例(BGHZ,30,374)的判决，明显与此结论迥异，这一判例认为：买受人之期待权并非为物权，亦非系存在于他人物上具有对世效力之权利，盖现行法仅承认一定数目之物权也。买受人之期待权，仅系一种效力极强之权利，为所有权之前阶段，其地位颇为稳定，与真正之物权已甚接近。这一结论，一方面将期待权与物权的关联加以明确肯定，另一方面，又谨慎地避免称之为物权，态度仍属暧昧。[①] 综上所述，可知德国司法界对期待权的定性难称一贯，但主导看法是一方面肯定保留所有权买卖，买受人的地位为期待权，得为让与，并受侵权行为法的保护，另一方面又基于物权法定主义的考虑，避免称之为物权。

2.学说上的见解

(1)期待权系形成权说：形成权系指依权利人单方的意思表示，能使权利发生变更，消灭或产生其他法律效果的权利。期待权与形成权，在法律状态上有相似之处：期待权系属一种得取得权利的权利，而形成权也可因其行使而使权利人取得一定的权利，二者均可处于取得特定权利的前阶段。因此，我国学者黄右昌先生认为期待权为类似形成权的一种权利。[②] 德国权威民法学者 Ennecctrus 也将期待权与形成权并列视之，更提出“变更权利之权利”这一概念，用以兼括期待权与形成权，从而与支配权相对称。[③]

笔者认为，期待权与形成权就其法律状态而言，确有相似之处，但这种相似对于权利性质非为决定性因素。而且，二者在以下方面存有重大差异：1)形成权本身就是构成法律关系变更并取得(或消灭)特定权利的原因，形成权人，得依一方的意思表示而使权利发生变更。而期待权本身向特定权利的演变则是一种特定的法律关系变更的结果，这种法律关系的变更或归因于时间的经过，或归因于特定(包括法定和约定)条件的满足。“期待权人固不能因享有期待权之故，即得基于此种权利，而以一方之意思表示，创造具体之权利义务

① 刘德宽：《民法诸问题与新展望》，第 491 页。

② 黄右昌：《民法总则诠解》，第 304 页。

③ 刘德宽：《民法诸问题与新展望》，第 484 页。

关系。"[①] 2)形成权因其行使而归于消灭,期待权则会因其自身的行使,再辅以其他要件而补全为完全的权利。3)形成权的功能取向偏重"变更",以改变现存法律状况为己任,期待权的功能取向则偏重"确保",以维持现行法律状况为使命。4)为维护法律关系的稳定,防止法律关系长期处于不稳定状态,法律多对形成权的存续期间设有明确规定,以除斥期间限制权利人的咨意。期待权的存续时间则有由当事人任意协商确定的情形,包容着意思自治的机理。5)形成权往往依附于一定的法律关系,它并不能独立地转移,而期待权则可为独立的让与。基于上述分析,可确知期待权与形成权在权利体系中各据一端。

(2)买受人期待权否认说:Blomeyer 教授的期待权否认说本是一个应在期待权一般理论中,纳入类型化研究,加以考察的问题,但因其牵涉到买受人权利的法律地位,且又与 Raiser 教授的(买受人)期待权物权说尖锐对立,视同水火,故在此节加以讨论,以求在鲜明的对照中理清期待权性质探讨的脉络。

Blomeyer 教授在其于 1939 年发表的《条件理论的研究》第二卷(附条件的处分行为)中,曾深入研讨保留所有权买卖买受人的地位。认为出卖人所保留之所有权,论其性质,与质权系属相同,买受人因物之交付而取得所有权,出卖人取得不占有标的物,附有流质约款之质权,并借此以担保其未获清偿之价金债权。1953 年及 1963 年 Blommeyer 于 ACP 杂志,再度著文,为其观点辩护。他借助比较法的见解支持其观点,并以《美国统一附条件买卖法》为主要依据。美国商法学者 Vold 对于附条件买卖,曾提出区分所有权利益的理论(The theory of divided property interest)认为出卖人与买受人分享标的物之利益,二者结合互相补充而成为完全所有权,买受人享有占有、使用及取得等权能,这也可视为系所有权人的地位,出卖人所享有的,系担保债权的权利。依 Blommeyer 的看法,德国民法理论并未进步到此地步,但在二种主要情形,学说上也承认出卖人得变卖标的

① 王泽鉴:《民法学说与判例研究》,第 188 页。

物：其一为买受人不依约定清偿价金时，出卖人得依强制执行拍卖标的物，其二为买受人破产时，出卖人得依原物变卖之原则，处理标的物。Blommeyer 认为由此而至一般承认保留所有权出卖人对标的物享有变卖之权利，路程甚近，而其主要障碍，系出卖人尚系标的物所有人之理论，但此障碍，应予排除。依买卖契约，买受人履行给付价金义务时，即可取得标的物之所有权，故应认为，买受人为所有权人。而出卖人所取得的是一种特别质权。于此，他特别强调出卖人附条件移转所有权之目的，在担保未获清偿之价金债权，故其所保留的，应非系所有权，而系担保物权，论其实质，与质权无异。①

Blommeyer 的见解，从制度设计上否认了期待权的存在。依此理论，所有与期待权有关的若干理论与实务上的困难问题，皆可迎刃而解。但这一见解，却存在如下难以克服的缺陷：首先，这种制度设计所导致的权利分配明显与当事人双方的交易意图不符，就其实质而言，这种制度设计已非所有权保留制度，而是从根本上动摇了所有权保留制度的基础。因所有权保留制度的最主要特征就在于所有权移转附有停止条件，只有待条件成就，买受人方可取得所有权。这种背叛社会实践，为了解释上的便宜而变更解释对象的做法，绝不可取。其次，此种见解在德国民法的范围内，明显存在脱法现象。依 Blommeyer 的观点，当事人间可以不移转占有而设定质权，可附有流质约款。但德民第 1204 条以下规定，当事人不得以占有改定方式设定质权。第 1229 条更明文禁止流质约款，所以，他的见解与民法的强行性规定相悖，难有生效余地。

(3)（买受人）期待权系物权说：此说代表人物系德国杜平根大学 Raiser 教授。1958 年德国民法教授协会上，Raiser 以物上期待为题，发表演说，力倡保留所有权买卖买受人之期待权系属物权，他认为保留买主对标的物有占有、使用之权利，判例学说上所以尚犹豫不愿承认买受人之期待权系为物权，理由不外二点：一为物权法定主义，二

① 〔日〕赤松秀岳：《物权、债权区别论及其周边》，成文堂 1989 年版，第 158 页。

为物权之独立性。他认为，民法所以采物权法定主义，即物权非依法律，不得创设。其目的非在于僵化物权，使其局限于1900年（德民法典实施）之状态，阻止法律之发展。物权法定原则，旨在以类型的强制限制当事人的私法自治，避免当事人任意创设具有对世效力的新的法律关系，借以维持物权关系的明确及安定，但这并不排除必要时，得依补充立法或法官造法的方式，创设新的物权。盖法律必须与时俱进始能适应社会的需要，承认期待权为物权，系一种法律发展，并不藐视法律，与物权法定主义精神并无抵触。再就德民法上物权的独立性而言，其主旨系物权的存续，不为其基础行为（尤其是债权行为）所左右。Raiser虽也承认独立性系物权的特征，惟认为质权对于被担保的债权，也具有从属性，故由此例可知现行法对物权独立性认有例外。期待权与买卖契约之结合，其功能与债权及质权间共同体之功能，并不相同，以期待权之从属性称之，易滋疑义，但由此种比较，可知一种法律地位对于某种债之关系虽具有依存性，但此种依存性，若不妨碍其对第三人及占有之保护时，则依现行法规定，实不足为其享有物权性之阻碍，因此称基于保留所有权买卖所生之期待权系支配标的物之物权，实无任何顾虑之可言。在承认买受人期待权系物权后，Raiser更进一步检讨此种物权的性质，他认为买受人期待权具有特殊性质，故不能在所有权与定限物权的框架内加以解决，于是提出时间区分所有权的理论，主张买受人与出卖人依时间先后共有所有权，故为前后所有权人。他指出，时间区分所有权之思想，对现行物权法理论尚属陌生，这是由于传统物权法深受罗马法影响，以规律永久关系为主，过分重视静态关系，致忽视时间因素，在英国普通法上不动产，时间因素颇受重视，因此，在现行物权法律制度上，强调时间因素，不足为怪，对期待权而言，取得权利要件渐次完成之时间因素，至为重要，权利随时间之经过，逐渐变更其主体。“在这种替换过程中，让与人与买受人各握取一部分所有权。买受人之地位，虽为物权，但基于诸种原因，在法律上出卖人仍应被认为尚属所有权人，买受人之权利虽与所有权甚为接近，但尚非为完全所有权，仅系所有权之期待权。”[①] 日本学者铃木禄尔的“削梨说”在结论上与 Raiser 的解释相似。[②]

Raiser 教授的见解颇具新意，尤其是他对物权法定主义的理解更具启发意义，而其引入时间区分所有权理论解说期待权性质更是体现了他的理论勇气。但就其论述过程和形成的见解而言，却存有以下难以克服的缺陷：1）观点前后矛盾。他在论述过程中专从比较法视角引入时间区分所有权理论，以确证买受人得与出卖人共有标的物所有权，但随后又宣称出卖人仍应被认为尚属所有权人，买受人权利仅系所有权的期待权，这种自我否定，难免让人莫衷一是。2）在论及物权的独立性时，Raiser 教授有如下推理过程：质权为物权，质权对其所担保债权具有从属性，因而物权并非都须具有独立性。故物权的独立性并不能构成否认不具有独立性的期待权为物权的理由。这一推理过程在前提上存在明显错误：德国民法上所谓物权独立性系指物权相对于做为其产生基础的法律关系（基础行为）的独立性，即物权的发生、存续与消灭，不受其基础行为瑕疵的影响，原因行为虽为无效，物权本身仍可独立存在。这种物权与其产生的基础关系之间的结合形态明显与质权与其所担保的债权之间的结合形态不同。质权所担保的债权并非其得以产生的基础关系，因此，不能以质权对其所担保债权的从属性来论证 物权非都须具有独立性。3）这种见解对于当事人间的权利分配明显与交易实际中当事人的实际意图不符，有修正实践，以适应理论。即：“削足适履”之嫌。因为交易实践中，所有权的移转是以特定条件的满足为前提。4）就时间区分所有权而论，一方面缺乏现行法上的依据，另一方面，随时间流动，而在当事人间有流动的，“削梨”似的所有权移转，则势必造成法律关系的混乱，与物权关系明确原则不符。且依此理论必然在当事人间形成一种共有关系。依法理，在共有场合，共有物的处分须经全体共有人同意或至少

① 〔日〕赤松秀岳：《物权、债权区别论及其周边》，第 158—161 页。

② 刘德宽：《民法诸问题与新展望》，第 7 页。

占份额一半以上的共有人同意，否则，处分行为无效。这与所有权保留制度中出卖人得不经买受人同意转让标的物所有权显有不符。5) Raiser 教授在判定期待权系属物权时，一个重要的理由，是买受人对标的物有占有、使用、收益的权利，已构成了事实上和法律上的支配，因而契合物权性格。此论可从以下几个方面反驳：A. 买受人对标的物得享有占有、使用、收益的权利，非其享有期待权使然，构成上述权利基础的是当事人间的买卖契约，它们与期待权间为并列，而非包容关系。B. 物权有自物权与他物权之分。期待权非为自物权，已如前述。他物权可分为担保物权、用益物权和类似物权（占有）。期待权非为担保物权和类似物权至为明显。若依 Raiser 教授观点，买受人的占有、使用、收益权利为期待权内容，则其更接近于用益物权。德国民法上禁止对不动产移转的物权合意附条件，故所有权保留制度仅对动产适用，而动产上是不得设定用益物权的，可知，德国法范围内，物权领域内，难有期待权存续空间。

我国民法并不承认物权的独立性，而且并未有禁止不动产所有权移转附条件的规定，是否得承认买受人的期待权为物权？答案是否定的。前述 3)、4)、5)A 的理由在我国同样适用。而且就不动产而言，我国对物权变动采登记要件主义，买受人未取得所有权，甚为明显。若当事人就不动产设定用益物权，并经登记，结合所有权保留进行运用，则此用益物权只是与期待权并列的买受人得享有的另一独立权利，而非期待权本身，这是由期待权的内涵所决定的。

(4)（买受人的）期待权为特殊权利说：我国台湾学者王泽鉴先生认为，期待权为："在现行法律体系上，横跨债权与物权二个领域，兼具债权与物权二种因素之特殊权利，系一种物权，但具有债权之附从性，系一种债权，但具有物权之若干特点。"① 此论可谓独辟蹊径，一方面避免了为将期待权纳入原有的权利划分类型而改变制度设计原型，背离交易当事人本意的方法论误区，另一方面这种基于"特殊性"

① 王泽鉴：《民法学说与判例研究》第一册，第 201 页。

而产生的独立性又为在所有权保留制度的权利架构中灵活合理地进行法权配置开辟了可能性空间，使这一尚在形成中的法律制度更具弹性，为其适应社会需要进行制度调整提供了必要的伸缩空间。显示了这一见解的方法论优势。但笔者认为，这一见解的优势也正是减损这一见解价值的原因，因为"特殊权利"的定位毕竟过于暧昧，难以为立法、司法提供明确的指导。

3. 本文的见解

以上简要分析了在司法实务中和学说探讨中形成的关于买受人期待权性质的几种代表性观点，上述诸观点皆有不尽如意之处。为此，笔者谨提出本文的见解：买受人的期待权为物权化的债权或效力扩张的债权。二者在同一意义上使用，它们都表述了这样一种观点：买受人的期待权就其本质属性而言，属债权，但因受所有权保留制度特性的影响，做为债权的期待权的效力已有所扩张，包容了原本归属于物权效力的部分效力。下面，详细分析这一观点，以论证其合理性。

(1)在我国立法上就物权变动是否认有物权行为的独立性和无因性，曾有争论，但通说持否定态度。(笔者从之)。学者认为物权变动为债权行为的当然结果，并以交付或登记为生效要件在立法主义上系采意思主义与交付主义的结合。① 依此观点，所有权保留买卖的完成可分解为如下行为：1)以买受人向出卖人交付价款为内容的债权行为和交付价款行为的结合。2)以出卖人向买受人交付标的物所有权为内容的债权行为和交付标的物行为的结合。这一买卖的独特之处在于1)的完成为2)中所有权移转的条件，即标的物所有权的移转附有以买受人清偿完毕价金为内容的停止条件。由于在条件满足时，无须买受人的请求，标的物所有权当然移转于买受人，故而容易造成2)中的债权行为业已无障碍地发生完全的效力而仅交付行为附条件的表面现象，这种理解在德国民法和我国台湾民法等承认物权行为独立性的国家和地区，尚有可能，在我国现行法范围内，则明

① 梁慧星：《民法学说判例与立法研究》，第127页。

显与法理不符。因为依附条件民事法律行为原理，所附条件为对意思表示效力的限制，这就揭示了条件与意思表示之间的结合关系，我国民法中的交付行为非如承认物权行为独立性的立法中的物权行为，不以意思表示为构成要素，因而条件就无所附着。所以，保留所有权买卖中只能是出卖人向买受人移转标的物所有权的债权行为附条件。又因条件限制的是所有权的移转而非整个债权契约，所以债权行为中仅履行效力受到了限制，即买受人业已享有了生效的债权，惟尚不能请求出卖人移转标的物所有权，以此与其延期交付价金相对应，保持利益衡平。由此可见，买受人的期待权性质应为债权。

(2)物权一向被认为属对世权，得排除任何人的干涉，并在此点上与债权的相对性截然有别。这一立论在大多场合无可指责。因为债权在多数场合指向的系债务人的一般财产，因而不可能如物权通过占有或登记建立起公示制度，故债的关系外的第三人难以辨明自己的行为是否已构成对债权的侵害。这种前提下，若承认债权为对世权，必将不适当地限制第三人活动的自由，导致整个社会失去发展的活力。若以债的关系当事人向交易外第三人承担说明义务为承认债权对世性的前提，则一方面，债的关系，当事人面对茫茫人海，委实无从谈起。即使能以一定方式向世人公告，交易费用必将升至天文数字，还付出了暴露双方经济状况的代价，这一方案实不可行。可见，正是债权与物权在信息提供机制上存有的区别，决定了二者在对世性上的差异。但这一结论，只在一般情况下有效，在物权变动采登记对抗主义时，就存在效力不具对世性的物权。另特定物之债中，在标的物所有权移转之前，债权已明确指向债务人的特定财产，从而使该特定财产得从债务人的一般财产在观念上分离出来而具有了可识别性，这种可识别性为特定物债权的公示提供了可能。以不动产为例，德国、日本、瑞士和我国台湾都在登记制度中设有预告登记(或假登记、预记登记)制度，使指向特定物的债的请求权得以公示，从而具有了对抗第三人的效力。如德民和我国台湾的预告登记有阻止既存登记的公信力，使妨害其的登记请求权所为处分无效的效力，日本的假登记具有使义务履行期届至后，本登记前所为的中间处分无效的效力，瑞士的预记登记则使债的请求权有对抗一切嗣后之第三权利取得人的效力，可见预告登记（或假登记、预记登记）“对于一定对人的权利，与以对抗第三人之物权的效力。”[①] 使债权具有了对世性。所有权保留买卖中，在条件成就前，标的物无论是动产或不动产，都已特定，因而不管是出卖人为使其所有权保留具有对抗善意第三人效力所为的登记，还是买受人为保全其债的请求权所为的登记，对于买受人享有的指向不动产的债的请求权都有预告登记的效力，而对于买受人享有的指向动产的债的请求权也有类似于预告登记的效力，从而使买受人享有的债权获取了对世性，而得对抗第三人，并以此为前提，取得了本属物权的追及效力和一定范围内的优先效力，实现了债权的物权化或债权效力的扩张。在标的物为动产的情形下，即使没有进行前述登记，买受人也得因其占有标的物而在实际上限制了出卖人的处分权，获取了一定范围内对抗第三人的效力。学说和判例还赋予期待权人对第三者侵害的损害赔偿请求权，排除妨害权等多项权利。[②] 综上所述，可见，买受人的期待权为物权化的债权或效力扩张的债权。

（3）法律是为解决社会现实中的纷争而确立的基准，成为其对象的纷争无论何种意义上都是利益的对立和冲突。因此“作为民法解释学的一种方法论的利益衡量论，绝不仅是主张法律解释中应作利益衡量或者应重视利益衡量，而是强调民法解释取决于利益衡量的思考方法。”[③] 笔者认为，将买受人的期待权解释为物权化的债权或效力扩张的债权，从利益衡量的角度也可证成，因为这种解释之下，各方当事人在利益架构中皆可各得其所并各安其所。详述之，买受人的

① 张龙文：《预告登记若干问题》，载刁荣华主编：《现代民法基本问题》，（台）汉林出版社1981年1月版；史尚宽：《法学论文选集之一》，第120—132页。

② 〔日〕赤松秀岳：《物权、债权区别论及其周边》，成文堂1989年版，第158—161页。

③ 梁慧星：《电视节目预告表的法律保护与利益衡量》，《法学研究》1995年第2期。

期待权属物权化的债权或效力扩张的债权，自得依此法律地位而获得保护，使其得有效排除相对方和交易外第三人的侵害，并得因登记或对标的物的占有有效地防止第三人进入交易之中，从而获取了确保权利顺利实现的坚实前提。而以买受人的期待权为效力扩张的债权为前提，出卖人仍享有标的物的所有权，得在买受人违约时取回标的物，就物受偿，并得因登记而对抗善意第三人，获得了存续于标的物之上的极强的担保效力，得以有效确保价金债权的顺利实现。交易外的第三人则可通过交易当事人的登记，买受人对标的物的占有等外部表征而获知交易实情，避免了随意介入他人交易的可能，免受不虞之害。

(4)将买受人的期待权解释为效力扩张的债权还可同样获取“特殊权利说”内含的方法论优势，从而，在避免过分含混的同时，为制度设计的适时适度调整开辟了必要的可能。

(二)买受人期待权的转让

条件成就前，买受人能否基于期待权让渡标的物，学者多持否定见解。日本学者末川博士认为：“买主享有附条件权利，因而买主在这期间当然不能处分标的物。在将标的物让渡，处分给第三人时，构成刑法上的侵占罪，且该处分行为无效。但受让人具有民法192条所定要件时，得即时取得标的物所有权。”[①] 那么，买受人可否转让其期待权？

在德国法上，期待权的让与性曾经历一长期的发展阶段，最初的判例认为，这种让与系买受人的基于买卖契约所具有的所有权移转请求权的让与，或者解释为经出卖人同意而让与出卖人的所有权。1933年的最高法院判决认为，这时的受让标的为买受人之“期待”。“期待”的让与方式除与一般动产的让与方式相同以外，还以所有人的同意为必要。直至1965年，联邦最高法院经学者极力敦促，始放弃此项买受人处分其期待权，应得出卖人同意的要件。我国台湾学者论

① 〔日〕末川：《分期付款买卖与所有权保留》，《民商法杂志》第一卷第五号。

及买受人期待权，都明白肯定其让与性。[1] 那么，我国未来立法应采何种观点？笔者认为，应认可其让与性。这是因为，买受人的期待权地位，得因条件成就转化为标的物的所有权，而且基于买受人对出卖人价金的清偿，更确证了其经济价值。价金偿还愈多，其价值越大。若能使其成为交易上的客体，则买受人可因转让期待权而获利，并从此交易中解脱出来，将资金投入其他交易；对出卖人而言，期待权的让与仅是改变了价金清偿的义务人而已，对其所有权保留的担保效力丝毫未损，并无不利可言。受让期待权人则可替代转让人，于条件成就时，取得标的物所有权，实现交易意图。可见，此时各方当事人皆有利可图，既维持了微观上的利益均衡，又实现了宏观上的优化资源配置，何乐而不为！

关于以动产为标的的买受人期待权让与方式，学界通说认为应类推适用关于动产所有权的规定。依《民法通则》第72条的规定，动产所有权的让与除非法律另有规定或当事人另有约定，以交付标的物为要件。民法上的交付有："现实的交付"与"观念的交付"之别，前者即让与人将其对动产的现实的直接管领力，移转于受领人；后者非真正的交付，而是占有的观念上的移转。这是为了交易上的便利，而采取的变通办法，计有三种情形：简易交付，指示交付和占有改定。这三种观念交付，对于期待权的让与，也应适用。由于与分期付款买卖结合的所有权保留制度中，为保证出卖人取回权的顺利实现，双方常约定买受人非经出卖人同意，不得将标的物移离买方现住址，违反约定的，出卖人得解除合同或取回标的物。则此时，买受人的期待权让与仅得在以下两种方式中择一而行：1. 征得出卖人的同意，在让与期待权的同时，移转标的物占有于受让人。若出卖人不同意，则不能移转占有。此时，因出卖人的权利系基于双方的约定，故法院不得以禁止权利滥用为由限制出卖人这一权利。但若买卖双方没有提前的约定，虽在解释上买受人仍没有擅自移转标的物处所的权利，但买受

---

① 刘德宽：《民法诸问题与新展望》，第487页。

人却得在一定情形下以权利滥用为由请求法院限制出卖人的干涉权。2. 买受人仅让与期待权，不同时移转标的物的占有。期待权的受让人因让与而取得所有权的期待权，但若受让非概括继受买受人的地位时，出卖人仍只能向买受人请求价金，对期待权受让人则不得主张任何合同上的权利。那么，当买受人完全清偿价金，而发生所有权移转时，受让人究自何人处取得所有权？这是一个有争议的问题。向有直接取得说和间接取得说之别。前者指受让人从出卖人处取得所有权，后者指受让人从买受人处取得所有权。持前说的学者认为，若认为系自买受人处取得所有权，则易导致这种情形：当买受人已经占有标的物时，占有过程中因标的物有损，需交由第三人维修，就维修费用的交付，维修人可自买受人价金清偿完毕，取得所有权之时成立留置权，这对受让以至为不利，采直接取得说则无此虞，在德国司法实践中，直接取得说为通说，[①]笔者也采直接取得说，理由有二：1. 确如学者所言，在特定情形下，直接取得说比间接取得说更有利于受让人利益的保护。2. 直接取得说使受让人与出卖人在所有权移转问题上直接关联，简化了交易过程，避免了间接取得说使法律关系复杂化之嫌。

（三）与买受人的期待权保护相关的两个问题

1. 出卖人再让与标的物所有权与期待权的保护

所有权保留买卖中，条件尚未成就时，出卖人仍享有其对标的物的所有权，买受人则享有所有权的期待权。若出卖人此时非将其在所有权保留买卖中的地位让与第三人，而是向第三人让与标的物的完整所有权时，势必妨害期待权人利益。如何在这一情形下，进行合理的利益分配，对当事人各方影响甚大。笔者拟分以下二种情况分别加以探讨。

（1）所有权保留买卖已进行登记

经登记的所有权保留买卖，买受人的期待权取得了对抗第三人

---

① 王泽鉴：《民法学说与判例研究》第一册，第223—224页。

的效力。出卖人将标的物所有权再让与第三人的行为，并不妨碍买受人于条件成就时，取得标的物所有权。此点学界并无异议。问题在于，出卖人将标的物再让与第三人的处分行为是绝对无效，还是相对无效？笔者认为，以采相对无效为宜，即当出卖人将标的物所有权再让与第三人时，其处分行为仍有有效可能，而是于其妨害期待权人权利实现的范围内无效，这意味着，出卖人仍可处分标的物的所有权，但对于期待权人而言，其处分行为无效，这一制度安排有其利益机理上的合理性；对于期待权人而言，并未给其造成任何伤害，他仍可实现约定的利益，对于出卖人和第三人，则有极大便利。当所有权保留买卖被解除，或期待权人自愿放弃其利益或认可出卖人的处分行为时，出卖人与第三人原存交易的缺陷即可得以弥补，发生完全的效力。不必再重新进行交涉，另行签订合同，这有利于节省交易费用，加速交易的完成。在兼顾各方当事人的合法权益前提下，保持目的与手段的平衡。

(2)所有权保留买卖未经登记

1)若标的物为不动产，且出卖人与第三人之间业已办理完毕移转不动产所有权的登记手续，则应否承认第三人对标的物的所有权？笔者认为，此时不能一概而论。A. 在第三人为善意时，为保护交易安全，承认第三人对标的物的所有权，是为当然推论，学界也无争议。B. 在第三人为恶意时，对于其能否取得所有权，学界争论已久，基本形成了四种有代表性的看法：第一种看法认为第三人的恶意，并不妨碍其取得所有权；第二种看法认为应以违反公序良俗为根据确认出卖人与恶意第三人之间的买卖契约无效；第三种看法认为以出卖人将标的物所有权移转于第三人，致使其陷于无资力为前提，买受人得对后一买卖行为行使撤销权；第四种看法则认为买受人得对出卖人与恶意第三人之间的买卖合同行使撤销权，只要这一合同妨害了自己债权的实现。[1] 笔者同意第四种看法，理由如下：持第一种看法的学者，不外从以下几个理由证成自己的观点。一为在区分恶意和善意时，其标准无论是采取“积极观念说”还是“消极观念说”，都属主观意思范畴，所以在具体识别时存在困难，实际操作性不强，举证成本较高。但笔者认为，具体识别困难，并不意味着不可识别。否则，就无法解释缘何在各国民法上都承认善意取得制度。关于举证成本高则更构不成有说服力的理由，须知，承担举证责任的买受人，是经济学上经济人的同位语（至少在假设意义上如此），他自有其合理的利益比较，若举证成本确实太高，致使得不偿失时，他自可放弃举证，转而向出卖人主张违约的损害赔偿，但法律却不能因此就从根本上否认买受人得因证明第三人为恶意而获得必要利益的可能，这应是一个买受人的选择问题，不能由法律的强制越俎代庖。二为由恶意第三人取得所有权，符合契约自由和公平竞争的机理。在古典意义上，这种说法不无道理，但时至今日，民法业已由个人本位过渡到个人本位和社会本位并重，契约自由的内涵外延已非昔日可比，诚实信用、公序良俗等一系列强制性规范业已赋予了其新的内涵，契约自由与恶意不受保护原则的对比中，后者更受人们的欢迎。至于说恶意第三人取得所有权，符合公平竞争，就难以解释缘何第三人侵害债权制度在立法和司法实务中日益广泛地采用这一现象，因为既属“公平”竞争，何来民事责任的承担？第二种看法的处理方法过于僵硬，在买受人甘愿向出卖人主张违约的损害赔偿，而不愿继续维持原来债的关系时，反而导致了对买受人不利的后果。再者以公序良俗为据也有“向一般条款的逃避”之嫌。第三种看法中买受人的撤销权，为基于债的保全而产生的权利，其目的在于保全一般的担保，“其效力自应为全体债权人

---

① 刘春堂：《特定物债权与撤销权》，载郑玉波主编：《民法债编论文选辑（中）》，五南图书出版公司1984年版，第837－842页；史尚宽：《债法各论》，（台）1984年五刷，第48－80页。

之利益而发生。”[①] 并不是为了贯彻恶意不受保护原则。持这种看法的学者认为，若不以出卖人因其与第三人之间的买卖合同陷于充资力为前提，承认买受人的撤销权，则“有害于交易安全，民法上关于物之交付及登记制度，将不免因而遭受破坏。”[②] 笔者认为，此论有误。法律维护交易安全，其主旨在于保护善意第三人的利益，以免在信息不对称的情形下使善意第三人受其所不知的前存法律关系的限制，以降低交易成本，保证货畅其流。而恶意第三人为获取信息充分的第三人，以其所知的前存法律关系对其加以限制，难谓有害交易安全。至于说破坏民法上关于物之交付及登记制度云云，系属以物权行为的独立性和无因性为前提的立论，在我国现行法上并无依据。第四种看法一方面贯彻了恶意不受保护原则，有利于使市场经济中的自由竞争成为体面的，也即符合诚实信用，公序良俗等一般条款要求的自由竞争，以使我们的市场经济区别于尔虞我诈的市场经济。另一方面，就我国当前的经济实践而言，采所有权保留买卖的不动产无非为商品房(含土地使用权)，而以分期付款方式购买房屋的多系工薪阶层和普通民众，他们生活在社会的中、下层，为购买价格日渐上扬的房屋，百般筹划，千方筹措，方鼓足勇气，充满希望地步入房地产市场，而且多数已搬入居住，若仅因未经登记，就剥夺其未来取得房屋产权的权利，对普遍家庭，不啻是晴天霹雳！未来强制其搬迁，更易引起诉讼，激化冲突，有害于社会安全。何况恶意第三人完全可以不介入这一前存交易。而从房地产市场上满足自己的需求。此外，赋予买受人撤销权，系属一弹性方案，买受人得在撤销与不撤销之间选择，这在充分保护买受人利益的前提下，使出卖人与恶意第三人之间的交易获取存活的可能，无疑为最佳选择。司法实践中也有相同旨趣的判决支持本文的观点，我国台湾“最高法院”45 年台上字第 1316 号

① 刘春堂:《特定物债权与撤销权》，郑玉波:《民法债编论文选辑(中)》，第 837—842 页；史尚宽:《债法各论》，第 48—50 页。

② 刘春堂:《特定物债权与撤销权》，郑玉波:《民法债编论文选辑(中)》，第 837—842 页；史尚宽:《债法各论》，第 48—50 页。

判例，其判决天明言“债权人之债权，因债务人之行为致有履行不能或困难之情形者，即应认为有损害于债权人之权利，故在特定债权，倘债务人所为之有偿行为，于行为时，明知有损害于债权人之权利，而受益人于受益时，亦知其情事者，债权人即得行使民法第244条第2项之撤销权，以保全其债权，并不以债务人因其行为致陷于无资力为限。”再依同院48年台上字第1250号判例的判决，民法第24条规定之撤销权，其效力不特及于债权行为，即物权行为也无例外。[①] 须加以说明的是，买受人撤销权的行使不得有损善意第三人的利益。

2)若标的物为动产，则可区别而论

A. 出卖人以现实交付方式向第三人让与所有权，在所有权保留买卖，以买受人占有标的物为原则，但并不排除若干情形下，由出卖人占有标的物。此时，出卖人得以现实交付方式将标的物让与第三人，该第三人若为善意，其能取得所有权，学界并无异议；若为恶意，其能否取得所有权，有肯定与否定二种见解。依肯定说，第三人系自所有权人受让权利，自能取得所有权。但第三人既明知有前存交易，而受让权利依此情形，可构成侵权行为，应对买受人承担侵害债权的赔偿责任。依否定说，第三人明知有前存交易，仍恶意受让所有权，应不受保护。笔者认为，为贯彻恶意不受保护原则，应以后说为是，而且在实践中，恶意第三人完全可以不介入前存交易而在市场上满足自己的需求，在立法技术上为维持必要的弹性，否定说应设计为赋予买受人撤销权的方式。

B. 出卖人以指示交付方式让与所有权，所有权保留买卖中，由买受人占有标的物，出卖人只能采指示交付方式，将标的物让与第三人。此时，应如何进行利益分配？我国现行民事立法关于指示交付未有明确规定。《德国民法典》第931条明认指示交付，并在第936条专对设定于指示交付标的物上的第三人权利的消灭做出了规定，该条

---

① 刘春堂：《特定物债权与撤销权》，郑玉波：《民法债编论文选辑（中）》，第837－842页，史尚宽《债法各论》，第48－50页。

第3项规定："如在第931条的情形，权利属于第三占有人，此权利即使对善意的受让人也不消灭。"以此为推论前提，则可得出这样的结论，因为出卖人系属标的物的所有人，而且买受人对标的物享有所有权的期待权，因此，即使第三人为善意，买受人指向标的物的所有权的期待权也不消灭。笔者同意这种结论，它有助于买受人权利的顺利实现，而且在指示交付场合，受让人本就应该承担更高的调查义务，以免受可能的损害。

2. 第三人的侵害与期待权的保护

期待权本系权利的一种，不啻出卖人得侵害之，第三人也可能为侵害行为。在第三人侵害情形，如何设计对期待权的保护，急需探讨。

(1)当第三人非法侵夺由买受人占有的标的物或不法妨害买受人对标的物的占有时，势必危及买受人期待权向所有权的顺利转化。此时，买受人得基于其从所有权保留买卖合同中取得的直接占有人地位，要求侵权人返还财产或排除妨害。出卖人做为标的物的所有权人，也得向侵权人主张上述权利，但其权利主张应服务于买受人对标的物的直接占有，即不能因此而代买受人成为直接占有人。

(2)当第三人的侵害致标的物毁损，但仍可经修复恢复原状的，买受人和出卖人都有权请求侵权人承担恢复原状的民事责任。

(3)当第三人的侵害致标的物毁损，且不能恢复原状的。第三人应承担损害赔偿责任，则应由何人向加害人请求赔偿?这一权利分配直接影响着买受人和出卖人之间的利益，向有争议。在德国学说判例上，几乎所有可能解决的方法，都被提出研讨。主要见解如下：1)加害人仅于条件成就时，始须向期待权人为损害赔偿。2)加害人立即向期待权人赔偿。3)加害人应立即向保留所有权人赔偿。4)期待权人及保留所有权人为连带债权人，然由于债务人对于标的物的价值，仅须为一次赔偿，故对何人为之，得自由选择。5)类推运用，不可分连带债权之规定，使加害人向保留所有权人及期待权人共同为赔偿。6)德国帝国法院认为，期待权人得依"第三人损害请求"的理论，请求赔偿。7)德国联邦最高法院在其有关此项问题的唯一判决中，另开解决途径，认为期待权人得依自己权利请求标的物的价值利益，但其赔偿额，仅限于侵权行为时已支付之价金，即在期待权人与保留所有权人间产生了一种损害分配，而各人仅能请求其对物之价值所享有部分之利益。[①] 以上诸种见解，见仁见智，但其中，1）、3）和帝国法院判决的见解，实际上否认期待权得为侵权行为客体，难称公平合理，2）说则忽视了保留所有权人的担保利益。试举例说明，如做为保留所有权买卖的标的物价值 1000 元，买受人已支付了 200 元，而第三人的侵权行为致使标的物价减损 700 元，依此说，则买受人得向侵权人要求赔偿 700 元损失，在标的物的价值没有其他减损的前提下，这就在实际上使保留所有权人有 500 元的担保利益处于无物可供担保的境地。4）说主张由加害人自由选择，不能顾及买受人与出卖人之间的利益均衡，易致争端。5）说兼顾了保留所有权人与期待权人的利益，但就其内部清偿关系未做明确规定，留待双方当事人协商，易致争论。联邦最高法院的判决则一方面从外部关系上兼顾了保留所有权人与期待权人的利益，另一方面又明定了双方的分配份额，这一思路确值赞同。有学者以“保留所有权人及期待权人对于加害人得请求数额，将因其内部清偿关系，发生变动，法律关系不易确定”为由，提出批评。[②] 笔者不以为然，因为就分配损害赔偿请求权的特定时点而言，在当事人间应有一明确的分配比例。联邦最高法院的见解从买受人角度观察，可具体化为以下两个原则：A. 若标的物的原有价值减去侵害人致损的价值，所得数额小于买受人已支付价款时，则意味着买受人支付款项业已超过其可得享受价值，就此差额，买受人得向侵害人主张损害赔偿，而出卖人得就买受人请求赔偿额以外的部分请求赔偿。试举例说明：一标的物原有价值 1000 元，买受人已支付 800 元，第三人侵害致损价值为 400 元，则买受人得就损害赔偿额中的 200 元请求赔偿，出卖人就另 200 元请求赔偿。B. 若标的物的原有价

① 王泽鉴：《民法学说与判例研究》第一册，第 229 页。

② 王泽鉴：《民法学说与判例研究》第一册，第 230 页。

值减去侵害人的致损价值，所得数额大于买受人已支付价款，则此时意味着买受人享受价值已超过其支付价款，因而买受人不得向侵权人主张损害赔偿，而只能由出卖人主张之。试举例说明，一标的物原有价值为1000元，买受人已支付了400元，第三人侵害致损300元，此时，只能由出卖人向侵权人主张损害赔偿300元。

第三部分　所有权保留制度性研究之二：关于取回权

所有权保留制度与分期付款买卖的结合，维系了双方当事人间利益的均衡。买受人的利益表现为在尚未满足特定条件时，已占有使用标的物，并享有指向标的物所有权的期待权。出卖人的利益则体现为对价金的收取和取回制度赋予其的权利。《美国统一商法典》第9—503条（迟延履行后担保权人之占有）的规定："除另有相反之约定外，担保权人得因迟延履行，而有取得担保物占有之权……"及我国台湾地区《动产担保交易法》第28条的规定：标的物所有权移转于买受人前，买受人有下列情形之一，致妨害出卖人之权益者，出卖人得取回占有标的物：（一）不依约定偿还价款者。（二）不依约定完成特定条件者。（三）将标的物出卖，出质或为其他处分者。就是所有权保留制度中的取回制度。德国民法对于出卖人取回标的物，未有明文。但学说判例认为基于保留所有权的本质及其担保债权功能，当买受人不依约定履行义务，清偿不能或其行为违反契约，尤其因不当使用标的物，致侵害出卖人的担保利益时，出卖人得取回标的物，从而也承认了取回制度。[①] 论文的这一部分拟对取回制度的若干问题加以研究。

一、取回权的行使对合同效力的影响

取回制度在特定情形下赋予了出卖人取回标的物的权利，那么，

① 王泽鉴：《民法学说与判例研究》第一册，第206页。

出卖人行使取回权的法律效果如何?换言之,取回权的行使对已存所有权保留买卖合同效力的影响如何?这是一个关涉各当事人的切身利益,却又尚未形成一致见解的问题。

早期德国学者曾认为,出卖人取回标的物时,合同并未解除,若标的物的价值与出卖人可得请求的价金债权相当的,买受人的债务视为业已清偿,若标的物的价值低于出卖人可得请求的价金债权的,买受人就其差额仍负有给付义务,但超过时,则应返还于买受人,也有认为出卖人取回标的物后,得为买受人的计算,依关于质权的规定,变卖标的物,以满足自己的债权。这二种理论由于欠缺法律的直接依据,且有混淆质权与所有权保留的地方,未被普遍接受。依德判例及学界通说,出卖人取回标的物后,买卖合同仍存在,价金请求权若尚未罹于时效的,出卖人仍可请求,并在买受人给付价金时,返还标的物。所以出卖人取回权的行使意在取消自己关于移转占有的先给付,以恢复同时履行状态。以上系就一般所有权保留情形而言,对于与分期付款买卖相结合的所有权保留,考虑到买受人所以愿意支付较高价金购买商品,是由于在价金清偿前,即可先占有,使用标的物,在出卖人行使取回权后,即剥夺了买受人的这一利益,若买受人仍必须支付全部价金,方可取得标的物所有权,则对买受人难谓公平。因此,德《分期付款买卖法》第五条规定,出卖人基于保留所有权取回标的物时,得为解除契约。美国《统一商法典》在这一问题上基本沿袭了《统一附条件买卖法》的立场,依法典的规定,出卖人在买受人履行迟延后,得依标的物当时的情况,或依任何商业合理的措施,出卖、出租或处分其一部或全部。对于处分所得收益,在支付完毕出卖人为取回、持有、准备出卖或出租、出卖、出租或其他类似行为所支出的合理费用及在合同约定的范围内为法律所不禁止的支付给律师的合理费用及其他合法费用后,应清偿担保利益所担保的债务。出卖人还可在买受人履行迟延后,建议由其保留标的物,以便清偿买受人的债务。[①]可见,做为取回权行使前提的"债务人履行迟延并未赋予担保权人(出卖人)解除合同的权利。[②]取回制度的意旨在实现合同,而非解除合同,故有学者称之为"实现合同的简易救济法。"[③]

我国台湾《动产担保交易法》附条件买卖一章系参考美国《统一附条件买卖法》拟就,各项制度也多效法此法。自法律继承的一体性而言,取回权行使对合同效力的影响,应作同一解释。但学者基于对动担法第29条的不同理解,形成了截然不同的见解。

(一)解除权效力说:此说代表人物林咏荣教授曾有如下论述:"契约当事人之一方迟延给付者,他方当事人得定相当期限,催告其履行,如于期限内仍不履行者(他方当事人),得解除其契约,此为民法(台)第254条所规定关于契约解除之原则。附条件买卖契约,亦为契约之一种,本条之规定,原可适用之,惟本法第28条第1款对于买受人不依约定偿还价款,亦即迟延给付者,已另定其行使物权与债权之方法,亦即取回标的物,并以之再行出卖,所订附条件买卖契约,因之而失其效力,此项契约之失效,乃基于取回权之行使,故取回权之行使,亦生解除权之效力。基此,德国分期付价行为法第五条,直以标的物之取回权,视为解除权而行使之也。"[④] 此说从根本上否认了取回制度区别于合同解除制度的独立存在价值,颇值参考。但就其论证过程和形成的观点而言,却存在有以下致命缺陷:1. 前段论述包含着这样一个三段论,即因为出卖人行使取回权,附条件买卖失其效力,(A)而附条件买卖失其效力,生解除权的效力。(B)所以取回权的行使,也生解除权的效力。(C)在这一逻辑结构中,做为提导前提的B命题与实体法不符,是为一假命题。因而做为结论的C命题也应为

① Uniform Commercial Code—1987,第9—504、9—505、9—506、9—507、9—313、9—314、9—315条。见West Publishing Co. 1987年版,P739.

② Ronald A Anderson: Anderson On the Commercial Code Volume 4. The Lawyers Co-operate Publishing Co and Bancroff—Whitney Co 1971,P582.

③ 王泽鉴:《民法学说与判例研究》第一册,第209页。

④ 林咏荣:《动产担保交易法新诠》,(台)三民书局1982年增订三版,第705页。

假命题。2. 台《动产担保交易法》第29条“附条件买卖契约失其效力”一语，仅适用于出卖人取回标的物，未受买受人再行出卖的请求，或于30日的期间内，出卖人未为再出卖的情形。对于出卖人已再出卖标的物的情形，并不适用，因为这时法律规定出卖人得就标的物依再出卖程序获得的价金受偿。若采解除权效力说，难免导致取回权的行使是否生解除权效力，将取决于标的物是否再出卖。这说明，解除权效力说至少从其解释对象而言，难以涵括所有的取回权行使情形。更何况依台民法规定和学界通说。对于非继续性合同，其解除有溯及力，在当事人间生恢复原状的法律效力，因而在出卖人未为再出卖的情形，解释为出卖人就标的物清偿买受人未偿付价款，比解释为解除合同更合乎现行法规定。而“附条件买卖契约失其效力”一语，也应解释为该契约因清偿而归于消灭。

（二）附法定期限解除契约说：此说代表人物黄静嘉先生持有如下见解：取回系附有法定期间的解除契约，出卖人取回买卖契约标的物，契约尚未解除，须至回赎期间已过，买受人不为回赎时，契约始行解除。买受人不待回赎期间经过，即为再出卖的请求，或因有急迫情事，出卖人不待买受人回赎，径行为再出卖的，也生同样效果。解除契约原则上双方应负恢复原状的义务，出卖人取回标的物，其所受领的标的物应返还买受人，买受人对使用标的物的代价及所致的损害负赔偿责任。但因使用标的物的代价及损害赔偿，往往不易确定，所以法律采用再出卖的方式以清算解约后双方的权义关系。在买受人不于一定期间内为再出卖的请求，而出卖人由于取回标的物后30日内未为再出卖的，系双方放弃清算，出卖人无偿还买受人已付价金的义务，出卖人也失其费用及损害赔偿请求权。[①] 此说构思巧妙，对若干问题的说明，也能言之成理，但就其法解释方法而言却严重违背了法律解释的整体性原则，这就必然影响到结论的准确性。就《动产担保交易法》的立法结构而言，附条件买卖一章第28—30条，勾画出了取

---

① 黄静嘉：《动产担保交易法》，（台）台湾银行编印，1964年版，第44页。

回制度的整体轮廓，对其中每一制度的考察解释，自应着眼于取回制度整体。[①] 依《动产担保交易法》第30条，所有权保留买卖标的物为可分割物，则于拍卖所得价金足以清偿债务及费用时，应立即停止，买卖标的物所得价金，应先抵充费用，次充利息，再充原本，如有剩余应返还买受人，如有不足，出卖人得继续追偿。可见，取回制度系着眼于合同的实现，而非合同的解除。另将再出卖标的物解为确定请求范围的方法，与一般经验法则不符，缘何法律放弃其他便捷方法不用，而采如此耗时费力、手续复杂的出卖程序？很难有说服力的理由。

（三）实现契约说：此说以动担法的规定为论证依据，认为："出卖人保留所有权的目的既在于保障价金债权，故出卖人基于保留之所有权，取回标的物者，其目的亦在满足未偿之价金债权。"[②] 从而否认了取回权行使发生解除，契约效力的观点。笔者认为此说契合法律的现实规定，又能正确地解释台动担法与美《统一附条件买卖法》之间的继受关系，应属正确。

那么，我国未来立法对这一问题应采何种见解？笔者认为，以承认取回权行使的独立存在价值，否认其与合同解除之间的必然联系为宜。这样处理，有利于各方当事人利益的顺利实现。详细些说：(1)合同解除，使当事人间的合同关系归于消灭，因此，在法定解除场合，为避免当事人交易意图轻易受挫，在最大限度上促成交易，法律对于做为解除权发生前提的债务人违约提出了较高的标准，只有在债务人根本违约，[③] 即因其违约使合同履行对于债权人成为不必要或使合同履行不可能的情况下，才赋予债权人解除合同的权利。这说明，解除权是一种受到严格限制的权利，法律一方面承认它，在债权人与债务人之间的结合关系发生基础性动摇时利用其积极的一面，以保护债权人利益，对过错违约加以否定；另一方面又限制它，把它

---

① 苏惠祥：《中国当代合同法论》，吉林大学出版社1992年版，第258页。

② 王泽鉴：《民法学说与判例研究》第一册，第212页。

③ 王利明、姚辉：《完善我国违约责任制度十论》，载《中国社会科学》1995年第4期，第8—9页。

摧毁当事人的交易努力，破坏现存法律关系的消极一面圈定在合理的范围内。因而在债务人的违约程度较为轻微，尚不能引发解除权的运用时，解除权就难有发挥功用的余地。而取回权的适用范围较为广泛，即使是债务人的违约程度较为轻微，也能给债权人提供一种保障自身利益顺利实现的工具，以防止债权人的利益在某一层面上缺乏有力的保护。从一定意义上，可以说："杀伤力"较弱，并内含有诸多补救手段的取回权的行使，对解除权的行使起着补遗的作用。由此可见，解除权与取回权在债务人违约时，从不同角度上服务于债权人的利益实现。而且从理论上讲，由于取回权比解除权的行使更顾及债务人的利益，因而债权人在得享有解除权场合，抛弃解除权，行使取回权，也应无不可。(2)在所有权保留买卖中，取回权的行使提供了一种完全不同于解除权行使的利益分配机制。解除权的行使以消灭合同关系为己任，采纳使债权人利益回到交易起点为主线的利益分配政策，双方当事人互负恢复原状义务，有过错的当事人还需承担必要的损害赔偿义务(包括违约的损害赔偿，不能恢复原状的损害赔偿和纯因合同解除而生的损害赔偿)。[①] 而取回权的行使则不消灭当事人间的合同关系，它采纳以实现出卖人的价金债权为主线的利益分配政策，力促交易的完成。取回权行使后，买受人可在法律规定的回赎期内或出卖人指定的合理的回赎期内，履行价金清偿义务，完成特定条件或停止对标的物的不法处分，以重新回到双方当事人提前约定的交易轨道上来。买受人若在回赎期内满足前述要求，就意味着交易障碍的克服，出卖人返回取回的标的物，交易重新进行。若买受人放弃回赎权，则他可在出卖人取回标的物后一定期限内请求出卖人再出卖，出卖人也可在一定期限内自动再出卖标的物，就卖得价金，支付必要的费用后，用来清偿买受人尚承担的价金债务。仍有剩余的返还买受人，尚有不足的，由买受人承担继续清偿的义务。出卖人与买受

① 崔建远:《合同的解除》，载王家福主编:《中国民法学·民法债权》，法律出版社1994年版，第380—383页。

人都可在合理的再出卖程序中取得标的物所有权。若出卖人愿意不出卖标的物,而以取回标的物的价值抵偿买受人的债务,则一般情形下,双方的债权债务因债的清偿而归于消灭,但也有例外情形,如美《统一商法典》第9—505条规定,在买受人已支付做为标的物的消费品现金价款的60%,而且在迟延履行后未在文件上签名表示放弃或修正其依法典第9章的规定所享有的权利的,对于取回标的物的出卖人,有权要求其依第9—504条的规定,处分担保物。若出卖人在取回标的物后90日内未完成处分的(包括再出卖),买受人有选择权,可对其提起侵占之诉或请求赔偿损失,或依第9—507条的规定要求担保权人负责。①综上所述,取回权的行使从完全不同于解除权行使的角度,满足了当事人的利益需求,因而,法律应承认其独立的存在价值,以更好地服务于社会现实需求,丰富民事主体的选择。

二、与取回权效力所及标的物范围相关的两个具体问题

(一)因添附而致标的物同一性丧失场合取回权效力所及标的物的范围

添附为附合、混合、加工三者的总称。取回权的行使本以所有权保留买卖标的物同一性的确保为前提,但实践中,标的物常基于各种情事因添附而致同一性丧失,此时,取回权效力所及标的物范围为何,就成为一个对买卖各方利益影响巨大的问题。

德国民事立法,于此未特设明文,但若依《德国民法典》第946—948条及第950条的规定,必然会在若干情形中使保留所有权人失去标的物的所有权,使其得向买受人主张的价金债权转化为依第951条规定而获取的权利丧失的赔偿请求权,依同条第1项的规定,此权利丧失的赔偿请求权为返还不当得利请求权,仅具债权效力,与出卖人此前享有的采保留所有权作担保的价金请求权自然不可同日而语。在此法律前提下,出卖人为维护既得利益,必然在所有权保留买卖中,要求订立种种限制性条款,以剥夺买受人对标的物的种种使

① Uniform Commercial Code—1987,P739.

用机会为代价，确保标的物的同一性。这种对同一性的固守，在一般情形下，并无大碍。但若买受人为生产商时，其购买货品，非供自己消费，目的在于变更标的物形体，制成新物，进行销售。此时若为获取同一性，而限制生产商的加工，势必等于宣告了所有权保留制度在这一领域的死刑。为充分发挥所有权保留的制度价值，德国工商界，通常在一般契约条款内订定加工条款时，将其对价金的担保延伸至其他标的物（即新产出物）上，从而以扩张出卖人取回权效力所及标的物范围为途径，开辟了买受人充分发挥标的物价值的可能。这就是所谓的“延长保留所有权”制度。其具体做法，可依前述买受人为生产商情形为利：依德国民法典第 950 条第 1 项的规定，在加工或改造的价值不显然少于标的物价值时，本应由加工人取得加工物的所有权，但因依法理，关于添附的法律规定中，因添附所生之物，原则上使为一物而存续，不认有复旧请求权，系为强行规定，而因添附而生之物应属何人，则系任意规定，当事人得依契约自由原则，任意规定。故此时，出卖人为保障其价金债权，可依契约变更第 950 条关于加工物权属的规定或约定买受人系为材料所有人而加工，使出卖人成为第 950 条所称的加工人。在这二种情形，加工物都可取代原买卖标的物成为保留所有权关系的客体。从而将加工物纳入取回权效力所及标的物的范围之内。①

我国台湾《动产担保交易法》关于此问题，本未设明文，但因适用台民第 812－814 条规定时，出现了类似于德国法律实践中的困难，为彻底克服这一两难局面，以有效协调买卖双方的利益。台“立法院”在 1976 年 1 月公布的《动产担保交易法》修正案中，增订一条条文，即第四条之一，专门解决这一问题。该条参照台民第 812－814 条及美国动产担保交易法立法例，明确规定“动产担保交易之标的物，有加工、附合或混合之情形者，其担保债权之效力及于加工物、附合物或混合物，但以原有价值为限。”此规定“俾使经设定担保之动产，

---

① 王泽鉴：《民法学说与判例研究》第一册，第 249 页。

其债务人仍得充分享有使用收益之权，以增加担保交易标的物之价值，兼谋有效确保债权人之债权。”[①] 营造了一种利益上的债权人债务人双赢局面。

《美国统一商法典》关于此问题设有明确的解决方法。依该法，一方面债务人有权自由使用、混合或处置担保物的部分或全部；另一方面，债权人的担保利益不因此而消灭。[②]关于债权人的担保利益，还区分以下三种情况予以具体化。(1)在动产与不动产发生附合情形，动产上原已有效成立的担保利益仍不受影响地继续存在。并得在满足一定条件的前提下，对于其与土地所有权人或土地担保权人相冲突的利益，有优先权。即使在动产上的担保利益原来并未有效成立，仅发生附着，若土地担保权人或所有权人已以书面同意该担保利益，或放弃在做为附着物的动产上得请求的利益，或债务人有对抗土地担保权人或所有权人移动物品的权利，在此权利终止后的合理期限内，动产上的担保利益仍有相对于土地担保权人或所有权人的优先权。但应注意的是，对于原存在于普通建筑材料上的担保利益，在普通建筑材料已用于改善土地的前提下，归于消灭。(2)在动产与动产发生附合情形，在动产上原已有效成立的担保利益，继续不受影响地存在。在动产上的原担保利益仅发生附着时，该担保利益优先于一切对于该物品得主张权利之人。但对于下列各人，则无优先权：1)通过支付对价对整体货物取得权益的任何后手购买人，此后买人不包括以担保利益持有人身份在再出卖标的物程序中取得权益的买受人。2)通过司法程序对整体货物后手取得留置权的债权人。3)对整体货物享有前存完善担保权益且随时提供贷款的债权人。上述三种人必须不了解在动产上原已附着的、尚未有效成立的担保利益。(3)动产经混合或加工成为一件成品或一宗结合物的一部时，其上原已有效成立的担保利益在下列情形下，继续存在于该成品或结合物之上：1)

① 林咏荣：《动产担保交易法新诠》，第38－39页。

② Uniform Commercial Code－1987，P739.

该动产经制造、处理、装配或混合后，在成品或结合物中已无法辨认者。2)在资金融通报表中，不仅包括原动产，而且也包括该动产经制造、处理或装配后的成品在内的。若有二项以上的担保权益附着于同一成品或结合物的，则各担保利益根据其原始附着动产，在整个成品或结合物成本中所占的比例享有权利。[①]

由上可见，不同的国家和地区，对于同一问题，采取了基本类似的解决方法。那么，我国未来立法应采何种态度？笔者认为，至少应明确以下几点：(1)坚持前述国家和地区业已创立的解决这一问题的基本思路，即以承认取回权的追及性和适度扩张，使其效力所及标的物的范围足以担保出卖人价金债权的清偿为前提，允许买受人通过附合、混合、加工诸种方式有效地利用标的物。这一思路无论在微观的利益均衡还是在宏观的经济效益上都能证成其合理性和存在价值。若立法不承认取回权的追及性和适度扩张，而允许买受人得自由地对标的物予以附合、混合或加工，则必然致出卖人于极为不利的境地，从而使其丧失运用所有权保留制度的积极性。若立法不承认取回权的追及性和适度扩张，且对买受人对标的物予以附合、混合、加工的权利不置可否，则势必会促使出卖人为维护其既得利益而对买受人对标的物的利用附加种种限制，使买受人因购买标的物目的不达而不愿积极进入所有权保留买卖中。只有在前述思路中，出卖人与买受人之间才出现了一种精巧的微观上的利益均衡。一方面出卖人可以借此确保价金债权的顺利实现，另一方面 买受人又可以其对标的物的自由利用达到交易目的，各方利归其所。在宏观上，出卖人得以此为背景，凭借分期付款买卖大量出售货物，为活跃经济，增加生产，提高人民生活水平做贡献，买受人也可充分发挥标的物的效用，使其大幅度增值或相当程度增值，以求“合乎现代国家法律程序的价值

① Uniform Commercial Code－1987，P739.

观。"[①] (2)对出卖人取回权的追及性和适度扩张附加合理的限制，以免妨害买受人和交易外第三人的合法权益，影响标的物增值所带来的价值创造上的积极效应。我国台湾《动产担保交易法》以"原有价值为限"做为取回权及于加工物、附合物和混合物整体的限制原则。美《统一商法典》则通过第 9－315 条所设置的取回权及于添附物整体的前提条件和出卖人得受偿范围及第 9－313 条第 8 款和第 9－314 条第 4 款关于出卖人取回标的物的具体规定：即出卖人从不动产或整体动产上取回标的物时，应对不动产或整体动产的权益人为修复不动产或整体动产的损害所支出的费用予以补偿，只要该权益人不是债务人而且未以其他方式同意承担此项费用，来限制出卖人的取回权。上述两种方案，笔者认为，以台《动产担保交易法》的规定为优。因为依美《统一商法典》的规定，在附合物或加工物上存有非债务人的第三人权益，且被附合或加工的标的物未丧失可辨别性时，取回权的效力不能及于添附物整体，出卖人须以承担必要的赔偿费用为前提行使取回权，在此赔偿费用较高时，无疑使出卖人的取回权形同虚设，即使出卖人事后可向债务人(买受人)追偿，但此费用已因沦为无担保的债务而使出卖人陷入极为不利的境地。由此可见，这种有前提的承认取回权及于添附物整体并设置由出卖人承担赔偿费用的思路对出卖人至为不利，并有过分保护第三人之嫌。而依台《动产担保交易法》取回权无前提地及于添附物整体，在被添附标的物为主物时，或自身价值较高时，如此处理，自然无可非议！在被添附标的物为从物或自身价值较低时，出卖人对添附物整体行使取回权，对在添附物上有权益的第三人也无不利可言，因为一方面取回权效力须以原有价值为限，出卖人在受偿范围上并未有量的变化，另一方面，第三人此时完全可以以买受人的代为清偿人身份，代其清偿价金债务，使出卖人的取回权归于消灭。然后第三人得因清偿代位而向买受人主张

① 苏永钦:《民法经济法论文集》(一),(台)国立政治大学法律学系法学丛书编委会 1988 年 10 月版,第 219 页。

价金义务。又因第三人依添附原理，在其为主物所有人或其物的价值（加工价值）高于被添附标的物的价值时，取得添附物所有权，并同时向买受人承担返还不当得利的赔偿义务。第三人的这一债务可与前述其因清偿代位而享有的债权相抵销，以确保自身利益的实现，故对第三人无任何不利可言。而买受人也得因第三人的代为清偿和债权债务的抵销，而免除了对出卖人的价金清偿义务并使其在标的物上的应有利益得以补偿。由此可见，这一思路充分兼顾了出卖人、买受人和交易外第三人的利益，堪称精妙。我国未来立法应从之。(3)因取回权效力所及标的物范围的扩张，必然会出现同一标的物上不同利益的冲突，应确立合理的利益位序，使取回权的行使前提明确化。美《统一商法典》的规定在此点上有借鉴意义，简要归纳，可知取回权的优先效力，得经由以下途径获得：(1)基于其他权益人的同意。(2)基于有效成立在先或附着在先。[①]在我国，可具体化为基于登记在先或成立在先。(3)基于“恶意不受保护”原则的运用。

（二）未经出卖人授权买受人处分标的物时（不包括添附）取回权效力所及标的物的范围

在买受人未经出卖人同意，擅自以出售、互易等方式处分标的物时，出卖人取回权效力所及标的物的范围如何，是一个关涉买卖双方和第三人利益的问题，我国未来立法对此应有一明确合理的态度。

采纳所有权保留制度的大陆法系诸国（或地区），在此问题上大多区分以下两种情况而论：(1)在出卖人的所有权保留未进行登记时，若买受人以出卖、互易方式移转标的物于善意第三人，则该第三人可取得标的物所有权，出卖人的取回权因无所依附，归于消灭，只能向买受人主张损害赔偿；在恶意第三人场合，为贯彻恶意不受保护原则，出卖人仍得就标的物行使取回权。(2)在出卖人的所有权保留已进行登记时，则无论买受人的交易对方为善意第三人，还是恶意第三人，出卖人都得就标的物行使取回权。美国法对这一问题的处理则

① Uniform Commercial Code－1987，P739.

别具特色，依《统一商法典》的规定，买受人未经授权而将标的物出售、交换或作其他处置后，在标的物上的担保利益仍继续存在，且此担保利益也继续存在于任何可分辨的收益上及债务人（买受人）所收取的款项上。此处的收益包括以出售、交换、收款或其他方式处置标的物后所得到的任何收获，以及处置该收获后再得到的经济收获。在收益上的担保利益得基于其在担保物上的有效成立而继续有效成立，但这种状态在买受人收到收益10日后停止，除非已登记的资金融通报表记载有原担保物，而且做为担保物的收益上的担保利益可因在同一登记机构登记而有效成立，或者出卖人已因登记或占有而使其在收益上的担保利益有效成立。①如果货币形式的收益已存入买受人的活期存款(checking account)，并在其商业往来中支付给对方当事人，则存于其上的出卖人的担保利益归于消灭，但这只限于正当的支出，若买受人与受款人为诈欺或虚伪的让与，则担保权人得依法主张其让与行为无效。②这就意味着，出卖人的取回权在一定情形下得同时及于原担保物及买受人处分原担保物时所获得的收益，但取回权的行使以价金债权的实现为限。《统一商法典》的这一解决方案，有其得以产生的特殊背景。依该法规定，在许多情形下，做为买受人的购买人的第三人得因法律规定而取得不受原存其上的担保利益约束的标的物。如依第9—307条的规定，做为第三人的物品买受人在以下三种情形得取得无负担的所有权：1. 除向从事农牧工业的人购买农畜产品外，其他依商业常规的买受人，得不受原出卖人所设定的担保利益的拘束，即使该担保利益已经有效成立，甚至买受人已知该担保利益的存在。2. 消费物品的买受人若不知其有（原出卖人设定的）担保利益存在，以对价为其本人、家属或家务的需要而购买的，即使该担保利益已经有效成立，也不受其拘束；但担保权人在买受人

① Lawrcncc S. Clark, Pctcr D. kindcr Law and Businciss—The regulatory dnvironment third edition McGRAW—HILL. INC1991. P829.

② Uniform Commercial Code—1987, P739.

买受以前已将记载该物品的资金融通报表予以登记的，不在此限。3.在原出卖人得知后一买卖之后，或在后一买卖逾 45 日后所设定的贷款担保，做为第三人的买受人得不受原出卖人的担保利益约束。[①]此外，第 9－301、9－305、9－309 条还分别规定了尚未有效成立的担保利益，动产契据上的担保利益，可转让票据上的担保利益不能对抗嗣后第三人（做为购买人）的情形。在这一背景下，若不承认出卖人的取回权得及于买受人处分担保物的收益，则出卖人的价金债权将无所担保，从而使债权人处于极为不利的境地，因此，为均衡各方当事人的利益，使取回权及于收益之上，就成为必要的而且也是巧妙的选择。

那么，我国未来立法对此问题应采何种方案？笔者以为，撇开美国法上解决方案的特殊背景，就其制度设计，与大陆法系诸国（地区）的解决方案相比，更具借鉴意义。理由如下：(1)出卖人未授权买受人处分标的物，并不意味着出卖人对买受人的无权处分行为必然持否定态度。出卖人很有可能基于实际的利益衡量而愿意放弃在原担保物上的担保利益，转而就买受人处分原担保物时所获收益行使取回权。尤其在收益为现金收益时，就其行使取回权，对出卖人更为有利。一方面免除了再出卖标的物的繁琐程序，另一方面以现金形态存在的收益更与出卖人实现价金债权的最终目的相吻合。美国法的方案充分顾及了这一因素，与大陆法系方案的专横武断正成反照。(2)美国法的方案在实际上起到了以推定当事人意思的法律规定代替当事人交涉的作用，以促进交易便捷，节省交易费用为契机，取得了交易上的效益，同时也维持了当事人间的利益平衡。详细些说，依大陆法系的方案，在买受人未经授权即处分标的物时，若要达到出卖人就买受人处分标的物的收益行使取回权的目的，尚须出卖人与买受人就此进行交涉，协商一致的基础上才有可能。这一交涉过程无疑滞缓了

① Ronald A Anderson, Ivan Fox David P. Twomey：Business Law-principles. cases，legal environment. South—Western Publishing Co 1992，P681、P682.

交易进程，增加了交易费用。美国法的方案则巧妙地免去了双方当事人进行前述交涉之累，而是由法律直接规定出卖人得在一种既成事实的基础上做出选择，这种选择前提的既成性并未损害出卖人的利益，反而营造了一种以出卖人为主体的选择多元的态势，拓宽了出卖人利益实现的渠道。也使买受人的无权处分行为获取了一定限度的存活可能性。买受人的利益在这一方案下并未因出卖人的选择权而受损，还可能在出卖人使取回权及于收益时，基于其与第三人的交易而获利。第三人则可因出卖人选择的不同，或取得标的物所有权，实现交易目的，或得向买受人主张返还价金，以维持利益平衡。由此可见，此方案具有形式和实质上的合理性，无论是立法技术还是营造当事人间的实质利益均衡，都有令人击节之妙。(3)将美国法的方案引入我国法，可能会遇到这样一种忧虑：即如果买受人处分标的物所获收益为现金收益时，则因其不具个性，难免被混合于买受人的其他财产中，从而使出卖人无法行使取回权。这种忧虑在我国及大陆法系各国是通过关于抵押权物上代位问题的讨论表现出来的。大陆法系民事立法在抵押物受损时，基本上公认抵押权是物上代位于赔偿金请求权之上而非代位于赔偿金之上。[①] 其理由正如日本学者我妻荣教授所言：“让渡作为物上代位标的之请求权的原因在于，为避免债务人的上述所得被混入其一般财产而消灭。”[②] 这一忧虑相信会被用来质疑在取回权问题上引入美国法方案的可行性和科学性。但笔者以为，正如我国学者崔建远教授在质疑抵押权只能物上代位于赔偿金请求权，而不能代位于赔偿金之上时所言：“金钱为一般等价物，在它作为抵押物时，只要有确定的数额，抵押权人就有权而且能够行使抵押权，若一定要求特定化，那么该特定化只要是金钱的数额特定化就足够了。”[③] 我们完全可以用同样的理由为出卖人得使取回权及于现

---

① 刘德宽：《民法诸问题与新展望》，第358—360页。

② 〔日〕我妻荣：《民法大意》(第2版)中卷，(东京)岩波书店1983年4月9刷，第324页。

③ 崔建远：《抵押权若干问题之我见》，载《法律科学》1991年第5期。

金收益上的正当性辩护，更何况在实践中买受人处分标的物的收益仍有可能通过一定的方式认定其独立性。就美国法的现实规定而言，在收益丧失可辨别性(独立性)时，也正是通过践行数额特定化得做为取回权的行使前提这一原则加以解决的，依美统一商法典第9－306(4)d 的规定，在买受人的一切现金及储存帐户中，若收益已与其中的其他资金相混合，则出卖人的担保利益仍有效成立，只是其数额应限定为不多于买受人在破产程序开始前10日所受领的任何现金收益的数额，即为明证。(4)须加以说明的是，由于善意取得制度在我国法中占有一席之地，因而在所有权保留未为登记时，买受人的无权处分行为常使出卖人处于不利境地，此时应在法律上对买受人的处分行为作出明确限制。

第四部分　所有权保留的制度性研究之三：所有权保留与同一标的物上其他权利设定的关系

一标的物得成为不同法律关系的客体，这是现代市场经济商品关系复杂化和贯彻物尽其用原则的必然结果。处于不同法律关系中的同一标的物，由此而得成为多项性质各异，内容相迥的权利的客体。不同权利设定于同一物之上，于权利行使之时，难免出现相互间的冲突，从而导致了法律上的两难局面：一方面，各个权利都应得到最大限度的尊重；另一方面，我们必须在冲突的权利群中做出孰优孰劣，孰先孰后的取舍裁定。面对这种两难，如何依据合理的协调策略确定权利的相互关系，就成为避免当事人间的纠纷，践行法的公平，效益理念的关键一环。制度法学派的代表人物麦考密克曾提出依“权利功利主义”的方法，即根据承认各个权利时的归结性协调的程度来编排权利的序列。这一思路，与其承认法的社会实践性，即把法的存在基础放在一定社会中的人们决定行为上，一脉相承，颇具启发意义。[①] 但做为法哲学层面上的抽象，难免失之空泛，而且做为这一理论推导前提的英美法系的司法决定程序和法律拟就过程的特殊性，也构成了将此方法引入我国法的障碍。

基于上述认识，笔者在论文的这一部分将凭借利益分析方法，以民法诸关联制度的内在机理为推导前提，对所有权保留与若干其他类型权利设定的关系加以探讨。

一、所有权保留买卖的标的物为动产时

（一）所有权保留与动产抵押

动产抵押是指抵押权人对债务人或第三人不移转占有，而就其供担保债权的动产设定动产抵押权，于债务人不履行契约时，抵押权人可以占有抵押物，并得出卖或申请法院拍卖，就其卖得价金优先于其他债权而受清偿的担保方式。[②] 其与所有权保留的相互关系，可分以下两种情形加以讨论：

1. 所有权人就同一标的物先设定动产抵押后进行所有权保留：

这里需要讨论的是这样一个问题：即已先设定有动产抵押的标的物能否再为所有权保留买卖？依我国台湾《动产担保交易法》的规定，经依该法设定抵押的动产，不得为所有权保留买卖的标的物，违反此规定的，其所有权保留买卖无效。从而表达了立法对此种情形存在可能的否定态度。但在标的物为不动产时，依台民第 867 条规定，不动产抵押权设定后，其所有人得将不动产让与他人，其抵押权不因此而受影响，为何标的物为动产时，法政策上竟有如此大的差异，郑玉波先生认为值得研究。[③]《美国统一商法典》对此问题采取了极为开明的见解，依其规定，抵押人有权自由使用、混合或处置抵押物的

① 李卫东：《“应然”与“实然”的制度性结合》，载周叶谦译《制度法论》，中国政法大学出版社 1994 年版，第 5 页。

② 刘春堂：《判解民法物权》，（台）三民书局 1987 年版，第 92 页。

③ 郑玉波：《民商法问题研究（一）》，国立台湾大学法学丛书编辑委员会 1980 年 6 月版，第 395 页。

部分或全部，在抵押物被出售、交换或作其他处置后，其上的抵押权仍继续存在，并得继续存在于抵押人处分抵押物时所获得的任何可分辨的收益中，[①]那么，我国法制度如何？依我国担保法第49条的规定："抵押期间，抵押人转让已办理登记的抵押物的，应当通知抵押权人并告知受让转让物已经抵押的情况；抵押人未通知抵押权人或者未告知受让人的，转让行为无效。"可知，我国法有前提地承认已登记的动产抵押，其标的物得再为所有权保留买卖。

究其实质，回答这一问题的关键在于如何在保护抵押权人利益和贯彻物尽其用原则之间寻求一种微妙的平衡。我国担保法采取的既不同于我国台湾法的全盘否定，又不同于美国法的全盘肯定，而是以动产抵押是否登记做为讨论前提的区别对待思路，应予肯定。但就其具体规定的妥当性和完善性而言，尚有探讨余地。详述如下：

(1)动产抵押已进行登记时：此时允许抵押人就标的物再为所有权保留买卖，具有利益机理上的合理性。一方面，基于登记具有的对抗善意第三人的效力[②]和抵押权的追及性，抵押权人仍得于债权未获满足时就抵押物实现自己的利益，另一方面，抵押权人还可与抵押人约定，由抵押人在与第三人进行所有权保留买卖时，附签为抵押权人利益合同(或合同条款)，由第三人在抵押物所担保债权的范围内向抵押权人代抵押人清偿债务，第三人基于代为清偿取得清偿代位，此指向抵押人的债权与其向抵押人承担的支付价金义务抵销，或由抵押人就其受领价金提前清偿担保债务或向其与抵押权人约定的第三人提存，从而确保抵押权人利益的实现。此外，抵押人再为所有权保留买卖，还有助于实现最佳的资源配置。有疑问的是，抵押人在转让标的物时，未向抵押权人通知或未告知受让人，能否构成转让行为无效的充足理由？笔者持否定的见解：a. 抵押人转让抵押物时，未通

---

① Uniform Commercial Code－1987，official text with comments West Publishing Co 1987，第9－205、9－306条。

② 各国动产担保的公示方式多采书面成立——登记对抗主义。对这种选择的妥当性研究，请参看王闯：《动产抵押制度研究》，吉林大学1994年硕士论文，第12－16页。

知抵押权人之所以会影响转让行为效力，其原因在于，对转让行为不知情的抵押权人，难免丧失就抵押人基于转让行为获取的价金满足自己利益的机会，而且受让人在抵押权实行前的处置行为也可能导致抵押物的价值减损，这两种情形都可能影响抵押权人利益的实现。但应看到的是，这种对抵押权人利益的影响并非必然，在抵押物价值本就大于其所担保的债权金额时，或者受让人受让抵押物后维持了其原来价值或使其增值时，抵押权人仍能就抵押物实现自己的利益。所以，无效的法律设计过分注重了（微观上）对抵押权人利益的保护而忽视了物尽其用原则的贯彻和交易便捷的价值，不若赋予抵押权人撤销权更为合理。这样一方面，使抵押权人在自身利益受损或有受损之虞时，以撤销权作为维护自身利益的工具；另一方面，又可依禁止权利滥用法理限制抵押权人恣意。b. 抵押人转让抵押物时，未告知受让人，之所以会影响转让行为的效力，其原因在于当抵押权人就抵押物求偿时，仍得追及于受让人受让的标的物上实现自己的利益，这对受让人至为不利。但应看到，这种结果也仅是一种可能的推论，当被担保债权顺利实现，无须行使抵押权时，受让人就可无负担地保有标的物，而且也不排除若干情形下，受让人愿意以代为清偿的方式实现保有标的物的目的。这时，法律意图以规定转让行为无效来保护受让人权利的目的就不能实现，反而走向了它的反面。再从制度关联的角度看，抵押人就标的物上设有抵押权，不告知受让人，系属一种明显的欺诈行为。做为影响合同效力的原因，一方当事人的欺诈使另一方当事人依法获取了撤销合同的效力，缘何同为欺诈，却有法律效力上的无效和可撤销之别？恐难找到有说服力的理由。因此，笔者认为，此时也以赋予受让人撤销权为宜。c. 民事行为无效制度是对特定民事行为在法律上进行否定，不赋予其法律效力，它既是表明了法律评价的坚决态度，同时又是对社会经济生活的一种干预。[①] 它在实际上把判断正当性的权利赋予了立法者，而非如可撤销民事行为制度，

① 韩世远：《免责条款研究》，载梁慧星主编：《民商法论丛》第 2 卷，第 500 页。

由具体民事法律关系中的当事人享有判断正当性的权利。无效民事行为制度的强制性特征，使其成为一个必须慎重对待的法律工具，只有在双方当事人的合意与行为严重地侵害了国家、社会和他人利益的情况下，才应许可它的适用。否则，就会导致权力的滥用和权力与权利间关系的失衡，使民事主体的自由意志被不正当地压制。因而，在仅涉及双方当事人利益或第三人利益尚非无可挽回时，应更多地发挥可撤销民事行为制度的弹性功能。由当事人基于自己的利益偏好进行选择，做出判断。基于这种认识，笔者认为，在抵押人转让抵押物而未通知抵押权人或未告知受让人时，以承认抵押权人和受让人得享有撤销转让行为的权利为宜。

(2)动产抵押未进行登记时：我国担保法对于此时能否再就标的物为所有权保留买卖，未设明文。笔者认为，应采否定见解。因为在抵押人将抵押物依所有权保留买卖转让给善意第三人时，第三人得取得无负担的所有权。从而使抵押权归于消灭。受让人为恶意第三人情形，虽从理论上讲，抵押权人得通过举证第三人为恶意，而维持自己在抵押物上的担保利益。但在实践中，这种举证常常极为困难，即使能够举证，举证成本也将是一个沉重的负担，对抵押权人至为不利。因此，为保护抵押权人利益，法律应明确规定，未进行登记的动产抵押，抵押人不得就抵押物再为所有权保留买卖，双方当事人另有约定的除外。

2.所有人就同一标的物先进行所有权保留，后设定动产抵押

笔者认为，此时应从法律上否定这种情形的存在，即所有权保留买卖的标的物，不得再设定动产抵押。这是因为所有权保留买卖的交易意图在于实现标的物所有权从出卖人到买受人间的移转。而设定动产抵押的交易意图则在于抵押权人得在抵押人的特定物上实现自己的利益。可见，就同一标的物而言，二种交易方式的交易意图是不相容的，一种交易意图的实现以另一种交易意图的不实现为前提。而且所有权保留买卖中，买受人在取得标的物所有权前已享有指向所有权的期待权，这种权利已使出卖人对标的物的处分权受到了限制，

所以，从实际的权利状态而言，出卖人也不得就同一标的物再设定动产抵押。

(二)所有权保留买卖与动产质权

质权，我国担保法称质押，系指债务人或者第三人将其动产移交债权人占有，将该动产作为债权的担保。债务人不履行债务时，债权人有权依法将该动产折价或者以拍卖，变卖该动产的价款优先受偿。其与所有权保留买卖的关系得区别而论：

1. 所有权人就同一标的物先为所有权保留，再设定质权，此种情形，得从以下两个方面考察：

(1)出卖人能否在所有权保留买卖之后，再就同一标的物为第三人设定质权？答案是否定的。原因在于，质权的设定以移转质物占有于质权人为生效要件，在标的物为所有权保留买卖时，标的物已由出卖人现实移转占有于买受人，且买受人已享有指向标的物所有权的期待权，因此，出卖人既不可能将标的物现实移转占有于质权人，也不可能以指示交付的方式向质权人让与返还标的物的请求权，可见，质权没有生效的可能。[①] 但在实践中，当买受人将标的物交由出卖人进行修缮时，出卖人仍有可能就同一标的物再设定质权，这时，若所有权保留买卖已进行登记，则基于登记的对抗力和所有权保留买卖与质权在同一标的物上交易意图的不相容性，应认定嗣后设定的质权无效。考虑到所有权保留买卖存在于特定情形下，被撤销归于无效或被解除的可能，这一无效以解为相对无效为宜。若所有权保留买卖未登记，出卖人就同一标的物为善意第三人设质，应如何处理？我国法未设明文，我国台湾民法第886条则明确规定：“质权人占有动产，而受关于占有规定之保护者，纵出质人无处分其质权之权利，质权人仍取得质权”，从而确认了质权的善意取得制度。笔者认为，为契合

① 史尚宽先生论及动产质权的成立，认为除设定质权的合意外尚须有标的物的交付，但此交付既可采用现实交付方式也可采简易交付或指示交付方式，详请参看史尚宽：《物权法论》，(台)荣泰印书馆股份有限公司1979年5月五刷，第314页。

“在近代的交易中，为顾虑到财产权之圆滑流通起见，在某种场合下，亦非牺牲真正权利人之利益（交易上静的安全），以保护善意无过失交易者之利益不可”[①] 的现代民法倾向，在法解释上，应承认质权得善意的取得。此时，买受人不得要求善意第三人返还标的物，只能请求出卖人承担损害赔偿责任。

那么，出卖人能否就其价金债权设定权利质权呢？德国、瑞士、日本和我国台湾民法都明确地予以肯认。如日本民法第362条规定：“质权得以财产权为其标的。”我国台湾民法第900条规定：“可让与之债权及其他权利，均得为质权之标的物。”我国担保法第75条以列举的方式认定下述权利得为质权标的：汇票、支票、本票、债券、存款单、仓单、提单；依法可以转让的股份、股票；依法可以转让的商标专用权、专利权、著作权中的财产权；依法可以质押的其他权利。可见，如果出卖人的价金债权得归于前述范围时，出卖人得于其价金债权上设定权利质权。

（2）买受人能否就所有权保留买卖标的物设定质权？答案也是否定的。这是因为买受人在价金支付完毕之前，尚未取得标的物的所有权，自然不能在标的物上为他人设定质权。若所有权保留买卖已经登记，买受人未经授权就标的物设定质权时，出卖人得行使取回权。若所有权保留买卖未登记，买受人就标的物为善意第三人设质时，该第三人自可善意取得质权。

2.所有人就同一标的物先设定质权，再为所有权保留买卖

此种情形，也可由以下两方面考察：

（1）出质人为之：前已述及，质权的设定以移转占有于质权人为生效要件，因而出质人在标的物设质之后，丧失了对标的物的直接占有。这时，出质人根本无法依所有权保留买卖的方式将标的物再行现实移转占有于买受人。（2）由质权人为之：依我国担保法第70条的规定，在质物有损坏或者价值明显减少的可能，足以危害质权人权利

① 刘德宽：《民法诸问题与新展望》，第248－249页。

的，质权人可以要求出质人提供相应的担保，出质人不提供的，质权人可以拍卖或者变卖质物。此外，依我国台湾民法第891条及日本民法第348条规定，质权人于质权存续中，得以自己的责任，将质物转质于第三人。这些规定意味着质权人在质权存续期间对质物享有一定的处分权利，那么这是否可以推断出质权人得就标的物再为所有权保留买卖呢？不能！理由在于：(1)无论是质权人的物上代位权，还是转质权，都是为了实现特定的法律目的，而由立法以特别认可的方式赋予质权人的权利。质权人不得在没有立法个别认可的前提下处分质物。(2)所有权保留买卖以出卖人对标的物享有所有权为交易前提，质权人并不享有标的物的所有权，自然也不得为所有权保留买卖。

(三)所有权保留买卖与留置权

留置权系指债权人按照合同约定占有债务人的动产，债务人不按合同约定的期限履行债务的，债权人有权依法留置该财产，以该财产折价或者以拍卖、变卖该财产的价款优先受偿。留置权为法定担保物权，不得依当事人合意而成立。[①] 依我国担保法，在保管合同、运输合同、加工承揽合同及法律规定可以留置的其他合同中，有留置权的存在。所有权保留买卖与留置权的关系，得区别而论。

1. 先为所有权保留买卖，后发生留置权

所有权保留买卖中，动产的占有，已由出卖人移转于买受人，因而通常情形下，就出卖人而言，不会发生留置权。但并不排除于双方当事人约定的情形下，由出卖人就标的物为修缮(或保管、运输)，并承担费用。此时，有符合留置权成立要件的情形，自会成立第三人在标的物上的留置权。当然，所有权保留买卖中，更多的情形是由买受人承担修缮(或保管、运输)标的物的义务，那么，当买受人未依约支付修缮(或保管、运输)费用时，第三人能否在标的物上成立留置权？依我国担保法第82条的规定，留置权的成立要件之一是债权人按照

---

① 史尚宽：《物权法论》，第440页。

合同约定占有债务人的动产，即被留置的财产需属债务人所有。而买受人在价金清偿完毕之前，尚未取得标的物所有权，此时，自然无第三人在标的物上成立留置权的余地。若对标的物为修理（或保管、运输）的第三人，相信买受人为所有权人而受取时，可否取得留置权？换言之，留置权是否适用善意取得制度？我国法于此未设明文。我国台湾学者史尚宽先生认为，台民关于动产质权的善意取得，设有明文，而留置权的标的，与动产质权同为动产，二者性质极相类似，关于善意取得的规定，应解释为也同样适用。而且从比较法的角度看，我国台湾民法第948条的规定："以动产所有权或其他物权之移转或设定为目的，而善意受让该动产之占有者，纵其让与人无让与之权利，其占有仍受法律之保护。"与瑞士民法第933条相当，瑞士学者对该条的解释，认为善意取得对留置权也有适用，台民应从之。① 笔者认为，留置权应有善意取得制度的适用余地。善意取得制度是对罗马法奉行的"任何人不得以大于其所有权的权利转给他人"原则所确定的绝对保护静态安全的修正，它以日耳曼法中的"以手护手"原则为生发基础，服务于维护动态安全，即交易安全的法律意图。在本初意义上，静态安全与动态安全都是法律保护的对象，但"动态安全与静态安全之间存在着矛盾，而法律只能保护一种安全，难以同时保护两种安全。这就要求权衡利益得失，以确定法律所保护的对象。"② 若法律侧重于静态安全的保护，则交易当事人为防不测之损害，在任何交易里，均非详细地调查真正的权利人，以确定权利的实象后，方开始交易不可，这必将严重影响交易的顺利进行。因此，各国立法，为实现交易的快速便捷，多侧重于保护动态安全，以微观上特定当事人的不利益换取宏观上整个社会经济的巨大效益。基于这种认识，对善意取得制度的运用范围应采较为开放、宽泛的态度，以适应现代市场经济的

---

① 史尚宽：《物权法论》，第447页。

② 王利明：《改革开放中的民法疑难问题》，吉林人民出版社1992年12月版，第136页。

要求。承认留置权的善意取得，正是这一法律目的的具体体现。同时，还可有效避免被留置标的物的所有人与第三人通谋做虚假的日期在先的所有权让与，害及修理人(或保管、运输人)的债权。

所有权保留买卖与留置权并存时，若出现买受人违约不履行约定义务的情形，出卖人能否依保留所有权，自留置权人处取回标的物？笔者持否定的见解。理由在于:(1)留置权的设置目的就是为了保障留置权人债权的实现，而赋予其得对抗所有权人的就标的物优先受偿的权利。且“留置权以物之占有为其存续要件，因占有之丧失而消灭。”[①] 因此，若允许出卖人依保留所有权取回标的物，则无异于从根本上否认了留置权制度的存在价值。(2)在标的物有毁损而交由修理人修理时，承认留置权优先于所有权保留，更具利益分配上的合理性。因为就已修复的标的物而言，已经加入了修理人的劳动价值，从一定意义上说，修复的标的物是出卖人与修理人的“共有物”。[②] 此时，若允许出卖人依所有权保留取回标的物，使其价金债权得以清偿，无疑是对修理人在标的物价值创造中的作用的忽视。而且也在实际上营造了一种由所有保留买卖双方来决定修理人利弊得失的局面，使修理人的利弊得失脱离自己的自由意志，成为他人交易关系的附庸，实在难称公平！而承认留置权的优先效力，则可使留置权人通过就物受偿程序，完成自己的利益从他人的利益关系中的“剔除”，以维持各方当事人间利益关系的平衡。

2.先发生留置权，后为所有权保留买卖

此可从以下两方面考察:(1)就动产所有人方面，因其动产已被其债权人留置在先，因而根本无法再就同一标的物为所有权保留买卖，将标的物移转于买受人占有使用。(2)就留置权人而言，其对留置物享有的权利为担保物权，具体言之，即得以留置财产督促债务人履行债务的权利和得以该财产折价或者以拍卖、变卖该财产的价款优

① 崔建远等著:《中国房地产法研究》，第196—197页。
② 崔建远等著:《中国房地产法研究》，第196—197页。

先受偿的权利，并无以所有权人身份处分标的物，而为所有权保留买卖的权利。若留置权人对善意第三人伪称其为标的物所有人而为所有权保留买卖时，其效力如何？笔者认为，此时应承认善意第三人得于价金支付完毕时获取标的物所有权。理由如下：(1)从风险规避的角度看，动产所有权人处于远比善意第三人优越的地位。他完全可以通过就同一标的物设定动产抵押的方式或通过由第三人提供保证的方式，使动产脱离留置权人的占有，从而防止留置权人的再出卖行为。而善意第三人若要规避风险，则只能依靠交易前的调查，这种调查常是无法进行或是成本高昂的，抛却善意第三人的个案色彩，必将对整个社会经济中数量庞大的动产交易，造成极大的不经济，也使交易过程延长，从而使物的流通受到严重阻碍。由此可见，与善意第三人相比，动产所有人是得以最小成本避免风险的人，因而，着眼于社会经济的整体效益，应由其承担风险引致的不利益。(2)从利益补救的角度看，动产所有人也处于比善意第三人有利的地位，尤其在善意第三人已支付大部分价金或全部价金时，动产所有人在利益补救角度的有利地位更为明显。因为若承认善意第三人得取得标的物所有权时，原动产所有人拥有了指向留置权人的损害赔偿请求权。此时，即使留置权人无资产，动产所有人也得以其前存债务与此债权抵销，从而确保部分利益的实现。反之，若法律否认善意第三人得取得标的物时，则善意第三人基于其已向留置权人支付价金而产生的返还不当得利请求权，在留置权人陷于无资力时，将难有担保性手段可用，难免陷于极为不利的境地。前述两个理由中，第(1)个理由是决定性的，第(2)个理由因可能在实际的利益衡量中导出相反的结论，因而，处于从属性和参考性的地位。

二、所有权保留买卖的标的物为不动产时

在我国，土地为国家或集体所有，不得成为买卖的客体，因而，实践中，以房屋(含土地使用权)的所有权保留买卖最为常见。笔者在这一部分，拟就房屋的所有权保留买卖与房屋租赁权的关系加以探讨。

租赁权系指承租人，基于房屋租赁合同取得的使用，收益房屋的权利。做为讨论的前提，租赁权的法律性质，是一个必须首先究明的问题。租赁权的法律性质如何？历来有三说。债权说认为，承租人占有、使用、收益、租赁物的权能，只能对出租人主张，仅具有债权的效力，不能对抗第三人；自罗马法以降，债权说有相当长的历史时期为各国法所承认。① 物权说发端于日耳曼法，认为租赁权乃占有租赁物而为使用、收益，不外为物的支配，并且该支配权实际上为租赁权的本体，故租赁权为物权。这两种判断尖锐对立，各持两端，依债权说，买卖能破租赁，从而使租赁缺乏安全性，对于承租人极为不利。也与现代民事立法由个人本位向个人本位与社会本位并重过渡，承租人权利在近现代财产法由所有为中心向利用为中心转进的理念支配下，日益强化的趋势相悖。因而，现代民法对此多加限制。物权说则系日耳曼法借事务的外观决定权利性格的法律逻辑的产物，它仅凭承租人对于物的外观具备占有支配的权利，就赋予租赁权以物权的构成，未免失之武断，究其实质，无论是日耳曼法上的租赁权，还是继受日耳曼法传统的法国法上的租赁权，与近代法上的物权的本质还有一段距离，仍然以市民法基本原理，契约自由原则为基础，未能抑制出租人的解约权。② 由此可见，债权说与物权说皆有其弊，从而有了关于租赁权法律性质的第三种见解，即租赁权的物权化说，即租赁权仍属债权，但法律为强化其效力，使之物权化，租赁权的物权化说，最早可追溯至1887年德国民法第一次草案讨论有关租赁权的规定时，耶林和基尔克的租赁权的对抗力的主张。现在许多国家都通过立法或判例不同程度地把此说予以肯认。③ 学者认为，“从我国现行法的规定及其理论看，包括房地产租赁权在内的租赁权是物权化的。”并具体指出，修正的《中华人民共和国经济合同法》第23条第2款后段的规定“如果出租方将财产所有权转移给第三方时，租赁合同对财

① 龙斯荣：《罗马法要论》，吉林大学出版社1991年版，第164页。
② 刘德宽：《民法诸问题与新展望》，第118－119页。
③ 刘德宽：《民法诸问题与新展望》，第118页。

产新的所有方继续有效。"说明租赁权具有对抗力，买卖不破租赁。另由于我国《民法通则》将侵权行为的客体界定得非常广泛，租赁权得被包括在内，故租赁权人可直接基于租赁权受侵害而对第三人请求赔偿损害，这也是租赁权物权化的表征。[①] 故本文以租赁权的物权化说为讨论的前提。

由于租赁权以房屋的使用价值为着眼点，所有权保留买卖则兼涉房屋的使用价值和交换价值，所以租赁权的设定与所有权保留买卖二者为不相容的交易方式。租赁权设定之后，基于租赁权的物权化而确立的"买卖不破租赁"原则，出租人根本无法就同一房屋再为移转房屋占有于第三人的保留所有权保留买卖。在先为所有权保留买卖时，由于出卖人与买受人之间大多附签有租赁合同，因而，出卖人也无法再为第三人在房屋上设定租赁权。

由于租赁合同为诺成性合同，基于合同的生效，承租人就享有租赁权，那么，在承租人尚未占有房屋时，出租人就房屋再与善意第三人为所有权保留买卖，应如何处理？笔者认为，应承认善意第三人得在价款支付完毕时取得房屋所有权。这是因为第三人在出租人交付房屋于承租人前，根本无从知道租赁关系的存在，即使可以查知，也将费用巨大。为保护交易安全，圆滑财产流转，以保护善意第三人的权利为宜，不应在这种情形下固守"买卖不破租赁"。若承租人已现实占有房屋时，出租人再与第三人为所有权保留买卖，即使第三人为善意，也应坚持"买卖不破租赁"，保护承租人利益。这是因为第三人完全可以从承租人占有租赁物来查知租赁关系的存在并明晰租赁物的权利状态，从而不致遭受不测的损害。

结 束 语

驰笔至此，所有权保留制度尚有一些理论问题未为本文专门探

① 崔建远等著：《中国房地产法研究》，第109—110页。

讨，如登记制度，动产担保制度的统一化等。即使已经探讨的问题，也难免挂一漏万。鉴于笔者学力尚浅以及篇幅有限，只有留待以后的学习生活去继续探讨，以期有一天能圆满完竣这盘“没有下完的棋”。

论物上请求权制度

侯 利 宏

目 次

导　言

物上请求权制度，是大陆法系民法特有的关于物权保护方法的概括而独立的制度，是物权法的不可或缺的重要组成部分。英美法系中，当然不乏对所有权、占有等进行保护的各具体制度，如“Law of Tort(侵权行为法)”领域中的“返还不法扣留动产之诉(detinue)”、“返还不法取得动产之诉(replevin)”、“回复不动产之诉(ejectment)”、及“侵害禁止令(injunction)”等。[①] 但以上各具体制度是在历史上渐次分别形成的，不构成一个抽象的整体，不能称作一个制度。在这一点之上，二者是不同的。不过，二者并无优劣之分，因为法律体系后的历史背景、文化传统各有其特点，与各自社会相适应的法律制度当然也各不相同。

物上请求权制度，在大陆法国家如德国、瑞士等，无论在立法还是理论研究方面，都已达相当高的水平。但在具有大陆法传统的我国的现在，物上请求权制度却是另外一种情形。1911、1925 年，出现了中国民法的第一、第二草案。1929－1931 年，南京国民政府颁布《中华民国民法》，这是中国历史上第一部民法典。该法典确立了物上请求权制度，分为基于所有权的物上请求权(767、788、793－795 条)、基于占有的物上请求权(962 条)及地役权人的物上请求权(858 条)(详见第二章第二节)。虽然关于他物权的物上请求权的观点不够全面，但是，总体而言不失为一个较完备的法律制度。1949 年，随着国民政府在大陆的垮台，该法典在大陆终止了其效力，现仅施行于我国台湾一省(为行文的方便，下文一律使用‘台湾省民法’一词)。

中华人民共和国建立后，曾几次设民法起草机构编纂民法典，均因种种原因未能成功，直到 1986 年才颁布规定民法最基本原则和制

---

① 〔美〕V. A. Grifith:《英美法总论》，姚淇清译，正中书局 1983 年版，第 214、218、219 页；(Austrilia)John G. Fleming:The Law of Torts, Sydney, 1977, P47、52、73。

度的《民法通则》。不过《民法通则》中未明确物上请求权这个概念，也未建立起独立于侵权行为的物上请求权制度，仅有关于物上请求权内容的简单涉及（民法通则：86、134 条），且在概念区分和性质的界定上模糊不清。与此同时，学者们对物上请求权探讨的也比较少，迄今为止大陆未有一篇关于物上请求权制度专题研究的文章。物上请求权概念即使在文章或著作中出现，也仅仅是简单的涉及。[①] 而物上请求权制度是物权保护的重要方式，也是物权法的重要问题。因此，这种状况显然不适应社会主义市场经济的需要。鉴于此，本文拟对物上请求权制度进行研究和分析，以期对中国的物权法完善有所裨益和推动。

第一章 物上请求权制度的历史

第一节 物上请求权制度渊源

一、序说

罗马法，被用来描叙从《十二铜表法》（公元前 450 年后）延续到优士丁尼民法典编纂（公元前 534 年后）的全部罗马法律成果。而 6 世纪时期优士丁尼皇帝主持修订的《民法大全》，包括《法学阶梯》、《学说汇纂》、《优帝法典》及《新律》[②] 对后世法律制度的影响巨大，不仅是大陆法系形成的基础，而且对英美法系也有相当影响。虽远在一千多年前，但其细致周密的法律制度，在今天看来还是如此的完美和令人赞叹，本文所讨论的物上请求权制度的渊源也可追溯到其中。

但罗马法中并未形成“物上请求权”概念，同时也没有与之相对

① 蓝承烈：《民法上的请求权竞合刍议》，见《求是学刊》，1992 年第 1 期；李莉：《请求权性质初探》，见《当代法学》1991 年第 3 期；梁慧星：《民法》，四川人民出版社 1985 年版，第 215－218 页；钱明星：《物权法原理》，北大出版社 1994 年版，第 163－167 页。

② 〔美〕格伦顿·戈登，奥萨魁：《比较法律传统》，米健等译，中国政法大学出版社 1993 年版，第 11－12 页。

应的抽象的概念。在罗马法那里，具有物上请求权性质的那部分内容是基于所有权、地上权及占有等所得提起的各种诉权。在罗马法，虽然有所有权，但尚未形成抽象的所有权概念。除所有权以外，罗马人还承认役权、永佃权（也译永租权）及地上权。根据一般观念，还包括质权和抵押权。这些所有权以外的权利，罗马人称为 iura（权利）或 iura in rem（对物的权利），现代人则称之为 iura in aliena（他物权）。[①] 罗马法上，还有留置权（jus retentionis），如出租人得留置承租人的财物作为交付租金和损害赔偿的担保，但其尚未被视为独立的物权。[②] 此外，占有在罗马法上与所有权相分离，是一个相对独立的制度[③]，被给予像物权一样的保护。罗马法的这一传统，正如后文所能看到的，也成了大陆法物权制度的传统。关于作为"物上请求权"渊源的各种诉权，分述如下。

二、基于所有权及其他物权的诉权

（一）基于所有权得提起"所有权返还之诉（rei vindicatio）"和"所有权保全之诉（actio negtoria）"[④]。前者是对非法占有者提起的要求承认原告权利，从而使占有者返还物及其上一切添附的诉讼。后者是所有者对侵犯其权利轻微的行为（无论侵犯行为已经出现还是所有者担心它出现[⑤]）提起的以排除或阻止对物进行滥用的诉讼。

（二）罗马法上的役权，包括人役权和地役权，是所有权的负担。基于役权得提起"役权确认之诉（actio confessaria）"，即当所有人否认役权或侵害役权行使时而提起的诉权，以确认役权和恢复原状，及

---

① 〔意〕彼得罗·彭梵得：《罗马法教科书》，黄风译，中国政法大学出版社出版，第183页；周枏：《罗马法原论》，商务印书馆出版，第297页。

② 周枏：《罗马法原论》，第297页。

③ 周枏：《罗马法原论》，第407页。

④ 〔意〕桑德罗·斯奇巴尼选编：《民法大全选译（三）》，范怀俊译，第75、93页。此外，有的书中还提到"普布西亚之诉（actio publiciana），也称"恢复占有之诉"，是指取得时效完成前，善意而有合法原因的受让人丧失对其物占有时所提取的诉讼，也就是说，提起系所时尚未取得占有，即非基于所有权而生的诉讼。

⑤ 〔意〕彼得罗·彭梵得：《罗马法教科书》，第227，230页；周枏，《罗马法原论》，第350页。

赔偿原告因此所遭受的损失[①]。

（三）永佃权（ius emphytellticum），是支付租金而长期或永久使用、收益他人不动产的权利。根据优帝法，永佃户得提起"永佃诉权（actio emphyteuticaria）"，以请求返还永佃物，及适用"所有权保全之诉（actio negatoria）"，以排除或防止妨害[②]。

（四）地上权（superficies），是支付地租，利用他人土地建筑房屋而使用的权利。地上权收益人得提起"准对物之诉（quasi in rem actio）"[③]，即要求返还原物[④]。

（五）担保物权，质权与抵押权，在罗马法上是一个几乎统一的制度[⑤]，债权人得提起"质押之诉（actio in rem）"，是对物之诉，以返还原物为内容。

三、占有及占有的保护

罗马法中，占有被大多数学者认为是一种事实[⑥]。占有虽受到保护，但非终局性的保护；占有之诉中的败诉者可能在所有权之诉中胜诉[⑦]。对占有的保护是通过请求令状实现的，令状分为"占有保持令状（interdicta retinendas poscessionis）。与"占有恢复令状（interdicta recuperandae possessionis）"，内容与所有权之诉相类。于优帝一世时改革"令状"为一般的诉。而且，前者内容也发生变化，申请保护者的占有须有事实上的侵害，若是仅担心有侵害，则不允许[⑧]。

此外，罗马法中还有"准占有（quasi possessionio）"，又称"权利占有（juris possessio）"，指所有权以外的占有[⑨]，仿占有为保护，役权

---

① 周枬：《罗马法原论》第 379 页。

② 〔意〕彼得罗·彭梵得：《罗马法教科书》，第 267－268 页；周枬：《罗马法原论》，第 388 页。

③ 〔意〕桑德罗·斯奇巴尼：《民法大全选译（三）》，第 197 页。

④ 〔意〕彼得罗·彭梵得：《罗马法教科书》，第 201 页。

⑤ 〔意〕彼得罗·彭梵得：《罗马法教科书》，第 344 页。

⑥ 周枬：《罗马法原论》，第 407 页

⑦ 〔意〕桑德罗·斯奇巴尼：《民法大全选译（三）》，第 207 页。

⑧ 周枬，《罗马法原论》，第 423－427 页。

⑨ 〔意〕桑德罗·斯奇巴尼：《罗马法教科书》，第 281 页。

即属此例。永佃权、地上权及质权，在罗马法被认为是占有，受占有令状的保护；抵押权则受“质押之诉”的保护，不属于准占有的范畴。[1]

第二节　物上请求权的建立

一、法国的民法典、诉讼法典与物上请求权

罗马法律与法学的成熟和完善的技术，并未随罗马帝国的灭亡而被人们所抛弃，在欧洲大陆尤其如此。在漫长的历史中，它构成了西方法律传统的一部分[2]。后来的西方诸法典大都受到了来自罗马法的直接或间接的影响。在物权尤其是所有权的保护方面，法国的《法国民事诉讼法典》、《法国民法典》继受了罗马法的传统。

关于物权尤其是所有权的保护，《法国诉讼法典》23 条以下规定了占有之诉(action possessoire)与本权之诉(action petitoire)，其物权的标的限制为不动产[3]。与此同时，《法国民法典》第 25 条也涉及关于“返还不动产的诉权”的规定，第 597、599、701 条还规定“用益权人得准用对所有权保护的方法，排除来自所有权人的侵害”；“地役权人得排除供役地所有人对地役权的侵害”。从性质上而言，以上方法属于物权的保护方法(与之相对应者为债权的保护方法)，是实质上的物上请求权。因此，可以说其为近代意义上的物上请求权制度的雏形。但是，其存在着以下不足：(1)其时尚未确立物上请求权概念，而且被当作诉权来看，于诉讼法中进行规定；(2)被保护的物权标的范围较为狭窄，仅限于不动产；且他物权的保护仅限于用益物权等。

二、德国民法典与物上请求权制度

之后，大约经过了近一个世纪，以体系完美、逻辑严谨而著称的

---

① 周枏：《罗马法原论》，第 431－432 页。

② 〔美〕伯尔曼：《法律与革命》，中国政法大学出版社出版，第 27 页。

③ 〔台〕史尚宽：《物权法论》，第 531 页；〔日〕广中俊雄：《物权法》(增补第二版)，青林书院，第 214 页。

《德国民法典》[①]施行(1900年),物上请求权制度随之而最终确立,并表现出了与19世纪形成阶段不同的风格。首先,物上请求权以请求权面目出现,被称为"请求权",与物权编之下有详细的规定。其次,内容上更为详尽和细致,基于所有权所生的请求权的有关规定达24条之多。第三,体系上有条不紊,其核心是基于所有权保护的规定(德国民法:985、1004条),他物权则准用关于所有权保护的规定(德国民法:1017、1027、1133、1134、1227条等),占有人也得基于占有提起诸种请求权(德国民法:861、862条)。具体而言,基于所有权的请求权分为:(1)返还请求权(德国民法:第985条),即所有人得请求占有人返还其物的权利;(2)除去侵害请求权(德国民法:1004条第1项),即所有人于受到以剥夺或扣留占有之外的方式的侵害时,得请求侵害人除去侵害的权利;(3)不作为请求权(德国民法:1004条第2项),即所有人有继续受侵害之虞时,得提起防止侵害的权利之诉。基于占有的物上请求权,与以上请求权相似,分为因占有被侵夺而生的请求权与因占有被妨害而生的请求权。

由此,物上请求权制度最终于德国民法典中得到确立,构成了物权法的重要组成部分,并对物权的维护起着重要作用。

三、小结

不难发现法国的所有权之诉及占有之诉,仅仅停留在诉权阶段,对物权及占有的保护仍无法脱离诉讼范畴,这与罗马法相比未有多少改变。因此,物上请求权及其制度在其上尚未确立。如前文所述,确立的使命由德国民法典完成了,物上请求权作为一种实体权利开始出现在民法中。而且,德国民法典确立的物上请求权制度,足以使人回忆起罗马法的规定。这并不奇怪,因为,德国民法典是在"潘德克顿法学(Pandektenwissenschaft)"的基础上完成的,而该学派是由罗

---

① 〔美〕艾伦·沃森:《民法法系的演变及形成》,李静冰、姚新华译,中国政法大学出版社1992年版,第162页。

马法(学说汇纂)发展而成的[1]。德国的物上请求权制度渗透了罗马法的影响,但与罗马法相比,除了确立了实体的物上请求权以外,内容更加丰富,体系也更加有条理。

第三节 其他主要国家的物上请求权制度

一、瑞士民法典与物上请求权制度

瑞士民法典(1912 年施行),是一部用语简洁易懂、内容丰富完善的法典。虽然其条文不及于德国民法典。但其规定的范围、事项远远超过了其他民商分离国家的民商法典。[2]

其物上请求权制度包括,基于所有权的请求权和基于占有的请求权。基于所有权的请求权仅有一个简短条文(瑞士民法:641 条第 2 项),"所有人对无权占有人有请求交回该物并排除一切不法侵害的权利"。对占有进行了较为详细的规定(瑞士民法:927—929 条)[3]。关于他物权没有专门的规定,其有占有的则可适用占有保护的规定。这不失为一种精悍的体系,但是不无商讨之处。尤其是对他物权的忽视恐非妥当。他物权与所有权同为物权,所有权人得请求返还丧失占有的物或排除侵害,他物权人若非符合占有保护请求权的要件,如非被侵夺而丧失占有或尚未获得占有,则其物权将没有充分保障,更何况占有保护请求权会罹于时效,则于时效完成之时,他物权不能得到保护。因此,"歧视"他物权的做法有失妥当(详见第四章第一节)。

二、日本民法与物上请求权制度

① 谢怀轼:《大陆法国家的民法典》,第 5 页,《法学译评》1995 年第 2 期。

② 谢怀轼:《大陆法国家的民法典》,第 4—7 页,《法学译评》1995 年第 2 期。

③ 瑞士民法典 927 条(侵夺占有之诉):1. 以非法暴力侵夺他人占有物时,有返还的义务。即使侵夺人主张对该物有优先权利,亦同。2. 但是,如果被告能立即证明自己的优先权利并基于同一原因有权请求原告交付该物时,得拒绝返还。3. 本条的侵夺占有之诉,以返还占有物及损害赔偿为内容。928 条(妨害占有之诉):1. 占有因他人的非法行为受妨害时,占有人得对妨害人提起诉讼,即使妨害人主张其有权利,亦同。2. 妨害占有之诉,以排除妨害、禁止妨害人继续妨害及请求损害赔偿为内容。

日本现行民法典，对物上请求权没有作一般的规定，但对占有之诉（日本民法：198、199、200、201 条），分为占有保持之诉（妨害排除之诉）、占有保全之诉（妨害防止之诉）及占有回复之诉。他物权中，对动产质权（日本民法：344 条）、动产优先特权（日本民法：333 条）规定了对占有之诉的准用。不过该国判例承认物上请求权。最高法院的判例指出，基于所有权的效力得请求排除侵害或防止其危险①。而且理论上都一致承认物上请求权，并努力寻找承认其存在的依据。有的学者认为，效力上弱于物权的占有尚且受占有之诉的保护，具有支配性的物权当然更能够据以提起返还请求权、妨害排除请求权或妨害预防请求权。也有学者对前者的解释表示反对，认为占有诉权保护的是对物的现实的支配，而基于物权的请求权保护的则是物的观念的支配。也就是说，二者的机能或目的不同，因此，不能放在同一平面进行讨论②。不过，通说的见解认为，在罗马法中，随着所有权的观念化所有权和占有相分离，不仅对占有权而且对所有权都承认返还请求权。因此，可以根据占有诉权进行类推，承认基于物权的请求权③。但是，此种立法技术的不足是明显的，即基于物权的请求权虽在逻辑上是合理的，但造成了事实上无法可依的情形。

三、台湾省民法典与物上请求权制度

中国历史上第一部民法典，是 1929—1931 年国民党政府颁布的《中华民国民法典》。随着国民党政府在大陆的垮台，该法典后来仅限于在我国台湾省施行。该法典出现于 20 世纪初期，借鉴了国外的经验，是一部较先进的法典。如著名民法学者梅仲协先生所指出的，“现行的民法吸收德国的立法例十之六七、瑞士立法例十之三四，而法日苏联之成规，亦尝撷取一二”④。也就是说，受德国影响较大。而物上

---

① 日本大审院昭和 12 年 11 月 19 日民集 1881 页。

② 〔日〕久保木康晴：《最新物权法论》，第 33 页，有斐阁 1992 年版；佐贺彻哉：《物权的请求权》，参见星野英一教授：《民法讲座》，有斐阁 1988 年版，第 17—18 页。

③ 〔日〕佐贺彻哉：《物权的请求权》，第 17 页。

④ 谢怀轼：《大陆法国家的民法典》，《法学译评》1994 年第 4 期，第 7 页。

请求权制度则属于那“十之六七”的范围，正如下面所能看到的，德国的物上请求权制度对该法典的影响是深刻的。

该法典对基于所有权的物上请求权和基于占有所生的物上请求权作了详细的规定（台湾省民法：767、962 条）。前者分为三种，即返还请求权、妨害排除请求权和预防侵害请求权。后者与前者有相同的区分。不过关于他物权，仅于第 858 条规定了地役权的物上请求权。此外的物上请求权，即永佃权、地上权、典权、质权、抵押权和留置权则未有明确。

与日本民法典相比，该法典较为完善，其明定了物上请求权，而日本民法则否。但是，该法典与瑞士民法典都忽略了对他物权进行规定，这在立法技术上不无遗憾[①]。

四、小结

民法中各国民法典关于债法的规定大都是相似或共通的，这是因为商品交换性质具有无差别性。而在物权方面，则往往有别，因为物权法体现了各该国的文化传统。如各国的物权不尽相同，因为物权是在漫长的历史中逐渐确定下来的，带有一个民族的传统、习惯等方面的深深烙印。但是，物上请求权制度由于为技术性的制度，因此也具有很强的同一性。正如大家所能看到的，从法国、瑞士到德国、日本和台湾省，其物上请求权制度虽各有其特点，但在这些国家和地区的民法典中，该项制度都是独立与民事责任的对物权进行保护的制度，因此总体而言，是一致的。

相比较而言，德国的物上请求权制度在立法技术上达到了较高的水平，体系上表现出了严谨的逻辑，无疑在这方面是值得我们学习和参考的。但是正如上文所提及的，物权法中也有打上深深民族烙印的内容，如物权的种类，对其不能盲目抄袭、照搬，否则只能是东施效颦。因此，我国的物权制度既要学习先进的技术和经验，也要考虑自

---

① 〔台〕张龙文：《论由所有权所生的请求权》，参见郑玉波主编：《民法物权论文选辑（上）》，五南图书出版公司 1984 年版，第 180 页。

己的传统。

第二章 物上请求权的一般理论

第一节 物上请求权概述

一、意义与种类

物上请求权，也称物权的请求权，是指当物权的圆满状态受到妨害或有被妨害之虞时，物权人为了排除或预防妨害，请求对方为一定行为或不为一定行为的权利[①]。传统民法上，它是物权特别是所有权特有的权能，不过随着社会的发展，这种情况已有所改变(见本章第四节)。

物上请求权与侵权行为的回复原状请求权相区别。填补侵权行为所生损害的方法，有金钱赔偿和回复原状，即金钱赔偿请求权与回复原状请求权[②]。此种因侵权行为而生的回复原状请求权是对过去损害进行填补的一种方法。而物上请求权是对正在进行的侵害的排除或对将来有可能发生的侵害进行预防[③]。

物上请求权的目的为排除妨害，根据不同的妨害样态可分为以下几种：(1)当他人没有权限而占有物权标的物妨害物权时，发生物权的返还请求权；(2)以此外的方法妨害物权的，发生妨害除去请求权；(3)妨害有发生之虞的，发生物权的妨害预防请求权[④]。

二、物上请求权的性质

(一)对物上请求权性质的争论　在此欲对物上请求权的性质进

---

① 〔日〕久保木康晴：《最新物权法论》，第 33 页；〔台〕张龙文：《论由所有权所生的请求权》，第 179 页；舟桥谆一：《物权法》，1966 年，第 26 页称物权为“权能”。

② 德国民法以回复原状为原则，日本民法则以金钱赔偿为原则，以回复原状为例外。而我国《民法通则》未作此种区分。

③ 〔日〕舟桥谆一：《物权法》，第 26—27 页。

④ 〔日〕舟桥谆一：《物权法》，第 27 页。

行探讨，因为这不仅有其理论上意义，更重要的是这关系到实务中物上请求权的命运，即其生死存亡问题。关于其性质，众说纷纭，莫衷一是，大致有以下几种观点①：

1. 债权说，认为物权的请求权系对特定人行使的独立的权利，属债权性质的权利②。

2. 物权作用说，也称物权说。认为物上请求权是物权的作用，而非独立的权利，其依存于物权而存在、消灭。日本判例采此见解③。

3. 准债权说，认为其为类似于债权的一种独立的请求权，但从属于基础物权并与之共命运④。

凡此种种，不无道理，但又不无偏颇。其中的债权说及准债权说的前提无非是把请求权视同债权，然而正如有的学者所指出的，债权与请求权不是同一概念，请求权非为债权内容的全部，债权主要内容原在受领债务而的给付⑤。物权作用说，否认物上请求权的独立性的做法未免走得太远。虽然，物上请求权依附物权而发生、移转、消灭，但是，还具有区别于物权的禀性，如物权为支配权，非为请求他人为或不为一定行为，而物上请求权仍具有请求权的某些属性，即以请求他人给付为内容，所以二者是相区别的权利。因此，以上诸种观点都不足采。简而言之，一方面物上请求权是请求权，区别于物权；另一方面，物上请求权又是物权的作用，与债权请求权有着较大的不同。

(二)物上请求权是请求权　请求权，是指要求他人的行为(作为或不作为)的权利。请求权中，有债权的请求权和物权的请求权，还有

---

① 参考〔台〕郑玉波：《论所有物返还请求权》，见《民商法问题研究(三)》，三民书局1982年版，第67－70页；张龙文：《论由所有权所生的请求权》，第181页；李宜琛：《民法总则》，三民书局，第364－365页；王伯琪：《民法总则》，第216－217页；〔日〕久保木康晴：《最新物权法论》，第34－35页。

② 〔日〕川名兼四郎：《物权法要论》，第64页，引自久保木康晴：《最新物权法论》，第34－35页。

③ 日本大审院判例(简称大判)大正6年3月23日民录560页；大判大正5年6月23日民录22辑1161页。

④ 〔日〕我妻荣：《物权法》，第21页；久保木康晴：《最新物权法论》，第120页。

⑤ 〔台〕李宜琛：《民法总则》，第49页。

亲属权的请求权[1]。物上请求权，是请求权，即以要求他人为一定的行为内容。因此，在物上请求权的实现的问题上，适用关于债的履行或给付的规定，如给付不能、给付迟延等。在这一点上，物上请求权与物权相区别。正如上文所述，物权为请求权，为要求他人为或不为一定行为的权利，但不能直接对客体进行直接支配，与此形成鲜明对比的是，物权为支配权，即就权利的客体进行直接支配的权利。因此，物上请求权区别于物权，也独立于物权。

（三）物上请求权是物权的作用或权能　物上请求权，基于物权而生，与物权共命运，即随着物权的发生、移转、消灭而进行相应变动。物上请求权，是物权的权能，是物权受到侵害或可能被侵害时进行自我保护的一种手段。也就是说，物上请求权是物权的作用。因此，物上请求权与债权的请求权不一样，不罹于消灭时效（详见后述）。而且，物上请求权对债权的请求权有优先的效力，即前者与后者并存时，前者优先实现。

三、物上请求权与其他请求权的竞合

所谓请求权的竞合，也称请求权的并存，是指一个法律事实在相同的当事人间具备两个以上的法律要件，成立同一目的的两个以上的请求权[2]。也就是说，基于不同的法律要件，但具有同一目的的两个以上的请求权可同时成立。一旦其目的达到，各请求权则归于消灭，但是其中之一因目的达到以外的原因而消灭的，不影响其他请求权的存续，如一请求权的成立存有障碍或因时效而消灭时，另一请求权仍可发动。

物上请求权与其他请求权的竞合大致有以下几种情形：

（1）基于所有权的请求权与契约或合同之上的请求权的竞合　当租赁合同中止，承租人不返还租赁物时，出租人得基于所有权或基于租赁合同请求返还租赁物。

---

① 李宜琛：《民法总则》，正中书局1977年版，第49页。

② 史尚宽：《债法总论》，第219页。

(2)基于所有权的请求权与因侵权行为而生请求权的竞合　物权侵害者有故意或过失时，不仅有物权的请求权，因侵权行为也发生损害赔偿请求权①；物权侵夺者有故意或过失时，若物未被毁损或灭失，则同时发生物权的请求权及债权性质的请求权(以返还财产为内容的恢复原状请求权)。

(3)所有物返还请求权与占有不当得到请求权的竞合　关于所有权与不当得利请求权是否竞合，有不同的看法。有的认为二者可以竞合；有的持相反的意见，认为不当得利请求权仅于所有人丧失所有权，不能基于所有权提起所有物返还请求权之时，才有适用的余地，于所有权尚存之时，由于并不存在不当得利，因此无不当得利请求权的发生，而是发生所有物返还请求权否定二者竞合的观点已经陈旧，现在不少学者指出占有也是一种利益，即使所有人未丧失对物的所有权，只要对方取得了对该物的占有，就取得了一种法律上的地位，因此发生占有不当得利请求权。从而就同一标的返还，得成立所有物返还请求权与占有不当得利返还请求权的竞合。② 当然同时还发生基于占有的返还请求权，也就是说，此时发生以上三者的竞合。

对竞合的请求权，当事人可择其最有利者而适用，一旦目的达到，诸请求权同归于消灭。某一请求权若因未达目的而消灭，其他请求权不受影响。

第二节　物上请求权的性质(一)：给付不能与转化

一、物上请求权的给付不能与转化

物上请求权，如上所述，在内容上为请求他人为或不为一定行

---

① 史尚宽：《债法总论》，第220—221页注释；〔日〕久保木康晴：《最新物权法论》，第36—37页。

② 〔台〕王泽鉴：《不当得利》，三民书局1991年，第238页；邹海林：《我国民法上的不当得利》，参见《民商法论丛》第5卷，第41页。

为，与债权的请求权相同。因此，存在着给付不能的问题。所谓给付不能，是指实现给付的内容为不可能。此不可能非为物理学或逻辑学上的法则，而为社会上或法律上的观念①。能与不能，有出于法律上或事实上的理由的，也有出于社会经济上理由的。如某工事已经完成，将其撤去虽非事实上或法律上不能，但耗资巨大，势必导致劳力的空费，在社会经济上的损失很大。也就是说，此种情形构成了社会经济上的给付不能。此时，原告不能基于所有权而请求妨害的除去，仅能请求损害赔偿②（对此一问题，后有详述）。

物上请求权给付不能时如何救济，应解为对关于（债权的）给付不能的规定有适用的余地③。如果物毁损、灭失不能返还，或妨害在社会观念上已无法除去或预防，则构成物上请求权的给付不能。此种情形下，发生物上请求权的转化，具体如下：

（一）物上请求权转化为不当得利请求权或损害赔偿请求权　基于所有权的返还请求权、妨害除去请求权或妨害预防请求权，仅存于返还、除去或预防尚为可能的场合；如果返还、除去或预防一旦归于不能，则除依不当得利或侵权行为的规定救济外，别无他途④。具体而言，因可归责于给付人（请求权的相对人）的事由而致给付不能时，给付人应负损害赔偿义务⑤。但是，在返还请求权的给付不能的情形，侵夺他人物负返还义务的人，在因该不可抗力而灭失或因发生不可抗力而不能返还或毁损时，仍应负赔偿责任；但物的毁损、灭失或不能返还，虽无侵夺行为也不免发生的，不在此限⑥。也就是说，关于返还请求权的给付不能，若返还义务人是侵夺取得物的占有，则无论其有无过错都应负损害赔偿责任；若返还义务人善意或合法取得了

---

① 〔台〕史尚宽：《债法总论》，第 363 页。

② 日本大审院昭和 11 年 7 月 10 日民录，第 1481 页。

③ 〔台〕郑玉波：《论所有物返还请求权》，第 70 页。对此一问题也有持反对意见的，如台湾省的王泽鉴教授，参见其《民法物权（一）》，第 147 页。

④ 日本大审院判例大正 5 年 2 月 16 日民录，第 134 页。

⑤ 参见台湾省民法：225 条；德国民法：280 条。

⑥ 参见台湾省民法：765 条；德国民法：848 条。

物的占有，如因拾得或被交付等而取得物的占有，仅于其有过错时，始有返还请求权向损害赔偿请求权的转化。

（二）物上请求权转化为代偿请求权　此种情形，一般发生在物上请求权的返还请求权的给付不能的场合。给付不能因第三人引起，而给付义务人对第三人有损害赔偿请求权的，物上请求权人得向给付人请求让与其损害赔偿请求权或交付其所受领的赔偿物[①]，此即为代偿请求权[②]。

二、物上请求权的给付迟延及不完全给付

民法中关于给付，尚存在给付迟延及不完全给付的规定，应解为物上请求权也适用该相关的规定。给付人对请求权人应赔偿因自己迟延而生的损害（参见台湾省民法：231 条；德国民法：286 条）；请求权人迟延受领给付的，给付义务人仅就故意及重大过失负其责任（台湾省民法：237 条；德国民法：300 条）。一部给付（即不完全给付）的，给付义务人对未给付部分负损害赔偿责任；发生加害给付（也属不完全给付），即引起请求权人或受领义务人权利损害的给付，此时，给付义务人应负损害赔偿责任[③]。

第三节　物上请求权的性质（二）：物上请求权与消灭时效

一、序说

物上请求权，以物权的存在为前提和基础，与物权同存亡共命运，物权消灭，物上请求权也随之而消灭。物毁灭致物权绝对的消灭，或因物的交付致物权相对的消灭时，物权的请求权也相应的消灭，对这一点未有异论。但是，物上请求权是否罹于时效，尚未有一致的见

① 参见台湾省民法：226 条 2 项；德国民法：281 条。

② 〔台〕史尚宽：《债法总论》，第 373 页。

③ 〔台〕王泽鉴：《民法物权（一）》，第 147 页。

解。

（一）德国的立场是，一般地规定请求权因消灭时效（30年）而终止其效力（德国民法：194条1项），但依登记而生的请求权除外（德国民法：902条1项）。物上请求权也是请求权的一种，因此除登记的物权的物上请求权以外，皆应罹于消灭时效。

（二）日本民法对此一问题未有明确。根据其民法典第167条的规定，"债权因10年间不行使而消灭。债权或所有权以外的财产权，因20年间不行使而消灭。"物权的请求权是否也适用该条款并非没有疑问。不过，其判例对此明确判示，"基于所有权的所有物返还请求权系物权的一个作用，非由此所发生的独立的权利，因此不得不认为，所有物返还请求权与所有权本身一样，不罹于消灭时效。"[①] 与此同时，日本的学说也持同样的见解，认为物权的请求权没有理由离开物权而独立存在，因此不能脱离物权单独的罹于消灭时效。如果物权的请求权罹于消灭时效，则所有权将变成没有实质内容的空虚的所有权。因此，只要出现物权的侵害，物权的请求权就会不断的发生[②]。总之，日本的实务及学说都认为物权的请求权不因时效而消灭。

（三）我国台湾省　在此一问题上争论颇多，因为民法典对物上请求权的命运没有明确，而仅规定"请求权因15年间不行使而消灭。但法律所定期间较短者，依其规定"（台湾省民法：125条）。对其进行解释的判例认为，"民法125条所称之请求权，包括所有物返还请求权在内，此项请求权之消灭时效完成后，虽占有人之取得时效尚未完成，占有人亦得拒绝返还"[③]。然而学说之上有很大的争论，下文将对此一问题进行详细的论述。

二、学说分析

台湾省对此问题进行争论的学说有以下几种：

---

① 日本大审院判例大正5年6月23日民录，第1161页。

② 〔日〕我妻荣：《民法总则》，第378页；久保木康晴：《最新物权法论》，第35页。

③ 〔台〕最高法院42年台上字第786号判例。

1. 肯定物权的请求权罹于消灭时效的学说[①] 认为，既然民法关于消灭时效的规定统称为请求权，而物权的请求权为请求权的一种，则物权的请求权也应因时效经过而消灭；若物权的请求权不罹于时效，则无异于纵容物权人长期不行使其请求权，从而将助长权利滥用之弊，也等于承认权利人不负有依诚信原则顾虑其权利之社会机能而妥善行使其权利之义务；物上请求权消灭后，所有权人保有物权并非失其作用。若时效完成后，由第三人取得物之占有时，其时效应另行起算，所有权人又得行使其物上请求权。

2. 认为除登记的不动产的物上请求权外应适用消灭时效的规定的学说[②]。其理由为，时效制度之设，理由之一为避免举证的困难，已登记的不动产的权利无此问题发生；已登记的不动产的占有人无法因取得时效而取得所有权，原所有权人却因时效而无法请求返还，此种状态下，自难期望双方为改良或增殖行为，对社会经济不利；该民法典对请求权罹于消灭时效，系采德国立法主义，但德国把已登记的物权作了除外规定，因此台湾民法也应作同样解释[③]。

3. 否定物上请求权因时效而消灭的学说[④]。其主要理由为，支配为物权的主要内容，若因物上请求权适用消灭时效则将造成一个无法回复支配圆满状态的物权，而失去物权的实质，不仅有害经济也违反立法本旨；若采肯定说，必发生变态的物权，即所有权人与事实上用益权人不合理存在状态，一方面所有权人不能请求所有物的返还，所谓的请求权不过徒有虚名，另一方面占有人（用益权人）不享有所有权，很显然这为社会生活徒增困扰。而且，把物权或所有权的复活寄希望于他人的侵夺，未免与社会一般观念相违背，听起来也有点荒

① 〔台〕王伯琦：《民法总则》，第 217 页；李宜琛：《民法总则》，第 365 页；王泽鉴：《民法物权（一）》，第 147、151 页。

② 〔台〕张龙文：《论由所有权所生的请求权》，第 182 页。

③ 参考〔台〕黄茂荣：《越界建筑及其与物上请求权之法律竞合关系》，见《民法判解评释（增订版）》，第 361－362 页。

④ 〔台〕史尚宽：《物法总论》，第 59 页；郑玉波：《论所有物返还请求权》，第 77－83 页；黄茂荣：《越界建筑及其与物上请求权之法律竞合关系》，第 364－367 页。

唐。

以上诸说,否定说堪值赞同。因为,物权的请求权与债权的请求权虽同为请求权,但大异其趣。债权具有积极性,即权利须主动的请求对方给付,以实现其利益,而物权恰恰相反。众所周知,物权具有消极性,即物权的享有不须积极的请求对方为给付行为,仅在其圆满状态受到破坏时才发动其请求权,以除去妨害等①。消灭时效制度适用于债权,债权人积极行使权利无疑有很大督促作用。而保护物权完整的物上请求权显然不应划到消灭时效的势力范围之下,否则无疑会激起人们侵害物权的投机激情。与此同时,物上请求权不罹于时效并不意味着法律纵容对物权行使的懈怠。因为不少大陆法国家法律中明确规定了"取得时效制度",即一定时间不行使其返还请求权,使他人公然而和平的占有其物,该他人将取得该物的所有权。同时,所有人丧失物的所有权。此时,若还使物上请求权受制于消灭时效,对物权人来说,其负担未免过于沉重,从而违背了法律追求的公平正义。

此外,在德国民法及台湾民法之上,所谓的物上请求权罹于时效的做法,还存在着以下问题。动产的取得时效在德国是10年,在我国台湾省是5年;消灭时效在德国是30年,在我国台湾省是15年。不难看出,无论德国或我国台湾省的民法之中,取得时效的时间都短于消灭时效的时间,也就是说,动产的取得时效完成后,消灭时效依然在约束物上请求权。但是,由于物上请求权依存于物权,即上述情形之下,一旦物权因取得时效而消灭时,其上的物上请求权也随之而消灭。此种情形下,根本不存在物上请求权罹于时效的问题,因此,规定或解释物上请求权罹于消灭时效的做法没有任何意义。不动产所有权的取得时效在德国是30年,在我国台湾省是20年(台湾省民法:769条)。在德国,不动产的取得时效和消灭时效期间相同,因此,问题不大。但在台湾省,则将出现物权虽然并未因取得时效而被他人取得,但物上请求权已因消灭时效而消灭的情形,正如上文所述,此时

---

① 〔台〕黄茂荣:《越界建筑及其与物上请求权之法律竞合关系》,第364页。

出现的是变形的物权。基于此，我们应抛弃肯定物上请求权罹于消灭时效的做法。

三、我国的规定

我国《民法通则》第135条规定，“向人民法院请求保护民事权利的诉讼时效期间为二年，法律另有规定的除外。”这就是我国现行法对请求权的消灭时效的规定。与上文所提及的大陆法系国家或地区的民法典的规定相同，也没有明确物上请求权是否也适用此条规定，即物上请求权是否罹于消灭时效尚有疑问。根据以上论述，应解为物上请求权不适用《民法通则》第135条的规定。只有如此，才能使物权得以保全，才不致出现以上所述的某些荒唐结果。

第四节　物上请求权的扩张

一、序说

在传统民法理论中，物上请求权是以保护物权尤其是所有权为中心的制度。由此，物上请求权也仅仅基于物权而发生。但是，随着社会经济的发展，该制度的传统发生变化，在日本，其有扩张的趋势。但是，物上请求权是否扩张于物权之外的债权，如物权化的不动产租赁权（登记的租赁权）、未物权化的动产租赁权（有占有和无占有的租赁权）及一般的债权，在学术上尚有争论[①]。

二、判例学说及评价

在日本，二战以前的判例一改古典的传统做法，依据权利的不可侵性承认了第三者侵害债权时债权人的妨害排除请求权[②]。对这一

---

① 〔日〕舟桥谆一：《物权法》，第27－28页。不少著作中指出，基于人格权所提起的妨害排除请求权等是物上请求权的扩张，笔者认为这未免有些牵强，因此仅将物上请求权的扩张限制在文中所述的范围。

② 日本判例：大判大正12年4月14日民集1卷237页；大判大正9年11月11日民集26辑，1701页；大判大正11年5月民集1卷，第235页。

立场，学说中有支持者[①]，被称为积极说。然而，战后最高裁判所的判例立场发生了逆转，判明不承认债权人对第三人的妨害排除请求权（广义解释，即物上请求权的别称，本节下同），在学术上称为消极说。具体评释如下：

首先，上述积极说依据权利一般的不可侵性的做法是不严谨的，因为它无视了物权与债权直接的重大区别，即物权是绝对的、对世的权利，而债权是相对的、对人的权利。因此，积极说的做法不足采。

其次，消极说即判例完全否定物上请求权扩张的做法也同样不妥当。因为，某些租赁权尤其是不动产租赁权的对抗力和优先效力，即租赁权的物权化是现代法制中所公认的[②]。而后来的判例肯定了具有对抗力（登记）的不动产租赁权之上的妨害排除请求权[③]，这样一来，传统的物上请求权理论被打破了。这一立场无疑是妥当的，因为，一旦债权具有了对抗力，其即具有了物权化的属性，即基于有对抗力的租赁权，自然应发生妨害排除请求权[④]。对以上判例的立场，即基于具有对抗力的租赁权的发生妨害排除请求权，几乎没有反对意见。

然而，对没有对抗力但有占有的租赁权，判例未有明确，因此，对其持何种立场成了有争议的问题。有人持肯定意见[⑤]，也有人持反对意见[⑥]。笔者认为，应以后者为是，因为，若持否定立场，则基于该租赁权仅能提起占有之诉，而占有之诉将罹于期间短暂的消灭时效（一般为一年），一旦占有之诉消灭而不能提起，租赁权人的权利则不能

---

① 〔日〕舟桥谆一：《物权法》，第 36 页以下；末弘严太郎：判例民法大判大正年度 148 事件，有斐阁大正 12 年。

② 〔日〕佐贺彻哉：《物权的请求权》，第 19－20 页。

③ 日本判例：最判昭 28 年 12 月 18 日 7 卷民集 12 号 1515 页；最判昭 29 年 2 月 5 日 8 卷民集 7 号 390 页；最判昭 29 年 10 月 7 日 8 卷民集 10 号 1816 页；最判昭 6 月 17 日 8 卷民集 6 号 432 页。

④ 〔日〕我妻荣：《债权各论（中卷）》，第 412、501、518 页以下。

⑤ 〔日〕舟桥谆一：《物权法》，第 31 页。

⑥ 〔日〕我妻荣：《债法总论》，第 57 页；《债法各论（中卷）》，第 421 页。

获得保护。因此，若以充分维护租赁人权利为出发点，也应承认不具有对抗力但有占有的租赁权之上的妨害排除请求权。

若租赁权，既无对抗力又无占有，则仅为一般的单纯的债权，不具有给以特殊保护的理由，因此不承认其上的妨害排除请求权。

综上，物上请求权的扩张一般的否认了债权之上的妨害排除请求权，而仅扩及于有对抗力的租赁权(债权)和有占有的租赁权(债权)，即其为有限制的物上请求权的扩张。

我国现行法对物上请求权的扩张问题同样未有涉及，但这一发展趋势是以后我国制定物权法时所应该注意到的。

第三章　基于所有权的物上请求权

第一节　所有物返还请求权

一、构成

所有物返还请求权，是所有人对于无权占有或侵夺其所有物者，请求返还其所有物的权利(rei vindictio)[①]。其构成要件只有一个，即相对人无权占有其物。所谓无权占有，是指没有正当权源而占有他人的物。其发生原因如何、其期间长短、占有人善意或恶意、有无过失在所不问[②]。若占有人有正当权源，如有地上权或质权或债权等时，该物的占有人得进行抗辩，而继续其占有。

二、共有某物时的所有物返还请求权

当某物上的所有权为共有时，若共有人中的一个逾越其应有部分行使权利，其他共有人能否行使物上请求权，学者的见解不一，有肯定者、也有否定者。否定的理由大致为，各共有人应按其应有部分，

① 〔台〕曾荣振：《民法总整理》，三民书局 1981 年版，第 477 页；王泽鉴：《物权通则・所有权》，第 138 页；张龙文：《论由所有权所生的请求权》，第 185 页；郑玉波：《论所有物返还请求权》，第 69 页；〔日〕广中俊雄：《物权法》，第 244 页。

② 〔台〕王泽鉴：《民法物权(一)》，第 139－140 页。

对共有物全部使用、收益，关于这一点大陆法国家或地区民法典包括我国《民法通则》(第78条第2款)都有明文，故各共有人的应有部分为，对于共有物所有权的比例抽象的存在于共有物的全部，在分割前无从具体辨明各具体部分分属哪一共有人所有，因此性质上不可能为其他共有人无权占有或侵夺，各共有人不能主张物上请求权，仅能主张侵权行为或不当得利请求权①。此种见解乍看之下，似乎有些道理，但仔细分析就可发现其不足。共有人的权利抽象的存在于共有物的全部，意味着共有物的每一个具体部分都应为共有人共同使用、收益，因此，若任何共有人独自使用、收益共有物的某一具体部分或全部，从而阻碍了其他共有人对该部分的使用、收益，这当然应构成对其他共有人的所有权的侵害。持否定说者，以共有所有权的抽象存在为前提，而推论性质上不能为其他共有人无权占有或侵夺，只能说明其在回避抽象思维的艰难，其如此简单的作否定的推断，也不过是为掩盖其思维混沌。因此，共有人逾越其应有部分，行使权利时应肯定其他共有人得请求返还占有或除去妨害②。

三、所有物返还请求权的行使

(一)请求权主体须为物的所有人。无论为单独的所有人或为共有人皆无不可。关于共有的情形我国法律没有明文，依比较法则可作以下补充，即如为分别共有时，各共有人对于第三人为返还共有人的请求者，仅得为共有人全体利益为之(台湾省民法:821条)；若为公同共有时，权利的行使应由公同共有人全体同意(台湾省民法:828条2项)。此种权利非为专属权利。因此，请求权人得委托代理人代为行使。所有人将其所有物出租他人，由承租人占有该所有物，在此期间，所有物被第三人侵夺时，所有人是否享有所有物返还请求权?

① 台湾省判例:70年台上字第4737号判决;55年台上字第1949号;51年台上字第3495号判例。

② 台湾省判例:77年10月8日第119号函复台最高法院，持肯定意见。

如何行使？判例实务持肯定的立场[①]。不过。简单的肯定所有人的所有物返还请求权，尚有疑问。正如日本学者柚木馨所言，“所有人行使此种返还请求权，如系请求对自己返还，不但取得较第三人侵夺前大的权利，且发生侵害承租人权利的结果。盖物之所有人将其所有物出租后，仅仅处于间接占有人地位而已，若竟得请求向自己返还，则使自己变为直接占有。同时，从承租人方面观之，则原为第三人侵夺其占有，现变为所有人侵夺其占有”[②]。因此，所有人于此种情形下若行使返还请求权，不能请求向自己返还，而仅得请求向承租人返还。与此同时，若承租人的占有是被第三人侵夺的情形下，其也得提起占有之诉，请求向自己返还物的占有。

所有人出租其所有物，承租人合法转租的，于租赁终了之时，纵次租赁合同尚未终了，该依转租合同占有所有物的人构成了无权占有。此时，所有人得对其主张所有物返还请求权；[③] 承租人未经所有人同意而转租，次承租人占有所有物时，所有人不对次承租人主张所有物返还请求权。因为在所有人未终止合同的情况下，尚不能说次承租人为无权占有，只有所有人终止合同后，才得以向无权占有所有物的第三人主张所有物返还请求权[④]。

（二）相对人为现在的无权占有人。所谓现在的无权占有人，即现在仍事实上管领该物但无正当权源的人。纵曾占有该物但现在未占有该物之人，纵令所有人的占有关系因该人的行为而丧失，所有人也仅仅于此项行为具备侵权行为要件时，向该人请求损害赔偿，而不能对该人行使物上请求权，请求返还所有物[⑤]，即使得向该人请求返还也非其为给付，显无实益。

---

① 台湾省判例：30年台上字1119号；日本判例：大判大正3年12月18日民集1117页；明治33年10月31日民录9卷111页。

② 〔台〕郑玉波：《论所有物返还请求权》，第72页。

③ 〔台〕张龙文：《论由所有权所生的请求权》，第188页。

④ 〔台〕谢在全：《民法物权论（上）》，三民书局1989年版，第194页。

⑤ 台湾省判例：70年台上字2806号；29年台上字1061号。

关于相对人是否仅仅限于直接占有人，有消极与积极两种学说。消极说认为，所有物返还请求权系以物的交付为目的，间接占有人并无事实上支配其物，故由间接占有人交付其物，实系不能，因此相对人应仅仅限于直接占有人[①]；积极说认为，间接占有人也得成为相对人，因为，虽然所有物返还请求权以物的交付为目的，但是物的交付并不以现实的交付为限，间接占有人得以其对于直接占有人的返还请求权让与受让人，使受让人因此取得间接占有，也是交付[②]。通过以上论述，不难看出，后说理由充分，因此，应以后说为是。

（三）所有物返还请求权的效力。最主要的是，请求相对人返还原物，即移转所有物的占有。占有移转的方式有以下三种，即现实交付、观念交付及简易交付。但对物上请求权的效力而言，一般仅包括现实交付与观念交付两种，简易交付的情形极为少见[③]。

此外，还有孳息返还、损害赔偿及占有人的费用求偿问题：1. 善意受让人仅负提起诉讼时现存孳息返还的义务；恶意占有人，则不论诉讼前后，凡已取得孳息及可能的孳息，均负返还义务。2. 善意占有人对诉讼前的损害，除有重大过失外，无赔偿义务，于诉讼时起视同恶意占有人；恶意占有人，无论有无过错，应对标的物的损害负赔偿义务，但能证明标的物为原告所占有仍不免发生损害的除外。3. 善意占有人所支付的必要费用及有益费用，均得求偿；恶意占有人仅对必要费用得为求偿。

---

① 台湾省判例：70 年台上字 2806 号。

② 〔台〕谢在全：《民法物权法论（上）》，第 150 页；王泽鉴：《民法物权（一）》，第 139 页，郑玉波：《论所有物返还请求权》，第 71－72 页；张龙文：《论由所有权所生的请求权》，第 187－188 页。

③ 〔台〕谢在全：《民法物权论（上）》，第 156 页；郑玉波：《论所有物返还请求权》，第 750 页。现实交付，即让与人将其直接的占有移转与受让人的占有交付方法。观念交付，由分为占有改定和指示交付。占有改定，即物让与后，让与人仍占有其动产，让与人与受让人应取得间接占有的法律关系，以为交付；指示交付，即以第三人占有的动产物权而进行让与，让与人得以其向第三人请求返还，将其让与受让人，以为交付。简易交付，即受让人于受让之先占有其动产，当其让与时，只须彼此合意移转其物权，即发生让与效力。以上引自《（台）六法全书》，第 273 页。

四、金钱的返还问题

（一）金钱不同于一般的物，其具有强制的通用力，基本原则是，金钱一经占有，即对其拥有所有权，也就是说，金钱的占有与所有权不能分离。但是，也有例外情况。如金钱被做成封金，则封金即具有与一般物相同的属性，封金移转占有，所有权得不移转。因此，所有人的封金被他人侵占或无权占有的，只要封金未被打开，所有人的地位就不会丧失，所有人得对相对人提起所有物返还请求权，请求返还封金。同样，即使是一般的通用货币，其被夺取或以其他方式丧失占有后，若仍能识别，如装在某钱袋的金钱连同钱袋被盗窃或作为支付手段，丧失金钱占有的人没有给付金钱占有人金钱的原因而请求返还金钱时，该金钱仍存在于钱袋之中，应解为丧失金钱占有的人，并未丧失其对金钱的所有，而仍保持这其金钱所有人的身份，因此得以所有权为基础请求所有物的返还。

金钱丧失占有后，该金钱被取得占有之人存入银行或因其他事由与该金钱占有人的金钱相混合，而不能辨别时，金钱占有人若无取得金钱的原因，应适用法律关于混合的规定[①]。具体情形如下：如他人的金钱仍可识别，则除有取得他人金钱的原因外，应返还之。不能识别时，如无取得他人金钱的原因，但混入金钱的数额能够确定的，则按混合时的价值成立共有；若无法确定，如混合金钱中的一部分被取出使用，此后又补充若干金钱的，不能适用关于混合的规定，此时丧失金钱的人仅有不当得利返还请求权[②]。

但是，也有学者认为，在上述无法确定的情形下，丧失金钱占有的人虽然也一并丧失了对金钱的所有权，但并未丧失金钱形态的价值归属，丧失金钱所有权的人得作为“价值所有权的”保持者提起“物权的价值返还请求权”；对所丧失金钱的转化物或代位物，如兑换金、以该金钱或混合金钱取得物或消费寄托上的金钱债权、消费借贷上

---

① 〔台〕王泽鉴：《民法物权（一）》，第145页；史尚宽：《物权法论》，第133页。

② 〔台〕史尚宽：《物权法论》，第133－134页。

的金钱债权，可进行强制执行，并优先于一般债权人对以上转化物强制执行。于是，“所有物返还请求权”丧失，而变成“物权的价值返还请求权”[①]。此一见解的出发点是为了消除金钱与一般物之间受保护的差别性，以期丧失金钱后尤其于相对人破产宣告时能获更强保护。但是，此一理论存在着明显的缺陷，即其中的金钱代位物的判断标准极为宽泛，这意味着相对人取得该金钱后，通过交易所得到的物都是代位物的选择范围，都有可能被执行。而且，也存在着不只一个人对该人取得了“价值返还请求权”的情形。依该理论，此种情形下，各个所谓的金钱“价值所有权”保持者应都具有优先权。若该人的构成代位物的部分足以满足各个请求权人的要求，问题不大。但是，若不足以分配，则此所谓优先权未必有优先的结果。因此，此一理论不足采。

（二）定金与所有物返还请求权　交易中，定金交付后，若对方丧失保留定金的根据，支付定金方得请求返还时，此种返还请求权是债权的请求权还是物权的请求权，是个值得探讨的问题。

定金(earnest money)，是当事人于契约订立时或代价支付期限以前，由一方交付与他方的金钱或其他有价物[②]。定金的交付，多以金钱为之，但其他代替物亦无不可。对定金含义还有不同见解：定金是合同当事人一方预先交付给另一方的一笔金钱，其目的在于担保合同债的履行[③]。笔者以为，前者的界定较为妥当，因为将定金限定为金钱未免过狭。

当定金是金钱以外的有价物时，若接收定金方丧失保留定金的原因，而且金钱以外的有价物具有特定性和可识别性，则定金支付人的定金返还请求权是物权的请求权——所有物返还请求权。当定金

---

① 〔日〕广中俊雄：《物权法》，第257－261页。此问题作为一般问题提出，是在昭和50年(1975年)以来的文献中。如加藤雅信，判例评论198号(判例时报780号)，第25－26页及《一般不当得利的再构成》，法学协会杂志，第92卷，第926－928页；四宫和夫：《物权的价值返还请求权》，我妻荣先生追悼论文集·私法学的新展开，第183页。

② 史尚宽：《债法总论》，第491页；张龙文：《民法债权事务研究》，第54页。

③ 梁慧星：《民法》，四川人民出版社出版，第284页；王家福主编：《中国民法学·民法债权》，第125页。

为金钱，若接受定金方丧失保留定金的原因时，定金支付人的定金返还请求权应为债权的请求权。金钱的表现形式无论是货币还是帐面上显示，一旦货币转移占有或帐面上转移占有，则于定金接受方的金钱相混合。于是，定金支付人的金钱所有权随之而丧失。因此，此时定金返还请求权为债权的请求权。

但是，当定金合同或契约当事人有关于把定金单独放置以免与定金接受人金钱混合的特殊约定时，则定金支付人的金钱所有权不丧失，因此当定金接受方丧失保留定金原因时，定金支付人的金钱返还请求权为物权的请求权——所有物返还请求权。

第二节　所有权的妨害排除请求权

一、要件构成

所有权的妨害排除请求权，也称所有物保持请求权，是指所有人于其所有权的圆满状态被占有以外的方法妨害时，请求妨害人除去妨害的权利[①]。

其构成的要件为，所有权发生丧失占有以外的妨害，妨害人是否有故意、过失在所不问，妨害是否基于妨害的行为在所不问[②]。所谓妨害，是指以占有以外的方法阻碍或侵害所有权的支配可能性[③]。妨害须满足以下条件：1. 妨害须有存续。若妨害状态短暂即逝，有可能构成侵权行为而成为损害赔偿的原因，但不能认为是所有权的妨害。2. 妨害须为不法。所有人有容忍义务的，妨害人得为抗辩，而不构成所有权的妨害。容忍义务发生的情形主要有：(1)基于法律规定的容忍的义务，如民法关于紧急避险、正当防卫及相邻关系的规定。(2)基

---

① 〔台〕谢在全：《民法物权论（上）》，第 153 页；张龙文：《论由所有权所生的请求权》，第 189 页；郑玉波：《论所有物返还请求权》，第 84 页。

② 〔台〕张龙文：《论由所有权所生的请求权》，第 191 页。

③ 〔台〕谢在全：《民法物权论（上）》，第 153 页；王泽鉴：《物权通则·所有权》，第 148 页。

于他物权发生的容忍义务。他物权是对所有权一种限制，他物权人对所有物的使用收益，所有权人有容忍义务。(3)基于债权发生的容忍义务。如所有人出租所有物之时，对承租人的使用有容忍的义务。当然，此种容忍的义务，应由妨害人进行举证[①]。

妨害的形态主要有以下几种情形：1.事实上的妨害，如擅于他人土地上通行、或不为防止设备使噪音、粉尘等进入他人土地、或邻人土地上的树木倒入所有人的庭院而妨害其所有权的行使[②]。2.法律上的妨害，如土地登记的错误、遗漏或不实[③]。土地登记错误时，如甲的土地被登记为乙所有。此时，错误登记是否构成法律上妨害，在承认物权行为的法律制度之下，应区别情形而为判断。当作为原因行为的买卖合同无效或被撤销，而物权登记有效时原所有权人丧失其所有权，不发生物权的妨害除去请求权，其仅得依不当得利的方法请求涂销登记。此处的涂销登记请求权为债权的请求权，将因时效的经过而消灭；原因行为为侵权行为，物权登记无效时，所有权人不丧失所有权，其于第三人信赖该登记取得权利之前，得请求涂销该错误的登记[④]。物权行为的无因性已遭到了很多学者的批评[⑤]，而我国民法不承认物权行为[⑥]，因此只要原因行为无效，所有人都不会丧失所有权，该错误登记则构成对所有权的妨害，所有人得据以提起所有权妨害请求权，请求涂销错误的登记。

关于否认所有人的所有权是否构成妨害，尚有疑问。有人认为不构成对所有权的直接妨害，以确认之诉确认所有权的存在，即可除去

---

① 〔台〕王泽鉴：《民法物权(一)》，第149－150页。

② 〔台〕郑玉波：《论所有物返还请求权》，第84页。

③ 〔台〕王泽鉴：《民法物权(一)》第148页；郑玉波：《论所有物返还请求权》，第84页。

④ 〔台〕郑玉波：《论所有物返还请求权》，第84－85页。

⑤ 〔台〕刘得宽：《对物权行为的‘独立性’与‘无因性’之探讨》，参见《民法诸问题与新展望》，第463－475页，三民书局1980年版。

⑥ 梁慧星：《我国是否承认物权行为》，见《法学研究》1989年第6期，第56页以下。

该不安的状态[①]；有人则持相反意见，认为非肯定妨害除去请求权不足以保护所有人的利益，因为确认所有权之后，对方可能继续声称该物为其所有。此两种见解都有其道理，但共同的缺点是，仅于抽象的理论中讨论问题而未结合实际。依笔者拙见，所有权被否认的问题应视具体情况而定。一般而言，否认所有权的方式大致有以下几种情况，(1)口头的宣称；(2)起诉主张其有所有权；(3)无权占有他人的物并主张其有所有权。在第一种情形下，对所有人而言，根本不构成实际的妨害，对方并未得到任何好处；在第二种情形下，其提起诉讼后，负有举证责任，当然最后的结果是，他输定了；在第三种情形下，得以自力救济或基于物上请求权请求返还所有物或请求排除妨害。

二、效力

所有权妨害除去请求权的效力是为一定行为排除妨害的存在。它不同于损害赔偿请求权，根据所有权妨害除去请求权所有人不能请求回复原状，而仅能除去妨害因素。因为妨害区别于损害，损害为妨害行为所生的各种不利益，以故意与过失为要件，属侵权行为损害赔偿范畴。妨害为某一损害发生的源头，是所有人请求排除的对象，并不以故意或过失为要件[②]。例如，他人的房屋因地震而倾倒于邻地，压坏了其上的珍稀花木。此时，邻地所有人得请求排除的妨害为倾倒于其上的该他人的房屋的砖木等。该妨害排除请求权的效力范围仅至于此。此时，所有人如要请求对方赔偿损失，须对方的行为构成了侵权行为，即对房屋的倾倒有故意或者过失。

负有妨害除去义务的妨害人，自然应负担所需费用。若所有人自行除去的，所有人得依不当得利或无因管理的规定，请求相对人偿付其支付的费用[③]。

三、所有权妨害除去请求权与所有物返还请求权的冲突

---

① 〔台〕谢在全：《民法物权论(上)》，第154页。
② 〔台〕王泽鉴：《民法物权(一)》，第149－151页。
③ 〔台〕王泽鉴：《物权通则·所有权》，第151页。

从理论上来看，妨害除去请求权与所有物返还请求权的意义、效力各不相同，这是显而易见的。但是，当同一事件引起的两请求权分属两人时，则存在着冲突。如因不可抗力使甲所有的大树倾倒于乙的庭院之中。此时，大树构成了对乙的土地所有权的妨害。乙地所有人当然得请求妨害的除去，即请求甲取走其大树；与此同时，甲对其所有物（大树）具有返还请求权，即请求乙返还其所有物。此处的问题是，取走大树的费用由何人负担。对此一问题学说上争论很多，大致有以下几种见解：

1. 无论有无过错，所有人得请求妨害人以自己的费用为积极的行为，除去妨害；同时，所有人负有容忍相对人除去妨害的义务。此说被日本判例所采①。

2. 过错责任原则导入物上请求权。关于所有物返还请求权，相对人为恶意时，负返还所有物的费用；相对人为善意时，则由所有人取回，相对人自然不需负担费用。关于妨害除去请求权，相对人为善意时作同样解释。因此，当双方均无过错时，均不负担费用。其结局是，谁先起诉谁负担费用。

3. 物上请求权引入了相邻关系的责任原理。邻人对其界墙等公用物负均等义务。因此二请求权发生上述冲突时，分担费用。

其中，2. 说因为导致了谁先起诉谁负担费用的结果，与公平相去甚远，因此招致了不少批评，不足采。3. 说虽然不乏可取之处，但邻人间负均等义务，是由于界墙或界碑是双方的共同利益所在，而上例中该大树与被妨害的土地所有人不相干涉，所以此一学说因逻辑不足，也不足采。

只有 1. 说甚有道理。德国民法（德国民法：867、1005 条）有以下规定：物已脱离占有人的支配，移转到他人占有的土地上，而他人也未占有该物时，物的原占有人得向土地占有人请求允许其搜索与取

① 日本判例：大昭 11 年 3 月 13 日民集 15 卷 177 页例示；大昭 5 年 10 月 31 日民集 9 卷 1009 页前提判断。

回；土地占有人得请求赔偿因搜索及收回所生的损害；如有损害发生的危险，土地占有人在物的原占有人提交担保以前，得拒绝允许搜索及取回等。此种情形下，丧失物占有的人搜索、取回的费用当然由其负担。上述法律的规定，并未涉及物进入他人土地给他人造成妨害的问题。未妨害他人土地时，尚且是物的所有人或占有人以自己的费用取回，则物进入他人土地并构成妨害时，物取回的费用更不应由被妨害人负担。

当他人取得该物的占有为善意时，若物的原占有人或所有人取回的费用由取得物的占有的该他人负担有失公平。自己的物自己的利益应自己关心，别人没有义务寻找失主或送回。如果认为有义务，这种义务仅为道德上的义务，而非法律上的问题。而且，正如有的学者所言，进入他人土地的物给他人的土地造成了妨害，但土地并未妨害该物。因此在给他人所有权造成妨害时，取回所有物不是权利，而是一种义务。只要妨害人不取回其物就不能免除其妨害人的身份。但是，与此同时该被妨害的所有权人也负有容忍妨害人取回其物的消极协助义务，若所有权人拒绝此项义务，则解除妨害人的义务[①]。

第三节　所有权妨害防止请求权

一、要件构成

所有权妨害防止请求权，也称所有物保全请求权，即所有权人对于有妨害其所有权之虞者，得请求防止的权利。其发生的要件是，所有权有妨害之虞。一般而言，其是否发生应就具体事实、依社会上一般的观念而为决定[②]。申而言之，妨害虽未发生，但其发生的盖然性极大时则可认为有妨害之虞[③]，被告有无故意、过失，是否基于被告

---

① 〔日〕广中俊雄：《物权法》，第251页。

② 〔台〕谢在全：《物权法论（上）》，第155页；王泽鉴：《民法物权（一）》，第152页；张龙文：《论由所有权所生的请求权》，第192页。

③ 〔日〕广中俊雄：《物权法》，第270页。

人的行为或不可抗力，在所不问[①]，被告人对可能发生的妨害具有除去的支配力，妨害是否一度曾经发生而有再次发生之虞或妨害有首次发生之虞，均非所问[②]。

关于妨害防止的内容，德国的民法中限定的范围较窄，即其仅限于妨害一度曾经发生而有继续之虞者（德国民法：826 条 1 项；1004 条 1 项）。之所以如此，其旨在避免妨害防止请求权的范围不至于被不当的扩大[③]。这中做法自然有其道理，不过未免失之过窄，而在妨害有发生之虞但为首次的情形之下，所有权人的权利不能充分受保护，因此，把妨害防止请求权的内容作以上解释是妥当的。

二、所有权妨害防止请求权的内容

所有权妨害防止请求权的内容是被告（有妨害所有权人之虞的人）应以自己的费用为妨害预防或防止行为——或为积极行为，如为了防止房屋倾倒而为加固，或为消极行为，如为了防止即将进行的建筑侵害土地的所有权，应土地所有人的请求而不为此种建筑等。被告应以给付为之，若被告拒绝履行，自然适用关于强制执行的规定[④]。

一般的原则是妨害防止行为应以被告的费用负担，但是下列情形应谨慎判断。[⑤] 甲地与乙地相邻，由于大暴雨致乙地内境界附近土壤流失或土质疏松下陷，从而有招致甲地建筑物倾倒的危险时，除去该危险所应支付的费用如何负担，应分别情形而为判断：(1)土壤流失或土质疏松下陷不影响乙地内定着物的安全时，虽然土壤流失等在乙地所有人的支配力之内，但土地修复的主要受益者为甲地所有人，而且此种结果是因不可抗力而引起的。因此此时由甲地所有人负担一半，并无不妥。否则，若依一般原则，使乙地所有人负担全部费用

① 〔日〕广中俊雄：《物权法》，第 270 页；日本判例大判昭 12 年 11 月 19 日民集 1881 页以下。

② 〔台〕谢在全：《民法物权论（上）》，第 155－156 页；〔日〕广中俊雄：《物权法》，第 270 页。

③ 〔台〕谢在全：《民法物权论（上）》，第 168 页。

④ 〔日〕广中俊雄：《物权法》，第 272－275 页。

⑤ 以下论述受广中俊雄先生：《物权法》启发。

对其未免过苛，有失公平。(2)土壤流失等同时也影响乙地所有人内定着物等的安全时，由于乙地所有人不仅支配土壤流失的土地，而且修复土地对其自己也有更大的利益，因此仍依一般原则由乙负担妨害除去的费用。总之，应就具体情形对各方利益进行全面衡量，寻求较为妥当的判断是可靠的做法。

第四章　其他物上请求权

第一节　基于他物权的物上请求权

他物权，即所有权以外的物权，当受侵害时他物权人是否得提起像所有权人一样的物上请求权，不同的国家和地区的立法例及学说各不相同。由于目前我国的法律尚未确立他物权的概念，也没有相关的规定，学说中也少有论及，因此下文将参考其他国家地区的立法例及学说进行探讨。

一、地上权、地役权及其他用益物权

地上权及地役权等用益物权，虽不是对物进行全面支配的权利，但也具有对物进行部分支配的性质，而且在其存续的时间和空间上。其支配性质也包括对物的所有人的对抗和排斥。因此，当其受侵害时，也同样得提起返还之诉、妨害除去之诉及妨害防止之诉。对此，德国立法例持明确的肯定立场(德国民法:1017 条 2 项;1065 条;1027 条)。日本立法例未作任何规定，但学说上认为应作肯定解释。我国台湾省明定地役权得准用所有权的请求权(台湾省民法:858 条);实务上对地上权的做法十分苛刻，认为除法律另有规定外，仅所有人或占有人始得行使之，地上权既无准用第 767 条的明文，则其行使物上请求权，自以设定地上权的土地已移转地上权人占有为前提[1]，即仅肯定地上权人的占有之诉。这一立场，难值赞同。地役权与地上权同

---

① 台湾省判例:52 年台上字 904 号。

为用益物权，地役权能有基于本权的物上请求权，为何地上权不能，这显然违背了“相同者，应为相同处理”的公平原则①。因此，地上权等用益物权的基于本权的物上请求权应予以承认。

我国现行法之上，没有确立物权概念，同样也没有地上权和地役权概念。不过，法律对此种权利有相应的规定。如1957年8月3日国务院批转水利部《关于水和排水纠纷的处理意见的报告》中规定：“上游兴建灌溉工程时，必须保证下游原有灌溉区用水，兴修防洪排水工程时，未经有关方面同意，不能单方面改变自然情况，”在学者们看来，这是关于邻地用水、排水权的规定，属地役权的范畴②。我国《土地管理法(1988年修正)》第7条、第9条、第10条、第11条，界定了国有土地使用权和集体土地使用权(包括基地使用权和农地使用权)③，并规定了登记制度(发生、变更要进行登记)，是明显的物权，在性质上基地使用权属地上权，农地使用权属用益物权。

二、担保物权

(一)留置权　在大陆法国家的分歧很大，有的国家或地区的立法例以留置权为担保物权的一种，如瑞士、日本及我国台湾省等是；有的国家的立法例以其为拒绝债务人请求的权利，具有债权的性质，不具有对抗力，如德国、法国及意大利等是④。由于历史上我国的《中华民国民法》(即我国台湾省民法)将留置权视为他物权的一种，目前我国很多学者认为留置权为物权的一种⑤(《担保法》第五章，82条以

---

① 〔台〕王泽鉴：《民法物权(一)》，第153页。

② 李由义、钱明星：《我国民法物权体系初探》，见《北京大学学报》1987年第1期，第117—126页。

③ 中国社会科学院法学研究所物权法课题组：《制定中国物权法的基本思路》，见《法学研究》1995年第3期，第8—9页。

④ 参考史尚宽：《物权法论》，第437—438页。

⑤ 梁慧星：《民法》，四川人民出版社出版，第289页；李由义、李志敏、钱明星：《论建立我国民法物权体系的必要性及其意义》，见《中国法学》1987年第1期；李由义：《民法学》，北大出版社1988年版，第258—274页。在此需作说明的是，我国担保法第88条规定了留置权的消灭原因，一是债权的消灭。二是债务人另行提供担保并被债权人接受的。而未将留置权人丧失占有列为原因之一。

下)，因此本文从之。

留置权有一特点，即以对物的占有为其存续要件，也就是说，留置权人非基于留置权而有占有的权利，而是基于占有而成立留置权[①]。一旦占有丧失，留置权即随之而消灭。因此，留置权的占有丧失时，留置权人不能基于本权请求返还留置物。但是得于占有被侵夺而丧失时，提起占有之诉。当留置权受妨害或有妨害之虞时，得基于本权主张物上请求权。

(二)质权　依要物契约而设定，即取得标的物占有后始有质权的成立。但是与留置权不同的是，质权不因占有的失去而消灭。不过，质权人丧失占有后是否得基于质权请求返还，不是没有争论。日本民法明定，质权人的占有被侵夺时仅得依占有之诉而请求质物的返还(日本民法:353 条)。此种立场颇有疑问，因为若质物的占有是因被欺诈或遗失而丧失时，占有之诉则无法发动。于是，此种情形下，质权人不能得到充分的保障。因此，应认为质权人于丧失质物占有时，得基于质权而请求返还，无论对方是第三人还是出质人[②]。此外，质权人当然也得提起妨害除去及妨害防止请求权。只有如此，才能使质权这种物权不仅仅是法条上的权利。

(三)抵押权　不包括占有的权利，因此不存在基于抵押权返还占有的问题。但是，关于基于抵押权的妨害除去请求权及妨害防止请求权是否有存在必要，也有争论。有的学者认为，对于抵押权人的行为足使抵押物的价值减少者，法律另有救济途径:1. 如第三人有侵夺或妨害行为而抵押人怠于行使物上请求权时，抵押权人(债权人)得代位行使债务人的此种权利，从而可达到保全抵押权的目的;2. 关于抵押权还有特殊的保护规定，当“抵押权人的行为足以使抵押物价值减少的，抵押人有权要求抵押权人停止其行为。抵押物价值减少

① 〔台〕史尚宽:《物权法论》，第 440－441 页。

② 〔台〕史尚宽:《物权法论》，第 333－334 页;〔日〕广中俊雄:《物权法》，第 279－285 页。

时，抵押权人有权要求抵押人恢复抵押物的价值，或者提供与减少的价值相当的担保(《担保法》第51条1款)”。但是，若抵押人不是被担保债权的债务人时，抵押权人即使有上述代位权的行使的余地，其权利也难有保障[①]。关于抵押权保护的特殊规定，仅限于抵押物价值减少的情形。但当抵押物被夺取、被他人占有有被妨害之虞时，难有保障。更何况抵押权也是物权的一种，也于某种程度上体现了对标的物的支配(对物的价值的支配)性质，当然也应有物上请求权存在的理由。因此，肯定抵押权上的物上请求权也是抵押权的内在要求，这样作无疑是妥当的。

综上，他物权之上也有物上请求权的存在，具体要件及内容皆准用于所有权之上的请求权。而且，这两种物上请求权的基础都是物权，具有相同的属性——不罹于消灭时效，并有转化的可能等。

三、他物权的物上请求权与所有权的物上请求权的关系

物上存在他物权时，当该物被妨害或有妨害之虞时，如上所述，他物权人得基于其物权，如地上权等请求妨害除去或妨害防止。此时，一物之上他物权的请求权与基于所有权的请求权的关系如何，不无探究的必要。笔者认为，二者是相互独立的，即一方放弃或丧失并不影响他方的存在和行使。同时，二者也是共存的，即当物受有妨害时，所有权人与他物权人皆得有物上请求权，以维护各自的权利。

二者虽可共存，但是又存在着一定冲突。如物被他人无权占有时，所有物返还请求权的内容是请求向所有人返还，而他物权人的返还请求权则是请求向他物权人返还。此时，若支持所有权人向自己返还的请求，将发生所有人取得较物被第三人侵夺前大的权利而侵害用益权人利益的结果。因为，物的所有人为他人设定用益物权后仅处于间接占有人的地位，若竟请求向自己返还，则使自己变为直接占有人。从用益权人方面考察，原为第三人的无权占有，现变为所有人的无权占有了。所以所有人不得请求向自己返还，仅得请求向用益权人

① 〔台〕谢在全：《民法物权(上)》，第161页。

(他物权人)返还。使自己回复本来的间接占有的地位①。但是,于他物权人放弃其请求权时,所有人得请求向自己返还②。

但是,当物上存在着抵押权或留置权,该物因被侵夺或遗失等而丧失占有时,他物权人与所有权人的物上请求权的关系颇值探讨。由于占有不是抵押权的内容,因此抵押权的标的物的占有被他人无权占有之时,仅发生所有权人的返还请求。当留置权的标的物非以侵夺方式而丧失占有时,该留置权随之消灭,同时原留置权人也无占有之诉提起的条件。于是,此时与上述情形相同,即仅所有人的所有物返还请求权有存在的余地。但当留置权标的物被侵夺时,该留置权人得提起占有之诉。然而,此时的所有物返还请求权是否得请求向所有人返还,不无疑问。若承认此点,无异于承认所有人从留置权人处抢夺留置权标的物的合法性,也无异于纵容所有人指使第三人从留置权人处抢夺该物,则留置权人的权利将徒有虚名,而没有法律的任何保障。对留置权人而言,显然是不公平的。因此,此时所有物返还请求权仅得请求向留置权人返还。但是,占有之诉罹于时效或被放弃的,所有物返还请求权得请求向所有人返还。

第二节　占有保护请求权

一、序说

(一)占有之诉、占有诉权、基于占有的请求权、占有保护请求权及占有人的物上请求权。大陆法各国关于占有保护有不同的规定。法国民事诉讼法典继承了罗马法传统,规定了与本权之诉(action pretitoire)相对的占有之诉(action possessoire)(法国民诉法第24条以下),日本民法典从之(日本民法第196—202条)。而德国民法典

① 〔台〕郑玉波:《论所有物返还请求权》,第72—73页;〔日〕柚木馨:《物权法总论》,第421页。

② 〔台〕郑玉波:《论所有物返还请求权》,第72—73页。

及台湾省民法典规定的则是占有保护请求权(德国民法第861、862条;台湾省民法第926条)。虽然诸法典所采概念不同,但所表达的内容无大的差别,正如一些学者所指出的,占有诉权一语,不过是从罗马法经由法国诉讼法典沿袭而来的,也称占有保护请求权。而且,一般也被看作物上请求权,因此又称占有的物上请求权[①]。

(二)占有保护请求权的性质、要件及内容。由于占有一般是物权的内容,因此其一般被看作物上请求权,但是其并不具有前文所述的不罹于时效的性质,而受消灭时效的限制。因此,严格而言不能称其为物上请求权。

占有保护请求权包括返还占有请求权、妨害停止请求权及妨害预防请求权。日本民法典及我国台湾省民法典都是如此,但是德国民法典则将妨害除去请求权及妨害停止请求权合并为一个请求权,即"Anepruch Wegen Besitzstörung"(德国民法第862条)。这与罗马法中的"占有保持之诉"是一脉相承的。相比较而言,将其分为三种更为清晰,更易于操作,因此,笔者认为采三分为优。

关于诸具体占有保护请求权的要件,除占有返还请求权外,其他两请求权与所有权的物上请求权的要件并无区别。占有返还请求权以占有被侵夺为其要件。从而,若因遗失或让与而丧失占有的,占有人则不能有占有返还请求权。而且,占有返还请求权不能对侵夺人的善意的特定承受人提起[②]。

(三)准占有及其保护。罗马法上,占有限于物的支配关系,惟以地役权的行使为准占有[③]。德国民法则限于地役权与人役权(德国民法:1029条、1090条第2项),瑞士民法与其相似,以地役权及土地负担为标的物(瑞民:919条2项),日本民法规定(日本民法:205条)及我国台湾省民法(台湾省民法:966条)规定,财产权不因物的占有而

---

① 〔日〕广中俊雄:《物权法》,第313、317页;舟桥谆一:《物权法》,第317、318页。

② 〔台〕史尚宽:《物权法论》,第539页。

③ 周枏:《罗马法原论》,第422页。

成立者，行使其财产权的人为准占有人。

准占有的构成要件是：(1)所占有的是财产权，(2)财产权不因物的占有而成立，(3)须事实上行使其权利。此所谓事实上行使，应依一般交易或社会观念，有使人认识其事实上的支配该财产权的客观情况的存在为已足，可就财产权的种类、性质及各种外观等具体情事而定[①]。根据通说，准占有的客体包括地役权、抵押权、债权、无体财产权、矿业权及渔业权等[②]。关于准占有的保护，有的国家规定准用占有保护请求权的相关规定，如日本(日本民法：205条)，有的则直接规定了物上请求权，如德国规定地役权及抵押权之上有物上请求权。这种差异，与各国的准占有观念有关，即不同的观念将导致不同的立法选择。

(四)占有之诉与本权之诉。占有被给以区别于所有权的特别的保护，这是罗马法以来的传统。它的前提是，对一个物而言，占有与所有是两个相区分的形态。因此，物上请求权有基于占有、所有分别成立的可能。具体而言，有以下四种可能：(1)两请求权属于同一个人；(2)相向的请求权分属两人，如甲在乙处发现被盗走的自行车以后，从乙处夺回自行车，乙对自行车有占有返还之诉，甲则对自行车有所有权妨害排除之诉；(3)平行的请求权分属没有任何关系的两个人，如甲遗失的某物被乙拾得，后来被丙侵占，此时，甲、乙二人分别有所有权返还请求权与占有返还请求权；(4)平行的请求权分属有合同关系的两人，如一方为物权人，他方为租赁权人，当物被他人无权占有时，二者分别有所有权返还请求权及占有返还请求权(该租赁权有占有或有对抗力时，租赁权人尚有基于租赁权的返还请求权)。通说认为，两请求权的发生互不相碍，二者为互相独立的请求权，一方消灭，他方不当然消灭。如占有保护请求权因一年不行使而消灭，本权之诉

---

① 〔台〕谢在全：《民法物权论(下)》，第557－558页。

② 〔台〕史尚宽：《物权法论》，第547页；〔日〕我妻荣：《物权法2》，昭和13年，第521－522页。

依然可得行使。两请求权同属于一人的情形，为请求权的竞合，请求权人既可提起占有之诉也可提起本权之诉。两相向的请求权分属两个人时，一般的立法例与通说认为，对占有保护请求权不得以本权之诉上的理由提起异议，只能提起反诉或另行起诉①。

二、占有保护请求权的机能

大陆法在一般的物上请求权以外，另规定了占有诉权制度，此一制度的机能何在，即为何除本权的保护以外，还要承认对占有的保护？在现代的民法制度中，占有诉权制度的存在价值有多大？这些问题都颇值探讨②。

对占有诉权的存在理由或存在根据，自德意志普通法时代起。学者们就已有争论。重要的学说有以下几种，即所有权保护说、人格保护说、和平维护说和债权保护说③。本文所关心的并非是这些令人眼花缭乱的学说，而是大陆法中自罗马法以来的占有之诉的传统④ 在现代民法制度中的存在理由。

在澄清此一问题之前，有必要先回顾一下关于罗马法占有令状（后改称占有之诉）的起源和存在理由的著名争论。对此，德国两大罗马法学家萨维尼和耶林各持一词。萨维尼认为，罗马古时农民耕种国家土地并无法律的调整，彼此之间常因疆界和饮水等问题发生纠纷，引起暴力行为，大法官为了平息争端就创设了占有令状，以维护社会秩序，同时认为占有的侵害也是对占有人人格的侵害，因此占有保护的目的还在于保护人格。耶林认为，占有令状的起源是所有权诉讼中的占有裁定，这样作的理由是，当时的所有权争议中，双方都主张自己是占有人，以避免举证责任。于是，大法官创设占有保持令状（Inferdicta retinendae possessionis），此后相继创设了占有取得令状（Interdicta adipiscendae possessionis）和占有回复令状（Interdicta

① 〔台〕史尚宽：《物权法论》，第539页；〔日〕广中俊雄：《物权法》，第361－362页。
② 〔台〕刘得宽：《论占有诉权制度》，见《民法诸问题与新展望》，第317页。
③ 〔日〕篠冢昭次：《口语物权法》，第83页，自由国民社1992年版。
④ 〔台〕刘得宽：《日耳曼法上的占有》，第309页。

recuperandae possessionis)。即占有令状的存在理由，在于保护所有权人，利于所有权人举证[①]。很难说谁更正确，但是二者的关于占有诉权存在理由的见解对后来的学者有很大的影响，并发展成为流行的学说——保护法律秩序的学说及保护所有权的学说（也称本权保护学说）。关于占有诉权存在理由的主要学说如下。

1. 本权保护说。其前提是占有与本权同属一人，占有被保护是为了保护本权（或所有权）。因为本权的存在证明并非易事，而占有事实易于证明，所以通过保护占有可达保护本权的目的。

2. 法律秩序维护说。这是最为普遍的见解[②]，即认为占有诉权制度在于维护已成立的事实状态，纵然其与法相抵触，不应因私力而扰乱，而应依合法的途径排除。禁止私力扰乱事实状态是一般公共利益的要求，因此，占有的保护是为了维护一般的秩序和安宁[③]。而且，占有之诉具有简易迅速的特点，能起到很快平息争端、减少争斗的作用。

3. 债权保护说。认为占有诉权的存在意义为，对物的债权人进行保护[④]。即当物处于债权人占有之下时，若物被侵害，虽然债权人不是物主，但由于对物有占有，所以得直接受占有之诉的保护，而不必请求物权人让与其物上请求权。

以上诸说，各有其道理。但其中任何一个都只是说明了传统民法中占有诉权存在的某一方面的理由。因此，坚持任何一个学说都是片面的。妥当的做法是，将传统民法中占有诉权存在的理由解释为以上诸种见解的结合，即不仅有保护本权的功能，还有维护法律秩序和保护债权人的功能。

以上是对传统民法之下占有诉权的解释和探讨。在现代民法制度之下，由于法律制度自身的发展，和社会需要的变化，占有诉权的

① 周枏，《罗马法原论》，第421－422页。

② 周枏：《罗马法原论》，第422页。

③ 〔台〕史尚宽：《物权法论》，第531页。

④ 〔日〕川岛武宜：《所有权法的理论》，第158页，见广中俊雄：《物权法》，第318页。

功能也受到了影响。

首先,占有诉权有维护本权的功能,即通过维护占有可达到对不易被证明存在的本权(所有权)的保护。在罗马法的占有制度(Possessio)上,此种见解并无不妥,因为罗马法上的占有不能用来推定本权的存在。但是,现在的民法制度由于日耳曼法的占有(Gewere)制度的影响,"占有具有本权的推定力"被接受为一项法律规则。因此,在这样的前提下,只要证明占有事实,本权证明也非难事①。不难看出,此种情况下占有诉权维护本权的意义不大。

其次,占有诉权具有维护法律之下功能此一见解,如前所述,自有其道理。但占有诉权体现的对私力的规范,似有侵夺公法势力范围的嫌疑。而且,以简单迅速为特点的占有诉权制度并非不可替代。尤其是在现代的民法制度中,"假处分"制度具有同样的功能②。因此,占有诉权制度的维护法律秩序的功能已受到挑战。

再次,固然占有诉权具有保护债权的功能,但是近来民法理论和实务的发展以对占有诉权的该功能构成威胁。如本文前面所述及的,物上请求权有扩张的趋势,及债权人占有标的物时,对第三人的侵害得有妨害排除请求权③。

综上,现代法律制度之下,占有诉权制度的存在意义在某种程度上已经削弱,或正逐渐被其他制度所排挤。此时,占有制度的重点已不再是占有诉权,而在于其表意的功能(本权推定力、公示力、公信力)及本权取得的机能(取得时效、无主物先占等)④。

---

① 〔台〕刘得宽:《日耳曼法上的占有》,第309页。

② 〔台〕史尚宽:《物权法论》,第531页。台湾省民法第522条:债权人就金钱请求或得易为金钱请求之请求,欲保全强制执行者,得声请假扣押。

③ 日本判例:大判大正10年12月民录27辑1788页;最判昭28年12月18日民集7卷1515页。

④ 〔日〕筱冢昭次:《口语物权法》,第35页。

第三节　中国的物上请求权制度的革新

一、我国现行法上的物权

物权，是物上请求权的基础。分析讨论我国现行法上的物上请求权之前，先考察一下我国现行法上的物权制度是必要的。

建国初期，法律承认并保护土地改革后的土地私有权及典权、地上权、地役权等。但1956年生产资料的社会主义改造完成后，建立了社会主义公有制，私人土地所有权不复存在。而这个时期，我国法学界接受了前苏联法学界流行的观点认为所有权以外的其他物权是私有制下的特有现象，在建立土地社会主义公有制的国家，不存在所有权以外的其他物权①。

相应的，至今我国民法及其他法律未明确适用物权概念。依大多数学者的看法，现行法虽未明确何种权利为物权性权利，但是，法律规定了物权性质的民事权利②。不过，对物权具体有哪些权利，意见不一。其中，较无争议的是，所有权和担保物权（包括抵押权、质押权和留置权）。

二、我国现行法上的物上请求权及存在的问题

我国民法没有物权概念，也没有物上请求权概念。但是，有关于物上请求权的若干规定。在我国民法之上，强调了物上请求权的民事责任性质，即我国《民法通则》将物上请求权作为民事责任的形式之一同其他责任形式集中作了规定③。与此同时，《民法通则》第106条规定：公民、法人违反合同或者不履行其他义务的，应当承担民事责

---

① 李由义、李志敏、钱明星：《论建立我国民法物权体系的必要性及其意义》，《中国法学》1987年第1期；《法学研究》编辑部：《新中国民法学综述》，中国社会科学出版社1989年版，第26页。

② 李由义主编：《民法学》，北大出版社1988年版，第253页；姜山：《试论物和我国的物权制度体系》，见《法学研究》1988年第5期；李由义、钱明星：《我国民法物权体系初探》，见《北京大学学报》1987年第1期，第117－126页。

③ 王家福主编：《中国民法学·民法债权》，第243页。

任。而第六章明确规定了“违反合同的民事责任”和“侵权的民事责任”。则物上请求权作为民事责任而发生的行为属于公民、法人不履行其他义务的行为。

具体而言，停止侵害、排除妨碍、消除危险和返还财产是以物上请求权为内容的民事责任形式①。相应的，我国民法上的物上请求权为停止侵害请求权(《民法通则》83 条)、排除妨碍请求权(《民法通则83 条》)、消除危险请求权和返还财产请求权(《民法通则》61 条)。对此，学者没有异议②。

存在的问题

1. 消除危险，为物上请求权的一种，已被学者所承认③，内容与妨害防止请求权一致。但是，其除在《民法通则》134 条提及外，无具体的规定。因此，至于将来修订民法时选择哪个名称，并不重要，关键是要明确该请求权的具体内容。

2. 关于恢复原状的性质，有的学者认为是物上请求权④，这一见解值得商榷。恢复原状，也称回复原状，在各国立法例中的含义不尽相同。通说认为，狭义的回复原状是指回复被侵害的权利原来的状态，如物的返还或毁坏物的修理；广义的回复原状，包括狭义的回复原状及用非金钱等价物填补损害⑤。由此可以看出回复原状是侵权责任或违约责任的救济方式，如德国民法典关于回复原状(Restitution)的规定位于债编之下(德国民法：249 条)，台湾省民法典也将其规定在债编之下(台湾省民法：213条)，即使在我国的《民法通则》，

---

① 梁慧星：《民法》，第 215 页以下；王家福主编：《中国民法学·民法债权》，第 243 页；王利明等：《民法新论》，第 28 页以下。

② 王家福主编：《中国民法学·民法债权》，第 243 页；梁慧星：《民法》，第 215 页；王利明等：《民法新论》，第 28 页。不过，须指出的是，“停止侵害请求权”不仅是适用于对物权的保护，也适用于对著作权、专利权、商标专用权及人格权等权利的保护(《民法通则》第 118 条、120 条)。

③ 梁慧星：《民法》，第 216 页。

④ 梁慧星：《民法》，第 215、218 页；佟柔：《民法原理》，1989 年版，第 147 页；王利明等：《民法新论》，第 28 页。

⑤ 〔日〕四宫和夫：《不法行为》，青林书院 1985 年版，第 466 页。

也是在侵权责任之下加以规定的(民法通则:117 条)。因此,其为债权性质的请求权,而不是物上请求权。

3.《民法通则》61 条的返还财产请求权与第 117 条的返还财产请求权,是不同性质的请求权。前者为物上请求权,后者为债权性质的请求权。二者区别的主要意义在于:(1)前者的发生不以过错为要件,而后者则否,如物遗失被他人拾得时,因为不构成侵权行为,所以不发生所有权人的基于侵权行为的返还请求权。但是,此时所有权人得基于所有权请求拾得人返还该物。(2)前者与物权同在,不因时效而消灭,而后者将罹于消灭时效。由此不难看出,二者是基于不同的原因而发生的,是两种完全不同的请求权。但是,二者在有的情况下是竞合的,如物被侵夺但尚未被毁损之际,物权所有人得基于所有权请求返还所有物,或提起债权性质的请求权(恢复原状请求权),请求返还物。

三、建立我国的物上请求权制度

我国《民法通则》中,民事责任不仅包括违反合同的民事责任及侵权责任,还包括不履行其他民事义务的民事责任(民法通则:106 条),因此正如有的学者所指出的,传统理论中物上请求权的民事责任性质并未被重视,在我国的《民法通则》则将其作为民事责任的形式同其他责任形式集中规定。无疑是一种创举[①]。但是,物上请求权的完善,应该不是在承担"民事责任方式"中所能够容纳的。那么,采取何种方式完善物上请求权是个问题。此时,如能参考其他责任方式的存在状况,这个问题就能迎刃而解,如赔偿损失等在《民法通则》的违反合同的责任或侵权责任中安排有具体的展示机会。因此,对物上请求权制度的安排应在物权之下,则其充实、完善也相应在其中进行,同时并不妨碍其在承担民事方式中再次出现。这样,既能保持我国《民法通则》的体系特色,又能使物上请求权求其发展,因此是较为妥当的选择。

---

① 王家福主编:《中国民法学·民法债权》,第 243 页。

至于物上请求权的具体位置，有的学者指出将其置于物权法之下的总则章中[①]，笔者从之。因为，德国、台湾省民法典的在所有权通则之下规定“基于所有权的物上请求权”、在各他物权之下分别规定“基于他物权的物上请求权”的做法，具有罗嗦、重复的缺点，而以上做法将克服这一不足，显示出简洁、明了的精神。

虽然《民法通则》有关于物上请求权的规定，但是消除危险、返还财产除名称以外再无更多规定，排除妨碍也是浅浅提及。总之，还称不上物上请求权制度，此外，我国的物权法就整体而言，还是比较薄弱，最重要的是他物权制度尚未建立，因此，物上请求权制度的建立还有很多的工作要做。我希望自己的这篇文章能引起诸前辈、学长们对物上请求权的关注。若能对我国民法典的完善有所裨益，将是一件幸事。

（作者为中国社会科学院研究生院法学硕士，
现在工作单位：中国社会科学院法学研究所）

① 中国社科院法学研究所物权法研究课题组：《制定中国物权法的基本思路》，见《法学研究》1995年第3期，第9页。

商业秘密研究

唐　昭　红

目　次

前　言

人类社会已步入信息时代，对商业活动中未披露信息的保护已成为当代法学的重要课题。本文以“商业秘密的研究”为题，对商业秘密法律制度作了系统的考察与探索，并据此对我国商业秘密法律保护的对策提出了一些设想。

本文共分五章。在第一章商业秘密财富的产生与发展部分，作者追溯了人类理性探寻智慧财富以求生存与发展的历程，并在此基础上揭示了商业秘密财富随同社会分工、私有制以及商品经济的产生而产生的客观历史事实，分析并归纳了商业秘密财富及其相关法律观念的三个演进阶段及其特点。在第二章商业秘密保护的理论基础中，作者考察了英美法及大陆法的商业秘密保护理论，归纳了商业秘密保护的合同理论、破坏保密关系的侵权行为理论以及产权理论，并对产权理论作了一定的分析阐释。在第三章商业秘密法律制度的作用与地位中，作者归纳了商业秘密法律制度的两大功能，其一，商业秘密法律制度维护了竞争的公序，体现了法律正义、安全的价值；其二，商业秘密法律制度促进了科技进步，体现了法律的效率价值。在第四章商业秘密法律制度中，作者全面考察了英美法系、大陆法系商业秘密法律制度的发展概况，归纳了英美法系的商业秘密法律制度循判例法——成文法轨迹发展，大陆法系的商业秘密法律制度循合同法、侵权行为法——反不 正当竞争法轨迹发展的规律；并在此基础上分析总结了商业秘密的概念及种类，认为商业秘密概念的界定宜采概括列举式，商业秘密分类的意义在于明确商业秘密法律制度的保护范围及商业秘密法律制度对于技术信息和营业信息提供不同程度的法律保护；最后作者分析阐释了“商业秘密的侵犯”及其救济措施。在第五章我国商业秘密保护对策的设想部分，作者概述了我国商业秘密保护的现状，并据此拟定了商业秘密保护条例，作为我国商业秘密保护对策的设想。

商业秘密的法律制度研究是一个全新的领域，研究起来有很大难度，加之本人学识疏浅，资料条件又极有限，疏漏之处难免，敬请前辈与同仁不吝赐教为盼。

第一章　商业秘密财富的产生与发展

第一节　引　　子

人类在同环境的抗争与协调中求得生存与发展，而今我们所拥有的一切——自然的以及人文的科学知识皆是人类经由智慧诉求的生存与发展的手段。

史前的人类经过漫长而艰辛的摸索，于旧石器时代创制了各种各样的渔猎工具——“斧、刀、锯、辐刀、刮刀、木柜、锥子、象牙针、矛、鱼、叉、弓、掷矛杆”；于新石器时代发掘了与耕作农业密切相关的农用工具——锄、镰刀、连枷、手磨，甚至发展了制陶业、采矿业、纺织业；约在公元前 5000 至 3000 年间，随着人类经验理性的巨大进步，人类成功地掌握了冶炼并使用金属的技艺，发明了带轮的车和带帆的船。此后，在整个古希腊、古罗马以至将经院哲学推向顶峰的中世纪，人类摆脱了“通过工作的人追溯智慧的人”的纯粹的理性经验阶段，其探索不再仅仅囿于有关工具和生产的专门知识，辉煌灿烂的古希腊文明创造了逻辑、哲学和数学等有关思维的理论；繁荣强大的古罗马则在法律、行政和军事上做出了杰出的成就；中世纪的经院哲学赋予人类“明确严谨的思想之习惯”①。可以说，亘越十几个世纪的古代文明为“近代科学之兴起”作了极为深厚的铺垫。这样，人类在 18 世纪终于迎来了第一次工业革命。在这一时期，人文的、自然的科学相互促动，理性思想和经验科学互通有无，这种空前的交流与结合尤如“近代科学之兴起”的启明星，给人类生活的空间带来了史无前例

---

① 见〔美〕巴伯：《科学与社会秩序》，生活·读书·新知三联书店 1991 年版。

的耀亮光彩。专职的科学家与业余的科学爱好者怀着极大的热忱与兴趣积极探索，冒险实验，他们将人类带入到煤、铁路、纺织、钢铁、汽车、橡胶、机床制造的电力机械工业时代，这是一个大大解放了人类体力的时代，人类得以再次获益于自己智慧的果实。然而，历史赋予人类的使命是不断地探索未知的世界，很快地，仅仅延续3个多世纪的传统工业便于本世纪50年代受到了赫然而至的电子工业革命的冲击，建立在量子电子学、信息论、分子生物学、海洋工程学、核子学、生态学以及太空科学等综合理论基础上的计算机、数据处理、宇宙空间、尖端石油化学工业、半导体、先进通讯设备产业悄然兴起，一个智能的时代来临了，如同往次工业革命解放人类的体力一样，此次电子工业革命扩展了人类的脑力，在这个时代，信息变得如此重要，以至于成为这个时代的生灵。

——本文在此粗略回顾了人类理性探寻智慧财富以求生存与发展的历程，这一回顾是为了说明本节的主题——作为财富的商业秘密的产生与发展。

第二节　商业秘密财富的产生

依据我们的感性认识，商业秘密作为一种社会财富或个人财产，即是某种处于秘密状态的诀窍、技能、经验或信息……，事实上，人们通常将某种自以为独有的经验或技能用秘密的方式据为己有，以便在生存与发展的竞争中占据一定的优势。商业秘密财富作为一种历史的现象，如同其他一切私有财产的产生一样，是随着社会分工、私有制以及商品经济的产生而产生的。

虽然我们难以从可考的历史中查找出具体的实例，说明某一项商业秘密产生于某一区域的父系氏族晚期或奴隶社会早期，但是我们可以借助以下的史实阐释佐证商业秘密财富的产生：首先，在产生私有制的父系氏族晚期、奴隶社会早期应运而生了将私有财产的继承与王位、爵位、家长身份的继承、宗族祭祀的继承合为一体的继承制度，我认为，正是这种继承制度孕育诞生了早期的商业秘密。据《史记·夏本纪》记载，禹之子启，不顾氏族社会的传统习惯，废除“禅让”，用武力夺取并保住了王位，将政权、财权与家族组织合为一体，为此，《礼记·礼运》将禹以前的社会说成是“大同”社会、“天下为公”，把禹以后的社会称之为“小康”社会、“天下为家”。[①] 可以认为，我国自夏禹始，逐步形成奴隶社会，社会生产的重负转向了家庭，此时的家庭成为人类自身生产以及物质生产的基本单位，无数个家庭在这个普遍承认私产的社会中既共处又竞争，为了占据生存与发展的竞争优势并获取尽可能多的私有财产，家庭的财富——包括有形的财物和无形的秘密的谋生技能，都将随同家长身份、宗族祭祀一并始终执掌延续于这个家庭的掌门人手中，这即是身份继承、祭祀继承和财产继承三位一体的继承制度。应该说，这种继承制度集中反映了当时社会生产方式（家庭生产）、权力形态（王权、父权）的需求，因此在世界范围内都具有普遍意义。这种继承制度使得某些特有的生产工艺、经验、技能、诀窍成为父子相承的秘密信息——即早期的商业秘密，如祖传秘方，家传绝技便是其例。其次，在奴隶社会简单商品经济条件下，人们已经产生了商业竞争的意识，这种意识势必使参与竞争的个人或家庭将自以为独有或专长的绝技、经验、工艺以秘密的方式占为已有，使之成为商业秘密财富，从而享有竞争的优势。据考，在我国古代东周时期就出现了商标，当时酿酒业兴起，河南淅川、汝阳一带的酿酒者用自己的姓名“杜康”作为酒的标志，以别于其他酒家。我们知道商标的功用是标识产品的独特来源与品质，即是说，标有此一种商标的产品与标有彼一种商标的产品相比较，有着独特的品质，那么我们细究起来，其中的潜台词应该是独特的品质来源于其生产者所拥有的独特的生产工艺与经验，既然经营者将这种用其独有的工艺与经验生产出来的产品标上标识使之与其他同类产品相区别，说明这种工艺和经验是秘而不宣的，即它是一种商业秘密财富。

① 见冯友兰：《中国哲学史新编》第一册，人民出版社1988年版。

通过以上的分析论证，我们没有理由不确信，商业秘密在私有制及商品经济产生之初，即以私有财富的形态出现了。

第二节　商业秘密财富的发展

作为生产手段和经营财富的商业秘密一经产生，必将随着科学知识的进化而进化，随着生产方式的发展而发展，同时，亦将随着法律观念的升华而升华。因此，我认为对于商业秘密发展阶段的法的研究，必须同时建立在对于社会生产力以及相关法律观念的发展阶段的考查上。我认为，商业秘密财富的发展经历了三个历史阶段。

商业秘密财富发展的第一历史阶段起始于其产生的父系氏族晚期或奴隶社会早期，经奴隶社会、封建社会，延至18世纪的第一次工业革命。这一时期，较之原始社会的石器时代虽可谓突飞猛进，但生产力水平仍普遍低下，生产力的发展也极为缓慢。当时的社会劳动呈现为以农业为主的农业、畜牧业和手工业的简单分工，生产工具则以铁制工具为主，所谓“铁犁牛耕”正是那个时代社会生产的写照。因此，历史学家立于不同的角度将这一时期称为“农业社会”或“铁器时代”。建立在这种农业经济基础上的财产法倾力保护的是这个社会中最具价值的财富——土地。周枬先生在其《罗马法提要》一书中写道：“罗马法对保护不动产的规定比保护动产的更为周密。”而我国封建社会极盛时期的唐律则于户婚律中规定，盗贸卖、盗耕种公私田的处刑。可以认为，在18世纪以前的漫长的古代法制史中，不动产的保护居于首要地位，动产的保护居于次要的位置，至于源自于智力活动的无形的知识、经验、技能、诀窍等则基本未被纳入法律规范。不过，历史的发展包含了很多偶然的因素，古罗马极其繁荣的简单商品经济即是孕育这种偶然因素的一个契机。由于古罗马规模巨大的奴隶主庄园，手工业作坊和宏伟的建筑工程需要依靠大量的奴隶劳动力支撑，因此古罗马的“雇主”与“雇员”的关系显得十分复杂，当时奴隶被诱使出卖“雇主”的商业秘密成为商业社会的一个普遍问题。鉴于对奴隶的诉讼毫无意义，罗马私法遂发展了对抗诱骗商业秘密的第三人的诉讼请求制度。这一度被称为actio serri conrpti，即对于收买奴隶的诉讼。损害的救济措施则是由第三人双倍地赔偿其因暴露或使用他人商业秘密所造成的实际损失——这其中甚至包括了“雇主”丧失一个曾为诚实奴隶的损失。[①]这大约是最早的有关商业秘密的法律规定。

因此，综观这一历史阶段的商业秘密，可知此时的商业秘密主要表现为人们在农业及手工业作坊的生产实践中获得的并有意识加以保密的生产工艺、诀窍、技能等理性经验，而对于商业秘密的法律保护只有罗马法从规范商业道德的角度给予了零星规定，大量的商业秘密在广大范围内则处于一种自然状态，是当事人持有的一种法外利益。

商业秘密财富发展的第二个历史阶段由本世纪50年代上溯至18世纪的第一次工业革命，这期间，两次科技革命——18世纪以蒸汽机的发明与应用为标志的第一次工业革命以及19世纪后半叶以新式炼钢法、电力的发明与应用为标志的第二次工业革命使得社会生产力发生了根本变革，同时社会劳动亦呈现为以工业为中心的工业、商业、农业、科技、教育等多种分工，相应地，这一时期商品经济高度发达，以至于“全部的社会财富都采用了商品的形式”——甚至一切能为生产经营者带来竞争优势的科学技术、商业信息等社会财富亦采用了商品的形式。据此，人们将这一时期称为“电力机械时代”，“工业社会”或“国内市场经济时期”。建立在这种商品经济基础上的财产法向前跨跃了一大步，新兴的资产阶级国家除了竭力维护财产私有权以及契约自由外，还成功地将某些无形的知识产品纳入到产权法律规范之中，在与商品生产直接相关的科技发明领域规定了专利权制度，在作品以商品形式进入交换市场的过程里制定了著作权

① 见《Trade Secrets Law》by Melvin F Jager Copyright(c)1985，by Clark Boardman Company，Ltd.

法。当然，这些知识产权的获得是以公开知识产品为对价的，即知识产权人与国家达成这样的契约，前者向社会公开其知识产品，后者则赋予前者对于其知识产品享有一定时期的独占专有权。需要强调的是，由于工业社会的生产主要倚赖科技和大规模的产业工人，而这些产业工人又具有极强的流动性，因此，这一时期有关商业秘密保护的立法活动在整个资本主义世界亦呈上升趋势。19 世纪中叶，法国和德国的刑法典规定了对于未经许可而泄露工厂秘密(secrets of the factory)的惩处。1909 年德国制定了《不正当竞争法》给予商业秘密的侵害以私法救济。英国的判例法亦于 19 世纪早期认可了商业秘密的法律保护，1820 年，英国衡平法院准许了一项使用和泄露商业秘密的禁令，美国则在 1837 年审理 vickey 诉 weich 一案时继受了英国有关商业秘密保护的法律制度。因此，可以认为西方国家从规范竞争秩序的角度给予商业秘密以司法保护的法律制度在 19 世纪已经确立。

综上所述，我认为商业秘密财富发展的第二个历史阶段是其步入法律殿堂成为法权利益的阶段。不过，这一时期的商业秘密财富已不是大工业生产中全部的为经营者所独有的理性知识，而是没有或不宜获得知识产权保护的，由其持有人以秘密方式据为己有的那一部分实用技术、经验、诀窍等理性知识。

商业秘密财富发展的第三个历史阶段从本世纪 50 年代起而至今，这是商业秘密发展的里程碑阶段。诚如我们所知，本世纪 50 年代，一场以原子能、电子计算机和空间技术的发展与应用为标志的电子技术革命首先在美国兴起，而后在西方发达国家迅速蔓延。这次新的技术革命规模空前，使以往历次技术革命黯然失色。它不是在个别的生产技术上获得突破，而是在几乎所有的技术领域引发了一场全面、深刻的变革。至本世纪 70 年代，新技术革命既已进入到信息革命阶段，即由于计算机技术的突破所造成的以信息为中心的变革。信息革命的出现，使得信息不仅成为生产经营的最重要手段而且成为生产经营的最主要对象。人们看到，以专门生产、收集、传递、储存、加工和销售信息，以及生产和制造由此所需要的各种设备的信息工业蓬勃兴起，以至于西方国家传统的劳动密集型和资本密集型的夕阳工业日趋萎缩，而以信息技术为主的一系列技术密集型的朝阳工业却蒸蒸日上，信息产业逐渐成为社会的支柱。同时，这一时期由于通讯技术的突破，市场经济得以超越国界，一个统一的国际市场亦逐步形成。因此，有识之士意识到人类社会已进入“电子时代”、“信息社会”、“全球性市场经济时期”。新的经济格局必将产生新的法律问题，由于没有形体的信息极易溢出持有人的控制，加之当今社会传播手段与间谍技术的广泛存在，如何保护商业竞争中信息开发者或持有者对于未公开信息——现代商业秘密财富所享有的利益，遂成为这个时代的法学课题。显然，传统的知识产权法——专利法、著作权法、商标法等难以将瞬息万变的信息接纳到它的羽翼之下，知识产权法不得不谋求新的发展。1967 年签订、1970 年生效的《建立世界知识产权组织公约》将知识产权的范围扩大至“在工业、科学、文学或艺术领域里一切来自知识活动的权利”，对新技术革命的发展作出了及时而正确的反映。此后，经过艰辛谈判于 1994 正式签署的《与贸易有关的知识产权协议(乌拉圭回合最后文件)》则于其第二部分《有关知识产权的效力、范围及利用标准》之第七节专门就“未披露过的信息的保护”问题作了明确规定。除了知识产权国际公约外，各国立法机关亦不敢稍有懈怠，纷纷加强立法给予商业秘密以前所未有的严密保护，美国统一各州法律全国代表大会(the National Conference of commissioners)于 1978 年在判例法以及 1939 年《侵权行为法重述》的基础上制定了《统一商业秘密法》；日本则于 1990 年通过修改《不正当竞争法》正式确立了保护商业秘密的法律制度；我国亦于 1993 年制定《反不正当竞争法》，填补了商业秘密法律保护的空白。显然，所有这些立法活动都是为了适应经济发展软件化、国际化、信息化的需要。商业秘密财富在经历电子技术革命后，以商业活动中秘密信息的新姿态出现在法律的大殿之上，成为知识产权或无形产权的保护对象。

对于商业秘密财富发展阶段的考察，使我们认识到，伴随人类理性与社会生产力的三次阶梯跳跃，商业秘密财富经历了三个不同形态的历史时期，商业秘密财富保护的法律观念亦从无到有，从有关商业道德的法律观念变迁至兼涉产权问题的法律观念。商业秘密财富的第三个发展阶段还在继续，随着信息革命的纵深发展，对于商业秘密财富的法律保护的研究必将愈益深入完善。

第二章　商业秘密法律保护的理论基础

第一节　合同理论

无论是大陆法系亦或英美法系，其早期的商业秘密法律保护理论都以合同理论(The contract theory)为要，这与早期理论界与司法界确认商业秘密为一种对人权、相对权不无关系。

大陆法系国家的商业秘密司法实践历来强调合同的作用，甚至尤其强调明示合同(express contract)的作用，其典型的商业秘密诉讼往往以书面合同的出示及内容决定案件的判决结果。除了明示合同之外，美国在其普通法司法实践中发展了事实上的默示合同(implide-in-fact contract)概念，即以证明双方当事人默示同意的客观事实推定当事人之间存在限制使用商业秘密的合同。事实上的默示合同概念的产生，使商业秘密法律保护的合同理论突破了明示合同的局限，因为，即便设有明示合同或者明示合同的存在尚有争议，商业秘密权利人仍可依据事实上的默示合同求得法律保护。

上述保护商业秘密的合同理论的实质在于以违约责任预防及制裁侵犯商业秘密的行为，换句话说，无论是明示的保护商业秘密合同还是默示的保护商业秘密合同皆限定了商业秘密的使用范围和使用时间，相对人行使权利超越了这一使用范围或时间即为违约，违约者即应承担违约责任。然而，众所周知的是，这种保护机制过于依赖明示或默示的合同关系及合同内容，其保护范围必然是不完全的，其保护力度亦必然是不充足的。

由于基于明示合同或默示合同关系的保护商业秘密的法律理论存在以上弊端，美国普通法遂发展了准契约(Quasi contract)或称法律上的默示合同(The contract implied in law)的理论。这种法律上的默示合同不同于事实上的默示合同，它无须借助证明默示同意的事实以推定合同关系的存在，相反，它是由法律基于保护商业秘密的社会需要而拟制的合同关系，即法律假定任何一个涉及商业秘密的雇佣关系或其他保密关系皆包含了当事人之间良好声誉和公平竞争的默示承诺，由此，法律将忠诚的义务加于商业秘密权利人的相对方，并且确认这种忠诚的义务即便在该雇佣关系或其他保密关系结束后仍然继续存在。美国著名法学家Turner在其1962年撰写的《商业秘密法》论文中，将法律上的默示合同理论表述为："法律规定了雇佣合同的默示条款，雇员应神圣保护其雇佣关系期间所获知的商业秘密或其他秘密信息，并且雇员在脱离雇佣关系后，仍不得背叛前雇主，不得为自己的利益或其他竞争者的利益使用上述商业秘密或其他秘密信息。"法律上的默示合同理论为美国各州商业秘密保护的普通法司法实践所广泛接受，在1892年Eastman公司诉Reichenbach一案中，尽管存在着明示的保密协议，法院仍然宣称，考虑到被告在公司中所处的机要位置，保密的法律责任便当然产生，"由于当事人之间产生了这样的保密关系，法律即在当事人之间设定了一项默示合同，即雇员不得泄露他于雇佣关系期间所获悉的或所发现(发明)的任何商业秘密"。法律上的默示合同理论不仅适用于雇佣关系，而且适用于商业秘密许可关系(包括谈判关系)、产品销售关系、原料供应关系以及合伙关系。

尽管法律上的默示合同以其无限期的忠诚义务取代了明示合同或事实上的默示合同的有期限的使用商业秘密的权利，使保密成为涉及商业秘密的雇佣关系或其他关系的相对人的一项强制性义务，从而大大扩充了合同理论的保护范围并增强了合同理论的保护力度，然而，保护商业秘密的合同理论依然存在着显而易见的缺陷——

它无法对抗第三人侵犯商业秘密的不法行为，甚至在一般的雇佣关系中，该理论亦存在着很大的局限性。美国密西根州法院1970年审理的Shatterproof玻璃联合公司诉Guardian玻璃公司即表明了该合同理论的局限性，该案中，原告声称其两名前雇员侵犯了其商业秘密，该两名前雇员是按每小时2.75美元计酬的钟点制模工，他们先前从未担任过管理者，甚至未当过小小的工头，同时，原告未与被告建立任何事实上的保密关系，因此，此案取决于法律上的默示合同理论是否适用于这种钟点雇佣关系。最终，法院拒绝给予原告救济，并拒绝将强制的保密义务加于廉价的钟点工身上。因此，保护商业秘密的合同理论的适用范围是非常有限的。

第二节 破坏保密关系的侵权行为理论

破坏保密关系的侵权行为理论(The breach of confidence theory of tort liability)是美国商业秘密法律保护领域一度颇为流行的理论，该理论认为因泄露或使用商业秘密而破坏保密关系是一种侵权行为，侵权行为者应承担侵权责任。1917年，美国联邦最高法院在审理E.I.Du pontde Nemours火药公司诉Masland一案时发展并倡导了上述理论，当时，联邦最高法院主张地方法院有权禁止被告泄露他于从前的保密雇佣关系期间所获悉的原告的商业秘密，大法官霍姆斯(Holmes)说：用于商标或商业秘密的“财产”一词只是对法律创制诚实信用的起码要求的原始事实的某些从属后果所做的浅显表述，无论原告是否拥有任何有价值的秘密，被告均可通过他所获得的特殊信任弄清事实，不管这些事实是什么，财产权可以被否认，但信用不能被否认，……首先要确认的是被告不应欺诈地滥用原告给予他的信任，这是保密关系中经常出现的事件。美国1939年《侵权行为法重述》部分地接受了破坏保密关系的侵权行为理论，该法第757节规定：任何人泄露或使用他人因信任他而透露给他的商业秘密而构成失信的，即应向该他人承担责任。破坏保密关系的侵权行为理论的特点是较少重视财产属性、应保护的信息等问题，而将注意的焦点集中在商业秘密泄露时当事人之间的个人关系上，换句话说，该理论不依赖合同的存在，甚至不依赖商业秘密的存在，关键的问题是保守实质上的秘密（秘密的信息）的法律责任的存在。

可以认为，破坏保密关系的侵权行为理论与法律上的默示合同理论在所依据的事实方面如出一辙，即两者都要求保密关系的存在。然而，两者在问题的处理上却是大相径庭的，前者以破坏保密关系为有违公序的损害商业秘密持有人利益的侵权行为，将商业秘密的法律保护纳入到侵权行为范畴，加诸侵犯商业秘密者以侵权责任；后者则借助保密关系中所谓默示的诚信合同条款将商业秘密的法律保护纳入合同领域，加诸侵犯商业秘密人以违约责任。显然，以侵权责任保护商业秘密较之以违约责任制裁侵犯商业秘密的行为更有力度，因为除了禁令、损害赔偿之外，适用破坏保密关系的侵权行为理论还可以对违法者处以罚款。

与破坏保密关系的侵权行为理论相一致的尚有反不正当竞争理论。反不正当竞争理论认为，未经许可使用他人的商业秘密损害了保密关系，损害了竞争的公序，为了维护公平竞争的公共秩序，必须惩罚侵犯商业秘密者。如果说，破坏保密关系的侵权行为理论因为过于依赖所谓保密关系而存在着极大的局限性，那么经大陆法系国家发展后的反不正当竞争理论则可以逾越这一屏障，因为反不正当竞争理论无须保密关系这样的前提条件。它是从社会利益本位出发而产生和发展起来的，其着眼点不仅是单个竞争者或消费者的特定利益的保护，而且主要是整个竞争者、整个消费者乃至整个社会总体的经济利益的保护。

第三节　产权理论

本世纪50年代后，在商业秘密的法律保护领域逐渐占了上风的理论是产权理论（The property theory ），即将商业秘密视为某种知识产权(a type of intellectual property)或某种无形产权(a type of intangible property),给予商业秘密以产权的法律保护。产权理论在英美法系的衡平法司法实践中延续了1个多世纪,而后终于为美国1978年《统一商业秘密法》及英国1981年《保护秘密权利法草案》所接受、确立。目前,在商业秘密的国际保护领域,产权理论已呈独占鳌头之势,本世纪60年代,国际商会(ICC)首先把商业秘密视为知识产权,此后,世界知识产权组织在其成立公约中,亦暗示商业秘密可以包含在知识产权之内,至70年代末,世界知识产权组织所草拟的各种知识产权示范法皆已规定了商业秘密法律制度,而至90年代,关贸总协定的一百多个成员国及申请国于乌拉圭回合谈判中签署了《与贸易(包括假冒商品贸易)有关的知识产权协议》,该协议特别将商业秘密纳入知识产权保护范围,专门规定了"未披露过的信息的保护"问题,至此,商业秘密法律保护的产权理论已为多数国家所接受或默认。

大陆法系国家在商业秘密法律保护领域曾一度坚拒产权理论,然而受经济国际化、信息化、软件化的大气候影响,亦不得不自行化解这块冻土,如日本新的商业秘密法律制度即给予侵犯商业秘密的受害人以禁止请求权的救济,此种救济措施即来源于民法物权救济制度中的排除妨碍请求权,当然,禁止请求权不完全等同于排除妨碍请求权。许多大陆法系国家都像日本一样,既在一定的程度上倾向产权理论,承认商业秘密包含了财产利益,又不完全接受产权理论,这无疑是因为这种新的产权理论与大陆法系既有的产权理论之间存在着矛盾与冲突的缘故。

依据既有的产权理论否定商业秘密法律保护的产权理论的根本原因是该种"商业秘密产权"不具有所有权或传统知识产权那样的排他性。事实上,由于独立多重发明(independent multiple invention),甚至由于反向工程,由于发行物,都可能使具有同一使用价值的商业秘密为多数人所拥有,这样,建立在商业秘密之上的产权的排他性便成为问题。为了解决这一问题,我认为有必要考察物之所有权及传统知识产权的排他性。

就物之所有权的排他性而言，虽同一客体上不许有不相容之内容之物权并存，但排他性并未限定具有同一使用价值的若干个物上只能存在一个所有权，即数个主体可以分别拥有具有同一使用价值的数个有形物。

就传统知识产权的排他性而言，专利权的申请适用"一发明一申请"原则，商标的注册适用"一件商标一类商品"以及"一件商标一件申请"的原则，著作权则产生于作者的"思想表达形式"之上，因此，除专利权外，商标权及著作权的排他性明显是相对的，因为，同一商标尚可用于其他种类的商品或服务，同一思想还存在着另外的表达形式。而专利权虽为专利权人在法定期限内对其发明创造成果享有的独占权或使用权，然而，由于传统知识产权所共有的地域性，加之专利发明领域亦同样存在独立多重发明，反向工程等问题，因而同一发明由同一发明人或数个发明人在不同的国家或地区申请取得数个专利权的情况比比皆是，更何况由于专利申请检索审查的不周全性，即便是在同一国家或地区，数个发明者就同一发明申请取得数个专利权的情况亦时有发生，因此，所谓专利权的排他性亦是相对的。

有鉴于此，以保密措施界定的商业秘密产权便不应被苛责为"排他性不足"，既然在一定地域范围内为特定一人、甚至数人所有的传统知识产权可为具有排他性的独占权，则因秘密性及新颖性同样在一定范围内为特定一人或数人垄断的商业秘密亦不失为具有排他性的独占权，事实上，1970 年 9 月在佩斯卡拉举行的第八次国际比较法会议上，德国、日本、比利时、美国等 13 个国家的法学专家一致认为商业秘密是一种实际的产权；另外，既然，具有同一使用价值的数个有形物上可以存在数个所有权，那么亦应允许具有同一使用价值而又在明确范围内使用的数个商业秘密之上并存数个所有权。综上所述，以所谓"排他性不足"否定商业的秘密的产权属性是不能成立的。美国当代法律经济学家罗伯特·考特及托马斯·尤伦在其《法和经济学》专著中论及法律应给予什么资源以产权保护时写道："在法律倾向于朝着经济效率发展的情况下,只有当确定产权的收益超过成本时,社会才会在确定某一资源的产权上花费所需的成本。……现在我们将考察授予思想以产权的法律实际上是怎样奏效的。在此,如同易逝的资产一样,法律必须在先占原则下在过度投资的刺激与在别的制度下管理和履行所有权所需的较高成本之间加以权衡”。因此,根据这一确认产权的法经济学理论,在信息革命时代,基于社会生产方式及社会经济效率的需要,赋予商业秘密以某种知识产权或无形产权的法律保护已是势在必行。无怪乎,各国商业秘密法律制度皆给予商业秘密排除第三者非法侵犯的保护,这无异于确认了商业秘密的产权属性。

综上所述,我认为应承认数个同一内容的商业秘密合法持有人分别享有数个独立的产权,允许商业秘密产权人充分占有、使用、收益、处分各自的商业秘密,由于商业秘密产权不具有传统知识产权那样的国家授予性、地域性和时间性,因此,我认为宜以无形产权概括传统知识产权、商业秘密产权以及其他的知识财产权(如信息权)等。

产权理论在商业秘密法律保护领域的确立,使得侵犯商业秘密的救济既可适用违约责任亦可适用侵权责任,如此,则更利于维护商业秘密持有人的利益,进而更利于维护竞争的公序并促进科技进步。

第三章　商业秘密法律制度的作用与地位

第一节　维护竞争的公序

商业秘密法律制度迁延数千年,历久而弥新,不言而喻,其作用是极为广泛的。本文拟从法律规范的价值功能角度阐明商业秘密的作用,据此,我认为商业秘密法律制度的第一个作用在于维护竞争的公序,体现法律正义、安全的价值。

我们知道市场经济即是竞争的经济,只有通过竞争,才能实现社会资源的合理配置,然而竞争是需要法律加以公正规范的。试想,假如我们的市场不存在信用，不存在公平，那么，知识财产将无以复存，对于有价值的商业观念的盗窃行为将四处泛滥，恐惧和疑虑亦将侵蚀每一笔交易，因为任何有价值的信息都可以通过哪怕是最可信的雇员买得或出卖。无疑，如果听凭这种恶劣的、无序的商业风气四处横行，势必损害市场经济的健康发展，危及社会公共利益。为此，许多国家制定了反不正当竞争的法律规范，以适应市场经济的发展需要。我国于1993年制定并颁布了《反不正当竞争法》，并将商业秘密纳入该法之中。

对于未经公开的技术信息和商业信息而言商业秘密法律制度实为一个正义、安全的法律武器——“商业秘密即便是在没有明示合约的情况下，亦能通过提供公平竞争的原则稳定商业贸易双方之间的关系。”[①]在前文，对商业秘密发展阶段的考察中，我们已悉知商业秘密法律制度产生的根本原因即在于维护商业道德、维持竞争公序的需要，无论是古罗马时期对于诱使奴隶违反其对于“雇主”的诚信义务泄露商业秘密的惩处，还是工业社会中各国《反不正当竞争法》有关商业秘密法律制度的规定，甚至是现代信息社会更高层次的《商业秘密法》都将焦点集中在对于盗用商业秘密、违反诚信义务的惩处上。早期的美国法官 Adams 在 1892 年 Eastman 公司诉 Reichenbuch 一案中对于商业秘密所反映的公平竞争的公共政策给予了说明，当时法院遇到的情况是 Eastman 公司的前关键雇员运用 Eastman 公司的商业秘密开展了一项与之相竞争的业务，Adams 法官制止了被告的竞争，其理由是：虽然竞争一直为法律所扶植和鼓励，但这里的竞争是违法的，因为它违反了商业道德，是违反诚实信用的不公平竞争，是为法律所不容许的。[②]

可以认为，有市场经济就会有竞争，有竞争就必然需要维护公平

① 见《Trade Secrets Law》by Melvin F Jager, Coprright C 1985 、1986, by Clark Boardman Company, Ltd.

② 见《Trade secrets law》By Melvin F Jager Copyright (C) 1985, 1986 by Clark Boardman Company Ltd.

竞争的法律，商业秘密法律制度在维护竞争公序的法律规范中占据了一席重要的位置。商业秘密法律制度对于诚信的商业关系的维护与鼓励在今日信息社会显得尤为重要，因为极具价值的创意常被载入合同等易于传播的文件中，而“间谍是我们时代强有力的形象之一”。①

第二节　促进科技进步

商业秘密法律制度的第二个作用在于促进科技进步，体现法律的效率价值。

商业秘密法律制度自产生以来，在促进科技进步方面一直起着十分重要的作用，即便是在不能覆盖全部智力成果的传统知识产权制度产生以后，它仍然担负着促进科技进步的历史使命。近半个世纪以来，由于新技术革命的兴起，商业秘密变得异常的活跃与激进，一方面，传统的知识产权无法给予新兴技术以充分保护，另一方面，在某些领域，技术更新的神速远远超越了传统知识产权意欲保护的缓慢步伐，而商业秘密却以其易于确立控制的特长弥补了传统知识产权的不足。

众所周知，计算机领域是向传统知识产权保护理论不断提出挑战的高速发展的技术的典范。在美国，从 1959 年第一台晶片计算机的诞生到 1969 年第一个软件的生产只用了 10 年时间，而从第一个软件产生到 1975 年第一台计算机走入家庭则仅仅相距 6 年；在中国，从改革开放引进计算机技术到今天计算机的家庭化，亦只有十几个年头。随着计算机进入市场，传统的知识产权即显得捉襟见肘、力不从心。以最早进入信息革命阶段的美国对于计算权技术保护的策略为例，美国法院在经过 10 年左右的反复争论后决定赋予非数学公式的电脑程序以专利保护，同时美国国会亦于 1980 年制定《软件法

① 〔美〕阿尔温·托夫勒：《第三次浪潮》，生活·读书·新知三联书店 1983 年版。

案》对 1978 年的《版权法》给予补充修改，以适应软件法律保护的需要。然而，1983 年美国第三巡回法庭对于 Apple 公司诉 Franklin 公司一案[①]的判决充分暴露了版权制度对于这一飞速发展的技术领域保护的不适当。此案争论的焦点在于《版权法》所提供的保护是否涵盖 Apple 公司的 ROMS 软件，Apple 公司在一审中败诉而在上诉审中获胜。第三巡回法庭最终给予 Apple 公司的支持使 Franklin 公司大为失望，因为 Franklin 公司认为《版权法》并未覆盖 ROMS 软件，因此才在 Apple 公司的 ROMS 软件基础上发展了一系列计算机产品。虽然对此案的判决已成定局，《版权法》给予软件保护的不充分却也是显而易见的事实。除此之外，专利制度给予计算机程序的保护更有形同虚设的嫌疑，在今日新观念新技术不断涌现的信息时代，一个计算机软件程序的商业性生命周期已不再是电力机械时代的 18 年，而可能只有 18 个月甚至更短，但一项专利的批准程序则至少需要拖延两年，显然，大部分计算机程序无法等待专利的保护。

通观专利制度及版权法给计算机领域的不适当保护，比较起来，商业秘密机制倒是一个坚固的堡垒。任何秘密的计算机技术——软件或硬件，不管它是否可为传统的知识产权所保护，它都可以得到既灵活又稳定的商业秘密的庇护，商业秘密拥有现代信息技术法律保护所需要的一切品质。

无疑，商业秘密法律制度因为保护发明人、创造人对于其知识产品的权益，促进了科技的发展使全社会享受了更多新的发明和新的就业机会，同时，商业秘密法律制度亦通过提供鼓励商贸各方之间信息自由交流的法律机制，进一步增进了社会生产效率。商业秘密在实现其促进科技进步的功能的同时，体现了法律的效率价值。

值得一提的是，关于商业秘密法律制度促进科技进步的问题，无论在理论界亦或实务界，都尚存争议。争议的焦点集中在商业秘密法

---

① 见《Trade Secrets Law》by Melvin F Jager Copyright (C) 1985, 1986 by Clark Boardman Company, Ltd.

律制度、专利制度以及反垄断法三者之间的关系上，即商业秘密法律制度与反垄断法之间是否存在不可调和的冲突？商业秘密是否妨碍了专利机能的运行与实现？商业秘密是否可以为专利制度所取代？本文论述及此，似无法回避这些疑惑与困扰，不得不一陈管见。

我们知道，所谓反垄断，即是禁止垄断者以其垄断手段牟取垄断利润（利益）、侵害社会经济秩序和他人合法权益，反对限制自由的竞争与贸易。在科技领域，反垄断政策以允许自由使用“公共领域”的创意来促进充分自由的竞争。而商业秘密法律制度通过赋予发明人或开发人对其知识产品享有排他的财产权的策略来促进科技进步。不可否认，商业秘密法律制度与反垄断之间存在着一定的冲突，然而，从法律的经济价值观——效率上考察，商业秘密法律制度和反垄断法都追求以最低成本为社会创造出最大利益，因此，二者之间的冲突并非不可逾越。我们既可以制定法律限制商业秘密的滥用，也可以赋予法官衡平权，使之确定某项具体的商业秘密协议是否有违限制竞争的公共政策并对有垄断之实的商业秘密持有人进行制裁。当然，法官此项衡平权的行使必须建立在对于促进科技进步的商业秘密法律制度与保护自由竞争的反垄断法的内涵的考察与整合上。我认为，就发达国家而言，科技的发展已无须借助强烈的诱引，而经济组织的大幅扩张、集中则会阻碍竞争，破坏交易秩序，损害社会公共利益，因此法官的衡平权应向反垄断倾斜；而就发展中国家而言，对于商业秘密保护的加强则无疑会吸引新科技开发的投入，促进经济发展，反之即可能导至技术开发的逆退，影响经济升级进度，因此，法官的衡平权应向商业秘密倾斜。我国尚属发展中国家，拟待制定的《反垄断法》应充分考虑科技与经济发展的需要。

除了商业秘密法律制度与反垄断法的冲突外，知识产权领域还存在着方便易行的商业秘密是否会妨碍专利制度的发展的疑虑。我认为，这种疑虑无异于杞人忧天。大家知道，就世界范围而言，商业秘密产生在前，专利制度产生在后，专利制度既未因古已有之的商业秘密法律制度而不得萌芽生长，亦未因商业秘密法律制度今朝的日益

“显要”而趋于衰微，事实上，专利制度与商业秘密法律制度虽同尽促进科技进步之职，但两者在保护手段上却相去甚远，其保护对象亦各有侧重，尤其在当今以计算机技术、航天航空技术、生物工程技术为特征的电子时代，两者之间更是分野明了。考察《与贸易有关的知识产权协议》以及我国近年知识产权保护的立法动态①，不难发现，知识产权保护呈现出如下的全球性发展趋势，即延长专利权的保护期限以适应保护航天航空技术、生物工程技术等投入大、周期长的高新技术(发明)的需要；制定并完善商业秘密法律规范以适应保护软件等投入少、周期短的信息产品(信息)的需要。诚如美国联邦最高法院在70年代对两个所谓“冲突”的法律政策进行全面考察后所作评述所言：“显然，促进科技进步的专利制度并未因另一种刺激科技进步的形式的存在而受到阻碍，在这方面，此两项制度没有而且从来没有发生冲突。”②唯其如此，美国联邦最高法院坚持了商业秘密与专利效力相等的立场。我国在1993年制定《反不正当竞争法》给予商业秘密法律保护，即从立法上肯定了商业秘密法律制度与专利制度并驾齐驱，并行不悖。

综上所述，商业秘密法律制度因其对于现代商业社会诚信精神的维护，因其对于知识产品——尤其是电子信息产品开发人权益的保护，在现代法律制度中占据了一席不可或缺的位置。

① 1992年我国修改后的《专利法》将发明专利的保护时间由15年延长至20年，实用新型和外观设计专利的保护时间则由7年延长至10年。1993年我国制定《反不正当竞争法》规定了商业秘密制度。

② 见《Trade Secrets Law》by Melvin F Jager Copyright (C)1985,1986 by Clark Boardman Company, Ltd.

第四章　商业秘密法律制度

第一节　商业秘密法律制度发展概述

一般认为，商业秘密法律制度是在英、美司法实践中发展起来的，而后又为大陆法系所借鉴。由于深受极为灵活的判例法的影响，加之商业秘密概念本身无可限量的包容性，对于商业秘密法律制度的总结显得十分困难，至今尚不存在统一而权威的商业秘密法律制度理论。

在英美法系一百多年的商业秘密司法实践与理论研究历程中，探求对商业秘密法律制度科学界定的努力始终没有停止过。

1817 年发生在英国的 Newbery 诉 James 一案是近、现代商业秘密法制史上最早的判例，该案涉诉盗用一种治疗痛风病的秘方的不法行为，大法官 Edon 勋爵不能十分确定何种秘密可以成为法律保护的对象，他给予了原告损害赔偿的救济，而拒绝采用禁令的救济措施。1820 年，英国衡平法院审理了第二起有关商业秘密的案件，即 Yovett 诉 Winyand 一案，该案被告曾是原告诊疗所的雇员，受雇期间被告偷偷抄袭了原告的药方，法院即以被告破坏保密关系为由发出了禁令，禁止被告使用或泄露此药方，此案与前案仅相距 3 年，但成功地解决了强制禁令的问题。1851 年，英国大法官 Vice 在审理 Morison 诉 Moot 一案时，对商业秘密理论作出较大贡献。该案原告 Marison 拥有一种被称为“Morison 万灵药”的秘方，他与被告 Moot 合伙卖药，根据双方的协议，Moot 不得将秘密药方泄露给任何人，但 Moot 违反了这一“君子协定”，他让自己的儿子做学徒工，并将秘密泄露给他。法官 Vice 认为，其子是因其父破坏保密关系，违反契约的不法行为而获得药方的，因此发布了禁止 Moot 之子根据该方制造或合成药物的永久禁令。Vice 进一步指出，原告是否因为该禁令获得了比专利权人更多的利益尚不确定，但可以确定的是原告获得的是对人权，而非对世权。Morison 一案是早期英国商业秘密司法实践中的经典名案。

1837 年，美国麻萨诸塞州最高法院在审理 Vickey 诉 Welch 一案(该案涉及制造巧克力的秘密工艺)时，引进了英国的商业秘密法律制度，此后美国各州及联邦法院在司法实践中发展了这一法律制度，创建了丰富的商业秘密法律制度理论。1866 年，美国麻萨诸塞州法院在审理 Tagtor 诉 Blanchard 一案时，确认维护商业秘密的合同并非对贸易的不法限制；同时，法院认为，一项所谓"商业秘密"在本州至少已被其他三家公司知悉则不得受到法律保护，因此，"秘密性"构成商业秘密的法律要件。1868 年，麻萨诸塞州最高法院审理了著名的 Peabody 诉 Norfotk 案，该案原告 Peabody 秘密地发明并创造了一种用黄麻生产麻布的机器和工艺，他雇佣被告 Norfolk 为机械师，Norfolk 在一份承认该机器的秘密性不可侵犯，该机器只用于 Peabody 的利益的合约上签了字，后 Norfolk 离开了 Peabody，与了解原、被告之间关系的 Cook 合伙开办了一家工厂，仿照 Peabody 的机器、工艺生产麻布。法院支持了 Peabody 的诉讼请求，并对商业秘密法律制度的内涵作了如下揭示：首先，法院认为商业秘密之上存在财产权益。无论商业秘密的标的是否可以申请专利，衡平法都将给予该商业秘密以法律保护，不允许任何人因违反合同、破坏信用关系而使用商业秘密或将商业秘密泄露给其他人；其次，法院在未援引先例的情况下采用了禁令的救济方法，并作了如下说明，"当损害无法弥补，损害赔偿又不足以补救时，法官便可以行使衡平权发布禁令以阻止对保密关系的破坏"。最后，法院还讨论了对"秘密性"的限定问题，确立了秘密性无须绝对的原则，其常被引用的结论是："商业秘密不因机密地泄露给代理人或雇员而丧失其秘密性，因为只要上述人员不给予帮助，商业秘密就不会被他人利用"。美国商业秘密司法实践中另一具有里程碑意义的名案是 1892 年的 Eastman 公司诉 Reichenbach 一案。该案原告为 Eastman 玻璃底片公司的继承人，原告于 1889 年开始出售柯达相机、胶卷、像纸、玻璃底片及其他照像器材，该案被告为受雇于Eastman公司的高级雇员，他们帮助原告开发新工艺、新产品，以促进原告事业的发展，并对开发的新成果负有保密的合同义务。然而，在受雇期间，这些高级雇员组成另一团体，意欲与Eastman公司开展竞争。法院考查了所有的先例并以之为根据，发出了禁止被告使用或泄露他们在保密关系中所获知的商业秘密。法院并基于原告的业务实质作了如下不同寻常的评述：这几乎需要法官对如下事实倾注“法律的注意”，即“此事业建立在该发现或发明为公众所不知的基础上”。此案被告辩称，他们的发明并非商业秘密，因为只要有科学的理解力，便能知晓这些发明。法院拒绝了这一答辩。事实是被告利用人们所熟知的成分通过独特的方式合成了具有财产利益的新产品，这种新产品给原告带来了明显的竞争优势，原告因而认为被告的研究成果十分重要并将此新成果锁好(Uender lock and key)存放，同时，原告以第三人的名义购买所需化学原料，因此无人发现Eastman公司所使用的是何种化学成分。据此，法院认为这一发明是原告的极有价值的商业秘密，是原告的财产。法院在审理Eastman案时，对商业秘密的新颖性及商业秘密持有人的保密措施这两项因素极为关注，认为此二因素是商业秘密的构成要件。同时，法院进一步发展了行使衡平权发布禁令以禁止泄露商业秘密，阻止破坏保密关系及不可挽回的损害的发生的理论。Story法官总结说：“衡平法院将禁止某人泄露他于受雇的保密关系期间所获悉的秘密，而此项秘密是否为交易秘密、权利秘密或其他关及重大利益的秘密则在所不问”。此判例后亦成为将商业秘密视为财产的典范判例。1886年美国新泽西州法院在审理Salomon诉Hartz一案时，进一步发展了商业秘密法律制度。当时，Salomon在一审法院获得了一项预备禁令以对抗其前雇员将其哥多华皮革制品的秘密信息泄露给第三人的不法行为，该预备禁令亦禁止被告使用或泄露原告的原材料来源、顾客和价格等信息。上诉法院援引Peabody判例，主张预备禁令仅适用于技术秘密，而不宜适用于非技术性的秘密信息，因为在技术秘密的情况下，不使用禁令则可能导致无可挽回的损失，如若被告可自由使用和泄露技术秘密，原告的胜诉会变得毫无意义。而维护非技术的秘密信息的合约则应随雇佣关系的终止而终止，雇员在解除雇佣关系后可以使用他所获得的信息。该上诉法院将非技术的信息秘密排除在禁令的保护之外的做法后逐渐为其他一些州法院所接受。美国密执根州最高法院在商业秘密领域亦做出了积极的贡献。在1897年O. W. Thum公司诉Toloznski一案中，该法院援引前例将商业秘密视为财产并以禁令加以保护。与Eastman判例一样，法院注意力集中在原告所采取的保密措施上。该案原告所采取的措施是将公众排除在厂区之外，同时限制雇员在厂区的活动，操作某一机器的雇员不得观察其他的机器，另外，需要新机器时，则从不同的地方调运零件组装，因此，公司之外的人无法见到完整的机器。然而，此案原告与被告未签订雇佣合同，于是，所有的保密关系及保守秘密的承诺只能从当时的情势推定。法院考察了原告的保密措施并认为上述事实"确定无疑地暗示了原告的业务与工艺是秘密的，对此，被告比谁都清楚"。Thum案的审理导致了事实上的默示合同(implied-in-fact agreement)理论的发现。

无可否认，商业秘密法律制度在早期英美普通法的司法实践中，从产生到确立，进而不断发展，积累了一定的理论成果，然而这一制度始终未能摆脱理论上的混淆与立法上的纷乱，这一混乱的局面直至本世纪在英美法系的成文法立法活动中才得以改善。

1973年，英国议会之法律委员会着手研究改进单纯依靠普通法对秘密权利进行保护的状况。1981年，该委员会向上议院议长提交了一份"保护秘密权利立法报告"，并拟定了1份《保护秘密权利法》的条文纲要。该拟议中的法律将秘密分为商业秘密与私人生活秘密。该法不排除对私人生活秘密的保护，因此，其保护范围包括：技术秘密——化学配方、机械工艺等；商业记录——客户名单、经营或销售额等；政治秘密；私人秘密。但立法报告为说明问题而举的例子，实际上仅涉及技术秘密；报告认为这应当是受保护的主要内容。同时，议定法界定了"秘密"的三个要件，即(1)它必须是秘密的，而不是"公有领域”中的对象;(2)它必须不是个人在工作中获得的知识或经验;(3)它必须不与公共利益相冲突。除此之外,该法并超越了普通法仅仅对有义务保密而泄密的人以侵权论处的传统,它还对一切以不正当手段(如窃听、盗窃)获得秘密或利用秘密的人以侵权论处。《统一秘密权利法》的草拟与议定促进了英国商业秘密法律制度的和谐统一与完善。

美国的商业秘密法律制度经 1939 年的《侵权行为法重述》(《The Restatement of Torts》)及 1978 年的《统一商业秘密法》(《The Uniform Trade Sectets Act》)两次成文法立法活动后,逐步走向成熟与完善。1939 年《侵权行为法重述》之第 757 节对商业秘密法律制度作了系统的规定:“任何人未经特许泄露或使用了他人的商业秘密,如果他是以不正当手段发现他人的商业秘密的或者因被他人信任而获知该他人的商业秘密,但他的泄露或使用构成了失信即泄密,他就应当就此向他人承担责任。”“商业秘密的定义,一项商业秘密可以包括任何配方、模型、构造或信息汇编,它可被某一公司使用于商业事务,并能使之获得优于其他不知道或不使用该商业秘密的竞争者的有利地位。”

1978 年的《统一商业秘密法》则在 1939 年《侵权行为法重述》及其司法实践的基础上进一步明确界定了“商业秘密”及“商业秘密的侵犯”的涵义,该法规定:“商业秘密为包括公式、图样、汇编、计划、构造、方法、技巧或工序的信息。该信息(1)具有独立的实际或潜在的经济价值,不被普遍所知,不能为从其泄露或使用中取得经济价值的其他人用适当的方法查明;(2)该信息在各种情况下保持其秘密都是正当的。”“侵犯商业秘密系指:(1)某人明知或应知他人所持的商业秘密为不正当取得仍予接受;(2)下述人员未经明示或默示同意而泄露或使用他人的商业秘密;1)使用不当方法获取商业秘密知识的人;2)某人在泄露或使用商业秘密时,知道或应当知道:(A)该商业秘密源自或经他人使用不正当方法获得,(B)该商业秘密应予保密或限制使用;(C)该商业秘密源自或经他人取得,该他人对商业秘密持有人负有保密或限制使用的请求救济的责任；3)某人在位置实质变动前，知道或应当知道其偶然或过失获知的知识是一项商业秘密”。《统一商业秘密法》进而对普通法所使用的非契约义务的各种财产、准契约及失信理论进行了限定。《统一商业秘密法》的产生与适用使美国的商业秘密法律制度趋于完善。

大陆法系的商业秘密法律制度是从英美法系继受而来的，这一法律的继受以德国为最先，1909年的德国《不正当竞争法》即规定有商业秘密法律规范，但由于深受概念法学的影响，德国商业秘密法律制度始终未能走向成熟与发达。德国法律认为商业秘密缺少独占权的特征，因此，对于商业秘密的民法保护主要适用合同责任，并且只是在发生了侵犯商业秘密的法律后果后，才对侵犯进行法律制裁。

日本在第二次世界大战后的经济复兴时期，大量引进西方技术，同时亦引进了商业秘密法律制度，不过，当时有关商业秘密的法律规范散见于侵权行为法、契约法、刑法中，未成系统，与德国的情况一样，“由于专有技术具有某些财产价值，但同时又不是所有权或其他控制权(专利权)的对象”，[①] 日本商业秘密法律制度的理论研究裹足难行。1966年9月5日东京高级法院的一项判决反映了这一领域理论与司法的落后，该判决写道：“我们承认专有技术的价值，但是由于法律并没有将它作为独占权来对待，因此我们不能满足关于排除对专有技术干涉和侵犯的请求。”1990年，日本通过修改《不正当竞争限制法》正式确立了商业秘密法律制度，该法第一条第三款规定，商业秘密是指作为秘密进行管理，尚未众所周知的生产方法、销售方法及其他经营活动中实用的技术或经营上的情报。日本理论界并认为“商业秘密的保护并不单纯局限在对财产的保护和个人利益的保护，从更广泛的意义上讲，它包含了维护竞争秩序的共同原理。[②] 至此，

① 见〔日〕布井边旗郎、千玄谅一郎：《日本的专有技术合同》，上海科学技术文献出版社1989年版。

② 见刘金波：《日、美商业秘密保护法律制度比较研究》，载《中国法学》1994年第3期。

由于立法上的统一与完善，加之理论上的突破，日本的商业秘密法律制度取得了长足的发展。

综上所述，商业秘密法律制度在英美法系循判例法——成文法的轨迹而发展，在大陆法系则循合同法、侵权行为法——反不正当竞争法的轨迹而发展。然而，无论是英美法系亦或是大陆法系，其商业秘密法律制度都越来越重视商业秘密中的财产利益，当然，大陆法系尚未像英美法系那样确认商业秘密的财产属性。

在此，需要特别说明的是1993年，我国第八届全国人民代表大会常务委员会第三次会议通过了《中华人民共和国反不正当竞争法》，该法第10条、第20条及第25条对商业秘密法律制度作了较为详尽的规定，根据该法，"商业秘密"为"不为公众所知悉、能为权利人带来经济利益、具有实用性并经权利人采取保密措施的技术信息和经营信息。""侵犯商业秘密"为："（一）以盗窃、利诱、胁迫或者其他不正当手段获取权利人的商业秘密；（二）披露、使用或者允许他人使用以前项手段获取的权利人的商业秘密；（三）违反约定或者违反权利人有关保守商业秘密的要求，披露、使用或者允许他人使用其所掌握的商业秘密。第三人明知或者应知前款所列违法行为，获取、使用或者披露他人的商业秘密，视为侵犯商业秘密。"可以认为，我国商业秘密法律制度起点较高，然而从立法上的商业秘密法律制度到司法上的商业秘密法律制度，其间的距离是人所共知的，而理论上探索则更可谓路漫漫兮。

第二节　商业秘密的概念与种类

在英美法系长达一百多年的普通法司法实践中，统一而确定的商业秘密概念始终未得以形成，对商业秘密的界定及理解可谓众说纷纭、莫衷一是，这种百家争鸣的局面大约是判例法的利，亦是判例法的弊。而至本世纪，无论是大陆法系国家，亦或英美法系国家，皆纷纷立法规定商业秘密法律制度，人所共知，任何一部成文法都无法回避对所规范的对象的界定。考察各国法律对于商业秘密概念的界定可知有以下三种做法。其一为概括式,即将“商业秘密”概括地规定为某种技术信息和经营信息,如我国《反不正当竞争法》之第10条:“本条所称的商业秘密,是指不为公众所知悉、能为权利人带来经济利益、具有实用性并经权利人采取保密措施的技术信息和经营信息。”采用概括方法所界定的概念内涵小、外延大,包容性强,不过,这种概念过于抽象,不利于理解和操作。其二为列举式,即将法律所保护的诸种信息列举出来以为示范,如美国《统一商业秘密法》之第一条:“商业秘密系指包括公式、图样、汇编、装置、方法、技巧或工序的信息。该信息(1)具有独立的实际或潜在的经济人,不被普遍所知,不能被从其泄露或使用中取得经济价值的其他人用适当的方法查明;(2)该情报在各种情况下保持其秘密都是正当的”。采用列举方法所界定的概念比较具体,操作性强,但往往流于以偏概全。其三为概括列举结合式,即,既以概括的方式浓缩内涵,又以列举的方式加以示范,这种界定方法兼具概括式及列举式之长,摒弃二者之短,最为可取。我认为,我国《反不正当竞争法》对商业秘密概念的界定,尚有待立法解释、司法解释进行具象的诠释。目前国务院法制局组织编写的《中华人民共和国反不正当竞争法释义》即将技术信息具象为技术水平、技术潜力、新技术前景预测、替代技术的预测、专利动向、新技术影响的预测等,将经营信息具象为新产品的市场占有情况及如何开拓新市场、产品的社会购买力情况、产品的区域性分布情况、产品的发展方向和趋势、经营战略、流通渠道和机构等。这种释义是否符合立法者的本意姑且不论,而它毕竟不能构成法的渊源。

任何概念的界定都在于抽象出该事物的质规定性,就商业秘密概念的界定而言,其核心在于揭示商业秘密的构成要件。立法者通过明确商业秘密的构成要件,昭示商业秘密法律制度对其所保护的对象的实质要求,规范商业秘密法律关系,从而实现国家意志。考察并比较两大法系的商业秘密法律制度,不难发现两大法系在商业秘密构成要件的界定上存在着重大差别,即英美法系除要求商业秘密具备保密性、新颖性、实用性及经济价值性以外，还明确要求商业秘密必须符合社会公共利益，如英国商业秘密法律规定“它必须不与公共利益相冲突”，美国《统一商业秘密法》亦规定“该情报在各种情况下保持其秘密性都是正当的。”依我的理解，英美商业秘密法律制度的如此要求，目的在于限制商业秘密权利人滥用权利，这与英美法系认定商业秘密具有财产性质的理论是一致的，[①] 同时亦反映了商业秘密法律制度与反垄断的公共政策的相互谐调。比较起来，大陆法系国家在商业秘密这一复杂的无形财产领域，忽略禁止商业秘密权利滥用的明确规定，不能不说是大陆法系商业秘密法律制度的一个缺陷。

从宏观方面考察了两大法系在商业秘密构成要件上的立法差异后，再从微观方面具体研析商业秘密的保密性、新颖性、实用性及经济价值性等构成要件，有助于进一步明了并解决商业秘密构成要件的理论或实务问题。

商业秘密的保密性即指商业秘密持有人主观上将其所持有的某种信息视为商业秘密，并采取客观的保密措施加以管理。商业秘密的保密性是商业秘密的核心要件，“法律对商业秘密唯一的、最重要的要求，即该商业秘密在事实上是保密的，除缺这一先决条件，其他的条件也就毫无意义了。”[②]需要说明的是，无论是英美法系亦或大陆法系，对于商业秘密都不要求绝对的、完全的保密性，因为，在商业秘密的使用与管理中，一定限度的公开是无法避免的，“商业秘密可以被告知涉及使用该商业秘密的雇员，亦可被告知保证缄守秘密的其他人员”[③]。因此，商业秘密的保密性是相对的，此相对度或点在于秘密权利人所采取的保密措施使得商业秘密“不能为从其泄露或使用中取得经济价值的其他人用适当的方法查明”。

---

① 见徐国栋：《民法基本原则解释》，中国政法大学出版社 1990 年版。

② 见《Trade secrets Law》by Melvin F Jager Copyright (c) 1985，1986，by Clark Boardman Company，Ltd.

③ 《Trade secrets Law》by Melvin F Jagar Copyright (c) 1985，1986，by Clark Boardman Company，Ltd.

由于大陆法系与英美法系在商业秘密保护理论上存在着一定的差异，大陆法系的保密措施比较强调保密合同的作用，如日本实务界所认可的保密措施主要有：(1)告知雇员存在商业秘密，(2)签订保密合同；(3)限制进入工场、机器设备附近；(4)对秘密文件进行特殊保管；(5)禁止秘密材料的散放[1]。而英美法系则不十分倚重保密合同，如美国普通法司法实践中所认可的保密措施主要有：(1)把接近商业秘密的人员限制到最小范围；(2)利用物质障碍使非经权利人许可的人不能获取任何关于秘密的知识；(3)在可行的情况下，限定雇员只接触商业秘密的一部分；(4)对所有涉及商业秘密的文件，都用表示秘密等级的符号将其一一标出；(5)要求保管商业秘密文件的人员采取妥善的保护措施；(6)要求有必要得知商业秘密的第三人签订适当的保密合同；(7)对接触过商业秘密又即将解职的雇员进行退出检查。我认为，评判商业秘密权利人所采取的保密措施是否充分、适度，应依商业秘密的具体状态而论，若是静态的商业秘密，则不必过分强调保密合同的作用，如若是许可过程中的动态的商业秘密，保密合同的签订则是非常必要的。

商业秘密的新颖性是指商业秘密不为公众所普遍知晓。商业秘密法律制度并不要求商业秘密具有专利那样的新颖性，即不要求该商业秘密是独一无二的，例如美国商业秘密司法实践中评判一项所谓商业秘密是否具有新颖性主要考虑以下两个因素：其一，拟议中的商业秘密在持有人以外的本行业中的应用程度；其二，本行业专业人员对该拟议中的商业秘密的知晓程度。只要这种“应用程度”与“知晓程度”不是普遍的，即被认为构成商业秘密的新颖性。在此，需要说明的是逆向工程(reverse engineering)问题，即通过产品分解或成本检查掌握了该技术信息或经营信息时，该种信息是否仍可被认为具有新颖性。对此问题，美国 1939 年的《侵权行为法重述》明确规定：“行

① 刘金波、朴勇植：《日、美商业秘密保护法律制度比较研究》，载《中国法学》1994 年第 3 期。

业中公知的或常识性的事物不宜作为商业秘密。完全为出售的商品所披露的事物，亦不能成为商业秘密”。遵从《侵权行为法重述》，美国麻萨诸塞州法院在 1946 年审理 Cornell－Dubitier 电子公司诉 Aerovox 公司一案时，即主张“如果一项产品秘密可以通过逆向工程查明，则该‘产品秘密’不为商业秘密所保护”。不过，逆向工程的问题亦不可一概而论，应依具体情况具体分析之。日本商业秘密法律制度即将逆向工程分为以下几种情况：其一，如经过反向工程掌握了秘密的人，将其作为秘密管理时，则仍不丧失新颖性；其二，虽可经反向工程查明该商业秘密，但在短期内很难掌握其耐久度、成本价格的，仍不丧失新颖性；其三，如果产品售出后经分析很容易发现其秘密的，则可谓该产品从售出后即为公众普遍知晓。美国普通法司法实践中对于逆向工程问题亦有具体分析，例如大多数法院认为，如果一项商业秘密须经较长时间的分析才能发现，那么该商业秘密不丧失新颖性；如果根据合同租借或特许的产品通过内在检查很容易发现秘密，而合同禁止租借人或被特许人对产品进行分解检查，则该商业秘密不丧失新颖性。我国商业秘密法律制度对于商业秘密的新颖性要件尚缺乏操作性规定，亟待补充。

商业秘密的实用性是指商业秘密在经营活动中的应用。根据美国《统一商业秘密法》，商业秘密的实用性包括现实的实用性和潜在的实用性两种情况，并不要求商业秘密已被实际运用。日本的商业秘密法律制度则要求商业秘密具有现实的实用性，即商业秘密已被经营活动采用。日本法律不保护束之高阁的商业秘密，意在促进商业秘密的使用与传播，不过，如此限定商业秘密，必然将某些信息产品排除在商业秘密法律制度的保护之外。我认为我国商业秘密宜采美国的做法，以适应信息革命对知识产权法的要求。

商业秘密的经济价值性是指商业秘密的使用可以带来经济利益，使得商业秘密权利人拥有比之不知道或不使用该商业秘密的同行业竞争者更有利的地位。商业秘密的经济价值性客观而明了，无须过多阐释。

据以上分析，我拟将商业秘密界定为：商业秘密为包括公式、图样、汇编、计划、构造、方法、技巧或工序等的技术信息和营业信息。1. 该信息不为普遍所知、能为权利人带来经济利益、具有现实的或潜在的实用性并经权利人采取保密措施加以管理；2. 该信息不与公共利益相冲突。

关于商业秘密的分类，两大法系的做法是一致的，即将商业秘密分为技术信息和营业信息（非技术信息）两种，有些学者在此分类的基础上进一步罗列了商业秘密的各种表现形式，例如德国学者赫伯特·斯顿夫即将技术信息的表现形式罗列为：结构图、研究成果与记录、发展工作的记录、专门应用于特定产品的通用图表和计算结果、统计报表（计算）、处方和配方、零件清单、材料质量的详细资料、含有结构细节的零件图、反映工作成果信息的说明书、有关连续技术改进的情报、工作进展表、制造规范（例如回火规范）、图纸、制造数据、生产报告、标准零件的最佳尺寸、检查和试验规范、建设报告和设备、外部建设的数量计算，有关工作进度和安排的资料、对其他公司人员的培训；将非技术信息的表现罗列为：供应商一览表、用户一览表、有关销售和销售组织的资料、广告宣传的方法、对其他公司商务人员的培训。①

商业秘密的分类主要有以下两个方面的意义：其一，明确商业秘密法律制度的保护范围，即商业秘密法律制度不仅保护秘密的技术信息，而且保护秘密的营业信息。其二，商业秘密制度对于技术信息和营业信息两者提供不同程度的法律保护。例如英国的《保护秘密权利法》即将技术信息视为保护重点。美国普通法司法实践对于非技术信息的保护亦有特殊要求。美国伊利诺斯州法院在审理1981年Lincoln Towers 代理机构诉Farrell 及1983年MBL公司诉Diekman两案时，确立了其保护秘密的非技术信息，尤其是客户名单的原则，

---

① 见〔德〕赫伯特·斯顿夫：《专有技术合同》，上海科学技术文献出版社1989年1月版，叶京生、卢宪成译。

即只有顾主经多年高昂投入而形成并被锁好保存的(Kept under lock and key)客户名单才能构成商业秘密。而美国威斯康新州法院则认为客户名单及特定地区和时间的销售路线须以保密合同加以保护,即对于非技术信息仅给予契约债权的保护。美国其他各州法院皆有类似做法。区别对待技术秘密与营业秘密的原因是两者性质不同,前者包含了一定程度的创造性智力劳动,而后者则纯粹是经营经验的累积;另外,亦是为了满足反垄断的公共政策的需要。我国商业秘密法律制度亦应明确限定非技术信息的法律保护。

第三节　商业秘密的侵犯与救济

美国统一各州法律全国代表大会(The National Conferance of Commissioners)1978 年制定的《统一商业秘密法》最突出的贡献之一即在于对"侵犯商业秘密"的比较明确而完善的界定,该法第一条规定:"侵犯商业秘密系指:1. 某人明知或应知他人所持的商业秘密为不当取得仍予接受。2. 下述人员未经明示或默示同意而泄露或使用他人的商业秘密:(1)使用不当方法获取商业秘密知识的人;(2)某人在泄露或使用商业秘密时,知道或应当知道:(A)该商业秘密源自或经他人使用不当方法取得,(B)该商业秘密应予保密或限制使用,(C)该商业秘密源自或经他人取得,该他人对商业秘密持有人负有保密或限制使用的请求救济的责任;(3)某人在位置实质改变前,知道或应当知道其偶然或过失获知的知识是一项商业秘密"。我国1993 年《反不正当竞争法》第 10 条亦规定:"经营者不得采用下列手段侵犯商业秘密:(一)以盗窃、利诱、胁迫或者其他不正当手段获取权利人的商业秘密;(二)披露、使用或者允许他人使用以前项手段获取的权利人的商业秘密;(三)违反约定或者违反权利人有关保守商业秘密的要求、披露、使用或者允许他人使用其所掌握的商业秘密。第三人明知或者应知前款所列违法行为,获取、使用或者披露他人商业秘密,视为侵犯商业秘密"。

综观上述条文，可知对于商业秘密的侵犯主要有以下几种情况：其一，采用不正当手段(improper means)获取商业秘密。关于“不正当手段”，我国《反不正当竞争法》之第10条列举为“盗窃、利诱、胁迫等”，而美国《统一商业秘密法》用专条界定之[①]：“‘不正当手段’包括窃取、贿买、不真实表示、违反或诱使违反保密义务、或者通过电子方法或其他方法窥探。”美国1939年《侵权行为法重述》之立法理由书曾就其第757节特别说明：“穷尽列举‘不正当手段’是不可能的。”可见，上述条文所列举的仅仅是一部分“不正当手段”。美国1978年《统一商业秘密法》之立法理由书在论及“不正当手段”条文时，列举了正当手段(Proper means)——因独立发明而得知、因反向工程而得知，基于与商业秘密持有人的许可合同而得知、因对使用或公开展览的事物观察而得知、从发行物中获知。此种列举意在从反面限定“不正当手段”。该立法理由书并进一步说明：“特定环境下的‘合法行为’亦可构成‘不正当手段’。例如，利用飞机进行空中侦察，以判断竞争者尚在建设中的工场的未来情形”。所以，我认为所谓“不正当手段”是指一切违反竞争公序的直接获取商业秘密情报的手段。

其二，恶意泄露或使用商业秘密，即明知或应知其所获得的信息是一项商业秘密而泄露或使用之。此“恶意泄露或使用商业秘密”计有二种情形，即采用不正当手段获得者的泄露或使用；因信用或保密关系获知者未经许可的泄露或使用，例如雇员、律师、被许可人未经许可泄露或使用商业秘密；以及恶意转得者的泄露或使用。需说明的是在第二种情形下的“未经许可”的含义，美国《统一商业秘密法》之“侵犯商业秘密”条文明确规定，“未经许可”既包括未经明示的许可(express consent)亦包括未经默示的许可(implied consent)。我国法律对此尚无明确的规定或解释，而依学理理解，“未经许可”应包含上述两种情况，因为这里强调的是对商业秘密持有人意志的违背，而明示的许可或默示的许可都是持有人的真实意志，因此应为法律一致

① 该法1〔Defiminitions〕之(1)专门界定了“Improper means”.

认可。另外，关于恶意转得者的泄露或使用，还包括事后恶意的情形，即取得者事先为善意的，而后从商业秘密正当持有人处得到禁止泄露或使用的警告、仍继续泄露或使用该商业秘密的行为。此事后恶意亦为侵犯商业秘密。

其三，恶意转得商业秘密，即明知或应知转让人无权转让商业秘密，仍予接受的行为。此恶意转得可分为两种情形，一种为明知或应知他人所转让的商业秘密为不当取得，仍予接受并泄露或使用之；另一种则为明知或应知他人转让商业秘密的行为未经授权，仍予以接受并泄露或使用之。需说明的是善意第三人的问题，一般认为，为保护交易安全，应将善意第三人的有偿转得排除在“侵犯商业秘密”之外，即依当时情形，第三人在交易时没有理由知道他人无权转让商业秘密，则法律保护该第三人的交易利益，“应当允许在交易时所约定的权限范围内使用、公开该商业秘密。”

对侵犯商业秘密的救济制度，各国法律规定不尽相同。德国《民法典》及《禁止不公平竞争法》所提供的救济手段主要有两种，即违约损害赔偿与侵权的损害赔偿，其中违约的损害赔偿包括对缔约前的过失所造成的损失的损害赔偿。日本 1990 年《反不正当竞争法》对商业秘密的侵犯提供了极为广泛的救济措施，计有禁止请求权、损害赔偿请求权、废弃除去请求权、信用恢复请求权。其中、废弃、除去请求权是模仿日本专利法第 100 条 2 项、著作权法第 112 条 2 项等无体财产权法律中有关防止不正当行为的再次发生而采取的措施；信用恢复请求权旨在弥补商业秘密持有者的信誉损失。废弃、除去请求权与信誉恢复请求权为日本 1990 年《反不正当竞争法》所发展的两项新的救济措施，代表了日本商业秘密法律制度的高水平。美国在长期的普通法司法实践中，形成了行之有效的侵犯商业秘密的救济制度，即禁令与金钱赔偿并用的救济制度。美国 1939 年《侵权行为法重述》将商业秘密持有人请求救济的权利总结为：“他可为已发生的损害请求补偿，可为因（可能）非法泄露或使用商业秘密造成未来损害请求禁令，亦可请求计算侵害人的非法收益，亦可请求归还含有商业秘密的实物，如设计、图样等。更有甚者，他可以同时请求两项或两项以上的救济措施。[①]"事实上，侵犯商业秘密的典型的美国式救济方法是禁令与金钱赔偿的同时使用(Simultanecus Injunctive and monetary Relief)，正如法官在1957年审理Harris制造公司诉Williams一案时所陈述的"这类案件通常的救济是一项对抗被告的禁令和一项法院关于计算被告侵占、使用原告的商业秘密之所得收益的命令"。由于单纯的禁令不能弥补侵犯商业秘密已经造成的损失，而单纯的金钱赔偿[②]亦不能制止侵犯商业秘密继续造成的损失，因此，只有禁令与金钱赔偿的同时并用才足以承担充分有效的救济。需要说明的是，美国普通法中的禁令包括预备禁令与永久禁令两种；其预备禁令于商业秘密诉讼中发出，并于案件审结时撤销，旨在禁止被告继续泄露或使用商业秘密，预备禁令的发出应基于1. 原告根据案件事实能胜诉；2. 如果不采取预备禁令原告会遭受不可弥补的损失等两项前提条件。而其永久禁令是法院对案件的最后裁决，往往于案件审结后代替预备禁令。另外，美国普通法中的金钱赔偿数额以所计算的被告的非法收益为限，不像日本商业秘密法律制度中损害赔偿数额的确定既要考虑侵害人的非法所得，亦要考虑该商业秘密本身的价值。

我国《反不正当竞争法》第20条[③]及第25条[④]规定了侵犯商业秘密的民事责任——损害赔偿，以及侵犯商业秘密的行政责任——责令停止违法行为、罚款。依据上述对于美国普通法中的侵犯商业秘

① 刘金波、朴勇植：《日美商业秘密保护法系制度比较研究》，载《中国法学》1994年第3期。

② 单纯的金钱赔偿仅适用于商业秘密已完全公之于众，丧失保护意义的情况。——作者注

③ 《反不正当竞争法》第20条：经营者违反本法规定，给被侵害的经营者造成损害的，应当承担损害赔偿责任，被侵害的经营者的损失难以计算的，赔偿额为侵权人在侵权期间因侵权所获得的利益；并应当承担被侵害的经营者因调查该经营者侵害其合法权益的不正当竞争行为所支付的合理费用。

④ 《反不正当竞争法》第25条：违反本法第10条规定侵犯商业秘密的，监督检查部门应当责令停止违法行为，可以根据情节处以1万以元以上20万元以下的罚款。

密的救济制度的分析，可知我国的双轨制的救济制度存在着明显的弊端，即受害人要获得充分完全的救济必经两种程序——通过行政程序以求停止侵害，通过司法程序以求损害赔偿，这样繁复的救济途径是有违法律的效率价值的要求的。另外，我国侵犯商业秘密的救济制度偏重行政救济，而行政程序为不严格程序、非自执行程序，因此，以行政救济为主的侵犯商业秘密的救济制度必然是力度不足的。鉴于以上原因，我主张司法救济中补充停止侵害，恢复名誉（信誉）等民事责任，以利于充分保护商业秘密权利人的利益。

第五章　我国商业秘密保护对策的设想

第一节　我国商业秘密保护的现状

自党的十一届三中全会以来，我国经济体制改革取得了令世人瞩目的伟大成就，十几年的改革实践，确定了社会主义市场经济体制的正确方向。我们知道，市场经济即是竞争的经济，因为，竞争是市场经济最基本的运行机制，诚如十四大报告所指出的："我们要建立的社会主义市场经济体制，就是要使市场在社会主义国家宏观调控下对资源配置起基础性作用，使经济活动遵循价值规律的要求，适应供求关系的变化，通过价格杠杆和竞争机制的功能，把资源配置到效益较好的环节中去，并给企业以压力和动力，实现优胜劣汰。"然而，由于市场经济中无法避免地存在着不正当的竞争行为，因此，为了维护公平竞争的公共秩序，"凡是实行市场经济的国家，无论政治与社会制度如何，都把反不正当竞争的法律作为规范市场经济关系的基本经济法律之一"。①

在市场经济的竞争中，与商业秘密相关的问题是在信息革命纵深发展的今天，竞争优势越来越取决于竞争者所独有的高新技术及

① 见刘敏学：《关于〈中华人民共和国反不正当竞争法（草案）〉的说明》。

具有价值的新观念，因此，从某种意义上说，未披露的商业信息成为了市场竞争中的一个制高点，谁掌握了商业秘密，谁就占据了竞争的优势。众所周知，我国是一个具有悠久文化传统的泱泱大国，在五千年灿烂的文明历史中，各行各业保留了为数众多的秘密工艺、秘密配方等，而今，中华民族为了昂然地屹立于世界民族之林，正在进行着艰苦卓绝的世纪之争，应该说，每一个参与市场经济竞争的经营者都拥有值得珍藏的商业秘密，该商业秘密可能是一项未披露的技术信息，亦可能是一项未披露的营业信息。然而，一段时间以来，我国的经营者们商业秘密保护的意识十分淡薄，而商业秘密保护的法律制度更是一片空白，因此，许多企业因为商业秘密的保密措施不力而削弱了竞争优势，甚至一些企业因为掌握商业秘密的科技人员或管理人员的流失而濒临倒闭，同时，国外的来华投资者亦因中国缺乏保护商业秘密的法律机制而深受窃密、泄密等不正当竞争行为之害。面对此等严峻形式，为维护竞争的公序，保护商业秘密持有人的合法利益，制定保护商业秘密及其他维护竞争公序的法律规范已成为立法机关刻不容缓的任务。

1993 年，我国第八届全国人民代表大会常务委员会第三次会议通过了《中华人民共和国反不正当竞争法》，该法第 10 条对经营者不得采用不正当手段侵犯商业秘密权利人的商业秘密作了规定，此种于《反不正当竞争法》中规定商业秘密法律制度的立法体例显然是参考了德、日等大陆法系国家的做法。另外，正如前文所述及的，我国《反不正当竞争法》之第 10 条对“商业秘密”、“侵犯商业秘密”的界定则主要参考了美、日、韩等国的有关法律制度。

《反不正当竞争法》的公布与实施，填补了商业秘密法律制度立法的空白，然而，由于该法中有关商业秘密保护的条文过于概括和简约，缺乏应有的操作性，因此，我国商业秘密法律制度尚有待进一步充实与完善。

第二节 我国商业秘密保护对策的设想

为了完善我国商业秘密法律制度，补足其操作性，使商业秘密法律保护的机制得以正常运转，从而维护商业秘密持有人的合法权益及维护竞争的公序，我拟提出商业秘密保护条例的设想。

以我国《反不正当竞争法》的有关规定为基准，我认为商业秘密保护条例的框架应由总则、商业秘密保护工作的管理、商业秘密的保护方式、商业秘密的侵犯和法律责任、附则等五个部分构成。具体的结构和内容现分述如下：

第一章，总则。立法宗旨：为保护我国商业秘密持有人的合法权益，促进科技进步，维护社会主义市场经济公平竞争的公共秩序，根据我国宪法及《反不正当竞争法》等相关法律法规，特制定本条例。法律定义：（从《反不正当竞争法》第10条）本条例所称商业秘密包括但不限于下述技术信息或营业信息：（一）技术方案、制造与设计方法、配方、生产工艺及流程、产品规格及标准、实验数据、试验结果、技术指标、工程设计、电路设计、计算机软件处理流程与结构设计、研究开发记录、技术报告、检测报告、设计图纸、样品、样机、模型、模具、计算机程序、数据库、使用说明书、操作手册、技术文档、相关函电。（二）供应商一览表、客户一览表、有关销售和销售组织的资料、广告宣传的方法、经营战略。法定保密措施：受本条例保护的商业秘密，必须采取下列保密措施：（一）商业秘密持有人已经与因业务上必要而知悉该秘密的员工或顾客之间具有对该技术秘密的明示或默示的保密约定；（二）商业秘密的持有人已经对该秘密的存放、使用、转移各环节采取了合理、有效的管理措施，足以使商业秘密持有人及负有保密义务人之外的其他人不能以正当的手段获知该秘密。除外条款：有下列情况之一的不属于商业秘密：（一）纯理论研究成果；（二）已经广泛流传、推广应用的传统工艺；（三）主要取决于当地气候、资源等自然条件的优势、且用现代科技手段无法模拟其生产环境条件的传统工艺；

(四)商业秘密持有人自愿公开或依法应当公开推广的商业的秘密;(五)由政府开发并公开推广的商业秘密;(六)超过保密期限或已采取解密措施的商业秘密;(七)其他法定情况。

第二章,商业秘密保护工作的管理。商业秘密主管机关及其职责:商业秘密的主管机关是指国家工商行政管理局和各省、自治区、直辖市、地、市、县人民政府设立的商业秘密管理机关。其主要职责是:(一)依据本条例制定商业秘密保护的措施;(二)组织并指导商业秘密保护工作;(三)对商业秘密保护工作的落实情况进行检查和监督;(四)配合有关部门查处侵犯商业秘密的事件;(五)对国家级商业秘密确定其密级、保密期限并依法监督管理;(六)组织并指导商业秘密争议的解决工作。企业制度:企业应当建立健全内部商业秘密保护制度,设立商业秘密保护工作专职人员,对本企业的商业秘密进行规范化管理。企业应当对自有的商业秘密加以明示确认,其确认方式为:(一)在可以加盖商业秘密标识的资料、文档、图纸等资料上,加盖标识;(二)对不能加盖商业秘密标识的模型、模具、样机样品、数据等,可以用专门的企业文件加以确认,并告知有关方面和人员防止泄密。密级和管辖:企业自有的商业秘密可以分为国家和企业两个密级。国家级和企业级的商业秘密再分为绝密、机密和秘密三级。属于国家级的商业秘密,应当及时上报当地商业秘密主管部门,由其依据《科技成果国家秘密密级评价方法》予以确定其密级和保密期限。属于企业级的商业秘密由企业依据该项商业秘密的寿命周期长短、商业秘密成熟程度、商业秘密潜在价值大小或市场需要程度等自行确定其密级和保密期限。企业的研究开发项目,应当在立项时便确定其密级。

第三章,企业商业秘密保护方式。保密协议:企业可以与员工依法签订保密协议。保密协议应采书面方式。保密协议可以单独签订,也可以包含在劳动合同中。员工保密:保密协议中可以约定员工在离职后的一定期限内仍负有保守企业商业秘密的义务。没有这种约定或约定不明确的,员工的保密义务截止至该员工正常离职之日。约定员工离职后仍负有保密义务的，企业应当向员工支付补偿费。竞业限制：在保密协议中，企业可与员工签订书面的竞业限制条款，约定员工正常离职后的一定期限内不得在生产同一产品的其他企业内任职，或者自己从事同一产品的生产经营。约定员工竞业限制的，企业应当向员工支付补偿费。竞业限制的期限一般不得超过两年。

第四章，商业秘密侵犯和法律责任。商业秘密侵犯：（本条从反不正当竞争法之第 10 条）本条所称之披露，是指以告知、发表、转让、申请专利、办理软件登记或其他方式让他人知悉商业秘密的内容。侵犯商业秘密的法律责任：侵犯商业秘密造成损害的，侵权人应当赔偿损失，如果该商业秘密尚未完全公开，侵权人应当停止披露或使用之，承担保密义务。侵犯商业秘密的损失赔偿额可以按照下列方法之一计算：（一）以商业秘密持有人因侵权行为而受到的实际损失作为损失赔偿额；（二）以侵权人因侵权行为而获得的全部利润作为损失赔偿额。

第五章，附则。诉讼时效：向人民法院请求保护商业秘密的诉讼时效为 1 年，自权利人知道或应当知道商业秘密被侵害之时起计算。

以上为我所拟定的商业秘密条例，亦是本文对于我国商业秘密保护对策的设想，以此作为此篇论文的结束语。

（作者为中南政法学院法学硕士，现在该校任教）

论第三人侵害债权的侵权行为

王 文 钦

目 次

一、债权不可侵性理论

（一）比较法上的观察

债权，特定债权人请求特定债务人为特定行为的权利。因可归责于债务人的事由致债务不履行，债权人得以此为理由，请求债务人承担违约责任；若因债务人以外的第三人的行为，致使债务人债务不履行(第三人侵害债权),债权人不得以此为理由,请求第三人承担违约责任。此乃债权相对性原则的基本要求。可是,债权人对第三人是否全无主张权利之道?回答无疑是否定的。世界各国于此种情形鲜有不赋予债权人侵权法救济,惟操作层面互有差异。

1. 法国法

法国民法典第1382条"任何行为使他人受损害时,因自己的过失而致行为发生之人对该他人负赔偿的责任"规范和调整一般侵权行为。该条文对其保护对象采概括规定,解释上似乎理应允许债权人于第三人侵害债权的情形,依该条规定请求救济。可事实上并非如此。法国民法典沿袭罗马法,相对而言比较坚持债权相对性原则①。于第三人侵害债权的情形,法国法院最初往往从合同责任上考虑,从而依合同相对性原则,认定第三人不应承担损害赔偿责任。如Baranger V. Bourdais(1892)一案,Bourdais 买受 Baranger 在巴黎的商业代理行,约定 Baranger 负竞业禁止义务,不得再在巴黎自行或受雇于他人从事相同行业,可是第三人 Condray 不顾 Baranger 的竞业禁止义务而予雇用。Bourdais 遂起诉二人,法院准允其对 Baranger 提起的违约救济,但驳回了对 Condray 的诉讼请求。法院认为,"至于 Condray,鉴于 Condray 与 Bourdais 自始即无合同关系……作为合同关系之外的第三人,Condray 完全不必对 Baranger 的违约行为负责"。法院以法国民法典第1165条合同相对性原则为法律依据,认为被告与原告并无不雇用 Baranger 的合同关系,故其雇用 Baranger 乃是合法行使权利②。

然而时隔数年,20世纪初,法国法院便重新界定合同相对性原则,认为合同相对性原则不应阻却侵害债权的第三人承担侵权责任。

---

① 〔意〕彼德罗.彭梵得:《罗马法教科书》(黄风译),第313页;Cheshire & Fifoot's Law of Contract,P407。

② V. V. Palmer,"A Comparative Study of the French Action for Wrongful Interference with Contract",The American Journal of Comparative Law (1992) Vol. 4,No. 4,P304,Note 25.

1908年Raudnitz V. Doeuillet一案，巴黎时装设计师Doeuillet挖走Raudnitz数位高级雇员，1901年6月又与Raudnitz所雇饰边师Richard女士签约，许以优厚薪水，并同意补偿Richard违反前约所应负赔偿责任。Richard践行后约之前，与Raudnitz重新达成协议，Raudnitz为Richard加薪并支付其违反后约所致违约金责任10000法郎。之后，Raudnitz起诉Doeuillet，要求赔偿损失，即其留住Richard所额外支付的费用。法国最高法院1908年判决认为，被告Doeuillet承诺补偿Richard违反前约所致损失，从而"促使"其违反前约，故被告对此应负侵权责任。最高法院维持巴黎上诉法院判决，明确否定由于被告与原告之间无合同关系从而不应承担责任的主张。最高法院认为，"上诉法院的判决并非让Doeuillet负违约责任，对于该合同来说，其乃合同外第三人，而是让其对自己的故意的、为自己谋利的准侵权行为(quasi-delictual acts)负责，正是这种行为导致并促使了前一合同的被违反"。此案Raudnitz本亦起诉Doeuillet不公平竞争，但由于未能证明被告行为的"恶意"，巴黎上诉法院未予认可。可是假若如被告所主张，坚持合同相对性原则，则对原告有失公允，亦有违法律公平和正义的精神。正是基于此项利益平衡和价值判断，法院直接以法国民法典第1382条为依据判决被告负责，从而抛弃合同相对性原则排斥第三人侵权责任的观点。[①]

法国学界通说肯定法国判例所持立场的改变，认为债权具有不可侵性，第三人侵害债权可以成立侵权行为，不应受合同相对性原则的约束。但如何调和债权的不可侵性与债权相对性原则之间的矛盾，并为之探寻理论基础，亦为法国学界所面临的难题。

法国法院最初以合同相对性原则为依据，否认侵害债权的第三人负损害赔偿责任。法国学者Henri Lalou曾分析称，这是个人本位与社会本位的相互冲突。在其"1382 contre1165"一文中，Henri

---

① V. V. Palmer, A Comparative Study of the French Action for Wrongful Interference with Contract, P305－306.

Lalou 倚法国民法典侵权法规则驳合同相对性原理。他说，法国民法典 1165 条内在的罗马法思想乃是狭隘的自我中心主义的社会有序化观念。因此，该条应该由法国民法典 1382 条所包含的广泛的社会责任原则予以修正和调和。Lalou 建议，第三人侵害债权负损害赔偿责任得直接以法国民法典 1382 条为法律依据。[①]法国学者 Demogue 亦强调，第三人侵害债权所负责任并非合同责任。[②]依法国学者 Boris Stark 解释，法国民法典 1165 条虽然限合同责任于合同当事人，但这并不意味着第三人侵害债权不应承担侵权责任。他认为，依合同相对性原则，合同仅于合同当事人间发生效力，这仅仅是说，债权人无权以此项合同为依据，请求债务人以外的第三人履行合同义务。[③]。

法国理论认为，合同所产生或移转的权利包括对物权和对人权，无论何种情形，第三人侵害债权均可成立侵权行为，诚如 Genevieve Viney 所称，"结果，不但不排除协助他人违反仅涉对人权之合同的第三人的责任，相反，法院的判决普遍认可此项责任，而不论合同所产生或移转的权利的性质如何(对物权还是对人权)。"[④]普遍课第三人侵害债权行为以侵权责任，一般认为，并不会破坏对物权、对人权的内在结构和性质，因为此类侵权行为实质上是对合同本身的侵害，而非对合同所产生或移转的权利的侵害。虽然合同关系本身具有对人性，但合同亦对债权人的一般财产产生影响，这种影响具有现实的财产成分(虽为将来可得享受的利益)，第三人不得无视和损害之。合同债权具有财产价值，此一财产价值为债权人一般财产的成分，其表

---

① 转引自 V. V. Palmer, A Comparative Study of the French Action for Wrongful Interference with Contract, P333.

② 转引自 V. V. Palmet, A Comparative Study of the French Action for Wrongful Interference with Contract, P333.

③ 转引自 V. V. Palmer, A Comparative Study of the French Action for Wrongful Interference with Contract, P333.

④ 转引自 V. V. Palmer, A Comparative Study of the French Action for Wrongful Interference with Contract, P327, Note 120.

现于合同当事人间的流通,并成为双方当事人一般财产中的资产或负债(含责任)。第三人侵害债权的行为,减少了债权人一般财产中的资产,增加了其中的负债,从而损害了债权人一般财产资产负债的应然状态。首先,第三人侵害债权行为可能导致或加剧债务人的无偿付能力,从而减少债权人的一般财产(可得利益的丧失);其次,在某些情况下,侵害行为意味着债务履行已不可能(或难以履行,或履行已无意义),债权人本可以请求履行并获清偿,第三人的侵害行为却使其成了仅得金钱损害赔偿的普通无保障债权人。[①]

总之,法国学界未有主张债权人对债务人的债权履行享有所有权,但认为,具有对人性的合同债权,在合同当事人一般财产上产生有别于其所产生或移转的权利的财产价值,诚值保护,合同外第三人不得故意侵害。合同,不管是产生或移转得对抗一般人的对物权,还是产生仅得对抗特定人的对人权,第三人均负不可侵义务。Palmer称颂法国学界的理论解释"在调和侵权责任与合同相对性间的冲突,却又不破坏区分对物权与对人权的传统权利观念方面,较普通法成功。"[②]

2. 我国台湾法

台湾民法第184条规定,"因故意或过失,不法侵害他人之权利者,负损害赔偿责任。故意以背于善良风俗之方法,加损害于他人者亦同"、"违反保护他人之法律者,推定其有过失。"通说认为此项规定将一般侵权行为分为侵害他人权利、违背善良风俗、违反保护他人法律三种类型,不同的侵权行为类型,有着不同的保护对象、不同的责任要件。侵害他人权利类型的保护对象是"权利",行为人故意或过失均可成立侵权。违背善良风俗类型以行为人主观故意加违背善良风俗为责任要件。其保护对象较侵害他人权利类型为广,不但权利,而

---

① V. V. Palmer, A Comprartive Study of the French Action for Wrongful Interference with Contract, P328.

② V. V. Palmer, A Comprartive Study of the French Action for Wrongful Interference with Conpract, P333.

且权利之外的利益亦在保护之列。违反保护他人法律类型的保护对象与违背善良风俗类型一致，但在责任要件上，须被害法益为特定法律所保护，且侵害人之行为确实违反该项法律并致被害法益以损害。[①] 台湾判例实务肯定第三人侵害债权得成立侵权行为，但对于债权侵害究竟属于三类型中的哪一种，受害人损害赔偿请求权基础究竟是适用第184条第一款前段还是后段，或者第184条第二款，却是前后判决见解不一，未能表示明确的立场。其判例有称"依侵权行为之法则"，不具体指明适用第184条哪项规定；有称"系故意以背于善良风俗之方法加损害于他人"，显然是指适用第184条第一款后段；亦有称"因故意或过失而侵害他人之债权者"，则又似系指第184条第一款前段。[②]

债权能否为侵权行为的对象，是否具有不可侵性。台湾学界"旧说持否定见解，但近来通说则转为肯定，盖既曰权利，即有不可侵性，债权何独不然"。[③] 可是关于损害赔偿请求权基础，亦如判例实务，未有统一的看法。依胡长清先生的见解，"第184条既泛称'他人之权利'，对于债权及其他之请求权无为除外之理由"。[④] 史尚宽先生将债权侵害形态分为直接侵害和间接侵害，在债权的直接侵害，第三人对于债权的侵害有故意或过失即得构成侵权；在债权的间接侵害，则必须与"故意加害"或"违反保护他人法律"相结合，始可成立侵权行为。[⑤] 梅仲协先生认为，债权系属相对权，仅得对抗特定债务人，若债务人以外的第三人，就他人已成立的债的关系予以损害，则属侵害债权人的法益而非直接的损害其债权，言下之意似是债权侵害不能以第184条第一款前段为请求权基础。[⑥] 王泽鉴先生进一步论证之所

---

① 朱柏松：《论不法侵害他人债权之效力(上)》，台《法学丛刊》第145期(1992年)，第53页。

② 王泽鉴：《民法学说与判例研究》(第五册)，第218页。

③ 郑玉波：《民法债编总论》，第152页，三民书局(1993年14版)。

④ 胡长清：《中国民法债编总论》，第127页，商务印书馆。

⑤ 史尚宽：《债法总论》，第136—137页。

⑥ 转引自孙森炎：《论对于债权之侵权行为》，〔台〕法令月刊第37卷第5期，第8页。

以不适宜以第184条第一款前段为请求权基础，乃是因为：(1)债权不具有社会典型公开性；(2)否则，经济活动与竞争秩序实难维持。[①]朱柏松先生则运用比较法律方法推断，德国侵权法侵害权利类型的保护对象，依立法旨意及判例学理之通说，仅限于生命、身体、健康、自由、所有权以及其他具有排他性的权利，作为相对权的债权不在保护之列，第三人侵害债权得受违背善良风俗类型的规范，台湾侵权法继受德国法而来，债权侵害成立侵权理应亦属于违背善良风俗类型的范畴。[②]

综上所述，债权的不可侵性业已成为台湾法律学理界实务界所共同承认的原则，但由于其民法侵权法规范的特殊性，关于债权侵害损害赔偿请求权基础则仍存争议，这实质上是一个责任构成要件的问题，又很大程度上体现着论者的价值判断和伦理观念。

3. 英美法

英美法中称第三人侵害债权之侵权行为为 interference with contract rights/relationship。一般认为，英美法确立此项侵权行为的里程碑式的判例乃是1853年的 Lumley V. Gye 一案。[③]在此之前，法院不承认侵害债权的侵权行为。法院认为，因违约所致损害，仅得向合同当事人另一方请求赔偿(合同相对性原则)。不过，虽然如此，英国普通法实际上亦已另辟蹊径，于后来所谓第三人侵害债权的某些情形，赋予受害人侵权法救济。

在19世纪的英美法，合同还主要被认为是有形物所有权移转的工具，合同所规范的是所有权的交换，而非债务的相互履行。合同法尚被认为是财产法的附属物。[④]如 Blackstone 曾解释，货物买卖合

① 王泽鉴：《民法学说与判例研究》(第五册)，第219页。

② 参朱柏松：《论不法侵害他人债权之效力(上)》。

③ 歌星 Wager 与戏院老板 Lumley 签约，同意在其戏院独占演出3个月。Wager 践约之前，另一戏院老板 Gye，以高薪将其挖走。Lumley 虽获法院颁发禁止令，但 Wager 最终无意践约。Lumley 遂起诉 Gye，要求赔偿损失，胜诉。

④ Cheshire & Fifoot's Law of Contract，P11.

同，乃在合同当事人任意一方产生占有尚未实际占有的物的权利，合同的一方允诺货物所有权的移转，合同的另一方则允诺价金所有权的移转。作为合同标的物的货物的所有权自合同成立时起，即从出卖人移转于买受人。因此，第三人对他人合同的干扰被认为是对财产权的侵害，而非对债务履行的阻碍行为。故于此情形，受害人得直接提起侵占之诉。①

也由于合同乃有形物所有权移转工具的观念，许多雇佣协议，比如主人与仆人(Servants)间、师父与学徒(apprentices)间、雇主与雇工(journeymen)间，均被认为不是合同，而是具有属人性和亲属性的身份关系(status relations)。第三人对此种身份关系的侵害，比如引诱仆人离开主人，其主人得对第三人提起引诱之诉(action of enticement)。②其时所谓引诱之诉特征有三：(1)主人(原告)只要表明主仆关系的存在，而无需证明合同的存在；(2)主人惟仆人已实际开始为其干活方得提起引诱之诉，若仆人仅承诺将来为其干活而尚未实际践行，则不能提起引诱之诉；(3)主人可提起引诱之诉，仆人则否，若因第三人之故致主人解雇仆人，仆人不能起诉第三人。Blackstone 对此解释说，主人购买仆人一定期间的劳务，因而对仆人的劳动享有财产权，但仆人在"陪伴、照料、协助主人"中并不享有财产权，"故主仆关系终止，仆人不会遭受损害。"③

此外，任何类型的协议，均受诽谤、欺诈、胁迫、通谋之诉的保护。④

然而，非主仆性质的劳务合同，以及待履行合同，原告除非能够证明，合同另一方当事人不履行合同，乃是第三人诽谤、欺诈、协迫或

---

① Kimball V. Harman，34Md. 407，411－12(1871).

② "Note "(1980) Harv. L. Rev. Vol. 193，P1513－1515.

③ W. Blackstone，Commetatries. P141－143. 转引自"Note"，(1980)Harv. L. Rev. Vol. 193，P1516.

④ "Note"，(1980) Harv. L. Rev. Vol. 193，P 1517.

与之通谋所致，否则不能起诉第三人。[①]

19 世纪中叶，英美合同理论发生重大变化。合同产生可予执行的相互义务的观念的出现，使得合同乃所有权移转的工具的认识相形见拙。主仆关系不再视为身份关系，而是看作合同类型的一种。待履行合同的日显重要，亦加速了权利交换理论的崩溃。待履行合同很难以认为即使是有形物的现实所有权的让渡。于是，客观上要求保护合同所生期待利益免受第三人侵害。而且，其时已被视为合同的主仆关系受引诱之诉的保护，而合同不受保护，在理论上亦未免矛盾。[②]

1853 年 Lumley V. Gyc 一案标志着英美法此一领域的一场革命。该案中四位法官惟 Coleridge 主张适用合同相对性原则，判决原告败诉，他说，“关于违反合同，我们的法律的基本规则是，由且只由合同当事人承担责任。”他认为，英国劳工法仅部分地废除了普通法的此项基本原则；因此，凡劳工法未能纳入的情形，合同相对性原则仍得排除第三人责任，“违约救济只能以合同为依据，只能适用于合同当事人。”诚如 Baker 后来所解释，“Coleridge 法官认为，既然违约乃是唯一的诉因，被告又非合同当事人，那么合同相对性原则当然排斥引诱之诉。”[③]Coleridge 法官的见解未能影响王座法庭的其他法官，其他法官无一认为，合同相对性原则于此案应当排斥第三人侵害债权之侵权责任。Crompton 法官坚持，引诱之诉应当适用于待履行合同，他形象地用园工作比喻，他说，引诱园工离开其主人，是在“正式干活的前一天晚上”，还是在“正式干活的当天上午种下第一株白菜以后”，实在没有什么两样。他同时指出，“一方约定为另一方提供劳务，双方当事人即为雇佣关系，或主仆关系”。Erle 法官亦认为，“因被告之故致雇工违约而终止雇佣关系，雇主享有引诱之诉的诉权；本案与此并无二致。”Wightman 法官持同样观点，他主张引诱之

---

① “Note”，(1980) Harv. L. Rev. Vol. 193，P1518.

② “Note”，(1980) Harv. L. Rev. Vol. 193，P1520－1521.

③ 转引自 V. V. Palmer，A Comparative Study of French Actron for Wrongful Interference with Contract，note 137.

诉的诉权“应予扩张，缔约雇佣他人提供劳务者，亦得享有。”①

Lumley V. Gye 一案突破合同相对性原则的约束，将主仆关系引诱之诉扩张适用于非主仆关系的雇佣合同、待履行合同，从而确立独立的侵害债权之侵权行为类型。从此，受保护的乃是抽象的合同而非特殊的身份关系，主仆关系与其他类型的协议的区分不复存在。这层区分的消失，使得主仆关系与传统上第三人侵害不受保护的协议融合在一起。②

将主仆关系引诱之诉扩张及于其他类型协议的同时，Lumley 案亦发展 Blackstone“主人依主仆关系对其仆人所供劳务享有财产权”的观点而创立合同财产的一般理论(general theory of contract property)。依此理论，受害人损害赔偿救济的基础，是引诱违约的行为(the precurement of breach)，而不复是劳务的不获提供(loss of service)；合同上允诺的违反亦即财产权的侵害。履行合同义务的允诺即产生无形财产(intangible property)，此项无形财产有应受有形财产同样保护的价值。诚如 Lumley 案中 Erle 法官所言，“引诱侵害合同权利，凡侵害行为为可得起诉的不法行为的情形，即得同侵害财产权一样，成立诉因。”③

合同财产理论为 Lumley 案后的许多判例所采纳。如 1871 年马萨诸塞州 Walker 案判决，称引诱责任“建立在合同权利，而非主仆关系的基础之上”。1876 年 Bixboy V. Dunlap 一案，法官认为，原告“乃合同上利益的所有人”。然而，由于 Lumley 合同财产理论未能对得对抗特权人的合同债权与得对抗一般人的财产权予以适当区分，似乎只要原告享有合同债权，则第三人导致他人违约的任何故意行为，即使是朋友的善意建议，均得成立侵权行为，这样的话此项责任未免漫无边际，妨碍经济活动的自由。因此，后世判例或从行为的过

① B. A. Hepple & M. LH. Matthews, Tort Cases and Materials ,P693－696, 4th ed. Butterworths(1991).

② “Note”,(1980) Harv. L. Rev. Vol. 193, P1532.

③ “Note”,(1980) Harv. L. Rev. Vol. 193,P1520－1524.

错程度上，如 Bowen V. Hall(1881)要求“恶意侵害”，或从抗辩事由上，如 1890 年以来法院所强调的“自由竞争”抗辩，弥补 Lumley 合同财产理论可能滥加责任的不足。[①]

英美法乃系判例法国家，相对而言较为讲究个案的公平和正义，其侵害债权之侵权责任制度渊源流长，实质上自始即承认债权具有不可侵性，只不过在不同的社会经济条件、不同的法 制时代，对责任构成要件有严有松，见解不一。近年英美法学界，越来越有人批判侵害债权之侵权责任制度，认为它规范范围过于不确定和广泛，过分妨碍了交易和竞争的自由，并呼吁限定其适用范围，诸如减少受保护权益的种类，将侵害行为限定于对权益的不法侵犯(unlawful interference)。[②]但无论如何，债权的不可侵性勿容置疑。

(二)债权不可侵性的正反两说

债权不可侵性理论自始即面临着债权相对性原则这一障碍。也正是因为此项缘由，关于债权是否具备不可侵性，历来有肯定说与否定说之争。债权不具备不可侵性论者认为：(1)债权系相对权，惟课债务人以义务，故第三人纵加损害，也不会发生义务的违反问题，自非不法；(2)债权保护的利益，惟债务人的行为方能使其实现，亦惟债务人的行为足以侵害其实现，与第三人的行为无涉。虽债权人就债务人将来应为的给付享有期待利益，此期待利益毕竟非债权本身，纵予侵害，亦非侵害债权。况且从未有视该期待利益为绝对权而予保护的民法规定；(3)既然民法区别物权与债权，相对权与绝对权，若承认第三人侵害债权应构成侵权，则上述权利的分类，即失其意义。[③] 债权具备不可侵性论者则认为：(1)债权虽为对债务人的相对权，其意义无

① “Note”,(1980) Harv. L. Rev. Vol. 193,P1524—1538.

② V. V. Palmer, A Comparative Study of French Action for Wrongful Interference with Contract. P297—298;H. S. Perlman,“Interference,with Contract and other Economic Expectancies”,(1982) U. Chi. L. Rev. Vol. 49,P61;J. B. Sales,“The Tort of Interference with Contract”,(1991)Texas Tech L. Rev. Vol. 22,P123.

③ 参阅孙森炎:《论对于债权之侵权行为》,〔台〕《法令月刊》第 37 卷第 5 期(1986),第 8 页。

非表示债务人负有实现债权内容的积极义务，至于权利的不可侵性，“于物权然，于债权何独不然”；(2)侵害权利系指妨碍权利所保护利益的享有的一切行为，不仅妨碍现在享有的利益为然，即使妨碍将来享有的利益亦莫不尽然；(3)就不可侵性而言，物权与债权应无区别，但就排他性、追及性、支配性言，两者仍有区分的必要。[①]

不难看出，肯定说与否定说争议的焦点乃集中在相对权与绝对权的理解上。债权不具备不可侵性论者坚持，权利按其效力所指向的人的范围，可以分为绝对权与相对权，绝对权为得对抗一般人的权利，相对权为仅得对抗特定人的权利。债权属于相对权，仅能请求特定债务人为特定行为，不能要求处于债的关系之外的第三人不作为，故不具备不可侵性。债权具备不可侵性论者则认为，债权虽为对于债务人的相对权，这无非是说债务人负有实现债权内容的积极义务，至于权利的不可侵性，凡法律上的权利，即为法律所保护的对象，当然均有不可侵性，债权既然是一种权利，何以独被排除于保护之外？

相对权与绝对权的概念渊源于罗马法的对人之诉(actions in personam)与对物之诉(actions in rem)。对人之诉指诉讼上主张仅得对抗特定人的诉讼，适用于因债的关系所生纠纷。对物之诉指诉讼上主张得对抗一般人的诉讼，适用于对物权、身份权利、家庭权利的侵害。[②] 对人之诉，对物之诉演变至传统民法的权利观念，即为相对权与绝对权的分类。

传统民法一般认为，相对权即对人权，绝对权即对世权，[③] 而对人权为仅得对抗特定人的权利，而对世权则为得对抗一般人的权利。债权不具备不可侵性论者正是演绎此项传统概念而获结论。

债权具备不可侵性论者对区分绝对权与相对权的传统权利观念深不以为然。台湾学者李肇伟先生在分析相对权的不可侵性之后称，

---

① 参阅孙森炎：《论对于债权之侵权行为》，〔台〕《法令月刊》第 37 卷第 5 期(1986)，第 8 页。

② 〔意〕彼德罗.彭梵得：《罗马法教科书》，第 86 页。

③ 史尚宽：《民法总论》，第 16 页。

"则绝对权与相对权之区分,亦只能就权利之主要内容是否重对抗一般人为目的之不同而言。于是在绝对权,因一般人须履行不侵害之义务,而得对抗一般人,虽得谓为对世权。而相对权,既须特定义务人履行义务,固得对抗特定义务人;而一般人仍须负不侵害之义务,是仍得对抗一般人,自不得谓为对人权。故以绝对权为对世权虽可,以相对权称为对人权则不可也"。[①] 相应地,其将相对权定义为"系有特定之相对人,虽仍得对抗一般人,而却重在对抗特定人为目的",将绝对权定义为"无特定之相对人,而以一般人为相对人,系对抗一般人为目的。"[②]

(三)小结

第三人侵害债权,可以成立侵权行为,各国法应是已成定论。即使是在通说认为债权侵害不受侵权行为法规范的德国法,[③] 其判例、学说均肯定第三人侵害债权有其民法第826条的适用,即第三人如故意以背于善良风俗的方法加损害于他人债权,诸如联合抵制、引诱违约、二重买卖、限价、挖角、对于债权人的诈害等情形,得负侵权责任。[④]

我国学者对债权的不可侵性论及不多,但论者皆持肯定见解。[⑤] 亦有学者进一步解释认定,债权属于《民法通则》第106条(我国侵权法规范)所规定的"财产"范畴。[⑥] 目前正在起草的《中华人民共和国合同法》,将第三人侵害债权特作有专条规定。司法实务上,实际上已有判决认定第三人侵害债权得成立侵权行为。如一起研究生出国培

---

① 李肇伟:《法理学》,第281页、第279页。

② 李肇伟:《法理学》,第281页、第279页。

③ 德国判例承认侵害债权有其民法第826条的适用,不过,由于第826条成立的重点不在权利的保护,"因此,学说上,甚多即不明白指出,债权受侵害可依第826条之规定获得救济,而直接认定为债权侵害不受侵权行为法之规范"。参阅朱柏松:《论不法侵害他人债权之效力(上)》。

④ 参阅朱柏松:《论不法侵害他人债权之效力(上)》,第55页。B. S. Markesinis, A Comparative Introduction to the German Law of Torts, 2nd ed. (1990), P660.

⑤ 王利明主编:《民法侵权行为法》,中国人民大学出版社1993版,第256页。

⑥ 孔祥俊、杨丽:《侵权责任要件研究(上)》,《政法论坛》1993年1期,第43页。

养费纠纷案，原告Z校图书馆助理馆员孙某申请自费出国留学，因服务期未满未获校方批准，后由C厂出具虚假证明，得以出国。原告要求被告赔偿孙某服务期未满按国家规定所应支付的培养费9000元。法院认定被告C厂侵犯了原告Z校的人事权，[①] 依笔者理解，此处所谓“人事权”实质上乃是原告对孙某享有的合同债权。

本文认为，债权具有不可侵性，债的关系之外的任何第三人不得无视或损害之，否则得承担侵权责任。诚然，债权具有相对性，是一种相对权，但这仅仅是指债权的对内效力而言。债权的效力应分为对内效力和对外效力，债权的对内效力只发生于债权人与债务人之间，债权的对外效力则存在于债权人与一般人之间。在债权的行使，亦即权利的主张上，固然应只能对其特定的债务人为之，其因债务人的作为或不作为，致债权人无法享有其利益时，亦只能依债务不履行的规定，对债务人有所主张，此时，自无发生侵权损害赔偿的可能与必要。但就债权的权利性而言，则与物权乃至人身权一样，第三人如致其损害，债权人自可请求排除损害或赔偿损失，“否则，事实上即等于否认债权属一私权的命题”。[②]

二、第三人侵害债权的具体形态

(一)直接侵害

第三人侵害债权的具体形态千差万别，依侵害行为是否直接指向债权可以分为直接侵害和间接侵害两大类。在直接侵害，第三人的侵害行为直接作用于债权，致债权人损害。直接侵害大体上有两种情况：

1. 第三人处分或行使债权，直接使债权消灭。比如非债权人以债权准占有人(无记名证券、指示证券的持有人)的方式受领清偿，致债权因此而消灭，则对于真正债权人除成立不当得利以外，并成立侵权

---

① 周焕鸿：《对一起研究生出国培养费纠纷主体资格之探讨》，《法学与实践》1994年第1期，第60页。

② 参阅朱柏松：《论不法侵害他人债权之效力(上)》，第54页，黄越钦：《论债权侵害》，〔台〕《政大法学评论》第27期，第43页。

行为。表见代理人受领被代理人债权的清偿或为其免除债务，亦得成立侵权行为，其受领清偿尚构成不当得利。

第三人冒称债权人处分债权，得构成对债权的直接侵害。如美国纽约州 Rice V. Manley(1876)一案，原告与 Stebbins 约定购买其奶酪，被告冒称原告，电报告知 Stebbins 取消合同，然后自己前往买受。此案中被告的虚假陈述非对原告而为，因而不符合欺诈侵权的成立要件。而 Stebbins 则因为未受损害（被告给付的价金与原告约定给付的价金相同），亦不能主张损害赔偿。当然，原告得对 Stebbins 主张违约损害赔偿，Stebbins 可以在赔偿原告以后（已有损害），再向被告追偿。但法院认为，如此这般颇费周折，故同意原告因被告欺诈所致"间接"损害得成立诉因的主张。此案诚如 Perlman 所分析，被告的行为直接侵害了原告的合同权利，原告可以对被告主张侵害债权之侵权损害赔偿。[①]

关于债权让与人于债务人接获让与通知以前，从债务人受领清偿或向债务人免除债务或将债权更让与他人，对债权受让人是否构成侵权的问题，有持肯定见解者如史尚宽先生，[②] 有持否定见解者如王泽鉴先生。王泽鉴先生以"A 对 B 有价金债权，让与于 C，B 于接获债权让与通知前，仍向 A 为给付，A 受领之，致 C 之债权因而消灭"为例分析称，"于此情形，C 得依民法关于不当得利之规定，向 A 请求返还其所受利益或基于其与 A 间之买卖契约向 A 请求损害赔偿，似无承认此系侵害他人债权，……之必要。"[③] 我认为，此种情形实则已经构成请求权的竞合。已有不当得利请求权、违约损害赔偿请求权的存在，应否排除侵权损害赔偿请求权，关键得看竞合的立法政策如何。既然没有坚强的理由可以支持于此种竞合情形得排斥侵权损害赔偿，则至少在理论上似应承认债权人可以主张侵权损害赔偿。

---

① 参阅 H. S. Perlman，"Interference with Contract and Other Economic Expectancies". (1982)Univ, Chi. L. Rev. Vol. 49, P75.

② 史尚宽：《债法总论》，第 137 页。

③ 王泽鉴：《民法学说与判例研究》（第五册），第 224 页。

2. 因第三人的行为直接损害债权或使债权丧失。例如将他人的无记名证券出卖、设定抵押或毁损。有学者认为，第三人毁损债权证书或以之返还于债务人，债权人的债权并不因此而消灭，故不成立侵权行为。[①] 我认为，第三人侵害债权是否成立侵权，就损害要件言，只要给债权人造成损害即为已足，而不必非得致债权消灭始可。第三人毁损债权证书或以之返还于债务人，虽然未致债权人的债权消灭，但却给债权人债权的行使带来了妨碍，增加了费用，这很难说没有给债权人造成损害，自应可以成立侵权行为。

第三人侵害债权究否有无侵权行为法的适用，其足以引起争议的原因之一，乃是因为债权的存在一般不具有社会公示性，债权的受害往往不具有直接性。但在直接侵害，要么受害债权具有一定的公示性，比如以证券或证书体现的债权（债权物权化），要么第三人的侵害行为具有直接性，比如债权准占有人、表见代理人处分他人债权。因此，直接侵害债权得成立侵权固无疑义，而且，在责任要件上，与一般侵权行为亦应无区别，第三人故意或过失均应能够成立。[②] 诚如朱柏松先生所言，"个人一直坚信权利之具有不可侵性，其程度应不致因债权系属相对权而应有太大之差别，只要该债权于第三人侵害时，具有相当程度之公示性，以及加害之直接性，自亦不必局限于仅能依民法第 184 条第一项下段乃至于同条第二项之规范。"[③]

（二）间接侵害

间接侵害是指第三人的侵害行为并非直接作用于债权人的债权，但是致债权人债权损害的情形。间接侵害依其行为方式、手段的不同大体上可以区分为实体侵害、直接引诱、间间接侵害三类。实体侵害是指以侵害债务人人身或债权标的物等手段致使债务人客观上

---

① 孔祥俊、杨丽：《侵权责任要件研究（上）》，《政法论法》1993 年第 1 期，第 44 页。

② 史尚宽：《债法总论》，第 137 页。

③ 朱柏松：《论不法侵害他人债权之效力（上）》，〔台〕《法学丛刊》第 145 期（1992 年），第 56 页。

不能履行债务。[1]直接引诱指行为人以劝说、欺诈等手段引诱债务人违反与债权人之间的合同。间间接侵害则是指行为人的行为并非直接针对原债权债务关系，但却致债务人违反与债权人之间合同的情形。[2]兹举汽车销售案例一则具体说明之。B 与 A 约定从 A 处购买汽车一辆，C 从 A 处将汽车盗走，系属实体侵害；C 劝说 A 违反与 B 的合同而将该汽车卖给他，系属直接引诱；C 劝说 A 的供货商 D 拒绝向 A 提供该汽车，则为间间接侵害。[3]

1. 实体侵害

第三人拘禁、绑架、伤害债务人人身，盗窃、破坏标的物、债务履行的基本工具、机器，或者以其他方式致使债务人客观上不能履行债务，从而损害债权人债权，均属于实体侵害的范畴。行为人侵害债务人人身或财产的行为，直接受害客体为债务人人身或财产，债权人债权因此而不能实现，仅是间接受害。直接受害者可径依一般侵权行为请求损害赔偿，这是民法侵权行为法的一般规则。例如哥伦比亚球星埃斯科巴惨遭杀害，凶手得负刑事责任并承担侵权损害赔偿责任，自不待言。但其加盟的俱乐部老板因此而遭受的损失（雇佣合同债权损害）属间接受害，不能向凶手请求赔偿。然而，假若杀害埃斯科巴系针对俱乐部而来，比如埃为世界超级球星，凶手为另一俱乐部所雇，意在打击埃所在俱乐部的雄厚势力，则该凶手及受雇俱乐部得对埃所在俱乐部负侵害债权的侵权责任。

兹举外国判例数则以供参照：

(1)G. W. K. Ltd. V. Dunlop(1926) 42. T. L. R. 376。某汽车制造商与原告合同约定，在汽车展销会上将使用原告制造的轮胎，被告以不法手段偷梁换柱，将原告轮胎从汽车上卸下，而换上自己制

---

① V. V. Palmer, A Comparative Study of the French Actron for Wrongful Interference with Contract.

② Clerk and Lindsell On Torts, 16th, ed. (1989), P810.

③ Richard o'Dair, "Justifying an Interference with Contractual Rights". (1991) O. J. L. S. Volii, P231.

造的轮胎。原告起诉被告侵害债权,胜诉。[①]

(2)Eihorn V. Westmount Investment Ltd.(1969)。控制 Westmount 投资公司的三被告,将公司唯一有价值的资产转让给亦受他们控制的新成立的公司,致使 Westmount 公司对原告的价金债务履行困难。原告主张被告的行为构成欺诈,法院不予认定。法院虽认定被告是在公司授权范围内忠实行使职权,但仍判决被告承担侵害债权的侵权责任。[②]

(3)Swiss Bank V. Lloyds Bank (1979)Ch548。某君向原告贷款购买证券,贷款合同规定该笔证券得单立帐户,贷款本金和利息从该笔证券及其收益中偿还。后来某君将证券抵押给被告。被告虽知悉原告与某君的合同约定,但仍欲行使抵押权。原告请求法院颁发禁止令,责令被告不得以侵害原告债权的方式处分证券。法院准允。[③]

(4)Edwill Hill V. First National Finance Co. plc (1988)1 WLR 225 。房地产开发商 Alan Pulver 买受地皮一块欲开发写字楼。被告向 Alan Pulver 提供贷款,约定以该房地产作抵押。原告为 Alan Pulver 所雇建筑商。由于写字楼市场疲软,Alan Pulver 无力继续施工,亦无力还贷,急需新的贷款。可是已届期的原贷款本金和利息已超过已开发部分的市价。被告若行使抵押权,则至少得损失部分贷款。因此,被告同意不行使抵押权,而且向 Alan Pulver 提供新贷款,但要求 Alan Pulver 终止与原告的合同,雇用牌子更响的建筑商,以提高写字楼市价。Alan Pulver 终止与原告的合同后,原告诉请被告承担侵害债权的侵权责任。此案中,被告的行为实质上是行使抵押权,而其行使抵押权的结果是 Alan Pulver 客观上不能履行与原告

---

① Street,The Law of Torts(7th,ed.). Butterworths(1983)P353.

② K. W. Wedderlurn. "Torts Out of Contracts",(1970) Mordern L. Rev. Vol33, P309.

③ Richard O'Dair,"Justifying an Interference with Contractual Rights",(1991)O. J. L. S. Volii. P232.

的合同，从而致原告债权以损害，故属于实体侵害的范畴。[①]

法院认为，被告的行为符合侵权责任要件，但被告收取本金和利息的抵押权“等于或优于”(equal or superior to)原告的合同权利，因此，被告的免责事由存在，不应承担责任。[②]

2. 直接引诱

第三人运用一定的方式手段影响债务人的意志，致其主观上“自愿违约”的情形，为直接引诱。在直接引诱，对债权人的债权损害，最接近的原因(proximate cause)乃是债务人的违约行为，故债务人自当承担违约责任。可是债务人的违约行为，却又是第三人的侵害债权行为直接介入所致，基于充分保护债权人权益、法律上谴责第三人的不法行为以维护良好社会经济秩序的需要，得责令第三人承担侵权责任。第三人的侵权责任与债务人的违约责任乃对债权人连带承担，此种连带责任学理上称之为不真正连带责任。[③]

直接引诱最典型的表现形式有三：(1)第三人同债务人订立与其同债权人间合同相互冲突的合同，比如A买受B的房屋，已实际交付但尚未登记，C趁机与B订立买受该房屋的合同并登记，A得主张C侵害其债权而请求登记机关涂销登记。(2)直接规劝债务人违反与债权人间的合同，比如经营者A对其竞争对手经营者B的合同相对人C许以好处，劝其取消与B的合同，则A得对B负侵害债权的侵权责任。(3)侮辱、诽谤债权人，致债务人违反与债权人间的合同，比如A对B怀恨在心，遂向B的合同相对人C称B清偿能力如何如何低，商业信誉如何如何糟糕，致C取消与B之间的合同。值得指出的是，侮辱、诽谤债权人亦得构成侵害名誉，但侵害名誉过错要件仅过失即可，且债权人名誉受损只能主张精神损害赔偿，[④] 这与以侮辱、

---

① Richard O' Dair, “Justifying an Interference with Contractual Rights”, P232.

② Richard O' Dair, “Justifying an Interference with Contractual Rights”, P230.

③ 孔祥俊：《论不真正连带债务》，《中外法学》1994年第3期，第19页。

④ 王利明主编：《民法侵权行为法》，第291页，第632－645页，中国人民大学出版社1993年版。

诽谤的方式侵害债权实有不同，后者要求故意要件（详见下文），且债权人得主张纯金钱损害赔偿。

为对直接引诱作进一步的说明，兹摘录外国判例数则以供参照。

（1）Esso Petroleum Co Ltd. V. Kingswood Motors Ltd.（1974）QB142。A 系加油站所有人，与 B 订立从 B 独家进油的合同，且约定 A 如出售加油站，应使买受人负担从 B 独家进油的义务。后来加油站转让给 C，此时 A 与 C 均为 D 的子公司，但 C 拒绝与 B 订立独家进油合同。B 遂起诉 C 侵害其债权。C 辩称，首先，A 与 B 的合同非法限制贸易，即使在 A 与 B 之间亦不得执行；其次，C 作为财产受让人，不受非经登记的任何义务的约束。法院认为，A 与 B 的合同并非非法限制贸易，C 受让加油站而不与 B 订立独家进油合同，已成立侵害债权的侵权行为，故同意 B 的诉讼请求，向 C 发出禁止令。①

（2）Barachet V. Bigot（1906）。原告 Barachet 雇用 Rouffet 为某地销售代表，双方约定合同终止以后 Rouffet 仍负在同一地区竞业禁止业务 。Rouffet 与原告合同终止以后，Barachet（原告的竞争者）随即予以雇用，Barachet 起诉 Bigot 侵害其债权，法院以被告不为"明知"为由予以驳回。法院判决之后，Bigot 继续雇用 Rouffet。Barachet 再次起诉。法院认为，Bigot 明知 Rouffet 的竞业禁止义务以后仍然雇用其从事竞业，侵害了 Barachet 的合同权利，应负侵权责任。②

（3）Engine Specialties. Inc. V. Bombardier，Inc（1979）。Engine Specialties Inc（"ESI"）是 Agrati 公司所制造小型自行车的北美独家经销商，经销合同约定 6 个月的合同解除通知期，且合同解除后 Agrati 公司两年之内不得在北美销售其小型自行车。Bom-bardier

① Richard O' Dair，"Justifying the Interference with Contratual Rights". P235、P239。

② V. V. Palmer，"A Comparative Study of the French Action for Wrongful Interference with contract". P309.

系颇具规模的汽车制造商，其意欲进入小型自行车市场，但其不是自己制造小型自行车，而是引诱 Agrati 公司解除与 ESI 的合同并违反两年之内不得进入北美市场的约定。ESI 起诉 Bombardier 公司侵害债权，法院准予。①

(4)Hannigan V. Sears (1969)。Hannigan 设计了一种户外冷藏箱，Fabricated Products 公司生产该种冷藏箱并独家售与 Hannigan，Hannigan 再行售与 Sears。Fabricated 同时生产户外冷藏室并直接售与 Sears，为省却 Hannigan 这一中间环节，Sears 希望直接从 Fabricated 购买冷藏箱。为达此目的，Sears 声称，其将从 Fabricated 或其他公司独家购买所有冷藏室，但必须附上冷藏箱。为了能够继续向 Sears 出售冷藏室，Fabricated 只好违反与 Hannigan 的独家销售合同。Hannigan 遂起诉 Sears 侵害债权。法院认为，Sears 的行为系“故意的胁迫和强制”，故判决其支付补偿性和惩罚性赔偿金。②

三、间接侵害债权的侵权行为要件

(一)概说

综观各国立法及学说，关于侵权行为要件主要有两种观点，以法国法为代表的国家主张侵权行为的要件由损害、因果关系、过错组成，即三要件说；以德国法为代表的国家则主张上述三要件外，还包括行为的违法性要件，此即四要件说。我国民法理论原一直坚持侵权行为四要件说。近年有学者对此提出质疑，认为我国原采主观过错理论应由客观过错理论取而代之，从而违法性概念已包含在过错概念之中，相应地，一般侵权行为要件应由损害、因果关系、过错三要素组成。③

---

① H. S. Perlman, “Interference with Contract and Other Economic Expectancies”. (1982)Chi. L. Rev. Vol49. P108.

② H. S. Perlman, “Interference with Contract and Other Economic Expectancies”, P109.

③ 王利明:《侵权行为法归责原则研究》，中国政法大学出版社 1992 年版，第 406—410 页。

间接侵害债权之侵权行为非一般侵权行为，其成立要件与一般侵权行为要件自有不同。英国普通法通说认为，引诱违约成立要件有六，即(1)故意致人损害，(2)明知他人合同的存在，(3)发生合同的违反，(4)不正引诱行为，(5)因果关系，(6)无正当理由。[①]英国法于引诱违约之外，尚有以不法手段侵害经济关系(当然包括合同关系)的非典型侵权类型。[②]1982 年 Diplock 勋爵在 Merkur Island Shipping 案，将引诱违约与不法侵害合同关系概括为侵害合同权利的侵权类型 (the tort of actionable interference with contract rights)，并指出其成立要件为：明知和故意、侵害合同履行、不法行为的实施、因果关系。[③]

美国《侵权法重述(一)》(1939)关于侵害债权之侵权行为要件，适用表见侵权规则(the prima facie tort rule)，即"故意实施表见上确致他人损害的行为者，除非能够提出有效抗辩(privilege)，即证明其行为符合公认的公共或社会利益，应负损害赔偿责任。"简言之，除非有抗辩事由存在，被告得对任何故意侵害负责。依此表见侵权规则，被告责任过于严格，故《侵权法重述(二)》加以了改进，于故意之外要求行为的"不当(improper)"。可是，行为不当的举证责任由谁负担，却又是含糊不清。依其条文看，似应由原告负担，并有判例持此项见解，但《重述》说明(official comments)却说应予倒置，由被告负担。[④]鉴于侵害债权之侵权行为规范范围过于不确定和广泛，近年美国学界纷纷有人提出，应当采用"不法手段测试"，从责任要件上严格限制其适用范围。[⑤]

从理论上说，第三人侵害债权，一方面法律上对其行为应当予以

---

① Clerk and Lindsell On Torts，P791－828.

② Clerk and Lindsell On Torts，P850－871.

③ Clerk and Lindsell On Tors，P804.

④ D. B. Dobbs，"Tortious Interference with Contractual Relations"，(1980) Arkansas L. Rev.，Vol. 34. P346.

⑤ A. S. Perlman，"Interference With Contract and Other Economic Expectancies". (1982)Chi. L. Rev. Vol49. P97.

谴责和否定，且债权人由于其行为而受损害，亦理应得以补偿；另一方面由于债权存在的缺乏社会典型公示性，债权受害的不具直接性，若凡侵害债权均得成立侵权，则行为人动则得咎，社会经济活动及竞争秩序实难维持。确立侵害债权之侵权行为要件，首先必须考虑这两个方面的利益孰重孰轻，并找到一个平衡点。基于此项利益平衡和价值判断，并借鉴国外判例学说的见解，我认为，间接侵害债权的侵权行为要件应当包括以下内容：(1)主观上以故意为必要，仅过失侵害债权不构成侵权；(2)致债权人有效存在的债权以损害，无效债权不能成为损害客体；(3)侵害行为客观上具有不法性；(4)侵害行为与损害事实之间有因果关系，无因果关系，无侵权责任，如英国判例 Jones Brow (Hunstanton)Ltd. V. Stevens(1985)案，虽然被告知悉其所雇仆人仍受原告合同所约束，但被告证明，在其雇佣之前，该仆人已经离开原告，原告所受损害并非由被告雇佣行为所致，故不构成侵权。[①]

(二)故意

一般侵权行为的成立，只需行为人有过错即可。但由于债权的相对性和缺乏公示性，第三人一般难以察觉，若仅过失即可成立侵权，则难免过于限制行为人的活动自由，妨碍自由竞争的开展。因此，各国法于第三人间接侵害债权的情形，无不要求需行为人有故意方得成立侵权，以适当调和维持交易安全与保障行为自由之间的价值冲突。

故意为典型的主观状态的过错，何谓故意呢？刑法学界通说认为，故意是指“明知自己的行为会发生危害社会的结果，而希望或放任这种结果发生”的心理状态。从认识因素和意志因素两方面考察，故意有四种情形的组合，即：(1)明知自己的行为必然发生危害社会的结果而希望这种结果发生；(2)明知自己的行为可能发生危害社会的结果而希望这种结果发生；(3)明知自己的行为必然发生危害社会

① Clerk and Lindsell On Torts，P822.

的结果而放任这种结果发生;(4)明知自己的行为可能发生危害社会的结果而放任这种结果发生。[①] 我国民法学界关于故意的定义往往与刑法学界见解一致,申言"故意是指行为人预见自己的行为的结果,仍然希望它发生或者放任其发生的心理状态"。[②]

我认为,明知自己的行为可能发生一定的结果而放任这种结果发生的情形,在民法上应当纳入重大过失的范畴,而不应视为故意。诚如新西兰学者 Stevens 所言,故意只有两种形式,一是行为人预见并意欲损害结果发生的心理状态,一是行为人确信或者应当确信损害结果必然发生,虽然损害结果非其所希望的心理状态。[③]《美国侵权行为法重述(二)》第 8A 条亦规定,故意(intent)是指"行为人意欲发生其行为之结果或者确信其行为必然发生此项结果"。

就间接侵害债权而言,所谓故意是指第三人明知自己的行为会发生损害他人债权的结果而追求这种结果发生,或者明知自己的行为必然发生损害他人债权的结果而放任这种结果发生。简言之,第三人明知他人债权存在而意欲加害即为故意。必须注意的是,第三人故意须为损害他人债权的故意,如果第三人实施故意行为,但非损害他人债权的故意,比如第三人 A 故意伤害歌手 B,致 B 不能演出,对 B 人身权利的侵害系故意,但对 B 的合同相对人剧院 C 的债权损害则没有故意,因此 A 不必对 C 承担侵害债权的侵权责任。

1. 认识因素:明知他人债权的存在

(1)判断明知的标准。明知发生损害他人债权的结果,往往只需明知他人债权存在即为已足。所谓明知债权的存在,非指明知抽象的债权存在,而是指具体的债权的存在,比如明知 A 君买受 B 君所有的酒楼,明知 A 剧院聘 B 歌手演唱。但债权的具体内容,比如价金多

---

① 马克昌主编:《犯罪通论》,第 320 页,武汉大学出版社 1991 年版。

② 佟柔主编:《民法原理》,法律出版社 1986 年版,第 243 页;谢邦宇、李静堂:《民事责任》,法律出版社 1991 年版,第 210 页。

③ L. L. Stevens,"Interference with Economic Relations",(1974)Osgoode Hall L. J., Vol12, No. 3, P597.

少，出场费几何之类，则不必明知。

值得一提的是，英国上诉法院在1964年Stratford & Son Ltd. V. Lindley一案尚曾坚持，“必须证明被告确切知悉合同的有关条款……”。在英国，此项见解乃判例一度所曾确立的判断是否明知的标准。不过，也就在此案的上诉审，英国上议院便放宽了“有关条款(relevant terms)”的标准，诚如Peace勋爵所言，“被告并不确切知悉全部合同条款的事由，不得对抗基于不法引诱违约的请求权主张。(原告只须证明)被告所了解的合同条款，足以使其知悉其正在引诱他人违约。”Keid勋爵、Kadciffe子爵在同案中持同样见解，认为被告“不必确切知悉合同条款”。加拿大判例也认为，行为人未曾确切知悉合同条款亦得成立侵权行为，如Gale法官在Posluns V. Toronto Stock Exchange一案称，“交易所主管人员未曾知悉合同的确切条款并不十分重要。”①

英加现行法见解诚值肯定，第三人只需“大体上知悉(megre knowledge)”他人债权的存在即为已足。但所谓“大体上”到底松到何种程度？可否推定第三人知悉债权的存在？对此，Stevens认为，“法院没有理由不应使用推定知悉来认定明知要件”，其并以Budd法官在James McMahon Ltd. V. James Dunne (1965)一案所言作为佐证。该案中，被告James Dunnc(工会官员)发动联合抵制建筑材料进入达伯宁港，原告进口商James公司声称，被告的行为致使其不得不违反与第三人的木材买卖合同，其主张推定行为人知悉合同存在即为已足。Budd法官接受原告的主张，他说：“现代生活中许多事情，特别是涉及付款和交货的情形，普通的旁观者便明显可以看出，某宗交易是以某项合同为前提的。假若行为人特别知悉交易的过程、惯例和周围的情况，则毫无疑问其更应该是这样。”②

---

① L. L. Stevens, “Interference with Economic Relations”, (1974) Osgoode Hall L. J. Vol12, No3, P602.

② L. L. Stevens, “Interference with Economic Relations”, (1974)Osgoode Hall L. S. Vol12, No. 3, P604.

我认为，所谓“大体上知悉”，行为人至少应当知悉他人之间有债权债务关系，比如买卖合同关系、雇佣合同关系、演出合同关系的存在。如果行为人根本就不知道他人之间有债权债务关系，不得成立侵权。而且，原则上应当采取实际知悉的标准。但在某些情形，行为人的行为虽非针对某特定人的债权，但某行为却明确概括地指向包括某特定人在内的不特定人的债权，这时候应当认定其明知债权人债权的存在。

（2）知悉的时间。知悉的时间是判断符合明知要件与否的重要因素。一般情况下，这不成问题。行为人与债务人共谋，其当然明知。行为人伤害、恐吓债务人或者损坏、占有标的物，行为前或行为当时知悉为明知，行为后知悉则不合明知要件。如为持续性行为，知悉之后仍不中止，亦构成明知。如一早期英美判例，A 君扣留 B 君黑奴，至 B 君 40 亩地无人耕作，法官认为，A 君于扣留之后知悉 B 君与黑奴之间的主仆关系而仍然继续扣留，构成明知。可是，在比如 A 君与 B 君有约在先，不知情的 C 君与 B 君缔约之后知悉 A 君债权的存在，仍然选择履行合同的情形，C 君缔约之后知悉 A 君债权存在符合明知要件与否？C 君应负侵害债权之侵权责任与否？不无疑问。英国判例学说曾对此有三种不同见解：

1）肯定说。英国 Jenkis 勋爵 1952 年在 D. C. Thomson & Co. Ltd. V. Denbin 一案指出，“第三人与违约人间的同违约人前项合同相互冲突的交易，开始时第三人可能确实不知前项合同的存在。但是，第三人知悉此项合同之后仍然与之交易，得成立侵权之诉。”英国“主仆关系引诱之诉”判例素持与 Jenkis 同样的立场，Stevens 称之为“Jenkis 原则”。1995 年 Jones Brothers（Hunstanton）Ltd. V. Stevens 一案中 Goddard 勋爵亦曾说到，“毫无疑问，……知悉之后继续雇佣他人的仆人得成立引诱之诉。”①

2）否定说。英国 Adam 法官对“Jenkins 原则”深不以为然。1969

① L. L. Stevens，“Interference with Economic Relations”，P605.

年 Sleigh Ltd. V. Blight 一案，X 君与 Blight 约定买受其所有的加油站，缔约时 X 君已问及是否已有相互冲突的合同存在，Blight 答否。买卖合同生效以后，X 君得知 Blight 与 Sleigh 公司曾有协议，Blihgt 允诺从 Sleigh 公司独家进油，且无 Sleigh 公司同意不将营业售与他人。于此种情形，X 君 仍然依买卖合同受领了加油站，并拒绝与 Sleigh 公司签订供油合同。Sleigh 公司认为，X 君 知悉其协议之后，仍然选择履行合同，依“Jenkins 原则”得成立侵权行为。

Adam 作为该案法官，认定因 Blihgt 故意不实陈述（欺诈），X 君有权撤销合同而无需承担任何责任。但他同时认为，尽管如此，X 君仍然可以自由选择继续履行其与 Blihgt 的买卖合同而不行使撤销权，且不应承担任何引诱违约之责。他说：“合同可能被撤销，但可撤销合同在撤销权人撤销之前仍然有效，可强制执行。为什么如果其重自己的合同权利而选择履行合同，而不是为他人利益着想而放弃合同，便得被认为是不法行为？一如本案，于第三人依法享有的合同权利与原告依法享有的合同权利相互冲突的情形，何种原则得据以认为原告的合同权利优先，而第三人主张自己合同权利的行为得被认为是不法行为？”①

Adam 法官的见解未能成为有影响的判例，亦受“Jenkins 原则”论者的批评。如英国学者 North 认为，普通法尚未确立抛弃“Jenkins 原则”的适当判例；而且，Adam 法官所作判决，“未能重视原告缔结合同在先的事实。”②

3）折衷说。Jenkins 全盘肯定而 Adam 全盘否定（all or nothing），故 Stevens 认为，二人均走极端，皆不正确。他提出折衷的观点，主张若第三人有选择履行合同或撤销合同的自由，但却选择履行合同而非撤销合同，则应当承担引诱违约的侵权责任（当然，Stevens 特别声明，其假定其他要件均已成立）。他说，Adam 法官“忽

---

① L. L. Stevens，“Interference with Economic Relations”，P606.

② L. L. Stevens，“Interference with Economic Relations”，P607.

视了合法权利正受尽管缔约当时本属无辜的缔约人蓄意和自觉行为的侵害这一事实。其作出履行合同的选择之时，已不再无辜，其已知悉前项合同的存在。前项合同债权人权利优先的基础在于，其权利正受某人侵害，而这个人本可以选择不侵害其权利。”[1]

债权不具有排他性和优先性，数个债权可以同时并存，并不因产生的时间先后而有优劣之分。这是债权本质所延伸的基本理念。Adam“全盘否定”论似是此项理念的演绎，“Jenkins 原则”则几乎是此项理念的抛弃。Stevens 口口声声前一债权人权利优先，是因为后一债权人享有撤销权。Stevens 认为，后一债权人事实上不知道自己享有撤销权的情形，前一债权人亦不权利优先。[2]Stevens 的见解不无商榷之处。再以 Sleigh 案为例，假若 Blight 证明，该加油站对他的公司如何如何重要，若不能买下该加油站，他的公司将会倒闭，他的雇员将会失业 ，他的妻儿子女将会流落街头；而 Sleigh 公司，客户多一个不多，少一个不少，当然，或许减少利润 2000 美元一年。试想，天平该偏向哪一边？这是个道德理念、价值判断发挥作用的问题。又如法国判例 Barachet V. Bigot 一案，原告 Barache Rouffet 为其销售代表，双方约定合同终止以后 Rouffet 仍负在同一地区竞业禁止的义务。Rouffet 与原告合同终止以后，原告的竞争者 Bigot 即雇佣之。Barachet 起诉 Bigot，法院以被告不为“明知”为由予以驳回。可是，法院判决之后 Bigot 继续雇用 Rouffet，Barachet 再起诉。法院认为，Bigot 明知 Rouffet 的竞业禁止义务之后继续雇用其从事竞业，侵害了 Barachet 的债权，应负侵权责任。[3]此项法国判例与“Jenkins 原则”同出一撤，Stevens 的“自由选择理论”未有适用的余地。

举出一正一反两个例子，我只是想说明，明知与否跟撤销权有否并无必然关系。在二重甚或多重债权的情形，判断后一债权人侵权与

---

① L. L. Stevens，“Interference with Economic Relations”，P608.

② L. L. Stevens，“Interference with Economic Relations”，P609.

③ V. V. Palmer，“A Comparative Study of the French Actions for Wrongful Interfereme with Contract”，P309.

否，应是根据诚信原则、公平正义、道德观念等民法基本价值理念，判断前一债权应否优先于后一债权。撤销权有否当然是考虑的因素，但并非重要、更非唯一的因素。因此，就明知要件而言，我更赞同 Jenkins 的见解，即 A 君与 B 君有约在先，不知情的 C 君与 B 君缔约之后知悉 A 君债权存在，仍然选择履行合同的情形，符合明知要件。但应否成立侵害债权的侵权行为，得看其他要件合符与否。[①]

2. 意志因素：意欲加害他人债权

第三人间接侵害债权，须系意欲加害他人债权方可成立侵权。如第三人以损害他人债权为唯一目的，积极追求损害他人债权，其符合意欲要件，殊无可疑。可是第三人的行为往往含有为自己利益的目的，第三人虽明知自己的行为足以引起债权人债权的损害，但为追求自己的利益而对此听之任之，视而不见。此种情形下债权损害乃是第三人行为必然或自然的结果，但第三人事实上并无积极追求的主观欲意，此时法律上可否推定或视为第三人意欲加害他人债权？[②] 英美法判例学说对此有两种不同的看法。

加拿大法官 Mcruer 在 Dewar V. Dwan(1958)一案中明确表示，“意欲致原告损害是成立引诱违约的基本要件。仅仅证明被告实施侵害行为并导致合同的违反，无论其行为合法还是不法，尚不足以成立引诱违约之诉。必须证明，被告行为的目的乃在导致合同的违反。”显然，其不承认推定意欲。加拿大上诉法院在 1967 年 Dirastar and James V. Kelly 案中重申上述见解。本案被告系某开发商的资金支持者，其对开发商行使取消抵押物回赎权的权利，从而侵害了开发商与建筑商（原告）的合同关系，上诉法院多数法官认为，被告并非积

① 个案结论（如 Sleigh 案）并无不正确，但法官判案所适用的原则未必正确，这恐怕便是“Jenkins 原则”成为判例，而 Adam 的见解不被援为先例的原因。判例法区别于成文法由此亦可见一斑。

② 我国刑法学界有将此种情形纳入直接故意的范畴（视为行为人有欲意），参高铭暄主编：《中国刑法学》，第 128 页；亦有将此种情形纳入间接故意的范畴（不认为有欲意），参见马克昌主编：《犯罪通论》，第 315 页，武汉大学出版社 1991 年版。

极追求施加损害于原告，故不构成侵权。Maclean 法官援引英国 Upjoin 在 Thomson 案中的论述——“（纸张供应公司）不得不违反与原告间的合同乃是被告行为必然或自然的结果的事由，并不足以成立原告所主张的侵权行为”，拒绝原告“只需证明损害乃被告行为必然或自然的结果”的主张。[①]

著名侵权法专家 Fleming 教授亦认为，被告必须有引诱违约的意图，仅认识到“必然或自然的结果”尚不足以认定原告有侵害债权的故意，他说，“被告行为的目的和意图十分重要，被告故意引诱违约希望致原告损害，乃基本要件之一”。他并举例说明道，如 A 扣留 B，B 因此而不能履行 C 的合同，除非 A 扣留 B 的目的是损害 C，A 不应对 C 负责。[②]

可是，持相反意见的判例学说却认为，假若损害是第三人行为必然或自然的结果，法律上应当推定第三人有加害他人债权的欲意。[③]英国上议院在 British Industrial Plastics Ltd. V. Terguson（1940）一案中曾明确指出，被告对合同的存在或者致原告的损害视而不见，应推定被告有损害他人债权的意欲，不过，本案中被告因证明自己对合同的存在“诚实地表示过怀疑”，故推定未能成立。[④]也就在上述加拿大 Dirastar 案，法官 Norris 所持意见便与多数法官相左。他援引英国 Bowen V. Hall（1881）判例中 Brett 勋爵所言“一个人无论什么时候，为法律上、事实上皆为不当的行为，而行为必然或自然的结果乃是致他人损害，并果真致他人损害，得成立诉因”，明确表示适当情形下（他认为本案属之）法院应当适用推定。[⑤]

英国学者 Street 教授持同样见解。他说，“若被告明知其行为必然的结果乃是致违约的发生而仍然实施该行为，可以推定其有致他

---

① L. L. Stevens，“Interference with Economic Relations”，P609，P611.

② J. G，Flening. The Law of Torts（7th ed.，Law Book Co. Ltd.（1987），P656.

③ 史尚宽亦曾这么理解英美法故意概念。参见史尚宽：《债法总论》，第 112 页。

④ L. L. Stevens，“Interference with Economic Relations”，P610，P611，P612.

⑤ L. L. Stevens，“Interference with Economic Relations”，P610. P611. P612.

人违约的意欲，除非推定得以推翻，其应负引诱违约之责。”[①]新西兰Stevens亦认为，原则上没有什么理由法院不应适用推定，也没有有名的英国判例确立相反的规则。[②]

欲意是行为人较明知更为典型的主观心理状态，很难有直接的证据可资证明，必须根据客观事实综合予以认定。英美法推定说与反推定说实质上是一个举证责任分担的问题。反推定说实际上是坚持“谁主张、谁举证”的原则，坚持必须由原告证明被告有加害的欲意。而推定说则实际上认为举证责任于特定情形可以倒置。诚如Stevens所言，适用推定的目的是，于模棱两可的情形帮助法院判断被告是否有追求损害他人债权的欲意，被告可以提出证据证明自己并非意欲致原告债权损害。[③]

我们认为，第三人积极追求损害他人债权，固然有加害他人债权的意欲，如第三人明知他人债权损害必然发生而听之任之，亦应认定其有加害他人债权的意欲，得成立侵害债权的故意。当然，是否构成侵权，得视其他要件，特别是是否具备不法性要件而定。

（三）损害

损害是指因一定的行为或事件致他人受侵权法保护的权利和利益遭受不利益的影响。“无损害，无赔偿”，损害是侵权行为必备的成立要件。第三人间接侵害债权成立侵权行为亦不例外，本文对此不多赘述，而仅从损害客体和损害状态的角度对侵害债权之侵权行为的损害进行界定。

1. 损害客体

债权具有不可侵性，得成为损害客体，已如前述。债权因发生原因的不同，或基于合同之债，或基于侵权行为之债，或基于无因管理之债，或基于不当得利之债，或基于缔约过失之债。[④] 虽然债权人因

---

① Street, The Law of Torts (7th ed.), Butterworths(1983), P355.

② L. L. Stevens, “Interference with Economic Relations”, P611.

③ L. L. Stevens, “Interference with Economic Relations”, P612.

④ 王家福主编：《民法债权》，法律出版社1991年版，第31—39页。

上述债的关系所享有的债权各有差异，诸如成立要件、举证责任、赔偿范围、抵销主张、时效期间或有不同，但这仅涉及债权行使及效力范围问题，与应否受保护的问题无关。申言之，债权不以发生原因为区别应否受侵权法保护的标准。当然，由于合同债权的重要地位及论述行文的方便，本文始终以合同债权，确切地讲，以合法生效的合同债权作为讨论的对象。

合同效力强弱不均。合法生效合同效力最强；次之者，附停止条件的合同，效力尚未发生，附解除条件的合同、一方有解除权的合同、可任意终止的合同，效力有归于消灭之虞，可撤销合同亦为效力尚未确定；无效合同自始无效，效力自是最弱。基此而生附条件债权、可任意终止债权、可解除债权、可撤销债权、无效债权，应否受侵权法保护？

英美法判例学说一般认为，侵害债权之侵权行为以“有效存在的合同”为前提。[①]无效债权或违反强行法规定，或违背公序良俗，自始不生法律效力，其不受保护，实不待言。不过，合同部分无效、部分有效，侵害合同有效部分之债权仍可成立侵权。[②]

可撤销债权，撤销权人如已行使撤销权撤销合同，自不得成立侵权。撤销之前，合同仍然有效存在，可以构成侵权。[③]比如撤销权人已经决定不行使撤销权，或者根本就不知道自己享有撤销权，第三人引诱其违约，原则上可以构成侵权。第三人引诱违反由于交易显失公平而可撤销的合同，可否构成侵权，得看是合同当事人哪一方被引诱违约，并考虑引诱行为是否不法。如显失公平之交易的受益方被引诱违约，由于相对方一般不会遭受损害，相反会因此而获得利益，故难以构成侵权。但若相对方被引诱违约，其时损害客体为可撤销债权，如

---

① Sames B. Sales, “The Tort of Interference with Contract”, (1991) Texas L. Rev. Vol. 22, P125.

② Cletk and Lindsell On Torts, P297.

③ 参《美国侵权法重述(2)》第766条说明第2页，转引自H. S. Perlmar, “Interference with Contract and Other Economic Expectancies”, Note34.

引诱行为非其亲朋、律师等的善意忠告，而是其他第三人意欲图利的不法行为，即行为具有不法性，则可以成立侵权。[①]诚如纽约上诉法院所主张，于侵害可撤销债权的情形，得综合斟酌"行为的性质"、"被侵害方的利益"、"当事人间的关系"，平衡保护"一方面，（原告）基于合同履行可得享有的利益以及基于合同关系稳定的社会利益(society's interest)，另一方面，（被告）行为自由的权利以及竞争不应过分扼制的社会关怀(society's concern)"。[②]

合同法上可解除债权、可任意终止债权、附解除条件债权与可撤销债权相互自有区别，但于侵害债权的侵权行为上观察，却并无不同。相对人主张权利或者条件成就之前，债权人的债权"有效存在"，一如可撤销债权，得受侵害债权之侵权行为保护。于引诱违约的情形，行为人仅仅主张受引诱违约人有权解除或终止合同的抗辩不能成立，除非能够证明其行为并非不法。[③]

附停止条件债权，条件成就之前债权人享有期待利益。条件未成就以前，当事人不得为了自身的利益，以不正当行为阻止或促成条件的成就，否则法律强使成就或不成就，以保护债权人的"希望权"，[④]第三人以不正当行为侵害债权人的"希望权"，债权人自应可以主张侵权损害赔偿。

合同订有免责条款，相对人违反合同得免负责任。第三人引诱相对人违约，债权人无法向相对人主张违约损害赔偿，但能否向第三人主张侵权损害赔偿？英美法认为，合同义务有原义务(primary obligation)与次义务(second obligation)之分，前者为duty，后者为lia-

① L. L. Stevens,"Interference with Economic Relations",P614.

② James B. Sales;"The Tort of Interference with Contract",P135.

③ Clerk and Linsell On Torts,P796. P797.

④ 王利明等:《民法新论》(上册)，中国政法大学出版社 1988 年版，第 411—413 页。

bility，免责条款可以免除liability，但不能免除duty。[①]故次义务得以免除，不存在违反的问题，但原义务依然存在，引诱违反原义务仍可成立侵权。[②]1969年Torguay Hotel Co. Ltd. V. Cousins一案，被告在一劳资纠纷中采取行动，致供应商终止对原告的长期供应合同，虽然合同规定"任何一方由于其不能控制的事由，包括劳资纠纷，致使合同任何条款的履行受迟延、妨碍或终止，不负任何责任"，但上议院认定此仅"免除合同不履行的责任而非免除合同债务的履行"，故得构成侵权。[③]

2. 损害状态

侵害债权，无论是使债权消灭或行使不能，还是使债权行使困难或增加费用，损害状态虽是不一，但均得构成侵权。[④] 第三人引诱雇主解除可任意终止的雇佣合同致雇员债权消灭，雇员不能对雇主主张违约损害赔偿，但却可以要求第三人负侵权责任。特定物买卖，第三人毁损买卖标的物；劳务合同，第三人扣留债务人，致债权行使不能。此时直接受害客体为出卖人所有物或劳务债务人人身，债权行使不能仅为间接受害。虽然如此，若符合其他要件，债权人自可主张侵权损害赔偿。

第三人引诱债务人迟延履行、隐匿财产，或者妨碍债务人履行债务，致使债权行使困难或者增加费用的，亦可构成侵权。美国判例法一贯主张，"任何行为，如意欲并事实上致债务履行更加麻烦，除非有抗辩事由存在，得成立侵权行为。"[⑤]其集大成者《侵权法重述(二)》

---

① duty与liability常译为责任或义务，一般情况下不必区分，但严格说来有重大区别。duty指法律上应该做的事情，比如某人订立合同出售物品，他有duty(原义务)交付物品，某人不履行duty，大部分情况下他必须就不履行承担liabeility(次义务)。参见J. G. Fleming著，何美欢译：《民事侵权法概论》，第18页，香港中文大学出版社1992年版。

② Clerk and Lindsell On Torts，P799.

③ Clerk and Lindsell On Torts，P799.

④ 参阅《美国侵权法重述(二)》第766、766A条。

⑤ 转引自K. W. Wedderburn，"Torts Out of Contracts"，(1970) Modern L. R. Vol. 33，P311.

第766A条规定，“故意且不当侵害他人与第三人间合同（婚约除外）的履行，以阻碍该他人履行合同或者致其履行合同花费更多或者更增麻烦者，行为人就该他人因此所受金钱损失，应负责任。”

有必要指出的是，英国普通法自 Lumley V. Gye 案确立引诱违约为独立的侵权类型，十分强调，原则上，无毁约发生，无侵权责任。Herschell 勋爵曾称，毁约的发生是此项侵权之诉的实质所在。[①]英国法院一直否认仅“阻止（prevention）”或“妨碍（hindering）”合同的履行而未致毁约的后果得负引诱违约责任。[②]虽然 Denning 勋爵在1969年 Torguay Hotel Co. Ltd. V. Cousins 一案中曾对此提出质疑，其声称“于故意和直接侵害合同的履行却未致毁约发生的情形，扩张适用 Lumley 案原则的时候已经到来。……普通法若不谴责此种侵权行为，将会显得严重苍白无力”，[③]同时期并有持同样立场的加拿大判决遥相呼应。[④]可是，Denning 的见解最终没有能够被以后的权威判例所支持。[⑤]究其原因，主要乃是因为英国法于引诱违约之外，尚有“以不法手段侵害他人经济利益”的非典型侵权类型。[⑥]诚如 Wedderburn 所评释，Denning 勋爵以及加拿大判决所持见解，实际上都依赖于，比如知悉歌手演唱合同而诱其误服药片，致其演唱效果欠佳者，虽未致毁约发生，但得对剧院老板负损害赔偿责任这种情形所蕴含的理念，而于此种情形行为人的行为本身即为不法，故得纳入以不法手段侵害经济关系的侵权类型。[⑦]

在我们看来，引诱违约与以不法手段侵害经济关系实同属侵害

---

① Clerk and Lindsell On Torts，P796.

② L. L. Stevens，“Interference with Economic Relations”，P617.

③ 〔英〕丹宁勋爵著，杨耐癸等译《法律的训诫》，第154页，群众出版社1985年版

④ 加拿大 Eihorn V. Westmount Investent Ltd.（1969）案，被告移转公司资产，致公司与原告所订合同履行困难，法院虽认定被告在公司授权范围内忠诚地行使职权，但仍判其承担侵害债权的侵权责任（按以往判例，被告不负责任）。参 K. W. Wedderburn，“Torts Out of Contracts”，P309.

⑤ Clerk and Lindsell On Torts，P803，P850－871.

⑥ Clerk and Lindsell On Torts，P803，P850－871.

⑦ K. W. Wedderburn，“Torts Out of Contralts”，P311.

债权的侵权行为项下。英国学者 Street 对此亦不作区分，而通称之为侵害合同关系。[①]因此，就损害状态来说，致毁约发生固然得成立侵权，阻止或妨碍合同履行同样可以成立侵害债权之侵权行为。

（四）侵害行为的不法性

1. 侵害行为违背善良风俗

不法与过错很难予以明确区分，但是，如果说由于采取客观过错标准，故不法概念已经被过错概念所吸收的话；[②] 那么，作为典型主观过错的故意，当仍有与不法加以区分的必要。至少，就间接侵害债权而言，本文认为行为人希望发生损害他人债权的结果或者明知这种结果必然发生即为故意，如仅从故意、损害、因果关系上考察，尚不足以认定第三人侵权；因此，本文认为，不法与故意应当予以区分，第三人侵害债权成立侵权行为，除故意、损害、因果关系之外，尚须符合不法性要件。但问题是，如何认定侵害行为的不法性？

英美法由于其特殊的侵权法框架，侵害债权的侵权行为乃独立侵权类型，于是判例学说试图给其确立明确的责任要件，可却迄今“尚未能取得完全一致的见解”。[③] 究其原因，乃是因为确实“很难以找到侵害合同的侵权责任的普遍规则”。[④]《侵权法重述（二）》于故意之外，要求行为“不当（improper）”，其第 767 条并列举决定行为“不当”的若干因素，诸如行为人行为的性质、行为人的动机、行为人所侵害的他人利益、行为人所期望获得的利益、保护行为人行为自由的社会利益与他人的合同利益、行为人侵害行为与债权损害之间因果距离的远近以及合同当事人之间的关系。从立法技术上看，列举式规定本应已是十分的清楚，可是由于各项“因素”自身的不十分确切，导致责任判断仍然不甚明晰。于是，英美法学界近年纷纷有人提出“不法

---

① Street, The Law of Tort(7th ed.), Butter worths(1983), P350.

② 孔祥俊、杨丽：《侵权责任要件研究（下）》，《政法论坛》1993 年第 2 期，第 50－53 页。

③ 参见《美国侵权法重述（二）》第三十七章之“引言”。

④ D. B. Dobbs, “Tortious Interference with Contractul Relationships”, P363.

手段测试”，即只有行为人以欺诈、胁迫、诽谤、恶意通谋等不法手段侵害他人债权，方得构成侵权。[①]

德国法于第三人间接侵害债权的情形，一般适用其民法典第826条“违反善良风俗的故意损害”的规定。台湾法沿袭德国法，虽其判例对此未示明确态度，但学界亦主张以其民法典第184条第1项后段“故意以背于善良风俗之方法，加损害于他人者亦同”的规定为债权人请求权基础。[②] 按德国民法典立法者的意图，此项规定乃是对法国侵权行为法规定不足以涵盖、规范全部侵权行为类型的反省。依德国判例所示，所谓行为背于善良风俗，是指“行为反于一切之衡平，或反于一般礼仪感情所认为正当者”，“而所谓一切的衡平或礼仪感情所认为正当者”，“在本质上并非意味着主观者之心情，而应该是本于共同社会之中，依一般标准所加以确立之伦理基本观念之总体”。[③] 从这些较为玄乎的文字可以看出，违背善良风俗实乃“万花筒”概念，其足以涵盖法律欲加否定的全部不法行为。也正是基于此项原因，本文借用德国法违背善良风俗这一概念，以解决间接侵害债权各具体型态责任要件难以划一的难题。

判断第三人侵害债权的行为是否违背善良风俗，是一个极为复杂的问题，采取任何单一的标准都难免留下漏洞，只能由享有自由裁量权的法官综合主客观各种情况，根据体现一般善良风俗标准的价值观念进行价值判断、利益衡量，然后作出定夺。一般来说，可以重点考察以下三个方面：

(1) 行为人是否有损害债权的目的。刑法重惩罚性而深究行为人的主观恶性，民法重补偿性而往往对此漠不关心。然而第三人间接侵害债权成立侵权，尤其是实体侵害的情形，价值判断的天平上却亦

---

① H. S. Perlman, “Interference with Contract and Other Economic Expectancies”, P97; James B. Sales, “The Tort of Interference with Contract”, P153.

② 王泽鉴：《民法学说与判例研究》(第五册)，第222页；朱柏松：《论不法侵害他人债权之效力(上)》，〔台〕《法学丛刊》第145期(1992年)，第56页。

③ 朱柏松：《论不法侵害他人债权之效力(上)》。

高垒着惩罚恶意的砝码。如行为人以损害他人债权为目的，依一般社会观念，通常情况下当可以直接认定其行为违背善良风俗，应负侵权责任。比如，A 租用 C 的抽水泵灌溉树苗，B 对 A 怀恨在心意欲报复，遂以高价将 C 抽水泵买走，致 A 因无法及时租到抽水泵而树苗死亡过半，B 得对 A 负侵害债权（租赁权）的侵权责任。

实体侵害与直接引诱相比较，前者第三人的行为往往针对债务人人身或者债的标的物，后者则直接作用于合同当事人之间的债权债务关系，从因果关系上考察，前者侵害行为与损害结果之间的因果距离较后者更远。因此，在实体侵害债权的情形，往往必需第三人有损害债权的目的，方得成立侵权。诚如王泽鉴先生所言，某歌星与十几家歌厅签有演唱契约，其经纪人与其发生感情纠纷，于演出前夕，因细故争吵而故意杀伤之，致不能登台，此时加害人纵明知此举将有害于他人之债权，仍不宜使其负赔偿责任，“盖其目的并不在于侵害他人之债权也。”① 又如 Fleming 拟制案例称，A 扣留 B，B 因此而不能履行同 C 的合同，除非 A 扣留 B 的目的是损害 C，A 不应对 C 负责。②

（2） 非正当竞争。自由竞争，优胜劣汰，最大限度地调动人的积极性，促使社会资源优化配置，为消费者和全社会带来最大福利，此乃竞争机制的积极作用。可是，从消极面看，人生而有欲，欲而不得，则不能无争，争则乱，乱则穷，社会繁荣、经济发展反遭破坏。因此，自由竞争不能自由放任，应有一定的限度和范围，方为法律秩序所允许。申言之，凡正当竞争，法律应当准予，凡非正当竞争，诸如垄断行为、限制竞争行为、不正当竞争行为，则在法律禁止之例。③ 于第三人侵害债权的情形，债权人如能证明第三人的侵害行为系非正当竞争，则第三人得负侵权责任。但问题是，如何判断竞争行为的非正当性。

---

① 王泽鉴：《民法学说与判例研究》（第五册），第 219 页。

② J. G. Fleming, The Law of Torts 7th ed. (1987), P656.

③ 国家工商总局条法司：《现代竞争法的理论与实践》，第 18－24 页。

现代竞争法，或反垄断法，或反限制竞争法，或反不正当竞争法，或公平交易法，对于商业领域中各种非正当竞争行为往往有较为具体的列举式规定。有些国家反不正当竞争法甚至直接规定引诱违约为不正当竞争行为，比如西班牙法律规定，引诱违约，即引诱雇员、供货人、顾客或者其他人不遵守对竞争方所应遵守的基本合同义务的行为，属不正当竞争行为。[①] 凡竞争法所禁止的行为均不具正当性，第三人实施此类行为致他人债权损害，得负侵权责任。

竞争法列举式规定无法详尽，我国反不正竞争法且明确规定"本法所称不正当竞争行为，是指……违反本法规定……的行为"（该法第2条）。因此，判断竞争行为的非正当性不能仅以反不正当竞争法为依据。第三人侵害债权，如其采取欺诈、诽谤、恶意通谋、胁迫等不法手段，即使反不正当竞争法未予明定禁止，仍然得认定为不具正当性。如美国纽约州 Rice V. Manley 一案，原告与 Stebbins 约定购买其奶酪，被告冒充原告电报告知 Stebbins 取消合同，然后自己前往买卖，此案中，被告未向原告而是向 Stebbins 为虚假陈述，因此原告不能提起欺诈之诉，但被告 B 是以欺诈手段侵害原告合同债权，原告得主张侵害债权的侵权损害赔偿。[②]

除"不法手段测试"以外，第三人若出于不正当的动机，其行为亦可能成立非正当竞争。第三人侵害债权，英美普通法一直认为恶意是考察是否成立侵权的重要因素。被告侵害他人债权，如其心怀恶意，缺乏善意（good farth），或者有不值法律保护的目的，则应负侵权责任。[③]我国反不正当竞争法第 11 条亦有"经营者不得以排挤竞争对手为目的，以低于成本的价格销售商品"的规定。不过，行为人主观动机往往跟其客观行为，比如欺诈、胁迫、垄断等结合在一起，单独主观

---

① 戴奎生等：《竞争法研究》，中国大百科全书出版社 1993 年版，第 20 页。

② A. S. Perlman, "Interference with Contract and Other Economic Expectancies", P75.

③ D. B. Dobbs, "Tortious Interference with Contractual Relationships", P347.

动机往往难以认定其竞争行为的非正当性①。《美国侵权法重述（二）》第768条规定，行为人的主观动机仅为判断行为人行为是否正当的因素之一。英国学者Clerk等亦称，破坏履行债务的工具，得成立侵权，若买走市场上所有的工具，即使不正当动机，亦不为侵权，除非得综合认定为非正当竞争行为。②

（3） 滥用自由。人生而自由。行为自由、言论自由，既是个人权利的根本，也是经济发展、人类进步的动力，然而不言而喻，自由是有限度的，自由的运用不得置他人利益与社会利益于不顾，否则得为社会所否定，为法律所制裁。这不仅仅是一个法律规则，而且首先是一个更为广泛的社会规则，是一定社会善良风俗所自然要求，依德国民法立法者初衷，违背善良风俗乃含有"对于其本于自然的自由而有所行动者，即不得滥用此一自由而加他人于损害"③的内容。申言之，滥用自由得认定为违背善良风俗，如因此致他人债权损害，得负侵害债权的侵权责任。

滥用自由概念颇具弹性。判断滥用自由与否，实质上只能是一个利益平衡的过程，即根据主客观各种情事，比较分析债权人合同利益、维护交易安全的社会利益与第三人欲谋利益、保护行为自由的社会利益孰轻孰重，这当中充分体现着法官的价值判断，而法官的价值判断当以一般社会价值观念为标准。不过，一般社会价值观念难免因时间或者地域的不同而有所差异。

以双重买卖为例，一般情形下当以债（行为）的自由为重，认定后买受人债权合法存在，其自得基于合法债权请求债务人移转标的物所有权，此时前买受人亦还有违约损害赔偿以资平衡其利益损失。但如果后买受人心怀恶意或者有其他不正当情事，则其债的自由利益遂因此而贬值，利益平衡的天平即倾向前买受人已存债权利益和维

---

① H. S. Perlman, "Interference with Contract and Other Economic Expectancies", P97.

② Clerk and Lindsell On Torts, P818.

③ 朱柏松：《论不法侵害他人债权之效力（上）》。

护交易安全的社会利益一边。诚如前国民党政府最高法院31年上字第891号判例所称:“不动产登记条例施行后,就同一不动产重为所有权移转契约时,如先之移转尚未登记而后之移转已登记,依该条例第5条之规定,先受移转之人不得以其先受之移转,对抗后受移转之人。法律上既许后移转之人否认在先未经登记之移转,则于其行使否认权后,自无从更以在先已有未经登记之移转为理由,认后之移转为无效。……至上诉人如果明知被上诉人乙已受所有权之移转,乘其未经登记,唆使被上诉人甲更新移转于自己而为登记,致被上诉人已受其损害,诚系故意以背于善良风俗之方法加损害于他人。依民法第184条第1项后段文规定,应负赔偿责任。”①

同样是不动产双重买卖后买受人抢先登记,法国判例早先认为,前买受人没有及时通过登记保护其权利,乃是其自己的过失或拖延所致,法院理应赋予更为勤勉之人以优先的权利,而不问其善意还是恶意。但最近25年来,法国判例转而倾向于“保护善意”的观点,后买受人知前买受人已买受不动产(没有登记),则即使其已登记,亦不因其登记在先而优先取得所有权,其利用登记法恶意取得不动产所有权视为对前买受人合同权利的侵权侵害。诚如H. Lalon所解释,登记制度的目的在于公示不动产物权的变动,而不是在于给明知他人合同存在者引诱他人违约、侵害他人权利提供保护伞。②

在我国,最高人民法院1984年《关于贯彻执行民事政策法律若干问题的意见》第56条曾提到“买卖双方自愿,并立有契约,买方已交付了房款,并实际使用和管理了房屋,又没有其他违法行为,只是买卖手续不完善的,应认为买卖关系有效”,又依1995年8月30日《关于国营企业购买私房已经使用多年经补办手续后可承认买卖关系的批复》的精神,我们认为,我国法院处理不动产双重买卖,如果前

---

① 孙森炎:《论双重买卖》,载于郑玉波主编:《债编论文选辑》,第1001页。

② V. V. Palmer,“A Comparative Study of the French Actions for Wrongfull Interference with Contract”,P326.

买受人已实际使用和管理房屋，或者甚至已经长期使用，法官当更倾向于保护前买受人的利益，而认定后买受人（如其明知）的行为违背善良风俗。

2. 阻却不法事由

第三人侵害债权的行为背于善良风俗即具有不法性，但如果有阻却不法事由存在时，仍为法律所允许，不为不法。侵权法上阻却不法事由一般包括依法执行职务、正当防卫、紧急避险、受害人同意、自助、受害人故意、第三人过错、不可抗力和意外事故。[①] 于第三人侵害债权的情形，此九种事由自然均有其适用。不过，由于第三人侵害债权的特殊性，其阻却不法事由亦具特色。根据各国判例学说的见解和我国的实际情况，我们认为，第三人侵害债权较常主张的阻却不法事由一般有正当竞争、忠告、职责所在三类。

（1） 正当竞争。第三人侵害债权往往涉及商业竞争，如其竞争行为正当，则不具不法性，不应承担责任。诚如Kentuckey 高级法院在 Charnbers V. Baldwin(1891)一案[②]所言，“每一商业领域当中，竞争不但是合法的，而且是必要的，正当的。原则上，如无欺诈，任何人不应也不能，仅仅因为销售者与其竞争者之间已有合同存在，对由于其购买销售者有权出售因而得自由出价求购之物，致其竞争者所受损失，承担损害赔偿责任。”[③]

一般来说，凡竞争法未予禁止的行为第三人均可以主张阻却不法，但如果第三人有不正当的动机或者采用不正当的手段，则亦难以成立阻却不法（参阅本节前文）。但至少凡竞争法所允许的行为，得为正当，可以阻却不法。比如我国《反不正当竞争法》第 8 条规定“经营者销售或者购买商品，可以明示方式给对方折扣”。由此可见，经营者

---

① 王利明主编：《民法侵权行为法》，第 177－210 页，中国人民大学出版社 1993 年版。

② 基本案情；被告劝说烟草生产者违反与原告的合同而将烟草卖给被告。“Note”，(1980) Harv. L. Rev. P1531.

③ “Note”，(1980)Harv. L. Rev. Vol. 193，P1531.

明知他人与其竞争者有合同存在，却以折扣的方式低价求售或高价求购，致使他人与其竞争者间的合同被违反，如果经营者是以明示方式给相对人以折扣，其行为属于正当竞争，可以阻却不法；如果经营者非以明示方式给相对人以折扣，其行为构成不正当竞争，行为人得负侵害债权的侵权责任。当然，依同法第 11 条规定，经营者如以排挤竞争对手为目的，以低于成本的价格销售商品，则其即使明示折扣，亦为不正当竞争。

（2） 忠告。忠告(advice)是侵害债权成立侵权的阻却不法事由。所谓忠告，是指行为人并非使用不法手段教唆他人违反合同，而仅仅是提出忠告或者提供信息。英国学者 Salmond 对此作了精辟的概括，他说："引诱违约是惹生违反合同的理由，忠告违约则是指出已经存在的理由。前者得成立诉因，后者极有可能勿需承担责任。"[①]

承认忠告得为阻却不法事由，乃是为了维护言论自由[②]、互助风尚的社会利益。例如，知保姆甲品行恶劣，恰被邻人雇佣，遂告知邻人者，若不能因忠告而阻却不法，则邻里关系淡漠，互助风尚难以形成，影响社会利益至为显然。也正因为重忠告阻却不法的社会利益，第三人的忠告即使有不正当动机仍然可以阻却不法。比如 TP 痛恨 B，遂帮助 A 找到更好的商业机会，致使 A 违反与 B 的合同，TP 不应对 B 承担侵权责任。[③]

（3） 职责所在。依《美国侵权法重述(二)》第 770 条规定，基于法律上或者道义上的职责，劝诱他人违反合同，若未使用不正当的手段，且系为保护该他人的利益着想时，其职责范围内的引诱行为得予免责。例如，兄弟姐妹基于家庭关系有互相帮助的义务，父母基于监

---

① Salmond and Heuson, The Law of Torts (12th ed.), Sweet & Maxwell Ltd (1992), P363.

② D. B. Dobbs, "Tortious Interference with Contractual Relationships", P361.

③ H. S. Perlman, "Interference with Contract and Other Economic Expectancies", P95.

护关系有养育子女的义务，教师有教育学生的义务，咨询公司对客户有提供咨询意见的义务，律师对客户有提供法律意见的义务，大夫为病人病情考虑有提供建议的义务，受托人或雇员对委托人或雇主有忠诚工作的义务，其基于此道义上或者法律上的义务和责任，劝诱兄弟姐妹、父母、子女、学生、客户、病人、委托人、雇主等违反合同的行为，因属职责所在而得阻却不法，其不应承担侵权责任。①

后 记

前年春，恩师王利明教授赴港讲学，行前留下论题数则，其中“债权的相对性”由我选做。初步搜集资料之后，挑了“附保护第三人作用之契约”与“第三人侵害债权”两块。前者主要是撰就了《德国法上附保护第三人作用之契约制度的新发展》一文，后刊于《中外法学》1994年第2期，后者则仅是翻译了美国 Tulane 大学V. V. Palmer 教授发表于“The American Journal of Comparative Law（1992）Vol. 40”的“A Comparative Study of the French Action for Wrongful Interference with Contract”一文，之后由于兴趣转向公司证券制度而未再深入。

由恩师指导，选定“第三人侵害债权”作硕士论文，去年暑期始即开始了这项工作。由于资料的匮乏和实在难以搜集，加之杂务琐事暨中途考律；因而一直未能集中精力一股作气而就，断断续续至10月底方才成稿。

搁置数月，重温此文，心中油然而生惭愧与不安。谨此列明一二，以为往昔之检讨和他日之明鉴。

其一，论第三人侵害债权，当先及债权相对性理论。债权相对性乃债法最基础理念，笔者以为，其当是和“我们俩的事与他人无关”之

---

① Salmond and Heuston，The Law of Torts，P365－366；J. G. Fleming，The Law of Torts，P658－659；Clerk and Lindsell On Torts，P825－826.

类社会常识的共同上上位阶之原理在债法中的体现。笔者研习民法未深，对此着实力有不逮。虽对债权相对性“是什么”能予说明一二，但对债权相对性“为什么”却始终觉得难以宏幅大论。说起来这也是本论文选“第三人侵害债权”而不选“债权的相对性”之故（说明：本论文初稿曾以“债权的相对性与第三人侵害债权的侵权行为”为题，并在开篇以五千余字谈债权的相对性，但终因论述不深而在此次改定付印时删去）。

恩师当初以“债权的相对性”交我，而我最终避重就轻，未能交上完满的答卷，心里头不由得不深感惭愧与不安。

其二，本论文介绍国外的多，实证分析国内的少，未免或许给人以缺少一块之感。虽然“第三人侵害债权”论题，国内学界鲜有论及，现行立法司法更是尚付阙如，因而稍微可得聊以自慰，但这毕竟是笔者调查考证不够之故。因为说起来涉“第三人侵害债权”的劳动合同纠纷、挖人公司业务、不动产买卖争议，实践中理应多有存在。此为引发惭愧与不安之二。不过所幸的是，在介绍的同时，笔者亦多有评说并在落脚点上形成自己见解，而且文中亦从侵害债权的角度对最高人民法院关于不动产买卖的司法解释以及一则劳动合同纠纷曾略加评述，愿凡此这些可起得抛砖引玉的功效。

论文通过对法台英美法律规范、判例学说，以及大陆法学界债权不可侵性理论正反两说的介绍分析，认同债权具有不可侵性的见解；同时认为，债权的不可侵性与债权的相对性并非不可并容，前者系指债权的对外效力，后者则是指债权的对内效力。

文中将第三人侵害债权区分为直接侵害与间接侵害两种形态，并摘录外国判例数则以供参照。直接侵害系一般侵权行为，其行为要件与一般侵权行为无异，故论文对之未施笔墨而仅对间接侵害债权的行为要件予以论证和分析。笔者认为，间接侵害债权的行为要件应当包括以下内容：(1)主观上以故意为必要，仅过失侵害债权不构成侵权；(2)致债权人有效存在的债权以损害，无效债权不能成为损害客体；(3)损害行为客观上具有不法性；(4)侵害行为与损害事实之间的因果关系，无因果关系，无侵权责任。

（作者为中国人民大学硕士，现在工作单位：国家税务总局政策法规司）

［资料］

荷兰民法典·第六编　债法总则
（第一章第六节至第十二节）

张正璋　韩世远　译

第一章　债之概述

第六节　债之给付

第二十七条　交付特定物的债务人，在交付之前，应以一个谨慎的债务人在同等条件下所会采取的方式，对物进行保管。

第二十八条　交付标的为种类物时，如果此种类物之间存在品质差异，则债务人不得交付低于中等品质的标的物。

第二十九条　未经债权人同意，债务人不得就其债务为部分给付。

第三十条　1.债务得由债务人之外的第三人为给付，除非由第三人为给付与债务本旨相悖。

2.经债务人同意，债权人拒绝第三人所为之给付不构成迟延。

第三十一条　向无行为能力之债权人所为之给付，仅在给付已使无行为能力人实际受益或已为其法定代表人受领时始免除债务人之义务。

第三十二条　向债权人以外的人、债权人一方的人或作为债权人的代表而有权受领给付的人所为的给付，仅当债权人已认可或已从中受益时，始免除债务人之义务。

第三十三条　在存有扣押或是在债权人因权利设有负担、行政管制或类似障碍而不得受领给付期间已为给付，结果债务人又一次被要求为给付的，债务人对债权人有追索权。

第三十四条　1.债务人向无权受领给付人为给付后，如果债务人有合理根据认为受领人有权以债权人的身份主张给付或基于其他理由应向他为给付，可向债权人主张已为给付。

2.如果债权人因债权溯及既往地归属于另一人而丧失了给付请求权，除债务人可以预见并停止为给付，债务人有权以已为给付对抗该人。

第三十五条　1.第三人所为之给付，如果符合前条任一款的要求，该第三人有权为自己主张清偿之效力。

2.债务人有权主张由第三人所为给付的清偿效力，只要他自己为给付也会符合前条任一款的要求。

第三十六条　在前两条规定之场合，实际有权受领给付之人对无权受领而受领给付之人享有追索权。

第三十七条　债务人有合理理由认为债权人不明时，有权中止给付。

第三十八条　债务未订有履行期限的，可以在另一方提出履行请求后即时履行。

第三十九条　1.债务订有履行期限的，权利人不得提前要求履行。

2.提前为给付非为不当。

第四十条　债务人在下述场合丧失履行期限之利益：

a.已被宣告破产；

b.没有提供允诺的担保；

c.为债务提供的担保因可归责于债务人的原因而减少；除非剩

余部分仍足以担保债务的履行。

第四十一条 债之给付未确定地点的，标的物的交付须按如下规则：

a. 标的物为特定物时，交付地为债之关系发生时特定物所在地；

b. 标的物为种类物时，交付地为债务人营业地，无营业地者在其居所地。

第四十二条 履行债务时向对方交付了无权处分之物的债务人，有权要求将该物返还于其所有人，但债务人要同时提出为债务交付另外一物，且债权人的利益未因物的返还而受有损害。

第四十三条 1. 债务人所为之一项给付得抵充对于同一债权人所负数宗债务时，抵充债务人在给付中指定了的债务。

2. 未为指定时，首先抵充已届清偿期的债务；如果存在数宗已届清偿期的债务，则抵充其中最为繁重的债务；如果数宗债务同样繁重，则抵充其中最先产生的债务；如果债务产生的时间相同，则各按比例，抵充其一部。

第四十四条 1. 对单项特定债务以金钱为给付时，其清偿顺序为：各种费用、拖欠利息、本金和现期利息。

2. 债权人，只要不构成迟延，有权拒绝受领债务人未按清偿顺序所为的给付。

3. 如果债务人未同时给付拖欠利息、现期利息及各项费用，债权人有权拒绝受领对本金的足额给付。

第四十五条 惟经债权人同意，债务人始得以替代给付消灭债务，但替代标的的价值应等于或者高于原标的的价值。

第四十六条 1. 债权人受领以支票、汇票、提单或其他票据所为之给付的，推定债务人资金充足。

2. 在给付期前债权人有权中止履行自己的债务的，在他确信对方资金充足前，他可一直中止履行。

第四十七条 1. 履行费用由债务履行人承担。

2. 收据费用由收据受领人承担。

第四十八条 1. 债权人须对每一给付开列收据，除非根据合同、惯例或者公平原则无须如此。

2. 债权人持有债务人负债凭证的，债务人为给付后，有权要求债权人予以退还，除非债权人有合理利益需要继续保有此凭证且已于凭证上注明债务人的债务已清偿。

3. 债权人不遵守本条第一款规定时，债务人有权中止债务履行。

第四十九条 1. 在对无记名式或记名式债务为给付之场合，债务人有权要求将清偿记载于单据之上并交付于他。

2. 如给付系对部分债务作出，或者债权人为行使其他权利仍需保有单据，债权人有权保有之，但须债权人除在单据上载明清偿之外另行开具收据。

3. 无论给付是部分还是全部，只要基于债务人的请求，债权人可以表明单据已被销毁或已是无效，或者他保证二十年或依单据债务人可被请求为给付的期间内无事，债权人可以只开具收据。

4. 债权人违反上述各款规定时，债务人有权中止给付。

第五十条 1. 同种类的数宗债务必须顺序履行的，就其中两宗连续债务开列的收据可以推定在先债务已获履行。

2. 债权人就本金开列了还款收据，推定其利息和各项费用已获清偿。

第五十一条 1. 法律规定债务人必须提供担保、或者债务人提供担保为发生法律效力之要件时，债务人可以选择人的担保或物的担保。

2. 债务人提供担保的范围须足以涵盖整个债务以及适当的利息和费用，且使债权人得以无阻碍地实现其担保权。

3. 提供的担保因不可归责于债权人的原因而不充分时，债务人须予补充或替换。

第七节　中止履行权

第五十二条 1. 债务人对债权人有具有执行力的债权的，如果此债权与债务之间有充足关系使中止履行合理时，债务人可以中止履行其债务，直至其债权获得清偿。

2. 此种关系一般存在于基于同一法律关系或当事人先前的惯常交易而产生的双务之债。

第五十三条 中止履行权得用以对抗对方当事人的债权人。

第五十四条 在下列场合中止履行权消灭：

1. 对方当事人所为债之给付因债权人迟延而受阻；

2. 对方当事人的债之给付成为永久不能；

3. 对方当事人的债权因扣押而不得行使。

第五十五条 中止履行权因对方当事人为其债务履行提供担保而消灭，除非履行会因此而被不合理地推迟。

第五十六条 即便是在对方当事人的请求权时效届满后，中止履行权仍得继续存在。

第五十七条 将中止履行权对应于第三编第209条关于留置权的规定，本节内容在不与第三编第十章第四节的规定相抵触之前提下有其适用。

第八节 债权人迟延

第五十八条 在债务履行过程中，因债权人没有提供必要的协作或者其他在债权人方出现的障碍而致债务履行受阻的，构成债权人迟延；除非不履行不可归责于债权人。

第五十九条 债权人，因可归责于他的原因，没有遵守他对债务人负有的义务并由此导致债务人合法中止债务履行的，也构成债权人迟延。

第六十条 债权人迟延后，经债务人请求，法官可以免除债务人的履行义务，是否附有条件由法官决定。

第六十一条 1. 债权人迟延阻却了债务人迟延。

2. 只要债权人处在迟延中，债务人便不构成迟延。

第六十二条 迟延中的债权人无权要求强制履行。

第六十三条 债务人对因依据本节第66—70条规定为给付或因提存支出的合理费用、或对其他可归责于债权人迟延的费用得获取赔偿。

第六十四条 因债权人迟延过程中发生的事件使适当履行全部或部分不能时，债务人不承担责任，除非因债务人或其雇用人的过错使债务人没有尽在当时情况下应尽的注意。

第六十五条 在种类物之债，债务人已根据债务内容选定种类物并已将此通知债权人的，如果债权人迟延，则债务人有权仅交付已选定的种类物。债务人也有权依债务交付其他的种类物。

第六十六条 在金钱之债或特定物之债债权人迟延时，债务人有权为债权人而将给付标的物提存。

第六十七条 金钱之提存系按照法律规定的提交与存款之方式进行；物之提存系将该物在交付地交与专营寄存业务的营业人。在不与第68－71条抵触的前提下，司法提存的有关规则适用于此种提存。

第六十八条 在提存期间，债权人对提存的金钱不负利息。

第六十九条 1.在提存期间，债权人只能通过受领提存标的来补救迟延。

2.在债权人受领提存标的以前，提存人得将提存标的取回。

第七十条 只有在债权人支付了全部的提存费用后，保管人始应将提存物移交债权人。移交后，保管人须将债权人所支付提存费用偿还给提存人。在债权人给付全部提存费用以前移交了提存标的物的，保管人因偿还了提存人而取得与此相应的权利。

第七十一条 对债务人的诉权之行使不得迟于要求返还提存标的之诉权的行使。

第七十二条 在多数债务人场合，债权人迟延的法律效力及于每一债务人。

第七十三条 债权人拒绝受领第三人所为给付，如果此给付符合债务本旨且该第三人就此给付拥有合法利益，为了第三人利益，准用第60条、第62条、第63条及第66—70条。

第九节　债务不履行的效力

一、一般规定

第七十四条　1.债权人因债务人不履行债务所遭受的一切损害，债务人应予补偿，除非债务不履行不可归责于债务人。

2.在履行非为永久不能的情况下，第一款的适用应遵循本节第2条关于债务人过错的规定。

第七十五条　非因债务人过错所致不履行，且依据法律或法律行为或一般社会观念不能认定债务人应予负责时，不得归责于债务人。

第七十六条　为债之履行债务人利用他人服务时，债务人对他们的行为应像自己的行为一样负责。

第七十七条　为债之履行使用物时，因该物不合适所致债务不履行应归责于债务人，除非按照产生债务之法律行为的本旨、一般社会观念及案件的其他具体情况确定由债务人承担责任不合理。

第七十八条　1.不履行虽不可归责于债务人，但如果债务人因此受有在适当履行情况下无法取得的利益，债权人有权通过在此获利的最大限度内适用不当得利规则对其损害获取赔偿。

2.得利表现为对第三人的债权时，债务人按照前款规定应将此债权让与债权人。

第七十九条　债务因不可归责于债务人的原因无法履行时，如果债权人仍有条件通过履行或抵销的方式实现其债权，债权人有权为之。

第八十条　1.在下列场合，不履行之效力纵在履行期前亦得发生：

(1)可以准确无误地确定将发生履行不能；

(2)债权人从债务人的通知中必定推断债务人将不履行;或者

(3)债权人有正当理由担忧债务人将不履行债务,债权人将此理由书面通知债务人且要求债务人保证在指定的合理期限内履行而债务人未予答复的。

2. 为迟延所生损害赔偿之债的目的、以及为将债务人迟延期间所生债务履行不能归责于债务人之目的,原定履行期仍然有效。

二、债务人迟延

第八十一条 债务已届履行期限,符合下列第 82 条和第 83 条的规定,债务人没有履行的,构成债务人迟延,除非迟延不可归责于债务人或者履行已经永久不能。

第八十二条 1. 债权人书面通知债务人在一合理期限内履行债务,而债务人在此期限内未为履行的,即为债务人迟延。

2. 债务人一时不能履行或者债务人的态度已表明通知不起作用,债权人以书面声明表示债务人要对其不履行负责的,债务人构成迟延。

第八十三条 符合下列条件者,债务人迟延的构成无须形式要件:

(1)约定的履行期已过而债务未获履行的,除非此约定条款还有其他目的;

(2)由侵权行为产生的债务或与第 74 条第 1 款规定的损害赔偿有关的债务没有立即履行的;

(3)债权人从债务人处得悉的情况足以推断债务人将不履行债务的。

第八十四条 债务人迟延期间发生的履行不能且不能够归责于债权人的,归责于债务人。债务人须对因此产生的损害给予赔偿,除非在适当、及时履行场合债权人也会遭受如此的损害。

第八十五条 仅限于迟延期间因履行迟延造成的损害须由债务人给予赔偿。

第八十六条 债务人迟延后提出的履行如不同时包括对迟延期

间产生的损害以及费用的赔偿,债权人有权拒绝受领。

第八十七条 1.债务履行若非永久不能,债务人迟延后,债权人以书面通知债务人他将主张损害赔偿而非实际履行时,该债转 化为损害赔偿之债。

2.债务不履行意义不大、不足以证明转化为损害赔偿之债合理时,不发生转化。

三、债务不履行的其他效力

第八十八条 1.没有履行其债务的债务人可给予债权人一合理期限,在此期限内债权人须向债务人告知他希望采取的补救措施以及在此期限开始时哪些系由他支配,债权人如不遵从便只能主张:

(1)他因债务不履行而享有的损害赔偿,如果债务系一笔金钱债务,则仅那笔金钱;

(2)如果债务人提出了不履行不可归责于他的事实,将产生该债务的合同撤销。

2.债权人要求继续履行而债务人在合理的期限内仍未履行的,债权人可以重新行使其所有的权利,上款规定可以准用。

第八十九条 债权人在发现或依情理本应发现给付中的瑕疵后没有立即通知债务人,则不得再主张该瑕疵。

第九十条 1.在交付标的物为易腐烂、易变质物品,或者标的物基于其他原因依当时情形无法要求债务人继续保管的,债务人可依适当方式出卖标的物。当债权人的利益明显要求转卖或者债权人表明他要求转卖时,债务人应为债权人进行转卖。

2.在债务不履行无损于债权人权利的前提下,转卖取得的纯收入取代标的物。

四、违约金条款

第九十一条 凡规定债务人一旦不履行其债务,即须给付一笔金钱或者另为履行的,无论它是为了赔偿损害还是促进履行,均为违约金条款。

第九十二条 1.债权人不得要求同时执行违约金条款和附加该

违约金条款的债务。

2.约定的违约金抵充法定的损害赔偿。

3.不履行不可归责于债务人时，债权人不得要求适用违约金条款。

第九十三条 依法请求损害赔偿时所要求的预先通知或其他的事先声明在相同情形下同样适用于对执行违约金条款的请求。

第九十四条 1.经债务人请求，且符合公平的要求时，法官可减轻约定的违约金。但是，法官判给债权人的违约金不得低于对债务不履行的法定损害赔偿。

2.经债权人请求，且符合公平的要求时，法官可判予补充赔偿，此赔偿附加于约定的违约金，以抵充法定损害赔偿。

3.与本条第一款规定不符的约定无效。

第十节 法定损害赔偿之债

第九十五条 依据法定损害赔偿之债须予赔偿的损害包括财产损害和其他伤害，后者仅限于法律授予赔偿权之场合。

第九十六条 1.财产损害包括债权人所受损失及其所失利润两部分。

2.此外，下述费用可以作为财产损害要求赔偿：

(1)为防止和减轻损害而支出的合理费用；

(2)为计算损害与责任而支出的合理费用；

(3)为获取庭外给付而支出的合理费用。

除非对于(2)项和(3)项在其特定情形要适用民事程序法典第57条第6款有关司法费用的规则。

第九十七条 法官应依最符合损害性质的方式计算之。损害之程度无法准确确定时估算之。

第九十八条 仅当损害与债务人的债务不履行行为或侵权行为有关，且损害依其性质和责任的性质可归责于债务人时，才可对他请求赔偿。

第九十九条 损害系由两个或多个分别应由不同行为人负责的事件造成，且确定损害系因其中至少一个事件而生时，损害赔偿之债由每个行为人承担，除非他能证明损害并非他所负责之事件的结果。

第一百条 同一行为既造成受害人损害又使之获益，在确定应予赔偿的损害时，此获益应予扣除。

第一百零一条 1. 因可归责于受害人之事由助成损害之发生的，根据各自可归责之事由助成损害的程度将损害在受害人与责任人之间按比例分摊，进而减轻损害赔偿之债。根据过错程度之不同或案件的其他事由，分摊可以有所不同，如果合理，损害之债既可以完全免除，也可以一点不分摊。

2. 在对由第三人代受害人控制的物品造成损害的场合，为适用前款规定确定损害赔偿之债，可归责于该第三人之事由归责于受害人。

第一百零二条 1. 数人分别有义务赔偿同一损害的，为共同负责。为了像依据第 10 条那样在他们之间确定各自的份额，损害通过准用第 101 条在他们之间分摊，除非依据法律或法律行为有其他的分摊结果。

2. 因可归责于受害人之事由助成损害的，第 101 条适用于前款提及的每个人的赔偿之债。然总体上，受害人向他们所主张数额不得多于如若仅一人有责于产生损害赔偿之债的事由时受害人所可能取得的数额。如果从多数债务人中的一人那里就其份额不可能获取足额赔偿，根据其他人的请求，法官可决定，为适用第 13 条的规定，未予赔偿的部分由受害人负担。

第一百零三条 损害赔偿应以金钱为之。然基于受害人的请求，法官得准予非金钱形式的赔偿，此种判决于合理期限内未予执行的，受害人重新获得请求金钱赔偿之权利。

第一百零四条 因侵权行为或债务不履行而对相对人负有责任

之人如从其侵权行为或债务不履行中获益，法官可基于相对人的请求，根据此种获益的全部或部分，计算损害。

第一百零五条 1. 对于尚未发生的损害，法官可部分或者全部地推迟计算；法官也可在估定可能性后马上计算未来的损害。在后一情形，法官可命令债务人一次付清，也可命令债务人分期支付，同时附带或不附带提供担保。此一命令可由法官附加条件。

2. 法官判决债务人分期付款的，可以在判决中规定，如果在判决后发生了在确定分期付款时并未考虑到的新情况影响了赔偿的范围，应当事人任何一方的请求，分期付款得由在第一审中受理赔偿请求的法官加以变更。

第一百零六条 1. 受害人对于财产损害之外的伤害，有权要求获得公平的赔偿：

(1)如果责任人故意造成此种伤害；

(2)如果受害人遭受了人身伤害、名誉或者荣誉的伤害及其他人格方面的伤害；

(3)如果伤害系对未离婚之配偶或二等血亲有关死者的记忆所为，只要伤害发生之方式在假定死者仍活着的前提下能使他有权对名誉或荣誉之伤害要求赔偿。

2. 上款中的求偿权不能转让也不受剥夺，除非经合同约定或者经赔偿诉讼确定；权利概括移转时，权利人告知对方自己请求赔偿即足表明上款中的求偿权并不一同转让。

第一百零七条 1. 因其行为而致他人人身及精神损害的，行为人除了要赔偿受害人因此所受损害外，对于为了受害人的利益而支出了费用的第三人也须赔偿，只要此费用如系由受害人支出时可以向行为人请求，但依保险所为者除外。

2. 在第三人依上款规定要求赔偿时，行为人针对受害人享有的抗辩权得以之对抗该第三人。

第一百零八条 1. 因其行为而致他人死亡的，行为人须向下列丧失供养者赔偿损害：

(1)死者未离婚配偶、未成年婚生子女及非婚生子女，赔偿金额不得低于他们享有的法定赔偿额；

(2)死者其他血亲及姻亲，但以至死者死亡时止，死者已部分或者全部地负担此人生活为限；

(3)作为家庭成员与死者共同生活，没有生活来源，全部或者部分地依靠死者帮助生活的人，如果不发生死者死亡事件可以推定此供养情形将持续下去；

(4)作为家庭成员与死者共同生活，接受死者帮助并替死者看管物业的人，如果因死者死亡物业产权变动而受有损害或者丧失生活来源。

2.此外，责任人对他人代为支付的死者的丧葬费应予偿还，只要此费用与死者生前的社会地位相称。

3.行为人针对死者的抗辩权得以之对抗上诉各款的权利人。

第一百零九条 1.根据责任性质、双方的法律关系及经济实力等具体情况，如果确定由行为人支付足额赔偿会产生明显不合理的结果，法官可以减轻法定损害赔偿之债。

2.债务减轻之结果不得低于债务人通过保险对其责任所获得的补偿的数额或他有义务赔偿的数额。

3.任何与本条第一款规定相抵触的约定均无效。

第一百一十条 最高责任限额得由条例规定，以使因损害而产生的责任不会超出保险合理地涵盖的范围。分项赔偿额可依事件性质、损害程度、责任基础及其他具体情况限定。

第十一节 金 钱 债 务

第一百一十一条 金钱债务须按其票面价值给付，除非法律、惯例或者法律行为设有不同规定。

第一百一十二条 履行债务所给付的货币必须是给付时给付地所在国的通货。

第一百一十三条 以荷兰法定货币为给付的，如果所欠金额为五分或其倍数，可舍入凑整为五的最小倍数，最小金额是五分。

第一百一十四条 1.债权人在须为给付地或得为给付地国家有邮政帐户的，债务人可通过将所欠金额记入此帐户的贷方之方式为债之给付，除非此债权人有正当理由排除使用此帐户。

2.在上款所述情形，给付时间为债权人帐户上载明的入帐时间。

第一百一十五条 除非依法律、惯例或法律行为给付须在或得在别处进行，给付地依第116—118条的规定确定。

第一百一十六条 1.给付须在给付时债权人户籍所在地进行；

2.债权人可在给付时或债之关系发生时他的户籍所在地区指定另一给付地点。

第一百一十七条 依第116条的规定，给付须在债之关系发生时债权人户籍所在地以外的其他地点进行时，由此导致债务人履行债务变得特别困难的，债务人有权中止给付，直到债权人在第116条第2款所列地区指定不存有此种困难的另一地点。

第一百一十八条 债之关系发生在债权人的营业活动过程中的，进行该营业活动的营业地视为第116条及第117条规定的债权人户籍所在地。

第一百一十九条 1.对迟延给付金钱的赔偿包括迟延给付期间所生的法定利息。

2.每年年终，债务所生法定利息得归入下一年度本金。

3.债务人迟延后，如果约定的本金利息高于上述各款规定的法定利息，从其约定。

第一百二十条 法定利率由法律规定，按法定利率计息直到新的利率制定并取代旧有利率时止。

第一百二十一条 1.依债之关系给付须以非给付地国货币进行的，债务人有权以给付地通货为给付。

2.按照法律、惯例或法律行为，债务人应以作为债之标的的货币为给付的，上款规定不再适用。

第一百二十二条 1.依债之关系，给付须以非给付地国货币进行，而债务人不能或者主张不能以该种货币为给付的，债权人得要求以给付地国通货为给付。

2.前款规定同样适用于债务人应以作为债务标的的货币为给付的场合。

第一百二十三条 1.在荷兰提起的金钱诉讼以外币计量的，债权人有权选择以外币或以荷兰货币为判决。

2.在荷兰可执行具有执行力的以外币计量的权利的债权人，在执行时有权主张兑换荷兰货币后的相当金额。

3.上述各款适用于债务人应以作为债务标的的货币为给付的场合。

第一百二十四条 适用第121条、第122条、第123条规定及按照第一篇第九节规定转化而成的损害赔偿的，债之履行以非债之标的之货币为之时，货币兑换率以给付日的为准。

第一百二十五条 1.第119条不影响债权人对因作为债之标的之货币的兑换率在迟延后与其他一种或多种国家货币的相比发生变动而遭受的损失请求赔偿。

2.如果依债之关系，给付须在荷兰以荷兰货币作出，且债权人的户籍所在地在债之关系发生时在荷兰的，则前款规定不适用。

第一百二十六条 本节所谓兑换率是指一种比率，按照它债权人可以无碍地获得所要求的货币、依法律规定、惯例、债之内容或其必然含义实现债权。

第十二节 抵 销

第一百二十七条 1.拥有抵销权的债务人向其债权人声明其债务以其债权抵偿的，两项债务按共同互负的数额消灭。

2.债务人对其债权人享有债权，且两个债权均届清偿期的，该债务人有权抵销。

3. 对基于分别的财产关系的债权和债务不存在抵销权。

第一百二十八条 1. 无记名式或记名式债权的债权人通过在单据上题写抵销声明以及通过将汇票汇寄给对方当事人之方式完成抵销。

2. 如果抵销尚未涵盖债权人的整个债权或债权人为行使其他权利仍然需要单据的，债权人可保有该单据，但须他不仅在单据上注明声明，而且要书面通知对方当事人。

3. 无论抵销是否涵盖整个债权，债权人可以只通过一份书面声明而不用于单据上注明来实现抵销，只要基于对方当事人的请求，他可以表明单据已被销毁或无效或证明他保证二十年或对方当事人依单据可被请求为给付的期间内无事。

第一百二十九条 1. 抵销之效力溯及抵销权产生之时。

2. 对于单方或双方债权应付利息已经给付的，抵销溯及力及于已给付利息的最后一期。

3. 在确定金钱债务抵销的效力时所需的兑换率按在抵销日与互为给付所会适用的标准相同的标准进行计算。

第一百三十条 1. 债权以一特定权利被让与的，债务人仍可对原债权人抵销对立债权，只要此一对立债权与被让与债权产生于同一法律关系或者在让与前它已成为债务人财产的一部分，且已具执行力。

2. 前款准用于被扣押债权或设定了负担的债权，且对此已通知了债务人。

3. 如果转让或权利负担之设定涉及无记名式或记名式债权，且这系依据第三编第 93 条而为，则上述各款不予适用。

第一百三十一条 债权人准予的清偿宽限期无碍于他进行抵销。

第一百三十二条 有抵销权人作出了抵销声明后，对方有理由拒绝履行债务的，可在抵销声明一被作出且他能够拒绝之时通过马上主张拒绝履行之理由来消除抵销之效力。

第一百三十三条 于一方当事人作出抵销声明后，另一方当事人可马上行使自己的抵销权消除这一抵销之效力，但仅限于后一抵销超越了前一抵销的溯及效力。

第一百三十四条 有抵销权的双务合同之债务人可通过马上行使自己的抵销权来消除对方当事人以债务人不履行为由撤销合同的声明。

第一百三十五条 债务人无权抵销：

(1)只要对对方当事人债权的扣押不会有效；

(2)其债务之目的是要对他故意造成的损害进行赔偿。

第一百三十六条 抗辩是否有效不能轻易确定而诉讼又要继续进行下去时，法官有权作出有利于原告的判决而无须过问被主张抵销之事实。

第一百三十七条 1.只要抵销声明没有具体指定抵销所涉债务，适用第43条第2款和第44条第1款所列抵充顺序。

2.如果对于按第129条计算的所欠本金、费用和利息的抵充在抵销声明中并未按第44条第1款规定的顺序作出，则抵销声明作出者的相对人可以通过马上抗辩消除抵销之效力。

第一百三十八条 1.债务须在不同地点为给付之事实无碍于抵销。于此场合，抵销人须对对方当事人因互为给付未在约定地点作出所遭受的损害进行赔偿。

2.抵销人的相对人无论给付地之差异，如果对于不抵销而是履行债务拥有合法利益，可通过马上抗辩消除抵销声明之效力。

第一百三十九条 1.只要债权人有权将他的债权与他对债务人所负的具有执行力的债务抵销，保证人和以自己财产为他人债务担保之人可主张他们的责任中止。

2.除非债权人合理地作为或没有过错，只要债权人造成了对债务人的抵销权的灭失，他们有权主张他们的责任消灭。

第一百四十条 1.依据法律、惯例或法律行为，金钱债权和金钱债务须算入双方当事人间的一个帐户时，抵销按照当事人依本节前述各条有权抵销的顺序，或者按照他们的相互法律关系，在法律上立即发生。自始至终，所欠的仅为余额，第一百三十七条不再适用。

2. 管理帐户的一方当事人按年封帐，并将封帐时的余额通知对方当事人，并要提及构成帐户尚未通知对方的项目。

3. 根据上款的规定，另一方于合理期限内没有对对方通报的余额情况提出异议的，此余额视为双方共同认定的结果。

4. 余额确定后，不得再对个别项目主张时效之完成或者罚没条款之符合，要求给付余额的诉权限于五年，自封帐且余额具有执行力之日起算。

5. 上述各款所定规则之外的规则得由当事人间的法律关系产生。

第一百四十一条 第四十八条第 1 款和第 2 款准用于全部或部分地因抵销而消灭了的债之关系。

（译者张正璋为中国人民大学民法硕士生；韩世远为中国社会科学院研究生院民法博士生）

国际法律家委员会关于日本军“慰安妇”问题的最终报告书*

——第九章法律问题

侯利宏　译

目　次

---

* 国际法律家委员会(International Commission of Jurists)为联合国咨询机构,其法律见解具有极高的权威。该委员会于 1993 年 4 月向菲律宾、朝鲜和日本派遣调查团,调查“慰安妇”问题,1994 年 11 月 22 日发表关于日本军“慰安妇”问题的最终报告书。最终报告书为英文,208 页,包括:序言、历史背景、“慰安所”、被害者证言、原士兵证言、战后、日本政府的立场、韩国、朝鲜、菲律宾政府的立场、法律问题及结论与劝告,共 10 章。其中的法律问题,结论与劝告由日本学者户塚悦朗译为日文,刊于法律时报 1995 年 67 卷 1 号 86—89 页、2 号 74—79 页。此系从户塚悦朗的日文翻译。——编者

序　　言

以下，论述了1920年以来日本可能适用的国际法上的规范。之所以选择这一时期，是因为根据文件和口头的证据，日本掠走女性将其作为性奴隶的行为始于1930年早期。

第一，首先的问题是，日本作为国际法的主体应该承担其违反国际人道法诸法律规范的责任。以下将论述，所记述的事件对国际人道法上诸规范有何种适用可能性，以及在这种关系上日本和韩国、菲律宾缔结的和平条约如何完成任务。其次，对下列问题进行研究：犯罪的人是否有追诉的可能性、是否必须追诉、不追诉犯罪者时对被害者权利的影响。

A. 日本的国家责任

文章的开始，论述了日本对日本兵犯下罪行的责任问题。尤其是日本兵行为的本国归属性、对国际公法义务的违反问题及行为发生后请求权的消灭问题。

1. 日本兵行为的日本归属性

根据国际公法上的有关规范，日本兵的行为应归属与日本国。国际法律家委员会调查团取得的资料表明，当地军官募集慰安妇和移送到该地域须对东京的司令官进行特别的请求。这一证据说明了，军队上层知道慰安所的存在，同时，军队上层对慰安妇的募集及慰安所的分配非常关心。

这些军官的行为，不是作为私人而是作为官吏而进行的，而且其行为没有超过权限，所以这些行为应归属与日本国。

2. 国际公法义务的违反

国际公法上的责任义务，以条约或国际法上的习惯为基础。

(a)条约法

第一，关于违反基于条约而生的责任义务的考察。

由于《战时保护和平民众的条约》制定于1949年，而日本兵的行为发生在条约制定之前，所以该行为不应适用条约的规定。

日本，于1912年成为了关于战时法规惯例的1907年海牙条约

(海牙规则)的成员国。该条约第二条规定,该规则适用于交战国同为该条约的成员国的情形(总加入条款)。由于第二次世界大战的所有交战国不能成为该条约的成员国,所以纽伦堡国际军事法庭及东京最高国际军事法庭根据总加入条款认为不能直接适用海牙规则,这成了战时存在的国际习惯法的较好证据。

由于日本不是1926年奴隶条约的签署国,因此日本在从军慰安妇方面不负关于条约上的任何责任义务。

1926年日本批准了关于禁止买卖妇女、儿童的1921国际条约,据此日本应该承担责任。根据该条约的规定,日本有义务搜查从事买卖妇女、儿女的人,并有义务采取一切措施以对不法行为者进行处罚。日本在朝鲜半岛及占领地强制募集女性、强制其买春的活动,明显地违反了该条约的规定,但是,日本加入时行使了对第十四条的保留权,即日本宣布朝鲜(现韩国)不在条约适用的地域范围。基于以下的理由,对从朝鲜半岛掳掠女性的行为,应承担违反该条约的责任。首先,很多女性最初被掳掠到了日本,只要其于日本登陆都应适用该条约的规定。其次,允许这些地区不适用该条约规定的第十四条,是考虑到了殖民地保有国支配下的很多地区的作为当地习惯的惯行。根据此种惯行,要支付陪嫁钱。根据该条约,以此解决这些问题是不适当的,而且允许加盟国从事妇女买卖或促进此一活动,不是该条约起草者的意图。第十四条的规定,从某种程度上,是为了保护多数殖民地保护国的经济利益,允许世界上一定地域的惯行渐渐消失,但并不打算促进将来的女性买卖。因此,日本不能援用此一条款以逃脱对朝鲜女性的责任。这样一来,日本由于违反了1921年条约上规定的责任和义务,因此应承担责任。

关于禁止买卖成年妇女和儿童的1933年条约,日本不是成员国,因此不能依据该条约追究日本的责任。

(b)习惯法

关于日本违反了何种条约上的责任义务,已经确立,下面将对是否违反国际习惯法上的责任义务进行研究。20世纪初期,国际习惯法一般地承认禁止奴隶的习惯及各国负有禁止买卖奴隶的义务。1926年条约是国际习惯法的宣言，联合国的活动对此提供了证据。该联合国规约第二十二条第五项规定，各国在行使其权限时负有以下义务，即进行彻底的奴隶解放、禁止奴隶贸易及禁止强制劳动。进而，1924年由联合国理事会设立了奴隶委员会。该委员会的努力取得了成果，即1926年订立奴隶条约。为了监督该条约的实施，设置了关于禁奴问题的由专家组成的常设委员会。

1926年奴隶条约，一般地规定了关于奴隶和奴隶交易的定义。

“(1)所谓奴隶制度，即对他人行使部分所有权或全部所有权的个人的地位或状态。(2)所谓奴隶交易，包括具有将他人置于奴隶状态意思的人的一切捕捉、取得或处分的行为，及一切一般地进行奴隶交易或输送的行为。”

女性们一被从家中或村子里带走，即发生军人拥有女性的行为。这样一来，他们就把妇女当作奴隶来对待。进而，宽恕、授权、监督日本军对该女性们进行诱拐及移送的行为是奴隶交易的一种形态。在这一点上，日本违反了已经确立的作为国际公法一部分的禁奴制度。此种违反将产生日本的责任。

日本兵强制募集韩国及菲律宾妇女之时，禁止买卖妇女儿童是国际习惯法的一部分。这样一来，加上前述禁止买卖妇女儿童的1921年条约，由于国际习惯法的同一内容的限制，日本应受约束。因此，由于日本促进了对女性的交易、买卖及存在自身积极从事的日本兵的行为，则日本违反了国际法规范。

根据人道的国际习惯法，交战者负有尊重和平居民的义务。基于这种观点，海牙规则(46条)反映了国际习惯法。日本兵对待慰安妇的行为，侵害了海牙规则保护的家族名誉。家族名誉的概念，包含家族中的女性不受强奸等屈辱行为侵害的权利。毫无疑问，日本兵有组织地对菲律宾女性强奸的行为，违反了此一规范。

他们对待菲律宾女性的行为的样态，暴露了日本兵无视女性的生命，应该认为这种行为违反了海牙规则第46条。而第46条的“尊重个人生命”的规定，比禁止恣意杀戮的意义更广。海牙规则的起草者认识到了，人的尊严的重要性及奖励尊重人的尊严的必要性。这样一来，言及“个人的生命”，不仅包括生命，而且包括人的尊严。日本兵对菲律宾女性连续强奸的虐待行为也包括在内，因为这是对她们人格尊严的侮辱。因此，根据海牙规则第46条日本对菲律宾女性是有责任的。

但是，朝鲜曾是日本的殖民地，所以不适用作为国际习惯法的海牙规则第46条。第46条以下，仅仅言及占领地域或敌军地域，则对朝鲜人属于对交战者自身的保护，因此朝鲜不在规范的范围内。这样一来，不能援用海牙条约以证明国际习惯法的并存规范的存在。一般而言，人道领域的国际公法当时并不包含如何规范一政府怎样对待本国的和平居民。

如上所述，日本兵对待慰安妇的行为侵害了受国际习惯法保护的家族名誉。交战者负有的尊重家族名誉的义务的概念，是国际习惯法的一部分。自英格兰的理查德二世于1386年颁布《关于陆军统制的敕令》(Ordinance for the Givernm ent of the Army)以后，无论在国内还是在国际上，所有关于敌对行为的文件都以各种形式对其进行采用。各种保障，最小限度地包含女性有不受强奸行为的侮辱的权利。这样一来，女性由日本兵造成的遭遇，致被害者的家族名誉受到了严重的侵害。因此，基于此种理由，日本应承担对菲律宾女性进行赔偿的所有责任。

3. 为解决请求权的条约的影响

(a)日本国和大韩民国之间关于解决财产和请求权问题及经济合作的协定

历史本身，常常会反复。应该说是命运的嘲讽，在1965年协定缔结的交涉过程中，日本在对慰安妇问题上进行抗辩时，提出反驳理由，拒绝承认二战前对朝鲜半岛的日本行为包含何种赔偿请求权。与日本国内、国际的主张相反，该条约不包含，对朝鲜在日本的殖民地时代所遭受的非人的待遇由个人或代表个人进行的请求，甚至不包含这种意图。

日本主张,不存在对原慰安妇进行补偿的法律理由。这一立场,有两个分支。其一为,1965 年的协定已经解决了包括民间请求权在内的两国之间的请求权;其二为,在国际法上不发生此种请求权。以下对第一种主张进行研究,该主张认为该条约是为了包含所有的请求权而缔结的。

日本对 1965 年协定的立场是,以下面第二条的规定为依据。

"(1)两缔约国确认,关于两缔约国及其国民的财产、权利、利益和两缔约国及其国民之间的请求权的问题,包括日本于 1951 年 9 月 8 日在圣·弗兰西斯克市签署的和平条约第四条(a)款规定的事项,都完全并最终被解决。"

(文件中,将 1947 年 8 月 15 日后居住在另一缔约国内的人排除在该协定之外,所以现在居住在日本的韩国女性不适用该协定。)

"财产、权利及利益"概念,在合意议事录中被定义为"依据法律应确认财产价值的所有种类的实体权利",由于日本不能以该概念为依据,因此日本采取依据第一节中的"请求权"(claim)一词这一手段。因为女性们的请求权,与侵权行为(tort)上的请求权性质相同,但不能说此种权利以财产价值为内容。一般而言侵权行为上的请求权,直到判决之时不能看作财产。

"请求权"一词,在合意议事录或协定的附属文件中没有定义。韩国试图使日本承认 1945 年以前的殖民地时代对朝鲜半岛的侵害和侮辱,但日本顽固地拒绝了。在交涉过程中,韩国要求赔偿,但是日本强硬地反对并撤回了请求。日本采取以下立场,即"仅在有正当法律根据的情形下,对韩国的请求进行赔偿",结果拒绝关于赔偿的所有请求。由韩国政府代表提出的请求概要清单如下:1905—1945 年间运送到日本的金块、朝鲜的劳动者储蓄在朝鲜的邮政存款、日本人从朝鲜银行掳掠走的存款、1945 年以后从朝鲜汇走的金钱、被朝鲜主要营业所"法人"拥有的在日本的财产、朝鲜人有请求权的关于日本政府或日本人负债的有交涉可能的文件所列举的东西、货币、被征用的朝鲜劳动者未支付的工资及朝鲜总督府东京事务所的财产。该请求清单极清楚地表明了由战争犯罪、对人道的犯罪、违反禁奴条约和禁止买卖妇女条约或国际习惯法所生的对权利的侵害。实际上，日本和韩国关于日本殖民地的立场，有很大的不同，两国的交涉长达18年之久。

条约用语采取条约所包含用语的通常意思，根据条文的逻辑构成进行解释。此外，还要注意特定条文的文理和缔约国的意图重点。1956年协定的所有条文，包含解决负债、财产的处理及两国间商业关系的规范。条约背后的目的之一是留意构筑两国间经济合作的基础，它成为条约的主要目的并不奇怪。条约中的“请求权”用语不能采取日本主张的广义。因此，我们的结论是，日本不能援用1956年协定阻止韩国慰安妇的请求。

与此相对照，在日韩基本关系条约第四条之下，日本实际上负有采取必要措施保护这些女性的人权的义务。根据该条文，日本受以下规定的约束，即“在相互关系中，以联合国宪章为指针”，及“为增进两国福祉和共同利益，协力遵守联合国宪章”。联合国宪章第一条第三项，包含为促进和鼓励尊重人权和基本的自由而进行国际协力的规定。由于前日本政府对这些女性的重大人权侵害负有责任，现日本政府有义务采取措施进行处理，并有义务不能否决这些女性提出的有效救济、不能有新的侵害。

(b)圣·弗兰西斯克条约及1956年赔偿条约

菲律宾与日本之间的状况稍微有些不同。菲律宾不同于韩国的是，参加了1951年圣·弗兰西斯克条约的交涉和签署。在交涉中，菲律宾表明了对赔偿问题讨论的不满意。菲律宾感到，日本应该对占领菲律宾期间所造成的损害和破坏进行赔偿。直到该条约的签署，关于赔偿问题没有采取有效的方法，有识之士认为，日本取得了同盟国的操纵者美国的支持，而美国考虑到本国纳税人不能负担赔偿费用，又想保留日本并扶植其成为经济大国，作对中国的防波堤，结果确认日本在当时支付赔偿金是不可能的事实，对此该条约设置了一条进行规定，即第十四条第a项，以下从但书开始。

“同盟国承认，日本国对战争中产生的损害和痛苦应该支付赔偿金。但是，为了维持现存的经济状态，应承认就日本的资源而言，日本不能充分地对前述的损害和痛苦进行完全的赔偿，并同时履行其他债务。

日本与战时其所占领领域的同盟国对交涉的事项达成了合意，即“日本通过对该同盟国提供义务，以对该国为修复遭受的损害所支出的费用进行补偿。”对该条应作以下理解，即当时的起草者确认了日本的完全赔偿义务，不过日本不能实际履行，与此同时日本将来还必须完成该赔偿。

圣·弗兰西斯克条约第十四条第b项规定的条文并未特别确定放弃请求权。具体规定如下，“除该条约特别规定的场合外，联合国放弃其所有的赔偿请求权、战争进行中日本国及其国民的行动所产生的联合国及其成员国国民的其他请求权和联合国关于占领的直接军事费的请求权。”

菲律宾政府对该结论依然不满，没有批准圣·弗兰西斯克条约。于是，菲律宾和日本之间进行交涉，1956年两国签署赔偿协定。根据1956年协定，日本有义务对菲律宾共和国提供劳务和资本，但是日本没有义务支付金钱。该协定没有规定对损害支付赔偿金。

在该协定第六条第二项，两缔约国达成以下合意，“日本国基于前项规定以日元进行支付，支付之时还要对菲律宾共和国提供劳务和生产物，依据第一条及第二条的规定，以相当于合众国美元的金额履行赔偿义务。”

因为该合意欠缺特定性，菲律宾提出了问题，但决定赔偿协定应包含的内容是困难的。因此，不能包含被日本人强行带走、强奸的慰安妇的请求权。第一次世界大战后的判例表明，赔偿有可归属于政府的，也有可归属于个人的。对政府的赔偿，是为了赔偿对国家全体的损害而向代表国家的政府进行的支付。个人的请求权，是基于受到的特定损害而发生的请求权。

在此，没有任何证据表明，作为自然人的个人对受到的一般伤害请求补偿的权利被放弃或对此已经灰心。因此，从交涉的过程和条约成立的历史过程看，基于不充分的证据作出放弃的结论将产生重大的结果，得出以下结论是不适当的，即菲律宾政府签署该条约之际，剥夺了市民以日本政府违反国际法为理由在日本的法院提起诉讼的权利。

这一结论因以下见解而被强化，即条约可以从属于以其他条约所定的合意为基础的强制性规范。联合国宪章基于此种合意创设了强制性规范。1956 年协定签署之际，日本成为了联合国的成员国，因此日本应该遵从联合国宪章及其所包含的强制性规范。世界人权宣言反复提出有效救济的权利，而且所有的联合国成员国负有宪章上规定的促进人权的责任和义务，并受诸原则的约束。

B. 战争犯罪

进行了前述的研究之后，下面将考察诱拐、强奸朝鲜及菲律宾女性的人在国际法上是否构成战争犯罪或对人道的犯罪，以及是否追诉日本的问题。

东京国际军事法庭条例（第五条）将一般的战争犯罪定义为，“违反战争法规或战争惯例”的行为。东京法庭毫不怀疑，如果违反了（作为国际习惯法规范的）海牙第四条约的规定，将构成战争犯罪。

东京法庭条例第五条接着补充，如果是在法庭管辖范围内的犯罪，个人应承担责任。

“对人道的犯罪，即战前或战时所进行的杀戮、人种灭绝、奴役、放逐及其他的非人道行为……”

1952 年 9 月 8 日圣·弗兰西斯克和平条约签署之际，日本“承诺接受远东军事法庭及日本国内、国外的其他联合国战犯法庭的裁判……”。由于日本明文承诺接受东京法庭的裁判，则日本也同意条例中的管辖权基础和对人道犯罪的定义。于是，将依照东京法庭的条例，对日本兵的行为进行研究。

对女性和儿童的诱拐和有组织的强奸，构成对和平居民的非人道行为。对菲律宾女性而言，这些行为严格意义上讲是战争犯罪。对和平居民的非人道行为应该构成战争犯罪，因此日本兵对待菲律宾女性的行为，与对待朝鲜女性的行为一样，也构成违反人道的犯罪。根据以下的理由，以行为是根据长官的命令所为而进行的抗辩，是不能被接受的。

“……军队的成员，受合法命令的约束，……因此他们虽然是遵从上级的命令，但是如果违反了没有争议的战争规则，而且践踏人性的一般心情，将不能免责。”

根据东京法庭条例，长官的命令不能给予绝对的免责，这是正义的必要要求，但允许以该理由作为减轻刑罚的抗辩理由。

因此，对朝鲜和菲律宾女性及儿童进行诱拐、强奸的日本兵，犯下了战争罪和反人道罪。如第六章所述，数名日本军人强迫35名荷兰女性成为慰安妇而构成犯罪这一事件，加强了日本有罪这一事实。

但是，与韩国和菲律宾缔结的和平条约包含全面的刑事免责，因此必须研究是否对犯下该罪的人进行追诉这一问题。19世纪，和平条约明示或默示地包含了全面的刑事免责，到了20世纪，和平条约不承认刑事免责。根据纽伦堡和东京法庭条例所涉及的个人刑事责任，全面的刑事免责概念完全被放弃。关于尚存问题的和平条约，由于条文对刑事免责没有明文的规定，因此不能认为存在追诉的禁止。

根据日本的刑事诉讼法，如果存在犯罪的刑事追诉时效，日本对有法律责任的人不进行刑事追诉或处罚。但是，日本在对此种残虐行为的追诉和处罚上采取了违法的不作为，因此不能逃脱责任。

基于不追诉的责任

由于日本怠于搜查和追诉第二次世界大战中对这些女性和儿童犯下残虐行为的侵犯者，因此有义务通过菲律宾、韩国和朝鲜民主主义人民共和国政府对被害者负责。琼兹事件，即“美国、墨西哥一般请求委员会”要求审理代表被杀害的美国市民遗孀拉拉·M·B·琼兹的美国政府对墨西哥的请求的事件，这一先例表明日本对上述行为负有责任。美利坚合众国代表该遗孀及其子女，以墨西哥怠于采取措施对杀害美国市民巴易伦·埃巴多·琼兹的凶手的罪行进行搜查、逮捕、追诉为理由,请求墨西哥补偿。该法庭认为,由于墨西哥怠于履行对罪犯追诉、处罚的国家自身的国际义务,从而违背了正义,因此判令支付12000美元的损害赔偿金。该事项的判决,推进了基于重大损害不是对美国而是对个人发生此一基本原则的判断。在琼兹事件中,美国没有对关于琼兹的遗孀及孩子以外的事项进行请求,也是重要的事实。

在此种状况下,日本不应免除对韩国及菲律宾被害者个人的责任,而且也不能免除。

C. 关于补偿的个人请求权

由于已经确定日本违反了国际法上的责任义务,本节遗留的问题是,研究被害者个人是否有权利,而且此一问题应唤起国际社会的注意。此一问题与以下两个问题相关联。第一,个人是否为国际法的主体;第二,作为程序问题,个人是否有在国内或国际法庭提起请求的权利。

日本采取了二元论,主张无论是国内还是在国际上,个人不是国际法的主体。关于此一问题,数世纪以来,学者、外交官及其他人一直在论争。持二元论者认为,国际法规范的是主权国家间的关系,而国内法是适用于该国以内、规范国民和国家间关系的法律。一元论者认为,国际法处于优位,如果发生矛盾,国内法应被修正,同时,国内法、国际法有同样的规范基础,国内法规范只有适合国际法秩序,才能有效。关于该见解有"一元自然法论"等诸说。其他学者认为,通常两种制度在不同的领域发挥各自机能,但是二者有重叠的部分,在该部分,国家对违反了国际规范的自己的行为向国际社会负法律责任。关于何种学说适当以及国家应采取何种学说的论争,尚在继续。不过根据严格的二元论,个人不能具有国际法上的权利、义务。

我们认为,国际惯行和通说是令人满意的,因为更符合拉乌达巴哈托这样学者的见解。我们还认为,在日本的关系上,与东京战犯法庭的判决具有关联。正如拉乌达巴哈托所述:

“确定处罚对人道犯罪的可能性此一问题，由关于优先国家法的法律变成了主张个人权利存在的问题。于是，分析后发现，关于对人道犯罪立法的国际文件，意味着承认国际法认可的个人的基本权利。”

纽伦堡和东京法庭条例规定的国际法原则，在联合国大会肯定“纽伦堡法庭条例和该法庭的判决所承认的国际法”原则时，尤其在1946年大会上被承认。而1907年海牙第四条约第三条，是国际社会对关于补偿的个人权利的承认的一种迹象。

由常设国际法院发展的先例表明，协定能够“为个人创设权利、义务”。各种国内法庭的判决，也采取了此种方向。在丹齐事件的判决中，该法院认为，要判断特定协定规定的责任义务的效果，须非常注意协定的目的和缔约国的意图。对海牙条约、规定战争犯罪和对人道犯罪的其他规范、禁奴条约及禁止买卖妇女儿童条约进行研究后，可明显看出，这些协定规范的对象是个人、协定的目的是将个人权利包含在内。

正如拉乌达巴哈托所述，创设权利和确认谁享有权利的问题，与赋予提起诉讼的程序性能力是不同的。日本认为，个人绝对不能被给予国际法上的提起诉讼的程序性能力，因此，不能以侵犯人权为理由对日本进行请求。但是，国内及国际法庭的实务与此种立场相异。美国联邦法院、根据1919年和平条约创设的混合仲裁法院及波兰、德国条约，都赋予了个人提起诉讼的权利。

现在，谁也不能肯定地说明日本于二战后作了些什么。慰安妇的状况可明显看出，非于1928—1945年间，而仅于战争终了后，个人才能够成为请求权的主体，我们认为战后是适当的期间。我们也承认，在该领域关于个人是否被赋予起诉自己政府的权利，争论者之间的意见是不同的。但是，此一问题与以下问题有关，即是否为审理个人权利被自己的政府侵害而设置国际法庭或国际仲裁委员会。因此，也存在程序问题。

程序法和实体法的区别也是重要的问题。在国内法中，产生的法的溯及力问题属实体法领域。大多数法律制度的一般原则是，程序法发生变化时，当事人应接受出庭的程序规定。

要判断日本的立场，必须留意根据世界人权宣言第八条规定的对权利进行有效救济的国际标准所形成的合意。该条有以下规定：

“任何人，若宪法或法律规定的基本权利受到了侵害，有权获得有权限的国内法院的有效的救济。”

该条文不仅言及对宣言的违反，而且言及对“宪法或法律”的违反。起草者一定是意识到了，国际习惯法和关于联合国大会决议遵守纽伦堡条例原则的问题。日本1956年成了联合国的成员国，因此要遵守世界人权宣言。

在此必须述及，与此有关联的常设国际法院的霍如具工场事件的决定。在此一事件中，该法院指出，个人或国家都应该有赔偿或补偿的请求权利。国家间关于赔偿的协定的存在，不能否定个人基于一系列相同的权利侵害事实进行诉讼、请求支付补偿金的可能。国家违反受拘束的条约的特定责任义务，即使条约自身没有特别的记载，也产生请求赔偿的权利。根据此种见解，违反禁止买卖妇女和儿童条约，则产生朝鲜和菲律宾女性请求补偿的权利。关于责任，拉乌达巴哈托作了以下说明：

“必须留意的问题是，国家是团体也是法人，通常的场合，国家这一团体应该作为责任主体，这是方便和正义理由的要求。……独立的政治社会具有成为国家这种团体的机能。因此，适用于法人及团体的行为能力的一般原则，对国家也适用。……很明显，从实际而言，国家如果违反了条约或国家习惯法，作为原则，以经济补偿进行救济的责任归属于国家全体是适当的。”

日本批准了公约，公约的第二章第三项作了以下保障，因此在此述及该关于政治及市民权利的国际公约是有益的。

“该公约的各缔约国，受以下规定的约束。

(a)该公约承认的任何人(any person)的权利或自由被以公的资格行动的人侵害时，应确保受害者获得有效的救济。

(b)确保救济措施请求者(any person)的权利由有权限的司法、行政或立法的机关或国家法律规定的其他有权限的机关决定,及发展司法上救济措施的可能性。

(c)确保给予救济措施的场合,由有权限的机关进行执行。”

该公约在第九条第五项以下对个人的权利规定了以下保护:

“被非法逮捕或拘留的人,有获得赔偿的权利”。根据此一条文,国际法承认非法被拘留的人无论被拘留在何处,有请求补偿的个人权利。公约保障,对受虐待请求适当的机关进行救济的权利。

因此,原慰安妇得提起诉讼,日本政府是适当的被告,而且应该进行完善且完全的赔偿。但是,日本政府必须保障的救济机关,在国际法上应在合理的时间内解决请求问题。即使是通常的请求,第一审法院也需 9 年的时间才能解决,因此不适用日本民事法院的诉讼制度,即在日本法院的管辖权问题上,被害者(已经提起诉讼)勿需依日本的诉讼法而可以直接面对日本政府的抗辩。

法律的溯及力和消灭时效

日本批准了关于政治和市民权利的国际公约。该公约的第十五条对日本有以下拘束。

“(1)任何人的作为或不作为,于行为时根据国内法或国际法不构成犯罪,则没有罪。任何人,不能被课以重于犯罪发生之时的刑罚。当犯罪发生后,法律规定了较轻的刑罚时,罪犯享受该利益。

(2)该条的任何规定,不妨碍以下述情形为理由裁判和处罚犯罪,即于国际社会认可的一般法律原则实践之时,有构成犯罪的作为或不作为。”

因此,第十五条第二项,明文同意追诉第二次世界大战中犯下残虐行为的战犯。

关于战争犯罪和对人道的犯罪,强调不存在阻止个人要求国家何时处罚、如何追诉战犯权利的消灭时效,是不过分的。

现在的请求是关于战争犯罪和对人道的犯罪,赔偿的概念包含追诉犯罪者,以是否为法律的溯及力问题或是否存在消灭时效进行抗辩是徒劳的。

由慰安妇状况提起的问题，非常严重。不过，不能与近年来欧洲、北美及澳大利亚诸国实施的战争犯罪裁判进行直接的对比。女性寻求救济，有两条途径。第一，通过外交途径，关于对女性们要求日本补偿所遭受的损害进行立法；第二，女性们，在日本通过诉讼主张日本违反国际法，认为构成国际不法侵害。这种诉讼，不是关于进行战争犯罪裁判的普遍的管辖权。她们不如直接去日本，通过立法或法律制度对日本请求救济。

正如上面所述，在法律的实体领域，不存在法律的溯及问题。得适用法律溯及的唯一问题是，以违反国际习惯法为理由，个人在国内法院请求时女性的能力。无论女性们是否有提起诉讼的权利，日本都可以进行立法，因此，此一问题在外交上不具重要性。所以，溯及问题，不过对在日本提起诉讼具有重要性。

依我们的见解，在当时主要的指导思想下，事实非常明显(在当时的国内法之下，发生请求原因事实)，日本有应负担的进行补偿的责任义务，这一必然的权利包含受理该请求的机关的筹备。此一问题，与国内法上的当事人的资格的问题相似，日本尽管放弃了抗辩，也能够进行关于接受实体问题所裁判的立法。我们认为，如果日本没有意图对补偿问题进行全面立法，日本应该认真考虑采取措施解决问题。(我们认为，问题要迅速解决，通过立法解决是适当的。)

日本律师推崇的国际专题论文集的特奥·凡·波朋教授的关于对重大侵害被害者的赔偿的论文，指出有足够的理由让人相信，日本应该采取行动。他主张，对重大的人权侵害必须进行补偿。因为在侵权者及其他人之间，如果人们确信实施了该行为不会被处罚，毫无疑问，将来还会发生同样的侵害。

若使日本受“被害者恢复计划”的约束，则应承认旧日本政府及军人为推行军事政策没有根据地侵害市民是不正义的。因此，确立责任、辨明真相是一个手段。日本与其一味地采取自己防卫的战略，不如在这个领域开个先例。这可以成为表明日本在国际舞台的人权及和平领域发挥指导性的一个手段。

关于消灭时效的法律问题，是前述日本在继续的诉讼中的问题。日本国会对女性们进行关于完全赔偿的立法，在国际或国内都没有障碍。因此，这不是对国际上关于赔偿问题的讨论发生影响的问题。

由女性提起的诉讼，经历了20年。在该时点之后，存在绝对地阻止诉讼的障碍，但是我们认为，日本应放弃以日本法上消灭时效为抗辩理由的做法。这再度提起了，国内法、国际法上的重叠问题。在战争犯罪及对人道犯罪的刑事管辖领域，国际法不承认消灭时效。我们认为，类推的过程是，所行使的权利是以国际的权利侵害为理由的，不法侵害赔偿请求的情形，不允许适用消灭时效。这样，根据该观点，国内法应遵循国际法。由于对日本政府而言，消灭时效问题不能在法院争论，关于这一事件，有制定放弃消灭时效法的特别法的其他可能性。

我们相信，日本若采取此种行动，不会产生不公正或不正义。消灭时效法的目的是，防止提起“一系列陈腐(stale)”的诉讼，避免在关于纠纷的适当证据消灭的场合提出问题。“陈腐性”概念是指，各个被告能够整理日常业务及在某期间之后不能就过去的行动对被告发问这种假定的关系。对政府而言，由于没有是否提起诉讼的依据，因此整理其经济和其他业务，是不妥当的。关于证据，报告书表明，关于女性提起的诉讼的重要证据有取得的可能性。有上千页的资料和女性与旧日本兵的口头证据。根据关于实体法的诉讼手续，在这一时点，谁也没有受害的可能。

结论和劝告

结论

1. 日本帝国陆海军，在第二次世界大战前和大战中，为了其“享乐”和专用，组织设立了广泛的慰安设施网。日本军部计划日本部队驻扎在哪里，就在哪里设置部队用慰安设施，并且付诸实施。把中国、朝鲜、台湾、菲律宾、马来西亚、印度尼西亚及荷兰的女性和少女们都置于慰安设施之内，使之在胁迫之下进行性服务。

2.尽管最初由私人把这些女性带走，后来日本军部自身也进行。日本军部任命了从事斡旋业者、还给予了关于军事设施的特别通行许可证。

3.关于慰安设施的设立、利用、运营及监督的详细规则，是由日本军部制定的。在这一规则的详细部分，将女性贬低为商品。

4.女性在这些设施中的生活，像生活在地狱。这些女性们，从两周到八年，每天都受虐待，白天要接待15、20或30名士兵，夜晚还要遭受军官的继续的强奸、殴打或拷问。其生活状态，是闭塞的、贫寒的。跟随部队从前线到前线迁徙的女性的每日生活都处于危险之中。其食品经常非常贫乏，而且数量很少。由军医进行检查时，发现很多女性患有性病。她们进入慰安设施时，都是处女。但是，当她们出来时，这些女性身染疾病而且精神不健全。

5.非常明显的是，在日本军部支配的全部地域，为了严格统制交通输送，军部同意把上千名朝鲜女性从朝鲜半岛运送到中国、缅甸、菲律宾、南太平洋琉球诸岛的各地。由客船组织运送妇女，必须经军队当局许可。证人的证言表明，实际上，大部分妇女是乘坐军用船舶、列车或汽车被运送的。由于该交通手段是在日本政府的统制之下进行的，因此日本政府对此应负法律责任。

6.1942年以来，日本占领了菲律宾，并对其进行统治。明显的事实是，菲律宾女性被诱拐并被强制地拘禁在军事设施之内。有充分证据表明，在菲律宾，菲律宾女性被诱拐送入慰安设施是经过军事当局允许的。

7.国际法律家委员会取得的文件中，有关于前线军官向东京大本营司令官请求向他们驻扎地域征集、运送慰安妇的特别请求书。该文件明确表明，军部的高级军官都知道慰安设施的存在。由于日本在军部支配之下进行战争的地域，特别是在军事设施内实施了严格的治安规则，所以不可能是军队以外的人所为。

8.由证人的证言可明显看出，日本兵在战败之际，打算杀害一些慰安设施中的女性。

9. 对这些女性的监禁，造成了极其悲惨的结局，但是这些女性的苦难并未随战争的结束而终止。她们在被逃亡的日本兵抛弃之后，面临着不能说话的困难，有些女性回到家乡以后，过着避人耳目的孤独的生活。典型的问题是，遭受人权侵害的被害者女性反倒必须承受这一代价的考验。

10. 历史学家推测，大约有10—20万名慰安妇，这一数目与驻扎在亚洲太平洋地区的日本军的数目大体相当。所进行的此种残虐行为的规模之大，达到了让人毛骨悚然的地步。当时任何社会都不平等地对待女性，但是，没有哪个国家像日本那样大规模、长时间以及达到那种程度的对妇女进行侮辱。

11. 瘦弱贫穷的境遇及当时的社会结构之下，这些少女及女性面对以暴力、欺诈、欺骗、强制为手段的诱拐，根本没有能力生存。日本军的残暴行为和不讲理的粗暴行为，迫使菲律宾女性作双重的牺牲。相当多的女性，是游击队的成员或是同情共产主义嫌疑人，她们在被逮捕和拷问后，作为慰安妇监禁在军事设施。此外，日本兵还强迫女性看自己的亲人被拷问、被杀害。

12. 日本政府即使得到了证据，证明一些女性是根据合意“自发的”进入慰安设施的，但是那些女性的境遇是不堪想象的。而知道军部杀害女性、打算杀害女性或处置女性这些情况的女性，战后都不见了。

13. 当时的日本政府，对这些女性身上发生的事情有直接或代位的责任。该种行为是违反国际法规范的战争犯罪、对人道的犯罪、关于奴隶、买卖妇女和儿童的犯罪。这些行为，在战后应被作为已作出的判决(战犯)的一部分进行裁判。遗憾的是，这些裁判的焦点是，将该行为作为对同盟国国民的行为来看待。日本今天应承担完全责任，对被害者家族进行原状恢复。

14. 从感情和理智上进行考虑，对解决问题的焦点而言，日本政府进行的调查是不充分的。有必要由日本作进一步的调查。

15. 关于日本政府的调查，尽量发掘更多的文件很重要，调取证人的证言也很重要。日本军的官兵尚在生存，关于此一问题应调取他们的证言。

16. 在日本国内，是否公开政府能够取得的文件尚有疑问。战争结束之时，很多文件被烧毁或以其他方法处理掉了。因此，不能通过文件完全地揭露历史的本来面目。这样说来，我们认为，不能减轻日本政府搜集有关此一问题的所有记录的义务。很难相信，警察的关于从朝鲜半岛“募集”女性的资料已不存在。警察常常接受关于应从特定地域募集女性的数量的指令，很难相信这些资料都被破坏。除劳动者外，警察厅不是制作关于此一问题的文件的唯一机构。所以不能相信，这是正确的宣言。

17. 进而，应进一步努力发掘日本军官兵的日记。在这些资料被公开的情况下，作为证据对明确慰安设施的设立、运营是有益的。到何处探寻现存的所有日记，日本政府应作进一步的努力。

18. 1945 年同盟国完全知道所发生的这些残虐行为。关于对加害者的裁判及使加害者对受害者进行赔偿，这些国家没有任何作为。这些国家对此事有说明的义务，同时应承担义务公开关于此一问题的资料。

19. 1965 年的日韩协定和 1965 年日菲赔偿协定，不妨害女性对日本的请求。前者，不存在包含关于人权侵害的请求的意旨，而且也没有包含这一请求。关于对国家造成破坏，后者规定对菲律宾“人民”进行赔偿。个人赔偿问题，不是交涉的内容，因此该协定不打算解决此一问题，也没有对解决的问题作解释。

20. 至此，为对女性自己起诉的案件进行判决，应尽快设立相应机构。依靠历时十年才能解决问题的日本的法院，是不够的。考虑到被害者的年龄，日本法院的判决对她们人权受侵害而给予的救济手段，是不充分的。

21. 第二次世界大战结束之际，由于没有追究日本关于对待慰安妇的责任，特奥·凡波朋教授，作为关于对人权和基本自由被害的女性的原状恢复、补偿及恢复正常生活权利问题进行研究的特别报告者指出，国际社会，特别是同盟国成员有义务对日本政府施加压力，使日本采取措施恢复女性正常生活和完全的原状恢复。被害的很多人，须依赖朋友或亲戚的同情才得以生存。这些女性超过了申请工作的年龄。很多人为了生存，不得不借大量钱财。也有很多人常常需要医疗和照顾。因此，必须恢复这些女性的正常生活，保障她们有足够的住房、医疗辅助和适当的生活水平。考虑到她们长时间被无视的时日，对每人直接支付4万美元作为暂定补偿金，是有充分正当理由的。

劝告

1.(a)日本应充分而完全地公开它持有的所有关于把妇女带到慰安设施的方法、输送样态、慰安设施内女性的遭遇及慰安设施的运营和维护的资料。

(b)日本应尽快在约6个月以内，筹备、设置能够处理该问题的行政机构，以听取被害者的请求。日本应放弃在本案前的关于管辖权及时效的异议，而且为了能迅速地处理现在继续中的本案实体问题，应采取适当的立法措施。

2.假如说没有采取1(b)所述措施，日本应采取完全恢复被害者生活的措施。这是完全的原状恢复，包含医疗负担、良好的居住条件、及其他同样的恢复正常生活措施。对被害者所受的损害，日本负有责任义务采取恢复正常生活的措施。

3.日本如果拒绝采取恢复被害者正常生活的措施，应尽可能迅速地设置，由与该问题无直接关系国家的国际法专家组成的法庭或仲裁法院。在此，应承认非政府机关(NGO)及个人具有成为当事人的权利。所有当事人事前应达成合意——双方都遵从法庭或仲裁法院意见。

4.在上述2和3进行的过程中，日本政府为恢复提出请求的被害者的正常生活，应一次支付4万美元，这作为纯粹中间的暂时性措施，无损于以上权利和主张的实施。为此，代表被害女性的非政府机关(NGO)，应对日本政府提出被害者名簿。

5. 关于此一问题，日本政府如果固守现在的政策，代表被害女性的非政府机关(NGO)，应发动联合国的适当机关及专门机关，以谋求通过法律问题的最高权威解决该问题，即寻求国际法院的劝告意见。

6. 关于韩国及菲律宾政府关于条约的解释，必须直接向国际法院起诉。

7. 联合国成员国，应公开所掌握的关于此一问题的全部资料，而且必须确保日本采取充分的措施恢复被害者正常生活及原状恢复。

1995 年度朋友资助民商法研究
赠款收支明细报告

一、收到赠款：

郭锋先生　　　　10000 元

徐高先生　　　　10000 元

渠涛先生　　　100000 日元

本年度总计收到人民币 20000 元；

日元 100000 元。

二、1994 年度结余：

人民币 16000 元。

三、本年度收到赠款加上 1994 年度节余：

总计人民币 36000 元；

日元 100000 元。

四、本年度支出：

1. 支付《信托制度比较法研究》（周小明著）出版补贴款 10000 元；

2. 支付《反垄断法研究》（曹士兵著）出版补贴款 100000 日元。

五、结余：

人民币 26000 元。

报告人　梁慧星

1996 年 3 月 15 日

1996年上半年民商法研究
赠款收支明细报告

一、上年度结余：

人民币26000元。

二、支出：

1. 支付《企业合并中的反垄断问题》（王晓晔著） 出版补贴款10000元；
2. 支付《知识产权法的经济分析》（刘茂林著） 出版补贴款10000元；
3. 支付《二十世纪契约法》（傅静坤著） 出版补贴款6000元。

总计支出补贴款人民币26000元。

三、说明

1994、1995年共收到朋友资助人民币56000元，日元200000元，迄今已全部用于支付民商法专题研究丛书出版。从1996年起民商法专题研究丛书的出版已不再要求补贴。

谨向曾资助民商法专题研究丛书出版的朋友致以真诚的谢意。

报告人　梁慧星

1996年9月15日